Vera Hemm
Im Zeichen der roten Nelke

Meinen Eltern gewidmet

Vera Hemm

Im Zeichen der roten Nelke

Mutter und Tochter
Zwei politisch engagierte Frauen
im 20. Jahrhundert

Pahl-Rugenstein

Pahl-Rugenstein Verlag Nachfolger GmbH
Breite Straße 47, 53111 Bonn
Tel. 0228/632306 Fax 0228/634968
E-Mail: prv@che-chandler.com

ISBN 3-89144-300-5

Druck: Interpress, Budapest
Umschlaggestaltung: Labhard Verlag

Bibliografische Information Der Deutschen Bibliothek

Die Deutsche Bibliothek verzeichnet diese Publikation in der Deutschen Nationalbibliografie; detaillierte bibliografische Daten sind im Internet über http://dnb.ddb.de abrufbar.

Inhalt

Vorwort ... 7
Dokumente, Gefühle und Verse aus 80 Jahren Konstanzer Geschichte 10
Was ich mir 1994 vornahm ... 12
Wem ich was zu verdanken habe ... 14

Erster Teil

Alltägliches und Besonderes in unserer Familie vor und nach dem Zweiten Weltkrieg

Vor meiner Zeit ... 19
Meine Kindheit ... 48
Kriegs- und Nachkriegszeit ... 64
Vom Teen zum Twen ... 97
Die fünfziger Jahre ... 107
Neue Erfahrungen ... 122
Meine erste Dekade bei Byk Gulden ... 131

Zweiter Teil

Meine Mutter, engagierte Gewerkschafterin und Kommunistin – geliebt und gehaßt

Die Politik beginnt ... 145
Näherin – Akkordarbeiterin – Betriebsrätin ... 156
Eine neue Zeit – eine bessere Zeit? ... 164
Gewerkschaftlicher Neuaufbau ... 173
Im Konstanzer Ortskartell/Gewerkschaftsausschuß ... 179
Gewerkschaftliche Entwicklungen im (süd)badischen Raum ... 185
Es geht voran – auch bei den »TextilerInnen« ... 208
Gewerkschaftsarbeit in der fünfziger Jahren ... 226
»Das Wort hat Kollegin Johanna Hemm, Konstanz« ... 248
Der Rente entgegen ... 257

Auch im Rentenstand ist noch keine Ruhe 271
Mitarbeit in DGB-Gremien 280
Parteipolitisches 297
Als Gemeinderätin aktiv für die Konstanzer Bevölkerung 323
Genossin Johanna kandidiert auch bei anderen Wahlen 350
Ehrenämter und Vereine 356
Familienleben mit Höhen und Tiefen 358

Dritter Teil

**Ich, von vielen
die rote Vera genannt**

Nicht mehr nur Privates 373
Mein Leben ändert sich 399
»Jonny« 412
Weitere zwanzig Jahre in der Byk-Analytik 425
»Meine DGB-Frauen und ich« 449
Blick über den Tellerrand 503
Kultur als Teil der Gewerkschaftsarbeit 513
Aktiv in der IG Chemie-Papier-Keramik 536
Zwölf Jahre Mitglied des Byk-Betriebsrats 554
Posten und Pöstle 583
Meine Partei, die DKP 589
Auch bei mir: »Privatleben kleingeschrieben« 610

Anhang

Abkürzungen 617
Erläuterungen einzelner Begriffe 620
Quellen- und Literaturverzeichnis 624
Quellen 627
Personenregister 641

Vorwort

»Zwei politisch engagierte Frauen in einer Familie - das könnte eine spannende Geschichte werden«, heißt es zu Beginn dieses Buches. »Wurde sie´s???« fragt die Autorin am Ende. Ja, sie wurde es, und die drei Fragezeichen lassen sich mühelos in drei Ausrufungszeichen verwandeln.

Warum ist diese Geschichte so spannend? Der äußere Rahmen deutet nicht unbedingt darauf hin. Schließlich spielt sie sich im wesentlichen nur an einem Ort ab, und dieser Ort bildet nicht gerade ein Zentrum dynamischer Bewegung und heißer Debatten. Konstanz - eine kleine Stadt im Südwesten der Republik, zauberhaft gelegen am Rande des großen Geschehens, das wir »die Geschichte« nennen.

Und doch, das zeigt Vera Hemms Doppelbiographie deutlich, wird auch hier Geschichte gemacht. Konflikte zwischen verschiedenen Weltbildern und gegenläufigen Interessen werden nicht nur auf den belebten Straßen Berlins, Hamburgs oder Münchens ausgekämpft, sondern auch in der stilleren Provinz. Auch hier geht es um die »großen Themen«: um Gerechtigkeit, Sicherheit, Frieden. Auch hier gibt es Menschen, die sich dafür engagieren und bereit sind, viel Zeit und Energie zu investieren.

Vera Hemm und ihre Mutter Johanna gehören zu diesen Menschen. Und sie zeigen Flagge: als Gewerkschafterinnen, als Mitglieder kommunistischer Parteien, in der Kommunalpolitik. Die 21jährige Näherin Johanna tritt 1922 in die Gewerkschaft, ein Jahr später in die KPD ein; ihre Tochter Vera, Jahrgang 1935, wird als Chemielaborantin 1955 Mitglied der IG Chemie, fühlt sich in den 1960er Jahren der Deutschen Friedensunion verbunden und erwirbt 1971 das Mitgliedsbuch der DKP - das sie bis heute nicht zurückgegeben hat. Weder Mutter noch Tochter bescheiden sich mit der Rolle bloßer »Karteileichen«. Sie kandidieren für und übernehmen Ämter in Gewerkschaft und Partei - und sie treten auch nach außen für ihre Überzeugungen ein: beim Verteilen von Flugblättern, auf Demonstrationen und Ostermärschen, bei Wahlen für Stadt- und Betriebsrat.

Dieses Engagement verschafft ihnen nicht nur Freunde. Es hagelt Anfeindungen, direkte und versteckte. Es finden Ausgrenzungen statt, besonders in den Gewerkschaften, die sich in der aufgeheizten Atmosphäre des Kalten Krieges mit Kommunisten schwer tun. Aber es gibt auch Unterstützung und Solidarität, im engeren Familien- und Freundeskreis ebenso wie unter Nachbarn und Kollegen. Für Vera Hemm sind es vor allem Frauennetzwerke, die ihr den Rücken stärken: der Kreisfrauenausschuß des DGB, den sie fast zwanzig Jahre lang leitet, Arbeitskolleginnen, Freundinnen, Tanten - und, allen voran, die Mutter, mit der sie zeitlebens auf fast symbiotische Weise verbunden bleibt.

Das Buch erzählt von solchen Beziehungen, ohne die ein langfristiges politisches Engagement nicht möglich wäre. Es erzählt aber auch, wie sich Bindungen lösen - durch politische Differenzen, durch räumliche Distanz und durch den Tod. Es erzählt von Widerstand und Selbstbehauptung, von den vielen kleinen Demütigungen des Alltags, von den Mühen der Ebene. Aber es erzählt auch von den kleinen Siegen, von Lebensfreude und Narretei. Es erzählt von zwei Menschen, die oft gegen den Strom geschwommen sind, die es sich nicht leicht gemacht haben, ohne darüber zu verbittern und zu verhärmen. Es erzählt auch, woher die Kraft dazu kam: aus persönlichen Bindungen, aus Prägungen des Elternhauses und Freundeskreises. In diesem dichten Umfeld bildete sich der innere Kompaß, der das Leben in der Politik anleitete. Er gab die grobe Richtung vor und wies Prioritäten zu. Stets hatten die konkrete Arbeit vor Ort, der Einsatz für alltagspraktische Belange Vorrang vor allgemeiner und abstrakter Parteitagsrhetorik.

Es ist gerade diese Bodenhaftung, die den »Heldinnen« so viel Lebendigkeit und Überzeugungskraft verleiht. Zugleich erhält das Buch seine besondere Würze dadurch, daß es Frauen portraitiert. Frauen und Politik - das ist nach wie vor ein schwieriges Thema, allen Quotierungsbeschlüssen zum Trotz. Und es war vor dreißig oder sechzig Jahren noch viel problematischer. »Dem Manne der Staat, der Frau die Familie« - dieses Motto aus dem 19. Jahrhundert blieb auch im zwanzigsten aktuell und entfaltete seine Wirkung. Nur relativ wenige Frauen muckten dagegen auf. Wenn sie es taten, folgten sie ähnlichen Pfaden wie Mutter und Tochter Hemm: Sie engagierten sich im kommunalen Bereich, am Arbeitsplatz, in Schulpflegschaften. In den 1970er Jahren kamen weitere Themen hinzu: Kinderbetreuung, § 218, Pro familia, Frauenhäuser. Man mußte, wie Vera Hemms Beispiel zeigt, nicht unbedingt bekennende Feministin sein, um hier aktiv zu werden. Oft aber weckte der allfällige Widerstand gegen solche Bestrebungen den weiblichen Oppositionsgeist und ließ manche Frauen feministischer werden als ihnen eigentlich lieb war.

Auch von solchen Erfahrungen erzählt das Buch - und von vielem mehr. Auf beeindruckend sensible Weise vermag es Privates und Öffentliches miteinander zu mischen. Es kommt ohne Phrasen aus, ohne kämpferischen Aplomb, ohne Missionseifer. Aber es kommt auch nicht auf leisen Sohlen daher, sondern spricht selbstbewußt, respektvoll und respektheischend. Man sei ja nur »ein kleines Rädchen im großen Getriebe« der Politik gewesen, heißt es einmal. Trotzdem sei sie, Vera Hemm, stolz darauf, mitgedreht zu haben. Dies anzuerkennen und zu würdigen schließt unterschiedliche politische Präferenzen nicht aus.

Ein Wunsch zum Abschluß: Möge ihr die Energie, mit der sie das Rädchen bewegt hat, auch weiterhin erhalten bleiben. Daß sie ihr nach dem Rückzug aus dem aktiven Berufs- und Gewerkschaftsleben nicht abhanden gekommen ist, bezeugt dieses Buch. Über lange Zeit geplant und sorgfältig recherchiert, hat sich die Autorin selbst von schweren persönlichen und gesundheitlichen Krisen nicht abhalten lassen, es zu schreiben. Das Ergebnis kann sich sehen lassen. Herzlichen Glückwunsch!

Bielefeld, im Dezember 2001

Ute Frevert

Dokumente, Gefühle und Verse aus 80 Jahren Konstanzer Geschichte

»Eine demokratische Zukunft bedarf einer Vergangenheit, in der nicht nur die Oberen hörbar sind.« Diese Bemerkung des Historikers Lutz Niethammer trifft voll zu auf die vorliegende Biographie und Autobiographie der Konstanzer Kommunistinnen Mutter Johanna und Tochter Vera Hemm. Die Memoirenliteratur insgesamt ist unüberschaubar, aber noch immer sind biographische Aufzeichnungen aus dem Arbeitnehmermilieu des letzten Jahrhunderts eine Rarität geblieben.

Man muß nicht die politischen Grundanschauungen der Autorin teilen, um aus dem Buch großen Gewinn zu ziehen.

Sie halten ein Buch der Gefühle und der Verse in Händen. Hier werden Facetten der Konstanzer Lokalgeschichte vor und nach dem Zweiten Weltkrieg aus einer ganz persönlichen, subjektiven Perspektive geschildert. Leistungen und Verletzungen, Anpassungen und Widerstände von Frauen in Berufs- und Familienleben. Darüber erfährt der/die Leser/in ebenso wie von den kleinen Triumphen und großen Niederlagen am Rand der Gesellschaft. Die Lust zu leben und zu schaffen, ein trotziger Wille zur Selbstbehauptung und der Glaube an die Veränderbarkeit der gesellschaftlichen Verhältnisse hin zu mehr Liebe, Toleranz und sozialer Gerechtigkeit, das sind die Leitmotive zweier stets für das Gemeinwohl engagierter, unbeugsamer Konstanzerinnen.

Weniger die kommunistischen Parteien als vielmehr die Konstanzer Gewerkschaften und hier besonders die der Überparteilichkeit verpflichtete Dachorganisation DGB scheinen über sechs Jahrzehnte die eigentliche politische Heimat gewesen zu sein. Trotz vieler persönlicher Nakkenschläge im Zug der mal mehr, mal weniger starken Ausgrenzungsversuche gegenüber Kommunisten lag hier ein Betätigungskontinuum; begründet in einem Menschenbild, das das erfahrbare, solidarische Handeln höher bewertete als Glaubensgrundsätze jeglicher Art.

Wer also Einblicke in ein nicht ganz alltägliches Konstanzer Familienleben nehmen will, wer neugierig ist auf das Arbeitsleben in untergegangenen und bestehenden Betrieben der Stadt, wer schon immer der Meinung war, die Gewerkschaften dürften ruhig mehr Einblicke in ihr Innenleben gewähren, wer Frauen in ihrem beständigen Ringen um die Gleichberechtigung begleiten will, wer einfach Freude am Wiederentdecken so vieler mehr oder weniger bekannter Konstanzer Persönlichkeiten, Straßen und Häuser hat, und wer schließlich den Traum von einer besseren Gesellschaft nicht aufgeben will, der oder die sollte diese Konstanzer Doppelbiographie lesen.

Ravensburg, 5.11.01

Gottfried Christmann
Vorsitzender der DGB Region Bodensee-Oberschwaben

Was ich mir 1994 vornahm

Ich schreibe. Ich, Vera Hemm, Jahrgang 1935, von Beruf Chemielaborantin, jetzt Rentnerin. Dabei weiß ich nicht, was bei dieser Schreiberei herauskommt. Ein Buch??? – Vielleicht.

Oft scherzte ich früher bei bestimmten Anlässen: Das landet mal in meinen Memoiren. Und manche Leute konnte ich mit diesem Ausspruch auch richtig erschrecken, wenn sie mich geärgert hatten. Nun schreibe ich tatsächlich. Ist es Übermut, Eitelkeit oder Größenwahn? Abrechnung gar?

Nichts von alledem. Ich schreibe, weil ich mein Leben nochmals an mir vorüberziehen lassen und einiges hinterfragen möchte. Nur meines? Da gibt es doch noch meine Eltern, meine Verwandtschaft, Freundinnen und Freunde. Vor allem gibt es aber eine Frau in meiner Familie, die manches erzählen könnte, wenn sie noch lebte: Johanna Hemm, meine Mutter, Kollegin, Genossin. Ja, ich möchte sie (sowie etliche andere Personen) unbedingt in meine Betrachtungen mit einbeziehen, ihr gewissermaßen »ein Denkmal setzen«. Zwei politisch engagierte Frauen in einer Familie, das könne eine spannende Geschichte werden, wurde mir gesagt, als ich noch in der Planungsphase meines »Werkes« war. Nun, ich werde sehen. Jedenfalls bin ich mit viel Freude dabei, wenn auch die ganze Sache für mich eine enorme Herausforderung bedeutet. Doch eine schöne Aufgabe für mein Rentnerinnendasein ist es allemal.

Ich schreibe aber auch, weil über das Leben von Arbeitnehmerinnen und Arbeitnehmern, über »unseren Stand«, viel zu wenig berichtet wird. Dabei haben wir, die sogenannten »kleinen Leute«, doch eine Menge erlebt. Vielleicht auch einiges bewegt. Warum sollten wir es nicht festhalten und der Nachwelt überliefern? Ist dieses Feld nur der »Prominenz« vorbehalten? Haben wir nicht ebenso unsere Themen, die es wert sind, niedergeschrieben zu werden?

Nicht zuletzt schreibe ich, um Mut zu machen: Mut zum Engagement, Mut zu Utopien, Mut, das eigene Leben nach eigenen Vorstellungen zu gestalten. Dabei möchte ich mich besonders an die Frauen richten, die sich immer noch (oder wieder?) zu oft ins (Schnecken-)Haus zurückziehen und zu vieles an die Männern verweisen. Ich will außerdem Frauen explizit durch die Schreibweise ansprechen, benütze der Einfachheit halber allerdings meist das »große I«, liebe LeserInnen.

Meine Aufzeichnungen sind sicher lückenhaft, auch persönlich gefärbt. Doch das gehört wohl dazu. Ich schreibe ja kein wissenschaftliches Werk.

Dennoch bemühe ich mich um eine realistische Darstellung der Lebensumstände, wofür ich mir manche Fakten durch Quellenstudium ins Gedächtnis zurückholen mußte. Das war nicht immer einfach, aber dafür sehr interessant. Ein kleines Stück Zeitgeschichte.

Über meine Familie, speziell über meine Mutter und mich zu schreiben, heißt also für mich, nicht nur Privates zu Papier zu bringen, es ist für mich vielmehr ein Anliegen, unsere (oft ähnlichen) Engagements auf den verschiedensten Ebenen aufzuzeigen, die uns gefordert und gefördert haben, die unser Leben manchmal schwierig, manchmal schön, vielfach aufregend, mit Sicherheit aber reich gemacht haben. Dennoch ist dieses Politische nicht vom Privaten zu trennen. Daher möchte ich auch etwas in der Vergangenheit meiner, unserer Familie kramen; viele Fotografien und Dokumente, viele Erzählungen anderer helfen mir dabei, mich zu erinnern. Und ich empfinde bei diesen Betrachtungen noch immer eine starke Verbundenheit mit der Welt meiner Familie, auch wenn, oder gerade weil ich nun deren letzter Sproß bin. Es war für mich immer wichtig zu wissen, wo ich herkomme, und ich habe das bis heute nicht vergessen. Ich denke, das ist gut so.

Vera Hemm

Wem ich was zu verdanken habe

Daß die Idee zu meinem »Werk« von mir kam und ich es selbst geschrieben habe, dürfte klar sein. Aber ich erhielt auch Unterstützung von manchen Seiten.

Begonnen hat alles, als ich Fritz Besnecker von meinem Vorhaben erzählte. Es gefiel ihm, und er sprach mit dem Historiker Dr. Alfred Frei, den er aus der Singener Geschichtswerkstatt kannte. Dieser schlug mir vor, mich mit Frau Dr. Ute Frevert, damals Professorin für Geschichte an der Universität Konstanz in Verbindung zu setzen. Von ihr hörte besonders motivierende Worte, u.a. den im Vorwort zitierten Satz von den zwei politisch engagierten Frauen in einer Familie... Es blieb aber nicht bei Worten. Ich durfte ihr sogar das allererste Skriptum, damals lediglich aus einem Teil bestehend, zur Begutachtung bringen. Sie gab es mir geradezu begeistert zurück, worüber ich sehr glücklich war. Lob aus so kompetentem Munde, das war schon etwas. Ich beherzigte ihre Worte: »Machen Sie weiter.« Als sie zur Universität Bielefeld wechselte, hielten wir unseren Kontakt weiterhin aufrecht, was schließlich zu dem wunderbaren Vorwort führte, das mein Buch so sehr aufwertet. Mit der Universität Konstanz brach die Verbindung allerdings nicht ab, denn Frau Frevert hatte mich an ihren Kollegen Dr. Lothar Burchardt, Professor für Geschichte, vermittelt, der mir mit vielen Ratschlägen, besonders in Sachen Kommunalpolitik weiterhalf und mir zudem drei informative Magisterarbeiten von Joachim Arndt, Susan Hunn und Rolf Lachenmaier überließ.

Ich klopfte auch bei gewerkschaftlichen Stellen an: Im Konstanzer DGB-Haus konnte ich auf dem Speicher, beim DGB-Landesbezirk Stuttgart im Archiv stöbern und bei der schon mit Fusionsgedanken befaßten Gewerkschaft Textil-Bekleidung gerade noch rechtzeitig beim damaligen Geschäftsführer der Verwaltungsstelle Albstadt Adolf Lederer wertvolles Material durchforsten, das zum Teil auf die Zeit meiner Mutter zurückging. Der ehemalige Bezirksleiter der Gewerkschaft Textil-Beleidung Willi Werner, der trotz seines Rentenstandes noch ab und zu im Stuttgarter Gewerkschaftsbüro Archivarbeit machte, stellte mir ebenfalls interessante Papiere zur Verfügung, und der DGB-Regionalvorsitzende Gottfried Christmann bedachte mich mit einem sehr schönen Vorwort.

Ebenso begegneten mir beim Recherchieren im Stadt- und Kreisarchiv in Konstanz, im Archiv des »Südkurier«, im Landesmuseum für Technik und Arbeit in Mannheim, im Staatsarchiv in Freiburg, im Bundesarchiv in Berlin und bei der Friedrich-Ebert-Stiftung in Bonn ausschließlich freundliche und hilfsbereite Menschen. Bei etlichen FreundInnen entdeckte ich außerdem »Kostbarkeiten«, so zum Beispiel bei Mali Eiche (Zell), bei Karl Hanauer, nicht zu vergessen im gut sortierten Archiv Besnecker. Daß mir Dr. Klöckler vom Stadtarchiv für das umfangreiche Quellenmaterial zu dieser Arbeit sowie für weitere geschichtrelevante Unterlagen ein Depositum ermöglichte, ist insofern wichtig, als »mein Fundus« dadurch einen richtigen, für Interessierte leicht erreichbaren Platz hat und nicht in meinem Keller versauert.

Auch bei dem Konstanzer Verleger Thomas Willauer hatte ich Glück. Er fand mein Projekt interessant, meinte jedoch anfangs: »Nun schreib' mal erst...« In der letzten Phase holte ich dann mehr und mehr seinen fachlichen (und beruhigenden) Rat. Da uns beiden aber nicht nur eine lokale Präsenz wichtig war, bemühte er sich um einen anderen, überregionalen Verlag und wurde fündig. So bin ich nun mit meinem Buch beim Pahl-Rugenstein Verlag in Bonn gelandet und fühle mich durch Arnold Bruns außerordentlich gut betreut.

Für das nicht immer problemlose Schreiben am PC hatte ich in Dr. Maik Schluroff eine professionelle und schnelle Hilfe, und für den Cover gelang Helga Stützenberger eine stilvolle rote Nelke.

Ebenfalls nützlich war mir das Korrekturlesen, wozu sich Dr. Arnulf Moser und Dr. Gert Zang vom »Arbeitskreis Regionalgeschichte Bodensee« sowie einige FreundInnen bereit erklärten, ein bei dem ursprünglich (noch) umfangreicheren Werk zeitraubendes Unterfangen.

Schließlich die »Öffentlichkeit«: zunächst mein (bescheidenes) Debüt im Konstanzer Palmenhaus (7. Juni 1997, veranstaltet von der »Wirkstätte« Konstanz), dann die Lesung anläßlich der Landesgartenschau in Singen im »Garten der Erinnerungen« (23. August 2000) sowie jene in der (überfüllten) »Bücherstube am See« bei Gudrun und Peter Neser in Konstanz (25. Oktober 2000).

Rückblickend war es also eine stattliche Zahl von Menschen, die mich bei meinem Experiment begleitet, ermuntert und unterstützt haben. Allen Genannten (und eventuell nicht Genannten) ein herzliches Dankeschön!

Vielleicht sollte ich zum Abschluß auch mir noch auf die Schulter klopfen, hatte ich mir doch Jahrzehnte lang eine einigermaßen ordentliche Ablage eingerichtet, aus der ich nun vieles, speziell für den dritten Teil meines Werkes, herauspicken konnte. Dabei entsprang das Sammeln nur meinem Ordnungssinn, ohne zu wissen, was daraus einmal werden könnte.

Inzwischen sind über sieben Jahre vergangen. Was relativ sorglos und spielerisch begann, artete besonders am Schluß in harte Arbeit aus. Aber ich habe es geschafft, das Schicksal war mir gnädig.

freundliche und hilfsbereite Menschen [illegible] behilflich [illegible] Kontrahenten, so zum Beispiel bei Mahlsdorf [illegible] bei Karl Hammer [illegible] Archiv [illegible] Dank an Dr. [illegible] für das [illegible] dieser Arbeit sowie für [illegible] zu Dokumenten ermöglicht [illegible] [illegible] nicht in meinen [illegible]

Auch bei dem [illegible] Verlag, Thomas Weiler [illegible] [illegible] [illegible] [illegible] [illegible] [illegible] [illegible] [illegible] beim Karl-Rauch-Verlag in Bonn [illegible] [illegible]

[illegible] [illegible] [illegible]

[illegible] Werk [illegible] [illegible]

[illegible] [illegible] [illegible] 23. Oktober 20[illegible]

[illegible] [illegible] [illegible]

Erster Teil

Alltägliches und Besonderes in unserer Familie vor und nach dem Zweiten Weltkrieg

Vor meiner Zeit

Einiges über meine Ahnen

Keine Angst, ich lege hier keine Ahnentafel vor! Ich will nur ein kleines Stück in die Geschichte meiner Eltern eintauchen und deren damalige Lebensumstände beleuchten, die ihre Kindheit und damit auch ihr weiteres Leben prägten.

Meine Mutter stammte, wie übrigens mein Vater auch, aus keiner reichen Familie. Mein Großvater mütterlicherseits, Johann Baptist Motz (1871-1911) aus Immenstaad, war Matrose, später Untersteuermann bei der Bodenseeschiffahrt. Seine Frau Christina, geborene Brodbek (1866-1937) kam aus Vöhringen bei Horb und war nicht berufstätig, solange er lebte. Meine Großmutter gebar drei Kinder: Anna Maria (1896-1985), meist nur Marie gerufen, Olga (1899-1953) und Johanna (1901-1971); sie brachte die Älteste aber bereits in die Ehe mit. Vor deren Einschulung gab mein Großvater auf der mir vorliegenden Geburtsurkunde zu Protokoll, daß er nicht »der Erzeuger des Kindes sei, ihm aber den Namen Motz erteile«.[1] Im Gegensatz zu den beiden nachgeborenen Schwestern blieb Marie evangelisch. Über diesen konfessionellen Unterschied machte ich mir zwar bereits als Kind meine Gedanken, begriff jedoch erst im Erwachsenenalter die Zusammenhänge.

Meine Großmutter hatte noch zwei Brüder, die ich niemals sah, Johannes und Andreas sowie eine jüngere Schwester Agathe (1869-1954). Letztere, Patin der ältesten Schwester meiner Mutter und daher nur »Gotte« genannt, gelangte irgendwann von Vöhringen nach Konstanz und blieb hier, zuerst in der Familie meiner Großeltern, dann auch bei meinen Eltern. Sie war unverheiratet und die einzige aus der Brodbekschen Sippe, die ich später richtig kennengelernt habe.

In der Familie meiner Großeltern mußte gespart werden. Trotzdem durften die drei Mädchen manchmal nach Vöhringen in die Sommerferien fahren. Das war aber nur möglich, weil die Verwandten meiner Großmutter Bauern waren, die Kinder bei sich unterbringen und verköstigen konnten und weil außerdem die Mädchen aufgrund der Beschäftigung meines Großvaters für die Fahrt dorthin eine Ermäßigung erhielten. Dabei war das Leben auf dem Land denkbar einfach. Von wegen Federbetten! Meine Mutter erzählte, daß sie auf für den Besuch allerdings frisch gefüllten Strohsäcken geschlafen hätten. Dennoch waren sie alle gerne dort.

Ich selbst durfte als Mädchen ebenfalls manchmal nach Vöhringen reisen, meist in Begleitung meiner Mutter. Wir wohnten dann wie früher die drei »Motz-Kinder« bei unseren Verwandten, der Familie Binder-Rauch. Es waren drei Frauen, die damals gemeinsam den kleinen Hof bewirtschafteten, und ich kannte sie alle noch: die »Ahne« Christina Rauch, eine Schwester meiner Urgroßmutter, ihre Tochter Ernestine Binder (1889-1974), wiederum deren Tochter Christine (geboren 1914) und schließlich noch ihr Sohn Ernst, Jahrgang 1936. Vier Generationen in einem Haushalt. Das beeindruckte mich sehr.

Tante Ernestine, deren Mann bereits mit 39 Jahren starb, hatte auch noch zwei Söhne: Fritz, der nur kurz lebte, und Ernst (1909-1998). Während meine Mutter diesem bereits als Kind bei ihren Ferienbesuchen begegnete, bekam ich selbst von ihm, der mittlerweile Pfarrer geworden und daher nicht mehr in Vöhringen ansäßig war, erst spät etwas mit. Ich traf ihn und auch seine Familie bei meinen gelegentlichen Besuchen in Vöhringen, vor allem bei Geburtstagen oder anderen Festlichkeiten.

Die Fahrt zur Verwandtschaft dauerte in meiner Kindheit mit dem Zug etwa einen halben Tag bis Sulz, dann mußte man eine Stunde zu Fuß gehen bis Vöhringen. Heute brauche ich mit dem Auto etwa eine gute

Drei Brodbeks: (v.l.n.r.) Christine (»Oma«), Andreas und Agathe (»Gotte«).

Stunde, großteils Autobahn, dann heißt es Ausfahrt Vöhringen, auf der Bundesstraße stehen sogar »Vöhringen Mitte« oder »Vöhringen Süd« zur Auswahl.

Meine inzwischen über achtzigjährige Tante Christine, die heute mit ihrem Sohn Ernst Binder und dessen Frau Gisela – deren Kinder Christina und Anja sind inzwischen verheiratet und ausgezogen – noch immer in Vöhringen in demselben, allerdings umgebauten Haus wie damals wohnen, besuche ich noch heute sehr gerne. Da wird nicht nur gut gegessen, da wird auch viel von früher geredet, daß die Familie einfachst leben mußte, die Konstanzer Verwandten aber trotzdem bei ihnen stets gern gesehen waren. So fuhr früher auch Tante Olga, die Schwester meiner Mutter, gelegentlich zum Nähen nach Vöhringen und blieb einige Tage, bis alles aufgearbeitet war. Daß sie dann allerhand an Naturalien, Speck, Eier, selbst hergestellte Butter, mit nach Hause brachte, war klar.

Wie Tante Christine mir berichtete, erhielten während der Nazi-Zeit auch manchmal ZwangsarbeiterInnen aus Oberndorf oder Sulz heimlich bei ihnen ein kleines Zubrot, was nicht ungefährlich war, da ein Teil der weiteren Verwandtschaft wie auch Vöhringen selbst von den braunen Ideen stark geprägt waren.

Bei Tante Christine an ihrem 80. Geburtstag (1994).

Oft sprach Tante Christine von der schwierigen Zeit, als sie auf dem Hof noch Selbstversorger waren und kaum Geld zum Einkaufen hatten. Da habe manche Frau zwei Eier gegen eine Portion Hefe getauscht, um überhaupt Brot backen zu können. Trotzdem kamen während des Zweiten Weltkriegs und in der ersten Nachkriegszeit bisweilen Päckchen aus Vöhringen mit eigenen Erzeugnissen zu uns nach Konstanz. In der Weihnachtszeit war immer das beliebte »Hutzelbrot« dabei, ein Früchtebrot, schwarz durch die getrockneten Birnen, »Hutzeln«, und Pflaumen. Nüsse wurden ebenfalls verwendet, aber Feigen oder Datteln fehlten. Es wurde eben nur das verwertet, was man selbst geerntet hatte.

Das Backen spielt auch heute noch eine Rolle bei »den Binders«. Wenn ich nach Vöhringen komme, sagt Tante Christine oft: »I hon scho toaget.« Und ich merke an der Wärme in der Küche und an dem Duft im Haus, daß der Hefeteig bereits am Gehen ist, woraus dann ein herrlicher Zopf oder köstliche »Ringle« gezaubert werden, die – ofenfrisch gegessen – zwar nicht sehr gesund sind, aber um so besser schmecken. Ich kann mich dabei kaum zurückhalten, und Tante Christine freut sich über meinen Appetit. Noch könne sie »hefle« (einen Hefeteig zubereiten), betont sie, die die Arbeit ohnehin nie gescheut hat.

Johanna

Meine Mutter, meist nur Hanna genannt, wurde am 12. Oktober 1901 in Konstanz geboren. Sie erzählte mir später, ihr Vater hätte als drittes Kind gern einen Sohn gehabt, aber auch eine Hanna war ihm dann wohl recht. Doch er habe sie oft »Hans, mein Sohn«, genannt. Es ist mir noch ein Sprüchlein überliefert, das er ab und zu zitiert haben soll:

»Hans, mein Sohn, was machst Du da?
Vater, ich studiere.
Hans, mein Sohn, das kannst Du nicht!
Vater, ich probiere.«

Das könnte auf meine Mutter durchaus zutreffen. Sie war stets wißbegierig und forderte sich selbst immer wieder, in ihrem ganzen Leben und oft trotz widriger Umstände.

Die Familie meiner Großeltern wohnte zunächst in der Salmannsweilergasse 14, später in der Zogelmannstraße 18. Wie meine Mutter mir sagte, wurden sie und ihre Schwestern ziemlich streng erzogen. So habe mein Großvater die Töchter nur entsprechend anschauen müssen, dann sei ihnen der Ernst der Situation klar gewesen. Und wenn es schon mal Prügel gegeben habe, was sehr selten gewesen sein soll, so seien alle drei dran gekommen, egal wer von ihnen die Schuldige war.

Dem Erzählen nach war meine Mutter eine gute, ich glaube auch ehrgeizige Schülerin. Ich entnehme das ihren mehrfachen Äußerungen, daß sie sehr ärgerlich gewesen sei, in ihrem Entlassungszeugnis Ostern 1916 nach dem achten Schuljahr in »Schönschrift« nur die Note »Eins-bis-Zwei« erhalten zu haben; sonst seien es im Zeugnis lauter »Einser« gewesen. Als Entlassungsandenken bekam sie damals »Schillers Werke«, einen kleinen, aber dicken Band, der noch heute in meinem Bücherregal steht.

Meine Mutter war, so wie ich sie kannte, vollschlank, hatte dunkles, meist kurzes Haar und schminkte sich nie. Dennoch war sie sehr auf ihr Äußeres bedacht, ohne sich Extravaganzen zu leisten. Das wäre schon aus finanziellen Gründen nicht machbar gewesen. Ihrem Wesen nach war sie fröhlich, kontaktfreudig und hilfsbereit, und, wie sich erst später herausstellte, sehr konsequent und kämpferisch.

In einem Punkt scheint mir aus heutiger Sicht die Familie meiner Großeltern fortschrittlich gewesen zu sein, weil nämlich den Mädchen bereits eine Ausbildung gestattet wurde: Marie lernte in einem Büro, Olga wurde Damenschneiderin, nur bei Johanna war eine richtige Lehre nicht mehr

Olga und Johanna als junge Frauen (v.l.n.r.).

Mein Vater »dehoim« in Hayingen (50er Jahre).

realisierbar, weil mein Großvater inzwischen starb. Zunächst nahm sie aber noch Abendunterricht in Stenografie, Maschinenschreiben und Buchführung, bekam auch eine Stelle als Bürohilfe, wurde jedoch bald arbeitslos. Schließlich hatte sie nur noch die Möglichkeit, sich in der Klosterschule im Nähen zu üben, was sie in ihrer ferneren Zukunft dann noch vervollkommnen konnte – bei Akkordarbeit in der Kleiderfabrik Friedrich Straehl in Konstanz.

Vorher ging meine Mutter aber in die Schweiz nach Heiden und Buchs »in Stellung«, wie es damals hieß, wo sie das Kochen erlernte. Unsere Familie hat später davon sehr profitiert: Sie war eine ausgezeichnete Köchin. Anfang der zwanziger Jahre kehrte meine Mutter wieder nach Konstanz zurück. In dieser Zeit begegnete sie erstmals meinem Vater Johann Baptist, meist nur Hans genannt, beim Tanzen.

»De Hemme Hanne«

Mein Vater stammte »von d'r Alb«, wie er immer sagte und zwar aus Hayingen, in der Nähe von Zwiefalten. Hayingen habe man bereits früh Stadtrechte verliehen, erzählte mein Vater oft voller Stolz, trotzdem blieb es noch lange sehr dörflich und sollte für uns deshalb in der Nachkriegszeit von Nutzen sein. Hayingen war, wie auch das bereits genannte Vöhringen, keine Bahnstation. Mit dem Zug konnte man bis Rechtenstein fahren und hatte dann bis Hayingen noch etwa zwei Stunden zu Fuß zu gehen. Mit etwas Glück erwischte man das Milchauto oder ein Pferdefuhrwerk. Und heute? Gute zwei Stunden per Auto von Konstanz aus.

In der Nachkriegszeit wurde Hayingen bekannt durch das Naturtheater, einer Freilichtbühne in einem idyllischen Tal. Die SchauspielerInnen waren Laien, oft Gesangvereinsmitglieder. Einige Aufführungen haben meine Eltern und ich gesehen, und wir hatten viel Spaß dabei, wie sich allgemein dieses Naturtheater bis heute großer Beliebtheit erfreut.

Von der Familie meines Vaters weiß ich nicht sehr viel aus persönlichem Erleben, obwohl wir später oft in Hayingen waren und auch etwas Familienforschung trieben. So schickte mir 1968 der damalige Bürgermeister einen Auszug aus dem Familienregister, so daß mir zumindest einige Daten der Familie vorliegen: Mein Großvater Anton Hemm lebte von 1868 bis 1912, war Bäcker(meister?) in Hayingen, seine Frau Kreszentia, geb. Pfister, lebte von 1863 bis 1922. Ihre Heirat war 1895. Sie hatten insgesamt sechs Kinder. Drei starben bald nach der Geburt, die drei weiteren Kinder waren: Anna (1897-1969) und Bertha (1900-1966), dazwischen kam mein Vater Johann Baptist am 22. Januar 1898 zur Welt. Alle drei wurden römisch-katholisch getauft.[2] Meinen Tanten Anna (verh. Eckstein) und Bertha (verh. Hofmann) begegnete ich im Laufe meines Lebens mehrfach. Tante Anna hatte drei Kinder, von denen ich nur Emilie in Erinnerung habe, Tante Bertha hatte einen Sohn namens Heinz. Wir standen in keinem sehr engen Kontakt zueinander; inzwischen lebt niemand mehr von ihnen.

Von Vaters Verwandtschaft in Hayingen waren mir am ehesten seine Cousinen ein Begriff, bei denen wir später gern gesehene Gäste waren und auch immer Quartier fanden, vor allem bei Cäcilie Bader, für mich Tante Cilly. Sie wohnte mit ihrem Mann Josef, »dem Flaschner« (Installateur), in einem kleinen Haus mit Werkstatt, die sich in der nächsten Generation zu einem ansehnlichen Geschäft entwickelte.

Mein Vater besuchte, wie auch seine beiden Schwestern die Hayinger Dorfschule, in der mehrere Klassen gemeinsam unterrichtet wurden. Von seinen Leistungen fiel dem Lehrer damals speziell Vaters schöne Stimme auf, und er schlug eine musikalische Ausbildung für ihn vor, aus der freilich nichts wurde, da kein Geld vorhanden war und die Eltern meines Vaters relativ früh starben. So machte mein Vater eine Lehre und wurde Schneider.

Danach ging mein Vater in die Fremde, zuerst nach Friedrichshafen und landete schließlich in Konstanz, wo er noch die Meisterprüfung ablegte. Zu Beginn seiner Konstanzer Zeit war er Mitglied im katholischen Gesellenverein, der Kolping-Familie, und hatte dort einige Freunde, wie ich vom meinem Vater selbst sowie durch Fotografien erfahren habe.

In Konstanz arbeitete mein Vater anfangs in einer kleinen Schneiderei, dann zehn Jahre im Konfektionshaus Merkur (Bodanplatz), dessen jüdische Besitzer Hermann und Isi Simon 1936 emigrieren mußten. Mein Vater blieb weiter bei deren Nachfolger, der Firma Bredl bzw. Spring als »Groß- und Kleinstückschneider« und die Firma Spring bescheinigte ihm neben dem Prädikat »tüchtiger, gewissenhafter Arbeiter« außerdem, er habe sich »während der ganzen Zeit seinen Arbeitskameraden wie auch dem Betriebsführer gegenüber stets als charakterfester Mensch erwiesen«.[3]

Im Jahr 1936 wechselte mein Vater zur Firma Holzherr als »Änderungsschneider und Abstecker« und erhielt 1938 ein Zeugnis, in dem es u.a. hieß:

»... Herr Hemm beherrscht sein Fach gründlich, besonders liegen ihm die schwierigen Fälle, die er jederzeit mit großer Sicherheit meisterte; er verläßt uns auf eigenen Wunsch, wir waren mit seinen Leistungen jederzeit zufrieden...«[4]

Später erlebte ich selbst, wie gut mein Vater sein Handwerk beherrschte. Da mußte alles genau sitzen. So war er zum Beispiel beim Einnähen der Ärmel in einen Sakko besonders penibel. Es durften sich keine zusätzliche Falten bilden, beide Ärmel mußten schön und gleichmäßig aussehen. Er stand manchmal lange vor dem Spiegel, änderte, steckte, nähte und – schimpfte, bis das Werk ihm endlich gefiel. Alles mußte korrekt sein. Das beeindruckte mich und ich erinnere mich, wie ich im Kindesalter bei einem kleinen Wortgeplänkel mit meinen Freundinnen lautstark verkündete: »Ätsch, i bin äbe s'Schneiders Töchterle!« Ja, wofür ein solides Handwerk alles gut ist! Aber damals war es mein ganzer Stolz auf den Papa.

Den Fotografien nach zu schließen, war mein Vater vor dem Krieg ein stattlicher Mann, mittelgroß, mit dichtem, welligen Haar. Zeitweise hatte er einen kleinen Bauchansatz. Ich habe ihn allerdings nicht mehr so füllig in Erinnerung. Außerdem hatte mein Vater sehr schöne Hände. Einen Ring habe ich nie an seinen Fingern gesehen, auch nicht den Ehering. Meine Mutter erzählte mir, daß daraus in den Kriegsjahren für seine Zähne eine Goldkrone gemacht wurde und daß sie zu dieser Umarbeitung sogar ihre Einwilligung erteilen mußte.

Mein Vater bei der Arbeit in einer »Schneiderbude« vor dem Krieg (hintere Reihe, rechts).

Meine Eltern und die Wohnung in der Laube

Johann und Johanna heirateten am 17. Mai 1924 in Konstanz. In der Bescheinigung der Eheschließung stehen im Familienbuch außer den Namen meiner Eltern noch ihre Berufe, Schneider bzw. Näherin, die Wohnung, Obere Laube 11 (heute Nr. 61), die Religion römisch-katholisch und die jeweiligen Eltern. Für meinen Vater wurde außerdem noch »Württbg. Staatsangehöriger« eingetragen. Die Bescheinigung der kirchlichen Trauung blieb leer, sie fand nicht statt, obwohl beide erst 1926 aus der Kirche austraten.[5] Die zwei Schwestern meiner Mutter, die vor ihr heirateten, wurden noch kirchlich getraut, so daß sich die Hochzeit meiner Mutter davon etwas abhob.

Nach der Heirat wohnten meine Eltern mit meiner Großmutter und deren Schwester zusammen. Die Tradition des gemeinsamen Haushaltens setzte sich also von Motz zu Hemm fort. Das war sicher aus finanziellen Gründen so organisiert worden, denn die beiden »alten Damen« hatten keine großen Einkünfte. Meine Oma ging manchmal zum Wäschewaschen zu anderen Leuten, hauptsächlich aber zum Servieren ins »Engstler« (»Engstlers Biergarten«, heute Standort des Tertianums), Gotte putzte die Synagoge und machte zeitweise Heimarbeit: Sie umsäumte Taschentücher. Beide Frauen hätten, auf sich allein gestellt, sicher schlechter leben müssen als im Familienverbund, obwohl auch dieses Leben nicht immer konfliktfrei ablief, wie ich später selbst mitbekam.

Von der Wohnung in der Oberen Laube, die nach der Machtergreifung der Nazis in Robert-Wagner-Straße umbenannt wurde, ist mir noch einiges im Gedächtnis. Unser Hausherr war der Sattler Siegler, der im Hof seine Werkstatt hatte, weshalb über dem großen Eingangstor ein modellierter Pferdekopf angebracht war. Links vom Hauseingang befand sich eine kleine Mangel-Stube, »d'Mange«. Natürlich handelte es sich dabei nicht um eine elektrisch betriebene Heißmangel, sondern lediglich um ein riesiges und kompliziertes Holzgestell, in das die Mangelwäsche auf Rollen eingelegt, wieder entrollt und gepreßt wurde, ein Vorgang, der sich durch Hin- und Herschieben der Rollen mehrfach wiederholte. Der Transport erfolgte manuell über eine seitliche angebrachte große Kurbel, die ziemlich schwer zu bewegen war und dabei seltsame, ächzende Töne von sich gab. Manche Leute ließen mangeln, andere schafften selber. Meist waren mehrere Frauen beteiligt: Eine richtete vor, eine drehte, und auch geschnattert wurde dabei immer viel.

Da unsere Wohnung ziemlich groß war, hatten wir einen Untermieter. Dadurch wurde die Miete mitfinanziert. Als ich 1935 auf die Welt kam, wurde das Zimmer des Untermieters aber nicht etwa für mich zum Kinderzimmer umfunktioniert; nein – der Untermieter blieb in unserer Wohnung, und mein Kinderbett wurde ins Elternschlafzimmer gestellt.

Die Wohnung in der Oberen Laube war nicht sehr komfortabel. Die Zimmer hatten zwar große Fenster, aber die Küche war dunkel. Daran schloß sich unmittelbar die Toilette an, beides nach hinten zum Hof, wie auch das gemeinsame Zimmer von Oma und Gotte. Ein Bad gab es nicht. Aber eine »Altane«, eine Art Dachgarten, auf die wir ab und zu hinaufstiegen. Heute ist sie allerdings nicht mehr vorhanden, sie wurde in ein Dachgeschoß umgebaut.

Ich kann mich gut an unsere Straße, die Laube, entsinnen, die zu meiner Kindheit tatsächlich eine solche war: Riesige Linden- und Kastanienbäume wuchsen auf dem Mittelstreifen, dazwischen ein Gehweg mit Kies und grün gestrichenen Bänken, deren Lehnen man über ein Scharnier leicht vor- oder zurückkippen konnte. Während der »Konstanzer Messe«, einer Art Jahrmarkt, war die Laube vom Döbele bis zur Wallgutstraße Standort für viele Verkaufsbuden, an denen die unterschiedlichsten Dinge feilgeboten wurden – im Krieg freilich in geringerem Umfang. Ich erinnere mich gern an die Rundgänge, die ich als Kind bei den Holzbuden gemacht habe. Aber nicht nur von mir, auch von meiner Mutter wurden die Stände aufgesucht, die damals auch von renommierten Konstanzer Geschäftsleuten betrieben wurden. Da lockte so manches preiswerte Angebot, und es war überhaupt kein Minuspunkt, wenn etwas »uff de Mess« gekauft wurde.

Die liebe Verwandtschaft

Meine Eltern waren durch den gemeinsamen Haushalt mit meiner Oma und Gotte manchmal etwas belastet. Die mittlere Schwester meiner Mutter, Olga, hatte es einfacher. Sie konnte nach ihrer Heirat mit Fritz Bächler (1899-1959), einem Mechanikermeister, einen eigenen Hausstand in Konstanz gründen und lebte am sorgenfreiesten von den drei Schwestern. Onkel Fritz arbeitete bei der Standard-Zahnfabrik in der Reichenaustraße 150 (heute Dentsply De Trey), verdiente gut, und Tante Olga konnte nebenbei noch etwas nähen. Sie hatten im hinteren Fabrikgebäude im Dachgeschoß eine Werkswohnung sowie einen schönen Garten. Desweiteren waren schon damals eine Werkskantine und sogar ein Tennisplatz für Werksangehörige vorhanden. Auch mein Onkel spielte manchmal Tennis, und ich bekam oft ausrangierte Tennisbälle geschenkt. Die beiden besaßen außerdem bald nach ihrer Heirat ein Motorrad und konnten es sich leisten, ab und zu damit in Urlaub zu fahren. Das war damals schon etwas!

Die Bächlers, deren Ehe zu ihrem Leidwesen kinderlos blieb, hatten zu meinen Eltern einen herzlichen Kontakt, der sich auch später auf mich übertrug. Und da sie immer in Konstanz lebten, konnte ich ihn stets richtig genießen. Ich war fast so etwas wie »ihr Kind«. Wie eng die Bindung war, zeigt eine kleine Episode: Mein Onkel hatte braune Augen wie mein Vater. Immer wenn ich als Kind gefragt wurde: »Von wem hast Du Deine Augen?« antwortete ich stolz: »Vom Onkele«, und ich freute mich riesig, wenn alle Leute dann lachten, ohne freilich zu begreifen, warum sie sich so erheiterten.

Onkel Fritz konnte gut fotografieren und ebenso gut malen, was er allerdings nur für den Privatgebrauch tat. Für meine Eltern schuf er zu ihrer Silberhochzeit 1949 ein schönes Ölgemälde: Baumblüte in Hagnau mit dem Säntismassiv im Hintergrund. Das Bild schmückt noch heute mein Wohnzimmer; ich halte es hoch in Ehren.

Die älteste Schwester meiner Mutter, für mich immer Tante Mariele, heiratete einen Bergmann, Albert Wenk, und zog nach ihrer Hochzeit mit ihm ins Westfälische, nach Hamm. Sie bekamen zwei Kinder: Gisela (1920) und Wolfgang (1923). Trotz der weiten Entfernung pflegten meine Eltern die Verbindung nach Hamm. Aber da war noch etwas, was diesen Kontakt intensivierte: Onkel Albert war Kommunist, und das blieb nicht ohne Einfluß auf meine Eltern. Trotzdem oder vielleicht gerade deshalb haben sie immer mit größter Hochachtung von ihm gesprochen, sie haben mitgelitten, als er in den zwanziger Jahren wieder einmal arbeitslos oder krank war. Da gingen zahlreiche Päckchen nach Norden, jedoch immer erst nach dem Zahltag.

Meine Eltern unterstützten Wenks noch in anderer Weise: So durften die zwei Kinder in den dreißiger Jahren schon mal nach Konstanz in die Ferien kommen, mußten allerdings die lange Reise von Hamm an den Bodensee ohne elterliche Begleitung durchstehen, aus finanziellen Gründen natürlich. Dabei wurden ihnen, wie mir meine Mutter erzählte, Plakate um den Hals gehängt, auf denen stand: »Wir fahren nach Konstanz – Wir müssen brav sein – Bitte helfen sie uns.« Um die Familie in Westfalen zu entlasten, nahmen meine Eltern sogar Wolfgang für eine längere Zeit bei sich auf, wozu glücklicherweise auch die Bächlers einiges beisteuerten.

An Onkel Albert kann ich mich persönlich nicht entsinnen, ich kenne auch keinerlei Daten von ihm. Ich weiß nur, daß er relativ früh starb. An Wolfgang habe ich nur vage Erinnerungen, um so mehr an Tante Mariele und Gisela. Wir schrieben uns gegenseitig oft, wobei Tante Mariele in fast jedem Brief über eine andere Krankheit klagte. Meine Mutter meinte dazu immer: »Die Marie überlebt uns noch alle.« Und so sollte es dann auch mal kommen.

Tante Mariele, nach dem Krieg bei den Stadtwerken in Hamm angestellt, verbrachte manchmal ihre Ferien bei uns. Dann besuchte sie ihre ehemaligen Schulkameradinnen und Freundinnen, spazierte in die Schweiz oder verweilte gern am Hafen oder im Stadtgarten beim Konzert. Sie war nämlich sehr musikalisch, liebte Opernmusik und besaß eine recht schöne Stimme. Tante Mariele hatte ein etwas seltsames Hobby: Sie schnitt aus Illustrierten alles Mögliche aus – Blumen, sinnige Sprüche – und bastelte damit kleine Tisch- oder Briefkärtchen, die sie dann verschenkte. In jedem ihrer Briefe lagen solche Basteleien; manchmal konnte man sie sogar brauchen.

Wenn meine Mutter in späteren Jahren zu einer Konferenz oder Schulung in den Norden zu fahren hatte, schaute sie immer mal bei ihrer

»Prost Schwager!« Mein Vater und mein Onkel Fritz (20er Jahre).

Schwester vorbei, auch wenn damit ein Umweg auf eigene Kosten verbunden war und wir in Konstanz länger auf ihre Rückkehr warten mußten. Dafür brachte sie uns meist etwas Schönes aus der Großstadt mit. Möglicherweise spielte bei einem solchen Besuch für meine Mutter auch die Erinnerung an ihren Schwager Albert eine Rolle, den sie noch postum wegen seiner politischen Einstellung sehr hoch achtete. Auf Tante Mariele selbst hatte die kommunistische Überzeugung ihres Mannes längst nicht den Einfluß gehabt wie auf meine Mutter. Während der Nazi-Zeit stand sie zwar stets zu ihm, aber nach dem Krieg erlebte ich sie eher als unpolitische Frau. Daß sie sich gewerkschaftlich in der DAG organisierte und nicht in einer DGB-Gewerkschaft, war für meine Mutter und später auch für mich völlig unerklärlich.

Eine ebenfalls wichtige Verwandte war die bereits erwähnte Schwester meiner Großmutter, die von allen und jedem mit dem Namen Gotte angeredet wurde. Unsere Bekannten und alle meine Freundinnen, sagten Gotte zu ihr und duzten sie. Manche sprachen sie sogar mit »Ihr« an. Viele wußten nicht einmal ihren richtigen Namen. Für mich war sie wie eine gute Oma, eine kleine, untersetzte Frau ohne Zähne, rotbackig, mit schütterem Haar, woraus sie sich und später ich ihr ein Zöpfchen flocht und zum »Nest« hochsteckte. Sie war fröhlich und immer mit etwas beschäftigt, am liebsten strickte sie Strümpfe. Aber sie kochte auch ab und zu – ihre Schupfnudeln sind mir in bester Erinnerung – und erledigte, so lange sie körperlich dazu in der Lage war, viel Hausarbeit. Für uns eine große Unterstützung. Regelmäßig einmal im Jahr fuhr sie nach Vöhringen. Manchmal durfte ich sie begleiten, was mir sehr gefiel. Wir hatten überhaupt ein sehr gutes Verhältnis zueinander.

Gotte war religiös und eine eifrige Kirchgängerin. Sie las oft in der Bibel. An hohen Feiertagen wollte sie besonders fein aussehen und ich mußte ihr helfen, einen schwarzen Spitzeneinsatz an ihrem Ausschnitt zu befestigen. So züchtig zugeknöpft ging sie dann zur Kirche. Wenn Gotte wieder zurückgekehrt war, reichte es noch, daß sie den für das Sonntagsessen obligaten Kartoffelsalat zurechtmachte, zu dem es in den guten Zeiten meist irgendeinen Braten gab.

Ab und zu bekam Gotte Besuch von Herrn Pfarrer Lorenz. An manchen Geburtstagen wurde ihr sogar von kirchlicher Seite, meist von einer Jugendgruppe, ein Ständchen gebracht, worüber wir alle gerührt waren.

Gotte war sehr geduldig, konnte aber auch schon mal schmollen, zum Beispiel wenn wir an Feiertagen etwas arbeiteten. Da sagte sie nur: »Etz sei nu so guet...«, und dann wußten wir, was zu tun war.

Wolfgang Wenk als kleiner Junge, wohlbehütet von seiner Konstanzer Verwandtschaft (20er Jahre).

Eine Verwandtschaft, zu der wir eine besonders starke Bindung hatten, war Tante Claire (1903-1983) aus St. Gallen. Ihr Vater Karl, Steinmetz von Beruf, und mein Hayinger Großvater waren Brüder. Tante Claires Mutter stammte aus dem Schwäbischen. Die Heirat der beiden fand aber in St. Gallen statt. Dort wurde 1898 Johann Georg, genannt Karl, und am 15. März 1903 Klara Katharina geboren. Mit der Zeit wurde »s'Klärle« daraus, sie schrieb sich aber später lieber Claire. Für mich war sie immer Tante Claire und eine ganz besondere Frau, worüber später noch zu berichten sein wird. Und ich war schon als kleines Mädchen ihr »Pfüderli«.

Übrigens heiratete Karl Hemm ebenfalls in St. Gallen, ebenfalls eine Schwäbin; ihre drei Kinder Karl Stefan, Johann Georg und Kurt wurden

Als meine Eltern noch noch keine Eltern waren (1934).

in St. Gallen geboren. Erst in den dreißiger Jahren siedelte die junge Familie »ins Reich« nach Meckenbeuren, wo Onkel Karl ein Baugeschäft betrieb. Tante Claire sowie meine Eltern konnten diesen Umzug nicht begreifen – angesichts der sich anbahnenden Entwicklung in Deutschland. Über die Hintergründe erfuhr ich nichts, auch später nicht bei den gelegentlichen Treffen. Ich wagte aber nie nachzufragen, obwohl es mich schon interessiert hätte: Warum zieht man aus der ruhigen Schweiz ins gefährliche Deutschland?

Was die Verwandtschaft anbelangte, so hatten meine Eltern und ich ein ziemlich ausgeprägtes »Sippengefühl«. Wir pflegten den verwandtschaftlichen Kontakt, soweit es möglich war, und zwar sowohl zu den Hemms (Hayingen, Stuttgart, St. Gallen, Meckenbeuren) als auch zur mütterlichen Linie, wobei sich diese allerdings auf die Geschwister meiner Mutter mit Familien und auf die Vorfahren in Vöhringen beschränkte. Die Linie meines Großvaters, die Motzsche, blieb aus mir nicht bekannten Gründen für uns im Abseits.

Die zwei Josefs und ihre Familien

Meine Eltern hatten eine Menge Bekannte und Freunde, die vorwiegend zur linken Szene zählten, die wichtigsten waren dabei die zwei Josefs: der »Sepper« und der »Sepple« mit ihren jeweiligen Familien. Ich kannte beide seit meiner Kindheit. Sie gehörten einfach zu uns. Diese Freundschaften waren zwar stark politisch orientiert – beide Josefs waren Kommunisten –, aber alle Beteiligten verstanden sich auch privat so gut, daß die engen Beziehungen und besonders die Treffen, die ab den siebziger Jahren unter der »Freitagsrunde« in die Familiengeschichte eingingen, bis zum Tod der Beteiligten fortbestanden.

Josef Neser (1904-1988) – eigentlich gelernter Maschinenschlosser, zeitweilig auch Kraftfahrer – war nach dem Krieg in die »Bücherstube am See« eingetreten. Allerdings lag sie seit 1938 nicht mehr an der Marktstätte (»am See«), sondern in der Kreuzlingerstraße, wo sie sich noch heute befindet und von Peter und Gudrun Neser geführt wird. Der Schriftsteller Manfred Bosch schreibt über die Bücherstube u.a.:

»... Sie hatte Leser zu Kunden, die an neuen literarischen Entwicklungen interessiert waren – unter ihnen nicht zu übersehen eine starke jüdische Käuferschaft...

... Nach 1933 wurde die Bücherstube zu einem Treffpunkt oppositionell Gesinnter. Die Buchhandlung war dafür bekannt und ihre Besitzer deshalb besonders gefährdet...«[6]

Natürlich kauften wir unsere Bücher ausschließlich bei Sepper, schauten aber ab und zu auch nur zu einem Schwätzchen ins Geschäft, und meist traf man dort weitere Bekannte. In der Zeit des Kalten Krieges war uns die Bücherstube außerdem eine Hilfe beim Verteilen der »Deutschen Volkszeitung«, einer damals bundesweit erscheinenden linken Wochenzeitung: Die für einige Konstanzer Abonnenten vorgesehenen Exemplare kamen zuerst in die Bücherstube und wurden dort von meinen Eltern oder mir abgeholt und dann erst weiter verteilt. Damit war nicht nur die korrekte und, was in dieser Zeit nicht unwichtig war, die offiziell nicht registrierbare Belieferung der AbonnentInnen gewährleistet, sondern auch der wöchentliche Besuch beim Sepper.

Seit ich denken kann, sind wir mit Nesers befreundet. Wir gingen oft zu ihnen in die Rosgartenstraße, zu Feiertagen oder einfach so, ohne Anlaß. Oder auch, wenn etwas Politisches zu besprechen war. Denn Sepper war ein wichtiger Genosse. Manche KP-Sitzung fand in der Nachkriegszeit in Nesers Wohnzimmer statt, wobei Seppers Frau Mathilde (1913-1994) meist nähend oder strickend daneben saß als stille Teilnehmerin (und Gastgeberin), was ganz normal war. Nach dem Verbot der KPD 1956 galten aber andere Gesetze, da wurde Mathilde sogar einmal aus ihrem eigenen Wohnzimmer hinauskomplimentiert!

Zu Seppers achtzigstem Geburtstag kreierte ich ihm eine kleine Laudatio, die ihn, den bereits Erkrankten, sehr freute. Darin hieß es u.a.:

»... Er sagt, und das nicht immer leis,
Er sei ein müder, alter Greis
Und schlürft drauf, wie könnt's anders sein
Genüßlich seinen roten Wein...
... Erst nach dem Kriege kam er mir
Als ›Onkel Sepp‹ in mein Revier.
Wie oft man da zusammensaß
Im Haus in der Rosgartenstraß',
Wo man politisch und privat
So manches ausgehechelt hat.
Man redete und saß und saß.
Zunächst macht' es dem Sepper Spaß.
Doch ging's zu lang, riß die Geduld
Und Sepp hat einfach ›aufgestuhlt‹
Und war mit seinem Spruch zur Stelle:
›Die Leut', die werret hom etzt welle!‹...
... Manchmal gab's in der schlechten Zeit
Zum Feiern auch Gelegenheit,

Nämlich dann, wenn irgendwer
'Nen warmen Regen schickte her
In Form von Fleisch und auch von Wein,
So daß man satt und froh konnt' sein...«

Und da neben Seppers Geburtstag gerade auch Nesers goldene Hochzeit gefeiert wurde, bekam auch Mathilde von mir ihren Part ab:

»... Leicht hatte sie's wohl mit ihm nie,
Doch die Mathilde wußte, wie
Sie ihren Sepp zu nehmen hatte.
Denn oft war er ein ›Kog‹, der Gatte.
Sie konnt' sich stets Gehör verschaffen;
Man hat als Frau ja seine Waffen!
Und setzt man sie entsprechend ein,
Kann dieses nur von Nutzen sein.
Ich spreche von der Kochkunst hier
Oder – na – was dachtet ihr?...«

Damit bin ich – wie sagte Sepper immer? – bei »Mathilde, was mein Weib ist«, einer sehr attraktiven Frau, hervorragenden Köchin und modisch versierten Damenschneiderin. Ihr Handwerk half besonders über die Nachkriegszeit hinweg, als sie »Besatzer-Frauen« als Kundinnen hatte und dafür manchmal mit Naturalien entlohnt wurde.

Der nächste Josef war »Sepple« Seifritz (1904-1990). Mit ihm und seiner Familie verband uns ebenfalls eine langjährige Freundschaft. Seifritzens wohnten bis in die Nachkriegszeit in der Dacherstraße, nicht weit von uns. Da war manchmal ein Abendspaziergang fällig, der dann unwillkürlich in eine politische Besprechung ausuferte.

Sepple hatte acht Geschwister. Seine Familie stammte aus Zürich, wo sein Vater einen Preßhefe-Vertrieb besaß. Nach dessen frühem Tod wurde die Familie aus der Schweiz ausgewiesen und kam schließlich nach Konstanz. Sepple erzählte später, daß er als Kind zur Entlastung der Familie (»ein Esser weniger«) zu Bauern »über den See« geschickt wurde, um dort als billige Hilfskraft Kühe zu hüten, wie es damals vielen sogenannten »Schwabenkindern« erging.

Sepple, später Installateur und bei der Stadt beschäftigt, verlor als Kommunist in den dreißiger Jahren seine Anstellung und hatte des öfteren die Gestapo bei sich »zu Gast«. In den letzten Kriegsjahren war er stark in den Widerstand im Konstanzer Raum eingebunden, worüber ich einiges – allerdings viel zu wenig! – erfahren konnte. Aber immerhin weiß ich aus authentischer Quelle, daß Sepple Seifritz einer derjenigen war, die nächtelang an der Rheinbrücke wachten, um deren von den Nazis geplante Sprengung zu verhindern. Dafür gebührt ihm heute noch Dank!

Diese Aktionen werden auch in einem kleinen Geschichtsband von Agnes Dietrich gewürdigt, allerdings ohne Namensnennung:

»... Schon im Februar und März 1945 hatten sich mutige Bürger zu einer Widerstandsbewegung gegen die Willkürmaßnahmen der damaligen Machthaber zusammengefunden. Sie wußten um die Pläne, daß Gas-, Wasser- und Elektrizitätswerk sowie die Rheinbrücke gesprengt werden sollten. Im geheimen begannen sie mit ihren Gegenmaßnahmen. Die Städtischen Werke wurden von bewaffneten Posten unauffällig bewacht. Mit den militärischen Stellen, die die Rheinbrücke sprengen sollten, wurde ein enges Einvernehmen erzielt...«[7]

Sepples Einsatz bei diesen lebensgefährlichen Aktionen ist um so höher zu bewerten, wenn man bedenkt, daß er eine Familie zu versorgen hatte: Luise, seine Frau (1908-1983), und seine Kinder Lore, Walter und Ingrid.

Nach dem Krieg engagierte sich Sepple zunächst im Widerstandsblock, war kurze Zeit auch benannter Stadtrat sowie aktives Mitglied der KP, allerdings nicht auf Dauer. Ob er aus der Partei austrat oder ausgeschlossen wurde, ist mir nicht bekannt; daß er aber mit dem Herzen ein Linker blieb, merkte ich Zeit seines Lebens.

Das Private im Leben meiner Eltern

Aber es gab natürlich nicht nur das »Politische« im Leben meiner Eltern, sondern neben der Arbeit auch andere Dinge: Mein Vater war zum Beispiel ein begeisterter Sänger mit einer schönen Baritonstimme und lange Zeit Mitglied im Gesangverein »Badenia«.

Außerdem hatte mein Vater großen Spaß am Kegeln und traf sich regelmäßig mit seinen Kegelbrüdern des Kegelclubs »Haarscharf«, der 1920 gegründet wurde. Während des Krieges existierte er nicht, aber danach wurde die alte Kegeltradition wiederbelebt. Man kegelte zunächst im Gasthaus »Steinbock« (Brückengasse), später im »Bauhof« (Ecke Schotten-/Rheingutstraße, längst durch einen Neubau ersetzt). Natürlich war die Kegelbahn noch nicht automatisch eingerichtet, man brauchte noch »Kegelbube«, die für das Aufstellen der Kegel sorgten, womit sie sich ein Taschengeld verdienten. Ich kann mich an viele Mitglieder des Kegelclubs erinnern, so an den Küfermeister Franz Fritz aus der Niederburg (»de Spunde«), an den Zimmermeister Richard Gönner und andere, denn ich durfte als junges Mädchen manchmal beim »Ankegeln« jeweils zu Jahresbeginn dabei sein. Meist ging es dabei um schöne Preise.

10jähriges Jubiläum des Kegelclubs »Haarscharf« 1930. Mein Vater in der zweiten Reihe von oben in der Mitte, Onkel Fritz ganz oben rechts.

Auch die Ehefrauen nahmen an diesem Ereignis teil, ebenso am jährlichen Kegelausflug, der damals in die nähere Umgebung, zum Beispiel ins Ausflugslokal St. Katharinen oder irgendwo um den See führte. Mallorca war noch nicht in.

Eine Geschichte vom Kegelclub möchte ich vorwegnehmen, die ich erst bei dessen 35jährigem Jubiläum, also 1955, erfuhr. Hierzu hatte meine Mutter, wie oft bei ähnlichen Anlässen, ein kleines Gedicht verfaßt, das auf ein Ereignis während des Faschismus hinwies und zeigt, wie die Nazis auch in völlig harmlose private Sphären eingriffen:

»Man schrieb das Jahr 1937.
Im ›Haarscharf‹ kegelte man fleißig,
Bis eines Abends, ach herrjeh,
Die Gestapo kam und sagte: ›Hände in die Höh!‹
Jeder wurde untersucht ganz fix.
Gefunden wurde – nix.
Alle mußten zur Wache,
Das war eine heikle Sache.
Es wurden dort angefertigt Protokolle.
Kegelclub und Gestapo kamen sich in die Wolle.
Alle sollten sofort nach Hause geh'n.
Doch nachher konnte man sie im ›Steinbock‹ sitzen seh'n.
Beschlagnahmt wurde das Buch der Kasse,
Um zu schnüffeln, was die Kegler für eine Rasse.
Der Kegelclub bekam ein halbes Jahr Verbot.
Man ahnte, die Kegler wären statt braun – rot.
Später hat man dann vernommen,
Daß Kegler Müller Anstoß genommen
An den geflüsterten Witzen
Und den ›antinazistischen‹ Geistesblitzen.
Das tausendjährige Reich versank,
Doch der Kegelclub ›Haarscharf‹, Gott sei Dank,
Er lebt und feiert heute sein Wiegenfest.
Wer war von den beiden nun das Best?
Er soll leben noch 35 Jahr'!
Soll haben die gleiche fröhliche Schar,
Verbunden mit Kameradschaft und Heiterkeit.
Das wünschen wir alle, alle heut.«

Bei diesem Jubiläum wurde mein Vater zum Ehrenpräsident ernannt, erhielt einen silbernen Kegel sowie eine Collage mit Fotos der damaligen Kegelbrüder, vierzehn an der Zahl, und meinem Vater groß in der Mitte.

Zum 35jährigen Jubiläum des Kegelclubs »Haarscharf« eine Porträtcollage.

Wenn auch Kegeln für meinen Vater wichtig war – manchmal zum Leidwesen meiner Mutter zu wichtig! –, so hatten meine Eltern vor allem vor meiner Geburt noch andere Hobbies: Sie spielten gemeinsam oder mit Freunden Schach, sie tanzten gern und wie ich später merkte, sehr gut, besonders Walzer, den konnten sie sogar »links rum«. Es war schön, ihnen zuzusehen. Von meinen Eltern habe ich sicher die Freude am Tanzen geerbt. Sie haben es mir auch schon recht früh beigebracht. Ich tanze noch heute gerne, am liebsten Walzer, bis mir die Puste ausgeht.

Die Fastnacht hatte es meinen Eltern ebenfalls angetan, wobei sie hier besonders angesteckt wurden von meinem närrischen Onkel Fritz und der ebenso fastnachtsbegeisterten Tante Olga. Viele selbstgeschneiderte Kostüme gab es zum närrischen Treiben! Einmal hatten sie sich vier gleiche Schottenkostüme genäht und fielen darin ziemlich auf. Ebenso besaßen alle vier schon früh je einen »Blätzlebueb«, jenes spezielle Konstanzer Fastnachtskostüm, das sich für die Straßenfastnacht so gut eignet(e): ein mit vielen kleinen Stoffteilchen bestückter Anzug, einschließlich einer das Gesicht bedeckenden Haube mit Hahnenkamm sowie vielen Glöckchen. Daß diese Kostüme ebenfalls selbst hergestellt wurden, war Ehrensache und billiger. Dabei wurden die einzelnen »Blätz-

Meine Eltern lange vor meiner Zeit.

Vier lustige »Mäschkerle«: Bächlers und Hemms.

le« umstochen – sogar an Fastnacht mußte alles ordentlich sein – allerdings bei uns maschinell mit Zickzack-Stich. Das ging zwar schnell, hatte aber den Nachteil, daß unsere »Blätzle-Kostüme« genau an dieser damals seltenen Machart erkannt werden konnten. Da war der Konstanzer Slogan »Gel, Du kennsch mi it« manchmal eher fraglich.

An Fastnacht fanden meine Tante und meine Mutter auch das »Schnurren« toll, wobei man in Lokalen maskiert manche Leute überraschen und ihnen allerhand »Nettes« sagen konnte. Aber leider hatte meine Mutter dabei Probleme, da sie wegen ihrer Kurzsichtigkeit außer Haus immer eine Brille aufsetzen mußte. Wenn sie also ein Lokal betrat, stand sie zunächst erst mal »im Dunkeln«, weil die Brille beschlug. Sie mußte sich auf ihre Schwester verlassen, um die Leute richtig zu erkennen. Erst so vorgewarnt, konnte sie ihre Narretei betreiben...

Aber nicht nur für die Fastnacht wurde bei uns geschneidert, sondern auch für die Alltagsgarderobe: Meine Mutter und Tante Olga waren ständig am Nähen und Stricken. Fotografien aus den zwanziger und dreißiger Jahren zeigten die beiden immer gut angezogen. Auch ihre Männer waren auf diesen Bildern sehr adrett gekleidet. An Festtagen trug mein Vater noch zu meiner Zeit eine »Stresemann-Hose«, schwarz mit hellen

Wandern in Vorarlberg. Zweiter von links Onkel Fritz, daneben Tante Olga, meine Mutter und mein Vater.

Streifen, dazu eine graue oder weinrote Weste und einen schwarzen Sakko, alles selbst gefertigt. Weißes Hemd und feine Krawatte gehörten ebenso dazu. Übrigens war oft der Kragen nicht am Hemd angenäht, sondern hinten am Halsausschnitt mit einem speziellen Kragenknöpfchen befestigt. Aber wehe, das Kragenknöpfchen war verschwunden!

Sonntags ging man spazieren mit der Verwandtschaft oder mit Freunden, etwa an die Seestraße, den Flughafen, nach St. Katharinen, auf den Bismarckturm, stets herausgeputzt und oft mit Hut. Es wurde immer unterschieden zwischen Sonntags- und Werktagskleidern! Mein Vater hatte meist einen Spazierstock dabei, den er elegant schwenkte. Manchmal wurde sogar eingekehrt, zum Beispiel im Gasthaus »Tannenhof« oder »Salzberg«, wo sich im Garten Schaukeln für die Kinder befanden. Im Sommer waren meine Eltern und Verwandtschaft des öfteren am Horn, dieser großen und bis heute eintrittsfreien Badeanlage am See. Vor dem Krieg wurden außerdem ab und zu leichtere Bergwanderungen im Schweizer Alpsteingebiet oder in Vorarlberg gemacht. Mehr war finanziell nicht möglich.

So war in den ersten Ehejahren meiner Eltern auch an Ferien nicht zu denken. Bezahlten Urlaub gab es für sie ohnehin nicht. Da reichte es höchstens ab und an zu einem kurzen Verwandtenbesuch in Vöhringen, Hayingen, Stuttgart oder Hamm. Von einem einzigen richtigen Urlaub der früheren Zeit berichtete mir meine Mutter aber doch: 1938, als der Krieg schon absehbar war und meine Eltern einige Fränkli in der Schweiz besaßen, die sie vor einer möglichen Schließung der Grenze noch sinnvoll verwerten wollten, verbrachten sie eine Woche in Wildhaus im Toggenburg. Es sollen schöne Tage gewesen sein, allerdings bereits überschattet von der damaligen politischen Situation.

»Hoppla – jetzt komm' ich...«

Als ich mich im Jahr 1935 nach elfjähriger Ehe meiner Eltern ankündigte, waren diese nicht so ganz glücklich, weil sie die Zeiten für gefährlich hielten und außerdem »dem Führer kein Kind schenken« wollten. Daß damit auch die Trennung von meinem Cousin Wolfgang verbunden war, stimmte sie ebenfalls nicht gerade fröhlich, denn er war ihnen sehr ans Herz gewachsen.

Am 23. Oktober 1935 kam ich dann in Konstanz im Vincentiuskrankenhaus zur Welt. Mein Vater war bei der Geburt dabei, was damals noch eine ziemliche Ausnahme für Väter war. Als die Hebamme meinen Eltern verkündete »ein Mädchen«, fügte sie dem Erzählen meiner Mutter

Ausflug nach Meersburg am 10jährigen Hochzeitstag meiner Eltern:: (v.l.n.r) Gotte, meine Eltern, meine Oma, Tante Olga und Wolfgang.

Sonntagsspaziergang: (v.l.n.r.) Tante Claire, Bächlers, meine Eltern und Wolfgang.

nach gleich noch hinzu: »Seien Sie froh, da muß es schon mal nicht in den Krieg«. Anscheinend lag doch bereits 1935 die Angst vor einem Krieg in der Luft, zumindest für manche Leute. Nun, ich war erst einmal auf der Welt und erhielt den üblichen Klaps auf den Po, um den ersten Schrei loszuwerden. Nicht üblich war allerdings der Wunsch meiner Eltern: Die Taufe – bei vielen Kindern bereits im Krankenhaus durchgeführt – sollte ausbleiben und wurde auch nicht nachgeholt, obwohl es in späteren Zeiten unter anderen Voraussetzungen fast dazu gekommen wäre.

Meine Eltern nannten mich Vera, damals ein ganz seltener Name. Meine Mutter erklärte mir später, ich sei nach der russischen Revolutionärin Vera Figner genannt worden, die in der Peter- und Pauls-Festung in St. Petersburg eingekerkert gewesen war. Ich selbst spürte meiner Namenspatronin relativ spät nach und wurde im »Lexikon der Frau« fündig:

»Figner, Vera Nikolajevna, russische Schriftstellerin und Revolutionärin, geboren am 24.1.1852 in Kasan, gestorben am 16.6.1942 in Moskau. Ihr Vater verbot das Studium, worauf sie 19jährig, den Rechtsanwalt A. Filipov heiratete, um in Zürich Medizin studieren zu können. Verkehrte mit revolutionären Kreisen im Ausland (...), studierte sozialistische Literatur und beteiligte sich am Attentat auf Zar Alexander II (13.3.1881). Wurde zum Tod verurteilt, begnadigt zu lebenslänglichem Zuchthaus und 1904 amnestiert. Ihre Erlebnisse aus der 22jährigen Festungshaft veröffentlichte sie in sieben Bänden, ein Auszug erschien 1925 deutsch unter dem Titel ›Nacht über Russland‹.«[8]

Welch ein Vorbild! Ob meine Eltern dies alles wußten? Mir sagten sie als Kind lediglich, Vera sei ein russischer Name. Mehr nicht. Eine Vorsichtsmaßnahme in der braunen Zeit. Aber manchen Leuten war der Name Vera suspekt.

Die Ableitung aus dem Lateinischen, Vera heißt »die Wahre« oder »die Wahrhaftige« – manche meinten später auch spottend »die Leibhaftige« –, hörte ich ebenfalls, allerdings nie von meinen Eltern. Eine weitere Herkunftsmöglichkeit für meinen Namen, die aber für meine Eltern sicher nicht relevant war, erfuhr ich bei meinem Griechenlandaufenthalt 1995: Es gibt in der griechischen Mythologie eine Vera von Patmos, das sei die Lieblingspriesterin der Artemis gewesen. Na, wenn das nichts ist: Fromm oder revolutionär, ich habe die Wahl...

Aber ich bekam auch noch einen zweiten Namen, Klara oder besser Clara nach meiner Tante in St. Gallen, die meine Eltern sehr mochten, fast schon verehrten. Und so wie ich sie später erleben durfte, konnte sie mir in vielem ein Vorbild sein: menschlich, gütig, gewissenhaft, fröhlich, tolerant.

Meine Kindheit

Auch bei mir galt: Mädchen spielen – vorwiegend – mit Puppen

Meine Mutter arbeitete gleich nach der Mutterschutzfrist, die 1935 noch nicht so lang war wie heute, wieder bei der Firma Straehl, während ich von Oma und Gotte betreut wurde. Nach dem Tod meiner Oma 1937 gab es eine Zeitlang eine andere Versorgung für mich, nämlich bei Tante Olga und Onkel Fritz. Meine Mutter brachte mich per Fahrrad im Kindersitz jeden Morgen in die Reichenaustraße, fuhr von dort aus in die nahe Markgrafenstraße zur Arbeit und holte mich abends wieder ab. Dieses sicher mühselige Unterfangen änderte sich, als meine Mutter auf Heimarbeit umstellte. Bald konnte ich einen der wenigen Kindergärten besuchen, der sich nahe unserer Wohnung, in der Leinerstraße, befand. Damals war diese Art der Kinderbetreuung allerdings noch nicht so üblich, aber meine Eltern meinten, für mich als Einzelkind sei der Kindergarten wichtig, um mit anderen Kindern in Kontakt zu sein. Inzwischen ist das Gebäude durch ein farbenfrohes »Kinderhaus« ersetzt worden.

Ansonsten war ich ein sehr behütetes Kind, folgsam und brav. Mit Streichen hatte ich – leider? – nicht viel am Hut. Meine Eltern waren daher auch nicht sehr streng mit mir. Ich sei, hieß es, recht pflegeleicht gewesen und hätte mich, wenn meine Eltern beispielsweise mal im Gasthaus saßen, mit einem Blatt Papier und einem Bleistift begnügt. Verwöhnt wurde ich von meinen Eltern nicht, obwohl ich schon sagen muß, daß es mir sehr gut ging. Ich war trotz der schlechten Zeit mit vielen Kleidern ausgestattet. Das hing natürlich damit zusammen, daß ich von meinen Eltern und Tante Olga »benäht und bestrickt« wurde und dadurch meist hübsch angezogen war. Auch beim Essen war ich kein Problemfall. Ich aß, was auf den Tisch kam. Sehr wählerisch durfte man damals ja ohnehin nicht sein.

Mein Spielzeug war für diese Zeit erstaunlich vielfältig. Da war der Teddybär Fritz, auch »Brummler« genannt, den ich bereits zu meinem zweiten Geburtstag geschenkt bekam, aber damals kaum tragen konnte, weil er so groß war. Ich liebte ihn sehr. Dennoch schnitt ich ihm eines Tages beim »Friseur-Spielen« seine Schnauzhaare ab, so daß nur noch stachelige Borsten übrig blieben. Er überstand diese Prozedur gut. Mit den Jahren wurde er altersschwach und meine Mutter Hand mußte ihm mehrfach die Pfoten neu gestalten. So hatte ich den Brummler recht lange, bis eines Tages meine Mutter vorschlug, ihn wegen seines nun doch allzu löchrigen Zustandes verschwinden zu lassen. Ich – über zwanzig Jahre alt – stimmte zwar zu, konnte es jedoch nicht selbst tun. Meine Mutter setzte ihn neben den Mülleimer auf die Straße. Ein trauriges Ende.

Natürlich hatte ich auch Puppen, darunter meine Lieblingspuppe Luitgard, Marke Schildkröt. Dem Erzählen nach versprach man mir zum dritten Geburtstag eine Puppe, wenn ich künftig auf den Schnuller verzichten würde. Es muß wohl geklappt haben. Luitgard besaß auch einen Puppenwagen und viele von meiner Mutter und Tante Olga genähte Kleider. Eins schöner als das andere. Leider hatte Luitgard keine Haare und keine Schlafaugen. Aber ich mochte sie trotzdem sehr gerne und war ganz traurig, wenn mal ein Arm oder ein Fuß ausgerissen war und sie in die Puppenklinik eingeliefert werden mußte. Das »Heilen« war im Krieg besonders schwierig, weil der richtige Gummi zum Zusammenhalten Mangelware war. Doch irgendwie es gelang es immer. Luitgard thront

Mutter und Kind vor dem Haus in der Laube (1936).

heute noch auf einer Kommode und wird immer mal wieder wortreich von mir abgestaubt.

In meiner Spielecke standen aber noch weitere Dinge: ein Kaufladen, Kindergeschirr, zum Teil sogar aus Porzellan (»Gschirrle«), und nicht zuletzt ein von Onkel Fritz selbstgebasteltes, zweistöckiges Puppenhaus mit schönen Möbeln und kleinen Püppchen. Mit allem habe ich sowie auch meine FreundInnen sehr gern gespielt. Meine Mutter hat mich auch angehalten, das Puppenhaus hin und wieder zu putzen, sozusagen »learning by doing«.

Drei Jahre und schon närrisch

Meine Familie war um die Fastnachtszeit ziemlich närrisch. Kein Wunder, daß der Fastnachtsfunke früh auf mich übersprang: Ich bekam mit knapp drei Jahren einen »Kinder-Blätz«, allerdings ohne Gesichtsmaske, nur mit einem kleinen Hahnenkamm. So verkleidet war ich gemeinsam mit dem damaligen »Blätzlevater« Ludwig Müller in der Konstanzer Ausgabe der »Bodensee-Rundschau« vom 25. Februar 1938 mit der Überschrift: »Blätzlevater mit Nachwuchs« zu sehen. Eine schöne Erinnerung für mich.

In diesen Jahren war mein Onkel Fritz bei der Konstanzer Narrengesellschaft »Niederburg« im Dreizehnerrat. Er war natürlich auch stolz auf den »kleinen Blätz«, und so nahm er mich 1938 mit zum Frühschoppen ins Hotel »St. Johann« und ließ mich folgenden Vers vortragen, den er oder meine Mutter gedichtet und mir beigebracht hatte:

»I bin de klenschte Blätzlebue.
Zu de Niederbürgler g'hör i au' dezue.
Und wär' i nu' it gar so klei',
Könnt' i de gröschte Narr scho' sei'. – Ho Narro!«

Dafür wurde mir mein erster »Niederburg-Orden« überreicht. Ich soll nach dem Anheften auf der linken Seite meines Kostüms spontan erklärt haben: »Nächstes Jahr will ich auf die andere Seite auch einen.« Sogar die »Bodensee-Rundschau« vom 25. Februar 1938 würdigte dieses Ereignis:

»Beim Spenden des Ordenssegens wurde auch die allerkleinste Niederbürglerin im Flecklehäs bedacht, der die Narrensprüche schon sehr geläufig sind.«

Auch 1939 hatte ich nochmals die Ehre, in der »Bodensee-Rundschau« zu erscheinen, und zwar am 15. Februar mit dem bereits im Vorjahr veröffentlichtem Foto, zusätzlich noch in einem Artikel mit der Überschrift »Kleiner Besuch bei unserem Blätzlevater« (3. Februar), in dem es u.a. hieß:

Klein-Vera mehrfach in der Zeitung.

»... kam eine Frau mit einem goldigen, kleinen Mädele herein, das vertrauensselig gleich auf ihn zueilte, ihm sein Patschhändle hinstreckte mit einem treuherzigen ›Guete Dag, Blätzlevatter! Kennsch mi no, weisch i bin doch letzsch Johr mit Dir i de ›Bodesee-Rundschau‹ veröffentlicht g'wese!‹ Gleichzeitig entdeckte es seinen Gipsstollenfuß, schaute ihn mitleidig an und frägt mit seinem Christkindlestimmle: ›Blätzlevatter hosch Du e Weh-Wehle am Fueß?‹ – Das war so zutraulich lieb, ein Zeichen, wie alle Blätzlebuebe an ihrem Vater hängen. In dem Fall war die ganze Familie Mitglied, Vater, Mutter, Sohn und die kleine Dreijährige...«

Die Frau muß wohl meine Mutter oder Tante Olga gewesen sein, das »goldige Mädele« (!) war ich. Nur das mit dem Sohn stimmte nicht: ich hatte keinen Bruder – leider.

Damit aber nicht genug. Auch dem »Südkurier« hat das obengenannte Fastnachtsfoto anscheinend gefallen, und er brachte es am 21. Februar 1950 unter dem Titel:

»Der Älteste und der Jüngste:

Das ist der Blätzlebubenvater Ludwig Müller, der die Konstanzer Blätzlebuben wieder zu neuem Leben erweckte und jetzt über 600 Kinder hat, mit seinem jüngsten Sprößling.«

Eine fastnächtliche Ente mit historischem Hintergrund! Unsere Familie erkannte natürlich das Bild aus den Jahren 1938 und 1939, das im Fotoalbum sorgfältig aufbewahrt wurde. Fröhliches Gelächter im Hause Hemm. Ob der »Südkurier« wohl gewußt hat, wer unter dem kleinen »Blätz« versteckt war? Ich glaube es nicht.

Unser Umzug von der Laube ins »Paradies«

Das »Paradies« war (!) einst ein idyllischer, bäuerlicher Konstanzer Stadtteil in Richtung Westen nahe der Schweizer Grenze. Wo es genau anfängt, ist selbst für Einheimische schwierig zu beantworten. Unstrittig jedoch: Die »richtigen Paradiesler« waren in der Regel Gemüsebauern und sind es noch heute, wenngleich ihre Zahl geringer geworden ist. Früher besaßen sie auch Kühe und Hühner. Pferde wurden ebenfalls gehalten, aber nicht zum Reiten, sondern fürs Feld; es gab ja noch so gut wie keine Traktoren im Paradies.

Die Paradiesler hatten viele ihrer Felder im »Tägermoos« in der Schweiz, einem fruchtbaren Landstrich, der teilweise im Besitz der Stadt Konstanz war bzw. ist und für die Ernährung der Konstanzer Bevölkerung einen wichtigen Faktor darstellte. Am Anfang des Krieges war der Grenzübertritt für die Gemüsebauern noch relativ unproblematisch, wurde aber im Krieg immer kritischer und war sogar nach Kriegsende eine Weile nicht mehr möglich. Da lagen die Felder brach.

Im Paradies mieteten wir 1940 in der Fischenzstraße 16 im Haus der Familie Kessler eine zwar sonnige, aber dennoch feuchte, weil nicht unterkellerte, ebenerdige Zweieinhalb-Zimmer-Wohnung mit einer großen Wohnküche. Das Wohnzimmer war geräumig und hatte einen Kachelofen in der Ecke, der allerdings nur langsam seine Wärme spendete. Das war im Winter einer der Gründe, warum wir uns nur zu Sonn- und Feiertagen im Wohnzimmer aufhielten. Doch auch im Sommer lebten wir eher in der Küche. Leider war auch in dieser Wohnung kein Bad vorhanden und die Toilette, immerhin mit Wasserspülung, lag außerhalb der Wohnung. Ein Kinderzimmer hatte ich wiederum nicht, mein Bett stand weiterhin im Elternschlafzimmer. Das kleine Zimmer, für Gotte reserviert, war nur ein schmaler Schlauch, so daß lediglich ein Bett, ein Schrank und ein Nachttisch hineinpaßten. Trotz dieser Mankos war aber dieser Wohnungswechsel ins Paradies der reine Glücksfall in Hinblick auf die Kartoffel- und Gemüseversorgung im und nach dem Krieg: Wir befanden uns in einer wesentlich günstigeren Lage als die »Städtler«.

Kesslers wohnten im ersten Stock, hatten also keine Probleme mit der Feuchtigkeit im Haus. Auch ein gekacheltes Bad war bei ihnen bereits installiert. Vor und hinter dem Haus hatten sie Felder; heute sie mit Garagen bebaut. Am Haus, direkt an der Mauer, wuchsen kleine Birnbäume, den Eingangsweg zierten Stachel- und Johannisbeerbäumchen, deren Früchte uns Kinder im Sommer anlachten. Am Giebel zur Fischenzstraße hin war ein kleiner Garten mit einem Frühbeet, in dem Kesslers Setzlinge zogen. Später blühten darin herrliche Blumen. Aber das ist inzwischen Vergangenheit. Denn im Verlauf der Anbindung der »Schänzle-Brücke« wurde die Fischenzstraße gerade bei Kesslers Haus stark beinträchtigt – auf gut konstanzerisch ausgedrückt »versaut«. Ein Jammer.

Die Miete bei Kesslers war günstig, Gotte steuerte dazu bei, wie ich mitbekam, sie sagte »Hauszins« dazu. Von einem Mietbuch habe ich nie etwas gesehen, es lief alles auf Vertrauensbasis, und wir hatten Hochachtung vor den Hausleuten. So haben wir ihnen zum Beispiel am 1. Januar immer ordentlich »Neujahr angewünscht«, wie das meine Eltern von früher gewohnt waren.

Ich erinnere mich noch gut an meinen Einzug ins Paradies: Von Gotte beschützt, kam ich zu Fuß in die Fischenzstraße und entdeckte vor unserem Nachbarhaus zwei spielende Mädchen, eine etwa in meinem Alter, die andere noch kleiner, zu denen ich mich gleich gesellte: Hildegard und Monika Schächtle. Ihre Eltern, Zita und Karl Schächtle waren – wie hätte es anders sein können – Gemüsebauern, allerdings war Vater Karl bereits an der Front. Verständlich, daß die beiden Mädchen sich nach einem »Ersatz-Vater« umsahen: Sie fanden ihn in ihrem Onkel Josef Schächtle, älter als Karl und daher nicht im Krieg. Das wurde dann eben »der andere Vater«. Dieser wohnte mit seiner Frau und den Mädchen Hanni, Maja und Anna, »Maus« genannt, in der Fischenzstraße 10 am anderen Ende des Reihenhauses. Daß es in der Familie noch einen Sohn Ernst gab, merkte ich erst, als ab und zu von ihm gesprochen wurde. Denn auch er war im Krieg und ich begegnete ihm nur bei seinen Heimaturlauben.

Hildegard, Jahrgang 1936, wurde bald meine beste Freundin, bei ihr war ich besonders gern. Wie die anderen Paradiesler hatten auch ihre Eltern Felder im Tägermoos. Dorthin nahmen sie mich manchmal mit. Das empfand ich beinahe als ein Fest, besonders mein schwarzer (!) Grenzübertritt war immer eine aufregende Sache.

Außerdem hatten Schächtles Kühe und daher auch Milch, die allerdings bis auf den Eigenbedarf abgeliefert werden mußte. Als ich etwas älter war, beteiligte ich mich abends oft am »Milch-furt-tue«. Zwei bis drei Kannen Milch brachten wir zur Sammelstelle beim »Milcher Martin« in die Grießeggstraße. Dort wurden die Kannen geleert, aber wenn wir wieder in die Fischenzstraße zurückgekehrt waren, hatten sich die Milchreste auf dem Kannenboden gesammelt, und das reichte oft noch für einen guten Schluck, den ich zum Erstaunen meiner Freundinnen mit Hochgenuß trank.

Hildegard und Monika waren fast jeden Nachmittag im Tägermoos. Oft halfen sie dort mit, beim Zwiebelputzen, Rettichwaschen oder beim Heuen. Da war ich auch gern dabei. Abends durften wir Kinder heustampfen, was uns immer viel Spaß machte, obwohl wir nachher schrecklich verstaubt und dreckig waren. Und dann weder Bad noch Dusche zu Hause! Einmal fiel ich sogar bei Schächtles vom Heustock, landete aber glücklicherweise auf einem Heuhaufen und verletzte mich nicht.

Bald lernte ich eine weiteres Mädchen kennen: Inge Mittmann aus der Turnierstraße, deren Mutter eine Schwester unserer Hauswirtin war. Inge begleitete ihre Mutter oft in die Fischenzstraße, und so entwickelte sich auch mit ihr eine Freundschaft, obwohl Inge eigentlich lieber mit den Buben herumtollte. Heute ist Inge meine »dienstälteste Freundin«, zu der ich noch immer einen guten Kontakt habe.

Im Paradies existierten damals noch mehrere »Tante-Emma-Läden«, in denen wir einkauften, was gerade an Lebensmitteln angeboten wurde, allerdings kaum abgepackte Ware. Yoghurt kannte man damals wenig oder gar nicht, und Süßigkeiten gab es nur in bescheidenem Maße, zum Beispiel die roten Himbeerbonbons oder »Bärendreck« (Lakritze). Und wenn mein Vater mal Lust auf Bier hatte, wurde ich ins Gasthaus »Lieber Hannes« geschickt, um ihm einen Krug Bier zu holen. Dort befand sich übrigens auch ein (Geschäfts-)Telefon, auf das man in Notfällen zurückgreifen konnte, etwa wenn man einen Arzt brauchte. Kaum jemand hatte in dieser Zeit ein eigenes privates Telefon.

Meine ersten Schuljahre

Mit knapp sieben Jahren kam ich im Herbst 1942 in die Wallgutschule, eine reine Mädchenschule, zu Fräulein Dürrhammer – diese Anrede blieb für unverheiratete Lehrerinnen bis zum Ende meiner Schulzeit –, einer für meine damaligen Begriffe bereits alten und, wie mir später klar wurde, sehr guten Lehrerin. Ich hatte sie bis zur dritten Klasse. Mein Klassenzimmer war in diesen drei Jahren im Parterre, am Ende des Flurs. Später wurde der Raum zeitweise zweckentfremdet, er wurde Wahllokal – manchmal auch für mich. Ein seltsames Gefühl, wieder dort einzutauchen.

Zu meiner Einschulung erhielt ich leider keine Schultüte – woraus hätte sie hergestellt und womit gefüllt werden können? –, dafür eine Schiefertafel mit einem Holzrahmen, der jeden Sonntag geschrubbt wurde. Die Tafel war natürlich zerbrechlich und mußte sorgsam gehütet werden. Deshalb steckte sie immer in einer zusätzlichen Hülle. Schließlich waren Schiefertafeln Mangelware. Griffel gab es ebenfalls nicht massenweise. Ich benutzte sie sehr lange, bis sie kleine »Stumpen« wurden. Oft zerbrachen sie aber vorher in der hölzernen Griffelschachtel. Sie hatten nämlich keine Holzumhüllungen, sondern waren »roh«. Einfachst wie der Inhalt unseres Schulranzens war auch unsere Schulgarderobe. Grundsätzlich trug ich in der Schule über dem Kleid eine Schürze, eine Selbstverständlichkeit damals. Im Sommer lief ich sogar manchmal barfuß, und das nicht nur wegen der Temperatur.

Ich ging ausgesprochen gern in die Schule, war eine recht gute Schülerin, bekam zwar manchmal auch einen »Tatzen« (Schlag) mit einem kleinen Meerrohr, doch eher ab und zu »Fleißzettel«, diese kleinen Blättchen aus buntem Glanzpapier, etwa 4x6 cm groß, in deren Mitte mit Fräulein Dürrhammers schöner Schrift das Wörtchen »Fleiß« stand. Manche Blättchen waren schon leicht zerknittert, denn sie wurden mehrfach verwendet. Glanzpapier war nämlich eine Rarität, daher tauschte Fräulein Dürr-

Und das soll ein fröhliches Schulmädchen sein?

hammer zehn »Fleißzettel« um in ein Bildchen und hatte so wieder Nachschub für brave Kinder.

Ich durfte kein Jungmädel werden

Während meiner ersten drei Jahre in der Wallgutschule wurde ich von den braunen Einflüssen nicht ganz verschont, im Gegenteil: Ich nahm mit Begeisterung an den Appellen vor dem Schulhaus teil, wenn die Flagge gehißt wurde. Das Singen und das ganze Zeremoniell gefielen mir. Mit Freude hätte ich mich auch der nationalsozialistischen Jungschar bzw. den Jungmädeln angeschlossen, vor allem weil viele meiner Schulkameradinnen bereits dabei waren. Aber meine Eltern wußten das mit allerlei Vorwänden zu verhindern. Die wahren Gründe sagten sie mir natürlich nicht, das wäre zu gefährlich gewesen. So fügte ich mich eben und blieb den Jungmädeln fern. Aber irgendwie hatte ich ein ungutes Gefühl, zumal propagandahörige Mitschülerinnen behaupteten, daß allen, die nicht bei den Jungmädeln seien, die Lebensmittelkarten entzogen würden. Das verunsicherte mich, doch meine Eltern entgegneten, das stimme nicht. Und sie hatten recht: Die Lebensmittelkarten blieben nicht aus.

Erst kurz vor Kriegsende erfuhr ich durch meine Tante Olga, daß meine Eltern Hitlergegner waren. Das dürfe ich aber niemandem verraten, mußte ich ihr versprechen. Meine Eltern waren während des Faschismus offensichtlich sehr vorsichtig. So habe ich auch nie mitbekommen, ob sie ausländische Sender im Radio abgehört haben. Jedoch bin ich überzeugt, daß sie es getan haben.

Einige Dinge wurden mir während der Nazi-Zeit doch erlaubt: Zum Beispiel besuchten meine Eltern mit mir den »Tag der Heimat«, der einmal jährlich in einer der Konstanzer Kasernen abgehalten wurde. Das fand ich schön, denn dort sah ich so viele Leute, vor allem Soldaten. Das Wichtigste war dabei für mich die große Gulaschkanone. Meine Eltern hatten sicher weniger Spaß an diesem Ausflug. Ein Alibi für die Eltern oder eine Freude fürs Kind?

Auch durfte ich zum Kinderturnen ins braun angehauchte »KdF-Turnen« mit Fräulein Lehmann, einer begeisterten Anhängerin des Nazi-Systems und »zackigen« Sportlehrerin. Außerdem ergab sich für mich noch eine weitere sportliche Betätigung: Das Kinderballett der Tanzschule Diebold, von Tante Olga mitfinanziert. Allerdings brachte ich es dort weniger zum Ballett als eher zum Handstand mit Überschlag oder zur Brücke. Immerhin etwas. Vielleicht hat die damalige Beschäftigung mit Tanzen bzw. Gymnastik und Bewegung aber auch dazu beigetragen, in späteren Jahren eine, wie mir oft bestätigt wurde, gute Tänzerin zu werden.

Eine weitere sportliche Betätigung war natürlich das Schwimmen. Das lernte ich teilweise von meinen Eltern am Horn, in der Hauptsache aber »am See dunne«, am westlichen Ende der Fischenzstraße. Dort war im Sommer jeden Nachmittag Treffpunkt der Paradiesler Kinder, dort befand sich ein großes Floß und sogar ein Sprungbrett und im Gegensatz zu heute noch zwei »Rutsch«, von wo aus wir gut ins Wasser konnten. Leider störten aber viele Glasscherben unser Badevergnügen, und ich entsinne mich, einmal in eine solche getreten zu sein, was so schlimm aussah, daß man den im Paradies wohnenden Dr. Wild herbeirief, der prompt zu Hilfe eilte und die arg blutende Wunde verband.

Das Baden war die Hauptbeschäftigung in den großen Ferien. Tagelang. Wir hatten meist blaue Lippen, bis wir endlich aus dem Wasser stiegen. Dann legten wir uns auf das Floß oder auf die Straße (!) und ließen uns wieder von der Sonne erwärmen.

Jede von uns besaß nur einen einzigen Badeanzug, aus irgendwelchen Materialien. Meiner war meist handgestrickt und hing daher ziemlich schäbig an mir herunter, wenn er naß war. Trotzdem behielt ich ihn – trocken oder feucht – den ganzen Nachmittag an. Badeschuhe gab es natürlich nicht, ebensowenig wie große Handtücher. Manche Kinder hatten einen Schwimmgürtel aus Kork oder einen Schlauch aus einem Autoreifen, um damit im Wasser herum zu paddeln, andere »Schwimmkissen«, meist in weiß, nach dem Krieg auch aus rotem Fahnenstoff. Diese Schwimmhilfen bestanden tatsächlich aus zwei kleinen, geschlossenen Kissenbezügen, die durch Bänder miteinander verbunden waren. Im nassen Zustand konnte man die Kissen mit dem Mund aufblasen, dann wurden sie prall, glichen Federbetten und schwammen auf dem Wasser. Man konnte sich gut auf den Bändern niederlassen und ging nicht unter.

Freundinnen statt Geschwister

In meiner Kindheit wollte ich immer noch Geschwister haben. Gern hätte ich Zucker geopfert, um den Storch anzulocken, aber meine Mutter meinte, wir hätten sowieso keinen Würfelzucker und mit Streuzucker funktioniere das nicht. So war Aufklärung in meiner sonst so fortschrittlichen Familie leider ein Tabu-Thema. Sehr spät wurde mir lediglich ein kleines Buch in die Hand gedrückt und das war's dann.

Tatsache blieb jedenfalls: Ich bekam keine Geschwister, was ich noch heute sehr bedaure, und so mußte ich mit Freundinnen vorlieb nehmen. Davon hatte ich viele, die sehr unterschiedlich in ihrer Art waren. Bei allen war ich gern, mit wechselnder Tendenz. Neben den bereits Erwähnten, Hildegard, Monika und Inge, gab es noch Emmi Knittel, die mit mir dieselbe Klasse besuchte, mich jeden Morgen pünktlichst zur Schule abholte und bei der ich oft zu Hause war. Oder Helen Eichin: An ihr faszinierte mich – wahrscheinlich zum Leidwesen meiner Eltern –, daß man dort nicht mit »Guten Tag«, sondern mit »Heil Hitler« grüßte. Es gehörte noch so manche andere zum Kreis meiner Freundinnen: Margot Schönhöfer, Vefi Dietrich, Gertrud Schächtle... Meine Eltern machten mir keinerlei Vorschriften, zu wem ich gehen durfte oder nicht. Alle konnten auch zu mir nach Hause kommen. Und wir hatten immer irgend eine Beschäftigung: Puppen waren unser bevorzugtes Spielzeug, sogar Papierpuppen. Ganze Modehefte (alte!) wurden dafür zweckentfremdet: Wir schnibbelten Kopf und Beine aus, verbanden sie mit einem Stück Papier und befestigten daran die jeweiligen, ebenfalls ausgeschnittenen Kleider. Bisweilen zeichneten oder malten wir, aber an richtige Basteleien war kaum zu denken. Da fehlte einfach das notwendige Material.

Mit meinen Freundinnen Hildegard (rechts) und Monika (links) samt Puppe Luitgard.

Drei Schulmädchen: Vera, Hildegard und Gerlinde vor Hildegards Elternhaus (Anfang der 40er Jahre), das mittlerweile abgerissen wurde.

Dagegen konnten wir uns für »Stadt – Land – Fluß« begeistern und erarbeiteten uns damit spielerisch gewisse geographische Kenntnisse.

Als Kind beschäftigte ich mich oft allein, zum Beispiel mit meinem Puppenhaus oder meinem Kaufladen, in dem dann meine Mutter – zu Zeiten, als sie Heimarbeit machte – oder Gotte »einkauften«. Zeitweise hatte ich Spaß an »Hexenstricken«, heute »Strickliesel« genannt. Dafür wurden meistens irgendwelche Garnreste verwendet, und ich konnte damit Deckchen zum Verschenken fabrizieren. Manchmal nähte ich auch einfachste Puppenkleider.

Natürlich konnte man damals noch auf der Straße spielen, mit dem Reif oder dem »Tanzknopf«, einem bunten Kegel, den man mit einer Peitsche zum Rotieren – sprich Tanzen – bringen konnte. Das war eine echte Kunst und gelang nur auf asphaltierten Straßen. Murmeln kannte ich weniger, denn Glas war Mangelware. Aber an »großflächige« Spiele, »Völkerball« oder »Räuber und Gendarm«, mit anderen Kindern erinnere ich mich noch sehr lebhaft.

Und noch etwas zu Thema Freundinnen: Die meisten von ihnen waren katholisch. Das machte sich für mich besonders bemerkbar durch die Mai-Andachten in der Paradies-Kapelle, an der sie obligatorisch ab der dritten Klasse teilnahmen. Natürlich wollte ich auch mitgehen. Meine Eltern gestatten das, und ich lernte die Marienlieder sehr schnell und sang sie mit Begeisterung. Als Begleitung spielte Herrn Waizenegger auf dem Harmonium. Doch die Mai-Andachten wurden nur schön, wenn der Stephans-Pfarrer, Stadtpfarrer Huber oder noch besser Kooperator Kopp mit den Ministranten anwesend waren, wenn wir vom Chor aus die Leute beobachten oder necken konnten und heimlich kicherten. Wenn die Gebete und die Litanei aber nur vorgelesen wurden, wofür Frau Elisabeth Hörenberg vom Nachbarhäusle zuständig war, dann hatte die Sache weniger Reiz.

Die Paradies-Kapelle hatte während meiner Kinderzeit keine Glocken. Sie wurden während des Krieges abgeholt und eingeschmolzen. Erst nach dem Krieg erhielt das »Kapellele«, wie wir immer sagten, zwei neue Glokken, die seither regelmäßig morgens, mittags und abends sowie bei sonstigen Anlässen im Umkreis gut hörbar erklingen.

Meine katholischen Freundinnen feierten 1945 ihre Erstkommunion. Mir entging das natürlich und ich litt ziemlich darunter. Ich hätte auch zu gern so ein Fest gehabt mit weißem Kleid, Verwandtschaft und Geschenken. Dabei hielt sich all dies damals sehr in Grenzen. Ich selbst verschenkte lediglich Taschentücher, die ich in großer Zahl besaß, und dazu selbstgemalte Buchzeichen. Von der Kirche bekamen die KommunikantInnen, wie ich erfuhr, u.a. eine Tüte Mehl. Ein Festmenue war wohl in den seltensten Fällen möglich. Höchstens über Beziehungen. Und wie die Garderobe, die weißen Kleider und die blauen Anzüge meist mit kurzen Hosen (!) beschafft wurden, grenzte manchmal schon an ein Wunder. Das Tauschgeschäft blühte, und manches Kommunionskleid wurde sicher von mehreren Kindern getragen.

Wenn ich auch auf ein Kommunionsfest verzichten mußte, erlaubten meine Eltern zumindest, daß ich mit meinen Freundinnen einige Male zur Fronleichnamsprozession gehen durfte. Ich hatte zwar nie ein weißes, aber doch ein helles, cremefarbenes Kleid, ebenso fehlte mir ein Kränzchen, aber ein Körbchen für die Blütenblätter war dann wiederum vorhanden. So ausgestattet schritt ich mit viel Freude und eifrig singend und Blumen streuend durch die Stadt. Daß ich später oft in anderer Form durch Konstanz ziehen würde, nämlich bei politischen Demonstrationen, konnte ich damals natürlich nicht ahnen. Beides tat ich jedoch überzeugt und mit innerer Anteilnahme. Alles zu seiner Zeit!

Wie ich zum Klavierspielen und zu einem eigenen Klavier kam

Etwas ganz Wichtiges, was sich sehr abhob von meinen Freundinnen – und diesmal positiv –, ereignete sich für mich noch vor Kriegsende: Ich durfte Klavier spielen lernen. Zwar hatten wir kein Klavier zu Hause, doch meine Eltern erkannten wohl meine musikalische Ader und fanden in Fräulein Schönhals eine gute, wenn auch strenge Klavierlehrerin. Sie war eine »Evakuierte« aus Mannheim, d.h. sie war dort ausgebombt, darauf nach Konstanz her- und später auch wieder zurückbeordert worden.

Meine Klavierstunden fanden zunächst in der Brauneggerstraße, die damals nach dem Nazi-Idol Albert-Leo-Schlageter-Straße hieß, in der Wohnung einer weiteren Schülerin statt, und üben durfte ich zweimal wöchentlich im Nebenzimmer des Gasthauses »Goldener Sternen« am Bodanplatz. Mit den dortigen Wirtsleuten, der Familie Friedlin, waren meine Eltern befreundet. Manchmal half meine Mutter beim Ausbessern der Tisch- und Bettwäsche, worüber Frau Friedlin sehr froh war. Andererseits gab es bei ihr so manches Zubrot, denn Frau Friedlin stammte vom Land und pflegte ihre Kontakte zu ihrer Verwandtschaft bei Ravensburg, wo ich sogar während des Krieges einige Ferientage verbringen durfte. Ich erinnere mich, daß ich bei den nachmittäglichen Nähstunden meiner Mutter ab und zu einen Besuch abstattete und dann mit einem Stück Brot mit »Hunk« (Honig) belohnt wurde, natürlich mit echtem, nicht etwa Kunsthonig. So wurden meine Klavierübungen bisweilen versüßt, dennoch war es natürlich umständlich, sie außer Haus erledigen zu müssen. Trotz dieser Anfangsschwierigkeit hatte ich Spaß am Klavierspielen und meine Lehrerin war mit mir zufrieden. Erst später sollte der Traum von einem eigenen Klavier Wirklichkeit werden.

Das ist eigentlich eine echte Nachkriegsgeschichte, aus der Zeit, als das große Tauschen anfing. Ich will sie aber kurz vorwegnehmen: Mein Vater kannte jemanden, der ihm erzählte, daß der wieder jemanden kenne – so lief das damals –, der ein Klavier gegen ein Paar Reitstiefel (!) tauschen wolle. Da mein Vater jedoch keine Stiefel auftreiben konnte, erkundigte er sich, ob der Betreffende nicht auch einen Anzug brauchen könne. Den könne er ihm als Schneidermeister anfertigen, den Stoff dazu habe er, versicherte mein Vater, aber Reitstiefel besitze er leider keine zum Tauschen. Glücklicherweise war der Tauschwillige mit diesem Angebot einverstanden, und so nähte mein Vater den Anzug und wir kamen zu unserem Klavier. Dieses war zwar alt und leicht verstimmt, hatte einige Kratzer im schwarzen Lack und altertümliche, schwenkbare Kerzenhalter, doch immerhin hatten wir nun ein eigenes Instrument.

Ich war sehr glücklich über diese Errungenschaft, auch meine Eltern freuten sich, besonders mein Vater, der sich sofort nach der Lieferung ans Klavier setzte und – ohne Notenkenntnisse – spontan irgendwelche Lieder probierte, die er vom Gesangverein her kannte. Meine Mutter meinte gar, die Musik käme aus dem Radio, so schön ertönten Vaters Improvisationen auf Anhieb. Hier zeigte sich seine starke Musikalität. Er saß später sehr oft und gern am Klavier. Es war erstaunlich, was er aus dem Instrument herausholte. Mit der Zeit wurde er immer perfekter, baute Läufe in seine Lieder ein und erweiterte auch sein Repertoire: Er spielte die Marseillaise ebenso begeistert wie die DDR-Hymne oder den Donauwalzer, der für ihn ein Überbleibsel vom Gesangverein war und dessen Text er teilweise noch wußte. Doch am allerschönsten klangen seine Heimatlieder, besonders wenn er dazu mit voller Stimme und »rollendem R«, das ich selbst nie nachahmen konnte, sang: »O, Täler weit, o Höhen...« Und erst: »Die Himmel rühmen« oder »Das ist der Tag des Herrn«. Ich höre ihn im Geist noch immer und kann diese Lieder nur mit Wehmut ertragen. Später, als ich selbst auch einigermaßen Klavier spielen konnte, sangen wir oft zu zweit und ich begleitete. Es war einfach schön.

Häufig korrigierte mich mein Vater beim Üben mit einem lauten »Falsch«, wenn ich daneben griff. Das ärgerte mich, aber er machte es immer wieder, wenn er es für nötig hielt.

Es war natürlich Ehrensache, daß ich jeweils an Weihnachten mein Können unter Beweis stellte, wenn Tante Olga und Onkel Fritz traditionsgemäß bei uns den Heiligen Abend verbrachten. Das war dann sehr feierlich: Klaviermusik und Gedichte vom »Kind« dargeboten – erst danach Bescherung und Essen!

Kriegs- und Nachkriegszeit

Erinnerungen an die Kriegszeit

Nach dem Überfall Nazi-Deutschlands auf Polen mußte mein Vater gleich an den Westwall einrücken, von wo er mir einen »Westwall-Ring« mitbrachte, einen aus gewöhnlichem Draht gefertigten Ring, der anstelle eines Steines einen schneckenartigen Aufbau hatte, ebenfalls aus Draht. Kein sonderlich schönes Schmuckstück, aber eben ein Geschenk meines Vaters, das ich noch lang aufbewahrte. Dann war mein Vater einige Zeit in Frankreich. Von dort erhielt ich eine Puppe, die ich zufällig Marianne nannte, sowie ein aufziehbares Feuerwehrauto, das gegen Ende des Krieges mit meiner Zustimmung in Naturalien umgesetzt wurde.

Bald kam mein Vater wieder nach Hause, weil er an einem Magengeschwür litt, das operiert werden mußte. Diese Operation im Konstanzer Krankenhaus war damals keine einfache Sache, er überstand sie aber gut, mußte sich jedoch zunächst sehr schonen. Das hieß u.a. Weißbrot statt Schwarzbrot, was als »Krankenbrot« bei den Lebensmittelkarten berücksichtigt wurde. Vor allem aber bedeutete es, und das war das Positivste an der Sache: nicht mehr an die Front.

Ich freute mich sehr, meinen Vater wieder bei mir zu haben, denn wir hatten ein sehr herzliches Verhältnis zueinander. Ich war eben sein »Spätzle« oder »Nudele«, und ich denke gern daran, wie er mir, oft am Sonntagmorgen im Bett, einige seiner Gesangvereins-Lieder beibrachte, beispielsweise »Gold'ne Abendsonne«, »Still ruht der See« oder »Silcher-Lieder«. Schon früh, vor unserer Klavieranschaffung, testete er meine Musikalität und sang die zweite Stimme zur Melodie und war glücklich, wenn ich nicht aus dem Konzept geriet.

Aber wir haben nicht nur zusammen musiziert, ich war überhaupt oft um ihn herum: Ich »half« ihm beim Nähen, sortierte Nähgarn und Knöpfe, fädelte Nadeln ein. Übrigens erinnere ich mich gut, daß mein Vater sparsam war: Den Heftfaden zog er nach dem endgültigen Nähen wieder sorgsam aus dem bearbeiteten Stück heraus, so daß er mehrfach wiederverwendet werden konnte. Ich weiß auch von einem weinroten Mantel, den er mir aus einem alten nähte. Ich wünschte mir so sehr eine Kapuze daran, doch der Stoff schien nicht zu reichen. Mein Vater verkünstelte sich schrecklich und stückelte einiges sorgsamst zusammen, bis es schließlich klappte. Ich war selig.

Wie mein Vater wurde auch mein Cousin Wolfgang, den meine Eltern weiterhin fast wie einen eigenen Sohn betrachteten, sehr früh eingezogen und nach Rußland verfrachtet. 1942 kam die Nachricht, daß er gefallen sei. Meine Eltern waren sehr traurig und wütend zugleich. Die Frage nach dem »Wofür« wurde gestellt, aber natürlich nicht in meinem Beisein. In dieser Zeit starb auch Wolfgangs Vater, so daß Tante Mariele mit ihrer Tochter Gisela nun allein war. Zu ihnen behielt meine Familie weiterhin guten Kontakt. Päckchen gingen nach wie vor gen Norden, was um so wichtiger war, als Tante Mariele und Gisela mehr als einmal ausgebombt wurden.

Vom Krieg insgesamt bekamen wir im Süden, speziell in Konstanz nicht so viel mit wie andernorts. Beispielsweise war zeitweise keine Verdunkelung in der Konstanzer Altstadt angeordnet, wohl aber im rechtsrheinischen Petershausen, und ich empfand es als seltsames Phänomen, wenn ich von meiner Tante Olga aus der dunklen Reichenaustraße in die relativ erleuchtete Fischenzstraße ins Paradies zurückkehrte.

Sonntagsspaziergang zum Bismarckturm mit meinen Eltern und Onkel Fritz (40er Jahre).

Natürlich hatten wir in Konstanz auch Fliegeralarm. Das bedeutete, daß wir laut Anordnung des Luftschutzwartes den Keller aufsuchen sollten. Aber wir hatten keinen Luftschutzkeller in der Fischenzstraße 16. Wir blieben in der Wohnung oder im Flur vor unserer Wohnung – dort war wenigstens eine Bank! – und hielten das mit den notwendigen Utensilien bereitstehende Köfferchen in Reichweite. Bei Nachtalarm standen wir auf und zogen uns richtig an. Ich war beim ersten Ton der Sirene immer sofort wach und schlotterte meist, weil ich furchtbar Angst hatte. Noch heute verursacht mir jede Sirene ein gewisses Grausen. Oft beobachteten wir die Flugzeuge am Himmel, nachts ihre blinkenden Lichter, und wenn wir sie nicht sehen konnten, dann hörten wir sie. Es war unheimlich, auch wenn wir uns gemessen an anderen Regionen wegen der Grenznähe in relativer Sicherheit wiegen konnten.

Auf dem Dach des Hauses Fischenzstraße 39, einem Fabrikgebäude, war im Laufe der Kriegsjahre ein Holzbalkon aufgebaut worden, auf dem sich mit Planen abgedeckte FLAK-Scheinwerfer befanden. Das Betreten dieses Balkons war zwar nicht gestattet, da ich in diesem Haus jedoch eine Freundin, Margot Schönhöfer, hatte, die wußte, wo der Schlüssel zur Balkonöffnung aufbewahrt wurde, konnte das Verbot ziemlich leicht umgangen werden. Wir saßen oft zu zweit oder zu dritt auf diesem großen, im Sommer sehr sonnig-heißen, nach Holzanstrichmittel stinkenden Balkon, freuten uns der Heimlichkeiten und spielten fröhlich miteinander. Erwischt wurden wir nie.

Die Versorgungslage

Das Schlangestehen war ein Merkmal dieser Zeit. Es mangelte an allem, wobei die Situation nach dem Krieg eher schlimmer war als in der unmittelbaren Kriegszeit. Für fast alle Nahrungsmittel benötigte man die entsprechenden Marken. Doch sie allein nützten nichts. Die betreffende Waren mußten erst per Zeitung »aufgerufen« werden. Und auch das war noch keine Garantie, etwas zu bekommen. Zum Sattwerden reichte es meist nicht; ich entsinne mich gut an die Markenabschnitte für »5 g Fett« oder »1 Ei« sowie an die leicht variierten Verse eines damaligen Liedes:

»Es geht alles vorüber, es geht alles vorbei –
Auf Monat Dezember gibt's wieder ein Ei!«

Nach dem Krieg kursierte noch eine andere Version auf dasselbe Lied:

»Es geht alles vorüber, es geht alles vorbei –
Auch Adolf Hitler mit seiner Partei!«

Das wohl wichtigste Nahrungsmittel während dieser Zeit waren die Kartoffeln. Wenn es sie denn überhaupt gab, mußten sie frostsicher gelagert werden, da sie sonst einen unangenehm süßen Geschmack annahmen. Kartoffeln wurden damals meist als Salzkartoffeln oder Pellkartoffeln »serviert«, abends als Bratkartoffeln, wobei diese sehr wenig Fett abbekamen und daher scherzhaft »plogete Herdepfel« (»geplagte Kartoffeln«) genannt wurden. Dazu trank man (Malz-)Kaffee.

Kartoffeln und Gemüse erhielten wir oft von Kesslers. Die Abmachung war: Wenn etwas im Keller an einer bestimmten Stelle lag, dann durften wir es ohne zu fragen für uns wegnehmen. Das half uns sehr. Und als die Zeiten dann wieder besser wurden, genossen wir es, den Salat kurz vor dem Mittagessen direkt vom Feld vor dem Haus abschneiden zu dürfen. Kesslers hatten auch Ziegen und brachten uns ab und zu eine Kostprobe »Geißenmilch«, die trotz ihres herben Beigeschmacks sehr willkommen war.

Im Zusammenhang mit dem Essen muß ich immer wieder an das streng rationierte Brot denken. Es war oft von schlechter Qualität, schimmelte manchmal. Zum Teil war es mit Maismehl gestreckt, schmeckte mir aber gar nicht übel. Zum Thema Brot eine familiäre Episode: Mein Vater, der wegen seiner Magenoperation noch immer die ärztlichen Eßvorschriften »wenig, aber öfter« befolgte, schnitt sich vom einem Stollen Brot bisweilen nur eine halbe Scheibe ab und beließ die andere Hälfte am Stollen, um keine weitere halbe Brotscheibe herumliegen und eventuell austrocknen zu lassen. Wenn Gotte sich dann zwischendurch ein Stück Brot holen wollte und den von meinem Vater deformierten Brotstollen bemerkte, sagte sie ärgerlich: »Jetzt hot er's wieder zeichnet!« Ich denke, hierin drückt sich nicht nur der damalige Brotmangel aus, sondern sogar eine gewisse Konkurrenz ums Brot innerhalb der Familie.

Auch Milch war nur auf Marken erhältlich und außerdem so stark entrahmt, daß sie schon einen bläulichen Schimmer hatte. Sie wurde noch ausgefahren, entweder mit einem speziellen Handwagen oder bei uns im Paradies mit dem Auto. Ich glaube, es war ein »Tempo«, ein dreirädriges Fahrzeug, das Ida und Ernst Werner chauffierten. In der Nachkriegszeit wurde das Ausfahren der Milch aus hygienischen Gründen eingestellt, und wir mußten in Werners Milchgeschäft in die Mayenfischstraße zum Einkaufen gehen. Dort hielt sich das Schlangestehen noch relativ lange, besonders sonntags, als Rahm bereits ohne Marken und in geschlagener Form, in kleine »Röschen« gespritzt, gleichsam tischfertig angeboten wurde.

Butter konnte man ebenfalls nur auf Marken erhalten. Sie wurde lediglich dünn aufs Brot gekratzt. Schlimm war es im Sommer ohne Kühlschrank, da wurde die Butter weich oder gar ranzig. Wir hatten eine eigenartige Butterdose: eine kleine, längliche Steingutschüssel mit einem doppelten Boden. In den Zwischenraum wurde immer wieder kaltes Wasser gefüllt, und so sollte die Butter kühl gehalten werden.

Eier gab es nur in geringem Maß. Sie wurden meist zur Haltbarmachung in einen Steinguttopf in »Wasserglas« eingelegt und eigneten sich dann nicht mehr als Frühstückseier. Auch das Entnehmen der Eier aus dem gallertigen »Wasserglas« war nicht sehr angenehm. Als Eierersatz wurde Eipulver (»Milei E«) angepriesen, aber selbst das stand nicht in ausreichenden Mengen zur Verfügung.

Wollte man in der Kriegs- oder Nachkriegszeit in einem Restaurant etwas essen, so hatte man keine große Menuewahl auf der Speisekarte und mußte außerdem die entsprechenden Lebensmittelmarken dafür abgeben. Diese Marken wurden von den Wirtsleuten gesammelt und, nach Sorten aufgeklebt, wieder an irgend eine amtliche Stelle geschickt. Ich selbst durfte an dieser Markenkleberei ab und zu mitwirken, wenn meine Eltern grade mal am Stammtisch im »Goldenen Sternen« saßen und es mir ansonsten langweilig war. Das machte mir Spaß. Sogar beim Kaufladenspielen habe ich mir Lebensmittelkarten gebastelt und mit Freuden die Märkchen ausgeschnitten, die ich als Verkäuferin angeblich brauchte. Das reale Leben spiegelte sich im Spiel wider.

Obst war ebenfalls schwierig zu bekommen. Daher holten sich viele Leute Fallobst aus der Umgebung. Manchmal blieb es aber nicht beim Auflesen. Man durfte sich nur nicht erwischen lassen. Wir hatten in puncto Obst etwas Glück: In Wallhausen kannten wir eine Bauernfamilie, für die meine Tante Olga immer wieder genäht hatte. Daher erhielten wir ab und zu eine Kiste Äpfel, Birnen oder auch Kartoffeln. Allerdings mußten wir alles selbst transportieren, eine aufwendige Prozedur: Mit einem kleinen Leiterwagen versehen liefen wir zunächst an den Konstanzer Hafen, fuhren dann mit dem Schiff nach Dingelsdorf und zogen von dort nach Wallhausen. Diese staubige Straße kam mir ewig lang vor. Und dieselbe Strecke mußten wir mit bepacktem Handwagen wieder zurückgehen. Doch das war ja Sinn der Sache. Und die Zeit investierte man dafür gerne.

Was damals sehr gepflegt wurde, war das Dörren von Früchten. Äpfel, Birnen und Zwetschgen eigneten sich besonders. Die Äpfel wurden geschält, die Schalen zu Tee getrocknet, das Fruchtfleisch in Ringe geschnitten, an Schnüren oder Fäden aufgereiht und wie Ketten außen an den Fensterrahmen befestigt. Natürlich war das in Parterre-Wohnungen nicht möglich, da wäre alles gleich weg gewesen. Aber in den oberen Etagen hing so manche Kette gelbbrauner Apfelringe. Ähnlich verfuhr man mit Birnen. Die Zwetschgen mußten jedoch auf dem Rost des Herdes getrocknet werden, was bei uns zu Hause nicht so gut gelang.

Wichtig war auch das Konservieren von anderen Nahrungsmitteln, denn Kühlschränke kannte man kaum, und Eisschränke, die zur Kühlung mit Eis bestückt werden mußten, waren nur vereinzelt in den Haushalten vorhanden. So wurde eben Gemüse wie Bohnen oder Erbsen eingeweckt, ebenso einige Obstsorten. Auch Marmelade wurde gekocht, aber mit wenig Zucker, so daß sie oft nicht lange haltbar war. Eine Sorte Marmelade hatten wir sogar aus grünen Tomaten hergestellt und ich habe sie keineswegs so schlecht in Erinnerung.

Viele Leute gingen damals »in d'Buchele«, d.h. sie sammelten Bucheckern, eine mühsame Beschäftigung. Bei meinen späteren Recherchen erfuhr ich aus dem »Südkurier«, daß sogar eine »Bucheckern-Verordnung« existierte. Ich entdeckte auch eine kleine Notiz vom 25. Oktober 1946, offenbar eine Zuschrift, in der es u.a. hieß:

»... In Ihrer Zeitung las ich, daß es für 7,5 kg Bucheckern einen Liter Öl gibt. Nun habe ich heute ein Gramm abgewogen, (...) das Resultat waren fünf Stück. Rechnet man nun 7500 Gramm mal fünf, so erhält man die Zahl von 37500 Bucheckern, und so oft hat man sich gebückt, um einen Liter Öl zu bekommen...«

Positiv dabei war, daß dieses Öl auf die Fettration nicht angerechnet wurde. Fast ein Geschenk also, wenn man die Arbeit nicht berücksichtigte! Allerdings wurde in einem anderen Artikel (»Südkurier« vom 15. Oktober 1946) angemerkt, ob die ganze Sache nicht ein »schlechtes Geschäft für die Sammler« sei, da man eigentlich bereits aus 4 kg Rohware einen Liter Öl pressen könne, woraus sich die berechtigte Frage ergab: Wer erhält den Überschuß?

Manchmal wurden Hülsenfrüchte angeboten. Aber sie waren von schlechter Qualität und mußten erst mal »verlesen« werden. Sie entpuppten sich nicht als »stubenrein«, weshalb für sie gleich der passende Name kreiert wurde: »Käfer-Linsen«.

Natürlich hatten auch RaucherInnen ihre liebe Not. Daß Zigarettenkippen von der Straße aufgehoben wurden, habe ich oft gesehen. Und ich erinnere mich an ein kurzes Lied dazu, schön konstanzerisch:

»Pape lueg, do hane liet e Kippe!
Pape lueg, sie liet im Dreck.
Pape lueg, etz buckt sich oner!
Pape lueg, etz isch se weg!«

Zeitweise wurde Tabak in den Gärten angebaut. Die grünen Blätter wurden, ähnlich wie die Apfelringe, an der Luft getrocknet und dann mit der Schere klein geschnipselt. Es waren sogar eigens dafür geschaffene Tabakzerkleinerungsmaschinen auf dem Markt. Ob dieses Kraut, das den wohlklingenden Namen »Siedlerstolz« erhielt, geschmeckt hat, kann ich nicht sagen. Mein Vater hat es jedenfalls auch geraucht.

Als spezielles Getränk aus dieser Zeit ist mir noch ein »Molke-Bier« im Gedächtnis, ein leicht schäumendes Getränk. Wichtiger als dieses Bier war für uns aber der Malzkaffee, »Muckefuck« genannt, den wir zu Hause aufbrühten, mit einem Schuß Kaltwasser »abschreckten« und dann setzen ließen. So zubereitet war er durchaus trinkbar. Manchmal wurde noch ein Stückchen Zichorie dazugegeben, damit sich die Farbe verdunkelte. Und wenn in diesen Kaffee noch etwas Brot eingebrockt wurde, war das ein Hochgenuß für die damalige Zeit.

Wir Kinder bekamen manchmal Limonade, die meist knallrot oder giftgrün war, uns aber herrlich schmeckte. Allerdings hatte man dieses Getränk nicht flaschenweise zu Hause, es wurde uns höchsten bei Ausflügen oder Spaziergängen gegönnt, gewissermaßen als Trost fürs Durchhalten. Ansonsten tranken wir Kräutertee oder auch mal ein Zuckerwasser. Oder oft nur Wasser vom »Hahnen«.

An was ich mich noch gut entsinne, ist Speiseeis. Das wurde im Krieg noch relativ lange hergestellt, schön farbig und aromatisch. Aber nur wenige Sorten. Manchmal zog der Eismann sonntags durchs Paradies mit einem speziellen Handwagen mit silbern glänzenden Aufsätzen, unter denen sich die kalte Köstlichkeit verbarg. Ein oder zwei Kugeln durfte ich mir meist holen. Leider hörte dieser Service in der ersten Nachkriegszeit auf, und die italienischen Eisdielen lagen noch in weiter Ferne.

Doch nicht nur die Frage des Essens und Trinkens war im und nach dem Krieg schwer zu lösen, das gleiche galt für Heizmaterial. Holz, Kohle und Brikett waren rationiert. Man sammelte zwar Äste oder Tannenzapfen in den Wäldern, aber häufig mit »karger Ausbeute«, weil so viele Leute unterwegs beim »Holzen« waren.

Oft stand in den Küchen neben dem Gasherd ein Kohleherd, in der Regel mit einem »Wasserschiff« versehen, so daß neben der Heizung gleichzeitig eine gewisse Menge Warmwasser mitproduziert wurde. Da sich in den »Schiffen« immer Kesselstein ablagerte, konnte das Warmwasser nicht zum Kochen, sondern nur zum Waschen, Putzen oder für die damals noch üblichen Bettflaschen verwendet werden. Die Herdwärme wurde bei uns zu Hause auch zum Aufheizen eines kleinen Bügeleisens benutzt, dessen Griff für die Zeit des Erwärmens abgenommen werden konnte. Dieses

Bügeleisen war zwar praktisch und sinnvoll, große Stücke damit zu bügeln war aber mühsam, da es ziemlich rasch auskühlte.

Wer sich beim Friseur die Haare waschen und legen lassen wollte, mußte Holz oder Briketts mitbringen, um das Wasser zur Behandlung zu erwärmen, denn fließend warmes Wasser wie heute gab es nicht. Und eine Bezahlung war natürlich trotzdem erforderlich.

Im Zusammenhang mit Wasser möchte ich noch etwas von unseren damaligen Bademöglichkeiten erzählen. Da unsere Wohnung kein Bad hatte, mußten wir uns anderweitig behelfen. Im Sommer war das ziemlich einfach, da ging man eben »a de See«, seifte sich richtig ein und spülte sich dann beim Schwimmen automatisch ab. Aber im Winter war das problematischer. Entweder wir badeten – wenn man das überhaupt so nennen kann – in unserer Küche in einer großen Zinkwanne oder wir mußten das eben außer Haus erledigen. In Konstanz wurden im Hallenbad, in der Stephansschule und in einigen privaten Badeanstalten Dusch- und Wannenbäder angeboten. Meine Mutter und ich nutzten diese Möglichkeit in der Regel samstags nach getaner Putzarbeit, wobei wir gemeinsam in eine Wanne stiegen. Mein Vater hatte andere Badezeiten.

In diesen Häusern befanden sich mehrere Badekabinen, an deren Türen große Wecker zur Einstellung der Badezeit befestigt waren, eine halbe Stunde einschließlich An- und Auskleiden. Es drängten sich immer viele Leute zum Bade, und wir mußten manchmal lange warten, bis wir an der Reihe waren. Wir überbrückten die Zeit meist mit Lesen oder Strikken. Selbstverständlich wurden die Wannen zwischen den Badegängen der einzelnen Leute gesäubert. Dann rief eine weibliche Stimme »nächste Wanne«, und es konnte losgehen. Ab und zu leisteten wir uns sogar einen Badezusatz, der mit den heutigen wohlriechenden Düften und pflegenden Lotionen überhaupt nicht zu vergleichen ist: eine grobe, grüne, penetrant riechende Fichtennadel-Tablette. Daß wir nach dem Bad wieder ins Freie mußten, empfanden wir als sehr unangenehm, besonders im Winter. Da blieben wir nach dem Bad noch eine Weile im Warteraum, um uns wieder zu akklimatisieren. Somit waren wir meist über zwei Stunden unterwegs, um zu einem Bad zu kommen. Daher kann ich heute meine Wannen- oder Duschbäder in der eigenen Wohnung ganz besonders genießen.

Noch aufwendiger war das Wäschewaschen. Wir hatten in der Fischenzstraße keine Waschküche im Haus. Während die kleine Wäsche zwischendurch von Hand gewaschen wurde, suchten wir zur großen Wäsche die Mietwaschküche von Frau Fleisch in der nahen Mangoldstraße auf. Dort mußte man sich rechtzeitig anmelden und sich in der

Nachkriegszeit auch um Heizmaterial kümmern. Die Prozedur fing aber nicht erst mit dem eingetragenen Termin an. Bereits am Tag zuvor wurde die Wäsche sortiert, eingeweicht und einzeln eingebürstet. Dann wurden die Wäschestücke zusammengerollt und so wie sie waren, nämlich voller Seife, in einen Bottich gelegt. Anderentags transportierte meine Mutter die gesamte Wäsche mit einem Handwagen zu Frau Fleisch. Dort erst begann das richtige Waschen mit Kochen, Stampfen, Spülen... Frau Fleisch half dabei, manchmal auch Gotte und später ich. Das Ganze dauerte bis in den Nachmittag hinein. Aufhängen konnten wir die Wäsche zu Hause in der Fischenzstraße, im Sommer hinter dem Haus, im Winter auf dem großen Speicher. Nach so einem Waschtag war meine Mutter stets geschafft. Doch er fand glücklicherweise nur alle vier bis fünf Wochen statt.

Sowohl während des Krieges als auch einige Zeit danach herrschte auch großer Papiermangel. Schulhefte waren rar und von mäßiger Qualität. Entsprechend sahen die ersten Bücher nach dem Krieg aus. Im Jahr 1947 schenkten mir meine Eltern zu meinem Geburtstag oder zu Weihnachten ein Poesiealbum: dünn, mit »holzigen« Seiten und schlecht gebunden. Trotzdem war ich hoch erfreut, ein Album zu besitzen, in das dann mehr oder weniger sinnvolle Sprüche geschrieben wurden.

Die ersten beiden Einträge stammten natürlich von meinen Eltern. Meiner Mutter reservierte ich die erste, meinem Vater die zweite Seite. Zufall? Ich kann es nicht mehr rekonstruieren. Seltsam, ich habe auch die Aufzeichnungen meiner Familie intuitiv mit der Beschreibung meiner Mutter begonnen. Vater kam dort ebenfalls an zweiter Stelle. Bin ich ihm gegenüber nun undankbar? Ich glaube nicht.

Jedenfalls sind die beiden Gedichte in meinem Album geradezu typisch für meine Eltern, meine Mutter kämpferisch und wegweisend mit einem Auszug aus einem Gedicht, dessen Autor ich nicht mehr weiß:

»Erkenntnis!
Tu frei und offen, was Du nicht willst lassen.
Doch wandle stets auf selbstbeschränkten Wegen
Und lerne früh nur Deine Fehler hassen!
Und ruhig geh' den anderen entgegen;
Kannst Du Dein Ich nun fest zusammenfassen,
Wird Deine Kraft die fremde Kraft erregen.
Zur Befolgung gewidmet von Deiner Mutti.«

Mein Vater, eher musisch angehaucht, wählte für mich ein Gedicht von Gottfried Keller aus, das ihm und mir sehr gut gefiel und das er in bester Schönschrift in mein Album eintrug:

Erkenntnis!

Tu frei u. offen, was Du nicht willst lassen
Doch wandle streng auf selbstbeschränkten Wegen
Und lerne früh nur Deine Fehler hassen!

Und ruhig geh den anderen entgegen;
Kannst Du Dein Ich nur fest zusammenfassen,
Wird Deine Kraft die fremde Kraft erregen.

Zur Befolgung gewidmet von

Deiner Mutti.

Morgen!

So oft die Sonne aufersteht,
Erneuert sich mein Hoffen
Und bleibet bis sie untergeht,
Wie eine Blume offen;
Dann schlummert es ermattet
Im dunklen Schatten ein,
Doch eilig wacht es wieder auf
Mit ihrem ersten Schein.

Das ist die Kraft die immer strebt
und immer wieder streitet,
Das gute Glück, das nie verdirbt,
Geheimnisvoll verbreitet!
Solang noch Morgenwinde
Voran der Sonne wehn,
Wird nie der Freiheit Fechterschar
In Nacht u. Schlaf vergehn!

Dein Papa

»Morgen!
So oft die Sonne aufersteht,
Erneuert sich mein Hoffen
Und bleibet, bis sie untergeht,
Wie eine Blume offen;
Dann schlummert es ermattet
Im dunklen Schatten ein,
Doch eilig wacht es wieder auf
Mit ihrem ersten Schein.
Das ist die Kraft, die nimmer stirbt
Und immer wieder streitet,
Das gute Blut, das nie verdirbt,
Geheimnisvoll verbreitet!
Solang noch Morgenwinde
Voran der Sonne wehen,
Wird nie der Freiheit Fechterschar
In Nacht und Schlaf vergehen!
Dein Papa.«

Trotz der allgemeinen Papierknappheit gab es relativ bald nach dem Krieg wieder Zeitungen, den ersten »Südkurier« am 8. September 1945 für 20 Pfennig. Er erschien zunächst zweimal, ab 1949 dreimal pro Woche. So dick wie heute war er allerdings nicht, aber sein Umfang genügte, letztendlich zweckentfremdet und in Stücke geschnitten, als Toilettenpapier Verwendung zu finden. Keine Spur von weich und dreilagig...

Kriegsgarderobe oder: Wer kennt noch Ärmelschoner?

Wenn ich anfangs ausgeführt habe, daß die Garderobe meiner Eltern, besonders die meiner Mutter und meiner Tante Olga meist recht schick war, so muß ich das für die Kriegs- und die Nachkriegszeit selbstverständlich relativieren. Doch sie konnten aufgrund der Nähkenntnisse in der gesamten Familie aus so manchem Stoffrest oder aus zwei unterschiedlichen etwas Anziehbares zaubern. So wurden zum Beispiel die bereits erwähnten Fastnachtskostüme, die vier »Schotten«, umgemodelt zu zwei Kleidern für Mutter und Tante. Häufig blieb bei der Näherei noch ein Restchen Stoff für ein Puppenkleid übrig, das meine Mutter mit viel Geduld zusammenstückelte. Oder sie fabrizierte sich Ärmelschoner, kurze Überzieher vom Handgelenk bis über den Ellbogen, vorn mit Gummibündchen, nach hinten etwas weiter. Kein elegantes Zubehör, was meine Mutter keineswegs störte.

Hin und wieder rubbelten wir zu klein gewordene oder kaputte Pullover auf, um etwas »Neues« daraus zu stricken. Dabei wurde die Wolle jeweils in lange Stränge gewickelt, etwa um eine Stuhllehne, gewaschen und im noch nassen Zustand zum Trocknen um die Füße eines umgekehrten Hokkers gespannt. So glättete sich die Wolle wieder einigermaßen und konnte ganz gut verarbeitet werden. Ich habe das selber sehr oft praktiziert, denn ich übernahm die Strick-Tradition meiner Familie mit viel Freude und war betrübt, wenn ich keine Wolle zum Handarbeiten hatte.

Die meisten Leute hatten damals nicht viel an Garderobe. Wer für den Winter einen Trainingsanzug oder auch nur eine Trainingshose besaß, konnte von Glück sagen. Diese Hosen aus dunkelblauen, innen aufgerauhten Materialien waren zwar nicht sehr schön, aber wärmten. Außerdem stülpte »frau« über die Trainingshose zusätzlich noch einen Rock. Strümpfe waren Mangelware, die »Seidenstrümpfe« fast so dick wie heute die Stützstrümpfe. Wir Kinder trugen handgefertigte Strümpfe, die mehr oder weniger kratzten. Sie wurden immer wieder frisch angestrickt, wenn sie kaputt gingen oder die Füße nicht mehr hineinpaßten. Auch hier galt oft die Devise: Aus zwei mach eins.

Zum Thema Strümpfe gehörte bei den Konstanzer Kindern noch ein Wort: das »Gschtältle«. Das war ein etwas festeres Leibchen, das bis zur Taille reichte und an dem die Gummis für die Strümpfe befestigt waren. Diese Gummis waren damals nur schwer zu bekommen, denn es mußten Lochgummis sein, damit man die Knöpfe an den Strümpfen darin einhängen konnte: für einen Strumpf je einen Knopf und einen Gummi. Bei größeren Kindern wurden daraus dann Strapse, aber leider nicht immer zwei pro Strumpf! Ach, wie schrecklich diese Strümpfe waren, vor allem, weil sie ständig Wellen zogen, immer wieder zu klein wurden und die Schenkel daher oft nackt blieben. Kaum mehr vorstellbar im Zeitalter der Strumpfhose!

Einige Zeit nach dem Krieg wurden für teures Geld Nylonstrümpfe angeboten. Hauchdünne Gebilde. Sie hielten nicht lange. Laufmaschen waren die Regel. Aber, erfinderisch wie die Menschen waren, richteten sie bald Geschäfte ein, in denen man – frau natürlich! – die kostbaren Nylons »aufmaschen« lassen konnte. Das lohnte sich durchaus.

Bisweilen hatten manche Leute anstelle von Hausschuhen selbstgebastelte Schlappen aus getrockneten Maisblättern, die man zunächst zu Zöpfchen flocht, dann über einen Leisten zusammennähte und – wenn möglich – noch fütterte. Sehr elegant sahen diese Hausschuhe zwar nicht aus, doch danach fragte damals niemand. Hauptsache sie waren warm.

Bekleidung, Stoffe, Schuhe konnte man nur gegen sogenannte Bezugsscheine erwerben. Eine Auswahl fand man in den Geschäften nicht, man mußte nehmen, was gerade vorrätig war. Beim Kauf von Kinderschuhen wurde außerdem geprüft, ob die kleinen Füße in den entsprechenden Schuhen gut Platz hatten. Dazu steckten die Kinder ihre mit den Schuhen bekleideten Füße in ein Gerät und ließen sie durchleuchten. Ein Paar Schuhe für den Winter zu haben, aber keineswegs pelzgefütterte, und ein Paar für den Sommer, das war schon das Höchste.

Ich kann mich erinnern, daß meine Eltern kurz vor Kriegsende für mich ein Paar schwarze Schuhe ergattern konnten. Sie waren mir allerdings viel zu groß und hatten einen kleinen Absatz, also für mich als neunjähriges Mädchen nicht geeignet. Trotzdem wurden sie gekauft, weil sie eben gerade an Lager waren. »Schließlich wächst das Kind ja noch«, hieß es. Mir gefielen die Schuhe sehr gut wegen des Absatzes, ich probierte sie immer wieder an, und eines Tages paßten sie.

Manche Kinder hatten trotz der Kriegssituation sogar Schlittschuhe, mehr oder weniger alt und rostig. Aber es waren lediglich die Kufen, die man mit einem speziellen Schlüssel an die Schuhe anschrauben mußte, was sich als schwierig erwies. Denn die Schlittschuhe lösten sich immer wieder ab, worunter die Sohlen und Absätze gewaltig litten. So war das Schlittschuhfahren, zu dem wir Paradiesler Kinder uns in einer zugefrorenen, heute nicht mehr vorhandenen Bucht des Seerheins nahe der Fischenzstraße versammelten, für uns zwar trotzdem ein Vergnügen, für unsere Eltern jedoch eher eine weitere Sorge wegen der Instandhaltung der Schuhe. Erst als nach dem Krieg das »Eisdöbele« in der Schweiz wieder für uns zugänglich wurde, traten diese Bedenken in den Hintergrund: Wenn auch die Schlittschuhe meist noch die alten waren, so konnte man doch die Schuhe wenigstens wieder problemlos reparieren lassen.

»Reig'schmeckte«

Vor Kriegsende siedelte meine Cousine Gisela nach Konstanz um und hatte hier eine Arbeitsstelle. Sie, Jahrgang 1920, war für meinen Begriff schon sehr erwachsen und eine Dame. Außerdem war sie verlobt mit einem Schweizer, Herbert Ruthardt (1919-1945), aus dem benachbarten Kreuzlingen, der beim deutschen Militär Dienst tat und uns während seines Heimaturlaubs in der Fischenzstraße besuchte. Natürlich traf er dabei auch Gisela. Die Wiedersehensfreude war groß, aber von kurzer Dauer. Herbert wollte sich heimlich in die Schweiz absetzen. Beim nächtlichen Überqueren des Bodensees von der Konstanzer Seestraße aus wurde er erschossen und auf die Insel Reichenau getrieben. Dort ist noch heute sein Grab. Meine Eltern erzählten mir später, daß sie nicht nur traurig über Herberts Tod waren, sondern auch etwas enttäuscht, weil Gisela oder ihr Verlobter sie nicht in den Fluchtplan eingeweiht hatten. Hätten sie ihm doch aufgrund ihrer örtlichen und politischen Kenntnisse zu einem günstigeren Fluchtweg geraten, allerdings auch ohne Garantie.

Bald danach verließ Gisela Konstanz; wir hörten nun wenig von ihr. Sie landete in Berlin (Ost), war dort mehrfach verheiratet und wieder geschieden. In einer ihrer Ehen bekam sie zwei Kinder, Wolfgang und Mariele Steinhöfel. Da begann unser Kontakt wieder aufzuleben. Meine Mutter strickte und nähte trotz ihrer geringen Freizeit für die beiden Kinder, und es gingen nicht nur an Weihnachten Päckchen nach Berlin, für meine Mutter eine Anknüpfung an die frühere Tradition, als sie Tante Mariele und ihre Familie in Hamm unterstützte.

Gisela verbrachte vor dem Bau der Berliner Mauer einige Male ihre Sommerferien bei uns, mal mit, mal ohne ihre Kinder, meist gesellte sich dann auch ihre Mutter dazu. Da war unsere Wohnung fast zu klein, aber wir arrangierten uns. Mein Vater hatte besonders großen Spaß an Wolfgang, einem sehr aufgeweckten Jungen, und machte mit ihm allerhand Dummheiten, womit er sich den Namen »Onkel Faxenmacher« einhandelte.

Nach dem Mauerbau war es mit Giselas Ferien am Bodensee vorbei, aber unsere Verbindung blieb. Nun lag es an uns, nach Berlin zu fahren, was meine Mutter und ich erstmals Ostern 1964 nach dem Tod meines Vaters wagten. Gisela verwöhnte uns mit einem schönen Programm, damit wir von der Großstadt möglichst viel mitbekommen sollten. Wir sahen in der Oper eine »Carmen«-Vorstellung und im »Berliner Ensemble« den »Aufhaltsamen Aufstieg des Arturo Ui« von Brecht, beides sehr beeindruckende Erlebnisse.

Zurück in die Konstanzer Kriegszeit! Wie meine Cousine, so kamen auch viele andere Menschen hierher, Ausgebombte oder Flüchtlinge aus dem Osten. Wir hatten zwar selbst zu ihnen kaum persönliche Kontakte, doch die Leute, die größere Häuser besaßen, mußten Flüchtlinge aufnehmen. Das war sicher keine einfache Sache, aber eben eine Hilfe für die Zufluchtsuchenden, für die »Hergloffene, Reig'schmeckte« noch die gelindesten Bezeichnungen waren. Oft fiel auch der Ausdruck »s'Preußens« und ebenso oft entstanden Konflikte, weil für »s'Preußens« anscheinend mehr gesorgt wurde als für die heimische Bevölkerung. Nicht zuletzt waren wir Süddeutschen mit unserer etwas langsameren Art und Sprache den Leuten vom Osten oder Norden unterlegen, und das verlief nicht ohne Neidreaktionen. Oder nicht ohne Spott. So kursierte damals der Satz:

> »Ich habe mir die hochdeutsche Sprache so anjewöhnt,
> daß i se nimme lo ka!«

Endlich geht der Krieg zu Ende

Das Kriegsende selbst habe ich nicht sehr bewußt miterlebt. Ganz wichtig war jedoch für mich: Es gab ab nun keinen Fliegeralarm mehr, vor dem ich mich immer so sehr gefürchtet hatte. Auf meine Frage, an die ich mich noch gut entsinne: »Haben wir jetzt Frieden?« meinte mein Vater damals: »Nein, nur einen Waffenstillstand, es wird nicht mehr geschossen. Frieden kann erst durch einen Friedensvertrag erreicht werden, und das dauert noch eine Weile.« Wie recht er hatte.

Weiter änderte sich für mich durch das Kriegsende, daß ich zunächst gar nicht und dann eine Zeitlang nicht mehr in die Wallgutschule gehen konnte. Unsere Klasse war, nachdem der Schulbesuch im Herbst 1945 überhaupt wieder möglich wurde, zeitweise in den Räumen des Klosters Zoffingen in der Brückengasse untergebracht. Wir hatten nun in der vierten Klasse Fräulein Gottstein und Fräulein Kundt als Lehrerinnen. Sie begannen den Unterricht immer mit einem Gebet. Das gefiel manchen Leuten, auch jenen, die dem Hitlerfaschismus positiv gesonnen waren. Viele von ihnen entdeckten nun plötzlich ihre Religiosität und entwickelten sich zu eifrigen KirchgängerInnen. Ich kenne eine Reihe davon.

Nach dem Krieg hatten wir zunächst keine Schulbücher mehr. So wurde eben im Unterricht viel vorgelesen, zum Beispiel aus der Sonntagszeitung der katholischen Familie, dem »Susoblatt«, das bald nach Kriegsende sogar noch vor dem »Südkurier« erschien. Aber auch mit dem Schreiben haperte es, denn das Schreibpapier war noch rarer geworden, ebenso Buntstifte und Radiergummis.

Manche Schülerinnen kehrten nach Wiederaufnahme des Schulbetriebs nicht mehr in ihre ursprüngliche Klasse zurück, sondern wechselten in die Klosterschule Zoffingen am Rheinsteig, andere entschieden sich für die Höhere Schule. Für Mädchen bot sich dabei die ehemalige Friedrich-Luisen-Schule an, wegen der »höheren Töchter« oft auch respektlos »Affenkasten« genannt. Nach dem Krieg wurde daraus die Mädchenoberrealschule, die später in Ellenrieder-Gymnasium umbenannt wurde.

Was ich nach Kriegsende ebenfalls mitbekommen habe, war der Befehl der Besatzungsmacht, Waffen, Radios und Fotoapparate abzugeben. Nun, Waffen hatte unsere Familie keine, aber ansonsten sind wir dem

Anordnung!

Die französische Besatzungsmacht trifft nachstehende Anordnungen:

1. Zwischen 19 Uhr abends und 7 Uhr früh darf sich niemand außerhalb des Hauses aufhalten.

2. Bis Freitag, den 27. April 1945, mittags 12 Uhr, müssen sämtliche Schuß-, Hieb- und Stichwaffen — einschließlich Jagdgewehren — nebst Munition bei den Polizeirevieren abgeliefert werden, ebenso die Radio- und Photo-Apparate.

Die abgegebenen Sachen sind durch die Angaben des Eigentümers und seiner Wohnung zu kennzeichnen.

Jeder Haushaltsvorstand ist für die in seinem Haushalt gefundenen Waffen und Munition verantwortlich.

3. Radfahren ist verboten, ebenso privater Kraftwagen- und Motorrad-Verkehr.

4. Telefongespräche sind nur im Ortsnetz Konstanz zugelassen. Ferngespräche sind verboten. Jeder Telefonverkehr wird auf den Inhalt der Gespräche überwacht.

5. Jede feindselige Handlung gegen die Besatzungsmacht zieht schwerste Folgen nach sich, z. B.:

Verhängung der Todesstrafe,
Erschießung von Geiseln,
Niederbrennen von Gebäuden, aus denen geschossen worden ist,
oder auch Niederbrennen der Umgebung von Häusern, aus denen geschossen worden ist.

Konstanz, den 26. April 1945.

Der Oberst und Stadtkommandant.

Eine Anordnung der französischen Besatzungsmacht vom 26. April 1945.

Befehl leider gefolgt. Das Radio haben wir zwar zurückerhalten, aber nicht den Fotoapparat, weshalb auch keine selbstgeknipsten Bilder von jener Zeit existieren. Erst als ich mir eine einfache Kamera Marke »Box« leisten konnte, wurde für mich beziehungsweise für uns das Fotografieren wieder möglich.

Daß der Omnibusverkehr in Konstanz nach dem Krieg fast lahmgelegt war, weiß ich noch gut. Zunächst verkehrte nur eine einzige Bus-Linie, nach Allmannsdorf und später weiter nach Staad. Ich erinnere mich auch, daß die städtischen Omnibusse, die in Konstanz die »Roten Arnolde« genannt wurden – nach Fritz Arnold, vor und nach dem Faschismus SPD-Bürgermeister und kurz OB der Stadt –, auf den Dächern einen Aufbau hatten, der wie eine Plane aussah und daß sie im städtischen Gaswerk »aufgetankt« wurden. Die Busse waren alle knallrot gespritzt und gemessen an den heutigen ziemlich klein. Außer dem Fahrer hatten sie noch einen Kassier, der den ganzen Bus abschritt, um den Leuten die Fahrkarten zu verkaufen, der auch die Haltestellen ausrief und die Busabfahrt mit einem lauten »fertig« oder per Klingelzeichen ankündigte. Später saß der Kassierer auf einem erhöhten Platz am Ende des Omnibusses und die Fahrgäste mußten zahlend an ihm vorbeiziehen.

Nach dem Krieg herrschte eine Weile, wie ich gut im Gedächtnis habe, eine abendliche Ausgangsbeschränkung. Bis zu einer gewissen Uhrzeit mußten die Straßen von Menschen leer sein. Meine Eltern hielten sich in der Regel daran, einmal wurde es allerdings später und ich hatte Angst. Gotte war ebenfalls besorgt. Noch heute ist mir der Satz aus ihrem Mund gegenwärtig: »Me wird se doch it gholt ho« – so stark war die Angst aus der Nazi-Zeit noch immer verwurzelt.

Vaters Schneiderwerkstatt

Während des Krieges durften wir im Obergeschoß des Kesslerschen Hauses ein Zimmer für meinen Vater als Nähstube einrichten, d.h. die Nähmaschine und den Schneidertisch, die vorher in unserer geräumigen Küche standen, und alle übrigen Nähutensilien verfrachten wir nach oben, und mein Vater hatte nun sein eigenes Reich. Wenn er dort arbeitete, konnten wir ihn oft singen hören. Er hatte allerdings nicht allzuviel zu tun, denn die Leute hatten ja kaum Stoffe zur Verarbeitung. Sie ließen eher alte Mäntel oder Anzüge ändern; vor allem das »Wenden«, die bisherige Innenseite zur Außenseite zu machen, hatte Hochkonjunktur.

Nach dem Krieg war mein Vater noch eine Weile als selbständiger Schneidermeister tätig. Mittlerweile hatten einige Franzosen unsere

Adresse erfahren, auch Indochinesen, die zeitweise Teil der Besatzungsarmee waren, suchten ihn auf, um etwas reparieren zu lassen. Es war schwierig, sich mit ihnen zu unterhalten, mein Vater konnte kein Französisch, meine Mutter nur ein paar Brocken und ich noch gar nichts. So mußte man sich per Zeichensprache verständigen. Manche Indochinesen kamen regelmäßig und wollten hin und wieder Radio hören, was meine Eltern erlaubten. Ich glaube im nachhinein, viele erhofften sich überdies Familienanschluß, und bei manchen Leuten hatten sie wohl Glück. Bei uns blieb es jedoch eher bei der geschäftlichen Ebene. Ich selbst war damals erst gut zehn Jahre alt, also noch nicht sehr »interessant« für sie.

Die Schneiderei meines Vaters hatte aber auch für uns persönlich in der Nachkriegszeit ihre segensreichen Auswirkungen. Hier erinnere ich mich an eine Holzkiste, die, als man es wagen konnte, etwas per Post zu versenden, zwischen Konstanz und Hayingen hin- und herpendelte. Sie stammte von einem Freund meines Vaters, einem Schreinermeister, der mehrere Kinder hatte, und beinhaltete außer einigen zu reparierenden Sachen diverse Naturalien, die wir gut gebrauchen konnten: Mehl in einem Stoffsäckchen, in dem einige Eier »verpackt« waren, Speck oder auch mal ein Stück Rauchwurst. Vater nähte und nähte, schickte die Kiste zurück und der hilfreiche Kreislauf begann von neuem.

Das Paradies als Magnet

Im Zusammenhang mit der Ernährung in Konstanz ist immer wieder das Paradies zu nennen. Ich entsinne mich, daß in der Kriegs- und Nachkriegszeit allabendlich viele Städter ins Paradies strömten, um dort etwas Nahrhaftes zu ergattern. Das war nicht einfach, denn die Bauern mußten ja eigentlich ihre Erzeugnisse abliefern. Aber mit der Zeit spielte es sich dann doch ein, daß manche Leute »ihren Paradiesler« hatten, der ihnen etwas spendierte. Doch manchmal klappte es auch nicht. Ein Beispiel dafür ist eine Geschichte, die unser Hausherr Herr Kessler einmal erzählte: Er habe hinterm Haus im Feld gearbeitet, als ihn eine Frau mit den Worten ansprach: »Sind Sie der Järtner?« Da sei schon alles gelaufen gewesen... Erfolglos für die Frau!

Für uns, die wir im Paradies wohnten, war die Lage besser. Nicht nur von Kesslers, auch von der Nachbarschaft erhielten wir »milde Gaben«, über die wir sehr froh waren. Und ich wurde mit mancher Tasse Milch verwöhnt.

Als ich bei Fräulein Schönhals in unserer Wohnung Klavierstunden hatte, konnten wir ihr sogar bisweilen etwas Gemüse zustecken, und als

»Evakuierte«, die keine Beziehungen hatte, war sie dafür besonders dankbar. Ähnliches widerfuhr mir übrigens in den fünfziger Jahren bei den Nachhilfestunden, die ich in Mathematik erteilte: Von der Mutter der Schülerin bekam ich neben der finanziellen Entlohnung ebenfalls etwas Zusätzliches präsentiert, freilich in anderer Form als meine Klavierlehrerin damals, nämlich Kuchen oder frisch gepflückte Beeren. Ich habe das sehr genossen und irgendwie fiel mir dabei immer Fräulein Schönhals ein.

Eine Hilfe für viele Konstanzer Familien war das Angebot der Stadt, auf dem Areal der »Stadtmiste« (Müllplatz der Stadt), dem heutigen Schänzle-Sportplatz, Gärten anlegen zu können. Wir zählten ebenfalls zu diesem Personenkreis und erhielten mit Onkel Fritz und Tante Olga gemeinsam ein Stück Gelände. Das war zwar guter Humusboden, aber natürlich lagerte allerhand Unbrauchbares darin. So mußten wir den Boden erst einmal tief ausgraben und ihn dann über Siebe, d.h. schräg gestellte Drahtnetze, von allem Unrat trennen. Eine Riesenarbeit. Mit der Zeit entstanden auf dem ehemaligen Müllplatz ganz hübsche Gärtchen, manchmal sogar mit Gartenhäuschen. Und das Wichtigste dabei: Kartoffeln und Gemüse konnte man nun selbst anbauen und hatte so einen Zuschuß zum Essen. Freilich war das Gärtnern beschwerlich. Wir hatten zum Beispiel keine Wasseranschlüsse in den Gärten und holten das Wasser gießeimerweise aus dem nahen Rhein. Erst später war es möglich, direkt in den einzelnen Gärten Pumpbrunnen zu installieren, die mittels Hebelbewegungen Grundwasser an die Oberfläche in Wassertonnen beförderten. Je besser es den Leuten aber ging, je mehr es wieder an Gemüse zu kaufen gab, desto mehr vernachlässigten sie ihre Gärten. Auch wir nahmen uns nicht mehr die Zeit zur richtigen Gartenpflege, pflanzten nur noch Erdbeeren und Blumen. Doch selbst das wurde uns mit der Zeit zu viel, und wir hörten mit dem Gärtnern ganz auf.

Reisen in Vaters Heimat waren kompliziert, aber nahrhaft

Reisemöglichkeit hatte man gleich nach dem Krieg so gut wie keine, man durfte die französische Besatzungszone nicht verlassen. Erst in Laufe der Zeit wurden die Bestimmungen gelockert, da konnte mein Vater wieder in seine Heimatstadt Hayingen reisen. Das war wichtig, denn dort besuchte er Verwandte und Freunde, und meist »fiel dabei etwas ab«. Bei solchen Reisen mußte er aber oft lang mit dem Zug unterwegs sein und anschließend noch einen Fußmarsch hinter sich bringen. Vor allem der Rückweg, bei dem er – glücklicherweise! – beladen war mit Eßbarem, wurde beschwerlich. Doch wenigstens kam er mit den Sachen immer gut nach Hause. Manche Leute hatten Pech, ihnen wurde das »Erhamsterte« unterwegs von der Polizei abgenommen.

Ein Ereignis in Hayingen ist mir unvergessen, das »Fufz'ger-Fescht«, das die ehemalige Schulklasse meines Vaters 1948 feierte. Meine Mutter und ich durften meinen Vater begleiten, eine besondere Freude für uns. Das Fest wurde ganz groß aufgezogen, und das in der noch immer nicht sehr üppigen Zeit: Der »Metzger-Sepp« schlachtete schwarz ein Schwein oder ein Kalb und Kuchen wurden aufgetischt, fast so groß wie Wagenräder, und auch so viele Sorten, daß mir die Augen überliefen. Es mangelte an nichts. Wir konnten uns so richtig satt essen.

Ein »Fremder« in unserer Wohnung

Im Sommer 1945 hatten wir in der Fischenzstraße einige Wochen einen Gast, den Kommunisten Karl Kunde aus Ludwigsburg, der aber während des Nazi-Regimes längere Zeit in Frankreich und der Schweiz gelebt hatte. Er selbst hat vieles davon in seinem Buch »Die Odyssee eines Arbeiters« beschrieben. Seinem Aufenthalt in Konstanz widmete er einen kleinen Abschnitt[9], jedoch ohne unseren Namen zu nennen. Ich entsinne mich lediglich daran, daß er damals eine Zeitlang bei uns wohnte, daß deshalb aus unserem Wohnzimmer das Sofa ausgelagert und statt dessen ein richtiges Bett für unseren Gast aufgeschlagen wurde. Auch wußte ich nicht, wie ich unseren Gast anreden sollte. Meine Eltern sagten natürlich Du und Genosse zu ihm. Ich war ja erst zehn Jahre alt und traute mich nicht, den damals Vierzigjährigen zu duzen. Auch das Wort Genosse ging mir noch nicht problemlos über die Lippen. Erst mit der Zeit klappte dann beides so leidlich. Ansonsten wußte ich über Karl Kunde damals nichts. Es war mir nicht wichtig. Unsere Hausleute haben mich allerdings schon mal nach ihm gefragt, was denn das für einer sei. Aber ich hatte wirklich keine Ahnung. Erst während meiner Recherchen las ich, daß er als Instrukteur am Aufbau der Konstanzer KP beteiligt war.[10] Irgendwann ist Karl Kunde dann wieder weggegangen, sein Bett wurde wieder durch das Sofa ersetzt. Ich habe ihn erst viel später einmal wiedergesehen, und da hatte ich keine Schwierigkeiten mehr, ihn Genosse zu nennen und zu duzen.

In unserer Wohnung gab es nach dem Krieg aber noch mehr »politischen Besuch«, zum Beispiel von dem Kommunisten Rudi Goguel (1908-1976). Er kam 1945 nach Konstanz, engagierte sich sofort in der »Antifa« und der KP Baden. Ich habe jedoch nur wenig persönliche Erinnerung an ihn, außer daß schon bald nach Kriegsende sein Buch »Es war ein langer Weg« (Volks-Verlag Singen/Htw., 1947) in unserem Bücherregal stand, in dem er sein bisheriges Lebens darstellte: Schutzhaft, Zuchthaus, KZ. Einen Teil seiner Haft verbrachte er im KZ Börgermoor, wo er das »Lied der Moorsoldaten« schuf (Text Wolfgang Langhoff), in dem die schwierige Lage der Häftlinge geschildert wird[11], und jedesmal, wenn ich es heute höre oder selbst singe, bin ich stark berührt davon und muß an Rudi Goguel denken. Nach seinem Tod erschien in der »Deutschen Volkszeitung« vom 4. November 1976 ein eindrucksvoller Nachruf – mit dem Liedtext.

Inzwischen erfuhr ich aus der äußerst aufschlußreichen Magisterarbeit »Rudi Goguel – eine politische Biographie« von Joachim Arndt nicht nur, daß Rudi Goguel in der Zeit von 1933 bis 1945 nur 13 Monate und drei Wochen (!) in Freiheit war[12], sondern ich konnte aus der Arbeit auch schließen, daß Rudi Goguel zwar ein überzeugter, aber vielleicht manchmal ein (zu?) kompromißbereiter Kommunist war, mit dem die Parteileitung bisweilen hart ins Gericht ging. Mit meiner Mutter lag er anscheinend ideologisch ebenfalls ab und zu im Clinch. Sie war ihm wohl zu linientreu.

Von Rudi Goguel ist mir auch seine Tätigkeit beim »Südkurier« bekannt: Als Anfang 1946 die erste »Südkurier«-Gesellschaft aufgelöst und eine zweite auf der Basis der Parität der vier inzwischen zugelassenen Parteien bestellt wurde, gelangte Rudi Goguel für die KP in die Redaktion (neben Vertretern der BCSV, SP und DP). Bei meinen Recherchen im »Südkurier«-Archiv fand ich viele Artikel und Berichte dieser vier Redaktionsmitglieder und ich kann nur bestätigen, was Sebastian Dix in seinem Buch über die »Südkurier«-Geschichte berichtet:

»... Auffallend war die allmähliche ›Politisierung‹ des Blattes, d.h. die stärkere ideologische Polarisierung, die nicht zuletzt auf Anordnungen der Militärregierung zurückging, den inzwischen zugelassenen Parteien mehr Raum zu geben. Seit Ende April 1946 gab es im ›Südkurier‹ die Rubrik ›Aus dem Parteileben‹, die seit diesem Zeitpunkt fast in jeder Ausgabe erschien und den Parteien Raum zur Selbstdarstellung ließ. Vor Wahlen wurde ihnen zusätzlich Platz eingeräumt, meist sogar von den Franzosen das Papierkontingent zu diesem Zweck erweitert. Dazu kamen in unregelmäßigen Abständen Artikel über Parteien und Stellungnahmen zu bestimmten Themen sowie ›Parteienkalender‹ mit Veranstaltungshinweisen. Selbst bei Leitartikeln versuchte man, die einzelnen Gruppierungen in gleichem Maß zu Wort kommen zu lassen...«[13]

Die Moorsoldaten

Text: Esser / Langhoff
Musik: Rudi Goguel / Hanns Eisler

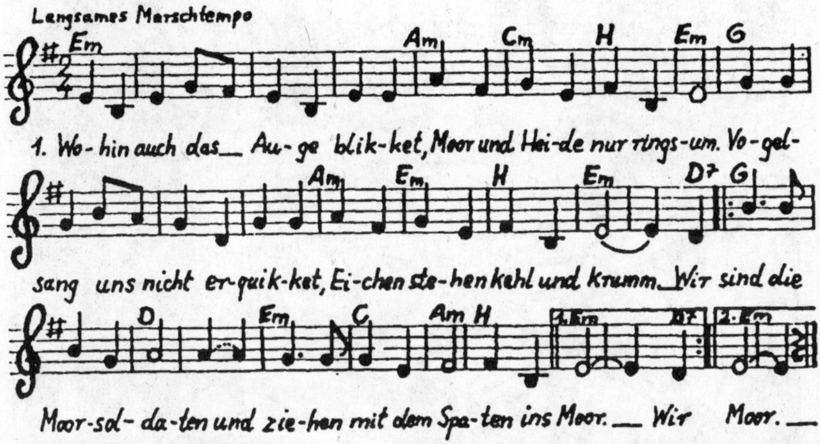

1. Wohin auch das Auge blicket, / Moor und Heide nur ringsum. / Vogelsang uns nicht erquicket, / Eichen stehen kahl und krumm. / Wir sind die Moorsoldaten / und ziehen mit dem Spaten / ins Moor.

2. Hier in dieser öden Heide / ist das Lager aufgebaut, / wo wir fern von jeder Freude / hinter Stacheldraht verstaut. / Wir sind die Moorsoldaten ...

3. Morgens ziehen die Kolonnen / in das Moor zur Arbeit hin. / Graben bei dem Brand der Sonne, / doch zur Heimat steht ihr Sinn. / Wir sind die Moorsoldaten ...

4. Heimwärts, heimwärts jeder sehnet, / nach den Eltern, Weib und Kind. / Manche Brust ein Seufzer dehnet, / weil wir hier gefangen sind. / Wir sind die Moorsoldaten ...

5. Auf und nieder geh'n die Posten, / keiner, keiner kann hindurch / Flucht wird nur das Leben kosten, / vierfach ist umzäunt die Burg. / Wir sind die Moorsoldaten ...

6. Doch für uns gibt es kein Klagen, / ewig kann's nicht Winter sein. / Einmal werden froh wir sagen: / Heimat, du bist wieder mein. / Dann zieh'n die Moorsoldaten / nicht mehr mit dem Spaten / ins Moor!

An der Entstehung des bewegenden Lieds »Die Moorsoldaten« (1934) war Rudi Goguel beteiligt.

Der Düsseldorfer Künstler Hanns Kralik, selbst Häftling im Emslandlager, schuf diesen Holzschnitt nach seiner Flucht im französischen Exil. Er signierte aus Tarnungsgründen mit Jean.

Allerdings änderte sich diese Situation im »Südkurier« in den weiteren Jahren, als sich Währungsreform und Marshall-Plan abzeichneten und der Antikommunismus zunahm. Rudi Goguel schied im September 1948 (unfreiwillig) aus der »Südkurier«-Redaktion aus. Er siedelte zunächst nach Düsseldorf über, wo er noch vor dem KPD-Verbot wie viele Kommunisten per Haftbefehl gesucht wurde, zog 1953 nach Berlin (DDR), wurde Abteilungsleiter beim Institut für Zeitgeschichte und promovierte sogar noch. Und das ohne Hochschulstudium und mit »magna cum laude« – mit großem Lob![14]

Als meine Mutter und ich in den sechziger Jahren bei meiner Cousine Gisela in Berlin zu Gast waren, ließen wir uns die Gelegenheit nicht entgehen, Rudi Goguel eine kurze Visite abzustatten. Von früheren Querelen zwischen Rudi und meiner Mutter war nichts mehr zu spüren. Nach dem Tod meiner Mutter besuchte mich Rudi gemeinsam mit seiner Frau Lydia. Dabei schenkte er mir sein Buch »Cap Arcona« mit der knappen Widmung: »Für Vera! – Rudi Goguel – 8/72«.

Desweiteren lernte ich Erwin Eckert (1893-1972) kennen, einen von meiner Mutter hochgeachteten Kommunisten. Er war ein äußerst imposanter Mensch. Mehrere Bücher wurden inzwischen über ihn geschrieben, denen sein interessanter Lebenslauf und seine Aktivitäten zu entnehmen sind: Studium der Theologie und Philosophie, 1911 Mitglied der SPD und 1914 Kriegsfreiwilliger, später Pfarrer in Meersburg und Mannheim, wo er 1930 eine allseits beachtete Rede unter der Überschrift »Rüstet ab!« in der Trinitatis-Kirche hielt, was eine Amtsenthebung durch die Kirchenleitung zur Folge hatte. Er wurde 1931 aus der SPD ausgeschlossen, trat sofort danach in die KPD ein, wurde 1933 verhaftet und zu vielen Jahren Zuchthaus verurteilt. In den Jahren 1946-1950 war Erwin Eckert Vorsitzender der KP Baden, Vizepräsident der Verfassungsgebenden Versammlung Badens, Staatskommissar für Wiederaufbau im ersten badischen Kabinett und Mitglied des Landtags bis 1956, später sehr aktiv in der Friedensbewegung (Weltfriedensrat) und weiteren Organisationen. Ab 1968 war er Mitglied der DKP. Erwin Eckert – Christ und Kommunist! Welch eine Konstellation!

Ich erlebte Erwin Eckert erstmals 1946 bei der Gründungsversammlung der KP im »Capitol«-Kino (Torgasse, heute Neubau »Haus zum hl. Stephan«). Das war die erste Großveranstaltung meines Lebens. Natürlich weiß ich nicht mehr, was Erwin Eckert in dieser Versammlung sagte, aber an das »Wie« kann ich mich noch gut erinnern. Er fing ganz leise an, für mich eher langweilig und enttäuschend. War er mir doch von meiner Mutter als »Super-Referent« angekündigt worden. Aber ich muß gestehen, gegen Schluß des Referats hat mir Erwin Eckert doch noch sehr gut gefallen.

Gutnachbarschaftliche Beziehungen im Paradies

Durch unseren Umzug ins Paradies wurden wir selbstverständlich keine »echten Paradiesler«, denn als solche hätten wir ja einen landwirtschaftlichen Betrieb haben müssen. Aber wir wurden auch als »zugezogene Städtler« akzeptiert, so daß wir uns im Paradies sehr wohl fühlten. Meine Eltern bekamen einen guten Draht zur Nachbarschaft, mein Vater ging manchmal zum »Jassen« ins Gasthaus »Schweizergrenze«. Ab und zu begleitete ihn meine Mutter – und nahm ihr Strickzeug mit –, beides unüblich damals.

Mit der Zeit lernten meine Eltern die Eigenarten der Paradiesler kennen, die in der Tat ein eigenes Völkchen waren und sind: bodenständig, arbeitsam, manchmal konservativ, und sehr wichtig – katholisch. Ein Paradiesler heiratete in der Regel eine Paradieslerin. Ich erinnere mich an einige größere Hochzeiten. Da zog noch ein »Hochzeitlader« von Haus zu Haus und forderte die Paradiesler auf, am Fest oder am abendlichen Empfang im Saal des Hotels »St. Johann« teilzunehmen. Die Geladenen – unsere Familie gehörte bisweilen dazu – erschienen in großer Zahl bei der Feier, brachten als Gaben Couverts mit Geldscheinen mit, die der »Hochzeitslader« in einer Kassette deponierte, um sie am anderen Morgen den Neuvermählten zu überreichen.

Daß meine Eltern Eingang in die Welt der Paradiesler finden konnten, lag sicher an der damaligen Situation im und nach dem Krieg, als gegenseitige Hilfe praktiziert wurde – viel mehr als heutzutage. Wir erhielten viel von den Paradieslern, hatten andererseits aber auch Dinge zu geben, die ihnen fehlten: Mein Vater nähte für sie, wendete, reparierte, bügelte sachgerecht auf... Meine Mutter, die 1946 bereits im Stadtrat war, hatte einen guten Ruf und wurde von den Paradieslern immer wieder gern aufgesucht, zum Beispiel wenn es galt, Formulare diverser Art auszufüllen, denn sie hatte ein Schreibmaschine – damals eine Rarität im Paradies. Außerdem wurde sie in »Schreibdingen« – und sicher nicht nur darin – als kompetent angesehen. Zum Beispiel wurden ihr viele Anträge zum (Wieder-)Erhalt von Grenzkarten zum Eintippen anvertraut, die ich dann ausgefüllt den Leuten ablieferte.

Besonders oft waren meine Eltern bei Josef Schächtle und seiner Familie in der Fischenzstraße 10. Da saß man des Abends vor dem Haus auf dem Bänkle, redete und trank das obligate Glas Most. Intensiver wurde der Kontakt sogar noch, als der Sohn Ernst, Jahrgang 1923, aus russischer Kriegsgefangenschaft heimkehrte und von seinen dortigen Erlebnissen und Erfahrungen berichtete. Sein Urteil über die Sowjetunion fiel nicht gerade schlecht aus, so daß er bald von vielen als Kommunist bezeichnet wurde, ohne es zu sein. Aber er wurde eben kein Antikommunist, und das – sowie auch der Kontakt zu den Hemms – war manchen Leuten suspekt.

Während der Zeit, als meine Mutter im Gemeinderat war, hatte Josef Schächtle das Amt des »Ortsbeauftragten« inne, fungierte sozusagen als Vermittler zwischen den Gemüsebauern und der Stadt. Auch deshalb begaben sich meine Eltern des öfteren zu den Schächtles. Da war der Ansprechpartner dann eher Vater Josef, und es drehte sich in der Tat alles um den Gemüsebau beziehungsweise ums Tägermoos.

Meine Mutter ergriff aber auch offiziell Partei für die Paradiesler. Daran kann ich mich selbst entsinnen, und es ist zudem im »Südkurier« dokumentiert. So behandelte der Gemeinderat im November 1947 die damals schwierige Tägermoosfrage in Hinblick auf die rechtliche Seite und auf die Gemüseversorgung für Konstanz und das Schicksal der Paradiesler – es waren insgesamt 57 Gemüsegärtner, die ihre Felder im Tägermoos bewirtschafteten. Hierzu sagte meine Mutter laut »Südkurier« vom 28. November 1947:

»Abgesehen von der ernährungswirtschaftlichen Auswirkung bei der Loslösung des Tägermooses für die Stadt, drückt mich die Sorge um die Existenz der Paradiesler. Sie alle wären erwerbslos. Es wäre an der Zeit, statistische Unterlagen zu besorgen, um der Öffentlichkeit zu beweisen, wie notwendig für uns das Tägermoos ist.«

Unser Kontakt zu den Paradieslern verlor sich etwas, als wir 1956 in die Wallgutstraße umzogen. Aber mit Ernst Schächtle und seiner Frau Gerda, einer evangelischen Schwäbin – gewöhnungsbedürftig für Paradiesler –, vertiefte er sich sogar, und es entstand mit der Zeit eine herzliche Freundschaft, besonders nachdem die drei Kinder Peter, Axel und das lang ersehnte Mädchen Elke geboren wurden. Da verging kaum eine Woche, in der wir nicht abends bei ihnen reinschauten, aber es fanden sich auch oft die Kinder bei uns in der Wallgutstraße ein, hatten frisches Gemüse und Salat dabei und machten bei meiner Mutter Schulaufgaben. Meine Mutter wiederum benähte und bestrickte die Kinder und auch mein Vater hatte seine Freude an ihnen. Für sie blieb er immer der »Onkel Hojan« – Johann war wohl zu schwierig auszusprechen! Zu den Schächtle-Kindern hatte ich (»Tante Vera«) ebenfalls ein enges Verhältnis. Inzwischen sind sie alle erwachsen und haben eigene Familien.

Heute stehen das Haus der Familie Josef Schächtle sowie die beiden angebauten Häuser der Fischenzstraße 12 und 14 nicht mehr. Sie fielen in den achtziger Jahren der Zufahrt zur »Schänzle-Brücke« zum Opfer. Die ländliche Idylle ist Vergangenheit.

Meine Eltern pflegten noch zu weiteren Nachbarn gute Beziehungen. Zu ihnen zählte Eugen Martin (1914-1977), ein eingefleischter, bisweilen eigenwilliger Paradiesler. Er hatte, so wie ich ihn kannte, stets neue Ideen in seinem Beruf als Gemüsegärtner und wurde deshalb von seinen Kollegen oft belächelt: Er schaffte sich in seiner Hütte im Tägermoos relativ früh ein Telefon an, ließ dort als einer der ersten Drainagen legen, baute eine große Halle, machte schöne Betriebsausflüge mit seinen Beschäftigten. Und erst seine Reise nach Moskau in den fünfziger Jahren zum Fußballspiel! Damit erntete er ihm im Paradies keine Lorbeeren. War Eugen etwa ein verkappter Kommunist? Jedenfalls schien er angetan gewesen zu sein von dem, was er sah, denn er sagte nach seiner Rückkehr zu meiner Mutter wörtlich: »Frau Hemm, Ihr mond it verzwiefle...« Dabei hatte sie diesen Trost eigentlich nicht nötig, sie war sicher die Überzeugtere von den beiden!

Eugens Frau Elli, die er 1952 heiratete, stammte aus Ostpreußen und war evangelisch. Dank ihrer Schaffensfreude und ihrer herzlichen Art wurde sie im Paradies freundlich aufgenommen. Trotzdem: Sie hatte es nie leicht. Ihre Ehe begann in einem Wohnwagen auf einer Wiese in der Näher der Kapelle. Ich erinnere mich noch gut. Es gab dort kein Wasser, keine Toilette. Im Nachbarhaus von Anton Hörenberg, Fischenzstraße 18, war der nächste Wasseranschluß. In dieser Zeit wurde das erste Kind, Anna, geboren. Erst später zogen die Martins ins eigene Haus, in die Fischenzstraße 34. Es stellten sich noch fünf weitere Kinder ein, als letzter 1963 ein Junge, für den der Name Jury John vorgesehen war, nach den beiden Weltraumfahrern Gagarin (UdSSR) und Glenn (USA). Das war zwar in politischer Hinsicht ausgewogen, doch vor der Taufe im Krankenhaus wurde behauptet, das seien keine richtigen Namen. Eugen erwiderte darauf: »Entweder das Kind wird so heißen oder es wird nicht getauft.« Nun, der Name wurde beibehalten, das Kind getauft, es bekam aber, sozusagen als Kompromiß, noch einen deutschen Namen dazu: Roland. Ich selbst konnte, obwohl zur Patin gekürt, bei der Taufe aus irgendwelchen Gründen nicht anwesend sein. So hielt Else Maier, eine gute Freundin der Familie, den kleinen Knaben über das Taufbecken. Doch auf dem Taufschein bin ich als Patin registriert – und als evangelisch! War es eine Notlüge?

Die Hilfe der Schweiz in der Nachkriegszeit

Unmittelbar nach dem Krieg wurde die Grenze zur Schweiz geschlossen. Erst mit der Zeit konnten die Konstanzer »NormalbürgerInnen« einen »Laissez-passer« (Passierschein) beantragen, und mit etwas Glück wurde er bewilligt. Wir erhielten ihn relativ bald und durften für einen Sonntag nach Kreuzlingen. Dort trafen wir uns mit Tante Claire, die extra von St. Gallen anreiste. Die Wiedersehensfreude war groß, und sie kam auch nicht mit leeren Händen. Ich entsinne mich, daß sie mir u.a. eine Banane schenkte. Aber Tante Claire mußte mir erst erklären, daß und wie ich sie schälen sollte. Ich wußte das nicht, weil ich noch nie eine Banane gesehen, geschweige denn gegessen hatte.

Später, als die Grenze zur Schweiz wieder durchlässiger wurde, durften Konstanzer Kinder einen Tag bei Kreuzlinger Familien verbringen, was für die deutschen Nachbarn eine große Hilfe war. Denn es blieb meist nicht bei diesem einen Tag der Bewirtung.

Nach dem Krieg ermöglichte die Schweiz eine Zeitlang für Konstanzer SchülerInnen eine Schulspeisung, eine warme Mahlzeit pro Tag, die in den Konstanzer Schulen ausgegeben wurden. Das war eine wunderbare Sache, obwohl manche Kinder das Essen nicht mochten. Wir wurden mit Suppe oder Grießbrei verköstigt, ab und zu mit Kakao, Brötchen oder Schokolade, wir hatten alle unsere kleinen Gefäße, Kochgeschirre etc. und transportierten diese täglich in unserem Schulranzen oder einem separaten Säckchen in die Schule und wieder nach Hause zum Spülen.

Aber nicht nur die Menschen profitierten von der Hilfe der Schweiz. Auch einer der zwei im Konstanzer Schwanenteich angesiedelten Pelikane, stets eine Attraktion für mich als Kind, durfte »in Erholung«, weil Tierfutter ebenfalls knapp war. Er wurde in den Teich im Stadtpark von St. Gallen verlegt, der Stadt, die für mich eine Weile meine Heimat wurde.

Meine St. Galler Zeit

Mit Tante Claire entwickelte sich nach dem Treffen in Kreuzlingen ein sehr intensiver Kontakt, der schließlich dazu führte, daß ich eine Zeit lang – geplant waren zunächst drei Monate – zu ihr nach St. Gallen kommen durfte. Das war damals eine offizielle Möglichkeit für Kinder, sich von Verwandten aufpäppeln zu lassen.

Warum gerade ich dazu auserkoren war, zu Tante Claire gehen zu dürfen, ist mir bis heute nicht klar. Eigentlich hätten ja die Söhne von Tante Claires Bruder aus Meckenbeuren von der verwandtschaftlichen Nähe her eher das Recht dazu gehabt. Aber nein, ich hatte das Glück. Ich habe nie nachgefragt. Im nachhinein würde mich das schon interessieren. Vielleicht weil es in Meckenbeuren drei Buben waren und die Auswahl schwerfiel? Oder weil sie lieber ein Mädchen zum Betreuen wollte? Oder...?

Von wem die Anregung für meinen St. Galler Aufenthalt ausgegangen ist, weiß ich ebenfalls nicht. Die Kirchen hatten damals zur Unterstützung deutscher Kinder aufgerufen, und ich kann mir durchaus vorstellen, daß meine Tante sich davon inspirieren ließ. Doch sie könnte auch ohne fremde Aufforderung gehandelt haben, das würde am ehesten zu ihr passen. Jedenfalls nahm mich Tante Claire im Herbst 1946 in Kreuzlingen in Empfang, und wir zwei fuhren mit dem Zug nach St. Gallen. Ich höre noch wie heute, daß meine Mutter auf Tante Claires Frage, was ich denn Spezielles brauche, antwortete: »Sie müßte nötig ein Paar Schuhe haben.«

Tante Claire war eine herzensgute, fröhliche Frau, außerdem gebildet, belesen, sie sprach fließend Französisch und Italienisch, war sehr musikalisch und seit Jahrzehnten aktive Sängerin im St. Galler Domchor. Das hieß für sie: zweimal wöchentlich Probe und jeden Sonntag zum Hauptgottesdienst, ins »Amt«. Und all dies nicht nur aus Liebe zur Musik, sondern aus tiefer Religiosität. Dieser christlichen Einstellung entsprang sicherlich auch die Großzügigkeit, mit der sie mich die ganze Zeit – aus den geplanten drei Monaten wurden deren acht (!) – bei sich behielt.

Tante Claire, damals gut vierzig Jahre alt, war erste Verkäuferin in einem renommierten Wäschegeschäft in der Multergasse in St. Gallen. Sie lebte unverheiratet mit ihrer inzwischen verwitweten Mutter – ich sagte Oma zu ihr – und deren Schwester Klara in einer Vierzimmerwohnung in der Brüelbleichestraße 4. Die Wohnungsaufteilung war recht günstig: Die beiden »alten Damen« hatten ein gemeinsames Schlafzimmer, dann gab es ein Wohnzimmer, eine Küche, das Zimmer meiner Tante, und ich durfte mein Domizil in einem kleinen Zimmer einrichten, das eigentlich als Zusatzzimmer für Tante Claire gedacht und mit Sessel, Couch und Vitrine möbliert war. Ich genoß es sehr, ein eigenes Zimmer zu haben, wenngleich ich allabendlich die Couch zum Bett umfunktionieren mußte. Leider hatte auch diese Wohnung kein Bad und die Toilette lag außerhalb der Wohnung.

In der Familie hatten Tante Claire und ihre Mutter das Sagen, Tante Klara war fürs Kochen verantwortlich. Sie war eine sehr gute Köchin. Sonntags wurde nach dem Essen immer der schwarze Kaffee aus kleinen Mokkatassen getrunken. Er schmeckte mir gar nicht, ich war eher für den »geschwungenen Nidel«, die Schlagsahne, oder für den Kuchen, der oftmals am Sonntag nach der Kirche in der Konditorei am Dom gekauft wurde.

Oma und Tante Klara hatten noch eine weitere Schwester, Katharina, die ich nur flüchtig kennenlernte. Von ihr ist mir eine nette und typische Geschichte in Erinnerung. Sie führte in St. Gallen einem betuchten Herrn den Haushalt. Als Tante Claire sie einmal besuchte, wurde ihr ein köstlicher Auflauf serviert. Sofort bat sie um das Rezept, doch Tante Kathrin konterte in bestem Schwäbisch: »Des isch z'teier fir Eich!« Wir haben noch oft darüber gelästert, aber eine gewisse Sparsamkeit war damals eben auch bei Tante Claire angesagt. Ich kam also nicht zu »reichen Schweizerinnen«, sondern quasi zu meinesgleichen, obwohl dort ein gewisser Wohlstand herrschte, den ich von zu Hause, wahrscheinlich kriegsbedingt, nicht kannte.

Bald nach meiner Ankunft in St. Gallen wurde ich in der »Hadwig-Schule« angemeldet, die nur einige Schritte von der Wohnung meiner Gastgeberinnen entfernt war, und in die vierte Klasse zu Herrn Steiger eingegliedert, einem bereits älteren, sehr netten Lehrer mit eigenwilligen pädagogischen Vorstellungen. Er stellte uns ganz selten richtige Hausaufgaben, sondern wir »durften« immer mal wieder Aufsätze nach eigener Themenwahl schreiben. Im Sommer unterrichtete er ab und zu im Freien. Die Schulzeit selbst fand ich ziemlich kompakt: täglich von acht bis zwölf Uhr und nachmittags, außer Mittwoch und Samstag, von vierzehn bis sechzehn Uhr.

Ungewohnt war für mich auch der Schreibstil, den Herrn Steiger bevorzugte. Ich hatte bis dahin eine ordentliche, natürlich noch kindliche Handschrift. Aber Herr Steiger akzeptierte sie nicht, weil ich den Bleistift oder Federhalter für seine Begriffe falsch hielt und die Buchstaben daher nicht so wurden, wie er sie wollte. Also mußte ich mich umgewöhnen. Das Resultat war nicht überzeugend. Mein damals als »Tagebuch« tituliertes Aufsatzheft, das ich noch immer besitze, weist eine fürchterliche Kraxelei auf.

In der Klasse sprachen wir bei Herrn Steiger ausschließlich »Schwitzerdütsch«. Das lernte ich außerordentlich schnell. Und als ich nach meinen acht Monaten wieder nach Konstanz zurückkehrte, redete ich wie ein echtes »St. Galler Maideli«.

Herr Steiger muß mich wohl gemocht haben, nannte mich oft liebevoll »Konschtanzerli«. Aber auch meine Mitschülerinnen waren sehr kameradschaftlich zu mir. Nie ein Wort von »bösen Deutschen« oder ähnlichem. Ich wurde sogar, obwohl ich nach meinem Weggang von St. Gallen zu keiner meiner Mitschülerinnen Kontakt aufrecht erhielt, 1990 zu einem Klassentreffen eingeladen. Dabei hatten meine »Ehemaligen« gar keine Adresse von mir, nur meinen Namen. Damit suchten sie mich im »Brückenbauer«, der Zeitung der mitgliederstarken Genossenschaft »Migros«, und der Zufall wollte es, daß ich davon erfuhr. Natürlich beteiligte ich mich an dem Treffen; es verlief sehr angenehm. Ich bin wie 1946 freundlich aufgenommen worden und gern bei weiteren Zusammenkünfte dabei.

In meiner St. Galler Schulzeit hatte ich auch Religionsunterricht, anscheinend ein Pflichtfach. Es war naheliegend, daß ich zu den Katholischen ging; meine Tante hatte das alles organisiert, und es erhob sich kein Widerspruch. Die Religionsstunden gefielen mir sehr gut, wir hatten zwei nette Pfarrer, die uns unterrichteten und kirchlich betreuten mit Kindergottesdienst am Sonntag morgen, Christenlehre am Sonntag nach dem Essen und Schülergottesdienst zweimal in der Woche morgens vor Schulbeginn. In jeder Religionsstunde wurde überprüft, ob wir in den jeweiligen Gottesdiensten waren. Bei mir als bravem Mädchen klappte das prima. Schließlich wollte ich meiner Tante keine Schande machen. Und außerdem war ich von dem, was ich hörte, sehr angetan, mit der Zeit überzeugt. Meiner Tante freute sich darüber und überlegte, ob ich eventuell getauft werden könne. Bei einem Besuch meiner Eltern in St. Gallen – sie konnten nur einen einzigen in jenen acht Monaten ermöglichen –, stand dieses Thema auch zur Debatte und meine Eltern stimmten dem Plan zunächst zu. In einem darauf folgenden Brief widerriefen sie jedoch diese mündliche Zusage. Meine Tante und ich waren sehr traurig. Ich hätte mich wirklich gern taufen lassen, aber es sollte eben nicht sein. Das mußten wir beide akzeptieren. Doch diese Absage meiner Eltern änderte nichts an der guten Beziehung – Tante Claire blieb ihnen und mir nach wie vor herzlich verbunden.

Religion und Kirche spielten eine große Rolle in jenen acht Monaten. Jedoch auch andere Dinge waren für mich wichtig: Es gab genügend zu essen, inklusive Raritäten wie zum Beispiel Schokolade oder Kuchen. Meine Tante kaufte mir einige neue Sachen zum Anziehen, »bestrickte« mich. Ich durfte mit ihr und ihren Freundinnen (»Gschpanen«) mit der Tram spazierenfahren oder wandern. An eine Tour auf den Gäbris entsinne ich mich noch genau, wo wir uns im Berggasthaus, den Säntis zum Greifen nahe, an köstlichem »Biberfladen« labten, den wir zu allem Überfluß noch mit Butter bestrichen. Ich wurde rundum so umsorgt, daß ich kein Heimweh hatte. Offensichtlich war ich auch artig und gut zu haben. Ich hatte nur eine einzige Streitigkeit mit Tante Claire, und das war nur eine Bagatelle beim Bemalen von Ostereiern. Da wurde ich wütend, weil die Sache mir nicht gelang.

Bei dem bereits erwähnten Besuch meiner Eltern in St. Gallen teilte mir meine Mutter mit, sie sei nun »Frau Stadtrat wore«. Ich hatte zwar keine Ahnung von diesem Amt, mich interessierte lediglich, ob sie nun eine Schreibmaschine habe, und ich war zufrieden, als sie das bejahte. So konnte ich hoffen, bei meinem geliebten »Büroles-Spielen« künftig auch die Schreibmaschine benutzen zu dürfen, obwohl ich natürlich damit noch nicht umgehen konnte. Hauptsache eine Schreibmaschine. Die Sache mit dem Stadtratsmandat sollte mich erst später beschäftigen.

Am Ende meiner St. Galler Schulzeit, im März 1947, erhielt ich von Herrn Steiger ein Super-Zeugnis, auf das ich ganz stolz war: nur »Einser« und »Eins-bis-Zweier«. Aber auch ich kann allen an meinem St. Galler Leben Beteiligten das gleiche Zeugnis ausstellen. Mich hat diese Zeit sehr stark geprägt. Es war eine ebenso schöne wie wichtige Zeit für mich. Ich kann mich nur dankbar daran zurückerinnern.

Wie meine Eltern ohne mich um die Runden gekommen sind, habe ich damals nicht gefragt. Heute denke ich schon manchmal darüber nach, wie das Leben in diesen Monaten oder zum Beispiel speziell an Weihnachten 1946 für meine Eltern ablief, als »das Kind« nicht bei ihnen war.

Mir selbst gefiel es an Weihnachten in St. Gallen sehr gut, wie aus einem kleinen Aufsatz hervorgeht, den ich mit Hilfe von Tante Claire schrieb:

»Weihnachten 1946.

Wie war ich froh um die zwei Ferientage, an denen ich meine Weihnachtsarbeiten fertig machen konnte. Aber am Heiligen Abend hatte ich doch das letzte Päcklein verschnürt und angeschrieben. Als der erwartete Besuch kam, setzten wir uns an den weihnachtlich gedeckten Tisch zu einem Festtagsnachtessen. Ich aber wartete voll Ungeduld auf den Augenblick, wo die Kerzen des Christbäumchens brannten und ich das Lied ›Stille Nacht, heilige Nacht‹ auf dem Klavier spielen und mein Weihnachtsgedicht aufsagen durfte. Dann sangen wir noch andere Weihnachtslieder. Und nun ging es ans Auspacken. Was kam da nicht alles zum Vorschein, an nützlichen Sachen. Aber auch Schokolade und Biber fehlten nicht.

Wir saßen noch gemütlich beisammen, bis mir die Augen zufielen. Man hatte mich aber doch noch frühzeitig geweckt, um in die Christmette zu gehen mit meiner Tante. Es waren viele Leute dort, und alle sangen ›Stille Nacht, heilige Nacht‹, so daß einem ganz warm wurde ums Herz. Es war die erste Weihnacht, die ich nicht zusammen mit meinen Eltern verbrachte. Ich werde wohl immer daran denken.

St. Gallen, den 17.1.1947

Vera Hemm«

Damals überlegte ich auch noch nicht, wie meine Tante es schaffte, ihr Leben eine doch lange Zeit – »acht Mönet und drü Täg« – so auf mich ein- und umzustellen. Es muß eine starke Bindung zu mir gewesen sein. Und dann noch ihre Einstellung als praktizierende Christin. Viel später erzählte sie mir einmal, daß sie schon etwas stolz auf mich gewesen sei. Da nannte sie mich lachend ihre »heimliche Tochter«, aber in meiner Kindheit sagte sie einfach »mis Maideli« zu mir. Und das drückte wohl alles aus.

Tante Claire, eine wunderbare Frau (Bild aus den 80er Jahren).

Vom Teen zum Twen

Wieder in Konstanz

Im Frühjahr 1947 kam ich knapp zwölfjährig aus St. Gallen zurück zu meiner Familie nach Konstanz. Die Ernährungssituation hatte sich in den acht Monaten meiner Abwesenheit nicht grundlegend, aber etwas verbessert. Noch gab es zwar Lebensmittelkarten, doch immerhin mehr zu kaufen als direkt nach dem Krieg. Nach wie vor sahen die meisten Leute schlecht und mager aus.

In meiner Familie hatte sich in der Zwischenzeit einiges verändert: Außer dem schon erwähnten Stadtratsmandat meiner Mutter war mein Vater, wie ich sogar in einem Stadtratsprotokoll nachlesen konnte[15], seit Anfang 1946 als Kontrolleur beim Fürsorge- und Jugendamt der Stadt Konstanz, damals Obere Laube 38, angestellt – keine sehr angenehme Tätigkeit, denn er mußte die Leute, die beim Fürsorgeamt einen Antrag auf Sachleistungen einreichten, auf ihre Bedürftigkeit hin kontrollieren und dabei unverhofft, oft auch abends, in den Wohnungen der Betreffenden erscheinen, um sich mit ihnen zu unterhalten und sich eventuell die Kleiderschränke zeigen lassen. Von dem Gesehenen und Gehörten mußte er schließlich einen Bericht schreiben. Daß mein Vater diese Beschäftigung mit achtundvierzig Jahren übernommen hat, lag erstens an seiner gesundheitlichen Situation, die ihm das Arbeiten im Schneidersitz wegen der vorangegangenen Magenoperation nicht mehr erlaubte und zweitens an der besseren Verdienstmöglichkeit. Nicht zuletzt hatte man für solche Posten politisch integre Personen gesucht, und mein Vater hatte zweifelsfrei eine weiße Weste. Somit beendete er die offizielle Schneiderei und nähte nur noch privat für uns, aber dies mit zunehmendem Alter immer weniger. Ein richtiger »Büromensch« wurde er allerdings nie.

Im Juni 1946 trat mein Vater in die für ihn nun zuständige Gewerkschaft »Öffentliche Betriebe/Transportwesen« (später ÖTV) ein mit der Mitgliedsnummer 319 und einem Beitrag von monatlich 3,50 DM.[16] Im Laufe seiner Tätigkeit bei der Stadt war er auch zeitweise Mitglied im Personalrat, wovon ich jedoch kaum etwas mitbekam.

Als ich von St. Gallen zurückkehrte, hing ich noch sehr an der dortigen Lebensweise in puncto Religion. Diese wollte und konnte ich auch in Konstanz teilweise praktizieren, ohne daß meine Eltern mich daran hinderten: Ich besuchte mit meinen Freundinnen jeden Sonntag die Acht-Uhr-Messe in der Stephanskirche. Nur in die »Gruppenstunde« der katholischen Kirche, zu der sich Mädchen meines Alters wöchentlich trafen, ließen mich meine Eltern nicht gehen. Dafür machten sie mir wieder einmal sehr geschickt den Vorschlag, mich der Kindergruppe des Touristenvereins »Die Naturfreunde« anzuschließen. Und das brave Töchterlein gehorchte.

»Die Naturfreunde«, bereits vor dem ersten Weltkrieg gegründet, wurden während des Nazi-Regimes verboten. Kein Wunder: Der Verein stand der Arbeiterbewegung nahe, pflegte also nicht nur das Wandern und Bergsteigen, sondern propagierte auch internationale Gesinnung, Völkerverständigung und Toleranz. In der mir vorliegenden Satzung der frühen Nachkriegszeit steht u.a., daß der Verein sich »zu einer demokratischen, freiheitlichen und sozialistischen Gesellschaftsordnung bekennt«.[17] Förderung der Volksbildung, Sport und Jugenderziehung wurden ebenfalls aufgeführt. Die neuere Satzung enthält weiterhin die Ziele Umweltschutz, Friedensbemühungen und Abrüstung und in der Präambel heißt es: »Die Naturfreunde sind als Umwelt-, Kultur- und Freizeitorganisation den Idealen des demokratischen Sozialismus verpflichtet...«[18]

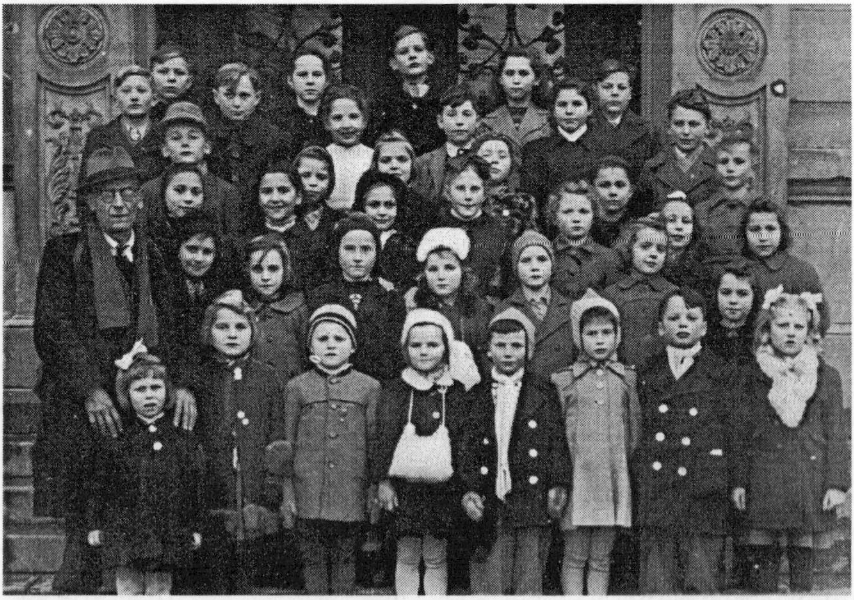

Die Kindergruppe der Konstanzer »Naturfreunde« (Ende der 40er Jahre). In der vorletzten Reihe stehe ich (weiße Weste), links unser Betreuer, Herr Hirn.

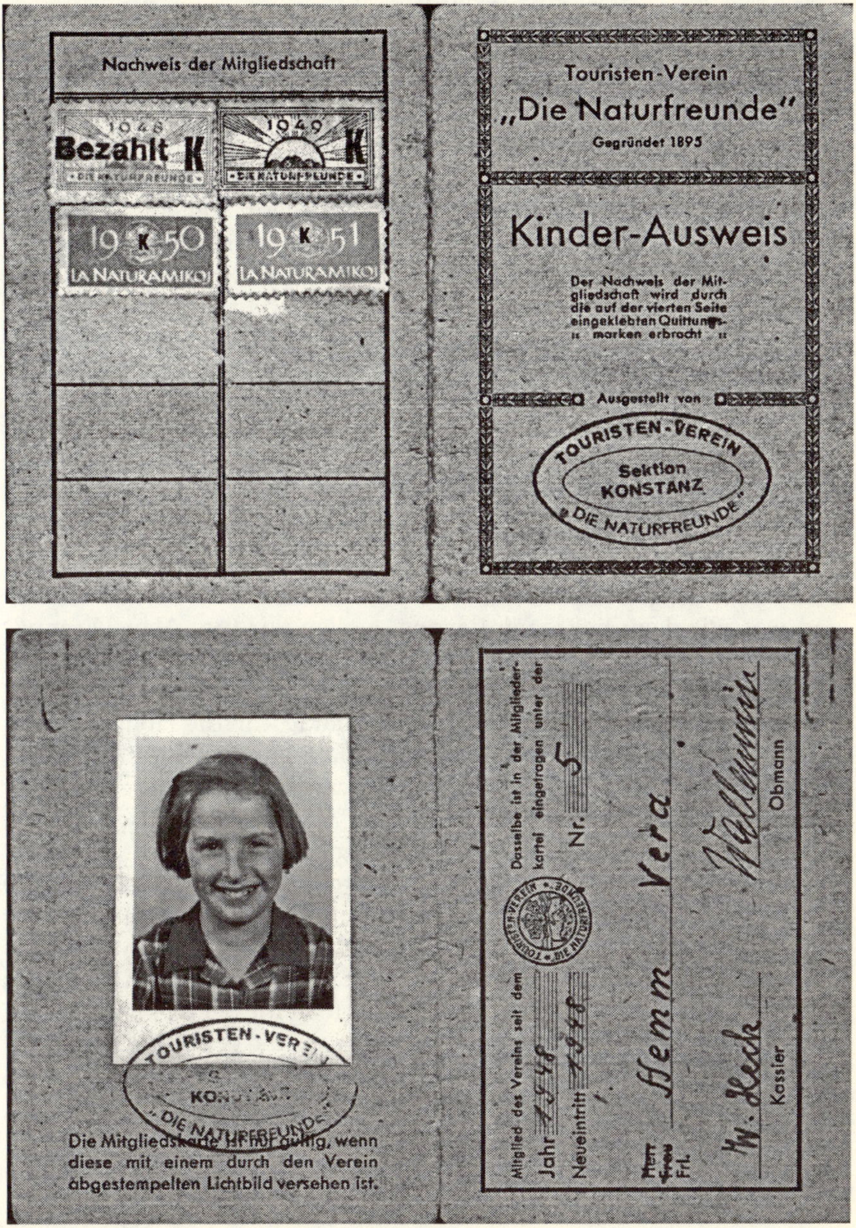

Mein Kinderausweis der »Naturfreunde«.

Die erste Veranstaltung, die für die Kinder bei den »Naturfreunden« ausgerichtet wurde, fand schon bald nach dem Krieg im Nebengebäude des Rheintorturms, dem damaligen »Heim der deutschen Jugend« statt. Viele Kinder unterschiedlichen Alters – ich kannte von ihnen lediglich Peter Neser – hörten an diesem Nachmittag dem Vereinsobmann Wallenwein zu, der über Sonnleitners Buch »Die Höhlenkinder« berichtete. Ich war sehr angetan und von da an eine eifrige Besucherin weiterer Treffen, so daß meine religiöse Seite immer mehr von selbst zurückgedrängt wurde.

Im Jahr 1948 bekam ich einen Kindermitgliedsausweis des Vereins mit der Mitgliedsnummer 5, somit war ich offizielles Mitglied. Übrigens bin ich es als eine der wenigen von damals heute noch. Ich denke auch nicht daran auszutreten, denn die »Naturfreunde« haben mein Leben in der Kindheit und Jugend sehr geprägt. So konnte ich inzwischen mein 50jähriges Vereinsjubiläum feiern, nicht mehr ganz so aktiv wie damals, aber immerhin (fast) treu...

Ich darf in die Höhere Schule

Meine Eltern sagten oft zu mir: »Du sollst es mal besser haben als wir. Und was wir dazu beitragen können, wollen wir tun. Aber Du mußt mithelfen und auf der Höheren Schule ordentlich lernen...« Das leuchtete mir ein, und ich wollte mich auch anstrengen. Schließlich war es nicht selbstverständlich, daß Kinder »unseres Standes« in die Höhere Schule durften. Meine Freundinnen blieben jedenfalls alle in der Volksschule.

Im Frühjahr 1947 wurde ich in der Mädchenoberrealschule angemeldet, deren Direktor damals Dr. Hermann Martin Venedey war. Meine Mutter begleitete mich zu einer Vorstellung bei ihm. Sie schätzte Dr. Venedey sehr wegen seiner politischen Haltung. Wie mir erzählt wurde und ich auch anläßlich seines Todes in der »Deutschen Volkszeitung« vom 15. Januar 1981 nachlesen konnte, hatte er sich 1933 geweigert, als Lehrer am damaligen »Gymnasium« (heute Suso-Gymnasium) unter der Hitlerfahne Dienst zu leisten und emigrierte in die Schweiz, wo er und seine Familie unter schwierigen Bedingungen die Nazi-Zeit überstanden. Nach Kriegsende kehrte er nach Konstanz zurück, diesmal in die Mädchenoberrealschule. Leider hatte ich als Schülerin der Unterstufe nie Unterricht bei Dr. Venedey, erlebte ihn aber später in Versammlungen und war stets begeistert von seinen Reden.

Ich wurde in die Sexta integriert. Es gab eine einzige Sexta mit über vierzig (!) Mädchen. Eine Teilung der Klasse war jedoch völlig ausgeschlossen; zu wenige Lehrer, zu wenige Räume. Ein paar meiner Schulkameradinnen kannte ich noch aus der Wallgutschule, aber die überwiegende Mehrheit war mir fremd. Sie kamen meist aus anderen Stadtteilen, sogar von auswärts. Außerdem waren oft Mädchen von »besseren Leuten« dabei, kaum Arbeiterkinder. Trotzdem habe ich mich in der Klasse immer sehr wohl gefühlt.

Zu dieser Zeit mußte für Höhere Schulen noch Schulgeld bezahlt werden, zum Beispiel für das Schuljahr 1951/52 die stolze Summe von 200 DM.[19] Aber es konnte Ermäßigung oder Streichung beantragt werden. Wenn ich mich recht erinnere, entschied darüber der Gemeinderat. Ausschlaggebend waren dabei die personelle und finanzielle Situation in der Familie sowie die Noten des Schulkindes (»Begabtenförderung«). Ich weiß, daß meine Eltern eine solche Ermäßigung erhielten, daß aber andererseits Bücher und weitere Lernmittel aus eigener Tasche finanziert werden mußten.

Schulunterricht und Lernen fielen mir in diesen Jahren nicht schwer. Ich mußte meine Eltern nicht um Hilfe bitten. Sie hätten sie mir ohnehin nur bedingt geben können. Nur selten hörten sie mich ab, auch meine Schulaufgaben machte ich immer ohne ihre Aufforderung, manchmal mehr, manchmal weniger gründlich. In den Jahren 1948, 1949, und 1950

Meine Klasse (Untertertia, 1950) auf der Treppe des Ellenrieder-Gymnasiums. In der Mitte Herr Riester, ich zweite Reihe links (am Baum).

schaffte ich sogar ein »öffentliches Lob«, worüber ich sehr stolz war. Die kleinen »Lob-Täfelchen« wurden eingerahmt und hingen lange Zeit in unserem Wohnzimmer.

Meine erste Fremdsprache war Französisch, da mußte ich einiges nachholen, weil ich erst verspätet in die Klasse kam. Ich durfte Privatunterricht nehmen bei Fräulein Eisenhardt in der Gütlestraße, einer sehr guten Lehrerin, die jedoch wegen der Entnazifizierung noch nicht wieder im Schuldienst war. Sehr bald hatte ich den üblichen Klassenstand erreicht und konnte an meine Tante in St. Gallen einen französischen Brief schreiben.

In der Mittelstufe wurde dann Herr Riester unser Französischlehrer. Er war bereits ein älterer Herr, und wir mochten ihn nicht sonderlich, weil er oftmals »unfeine Dinge« daherredete, wenn er wütend war, zum Beispiel: »Tritt aus und werd' Stallmagd.« Oder: »Du bist nicht wert, die Luft einzuatmen, die Dich umgibt.« Aber wir betrachteten die Sache von der humorvollen Seite.

Ab der Untertertia stand eine zweite Fremdsprache auf dem Lehrplan, entweder Englisch oder Latein. Die Entscheidung war nicht einfach, und meine Mutter fällte sie für mich: Latein. Denn sie hatte an einer Schulversammlung teilgenommen, in der die Vorzüge von Latein anscheinend gut herausgestellt wurden: Ähnlichkeiten mit anderen romanischen Sprachen, Interpretation vieler Fremdwörter, logisches Denken... Außerdem hatte ihr der Lehrer Dr. Röser imponiert, der auch für den Lateinunterricht vorgesehen war. Er sagte bei dieser Versammlung, Latein habe ihm das Leben gerettet und erzählte, daß er im Krieg in Italien stationiert gewesen und der Ostfront nur deshalb entgangen sei, weil er in zwei Wochen Italienisch gesprochen habe. Kein Wunder bei seinen Lateinkenntnissen! Herr Röser betreute uns bis zum Abitur und brachte uns zum Großen Latinum. Er vermittelte uns aber nicht nur die Sprache, sondern auch viel von der römischen Geschichte. Wir kannten uns aus im Forum Romanum und spazierten im Geiste darin. Natürlich lasen wir »den Caesar«, später sogar Gedichte von Ovid. Außerdem habe ich durch Latein erst richtig die deutsche Grammatik begriffen. Ich bin im Nachhinein sehr froh über die Wahl meiner Mutter. Englisch habe ich mir später freiwillig im Privatunterricht angeeignet. Mit Latein hätte ich das vermutlich nicht getan.

Bereits in den ersten Klassen der Realschule merkte ich, daß meine Stärken im naturwissenschaftlichen Bereich lagen. In den anderen Fächer war ich eher nur mittelmäßig. Besonders Deutsch bereitete mir Schwierigkeiten bis hin zum Abitur. Wie oft schrieb Fräulein Thaa unter meine Aufsätze: »Im deutschen Ausdruck unbeholfen!« Das betrübte mich sehr, dabei strengte ich mich doch immer so an!

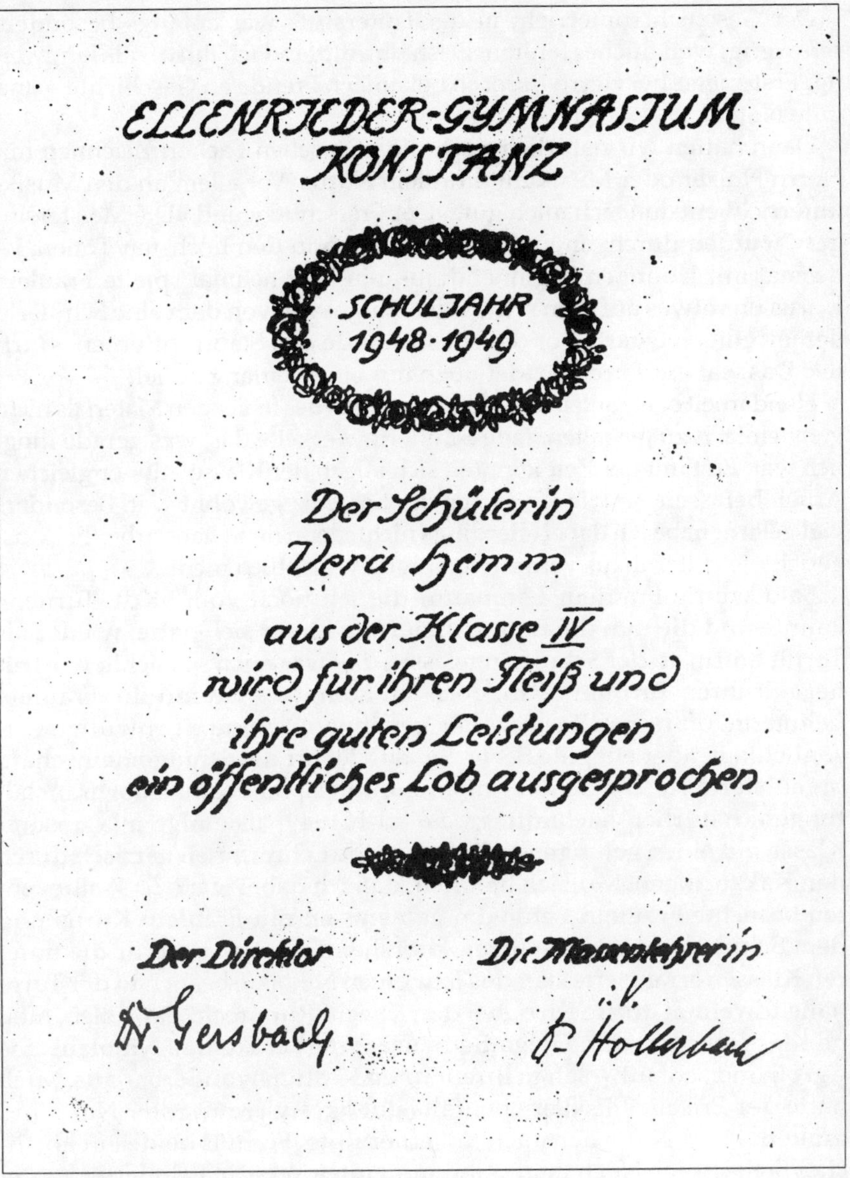

ELLENRIEDER-GYMNASIUM
KONSTANZ

SCHULJAHR
1948-1949

Der Schülerin
Vera Hemm
aus der Klasse IV
wird für ihren Fleiß und
ihre guten Leistungen
ein öffentliches Lob ausgesprochen

Der Direktor
Dr. Gersbach

Die Klassenlehrerin
i.V.
Hollerbach

Drei solcher »Lobbeweise« gab es für mich.

Der Geschichtsunterricht in der Unterstufe war anfangs besonders schwierig, weil Bücher fehlten. Deshalb empfand ich ihn oft als langweilig. Erst später bei Herrn Borocco bekam ich Freude an Geschichte – und gute Noten.

Dann hatten wir natürlich noch die musischen Fächer: Zeichnen mit Herrn Holzer oder Musik mit Fräulein Kurus. Vor allem an den Musikunterricht entsinne ich mich gut. »Der Freischütz« und »Die Meistersinger« wurden durchgenommen, wir sangen in den höchsten Tönen, jedesmal mit Übungen beginnend: ju-ju-ju... Manchmal spielte Fräulein Kurus uns etwas auf dem schwarzen Flügel vor, von dem eine Schülerin der jeweiligen Quarta vor der Musikstunde den Staub entfernen »durfte«. Das war ein Ehrenjob, der auch mir eine Zeitlang zufiel.

Handarbeit bei Fräulein Nessler war wegen des fehlenden Materials nicht ganz einfach zu gestalten. Jede Schülerin werkelte das, was gerade möglich war. Erst mit der Zeit konnten sich alle in der Klasse mit der gleichen Arbeit befassen, so wie ich es aus der Schweiz gewohnt war. Besonders viel gelernt habe ich dabei allerdings nicht, denn mein handarbeitlich ausgerichtetes Elternhaus vermittelte mir da wesentlich mehr.

Bald wurde Fräulein Lehmann, die ich noch vom »KdF-Turnen« kannte und die nun die Entnazifizierung hinter sich hatte, wieder als Turnlehrerin an der Schule zugelassen. Sie war noch so zackig wie früher mit ihren Turnübungen, doch ich konnte es gut mit ihr. Fräulein Lehmann, oft nur »d'Lehmänne« genannt, war eine eigenwillige Persönlichkeit, aber ein gute Seele. Sie tat viel für die Schulgemeinschaft, organisierte für die Schülerinnen zum Beispiel Fastnachtsveranstaltungen, natürlich nachmittags. So auch 1949, als einige aus unserer Klasse mit einen gelungenen Lied manche LehrerInnen närrisch durch den Kakao zogen. Muß ich betonen, daß ich dabei war? Zu Weihnachten besuchte Fräulein Lehmann gemeinsam mit Fräulein Kurus und dem Schulchor das Konstanzer Altersheim »Gütle« und für die unteren Klassen arrangierte sie jedes Jahr einen Nikolausbesuch in der Turnhalle. Zweimal durfte ich dabei den Knecht Rupprecht darstellen, meine Klassenkameradin Helga Bethäuser war der Heilige Nikolaus. Sie – groß und schlank – sah in ihrem roten Kostüm wunderbar aus. Mich hatte der Friseur Ellsäßer ebenfalls gut »gestylt« mit roter Nase und grauem Haar. Natürlich auch mit einer Rute. Für uns beide ein köstliches Schauspiel. Noch heute sind mir einige Verse in Erinnerung, zum Beispiel hieß es am Schluß unseres Auftrittes:

»Tragt einander die Lasten des Lebens,
Das ist der Sinn alles Gebens...«

Der Versprecher war vorprogrammiert: Bei den Proben wurde aus den »Lasten des Lebens« einmal die »Laster des Lebens«, und das bei zwei so »würdigen Personen«. Aber bei der Aufführung selbst klappte alles, unser heimliches Grinsen an der besagten Stelle bemerkte niemand. Wir konnten es unter den Bärten verstecken.

Zu erwähnen ist auch noch die Benotung nach Punkten, die im Schuljahr 1947/48 eingeführt wurde. Alle Zahlen von null bis zwanzig konnten vergeben werden, so daß die Abstufungen deutlich wurden. Zwanzig Punkte waren sehr gut, also eine Eins, sechzehn gut usw. Nur bei Betragen sowie Fleiß und Aufmerksamkeit blieben die altbewährten Noten sehr gut bis ungenügend erhalten. Als dann 1954 wieder auf das alte Notensystem zurückgegriffen wurde, hatten die Noten allerdings eine etwas andere Bedeutung als früher. Eine Eins war kaum möglich, eine Zwei eine sehr gute Note, eine Vier (»ausreichend«) bedeutete »ohne Lob und ohne Tadel«.

Zu unserem Ärgernis fand damals noch die sogenannte Oberstufenprüfung statt, wodurch die Mittlere Reife (»das Einjährige«) erreicht wurde. Wir waren der letzte Jahrgang, der diese Prüfung 1952 ablegen mußte. Danach wurde sie abgeschafft. Ich selbst habe die Oberstufenprüfung mit sechzehn Punkten bestanden, wie der Bescheinigung des Badischen Ministeriums des Kultus und Unterrichts in Freiburg zu entnehmen ist.[20]

Neben der Schule beschäftigte mich auch die Musik. Mein Klavierunterricht setzte sich nach dem Krieg noch eine Weile bei Fräulein Schönhals fort, bis sie als Evakuierte in ihre Heimatstadt zurück mußte. Ich machte jedoch weiter mit dem Klavierspielen, zunächst am Konservatorium Zimmermann, wo es mir nicht gefiel, dann bei Frau Schultheiß, bei der ich noch bis fast zum Abitur Klavierstunden nahm, und das ausgesprochen gern. Sie hielt mich für musikalisch und für eine gute Schülerin. Das hätte ich sicher noch etwas steigern können, wenn ich mehr geübt hätte.

Ein weiteres musikalisches Feld eröffnete mir Fräulein Kurus vom Ellenrieder-Gymnasium mit dem Angebot, daß man mir das Schul-Cello zur Verfügung stellen wolle, wenn ich Lust auf dieses Instrument hätte. Ich wollte es versuchen und ging also neben meinem Klavierunterricht in die Cellostunde zu Herrn Panek, was immer in eine unschöne Transportiererei ausartete: Das Instrument war groß und es kamen die Noten dazu. Glücklicherweise wohnten die Paneks in unserer Nähe in der Brauneggerstraße. Einige Jahre spielte ich Cello, saß auch schon im Schulorchester, aber so richtigen Spaß hatte ich daran nicht. Schließlich verabschiedete ich mich vom Cello und konzentrierte mich lieber wieder aufs Klavier.

Ernsthaftes Cello-Spiel (50er Jahre).

Die fünfziger Jahre

Die Oberstufe im »Ellenrieder«

Mit der Zeit wurde die Schule schwieriger, ich mußte intensiver lernen als früher, und meine Noten waren nun nicht mehr so toll. Von Lob war nicht mehr die Rede, aber mit einigem Fleiß, den ich ja zutage legte, verlief dann alles doch glatt bis zum Abitur 1955.

Auch im Schulunterricht wurde die Verbesserung der allgemeinen Lage deutlich: Bücher waren wieder zu haben, an Schreibmaterial mußte nicht mehr so gespart werden, Schulausflüge wurden durchgeführt. Eine sechstägige Campingfahrt über Pfingsten 1953 mit unserem Mathematik- und Klassenlehrer Herrn Werner an den Lago Maggiore sorgte an unserer Schule für Wirbel. So etwas hatte es bisher noch nie gegeben! Außerdem: ein Mann und an die zwanzig junge Damen! Herr Werner war im kleinen Ein-Mann-Zelt untergebracht, wir Schülerinnen in größeren Zelten. Der Campingplatz lag direkt am See. Wunderbar. Wir waren natürlich auch im Wasser, obwohl dieses nur sechzehn Grad hatte. Und abends sind wir zusammen ausgegangen und haben uns prima gefühlt.

Zwei weitere Ereignisse sind mir aus meiner Oberstufenzeit noch lebhaft in Erinnerung: zunächst unser einwöchiger Aufenthalt im Landschulheim im September 1953 in Hinterstein im Allgäu. Es war das erste Mal an unserer Schule, daß eine Klasse ins Landschulheim fuhr. Betreut wurden wir von Fräulein Thaa, unserer langjährigen Deutschlehrerin, die uns auch hervorragend bekochte, und von Herrn Werner. Wir erlebten sehr abwechslungsreiche Tage: Wecken per Pfeife, Frühsport mit Herrn Werner, Unterricht im Freien, praktizierte Physik mit Strömungsmessungen im nahen Bach, Wanderungen, abendliches Vorlesen durch Fräulein Thaa. Alles in allem eine gelungene Sache.

Das zweite Ereignis: unsere Oberprimareise im September 1954 nach München. Mit von der Partie waren Herr Pfreundschuh, unser Physiklehrer, Herr Stauß, unser Geschichtslehrer und dessen Frau. Wir waren in der Jugendherberge einquartiert und hatten jeden Tag ein ausgiebiges Programm: Stadtbesichtigung, Deutsches Museum, Theater- und Ausstellungsbesuche, Hellabrunn. Nicht zu vergessen das Oktoberfest, das noch während unseres Aufenthaltes eröffnet wurde. Allerdings war das für mich nicht gerade ein Höhepunkt.

Eine kleine Begebenheit sei noch angefügt. Herr Werner stammte aus Sachsen, man hörte es deutlich an seiner Aussprache. Er erzählte uns von dem berühmten Dresdener Christstollen und war überrascht, daß wir ihn nicht so recht kannten. So lud er die ganze Klasse zu sich nach Hause in die Brauneggerstraße ein und bewirtete uns mit dieser sächsischen Delikatesse, die seine Frau gebacken hatte. Dazu tranken wir Glühwein – aus kleinen Gläsern. Es schmeckte uns prima, und wir verbrachten eine schönen, geselligen Nachmittag.

In der Oberstufe schlug uns Herr Werner vor, Nachhilfestunden bei den »Kleineren« zu geben. Mir wurden zwei Mädchen zum »Mathe-Unterricht« vermittelt. Etwas Geld zu verdienen, war mir sehr angenehm, denn dadurch benötigte ich von meinen Eltern kein Taschengeld. Was ich an Kleidung und Schulsachen brauchte, kauften sie mir, und um Zusätzliches mußte eben

Unsere Klasse im Landschulheim, ich links oben auf dem Balkon, unten ganz rechts unser »Mathe«-Lehrer, Herr Werner.

gefragt werden. Das funktionierte ganz gut. Außerdem war ich ziemlich bescheiden und hatte keine besonderen Wünsche. Brav, brav. Ab und zu mal etwas Süßes, das mochte ich schon, und ein »Schokolädle« war meist im Haus, aber gerade Naschereien sollte ich möglichst einschränken wegen meiner Akne, die mich in meiner Jugendzeit sehr plagte und erst durch ganz intensive und konsequente Pflege langsam verschwand.

In diese Zeit fiel auch mein Tanzkurs bei der Tanzschule Diebolt, die ich als Kind ja bereits unter anderen Bedingungen kennengelernt hatte. Den Kurs war zwar ganz nett, doch er nutzte mir nicht viel. Das meiste konnte ich bereits. Vielleicht spielte auch eine Rolle, daß ich lange keinen Tanzstundenherrn hatte. Aber zu einem Begleiter beim Abschlußball, den wir damals noch als Tanzkränzchen bezeichneten und der am 10. Januar 1953 im »Europahaus« (Ecke Mainaustraße/André-Noël-Straße) stattfand, reichte es doch noch. Für dieses Ereignis kauften mir meine Eltern eigens ein neues Kleid: hellblauer, glänzender, raschelnder Taft, kurze Ärmel, kesser Ausschnitt (!), weiter Rock. Es sah sehr gut aus. Später habe ich es dunkelblau umfärben lassen – leider, denn die ursprüngliche, festliche Note war weg.

Den Kinderschuhen entwachsen

Mit meinen Freundinnen von früher hatte ich nun nicht mehr so viel Kontakt. Sie waren bereits mit vierzehn Jahren aus der Schule gekommen und verfolgten andere Interessen. Hildegard Schächtle, deren Vater schon sehr früh starb, half in der Landwirtschaft mit. Inge Mittmann begann direkt nach der Schule bei der Firma Byk Gulden zu arbeiten. Ihre Familie meinte, sie brauche keinen Beruf zu erlernen, da sie ja sowieso einmal heirate, was jedoch völlig anders kam. Ich erinnere mich, daß sie mich am Anfang ihrer Zeit bei Byk Gulden, woraus über vierzig Jahre werden sollten, zu Kaffee und Torte ins Café Bohe einlud und ganz stolz war, die Zeche mit ihrem selbstverdienten Geld, 90 DM im Monat, bezahlen zu können.

Manche meiner Freundinnen gingen am Sonntagnachmittag ins Kino. Sie saßen für 80 Pfennig in den vordersten Reihen, »Rasiersitz« genannt, weil man den Kopf ganz weit zurücklehnen mußte. Dazu hatte ich weder Zeit noch Lust. Oft war an den Wochenenden Tanzen angesagt in der »Linde« (Wollmatingen) oder im »Park-Café« an der Mainaustraße (Nähe Suso-Gymnasium). Auch hier war ich kaum dabei. Aber wenn doch, wurde ich meist wenig zum Tanzen aufgefordert, was mich ärgerte. Schließlich tanzte ich so gut wie all die anderen, das wußte ich. Nun, ich war eben kein Mädchen, auf das die Tänzer flogen. Da verlor ich die Lust auf solche Unternehmungen und setzte mich etwas ab.

Bei den »Naturfreunden« veränderte sich in den fünfziger Jahren ebenfalls einiges: Ich war mit anderen von der Kindergruppe in die Jugendgruppe »avanciert«, wir bekamen neue Jugendliche dazu. Herausragende Figuren, die uns Jüngere etwas betreuten: Helmut Jödicke aus Reutlingen, dem wir wegen seiner hageren Gestalt den Namen »Gandhi« verpaßten, und später Rolf Werner. Beide waren sehr beliebt bei uns, aber heute vermute ich, daß eine gewisse Konkurrenz zwischen ihnen herrschte. Jedenfalls haben sie einen außerordentlich günstigen Einfluß auf uns ausgeübt. Unsere Gruppenabende fanden einmal wöchentlich im »Haus der Jugend« statt, das inzwischen in die Mainaustraße verlegt worden war (heutiges Restaurant »Alte Rheinbrücke«). Dort hatten wir meist dasselbe (»unser«) Zimmer, in dem wir uns mit Liedern, Volkstanz und Spielen die Zeit vertrieben und hin und wieder auch diskutierten. So liefen unsere Jugendabende mal fröhlich, mal etwas ernster ab. Und pünktlich um 22 Uhr zog der damalige Stadtjugendpfleger Herr Kutscha durch die Räumlichkeiten und rief: »Zehn Uhr bitte«, worauf wir gehorsam das Haus verließen. Manchmal schloß sich aber noch ein »Mondschein-Spaziergang« an, da konnte es schon etwas später werden. Meine Eltern schimpften nicht, sondern meinten nur, ich sei selbst schuld, wenn ich am anderen Morgen schwer aus dem Bett käme.

Unsere Jugendgruppe traf sich aber nicht nur im »Haus der Jugend«. Wir machten nun an den Sonntagen größere Wanderungen, und der Verein organisierte Omnibusfahrten bis zu bestimmten Ausgangspunkten, zum Beispiel in die Schweiz zur Schwägalp. Dort stiegen wir dann über die Tierwies auf den Säntis und über die Meglisalp ab nach Wasserauen, wo uns der Bus wieder abholte. Oder wir erklommen die Drei Schwestern, den Hohen Kasten und manche andere Berge der Region, wobei die An- und Rückfahrten jeweils per Bus erfolgten. Fahrradtouren unternahmen wir ebenfalls, und sie gefielen mir besonders, seit ich von meinen Eltern zu Ostern 1953 ein nagelneues Rad mit Dreigangschaltung bekommen hatte, ein Super-Geschenk für die damalige Zeit.

Große Freude bereitete uns das Zelten, auch wenn es nur am nahen Wasserwerk – dort übersahen wir geflissentlich das Schild: »Zelten verboten« – oder am Klausenhorn bei Dingelsdorf war. Dabei muß aber betont werden, daß diese Art der Übernachtung keinesfalls komfortabel war: Unsere Zelte hatten meist keinen Boden, so daß es uns nachts ziemlich kalt wurde. Dem konnte nur durch langes Sitzen am Lagerfeuer abgeholfen werden. Das war für mich immer toll und romantisch. Wir sangen ein Lied nach dem anderen, mit oder ohne Gitarrenbegleitung. Natürlich hatten wir nichts Alkoholisches dabei (auch keine Cola), das war damals noch verpönt, und außerdem hätten wir dafür gar kein Geld gehabt. Daß bei all dem Mädchen und Buben einträchtig beieinander saßen, ohne sich dabei etwas Besonderes zu denken, sei nur am Rande bemerkt. Wir waren (fast) alle nicht gerade frühreif!

Zu unserer Jugendgruppe gesellten sich immer wieder neue Leute. Im Jahr 1953 war dies Eva Sandau aus Braunschweig, die in einem Konstanzer Lederwarengeschäft als Verkäuferin arbeitete. Mit ihr verstand ich mich auf Anhieb prima. Wir wurden oft für Schwestern gehalten. Und in der Tat, ein schwesterliches Verhältnis entwickelte sich auch im Laufe der Jahre. Es hat sich bis heute sogar noch intensiviert. Eva bewohnte damals bei ihren Arbeitgebern ein kleines, dunkles möbliertes Zimmer in der Kanzleistraße und war bestrebt, diesem möglichst oft zu entrinnen. Daher verbrachte sie manche Stunde bei uns zu Hause, sozusagen mit Familienanschluß. Den genoß sie wohl sehr, denn sie konnte nicht oft nach Braunschweig fahren, das war einfach zu teuer. So versuchten wir, ihr ein Stückchen zu Hause in der Fischenz- bzw. Wallgutstraße zu geben. Und wie es das Schicksal so will, sollte mir in späterer Zeit so ein Stück zu Hause bei Eva und ihrer Familie zuteil werden.

In den fünfziger Jahren wagte die Konstanzer Ortsgruppe der »Naturfreunde« den Bau eines Bootshauses am Wintererstieg. Inzwischen ist ein ganzes Vereinsheim daraus geworden. Ein teures Unterfangen für den Verein, verbunden mit viel Eigenarbeit der Mitglieder. Klar, daß auch die Jugendgruppe mit anpackte. Wie oft schaffte ich samstags »am Bau«! Meine vornehmste Aufgabe war das Wasserholen: Eimerweise schöpfte ich es aus dem Rhein und schleppte es zu den Bauleuten. Es war anstrengend, aber zugleich schön. Wir waren sehr stolz, als wir den ersten kleinen Teil der Anlage einweihen konnten. Wir veranstalteten ein großes Fest und zelteten sogar auf dem Bootshausareal.

Später kam ich bei den »Naturfreunden« zu »Ehren«, wurde Singeleiterin bei der Jugend – noch heute kenne ich sehr viele Volks- und Wanderlieder – und eine Zeitlang Leiterin der Kindergruppe. Aber meine pädagogischen Fähigkeiten waren wohl nicht so berühmt, deshalb verzichtete ich auf die Kinderbetreuung und widmete mich lieber der Jugendarbeit. Vermehrt übten wir in dieser Zeit Theaterstücke – unvergessen »Das böse Weib«, meine Rolle dabei ein Spielmann – und Sketche ein, die wir dann an Elternabenden vorführten. Außerdem konnte ich über den damaligen Landesjugendring zweimal einen Laienspielkurs besuchen, woran ich großen Spaß hatte. Ich traf nette Jugendliche aus unterschiedlichen Organisationen und hatte beide Male ganz tolle Kursleiter. Ich brachte nicht nur neue Ideen für unsere Konstanzer Gruppe mit, sondern habe auch für mich dabei festgestellt, daß mir das Theaterspiel sehr liegt.

In diesen Jahren wurden bei den »Naturfreunden« die traditionellen »Bezirksjugendwettstreite« in der Region ausgetragen, bei denen wir KonstanzerInnen leider nie Sieger wurden. In unserer Ortsgruppe waren wir als Jugendliche inzwischen ebenfalls fest integriert, wir nahmen an den Monatsversammlungen teil, lockerten sie mit Liedern auf und bekamen manchmal sogar zu später Stunde einen Drink spendiert. Wir begannen, erwachsen zu werden.

Noch eine Jugendgruppe

Damals gab es in Konstanz auch eine kleine Gruppe der FDJ, der Freien Deutschen Jugend, in Westdeutschland für viele eine umstrittene Organisation, weil sie der KPD nahestand. Dabei war sie laut Zeitzeugen (»Unsere Zeit« vom 28. Juni 1996):

»... keine bloße Kampfreserve der Partei. Sie war von ihrer Geburt her Kind und dann Akteurin einer antifaschistisch-demokratischen politischen und geistigen Strömung. (...) Sie war der organisierte und organisierende Ausdruck einer echten Jugendbewegung, die sich gegen den Hitlerfaschismus für einen demokratischen Neubeginn zu entwickeln begann...«

Die FDJ war eine gesamtdeutsche Organisation, erst nach Gründung der Bundesrepublik und der DDR erfolgte eine organisatorische Trennung. 1950 beschloß sie ein für die Bundesrepublik gültiges Programm. Im Zentrum ihrer Aktivitäten stand der Kampf gegen die Remilitarisierung der BRD. Neben zahlreichen anderen fortschrittlichen Organisationen wurde sie 1951 von der Adenauer-Regierung verboten.

Ich selbst engagierte mich kaum bei der FDJ, obwohl es meiner Mutter sicher recht gewesen wäre. Ich schnupperte mal rein, war aber von den Leuten nicht sehr begeistert. Darum blieb ich lieber bei der »Naturfreunde-Jugend«.

Dennoch sollte die FDJ bei mir Spuren hinterlassen, allerdings erst nach deren Verbot: Eines Tages erschien in der Fischenzstraße die Kriminalpolizei und überraschte uns mir einer Hausdurchsuchung, beschränkte sich jedoch aufs Wohnzimmer. Ich war mächtig aufgeregt. Meine Mutter meinte, wir hätten doch nichts zu verbergen. Da irrte sie. Denn ich selbst hatte mal einem inhaftierten FDJler einen Solidaritäts-Brief geschrieben, ihn jedoch nicht abgeschickt. Er lag noch immer in unserem Wohnzimmerbuffet und wurde auch prompt von der Kripo entdeckt. Nun mußte ich die Umstände darlegen, die mich zu dieser (Un-)Tat veranlaßt hatten: Bei einem Ausflug war ich einem Naturfreund begegnet, der mir die Story des eingeknasteten FDJlers erzählte und mich aufforderte, mit ihm zu korrespondieren. Daß ich den Brief zwar verfaßt, aber nicht versandt hatte, war natürlich dumm, daß ich ihn aufbewahrt hatte, noch dümmer... Die Kripo beschlagnahmte ihn, und ich mußte mich darauf bei der Polizei zum Protokoll einfinden – keine schwierige Sache, doch immerhin war ich damit »registriert«.

Ein eigenes Zimmer

Bis zu meinem siebzehnten Lebensjahr nächtigte ich im Elternschlafzimmer. Erst als die Schneiderwerkstatt meines Vaters im Obergeschoß des Kesslerschen Hauses aufgelöst wurde, bot sich endlich die Möglichkeit, ein eigenes Zimmer für mich einzurichten. Es wurde zunächst etwas provisorisch möbliert, aber zu Weihnachten 1952 schenkten mir meine Eltern ein nagelneues und vollständiges »Tochterzimmer«: Bett, Nachtkästchen, Schrank und Kommode mit dreiteiligem Spiegel. Es war für mich eine große Überraschung und etwas ganz Tolles, auch wenn ich kein fließendes Wasser und keine Toilette in der Nähe hatte. Einziges Negativum dabei: Ich mußte die elterliche Wohnung verlassen, um in mein neues Reich zu gelangen – oder sollte das doch nicht so negativ sein? Eine sturmfreie Bude sozusagen?

Erste Begegnungen mit Krankheit und Tod

Anfang der fünfziger Jahre erlitt meine Tante Olga einen Schlaganfall, von dem sie sich zwar zunächst erholte, der aber im Februar 1953 dennoch zu ihrem Tod führte. Sie wurde nicht einmal vierundfünfzig Jahre alt. Da meine Tante und mein Onkel seit langem aus der Kirche ausgetreten waren, mußte die Frage der Bestattung entsprechend überdacht werden. Eine Trauerfeier ohne Pfarrer war ein Problem. Doch es wurde eine Lösung gefunden: Ein Prediger der Freireligiösen Gemeinde übernahm die Aufgaben. Meiner Erinnerung nach waren alle mit dem gesamten Ablauf zufrieden. Ich selbst entsinne mich nicht mehr so recht an diese Stunde, besuchte aber das kleine Urnengrab von Tante Olga in der Folgezeit häufig.

Der Tod meiner Tante machte mir sehr zu schaffen, denn ich mochte sie sehr, und es war für mich auch die erste Begegnung mit dem Tod schlechthin. Ich hatte Angst und sah sie immer wieder vor mir im Sarg liegen. Ich schlief wochenlang nicht mehr in meinem Zimmer im Obergeschoß, sondern wieder bei meinen Eltern im Schlafzimmer. Erst mit der Zeit beruhigte ich mich. Mein Onkel hatte natürlich wesentlich mehr unter dem Tod seiner Frau zu leiden. Unsere Familie versuchte zwar, ihm das tägliche Leben zu erleichtern, er kam eine Zeitlang täglich zu uns zum Mittagessen, und wir halfen ihm auch so gut wie möglich bei seinen Haushaltspflichten. Aber er war oft untröstlich. Doch schließlich fand er wieder eine Frau, mit der er sich verbunden fühlte. Dadurch lokkerte sich unser Kontakt zu ihm immer mehr. Meine Mutter hatte gar Schwierigkeiten, seine neue Lebensgefährtin zu akzeptieren, was sich erst mit der Zeit besserte. Mein Onkel starb bereits 1959 mit sechzig Jahren, seine Lebensgefährtin wurde um die achtzig Jahre alt.

In dieser Zeit wurde auch Gotte immer gebrechlicher und konnte nicht mehr richtig aufstehen. Meine Mutter versorgte sie neben ihrer Arbeit. Sie wurde von der Krankenschwester der Evangelischen Kirche unterstützt, die sich täglich um Gotte kümmerte. Auch Pfarrer Lorenz schaute ab und zu nach ihr. Letztendlich war sie aber so angeschlagen, daß sie ins Krankenhaus gebracht werden mußte, wo sie dann im März 1954 gut 84jährig starb. Ich habe sie mir als Tote nicht mehr angesehen, da ich wieder solche Reaktionen wie beim Tod meiner Tante befürchtete.

Einige Wochen vor Gottes Tod 1953 wurde auch meine Mutter sehr krank, wobei man zunächst nicht wußte, was los war. Sie mußte aufgrund von Magenblutungen ins Krankenhaus und konnte erst durch eine Operation wieder geheilt werden. Das ganze dauerte Wochen, und das Leben meiner Mutter stand sehr auf der Kippe. Schließlich hat sie es aber doch geschafft, sie sei, wie sie später spottete, »dem Teufel nochmals von der Schippe gesprungen«. Wir waren alle glücklich, sie wieder zu haben. Meine Mutter, selbst noch im Krankenhaus, konnte sogar Gotte kurz vor deren Tod besuchen. Zur Beerdigung reichte es allerdings nicht, dazu war meine Mutter zu schwach.

Die Krankheitsphase meiner Mutter war auch für meinen Vater und mich ziemlich schwierig, meine Leistungen in der Schule ließen nach, und ich hatte wenig Zeit für mich. Wir bewältigten – mehr schlecht als recht – unseren Haushalt, der damals ohnehin nicht so modern war: keine Waschmaschine, kein Kühlschrank, kein Staubsauger... Ich war zuständig fürs Kochen, Waschen und Putzen, mein Vater fürs Teppichklopfen, Holzzerkleinern und Feuermachen. Gelegentlich kaufte er auch ein – mit der Aktentasche! –, wenn er es nicht ganz mir übertrug.

Nicht zuletzt gehörte zum Einkaufen in dieser Zeit der wöchentliche Gang in die Schweiz, damit wir die erlaubten Rationen an Kaffee, ein halbes Pfund pro Woche, Tee und Zigaretten, je ein Päckchen pro Woche, holen konnten. All dies wurde beim Grenzübertritt sorgsam von den Zöllnern in der »grünen Karte«, einem der Grenzkarte beigefügten Anhang, abgezeichnet. Später durfte man pro Tag 49 Gramm Kaffee ohne diese Karte aus der Schweiz nach Deutschland einführen. Das war praktisch, denn das Kaffeetrinken verbreitete sich immer mehr. Die Schweizer hatten sich darauf sehr schnell eingestellt, Tütchen mit 49 Gramm Kaffee wurden in Grenznähe bald überall angeboten.

»Vive la France!«

In unserer Schule wurden Anfang der fünfziger Jahre Adressen von französischen Mädchen ausgegeben, mit denen wir korrespondieren sollten. Ich erhielt eine Jacqueline Lauxerrois, der ich in Französisch schrieb und die mir in Deutsch antwortete. Es war eine rege Korrespondenz zwischen uns. Im Jahr 1954 lud mich Jacqueline ein, mit ihr und ihrer Familie die Ferien beim Zelten am Mittelmeer zu verbringen. Große Begeisterung meinerseits und natürlich auch Aufregung. So reiste ich also per Bahn nach Frankreich, zunächst zu Jaqueline in ihr Dorf bei Troyes. Am anderen Morgen ging es dann zu viert mit dem Auto nach Südfrankreich zu einem Zeltplatz, der zwischen Hyères und Cannes lag, in der Nähe des Städtchens Le Lavandou. Es war ein herrliches Areal mit duftenden Pinien, Sandboden und einem Blick aufs Meer, der mich begeisterte. Wir lebten wunderbar in diesen drei Wochen, typisch französisch mit viel Käse, Melonen und anderen köstlichen Früchten, mit Weißbrot und so manchem Schluck Pernod. Ich genoß es, im Meer zu baden und mich bräunen zu lassen, hatte allerdings auch einige Schulbücher dabei, die ich sogar teilweise durchackerte; denn von fern grüßte bereits das Abitur! Ich redete ausschließlich Französisch mit der ganzen Familie und profitierte davon außerordentlich. Nach den drei Wochen in Südfrankreich nahm ich Jacqueline mit zu uns nach Konstanz, wo ich ihr einiges an Besichtigungen und Ausflügen bieten konnte, und ich denke, daß es ihr gefallen hat. Jacqueline besaß allerdings ein anderes Naturell als ich, war schon viel mehr »Dame«. Sie sprach nicht so gern deutsch, so daß wir uns auch in Konstanz eher französisch unterhielten. Mich störte das nicht, im Gegenteil. Nach diesen Ferien hatten wir noch eine Weile regen Briefwechsel, aber irgendwann sind die Kontakte dann abgeebbt und schließlich ganz abgebrochen.

Eine Einladung in die DDR

Eine weitere, für die damalige Zeit ungewöhnliche Reise machte ich im Sommer 1955 mit Peter Neser. Wir fuhren für einige Tage nach Dresden, waren Gäste der dortigen ABF, der Arbeiter- und Bauernfakultät. Wir kamen in ein uns unbekanntes Land. Die vielen Trümmer in Dresden bedrückten uns. Die Menschen und ihre Gepflogenheiten waren uns fremd. Wir wohnten mit den StudentInnen in Wohnheimen, oft Villen »früherer Herrschaften«, beteiligten uns am Unterricht der ABF, lernten Dozenten kennen wie zum Beispiel Walter Böhme, wurden in der Mensa verköstigt, besuchten die Sächsische Schweiz und natürlich: Wir diskutierten und diskutierten... Die Nächte waren lang, auch das Pilsner Bier schmeckte uns vorzüglich. Alles in allem eine interessante Reise, die Spuren hinterließ.

Mein Abitur und was dann?

Im Frühjahr 1955 hatte ich mein Abitur bestanden.[21] Nicht mit Glanz und Gloria, aber immerhin. Deutsch und Französisch waren meine Schwächen. Mehr Erfolg hatte ich in Latein, so daß Herr Röser sogar wörtlich zu mir sagte: »Hemm, ich wußte gar nicht, daß Du so gut Latein kannst.« Er dutzte uns im Gegensatz zu anderen LehrerInnen bis zum Schluß. Auch in den naturwissenschaftlichen Fächern war ich mit mir zufrieden. Und so konnte ich dann im April 1955 stolz mein Reifezeugnis mit nach Hause tragen, einschließlich einer Nelke, die jeder Abiturientin bei der Entlaßfeier überreicht wurde. Einen Wermutstropfen gab es allerdings: Eine Klassenkameradin war durchgefallen.

Unser Abitur feierten wir trotzdem, nicht so üppig, wie das heute der Fall ist, aber immerhin brachten wir eine Zeitung, einen »Ellenrieder Boten«, mit gelungenen Beiträgen heraus. Wir ließen ferner eine Postkarte anfertigen, auf der unsere Konterfeis aus einem Zug (»Von der Schule ins Leben«) blickten und unser damaliger Klassenlehrer, Herr Stauß, als Kondukteur (»Täfelemaa«) fungierte. Und schließlich trafen wir uns noch in der Gaststätte des alt-ehrwürdigen »Konzils«, das seinen Namen nach dem Konstanzer Konzil 1414-18 trägt, zu einem fröhlichen Abschlußabend.

Die Frage: Was wird nach dem Abitur? erörterten wir in unserer Familie natürlich schon im Vorfeld. Mehrere Möglichkeiten wurden in Betracht gezogen – und wieder verworfen. Zunächst stand die Frage nach einem Studium im Raum. Aber welches Fach? Eindeutige Begabungen lagen bei mir nicht vor. Und das Ausschlaggebende war die Finanzierung. Konstanz hatte 1955 noch keine Universität, ich hätte in einer anderen Stadt studieren müssen, und von BAföG wußte man damals noch nichts. Meine Mutter meinte zwar, wenn ihre berufliche Situation so bliebe, könne ein Studium möglich sein. Aber genau daran haperte es: Meine Mutter saß als Kommunistin und im Zeitalter des Kalten Krieges nicht so sicher im Sessel einer hauptamtlichen Gewerkschafterin. Also: aus für ein Studium.

Meine Eltern und ich überlegten auch eine Weile, ob ich mich in der DDR an einer Arbeiter- und Bauernfakultät bewerben sollte. Wir machten sogar einen zaghaften, doch vergeblichen Vorstoß. Um an einer ABF aufgenommen zu werden, mußte man zuerst einen Beruf erlernt haben. Nun, dann eben nicht.

Eigentlich wäre ich ganz gern Volksschullehrerin geworden. Dazu brauchte man nach dem Abitur eine zweijährige Ausbildung an einer PH. Darüber haben wir in der Familie ausgiebig gesprochen. Der damalige SPD-Bürgermeister Diesbach, den wir durch die »Naturfreunde« und die Stadtratstätigkeit meiner Mutter etwas näher kannten, selbst Lehrer von Beruf, riet uns ab mit der Begründung, meine Religionslosigkeit wer-

Die Abiturkarte: Die zweite von links soll ich sein (1955).

de mir dabei so viele Schwierigkeiten bereiten, daß mir der Beruf nicht die gewünschte Freude bringen würde, von Aufstiegsmöglichkeiten ganz zu schweigen. Er selbst sei ja auch nicht kirchlich gebunden, sondern freireligiös... Dieses Gespräch, an das ich mich noch gut entsinne, hat uns dann bewogen, dem Lehrberuf nicht mehr nachzuhängen.

So suchten wir weiter und fanden noch andere Alternativen für meine Weiterbildung: die Inspektorenlaufbahn beim Finanzamt oder der Post. Ich bewarb mich, bekam aber von beiden Absagen. Leider, dachte ich damals, heute sehe ich das nicht mehr so.

Wie wär's mit Laborantin?

In dieser Situation schlug mir unser Freund Josef Neser vor: »Werd' doch Laborantin.« Ich konnte mir darunter nichts so richtig vorstellen, da erläuterte er mir diesen Beruf etwa so: »Stell Dir vor, Du hast in einem Reagenzglas heute eine rote Flüssigkeit und wenn Du morgen wiederkommst, ist sie blau. Das ist doch toll.« Nun, ich war nicht so überzeugt, von Motivation keine Spur, etwas Neugierde vielleicht. Jedenfalls ließ ich mich darauf ein, erstens weil im Moment sonst nichts anderes möglich war und zweitens, weil Josef Neser einen Kunden in der »Bücherstube« hatte, der bei der Firma Degussa (Werk Konstanz, Reichenaustraße 13-19, heute »Great Lakes«) tätig war. Den wolle er mal ansprechen. Durch diese Vermittlung erhielt ich bei der Degussa einen Gesprächstermin, den ich gemeinsam mit meiner Mutter wahrnahm, daraufhin einen Lehrvertrag, wobei die Lehrzeit bei entsprechender Leistung von dreieinhalb auf zweieinhalb Jahre verkürzt werden sollte. Meine Ausbildungsbeihilfe belief sich im ersten Lehrjahr auf 70 DM monatlich, im zweiten auf 83 DM und im dritten auf 94 DM. Mein Urlaub betrug zwei Wochen, die Arbeitszeit 48 Stunden in der Woche.[22] Dabei wurde in einer Woche 45 Stunden, also montags bis freitags je neun Stunden pro Tag, in der anderen Woche 51 Stunden, d.h. dann auch zusätzlich am Samstagvormittag sechs Stunden, gearbeitet.

Ich fuhr täglich, bei Wind und Wetter per Fahrrad vom Paradies zur Degussa, über die alte Rheinbrücke, dem einzigen Rheinübergang in dieser Zeit, wenn man vom »Schiffle« am Pulverturm absieht. In der einen Stunde Mittagspause radelte ich schnell nach Hause und aß, dann ging's wieder zurück. Mit dem Auto kam in jenen Jahren kaum jemand zur Degussa.

Meine erste Arbeit bei der Degussa war, einen Laborschrank mit Glasbehältern zu bestücken, schön der Reihe nach, je nach Formen: Bechergläser, Rund- oder Stehkolben, Erlenmeyer... Dafür wurde ich erstmals gelobt, als ob das eine besondere Leistung gewesen wäre, und dann nach und nach in die üblichen Laborarbeiten eingewiesen, die gerade anfielen. Mit Ausbildung hatten diese zunächst nicht viel zu tun. Sie waren spezifisch auf die Degussa zugeschnitten, aber nicht uninteressant für mich. Aber nach einiger Zeit »kochte« ich mit anderen Lehrlingen meine Analysen, lernte filtrieren, dekantieren, titrieren... Daneben wurde theoretischer Unterricht in der Firma erteilt und zusätzlich war der Besuch der Berufsschule in Singen obligatorisch, für mich jedoch »stinklangweilig«. Nach den vereinbarten zweieinhalb Jahren absolvierte ich meine Prüfung mit Lob und erhielt meinen »Gehilfenbrief« als Chemielaborantin.[23]

Meine zwei Tage dauernde praktische Prüfung machte ich in der Firma Byk Gulden bei Dr. Reiss, der später einmal mein Chef werden sollte. Ich hatte keine größeren Probleme mit den an mich gerichteten Aufgaben: Der »Analysengang« klappte, beim Präparat, das ich herstellen mußte, stimmten Qualität und Ausbeute, und das Titrieren funktionierte auch so leidlich, obwohl ich darin keine allzu große Übung hatte. Die theoretische Prüfung bei der Industrie- und Handelskammer verlief ebenfalls gut, vielleicht deshalb, weil ich gleich zu Beginn eine fröhliche Antwort parat hatte, so daß das Eis gebrochen war. Ich wurde nämlich, da ich in meiner qualitativen Analyse Ammoniak gefunden hatte, gefragt, wo denn Ammoniak in der Natur vorkomme. Da erinnerte ich mich spontan an den Chemielehrer im »Ellenrieder«, der uns gesagt hatte: »Wenn Sie wissen wollen, wie Ammoniak riecht, gehen Sie in einen Pferdestall.« So antwortete ich prompt: »Im Pferdestall.« Allgemeines Gelächter, denn das war zwar richtig, doch der Frager wollte auf etwas ganz anderes hinaus, auf die Ammoniak-Gewinnung nach dem Haber-Bosch-Verfahren, das ich anschließend problemlos erklären konnte.

Selbstverständlich trat ich bereits in meiner Lehrzeit in die für mich zuständige Gewerkschaft, die IG Chemie-Papier-Keramik, ein. Allerdings hielten sich damals meine gewerkschaftlichen Aktivitäten in Grenzen, steigerten sich jedoch später beträchtlich.

Nach der Lehre blieb ich noch bis Ende 1959 bei der Degussa. Die Arbeit selbst – ich hatte mit der Entwicklung von Katalysatoren zu tun – war nicht immer sehr abwechslungsreich, aber alles in allem recht gut. Meine dortigen KollegInnen und Vorgesetzten sowie so manche fröhliche Begebenheit sind mir bis heute im Gedächtnis.

Unser Umzug in die Wallgutstraße

Nachdem Gotte gestorben war, beanspruchten unsere Hausleute mein Zimmer im Obergeschoß und meinten, ich solle mich im Parterre einquartieren, der kleine Raum sei ja nun frei. Mit dieser Lösung konnten wir uns nicht anfreunden, so daß es zu gravierenden Meinungsverschiedenheiten kam. Sie führten 1956 zu unserem Auszug aus der Fischenzstraße. Wir konnten in der Wallgutstraße 20 im Erdgeschoß eine neu erbaute »Wobag-Wohnung« mieten, drei Zimmer und Küche, etwa sechzig Quadratmeter. Die Bauweise der gesamtem Wohnung war denkbar einfach: Kunststoffböden in den drei Zimmern, Holz- und Kohlefeuerung, in der Küche eine massive Spüle aus gesprenkeltem Stein – nicht etwa eine »Nirosta«-Spüle, die legten wir uns später selbst zu –, kein fließend warmes Wasser, keine Kacheln über dem Spülstein, nur ein abwaschbarer Anstrich darüber, der bei jedem Scheuern schmutziger wurde... Ein richtiges Bad war wiederum nicht vorhanden, nur ein langer Raum, in dem lediglich das WC installiert und Platz für eine Badewanne reserviert war. Diese ließen wir uns sofort auf eigene Kosten einbauen, ebenso ein Waschbecken und einen Badeofen für Holz- und Kohlefeuerung. Gekachelt wurde mit Kunststoffplatten, die als Meterware erhältlich waren. Leider hatte unsere Wohnung keinen Balkon.

Doch nun besaß ich ein Zimmer, in das ich meine Möbel stellen konnte, es gab Doppelfenster in der ganzen Wohnung, so daß die lästigen Vorfenster entfielen, die wir in der Fischenzstraße für den Winter immer einsetzen mußten. Außerdem standen uns ein Keller, ein Speicher, ein Fahrradraum und eine Waschküche zur Verfügung. Natürlich mußte in diesem Haus mit acht Parteien auch die Hausordnung erledigt werden, wobei die »große Kehrwoche« für uns als Bewohner des Eckhauses immer ziemlich zeitraubend war, besonders im Winter beim Schneeschippen. Nicht zu vergessen ist aber bei allem die angenehme Hausgemeinschaft mit Nachbarschaftshilfe, von der ich jetzt nur träumen kann.

Der Mietpreis betrug zunächst 81 DM[24] und steigerte sich in mehreren Stufen auf 119,65 DM bei der Übernahme der Wohnung durch mich 1971 bzw. auf 178 DM bei meinem Auszug 1979. Außerdem mußten meine Eltern beim Einzug eine Kaution von 300 DM und ich bei der Überlassung der Wohnung nochmals 200 DM zahlen, die mir aber 1979 mit Zinsen erstattet wurden.

Im Zusammenhang mit unserem Umzug wollte meine Mutter einen Kühlschrank anschaffen. Da sie selbst Geld verdiente, schien ihr dies kein Problem zu sein. Dennoch teilte sie das Ansinnen meinem Vater mit. Der erwiderte wenig begeistert: »Wozu einen Kühlschrank für unsere drei Servelats?« Meine Mutter kaufte ihn trotzdem, und mein Vater war letztlich gar nicht so unzufrieden, denn er fand nicht nur drei Servelatwürste im Kühlschrank... Aber seinen Ausspruch mußte er sich noch lange anhören, er zitierte ihn sogar oft selbst und lachte darüber.

Eine lachende Laborantin bei der Arbeit (Degussa, Ende der 50er Jahre).

Neue Erfahrungen

Zwei Jahre im »Goldenen Mainz«

Ende der fünfziger Jahre rieten mir meine Eltern, ich solle mir etwas fremde Luft um die Nase wehen lassen. Ich stimmte zu, schrieb einige wenige Bewerbungen und nahm schließlich eine Stelle in Mainz bei der Firma Blendax an, bei der ich allerdings nichts mit Zahnpasta zu tun hatte. Dort gab es auch ein Entwicklungslabor für Haut- und Haarpflege. In diesem wurden Cremes, Badezusätze, Haarwaschmittel, später diverse Sprays in Kleinansätzen angefertigt, beobachtet, beurteilt und teilweise am eigenen Körper getestet. Manchmal war das ausgesprochen lustig. Außerdem profitierten wir von unseren selbstgemixten Produkten. Wir waren ein nettes Team, obwohl unsere Laborleiterin bisweilen etwas nervte. Um so angenehmer war unser Chef Dr. Charlet.

Bei der Blendax wurde ich mit 450 DM Monatsgehalt eingestellt, etwas mehr als bei der Degussa. Samstags wurde nicht gearbeitet. Mein Urlaubsanspruch blieb nach wie vor bei zwei Wochen.[25] Die Firma Blendax hatte eine große Kantine, in der wir zu sehr günstigen Bedingungen gut zu Mittag essen sowie Kleinigkeiten zwischendurch kaufen konnten.

Obwohl dieser Sprung in die Fremde geplant und mit meiner Familie vereinbart war, fiel mir das Weggehen sehr schwer. Mein Vater war bereits zweiundsechzig, meine Mutter achtundfünfzig Jahre alt, beide nicht mehr ganz gesund, aber noch im Arbeitsprozeß. Ich erinnere mich deutlich an die Anreise nach Mainz: Meine Mutter hatte in der Nähe eine Konferenz, so daß wir ein Stück weit gemeinsam mit der Bahn fahren konnten. Einige Zeit bevor sie aussteigen mußte, fing sie an zu weinen und meinte, es würde ihr sehr weh tun, wenn ich nun fort ginge. Natürlich habe ich sofort mitgeheult, denn mir war ja ähnlich zu Mute. Aber glücklicherweise hatten wir uns ja bereits für den anderen Tag in Mainz verabredet.

Mein erster Weg in Mainz war zur Firma, die mir ein Zimmer vermitteln wollte. Dort stapelten sich viele Angebote, und mit Hilfe einer Kollegin traf ich eine engere Wahl. Ich hatte einen guten Riecher: In Bahnhofsnähe und Stadtmitte – für mich wichtig – fand ich im Haus der Familie Richter in der Zaybachstraße für 75 DM eine kleine, leider etwas dunkle und sparsam möblierte Mansarde im fünften Stock. Ein Kohleofen, fließend kaltes Wasser und Kochmöglichkeit in Form von einer einzigen Kochplatte waren ebenfalls vorhanden. Außer mir bewohnten noch drei weitere Frauen je eine Mansarde. Mit ihnen mußte ich die Toilette teilen, die ebenso wie das Treppenhaus von einer Putzfrau gereinigt wurde. Später stellte man uns sogar einen großen Kühlschrank zur gemeinsamen Benutzung in den Flur. Ich richtete mich häuslich ein und schaffte allerhand Hausrat an. Als meine Mutter mich anderentags besuchte, konnte ich ihr bereits Kaffee aus neu erstandenem Geschirr anbieten.

Familie Richter betrieb im gleichen Haus ein Installationsgeschäft und hatte im ersten Stock ihre Wohnung. Herrn Richter sah ich wenig, Frau Richter, die fürs Büro, für den Laden und natürlich auch für den Haushalt verantwortlich war, kümmerte sich kaum um »ihre Damen im fünften Stock«. Ich fühlte mich absolut wohl bei Richters.

Mainz war eine große, neue Stadt für mich. Zunächst lockten mich die Kaufhäuser an, dann immer mehr das Theater. Ich begann, mich für Opern zu interessieren und hatte große Freude daran. Die »Zauberflöte« mit Josef Traxel als »Tamino« war für mich ein Schlüsselerlebnis. Aber auch die Theater in Wiesbaden oder Frankfurt bezog ich ab und zu in mein Programm ein, und im Rahmen der Loreley-Festspiele genoß ich oben auf dem Felsen eine eindruckvolle Vorstellung von Schillers »Braut von Messina«.

Bei der Firma Blendax im »Haut- und Haarlabor« (1961).

Was mich in Mainz vom ersten Tag an betroffen machte, waren die noch vorhandenen Ruinen aus dem Zweiten Weltkrieg. Es standen zwar nur noch vereinzelte, aber ich war »so was« in Konstanz nicht gewöhnt. Mir wurde ganz komisch bei ihrem Anblick. Als ich mich gegenüber KollegInnen einmal entsprechend äußerte, erwiderten sie nur: »Da hätten Sie mal 1945 kommen sollen...«

Schon bald nach meinem Eintreffen in Mainz startete die »goldig' Mänzer Fassenacht« mit ihren Sitzungen und Bällen. Natürlich ging ich hin, allerdings nicht zu der großen Prunksitzung, die im Fernsehen übertragen wurde. Es war lustig, aber eine andere Art von Fastnacht als in Konstanz. Besonders der Rosenmontagszug begeisterte mich. Der Mainzer Humor steckte mich an. Als Zuschauerin des Rosenmontagszugs wurde ich sogar im Fernsehen gezeigt. Ich hatte keine Ahnung davon, aber mein Vater entdeckte mich am Bildschirm und freute sich.

Einmal war ich trotz Warnungen von »Einheimischen« beim Rosenmontagsball, weil ich dachte, das sei etwas ganz Tolles. Aber der Ball entpuppte sich, wie vorausgesagt, als langweilig, steif und schrecklich vornehm. Keine »Mäschkerle«, nein. Die Damen im Ballkleid, die Herren im Frack. Dabei war die Sache ganz schön teuer. Na eben, bestätig-

Maria Sedlaczek und ich in Rüdesheim – nicht lange solo (1961).

te man mir anschließend. Aber wer nicht hören will, muß fühlen. »Geh doch lieber zum Dienstagsball, der ist bestimmt gemütlicher«, hieß es. Und er war's.

Im Laufe der Monate hatte ich in Mainz einige Kolleginnen um mich herum: Waltraud Neumann arbeitete mit mir zusammen im Labor und Maria Sedlaczek, einer ehemaligen Degussa-Kollegin, begegnete ich zufällig bei einem Stadtbummel. Fast jedes Wochenende waren wir drei zusammen. Wir wanderten im Taunus, erkundeten per Zug, Bus oder Fahrrad die nähere Umgebung oder wir blieben einfach in Mainz und besuchten uns gegenseitig zum Sonntagnachmittagskaffee. Wir waren ein fröhliches Kleeblatt; heute lebe ich noch als einzige...

Mit meinen Eltern hielt ich während meiner Mainzer Zeit guten Kontakt. Ein Telefon hatten wir damals allerdings noch nicht. Daher schrieb ich ihnen regelmäßig ein Mal pro Woche, meine Mutter antwortete am Wochenende, manchmal fügte auch mein Vater einige Sätze bei. Montags, spätestens dienstags lag der Brief aus Konstanz im Büro des Richterschen Geschäfts. Manchmal foppte mich Frau Richter und erklärte, es sei keine Post für mich da. Doch ihr Gesicht verriet sie, und sie streckte mir das ersehnte Couvert entgegen. Aber nicht nur Briefe wurden ausgetauscht. Mindestens alle sechs Wochen drängte es mich, nach Konstanz zu fahren. Dazu benutzte ich die bei der Bahn damals preiswerte »Arbeiterrückfahrkarte«, für deren Kauf ich eine spezielle Bescheinigung vorweisen mußte. Ich reiste meist am Freitag gegen 17 Uhr in Mainz ab und war nach 23 Uhr in Konstanz. Ab Radolfzell, wo ich den See förmlich riechen konnte, war ich stets aufgeregt, und in Konstanz holten mich meine Eltern immer ab. Am Sonntag erfolgte dann zu ähnlichen Zeiten die Rückfahrt. Übrigens benötigte man damals noch Bahnsteigkarten, um zu den Gleisen zu gelangen. Sie kosteten zehn Pfennig und wurden von dem Bahnbeamten gelocht, der an der Sperre den Einlaß zu den Zügen bewachte. Nur früh am Morgen und spät am Abend entfiel die Kontrolle. Mit der Zeit wurden die Sperren sowie die Bahnsteigkarten abgeschafft.

Obwohl ich so gerne mit meinen Eltern zusammen war, plagte mich das Heimweh in Mainz nicht direkt. Nur die regelmäßigen Heimfahrten mußten einfach sein. Ja, den See, das muß ich zugeben, den vermißte ich schon sehr. Ich verbrachte zwar im Sommer manche Stunden in den Bädern in Mainz und Umgebung, aber die konnten den See natürlich nicht ersetzen. Insofern doch etwas Heimweh?

In diesen Mainzer Jahren war Politik für mich nicht wichtig. Ich erfuhr lediglich, daß sich die Deutsche Friedens-Union (DFU) gegründet hatte, die dann bald eine Zeit lang meine politische Heimat werden sollte. Die Gewerkschaft spielte bei mir ebenfalls keine große Rolle, obwohl ich mich umgemeldet hatte und einige Veranstaltungen besuchte. Ähnlich lief es mit den »Naturfreunden«. Aber ich entsinne mich an einen Ersten Mai in Mainz, an dem eine Demonstration stattfand. An ihr nahm ich natürlich teil, gemeinsam mit den »Naturfreunden«, die im Zug offiziell mit Vereinsfahne mitmarschierten.

Von meinen Eltern habe ich während meiner Mainzer Zeit kein Geld erhalten. Ich denke, das war Taktik von ihnen, denn schließlich sollte die ganze Geschichte ja ein Test fürs Leben sein. Und in der Tat: Ich bin ganz gut zu Rande gekommen, habe sogar noch etwas gespart und mich zum Teil neu eingekleidet. Ein wunderbares blaues Kostüm leistete ich mir damals, das den hellen Beifall des Herrn Schneidermeisters hervorrief. Na, es war auch nicht gerade billig. Aber vor allem habe ich in meiner Mainzer Zeit viel gelernt. Noch heute profitiere ich von den damals gemachten Erfahrungen.

Im November 1961, als ich noch in Mainz weilte, wurde meine Mutter mit sechzig Jahren Rentnerin. Keinen Tag länger als nötig, hatte sie immer betont, und dabei blieb es. Ich gönnte es ihr von Herzen, daß sie nun etwas mehr Zeit für sich, meinen Vater und mich haben konnte. Meinem Vater ging es damals nicht so gut, er war eine Weile im Krankenhaus und hatte auch mit dem Herzen ziemliche Schwierigkeiten, so daß der Arzt ihm riet, sich vorzeitig berenten zu lassen – und nicht mehr zu rauchen! Nach einigem Hin und Her wurde meinem Vater 1961 die krankheitsbedingt vorgezogene Rente mit dreiundsechzig Jahren bewilligt, so daß nun meine Eltern beide zu Hause waren. Da lag es natürlich nahe, daß sie mich gern wieder bei sich haben wollten und sich um meine Rückkehr aus Mainz bemühten. Meine Mutter hat sogar leicht nachgeholfen und – ohne mein Wissen! – eine entsprechende Annonce in die Zeitung gesetzt. Die Firma Byk Gulden reagierte, ich bewarb mich, stellte mich vor und bekam zum 1. Mai 1962 einen Arbeitsvertrag mit einem Tarifgehalt von 531 DM brutto und einer übertariflichen Zulage von 51 DM.[26]

Eigentlich war ein Jahr Fremde für mich geplant gewesen. Es wurden gute zwei Jahre daraus. Vielleicht wäre ich auch noch irgendwo anders gelandet, hätten nicht meine Eltern für meine Rückkehr nach Konstanz plädiert. Nach einigen Bauchschmerzen und gelegentlichen heimlichen Tränen gewöhnte ich mich rasch wieder zu Hause ein. Ich war ja mit einem lachenden und einem weinenden Auge heimgekehrt. Teils bedeutete es ein Zurück in das behütete Elternhaus, das mich zwar nicht gängelte, aber für das ich eben doch immer noch »das Kind« war. Andererseits wußte ich, daß ich meinen Eltern mit meiner Rückkehr eine Riesenfreude bereitete. Und so betrachtet konnte ich mich mit der neuen Situation abfinden, ja ihr sogar sehr positive Seiten abgewinnen.

Meine Eltern kauften mir bald ein gebrauchtes Auto, einen blauen VW Käfer. Ich hatte zunächst noch Probleme mit dem Fahren, da ich meinen Führerschein zwar seit Ende 1959 besaß, aber über keine Fahrpraxis verfügte. Doch die konnte ich mir schnell aneignen.

Ich mußte damals wenig im Haushalt mithelfen. Meine Mutter erledigte fast alles allein, bis auf die gröberen Arbeiten wie die Kehrwoche oder Fensterputzen. Selbst mein Zimmer saugte sie, nur um das Staubwischen mußte ich mich selbst kümmern, das tat sie nicht gern. Auch meine gesamte Wäsche wurde von ihr gewaschen und gebügelt... Dadurch hatte ich ziemlich viel Freizeit, und die Wochenenden waren nicht mehr mit Hausarbeiten belastet. Wir konnten gemeinsam einiges unternehmen, zum Beispiel kleine Fahrten mit dem Auto nach Hayingen oder Vöhringen, oder uns einfach mal entspannen.

Der plötzliche Tod meines Vaters

Mitten in diese Idylle traf meine Mutter und mich ein harter Schicksalsschlag. Urplötzlich starb mein Vater. Es war der 19. November 1963, ein Werktag. Meine Eltern und ich waren gerade am Mittagessen, als mein Vater plötzlich zur Seite kippte und nicht mehr reden konnte. Schnell holten wir Nachbarn zur Hilfe, um meinen Vater auf Bett legen zu können. Der Arzt Dr. Bundschuh wurde von den Hausmitbewohnern informiert – wir hatten noch kein Telefon – und war rasch zur Stelle. Er überwies meinen Vater per Krankenwagen ins Krankenhaus. Meine Mutter begleitete meinen Vater, wurde aber bald von den Krankenhausschwestern nach Hause geschickt. Es sei eine tiefe Ohnmacht, hieß es. Ich begab mich zur Arbeit und war natürlich ebenso aufgeregt wie meine Mutter. Pünktlichst machte ich Feierabend und fuhr dann mit meiner Mutter ins Krankenhaus. Doch wir kamen leider zu spät: Vater war bereits tot. Er hatte einen Schlaganfall erlitten, ein furchtbarer Schock für uns. Damit hatten wir nicht gerechnet, denn mein Vater war erst gut fünfundsechzig Jahre alt und bisher noch täglich aus dem Haus gegangen.

Trotz des Schocks mußten wir natürlich alles Notwendige zur Bestattung organisieren. Meine Mutter verfaßte mit mir gemeinsam die Todesanzeige. Es war schlimm für uns. Selbst heute, über dreißig Jahre danach, kommen mir noch die Tränen, wenn ich daran denke. Damals stand wie beim Tod meiner Tante Olga die Frage nach der Gestaltung der Trauerfeier ohne Pfarrer im Raum. Mit Hilfe von Freunden – unser erster Weg war anderentags zu Nesers in die Rosgartenstraße – haben wir alles gut gelöst: Ein Prediger der Freireligiösen Gemeinde sprach, mein einstiger Cello-Lehrer, Herr Panek, spielte wunschgemäß das »Largo« und den russischen Trauermarsch »Unsterbliche Opfer, ihr sanket dahin«. Das wollte meine Mutter, und da letzteres eine ungewöhnliche Bitte war, mußten wir erst Noten dafür besorgen. Aber es lief alles gut ab, so daß selbst die religiös gebundenen Verwandten mit der Trauerfeier zufrieden waren. Zumindest äußerten sie sich so. Bezeichnend für das politische Klima der damaligen Zeit war, daß meine Mutter bei der Trauerfeier auch einen Spitzel des »Verfassungsschutzes« erkannt hatte, wie sie mir später erzählte. Der antikommunistische Verfolgungswahn machte noch nicht einmal vor dem Friedhof halt.

Zur Trauerfeier reisten beide Schwestern meines Vaters aus Stuttgart sowie die Schwester meiner Mutter aus Hamm an. Natürlich fehlten auch Tante Claire aus St. Gallen und ihr Bruder aus Meckenbeuren nicht. Alle fuhren am gleichen Tag wieder ab. Nur Tante Mariele blieb einige Tage und war noch bei der Urnenbeisetzung zugegen.

Als wir nach der Trauerfeier im Gasthaus »Wallgut« zusammensaßen, hörten wir aus dem Radio die Nachricht vom Attentat auf John F. Kennedy. Wir waren alle sehr betroffen. So wird mir der Beerdigungstag meines Vaters durch die Medien immer wieder vergegenwärtigt, obwohl ich ihn auch sonst nicht vergessen würde.

Meine Mutter hatte den Platz für das Urnengrab ausgesucht, in dem auch sie einst beigesetzt werden wollte. Mit Absicht habe sie, so gestand sie mir später einmal, eine Grabstätte mit Blick nach Osten gewählt. Ihre Hoffnungen lagen offensichtlich – und das zeigte auch ihr Leben – in dieser Richtung. Allerdings sagte sie immer wieder zu mir: »Ich werd' es nicht mehr erleben, daß Sozialismus sein wird, aber Du...« (Meine liebe Mutti, wenn Du wüßtest...)

Mein Verhältnis zu meiner Mutter war schon immer sehr gut gewesen, doch nach dem Tod meines Vaters wurde es noch intensiver. Wir versuchten, uns gegenseitig zu trösten, für einander da zu sein. Auf die Bitte meiner Mutter schlief ich sogar einige Wochen neben ihr im Ehebett, bis sie mir – wir hatten unterschiedliche Einschlafgewohnheiten – signalisierte, daß ich wieder ins Kinderzimmer wechseln könne.

Meine Mutter litt sehr unter dem Tod meines Vaters. Sie war jedoch Realistin genug, sich nicht hängen zu lassen. Ich selbst hatte durch meine Arbeit tagsüber zwar eine gewisse Ablenkung, aber auch mir machte Vaters Tod sehr zu schaffen. So bemühten wir uns, unser Leben etwas umzugestalten: Wir unternahmen noch mehr als bisher zusammen, gingen gemeinsam zu Sitzungen, ins Theater, regelmäßig zur »Freitagsrunde« mit »Sepper« Neser und »Sepple« Seifritz samt deren Frauen, sonntags zum Baden, in die Ferien... Wir waren unzertrennlich, so daß sie schon mal verlauten ließ, ich solle mich ab und zu jüngeren Leuten anschließen. Manchmal folgte ich diesem Ratschlag, aber eigentlich fühlte ich mich prima, wenn ich mit meiner Mutter zusammen war.

Ich orientierte mich aber auch anderweitig – und zog meine Mutter gleich mit. Meine Freundschaft mit Eva Sandau belebte sich neu, besonders als sie mit ihrem Mann, Manfred Brendel und ihren beiden Kindern Ines und Sonja ins nahe Dingelsdorf umsiedelten. Das genoß meine Mutter regelrecht, denn sie mochte Kinder sehr gern. Vielleicht war sie enttäuscht, keine eigenen Enkelkinder zu haben? Sie hat allerdings nie darüber geredet. So wurde sie eben für die Brendels zur »Omi Hemm«, und wir verbrachten viele Sonntagnachmittage bei ihnen, oft im Garten, und meist servierte Eva dann irgend etwas Feines zum Naschen.

Mit meiner Mutter und meiner Ex-Kollegin Waltraud Neumann unterwegs mit dem Käfer (1965?).

In dieser Zeit trat außerdem »Jonny«, eine »burschikose Person« mit ziemlich losem Mundwerk, von der später noch mehr zu berichten sein wird, verstärkt in unser Leben. Meine Mutter und ich lernten sie in den sechziger Jahren im DGB-Kreisfrauenausschuß kennen, in den sie von der IG Metall delegiert wurde. Anfangs war sie eine Kollegin wie jede andere, wir sahen uns nur bei den gewerkschaftlichen Terminen, doch bald merkte ich, daß sie meine Mutter wie auch mich recht gut leiden konnte und vermehrt unsere Nähe suchte. Meine Mutter akzeptierte, ja mochte sie bald sehr, während sie bei mir anfangs nicht ganz so gut ankam. Mit der Zeit jedoch bestoch ihre Art, ihre Zuverlässigkeit, ihre Hilfsbereitschaft und nicht zuletzt ihr Humor, den wir ja gut brauchen konnten.

Mutter und Tochter in fröhlicher Runde.

Meine erste Dekade bei Byk Gulden

»De Byk«

Korrekt heißt die Firma »Byk Gulden Lomberg Chemische Fabrik GmbH«. Aber kaum jemand bezeichnet sie so. Eingefleischte KonstanzerInnen sagen lässig »de Byk« (männlich!) und fragen beispielsweise: »Schaffsch no beim Byk?« Die MitarbeiterInnen werden oft scherzhaft »Byklinge« genannt oder sie nennen sich sogar selbst so. Beim Reden könnte man zwar meinen, daß diese Bezeichnung von »Bücken« stammt, doch das wäre eine falsche Assoziation. Hier gibt das Schriftbild mit »Y« eine exakte Auskunft.

Die Firmengeschichte von Byk hat Ernst Peter Fischer 1998 zum 125jährigen Jubiläum in Buchform veröffentlicht. Ich kann mir also breite Ausführungen sparen, möchte aber auf einige lokale Besonderheiten eingehen, die ich einem Bericht des ehemaligen Byk-Mitarbeiters, Diplom-Ingenieur Frank Günther, entnehmen konnte. Er überließ ihn mir 1980 mit freundlichen Grüßen und schrieb über die Zeit um und nach 1945 u.a.:

»... Mit dem Herannahen der Ostfront erschien Oranienburg als Standort sehr unsicher. Der ›Bevollmächtigte des Führers für das Sanitäts- und Gesundheitswesens‹ erteilte der Abteilung Pharma der Byk-Gulden-Werke den Verlagerungsbefehl nach Bodman am Bodensee...

... Der Chemiker Dr. Dürr (...) brachte unter chaotischen Umständen, teilweise per Fahrrad Herstellungsvorschriften, Verträge und auch Wertpapiere von Oranienburg nach Bodman und deponierte die wichtigen Dokumente im Safe der Filiale der Deutschen Bank in Konstanz. Sie sollten die Grundlage für einen neuen Anfang bilden...«

Interessant ist bei Frank Günther auch zu lesen, daß zunächst in Freudental, einige Kilometer von Konstanz entfernt, in einer Baracke ein Labor installiert wurde, in der vorwiegend Narkoseäther für die französische Besatzungsmacht, aber auch »Süßstoff zu Kompensationszwecken« hergestellt wurde. Dabei ist unschwer zu erraten, was sich in jener Zeit hinter dem Begriff »Kompensationzwecke« verbarg. Und weiter schildert er die Situation der Firma nach dem Krieg wie folgt:

»... Ebenfalls gemietet wurde Anfang 1946 ein Stockwerk eines von 1895 stammenden Industrie- und Gewerbebaues in der Gottlieber- Ecke Schulthaißstraße, wo Produktion, Verwaltung und Vertrieb der kleinen Firma unter engstem Raum untergebracht wurden. Im Erdgeschoß waren und blieben zunächst die Garagen der städtischen Omnibusse. Unter ›Produktion‹ war nur das Konfektionieren von fünf Tablettenpräparaten zu verstehen, darunter auch Myocardon. Gepreßt wurden diese Tabletten im Lohnverfahren bei einem anderen kleinen Konstanzer Betrieb...«[27]

Heute, so in einer Annonce im »Südkurier« vom 30. Dezember 1999, »repräsentiert Byk Gulden eine Firmengruppe mit ca. 30 Tochtergesellschaften im In- und Ausland, 6000 Mitarbeitern« – und was ist mit den Mitarbeiterinnen?! – und »gehört zur ALTANA AG, einem Unternehmen, das sich mehrheitlich im Besitz der Familie Quandt befindet...«

Mein Einstieg bei Byk

Als ich 1962 bei Byk zu arbeiten anfing, war die Belegschaft in der Firma im Vergleich zu den Anfangszeiten erheblich angewachsen. Nicht mehr alle hatten Platz in der Gottlieberstraße 25; für die Büros wurden deshalb diverse Außenstellen eingerichtet. So war zum Beispiel die Personalabteilung damals in der Oberen Laube 40, im sogenannten »Weißen Haus«, weitere Büros waren in der Schützenstraße, der Schulthaißstraße, an der

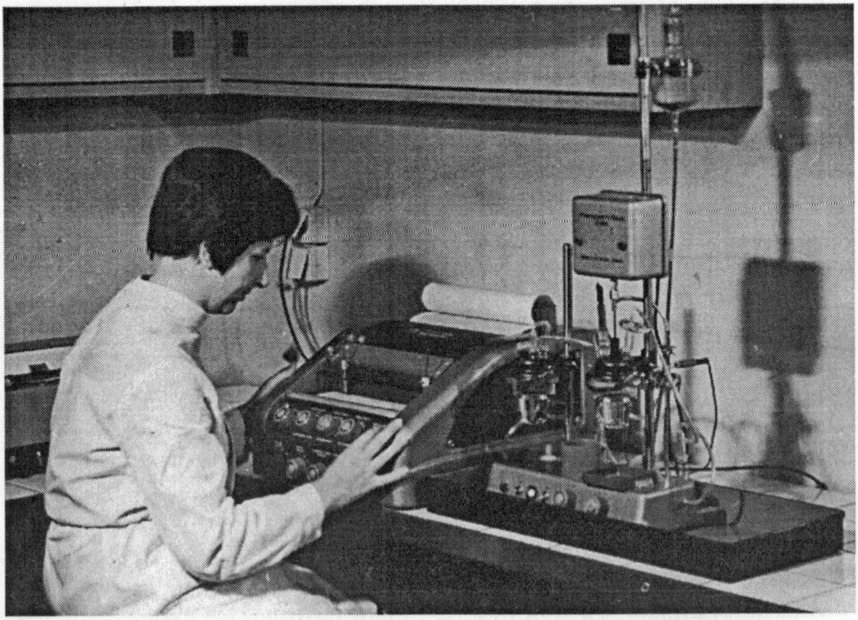

Er(n)stes Schaffen »beim Byk«.

Marktstätte und anderen Stellen angemietet worden. Erst in den siebziger Jahren wurde im Konstanzer Industriegebiet ein Byk-eigenes Verwaltungsgebäude erstellt, so daß eine Zentralisierung der Büros möglich war. Später entstanden auf diesem Areal noch zusätzliche Gebäude für die Forschung, die Galenik usw. Inzwischen hat sich die Firma um eine Reihe von Neubauten auf dem großen Gelände in Singen erweitert.

Ich erhielt meinen Arbeitsplatz bei Byk in der Analytik, einer, wie sich im Laufe der Zeit zeigen sollte, fröhlichen, harmonischen Abteilung, die innerhalb der Firma oft wegen ihres guten Betriebsklimas beneidet wurde, obwohl der damalige Abteilungsleiter Dr. Reiss bisweilen streng war. Wir waren eine richtig verschworene, aber auch verläßliche Laborgruppe. Die KollegInnen Manfred Hahn, Hans Schreibmüller, Ernst Schellinger, Irmgard Zickel, um nur einige zu erwähnen, machten mir den Einstieg in das für mich neue Arbeitsgebiet leicht und halfen mir sehr. Das tat mir wohl, denn ich hatte praktisch keine Ahnung mehr von analytischen Untersuchungsmethoden. Mit Pharmazeutika hatte ich noch nie gearbeitet. Die dabei eingesetzten Gerätschaften waren mir fremd. So stand ich anfangs wie der berühmte »Ochs am Berg«. Aber ich kam doch ganz gut zurecht und schaffte es schon nach kurzer Zeit, anerkannt zu werden, sowohl fachlich, als auch menschlich. Bald hatte ich meinen Spitznamen: »Hemmet« oder »Hemdle«. Die »rote Vera« wurde ich erst später.

Die Analytik war in der Gottlieberstraße untergebracht, räumlich sehr beengt. Die damalige Situation beschrieb ich anläßlich meines zwanzigjährigen Betriebsjubiläums rückblickend wie folgt:

»... Wir waren höchstens zehn Personen
Und hatten doch – möcht' ich betonen –
Vier Räume und ein Chef-Büro,
Das war so klein fast wie ein Klo!
Mit einem Fenster, welches schmal
Und nicht mal Vorhänge als Schal.
Wir waren wirklich sehr bescheiden.
Und trotzdem tat man uns beneiden.
Ach, war die Analytik prima
Mit ihrem tollen Arbeitsklima...«

In meinen ersten Byk-Jahren war in der Gottlieberstraße noch keine Kantine vorhanden. Mit diversen Konstanzer Gaststätten sowie dem Hertie-Restaurant hatte Byk jedoch Abonnement-Verträge abgeschlossen, so daß die MitarbeiterInnen die Möglichkeit zu einem günstigen Mittagessen erhielten. Dazu wurden im Betrieb Essensmarken verkauft, die jedoch nur einen Teil des Essenspreises abdeckten und ausschließlich fürs Mittagessen benutzt werden sollten. Allerdings klappte das nicht so ganz. Manche Leute sammelten zum Beispiel eine Zeitlang ihre Marken und lösten sie auf ein Mal ein, aßen dann aber »fürstlich«, andere sollen sich auch schon mal Strümpfe auf Essensmarken besorgt haben... Durch den Neubau des Verwaltungsgebäudes, in das auch eine große Kantine integriert wurde, und durch die Einrichtung von Kantinen in anderen Betriebsteilen, erledigte sich dieses Problem praktisch von selbst. Zunächst wurde jedoch nur Fertigessen in Alu-Folien gereicht; später verbesserte sich das Angebot spürbar.

Mich persönlich störte die fehlende Kantine in der Gottlieberstraße anfangs nicht, denn ich wohnte nur einen »Purzelbaum« von Byk entfernt und konnte daher in der Mittagszeit, die eine Stunde betrug, nach Hause gehen. Meine Mutter hatte das Essen immer pünktlich parat, ich konnte mich gut regenerieren und kam wieder rechtzeitig in die Firma. Manchmal war sogar noch eine Kurzfahrt per Auto in die Schweiz drin, um unser Labor mit Kaffee zu beliefern, in 49-Gramm-Portionen!

Ja, der Kaffee. Der war wichtig in der Analytik. Wir kochten ihn mehrmals am Tag und sehr stark. Aber nicht maschinell. Wir erhitzten das Wasser auf dem Bunsenbrenner und gossen es über zwei großen ineinandergesteckte und mit Kaffeepulver gefüllte Faltenfilter aus dem Laborbestand in eine Kaffeekanne oder auch – verbotener Weise – in einen Glaskolben aus unserem Sortiment der Laborgeräte. Bald wurde jedoch eine Kaffeemaschine angeschafft oder Pulverkaffee verwendet, so daß nicht mehr allzu viel Zeit für diese unchemische Arbeit investiert werden mußte, die eigentlich schon damals im Labor offiziell nicht erlaubt war. Aber wenn der Chef Kaffeetrinker ist...

Kaffee wurde auch den MitarbeiterInnen in der Produktion und der Konfektionierung offeriert. Eine eigens dafür eingestellte Kaffeeköchin war für das heißbegehrte Naß zuständig, das in Pausenzeiten in den Aufenthaltsräumen preiswert ausgegeben wurde. Noch vor der offiziellen Frühstückspause erschien der Bäcker – meist jedoch eine seiner Hilfskräfte – mit einem großen Korb an Backwaren. »Bäcker« tönte es durch den Flur, und dann begann das Gedränge.

Die Firma Byk Gulden hatte in Konstanz einen guten Ruf; ich denke, sie hat ihn heute noch. Byk bot damals in der Tat auch Beachtliches: das allgemein gute Betriebsklima, die aufwendigen Betriebsausflüge, die Kinder- und Rentnerweihnachtsfeiern... Und wegen der Fastnachtsaktivitäten war Byk in Konstanz geradezu berühmt. Inzwischen ist auch noch die Betriebsrente als wichtige Errungenschaft zu erwähnen, die um so mehr geschätzt wird, je mehr sich die Leute dem Rentenalter nähern. Sie war und ist für Ehemalige eine willkommene Ergänzung zur gesetzlichen Rente. Für mich inzwischen ebenfalls.

In der Analytik wurden die zwischenmenschlichen Beziehungen sorgsam gepflegt. Wir gingen oft gemeinsam zum Kegeln oder trafen uns zu »analytischen Abenden«, zu gemütlichem Beisammensein bei einem oder mehreren »Viertele«. Sogar ein Ausflug unserer ganzen Abteilung zur Eisprozession während der »Seeg'frörne« 1963 wurde veranstaltet, und dies am hellen Nachmittag.

In unseren Labors herrschte eine sehr fröhliche und kameradschaftliche Atmosphäre. Wir erzählten uns gegenseitig viel Privates. Damals hatten wir noch die Zeit dazu. Da konnte auch ab und zu Dr. Reiss zu unseren Gesprächen hinzukommen und mitdiskutieren. Manchmal trug er Zitate aus der Literatur vor und fragte nach dem Autor. Und wenn wir dann »Shakespeare« antworteten, hatten wir meist recht. Die Chemie stimmte also in zweifacher Hinsicht in unserer Abteilung.

Ich hatte mich bestens in der Firma eingelebt. Meine Arbeit gefiel mir, und vor allem fühlte ich mich menschlich wohl in der Analytik, wenngleich sie mit der Zeit immer größer wurde. Wir bekamen jedoch nicht nur neue KollegInnen sondern auch neue Chefs, sogar mal eine Chefin, Frau Dr. Hobl. Für mich war es angenehm, unter ihrer Regie zu arbeiten. Aber ich glaube, sie hatte es nicht leicht im Betrieb. Sie war zunächst als Stütze für Dr. Reiss vorgesehen. Als dieser jedoch zu unserem großen Leidwesen von der Firma nach Mailand delegiert wurde, übernahm Frau Dr. Hobl die Analytik als Abteilungsleiterin.

Hauptabteilungsleiter war damals Dr. Bolz, für uns nur in seltenen Fällen Ansprechpartner. Außer an Fastnacht. Da hieß er ausnahmsweise »de Bolze Karle« und freute sich über unseren Humor. Daß er manchmal »Väterchen« genannt wurde, wirft ein sympathisches Licht auf ihn.

Anfangs beschäftigte ich mich im Labor ausschließlich mit Routinearbeiten nach entsprechenden Untersuchungsvorschriften. Ich erinnere mich zum Beispiel bei Tabletten an die Bestimmung »Gewicht und Zerfall«: Zehn Tabletten wiegen, durch zehn teilen, notieren, fertig. Für den Zerfall wurden zwei Tabletten in einen kleinen Glaskolben gegeben und mit einer bestimmten Menge destillierten Wassers übergossen. Dann wurde der Kolben aus dem Handgelenk heraus vorsichtig kreisend geschüttelt, bis die Tabletten zerfallen waren. Die dazu nötige Zeit wurde mit der Stoppuhr gemessen. Das war's. Heutzutage ist so etwas undenkbar. Da liegen für alle Analysen höchst genaue Untersuchungsmethoden vor, für die auch geeichte Geräte vorgeschrieben sind. Natürlich standen auch früher anspruchsvollere Arbeiten an: Titrationen, gravimetrische Bestimmungen, Farbmessungen... Aber alles eben auf dem Niveau der sechziger Jahre. Und dennoch erzielten wir mit unseren Analysen meist Ergebnisse, die sich sehen lassen konnten. Übrigens: Wir rechneten noch mit Logarithmen-Tafeln! Später tauchte eine kleine Rechenmaschine auf, die die Form einer Pfeffermühle hatte. Mit ihr gelang das Multiplizieren und mit etwas Übung auch das Dividieren relativ schnell.

Mit der Zeit wurden die Aufgaben der Analytik vielfältiger. Neue Untersuchungsmethoden wurden eingeführt, moderne Geräte erworben. Die Analytik platzte bald aus allen Nähten. Es mußte etwas geschehen. Im Jahr 1965 wurde der Speicher des Gebäudes an der Schulthaißstraße ausgebaut, so daß mehr Platz gewonnen wurde. Natürlich gab es aus diesem Anlaß eine Fete und bereits ebenso natürlich auch ein Gedicht von mir, das die damalige Stimmung in der Analytik recht gut charakterisiert. Anbei ein Ausschnitt aus den »Schillernden Gedanken zum Umbau«:

»... Hochmodern ist die Stätte,
Neu sind die Möbel, die Geräte.
Es ist schön hell, doch fast zu viel,
Wenn man im Dunkeln mal schaffen will.
Auch hat man an Fensterbänke gedacht
Speziell wohl für unsere Blumenpracht.
Zweistufig geht der Abzug gar,
Es ist fast alles wunderbar.
Und es sind nur noch Kleinigkeiten,
Die manchmal uns Verdruß bereiten.
Doch wie es ist bei uns hier Brauch:
Die schafft die Analytik auch,
So daß dies dann zum guten Schluß
Ein Super-Labor werden muß.
Und drinnen walten
Und messen und schalten
Die Laboranten,
Denn sie erkannten:
Die Zukunft für sie
Liegt in der Chemie.
Man sieht sie agieren
Und extrahieren.
Sie mörsern Tabletten
Und ›Myocardetten‹

Sie messen begeistert ›Mirion‹
Und machen so manche Titration.
Die ›Dünnschicht‹ ist langsam ein Kinderspiel.
Sie schaffen mit Logik und Gefühl
Und fügen zum Guten den Glanz und den Schimmer
Und ruhen nimmer.
Und der Chef mit frohem Blick
Überschauet sein neues Glück.
Sieht durch die großen Fenster die Bäume,
Sieht vor allem in sämtliche Räume.
Und steht er im Labor hier drinnen,
Dann schaut er mit vergnügten Sinnen
Auf das beherrschte Neuland hin.
›Dies alles ist mir untertänig!
Zwar herrsche ich hier nicht als König,
Doch sag' ich, daß ich glücklich bin.‹
Man braucht nicht länger mehr zu hoffen.
Jetzt ist sie da, die gold'ne Zeit!
Das Auge sieht den Himmel offen
Ob des Labors im neuen Kleid.
O, daß es ewig neu doch bliebe –
Ein Schmuckstück sei im Byk-Getriebe!«

Über drei Jahrzehnte tat dieses »aufgestockte« Labor noch seine Dienste, mit ständigen Renovierungen und Umorganisationen freilich, bis schließlich Ende 1997 der endgültige Umzug der Analytik nach Singen in neue Räumlichkeiten erfolgte. Die Firma expandiert(e) aber ebenso im Konstanzer Industriegebiet, wo das »heutige Hauptgebäude zum Headquarter für bis zu 1800 Mitarbeiter werden soll« (»Südkurier« vom 1. Juni 2002). Offiziell darin auch die Mitteilung, daß die Firma ab 1. Juli 2002 den Namen »ALTANA Pharma« trägt. Darf ich mich trotzdem weiterhin als Bykling verstehen?

Die Byk-Fastnacht

Die Konstanzer Fastnacht wurde auch bei Byk gepflegt, vor allem am »Schmutzigen Dunschtig« – anderswo Weiberfastnacht genannt. Das Wort »schmutzig« leitet sich von »Schmotz« (Schmalz) ab, weil an diesem Tag schmalzgebackene Kuchen gegessen werden. Anfang 1963 hörte ich von der traditionellen Byk-Fastnacht und vor allem, daß es am »Schmutzigen Dunschtig« in der Analytik traditionsgemäß eine »Schnitzelbank«

stattfand, bei der die lieben KollegInnen, wie auch die Chefs von Ernst Schellinger kräftig und deftig durch den Kakao gezogen wurden. Ehrensache für mich, hier mitzumischen. Ganz geheim traf ich Vorbereitungen, textete, kaufte mir ein Ukulele, übte sogar einige Handgriffe und stieg am »Schmutzigen« nach meinem Kollegen Ernst in die Bütt, die wir uns aus einem halben Faß zurechtgezimmert und geschmückt hatten. Die Überraschung war perfekt. Noch kenne ich die Anfangszeilen meines Debüts auswendig:

»Sonst wirk' ich hier als Laborant
Im Reiche der Chemie.
Doch heute bin ich Musikant
Mit Narrenphantasie...«

Diese Büttenrede sollte nicht meine einzige sein, schließlich brachte ich es auf einunddreißig Jahre in der Firma und da ereignete sich vieles, was in der Bütt närrisch zerpflückt werden konnte. Und manchmal sogar mit positivem Effekt. Ein Kollege bemerkte übrigens nach einer meiner ersten Büttenreden, die meist gereimt waren: »Fräulein Hemm, wenn Sie zu sprechen beginnen, erwarte ich immer Verse...«

Für mich bedeutet Fastnacht nicht nur Klamauk, sie muß bei aller Fröhlichkeit noch einen Sinn haben. Der Narr oder die Närrin darf sich einiges erlauben, im Rahmen sicherlich. Eine humorvolle Kritik aus der Bütt, durchaus ernst gemeint, das war meine Devise auch bei der Byk-Fastnacht. Und eigentlich könnte ich mit meinen fastnächtlichen Kreationen fast eine eigene Broschüre herausgeben. Rückblickend betrachtet, waren sie im großen und ganzen sehr witzig und fröhlich, aber nie verletzend. Ich hielt es eher mit dem hintergründigen Humor und kam damit immer sehr gut an. Während ich in meinen ersten Büttenreden vorwiegend kleine, private Vorkommnisse zum Teil auch musikalisch aufs Korn nahm, waren meine späteren Ergüsse kritischer und nicht mehr so brav wie 1963.

Daß die Fastnacht bei Byk einen so hohen Stellenwert hatte, ist meiner Meinung nach historisch gewachsen und hängt mit einigen Leuten zusammen, die von Natur aus närrisch veranlagt waren. Sicher hatte Erwin Kohler, langjähriger Betriebsratsvorsitzender, als fröhlicher, gern feiernder und gut tanzender Konstanzer einen großen Anteil an der Bykschen Fastnachtstradition. Und wenn ein Betrieb so familiär und überschaubar geprägt ist, wie Byk es zu Anfang war, konnte dieses Thema in Konstanz nicht außen vorbleiben. Und so fing es wohl irgendwann einmal an.

Am »Schmutzigen Dunschtig« wurde bei Byk gefeiert und wenig gearbeitet. Nachmittags und auch am Rosenmontag war sowieso frei und das noch bei vollem Lohnausgleich. Wenn das bei anderen närrischen

Als Fernsehansagerin zog ich 1967 manche Byklinge und Byk-Geschehnisse närrisch durch den Kakao.

KonstanzerInnen keinen Neid auslöste! Bereits morgens erschienen wir im »Häs« in der Analytik. Dann dekorierten wir in unsere Labors mit Schnipseln aus Papier und Alu-Folie. Gearbeitet wurde nur, wenn es absolut nötig war. Das passierte allerdings selten. Und wenn, dann teilten wir die Arbeit so untereinander auf, daß wir sie schnell hinter uns hatten. Gefrühstückt wurde am »Schmutzigen« ziemlich ausgiebig, und gegen zehn Uhr holten wir »de Bolze Karle« oder später die anderen Hauptabteilungsleiter zu uns ins Labor und die »Schnitzelbank« konnte starten. Danach entwickelte sich die Stimmung meist sehr gut, es wurde ja nicht nur Kaffee getrunken. Manchmal erhielt auch ein Abteilungsleiter oder sonst jemand ein »sinniges« Geschenk, das wir im Vorfeld gebastelt hatten. Und einmal kredenzten wir eine Gäste-Bowle aus Dickrüben, die nicht zu überbieten war! Wir waren nicht immer grad die Feinsten. Trotzdem hatten wir stets ein volles Haus. Und meist so viel Trinkbares, daß es noch für einen »Schmutzigen Freitag« reichte. Ich erinnere mich an einen solchen, als Dr. Reiss die Abteilung leitete. Er hatte mit uns am Donnerstag schön gefestet und war, glaube ich, stolz auf seine Truppe. Aber als er merkte, daß wir auch am Freitag so wenig Arbeitslust zeigten und noch immer die fröhlichen Tonbänder vom Vortag anhörten, konnte er gar nicht mehr richtig lachen und zog sich in sein kleines Büro zurück. Dort blieb er den ganzen Tag und ließ uns in Ruhe. Erst gegen Feierabend tauchte er auf, um nochmals mit uns anzustoßen.

Ende der sechziger Jahre wurde jegliches Fastnachtstreiben in den Räumen der Gottlieberstraße untersagt. Sicherheitsgründe wurden angeführt. Aus für unsere »Schnitzelbank«! Für die närrische Analytik und die benachbarten Abteilungen ein harter Schlag. Protest regte sich, und eine stattliche Anzahl von »Byklingen«, einschließlich einiger Vorgesetzten, marschierte am »Schmutzigen Dunschtig« von der Blarerstraße bis zum Byk-Eingang Gottlieberstraße. Alle trugen ihre weißen Kittel, hatten sich aber – dem Anlaß angemessen – mit Zylindern und schwarzen Trauerbändern versehen. Unter lautem Getrommel und Verlesen eines Verses – das war mein Part – legten wir an der Pforte einen Kranz nieder mit der Inschrift: »Unserer lieben Byk-Fasnacht – die tief betrübten Obernarren«. Und ganz oben am Dach baumelte die Gestalt eines traurigen »Mäschkerles«.

Diese närrische Aktion hatte offenbar etwas bewirkt. Denn im nächsten Jahr mietete die Firma den »Barbarossa-Keller« für die Byk-Fastnacht am »Schmutzigen«, was jedoch nicht sehr praktikabel war. Bald darauf wurde das Byk-Schiff »geboren«, ein für die Fastnachtszeit angemietetes Schiff, das im Konstanzer Hafen ankerte und sich für die diversen Byk-internen Veranstaltungen hervorragend eignete. Meist war das Byk-Schiff stark frequentiert, geboten wurden preisgünstige Getränke, Kleinigkeiten zum Essen, Diskomusik und jede Menge Stimmung. Doch es bedurfte großer Anstrengungen, um diese jährliche Aktion zu realisieren. Schließlich mußte das Schiff ja närrisch umgestaltet werden! Firmeneigene Handwerker sowie Mitglieder des Betriebsrats und der Geschäftsleitung, in der fünften Jahreszeit zum sogenannten »Narrenrat« vereint (!), hatten ihren Anteil daran, erstere machten die Arbeit, die Firma stellte die Finanzen. Mit der Zeit war das Byk-Schiff jedoch nicht mehr so attraktiv und wurde 1995 nach 25jähriger närrischer Dienstzeit abgeschafft.

Mehr Geld bei weniger Arbeitszeit

Zu diesem Thema will ich kurz die tarifliche Entwicklung in meinen einunddreißig Byk-Jahren streifen, Altes und Neues vergleichen. Wie ich aus eigenem Erfahren weiß, gab es in den sechziger Jahren in der chemischen Industrie beim Lohn noch Abschläge für Jugendliche, weiter die sogenannten Leichtlohngruppen, die für besonders einfache Tätigkeiten gedacht waren, noch unter den niedrigsten Lohngruppen lagen und sich letztlich als versteckte Frauenlöhne entpuppten. Nach langem, zähen Ringen von GewerkschafterInnen konnten diese ungerechten Leichtlohngruppen stufenweise beseitigt werden. Auch bei den Angestellten waren viele Möglichkeiten der Gehaltsfindung vorhanden, je nachdem, ob es sich um technische, kaufmännische oder Meister-Tätigkeiten handelte. In welche Tarifgruppen die einzelnen MitarbeiterInnen einzustufen waren, regelten Lohn- und Gehaltsrahmenverträge. Allerdings war deren Interpretation oft schwierig, und es mußte um die richtige Einstufung manchmal gerungen und gegebenenfalls der Betriebsrat eingeschaltet werden. Alle Tarifvergütungen waren natürlich Mindestleistungen, also durch freiwillige Zulagen aufstockbar, was in Zeiten der Hochkonjunktur oft praktiziert wurde. Mitte der achtziger Jahre wurden die sogenannten Entgelttarifverträge eingeführt. Dabei handelt es sich, verkürzt erklärt, um einheitliche Verträge für ArbeiterInnen und Angestellte, eine längst fällige Korrektur im Entlohnungssystem.

In meinen drei Jahrzehnten bei Byk wuchs mein Gehalt erfreulich von anfangs 582 DM – das Nettogehalt wurde damals noch in bar in der Lohntüte ausbezahlt – auf 5527 DM brutto (1993), wobei sich die übertariflichen Zulagen bei mir in Grenzen hielten.[28] Diese nominelle Verzehnfachung muß allerdings im Zusammenhang mit enormen Produktivitätszuwächsen, Umsatz- und Gewinnsteigerungen in der chemischen Industrie sowie dem Anstieg der Lebenshaltungskosten gesehen werden. Auch beim (Grund-)Urlaub vollzog sich eine positive Entwicklung, er steigerte sich ab 1962 stufenweise von 18 auf 30 Arbeitstage. Außerdem wurde ab 1970 ein tarifliches Urlaubsgeld vereinbart, das sich ebenfalls stufenweise von 15 DM auf 33 DM pro Urlaubstag erhöhte, das waren in meinem letzten Arbeitsjahr 990 DM.

Des weiteren reduzierte sich in diesen gut dreißig Jahren die wöchentliche Arbeitszeit: Ich begann bei Byk, wenn ich mich recht erinnere, mit 45 Wochenstunden. Als ich 1993 in den Vorruhestand ging, betrug meine Arbeitszeit nur noch 37,5 Stunden pro Woche. Zusätzlich hatte ich ab 1992 die sogenannte Altersfreizeit, die den über 57jährigen, egal ob Frau oder Mann, per Tarifvertrag die 35-Stunden-Woche brachte. Das war eine feine Sache und bedeutete: Mittwoch nachmittags frei. Böse Zungen nannten das »Runzel-Nachmittag«.

Zu diesem Ereignis ließ ich mir natürlich einige Zeilen einfallen, die ich groß an meiner Labortür anheftete:

»Am Mittwoch Mittag ist ab jetzt
Dies' Labor nicht mehr besetzt!
Da hab' ich per Tarifvertrag
›Alters-Freizeit-Nachmittag‹!
Und das, wofür ich immer stritt,
Krieg' ich nun auch mal selber mit,
Was mir versüßt die Byk-Maloche:
Die 35-Stunden-Woche!«

All die erwähnten Verbesserungen wurden uns nicht einfach so beschert. Mir ist das klar – das hat mir mein Elternhaus nachhaltig vermittelt! Andere Leute halten solche Entwicklungen leider oft für selbstverständlich. Sie weise ich darauf hin: Nichts tut sich von allein. Denn oft waren diese Tarifbewegungen langwierige Prozesse und wären ohne starkes gewerkschaftliches Engagement nicht durchsetzbar gewesen. Dabei muß hinzugefügt werden, daß in der Chemie-Branche während meines Arbeitslebens diese Dinge immer per Verhandlung erreicht werden konnten, gestreikt habe ich (leider?) nie.

Zweiter Teil

Meine Mutter, engagierte Gewerkschafterin und Kommunistin – geliebt und gehaßt

Die Politik beginnt

Onkel Albert war überzeugend

Onkel Albert war ein ganz spezieller Verwandter. Durch ihn kam die Politik in das Leben meiner Eltern. Mit seinen Ideen als Kommunist hat er sie zunächst aufgeweckt, letztlich von seiner Weltanschauung überzeugt, speziell meine Mutter. Mein Vater wurde nicht so mitgerissen von den Ideen, die sein Schwager vorbrachte. Ich meine auch im nachhinein, daß meine Mutter mehr die Fähigkeit des Denkens und Philosophierens besaß als mein Vater, der eher ein musischer Mensch war.

Wie die Entwicklungsschritte meiner Eltern hin zu einer kommunistischen Einstellung in den zwanziger Jahren im einzelnen abgelaufen sind, weiß ich leider nicht. Ein Ausspruch meines Onkels ist mir von damals jedoch überliefert, den er immer wieder gesagt haben soll: »Wir haben die besseren Argumente.« Meine Mutter hat sich diese offensichtlich besonders angeeignet, hat sehr viel gelesen und später, ich glaube 1925, sogar in Berlin kurz die »Zentrale Parteihochschule« besucht, wo sie sich mit der Marxschen Lehre befaßte. In diesem Zusammenhang sprach sie immer wieder vom Genossen Hermann Duncker (»Papa Duncker«) als einem hervorragenden Lehrer, der sie wohl sehr beeindruckt hatte und der, wie anläßlich seines vierzigsten Todestages aus der DKP-Zeitung »Unsere Zeit« vom 30. Juni 2000 zu erfahren war, als äußerst fähiger politischer Lehrer in Sachen Marxismus galt. Kein Wunder, hatten doch er und seine Frau Käte ebenfalls maßgeblichen Anteil an der Gründung der Kommunistischen Partei Deutschlands (KPD). Dieser Schulbesuch meiner Mutter muß in einem kalten Winter gewesen sein. Sie erzählte mir nämlich später, daß sie auf dem zugefrorenen Müggelsee spazieren gegangen sei und sich dabei die Nase leicht erfroren habe, die seither etwas rötlich schimmerte.

Ich vertiefe mich ins Quellenstudium

Meine Mutter redete manchmal, aber leider zu wenig über ihre früheren parteipolitischen und gewerkschaftlichen Tätigkeiten, obwohl Politik bei uns zu Hause eine wichtige Rolle spielte. In der unmittelbaren Nachkriegszeit war ich aber dafür noch nicht aufnahmebereit, so daß mir viele Dinge heute nicht (mehr) präsent sind und ich daher die spärlichen Unterlagen aus meinem Keller konsultieren und nach Leuten ausschauen mußte, die diese Zeit als WegbegleiterInnen meiner Mutter erlebt haben. Einige von ihnen durfte ich interviewen, bei anderen in ihren Materialien stöbern. Allerdings habe ich später auch manches persönlich mitbekommen und Zusammenhänge begriffen, als ich älter wurde.

Wenn ich über die Aktivitäten meiner Mutter schreibe, ist es notwendig, in der Geschichte zu kramen, um die damaligen Lebens- und Arbeitsverhältnisse besser beurteilen zu können. Ich begann also, mich entsprechend zu informieren; Bücher, Zeitungen und Dokumente halfen mir bei meiner Arbeit weiter, deren Schwerpunkt die Zeit nach 1945 werden sollte. Noch mehr in die Tiefe konnte ich durch eifrigstes Recherchieren in diversen Archiven dringen, ein schwieriges Unterfangen. Und das als »Barfußhistorikerin«, die sicher nicht optimal arbeitete. Schließlich war ich ja Laborantin und hatte vom Quellenstudium nur geringe Ahnung. Aber 1996 hatte ich als Gasthörerin (Geschichte) an der Uni Konstanz ein Seminar bei Frau Prof. Dr. Ute Frevert belegt, bei der ich einiges über Quellen lernen konnte. Und dies ausgerechnet zum Thema »Nachkriegszeit«, wie praktisch für mich. Daß ich dabei außerdem ein Referat halten durfte und dafür einen Schein mit der Note »sehr gut« erhielt, machte mich ganz stolz. Ein guter Anstoß für weitere Forschungen.

Ich studierte die jeweiligen Unterlagen mit viel Interesse, immer nach dem Namen Johanna Hemm suchend, und freute mich riesig, wenn ich fündig wurde. Da war vieles so typisch für sie, bei manchen ihrer Sätze sah ich sie förmlich vor mir. Aber auch mein Vater und mein Onkel Fritz Bächler tauchten bei meinen Recherchen auf, für mich bisweilen überraschend.

Oft stieß ich beim Aktenstudium auf die Namen weiterer, mir bekannter Leute dieser Zeit, oft blieb ich an einzelnen Zeit- oder Personenbeschreibungen hängen, die mir wichtig schienen. Alles in allem eine sehr schöne, jedoch zeitaufwendige Sache. Was würde wohl meine Mutter zu dieser meiner Beschäftigung sagen? Ich höre sie fast: »O, Kind, wa machsch au?«

Meine Eltern und ihre erste Zeit in der Konstanzer KPD

Im Jahr 1923 traten meine Eltern beide in die KPD ein, mein Onkel Fritz wohl ebenfalls. Onkel Alberts Agitation zeigte also Wirkung! Leider habe ich von damals keine Mitgliedsbücher mehr, sie wurden aus Sicherheitsgründen in der Nazi-Zeit wahrscheinlich versteckt oder beseitigt. Ich besitze auch kaum Unterlagen über das politische Wirken meiner Eltern, weiß aber, daß meine Mutter in der Weimarer Zeit eine Weile Volkskorrespondentin für die kommunistische »Arbeiter-Zeitung« war, die in Mannheim herausgegeben wurde.

Aus dieser Zeit stammt ferner ein Bericht über den Mitgliederstand der KPD Bezirk Baden, in dem acht Unterbezirke genannt wurden, darunter auch Konstanz und Umfeld mit 335 Mitgliedern (Juni 1923). Die KPD Baden wies insgesamt 122 Ortsgruppen auf, deren Mitgliederzahl von 4645 im März 1923 auf 5550 im Juni 1923 anstieg. Den größten Anteil hatte Mannheim, Konstanz lag an fünfter Stelle.[1]

Der Unterbezirk Seekreis wurde auch in Berichten von KPD-Bezirksparteitagen erwähnt, zum Beispiel, daß die »Ortsgruppe Konstanz bei der letzten Gemeindewahl sehr gut abgeschnitten« habe.[2] Bezüglich der Frauen hieß es u.a., es sei Aufgabe der Partei, »dafür zu sorgen, daß in jeder Unterbezirks- und Ortsgruppenleitung eine Genossin oder ein Genosse beauftragt wird, die Arbeit unter den Frauen zu leiten«.[3]

Wie ich meinen Recherchen entnehmen konnte, wurden meine Eltern vor Ort bald aktive KPD-Mitglieder. So stellte ich zum Beispiel fest, daß meine Mutter bei den Konstanzer Gemeindewahlen 1926 eine der 84 Stadtverordneten wurde (darunter 11 von der KPD), deren Aufgabe es u.a. war, den ehrenamtlichen Stadtrat zu wählen. Für diesen kandidierte sie dann allerdings nicht; die KPD erreichte jedoch zwei Sitze im vierzehnköpfigen Gemeinderat.[4] Bei den Gemeindewahlen von 1930 fand ich den Namen meiner Mutter gar nicht, wohl aber die Bemerkung, daß im Laufe der Wahlperiode mit Sofie Kressner (KPD) erstmals eine Frau in den Konstanzer Gemeinderat einzog.[5]

Auch die Unterlagen zu den Wahlen zum Badischen Landtag von 1929 waren für mich insofern informativ, da die Namen meines Vaters und meines Onkels Fritz Bächler als Beisitzer in je einem Wahlausschuß und der meiner Mutter sogar auf dem Stimmzettel (Platz drei) für den Wahlbezirk Konstanz auftauchten.[6] Sie schaffte es aber nicht in den Landtag. Bei den Reichstagswahlen von 1928, 1930 und 1933 entdeckte ich meine Mutter nicht als Kandidatin, lediglich 1933 als Vorschlag der KPD für einen Abstimmungsausschuß.[7]

Aus dem Jahr 1930 fiel mir ein Bericht über den Bezirksparteitag der KPD in Karlsruhe in die Hände, bei dem auch eine Arbeiterin aus Konstanz in der Diskussion über »die besondere Rolle der werktätigen Frau« sprach.[8] Es muß wohl meine Mutter gewesen sein, denn ihr Name stand auf der Delegiertenliste als einzige Frau aus dem Unterbezirk Seekreis.[9]

Arbeiter-Zeitung

Der antifaschistische Sturm auf die Betriebe geht weiter! Alle Antifaschisten in Aktion!

Bezugspreise: Ins Haus gebracht pro Monat 2.20 M. Am Schalter abgeholt 1.90 M. Durch die Post bezogen 2.16 M. einschließlich Postgebühren. Erscheinungsweise: Täglich mit Ausnahme der Sonn- und Feiertage.

Im Einzelverkauf 10 Pfennig

Organ der KPD (Sektion der Kommunistischen Internationale) für Baden

Mit der 14tägig erscheinenden illustrierten Beilage „Der Rote Stern"

14. Jahrgang | Dienstag, den 27. September 1932 | A Nummer 22[illegible]

Die Streikwelle brandet höher

Belegschaft von Mannheimer Gummi geschlossen im Streik – Neue Streiksiege im Reich

Mannheim, 27. September. (AK-Bericht.)

Die Belegschaft der Firma Mannheimer Gummi ist gegen den Lohnabbau durch die Papen-Notverordnung geschlossen in den Streik getreten.

Am Samstag prangte im Betrieb ein Anschlag, der 26 Prozent Neueinstellungen und 12½ Prozent Lohnabbau auf Grund der letzten Papen-Notverordnung ankündigte. Da in dem Betrieb in drei Schichten gearbeitet wird, berief der Betriebsrat die Belegschaftsversamm-

In Leipzig führte der Streik bei der Metallfirma Bittler AG zum vollen Erfolg, die Firma zog ihr Lohnabbaudiktat zurück.

Hamburg, 26. Sept. (Eig. Drahtber.)

Die Landarbeiter auf dem Gute des Fürsten Otto von Bismarck, Schönau bei Friedrichsruh, traten am Samstag in den Streik. Der Fürst Otto von Bismarck bzw. die Verwaltung des Gutes, besaß die Unverfrorenheit, die in der augenblicklichen Kartoffelbuddelzeit vor-

Berlin, 27. September. (Eigene Drahtmeldung.)

Der Streik der Belegschaft der Spinnstoff-Fabrik Zehlendorf endete mit einem vollen Erfolg. Die Direktion zog das Lohnabbaudiktat zurück.

Der Hilfsarbeiterstreik in der Firma Elsner, Berlin ist mit Erfolg beendet worden. Die Firma zahlt die vor dem 15. September bestandenen Löhne an die Hilfsarbeiter weiter und nennt dieses Zugeständnis übertarifliche Zulage. Die Streikenden wurden alle wieder eingestellt.

Mannheimer »Arbeiter-Zeitung« vom 27. September 1932 mit Berichten von Streiks gegen die Notverordnungen der Papen-Regierung.

ARBEITER-ZEITUNG

TAGESZEITUNG DER K.P.D. FÜR MANNHEIM UND BADEN (ERSCHEINUNGSORT MANNHEIM)
LIEFERUNG VON AKZIDENZ-DRUCKSACHEN ALLER ART = MASSEN-HERSTELLUNG IN ROTATIONSDRUCK

FERNSPRECH-ANSCHLÜSSE: VERLAG Nr. 29073 = REDAKTION Nr. 29072
POSTSCHECK-KONTO: Nr. 75828 KARLSRUHE = POSTSCHLIESSFACH Nr. 479

MANNHEIM, den 10. Januar 1927
S 3, 10

Nummer	das
Eing.: 12. JAN.	
Beantw. durch	
am	

Zentralkomitéé der K.P.D.

Berlin C. 54
-.-.-.-.-.-.-.-.-.-.-
Rosenthalerstr.38

Werte Genossen !

Wie ich Euch schon mitteilte, habe ich die Kopfblatt-redaktion von der Pfälzer Arbeiterzeitung übernommen. Nunmehr sehe ich mich veranlasst, Euch mit einer Angelegenheit zu belästigen, die zwar nicht weltbewegend ist, aber infolge des bornierten Standpunktes der Geschäftsleitung und der B.L.Baden mit Euerer Hilfe geklärt werden muß. Die Geschäftsleitung hat mir nämlich einen Arbeitsraum überwiesen, in dem eine geregelte Arbeit unmöglich ist. Das ist geschehen, trotzdem noch bessere Arbeitsräume vorhanden sind. Weil dem so ist, wende ich mich an Euch mit der Bitte, die Geschäftsleitung und die Bezirksleitung Baden zu veranlassen, für die Aenderung der bestehenden Verhältnisse Sorge zu tragen.

Das Zimmer, das mir als Arbeitsraum zugewiesen worden ist, ist das Durchgangszimmer von der Redaktion, wo die drei badischen Redakteure sitzen, zur Setzerei. Es grenzt also direkt

Beengte Raumverhältnisse in der Redaktion der Mannheimer »Arbeiter-Zeitung«.

Ein weiteres Dokument aus demselben Jahr ist der nebenstehende Brief, in dem die Konstanzer KPD-Ortsgruppe das Zentralkomitee in Berlin um Hilfe bat, weil die Stimmung unter den GenossInnen offenbar sehr schlecht war. Zwei Versammlungen seien »derart verlaufen, daß es jeder Beschreibung spottet...« Die Hintergründe wurden zwar nicht erklärt, aber es ging darum, »endlich Ruhe in die Partei zu bekommen, damit es auch wirklich möglich ist, positive Arbeit leisten zu können.« Unterzeichnet wurde der Brief von meiner Mutter – dem Stil und der Plazierung ihrer Unterschrift nach dürfte sie ihn auch geschrieben haben –, von meinem Vater und sechs weiteren KPD-Mitgliedern, die mir alle ein Begriff waren.[10]

Vom April 1932 liegt mir eine KPD-interne Auflistung von mehreren auswärtigen öffentlichen Versammlungen vor, in der auch meine Mutter als Referentin angekündigt wird, nämlich für die Ortschaften Bohlingen und Möggingen. Thema aller Veranstaltungen: »Arbeit und Brot oder neuer Betrug?«[11]

Schließlich brachte die »Deutsche Bodensee-Zeitung« vom 18. Februar 1933 die Mitteilung, daß meine Mutter in den städtischen Haushalts- und Finanzausschuß berufen worden sei, obwohl sie damals nicht im Stadtrat war. Sie war anscheinend politisch bekannt geworden – bekannter als mein Vater.

Regionaler Widerstand gegen die Nazis

Meine Eltern machten aus ihrer Haltung gegen Hitler vor der Machtergreifung der Nazis keinen Hehl und traten so gut wie möglich gegen die sich anbahnende Entwicklung auf. Während der Nazi-Zeit kam daher die Gestapo mehrfach zu ihnen und durchsuchte die Wohnung. Ich erinnere mich noch gut an einen späteren Ausspruch meiner Mutter: »Wenn es morgens klingelte, war es nicht der Milchmann.« Ob und in wieweit die Gestapo bei diesen Aktionen Erfolg hatte, entzieht sich meiner Kenntnis. Daß meine Eltern oft ins »Braune Haus« zu Verhören vorgeladen wurden, haben sie jedoch mehrfach betont.

Leider habe ich bei meinen Recherchen so gut wie nichts über das damalige Engagement meiner Eltern erfahren. In diversen Büchern las ich zwar von Aktivitäten kommunistischer, sozialdemokratischer und weiterer Personen gegen das Hitler-Regime im süddeutschen Raum, fand interessante Dokumente, nicht aber den Namen Hemm. Allerdings wurde die Firma Straehl explizit genannt (aber als »Strehl«), und da meine Mutter dort seit den zwanziger Jahren arbeitete, könnte ich mir vorstellen, daß auch sie bei diesen Aktionen mit dabei war. Es wurde jedoch lediglich

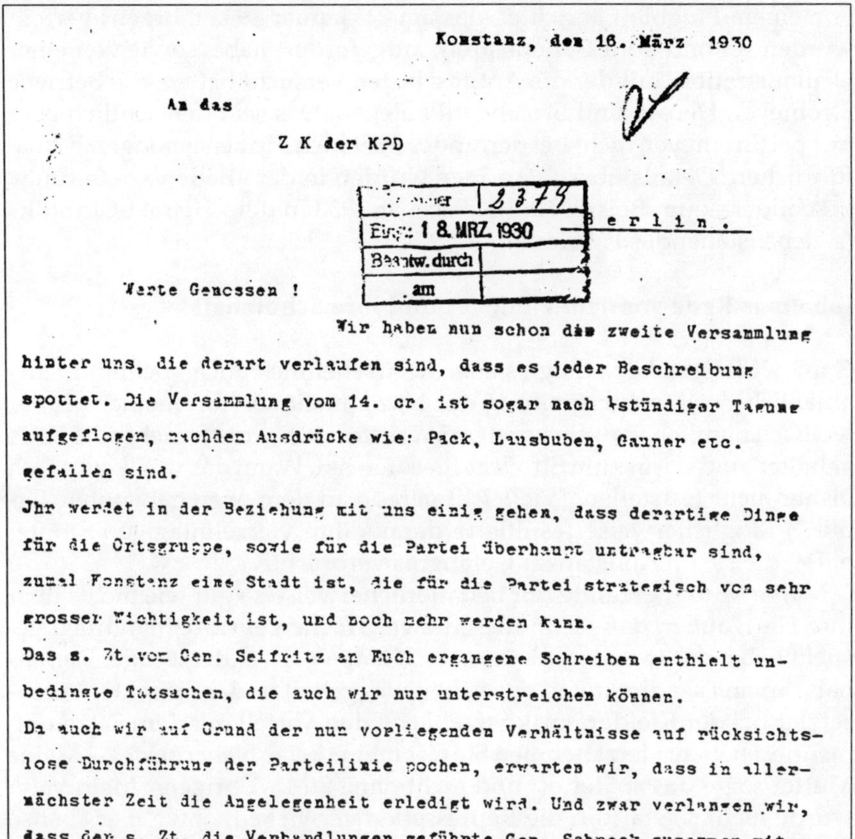

Konstanz, den 16. März 1930

An das

Z K der KPD

Nummer 2379
Eing.: 18. MRZ. 1930
Beantw. durch
am

Berlin.

Werte Genossen !

Wir haben nun schon die zweite Versammlung hinter uns, die derart verlaufen sind, dass es jeder Beschreibung spottet. Die Versammlung vom 14. cr. ist sogar nach 4stündiger Tagung aufgeflogen, nachdem Ausdrücke wie: Pack, Lausbuben, Gauner etc. gefallen sind.

Jhr werdet in der Beziehung mit uns einig gehen, dass derartige Dinge für die Ortsgruppe, sowie für die Partei überhaupt untragbar sind, zumal Konstanz eine Stadt ist, die für die Partei strategisch von sehr grosser Wichtigkeit ist, und noch mehr werden kann.

Das s. Zt. vom Gen. Seifritz an Euch ergangene Schreiben enthielt unbedingte Tatsachen, die auch wir nur unterstreichen können.

Da auch wir auf Grund der nun vorliegenden Verhältnisse auf rücksichtslose Durchführung der Parteilinie pochen, erwarten wir, dass in allernächster Zeit die Angelegenheit erledigt wird. Und zwar verlangen wir, dass der s. Zt. die Verhandlungen geführte Gen. Schreck zusammen mit einem Mitglied des ZK. nach hier kommt um endlich Ruhe in die Partei zu bekommen, damit es auch wirklich möglich ist, positive Arbeit leisten zu können.

Jn Erwartung Eurer Rückäusserung zeichnet mit

komm. Gruss:

Karl Lehmann

Josef Seifritz

Die Konstanzer KPD-GenossInnen hatten parteiinterne Probleme.

von einem Flugblatt berichtet, das am 31. Januar 1933 morgens verteilt worden sei und zum Generalstreik aufgefordert habe, sowie von einer Demonstration, mit der die Antifaschisten versucht hätten, die Betriebe Stromeyer, Herosé und Straehl stillzulegen. Das sei offensichtlich aber nur bei Stromeyer, nicht bei den anderen beiden Firmen gelungen.[12] Ausführlichere Details über diese Tage wurden in der »Bodensee-Zeitung« geschildert, zum Beispiel am 1. Februar 1933 in der »Heimat-Chronik« (s. nebenstehendes Faksimile).

Johannas Rede vor dem Werkstor und ihre Schutzhaft

Ganz widerstandslos ging es aber wahrscheinlich auch »beim Straehl« anläßlich der Machtergreifung der Nazis nicht ab. Von meiner Mutter weiß ich nämlich, daß sie vor dem Werkstor der Firma Straehl eine Rede gehalten und darin zum Streik aufgerufen hat. Wann das war, konnte ich bisher nicht feststellen. (Vielleicht gerade an dem oben genannten Termin?) Möglicherweise resultierte daraus ihre vierzehntägige »Schutzhaft«, die sie im Konstanzer Gefängnis verbrachte.

Meine Mutter erzählte mir bedauerlicherweise so gut wie nichts über ihre Haft, außer, daß sie in diesen zwei Wochen ein Überhandtuch gestickt habe, das in unserer Küche noch lange verwendet wurde. Damals habe »man« sie direkt von der Arbeit weggeholt und ihr direkter Vorgesetzter bei der Kleiderfabrik Straehl soll den Vorfall mit dem Satz kommentiert haben: »Jetzt nehmen Sie mir meine beste Näherin weg.« Meine Mutter sagte das später oft und nicht ohne Stolz. Übrigens: Mein Vater wurde nicht so stark in die Repressalien verwickelt, obwohl er ebenso der KPD angehörte wie meine Mutter.

In den Akten des Kreisarchivs entdeckte ich nichts über die »Schutzhaft« meiner Mutter, wohl aber über die Verhaftung anderer Kommunisten im März 1933; Frauen waren anscheinend keine dabei. Das »Konstanzer Volksblatt« vom 4. März 1933 (Polizeibericht) schrieb, daß »in den Morgenstunden des Freitags« die Polizei und Gendarmerie »planmäßig vorbereitete Haussuchungen bei Führern und Funktionären der KPD an insgesamt dreißig Stellen vorgenommen« und in Konstanz neun, in Singen ebenfalls neun, in Radolfzell sechs Funktionäre »in Schutzhaft genommen« habe.[13] Am 8. März 1933 meldete das Bezirksamt Konstanz über Polizei-Funkdienst dem »mdi« (Ministerium des Inneren), von den neunundzwanzig kommunistischen Schutzhäftlingen seien siebzehn entlassen worden, elf befänden sich noch in polizeilicher Sicherheitshaft.[14]

Konstanz 1 Februar 1933

Lokale Auswirkungen der Hitler-Regierung

Adolf Hitler hat es erreicht! Er ist in der Gesellschaft der Vertrauensleute des Großkapitals und des Junkertums deutscher Reichskanzler geworden. Darüber herrscht in nationalsozialistischen Kreisen Freude. Nicht überall aus sehr uneigennützigen Motiven! Wie aus den Meinungsäußerungen ganz besonders „Gesinnungstüchtiger" zu entnehmen ist. Im „Dritten Reich" soll ja bekanntlich ein gründlicher Stellenwechsel vollzogen werden. So meinen die einen! Andere wiederum halten es mit Gregor Strasser, der im Sozialismus im nationalen Gewande nicht nur eine agitatorisch brauchbare Theorie sieht, der aber nicht bei der Partie ist. Es gibt Nationalsozialisten, die bedauern, daß sich ihr Führer in der Gesellschaft derer um Papen und Hugenberg, sowie in der Gefolgschaft von Leuten als Reichskanzler sehen läßt, die ein großes Interesse daran haben, daß die Osthilfe-Affaire lautlos in der Versenkung verschwindet. Ueber die Verwirrung in manchen Kreisen der NSDAP. kann auch nicht hinwegtäuschen, daß man nach außen hin festfreudig in den Wink von Berlin einstimmt, die Parteiuniform wieder häufiger im Stadtbild sehen läßt, hin und wieder mit der Parteifahne flaggt und sich durch den italienischen Faschistengruß aufdringlich bemerkbar macht. Es ist anzunehmen, daß die örtliche Parteileitung und die Führer in Land und Reich ebenso mit der skeptischen, ja ablehnenden Stimmung in den eigenen Reihen, denen das Wort sozialistisch oder sozial kein leerer Wahn ist, vertraut gemacht worden sind, wie ihre politischen Gegner.

Angesichts der neuesten Entwicklung im Reiche heißt es Ruhe und Besonnenheit zu wahren. Die Kommunisten haben dafür kein Verständnis; sie sind auch in Konstanz sehr nervös geworden. Sie demonstrieren und rufen die Arbeiterschaft zum Streik aus politischen Gründen auf. Als ob es augenblicklich etwas Besseres gebe, als das bißchen Arbeit, das in Deutschland noch vorhanden ist, haushälterisch und im eigenen Interesse auszunützen. Am Montagabend beschlossen die Kommunisten, am Dienstagfrüh vor den Fabrikbetrieben Sprechchöre und Posten aufzustellen, die die Arbeiter zum Streik auffordern sollten. Dieser Beschluß gelangte am Dienstag insoweit zur Durchführung, als die Belegschaft der Fa. L. Stromeyer u. Co. die Arbeit nicht aufnahm. In der Hauptsache betriebsfremde Elemente verhinderten bei Arbeitsbeginn die zunächst in der überwiegenden Mehrheit sicherlich arbeitswillige Belegschaft am Betreten des Betriebes und veranlaßten auch im Neuwerk, in welchem der Betrieb bereits im Gange war, die Niederlegung der Arbeit. Irgendwelche Forderungen an die Firma wurden nicht gestellt. Trotzdem die Arbeiterschaft vom Betriebsrat der Firma zur Aufnahme resp. Fortsetzung der Arbeit aufgefordert wurde, kam dieser politische Demonstrationsstreik zur Durchführung.

In den Betrieben der Firmen Herosé und Strachl dagegen wurde gearbeitet. In geschlossenem Zuge marschierten dann die Kommunisten vor den Fabrikbetrieb der Firma Herosé, wo sie durch den Gesang revolutionärer Lieder und durch Sprechchöre versuchten, die Arbeiterschaft zur Niederlegung der Arbeit zu bewegen. Ihre Bemühungen waren hier aber ebenso erfolglos wie entsprechende Versuche vor dem Fabrikgebäude der Firma Strachl. Die Streikenden begaben sich hierauf nach Wollmatingen, um vor dem Gebäude der Firma Schwarzenbach zu demonstrieren. Auf dem Rückweg wurden dann nochmals die Firmen Strachl und Herosé „besucht". Nachmittags veranstalteten die Kommunisten einen Umzug durch verschiedene Straßen der Stadt,

Der Polizeibericht meldet:

Politischer Streik: Am Dienstagmorgen traten die Arbeiter der Firma L. Stromeyer & Co. in Ausstand. Ein größerer Trupp streikender Arbeiter und arbeitsloser Kommunisten versuchte durch Sprechchöre und Verhandlungen mit den Betriebsräten die Arbeiter anderer Firmen in Petershausen und Wollmatingen zum Streik zu bewegen, jedoch ohne Erfolg. Um die Mittagszeit zu Beginn und Ende der Mittagspause wurden die Bemühungen durch die Kommunisten vergeblich fortgesetzt. Schließlich bewegte sich der Zug von etwa 200 Kommunisten von Petershausen aus in Form einer Demonstration durch die Altstadt, wo er sich in der „Passage" auflöste Seit den frühen Morgenstunden war ein größeres Aufgebot der Polizei auf den Beinen, um Ordnungsstörungen zu verhindern. Infolgedessen kam es nicht zu Zwischenfällen.

Kommunistische Demonstration: Um 19 Uhr sammelte die KPD. ihre Anhänger zu einem Demonstrationszug auf dem Schottenplatz. Der etwa 800 Teilnehmer zählende Zug durchzog unter lebhaften Rufen und mit mehreren Fahnen und Aufschriften verschiedene Straßen der Altstadt, um nach einer Ansprache auf dem Bodanplatz sich aufzulösen. Die Polizei, die durch ein Kommando von außerhalb verstärkt war, sorgte dafür, daß Ordnungsstörungen unterblieben. Um 21 Uhr hatte sich alles verlaufen.

★

Die bürgerliche »Deutsche Bodenseee-Zeitung« vom 1. Februar 1933 berichtet über Streikaktionen und Demonstrationen in Konstanz gegen die Machtübertragung an Hitler, an denen wohl auch meine Mutter beteiligt war.

Was ich erst später mitbekam

Während des Krieges sprachen meine Eltern mit mir nicht über Politik. Erst nach 1945 sickerte scheibchenweise einiges durch, beispielsweise, daß nach dem Verbot der KPD durch die Nazis (1933) wichtige Listen von KP-Mitgliedern in einem bestimmten (sicheren?) Keller unter den Kohlen versteckt wurden oder daß für die Kassierung der Mitgliedsbeiträge gelegentliche Treffs auf der Straße verabredet und beim Begrüßen bzw. Verabschieden Geld und Beitragsmarken beim Händereichen ausgetauscht wurden. Allerdings soll sich diese Praxis irgendwann aus Sicherheitsgründen geändert haben: Die Beitragsmarken wurden abgeschafft. In einem Bericht von 1934 über eine »Besprechung mit Freunden in Konstanz« hieß es aber immerhin u.a., daß »dreißig Genossen kassentechnisch erfaßt«, daß zwei Kassierer vorhanden seinen und daß »politische Aufgaben nicht gestellt« würden.[15]

Dem Erzählen nach wurden auch immer wieder gefährdete Personen in die Schweiz gebracht. Dabei sei am einfachsten gewesen, wenn man sich als Liebespaar ausgegeben hätte. Da sei die Kontrolle nicht so scharf gewesen oder unterblieben.

Nach dem Krieg sagte mir meine Mutter, sie sei beim Anfertigen von »SA-Hosen« bei der Firma Straehl manchmal versucht gewesen, einen vor dem Faschismus warnenden Zettel in die Hosentasche zu stecken. Doch das habe sie dann lieber gelassen, weil sie einsah, daß es für die weitere Entwicklung im Land so gut wie nichts und für sie nur Gefahr bedeutet hätte. Was sie ebenfalls erwähnte, war die Enttäuschung darüber, daß bei den 1.-Mai-Demonstrationen der Nazis schon bald einstmals – vermeintlich – gestandene Gewerkschafter mitmarschiert sind. So etwas konnte sie einfach nicht begreifen.

Der Freundeskreis meiner Eltern bestand natürlich nicht nur aus KPD-Leuten. Da waren auch Kontakte zu jüdischen Menschen; zum Beispiel zu unserem Kinderarzt Dr. Guggenheim, mit dem meine Eltern viele politische Gespräche führten und dem sie sogar rieten, auszuwandern. Auch in jüdischen Geschäften wurde eingekauft, solange sie noch vorhanden waren. Und das Kaufhaus Ulrich (Wessenbergstraße 6) blieb für meine Eltern noch lange »de Thanhauser« – nach dem ehemaligen, jüdischen Besitzer.

Ab und zu trafen sich meine Eltern im Gasthaus »Roter Knopf« in der Paradiesstraße mit Bekannten verschiedener politischer Couleur. Einmal bemerkte meine Mutter in der Runde, daß sie anderentags im »Braunen Haus« vorzusprechen habe, worauf einer der Hitler-Freunde meinte: »Den Kopf wird es Dich nicht kosten«. Es wurde dann wohl auch nicht so »heiß« bei dieser Vorladung. Ob der Stammtischler wohl eingegriffen hatte?

Meine Eltern in Stuttgart am 1. Mai 1937. Trotz der Nazi-Zeit hatte sich mein Vater eine rote Nelke ins Knopfloch gesteckt.

Näherin – Akkordarbeiterin – Betriebsrätin

Eine der vielen »Ungelernten«

Meine Mutter begann nach ihrer Rückkehr aus der Schweiz als Näherin »beim Straehl«. Auf dem Briefkopf der Firma stand die Bezeichnung: »Mech. Weberei, Färberei und Zwirnerei« und weiter »Spezialität: Wasch- und säureechte Hosen- und Joppenstoffe und imprägnierte Mantelstoffe in Zizenhausen bei Stockach« sowie »Mech. Kleiderfabrik in Konstanz«.[16] Hier wurden u.a. Windblusen, Sommermäntel und Herrenhosen hergestellt. Es gab in der Firma große Nähmaschinen (Marke »Bernina«), die mit Elektromotoren angetrieben wurden. Auch in unserer Wohnung in der Fischenzstraße befand sich so ein Monstrum mit Motor.

Meine Mutter schaffte insgesamt vierundzwanzig Jahre teils direkt in der Firma in der Markgrafenstraße 66 (das Gebäude ist inzwischen abgerissen), teils in Heimarbeit. Sie konnte nach meinen Eindrücken rasend schnell nähen. Das hat sie nie verlernt. Selbst im Rentenalter schneiderte sie noch für sich, für mich oder gelegentlich für Bekannte. Und es war für sie eine Ehre, wenn sie für die Buben aus unserem Bekanntenkreis die erste »richtige« Hose (mit Hosenladen) anfertigen durfte. Ich habe ihr dabei oft zugeschaut, von dieser Kunst jedoch kaum etwas mitbekommen. Außerdem arbeitete meine Mutter immer sehr genau, wie mein Vater. Da wurde alles sorgfältig gesteckt, geheftet, probiert und dann erst setzte sie sich an die Maschine. Und ganz wichtig: Die Innennähte wurden immer mit Zickzack-Stich gesäubert. Meine Mutter war aber nicht nur eine gute Näherin, sie war in der Firma Straehl auch eine beliebte Arbeitskollegin, ab 1922 Gewerkschaftsmitglied im Deutschen Bekleidungsarbeiterverband und zeitweise Betriebsrätin bzw. Betriebsratsvorsitzende (»Betriebs- und Arbeiterrat«).

Aus der frühen Zeit meiner Mutter bei der Firma Straehl besitze ich noch ein »Lohnbuch«, ausgestellt auf Johanna Motz. Es zeigt die damaligen Verdienst-Abrechnungen vom 15. September bis 6. Dezember 1923 in Millionenhöhe (!) auf, ferner die Stundenzahl, Steuern und Krankenversicherung, und sehr oft ist das Wort »Vorschuß« zu lesen.[17]

Unverhofft tauchte bei meinen Recherchen auch ein kleines Dokument von 1917 auf, eine Liste von Betrieben der Region, die für den Heeresbedarf als wichtig anerkannt wurden und noch »in Tätigkeit sind«. Die Liste war von der Kriegsamtsstelle verlangt worden und enthielt u.a. auch den Namen der »Mechanischen Kleiderfabrik Friedrich Straehl«.[18]

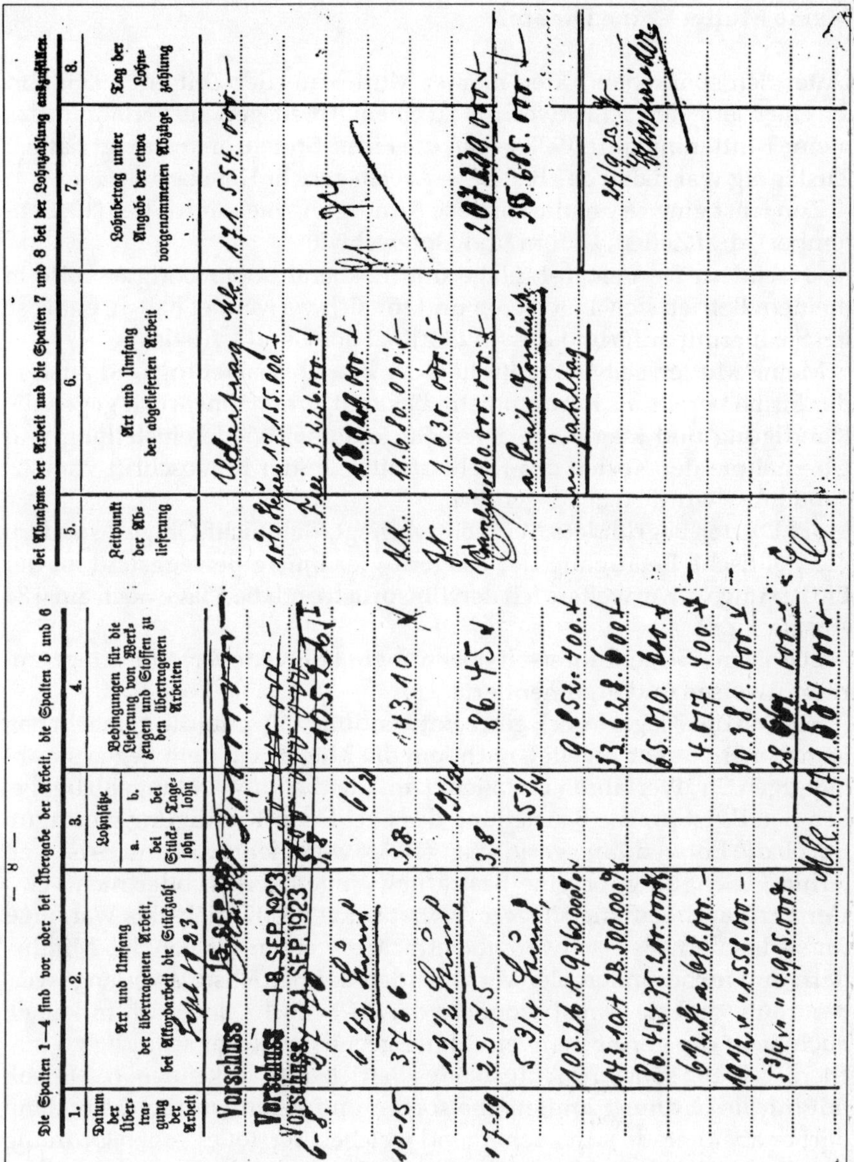

— 8 —

Die Spalten 1—4 sind vor oder bei Übergabe der Arbeit, die Spalten 5 und 6 bei Abnahme der Arbeit und die Spalten 7 und 8 bei der Lohnzahlung auszufüllen.

1. Datum der Übertragung der Arbeit	2. Art und Umfang der übertragenen Arbeit, bei Akkordarbeit die Stückzahl	3. Lohnsätze a. bei Stücklohn	3. Lohnsätze b. bei Tagelohn	4. Bedingungen für die Lieferung von Werkzeugen und Stoffen zu den übertragenen Arbeiten	5. Zeitpunkt der Ablieferung	6. Art und Umfang der abgelieferten Arbeit	7. Lohnbetrag unter Angabe der etwa vorgenommenen Abzüge	8. Tag der Lohnzahlung
	Sept. 1923.							
Vorschuss	15. SEP 1923			20.000.000		Uebertrag Mk.	171.554.000.–	
Vorschuss	18. SEP 1923			50.000.000.–	1% Steuer	17.155.000		
Vorschuss	21. SEP 1923			100.000.000		Frei 3.226.000		
6-8.	2770	3,8		105.26		13.929.000		
	6 1/2 Stund.		6 1/2					
10-15	3766.	3,8		143.10	Kk.	11.680.000		
	19 1/2 Stund.		19 1/2		Jv.	1.630.000		
17-19	2275	3,8		86.45	[illegible]	180.000.000	207.239.000	
	5 3/4 Stund.		5 3/4			a Conto Vorschüsse	35.685.000	
	105.26 à 9.360.000 %			9.852.400		m. Zahltag		
	143.10 à 28.500.000 %			33.628.600			24/9.23. [illegible]	
	86.45 à 75.200.000 %			65.010.600				
	6 1/2 St à 618.000			4.017.400				
	19 1/2 St à 1.558.000			30.381.000				
	5 3/4 St à 4.985.000			28.664.000				
	Mk.			171.554.000				

Auszug aus dem Lohnbuch meiner Mutter während der Inflation 1923, ein verwirrendes Zahlenspiel.

Meine Mutter – eine Diebin?

Unter den spärlichen Akten meiner Mutter aus der Zeit vor 1933 fand ich einen längeren Schriftwechsel zu einem Arbeitsgerichtsverfahren, das meine Mutter im Jahre 1932 gegen die Firma Straehl angestrengt hatte.[19] Zuständig war dabei das Badische Arbeitsgericht Konstanz.

Zunächst ging es um die fristlose Kündigung meiner Mutter (19. September), drei Zeilen, Datum und Unterschrift:

»Nachdem Sie Leinen-Einlage und Eckband unberechtigterweise in meinem Betrieb sich angeeignet und für sich verwendet haben, entlasse ich Sie hiermit aufgrund des § 123 Ziff. 2 der Gew.O. fristlos.«

Meine Mutter, seit 1926 Mitglied der Betriebsvertretung und auch in der Firma bereits als Kommunistin bekannt, erhob Einspruch gegen die Kündigung und klagte auf deren Rücknahme, Wiedereinstellung und Übernahme der Kosten des Rechtsstreites. In der Klageschrift vom 22. September wurde u.a. ausgeführt:

»... Da der begründete Verdacht vorliegt, daß nicht Obiges, sondern die politische Betätigung der Klägerin der innere Beweggrund zu der Entlassung war, erweitere ich den Einspruch und die Klage noch auf § 84 Absatz 1 Ziff. 1...«

Die Firma Straehl ihrerseits beantragte (25. Oktober), die Klage zurückzuweisen und argumentierte:

»1. Daß die Klägerin sich einer Entwendung (...) schuldig gemacht hat, ist nunmehr außer Zweifel, nachdem die Klägerin in dem gegen sie anhängigen Strafverfahren in vollem Umfang die Entwendungen zugegeben hat. Es ist für die Beurteilung des Rechts zur Kündigung gleichgültig, ob die Entwendung geringfügiger Art war oder nicht, und es ist weiterhin gleichgültig, ob eine Bestrafung eingetreten ist oder nicht. (...) Der Umstand, daß die Klägerin Vorsitzende des Betriebsrats war, muß für sie insofern als erschwerend betrachtet werden, als von den Mitgliedern und insbesondere der Vorsitzenden des Betriebsrats verlangt werden muß, daß sie ganz besonders darauf bedacht sind, sich in keiner, auch nicht der geringsten Verfehlung gegen das Recht schuldig zu machen; es hieße sonst die Aufgabe des Betriebsrats verkennen. (...) Er soll mit für die Ordnung im Betriebe sorgen und verantwortlich sein; dann darf er aber gerade sich auch irgend welchen Verstoßes gegen Ordnung und Recht nicht schuldig machen.

2. Die Klägerin hat formell den vorgeschriebenen Weg des Einspruchs nicht eingehalten. (...) Der Betriebsrat hat anstatt eine Verständigung zu versuchen, der Firma kurzerhand erklärt, daß die Belegschaft in den Streik

treten werde, wenn die Klägerin nicht wieder eingestellt werde. Eine derartige Erklärung kann nicht als ein Versuch der Verständigung angesehen werden. Es fehlt daher auch formell an den Voraussetzungen für die Klage.

3. Daß die Entlassung wegen politischer Betätigung erfolgt ist, ist unwahr und zweifellos von der Klägerin nur vorgebracht, weil sie zu der Zeit, als sie die Klage einreichen ließ, noch nicht zugestanden hatte, daß sie tatsächlich die fraglichen Stücke entwendet hatte...«

Das Urteil erging am 28. Oktober 1932: Die fristlose Kündigung war unwirksam. Interessant die Argumentationen des Gerichts, wobei mich zunächst ein Satz beim Aufführen des Tatbestands ein Satz besonders verblüffte:

»... Tatsächlich streikten auch die Arbeiterinnen ca. zwei Stunden, nahmen aber dann die Arbeit wieder auf, nachdem der Grund der Entlassung von der Betriebsleitung mitgeteilt worden war...«

Bei der Urteilsbegründung wurde zwar betont, daß das Verhalten der Klägerin zu mißbilligen sei, eine »Unterschlagung oder eine Entwendung im Sinne des § 123 Ziff. 2 der Gew.O. nicht vorliege«. Das Gericht war der Ansicht,

»... daß der Klägerin das Bewußtsein der Rechtswidrigkeit gefehlt hat. Dies ergibt sich aus ihrem Verhalten.

Der Wert des Eckbandes ist außerordentlich gering; er beträgt nach Aussagen der Zeugen etwa 1/2 Pfg. Die Klägerin konnte annehmen, daß in der Benützung eines derart geringfügigen Gegenstandes eine rechtswidrige Entwendung nicht zu erblicken ist. Der Wert der Leinwand – es handelt sich um etwa 60 cm – ist allerdings höher; er beträgt nach den Bekundungen der Zeugen höchstens 30 bis 40 Pfg. Die Klägerin hat aber die Leinwand nicht etwa heimlich weggenommen, sondern, wie die Beweisaufnahme ergeben hat, ging sie selbst zum Zuschneider Abrutsch und verlangte etwas Leinwand. (...) Wenn die Klägerin in ihrem Verhalten eine rechtswidrige Aneignung im Sinne des § 123 Z. 2. Gew.O. gesehen hätte, hätte sie zweifellos nicht in dieser offenen Weise gehandelt...«

Darauf folgte der nächste Schritt der Firma, die fristgerechte Kündigung (11. November), diesmal nur zwei Zeilen. Meine Mutter schaltete den Betriebsrat der Firma Straehl ein, der am 23. November mit folgender Erklärung reagierte:

»... Der Betriebsrat hat (...) mit 3:1 Stimmen die Zustimmung zur Kündigung nicht gegeben und zwar deshalb nicht, weil ein Grund zur Entlassung nicht vorlag. Der von der Firma angegebene Grund konnte deshalb vom Betriebsrat nicht anerkannt werden, weil die Betriebsrätin

Hemm die Leinwand nicht entwendet, sondern diese auf vorheriges Befragen vom Zuschneider Abrutsch erhalten hat. Ferner war dem Betriebsrat bekannt, daß sich ähnliche Fälle schon ereignet haben (...), wo bei späterem Bekanntwerden derselben die Betreffenden den Wert der Arbeit und des Materials ersetzen mußten, ohne daß ihnen sonst etwas geschehen ist. Der Betriebsrat ist der Auffassung, daß, wenn diese Sache bei einer anderen Näherin passiert wäre, die Firma diese nicht entlassen hätte. Weil aber die Betriebsrätin Hemm die Interessen der Belegschaft stets gut vertreten hat, war sie bei der Firma ziemlich unbeliebt; die Firma wollte diese Gelegenheit ausnutzen, um Frau Hemm los zu werden...«

Meine Mutter bzw. der Betriebsrat klagte daraufhin auf Weiterbeschäftigung oder Entschädigung, wobei mein Vater (per Vollmacht) die Klageschrift vom 28. November unterzeichnete. Darin hieß es u.a.:

»... Die Kündigung vom 11.11.32 enthält keine Angaben über den Grund zur Entlassung. Die Entlassung stellt ferner eine unbillige Härte gegenüber der Entlassenen dar, zumal die Beklagte neue Arbeitskräfte einstellt. Der Betriebsrat ist der Überzeugung, daß der eigentliche Grund zur Entlassung in der politischen Betätigung der Betriebsrätin Hemm bestand. Das beweist der Ausspruch des Herrn A. Straehl: ›Sie haben die Firma genügend im Dreck herumgezogen, jetzt geben wir Ihnen die Quittung‹, den derselbe in der Verhandlung am 28.10.32 selbst zugegeben hat. Es muß noch darauf verwiesen werden, daß die Zustimmung des Betriebsrats zur Kündigung nicht vorlag, was eine Verletzung des § 96 Absatz 1 B.R.G. darstellt.

Der Betriebsrat stellt danach den Antrag: Weiterbeschäftigung der Betriebsrätin Hemm oder Entschädigung derselben lt. § 87 B.R.G. Absatz 1.

Johann Hemm, Obere Laube 11.«

Schließlich intervenierte sogar die Interessengemeinschaft der Arbeitgeberschaft für den Kreis Konstanz und beantragte »vorsorglich« am 30. November: »... das Arbeitsgericht möge aufgrund § 39 des Betriebsrätegesetzes das Erlöschen der Betriebsratsmitgliedschaft der Frau Hemm beschließen...«

Zum 1. Dezember 1932 wurde dann zur Erörterung beim Arbeitsgericht geladen (25. November). Über den Ausgang des Verfahrens liegen mir leider keine Unterlagen vor. Aber die Weiterbeschäftigung meiner Mutter mußte wohl erreicht worden sein; schließlich hat sie noch bis nach dem Krieg bei der Firma Straehl gearbeitet.

Auch nach dem Krieg:
Keine Versöhnung zwischen Kapital und Arbeit

Ein weiterer Fund waren maschinenschriftliche Notizen über die Firma Straehl, allerdings ohne Datum. Sie müssen jedoch nach dem Krieg entstanden sein. Von wem sie stammen – dem Stil nach eventuell von meiner Mutter –, ist nicht nachvollziehbar:

»Es ist eine Schweizer Firma. Der junge Inhaber, Walter Straehl, durfte während des Krieges lt. Nazigesetz seine Funktion als Betriebsführer nicht ausüben, eben weil er Schweizer ist. Das hinderte ihn aber nicht, oft sehr kräftig ›Heil Hitler‹ zu sagen. PG war er zwar nicht, aber nach seinen eigenen Aussagen war er eine Zeitlang fest überzeugt, daß Deutschland siegen würde, und da hat er auch versucht, in gelegentlichen Reden auf die Belegschaft einzuwirken. Dies ist um so unverständlicher, als er durch seinen tägliche Grenzübertritt nach der Schweiz reichlich Gelegenheit hatte, sich durch ausländische Zeitungen zu informieren. Seit Einzug der Franzosen hängt die Schweizer Flagge am Betriebsgebäude, als weithin sichtbares Zeichen eines neutralen Inhabers...«

Anschließend wurden einige Namen aus der Belegschaft aufgeführt mit der Bemerkung »PG« oder »stark nazistisch belastet«.[20] Möglicherweise waren diese Aufzeichnungen für die Entnazifizierung gedacht.

So schien das Verhältnis meiner Mutter zur Firma Straehl auch nach dem Krieg nicht gerade glänzend gewesen zu sein. Ich schließe das außerdem aus einem Schriftwechsel vom Sommer 1946[21], bei dem das Geschäftspapier der Firma übrigens mit einem roten Stempel versehen war: »Entreprise Suisse – Schweizer Unternehmen«, darüber das Schweizer Wappen. Die Schreiben enthielten keine Anrede.

In dieser Zeit machte meine Mutter für Straehl Heimarbeit, aber Nähmaschine samt Motor gehörten inzwischen meinen Eltern. Im Juni 1946 erhielt meine Mutter eine Rechnung über 49 RM für eine Reparatur des Motors, weigerte sich aber, diese zu bezahlen. Die Firma Straehl war zur Bezahlung ebenfalls nicht bereit mit der Begründung, daß laut Abmachung die Firma die Motorreparatur übernimmt, sofern monatlich mindestens 50 RM verdient wurden (Schreiben vom 11.7.46, s. Faksimile Seite 162). Das traf bei meiner Mutter nicht zu. Dennoch wehrte sie sich am 6. August nochmals gegen die Bezahlung mit einem Brief an die Firma Straehl, in dem sie sehr deutlich wurde:

»Ihr Schreiben vom 11. Juli 1946 bestätigend, teile ich Ihnen mit, daß, wenn jetzt diese erwähnten Abmachungen bestehen, ich wohl die Rechnung werde bezahlen müssen. Ich möchte Sie aber darauf aufmerksam

Friedrich Straehl · Konstanz (17a)

Postschließfach 140

Fernsprechanschluß: Konstanz Nr. 52
Zizenhausen: Amt Stockach Nr. 311
Reichsbetriebsnummer 0/0766/0025

Telegramme: Straehl

R/Sg.

Firma Frau Johanna Hemm,

K o n s t a n z

Fischenzstr.16

Konstanz, den 11.7.46

Herr Erich Maier von der AEG war soeben bei mir und unterrichtete mich, dass Sie sich geweigert hätten, die Rechnung der AEG vom 24.6.46 mit RM 49,-- für Reparatur Ihres Motors zu bezahlen. Ich mache Sie nun höflichst darauf aufmerksam, dass lt. getroffener Abmachung vom 8.2.45 bezw. 2o.3.46 die Firma Friedrich Straehl die Motor-Reparatur übernimmt, sofern monatlich mindestens RM 5o,-- verdient werden, was bei Ihnen nicht zutrifft.

Ich füge daher die Rechnung der AEG mit der nochmaligen Bitte bei, Ihrer Zahlungsverpflichtung der AEG gegenüber nunmehr nachkommen zu wollen.

Hochachtungsvoll

ppa. Friedrich Straehl

Anlage: Rechnung der AEG
vom 24.6.46

Entreprise Suisse

Schweizer Unternehmen

Reichsbank-Konto Nr. · Deutsche Bank, Filiale Konstanz
Postscheck-Konto 1071 Karlsruhe · Giro-Konto Städt. Sparkasse Konstanz

O/0532

Friedrich Straehl · Konstanz (17a)

Postschließfach 140

Fernsprechanschluß: Konstanz Nr. 52
Zizenhausen: Amt Stockach Nr. 311
Reichsbetriebsnummer 0/0766/0025

Telegramme: Straehl

W.St./Sg.

Firma Frau Johanna Hemm,

K o n s t a n z

Fischenzstr.16

Konstanz, den 19.8.46

Im Besitze Ihres Schreibens vom 6.ds.M. stelle ich fest, dass Sie die Richtigkeit meines Standpunkts insofern anerkennen, als Sie zugeben, dass lt. vertraglicher Abmachung die Bezahlung der erfolgten Reparatur von Ihrer Seite aus zu erfolgen habe. Dies erhellt ja auch daraus, dass Sie Herrn Hässler gegenüber die Bezahlung der Reparatur von Ihnen aus anerkannten. Sie werden gewiss, nachdem die Maschine nun wieder repariert ist, Sie aber nicht mehr für meinen Betrieb arbeiten, den Vorteil der nun wieder instandgesetzten Maschine inskünftig für sich selbst beanspruchen können. So würde ich Ihre Ausführungen etwa beantworten, wenn mir daran läge, eine akademische Diskussion über die moralische Berechtigung meiner Forderung anzustrengen. Weder Sie noch ich sind aber gewiss daran interessiert, nutzlos Zeit für eine ganz klare Angelegenheit zu verwenden und, ohne von meinem Standpunkt abzurücken, erkläre ich mich dennoch bereit, mich mit Ihnen in die Kosten zu teilen, um damit erneut mein Entgegenkommen gegenüber einer langjährigen Arbeiterin zu dokumentieren. Sie wolle mir also bitte die RM 24,5o bei Gelegenheit überweisen.

Hochachtungsvoll

Friedrich Straehl

Entreprise Suisse

Schweizer Unternehmen

Reichsbank-Konto Nr. 83 · Deutsche Bank, Filiale Konstanz
Postscheck-Konto 1071, Karlsruhe · Giro-Konto Städt. Sparkasse Konstanz

O/0532

Schreiben der Firma Straehl an meine Mutter.

machen, daß ich schon immer meine Motor-Reparaturen bezahlen mußte, auch dann schon, als diese Abmachungen noch nicht bestanden und ich auch mehr als 50.- Mk. monatlich verdiente. Damals wurde eine Bezahlung Ihrerseits abgelehnt, weil der Motor mein Eigentum sei. Aber gerade, weil er mein Eigentum ist und ich ihn ja nur für Ihre Firma abgenutzt habe, wäre eine Bezahlung der Reparatur am Platze gewesen. Was meinen Unterverdienst in letzter Zeit anbelangt, dessentwegen Sie die Bezahlung der Reparatur ablehnen, dürfte es Ihnen bekannt sein, daß er nur deswegen entstand, weil ich einen beträchtlichen Teil meiner Zeit in uneigennütziger Weise für Arbeiten aufwandte, die dem demokratischen Wiederaufbau Deutschlands dienten, an dem wohl auch Sie ein Interesse haben dürften. Mich nun dafür noch bestrafen zu wollen, indem ich die Rechnung bezahlen soll, das verstehe ich nicht. Ich weiß nicht, ob ich durch meine 24jährige Tätigkeit für Ihre Firma nicht doch etwas mehr Entgegenkommen hätte erwarten dürfen. Ich schicke Ihnen daher die Rechnung wieder zurück. Wenn Sie aber glauben, dieselbe trotz der angeführten Gründe nicht bezahlen zu können, dann werde ich es eben selber tun...«

Na, das war wieder mal echt Johanna. Ich kann mir sie lebhaft vorstellen beim Schreiben dieses Briefes. Und sie hatte einen gewissen Erfolg damit. Denn wie aus der im Faksimile abgedruckten Antwort (19.8.1946) ersichtlich ist, erklärte sich die Firma bereit, sich mit meiner Mutter »die Kosten zu teilen« und bat um Überweisung von 24,50 RM.

Mit Sicherheit kam meine Mutter dieser Aufforderung nach, und das war wohl eine ihrer letzten »Amtshandlungen« bei der Firma Straehl.

Allerdings weiß ich, daß meine Mutter nach Jahren noch ein Treffen mit ehemaligen Straehl-KollegInnen organisierte, das sehr angenehm verlaufen war und zu dem auch der spätere Inhaber der Firma, Walter Straehl, eingeladen und erschienen war. Er habe sogar, wie mir gesagt wurde, »einen ausgegeben« für die früheren MitarbeiterInnen der Firma. Nobel – oder etwa nicht?

Eine neue Zeit – eine bessere Zeit?

Der Neubeginn in schwieriger Zeit

Für meine Eltern bedeutete das Kriegsende eine Befreiung. Sie selbst waren zwar in den Jahren des Faschismus leidlich davongekommen, aber viele ihrer GesinnungsgenossInnen wurden Opfer dieses so menschenverachtenden, mörderischen Systems.

Schon während des Krieges, so haben es mir meine Eltern später oft erzählt, hatten sie sich vorgenommen, nach Beendigung des braunen Regimes – und sie waren zutiefst überzeugt, daß der Faschismus nicht siegen werde –, gemeinsam mit anderen AntifaschistInnen und DemokratInnen einen neuen Staat aufzubauen – einen Staat, in dem die Menschen in Frieden und unter menschenwürdigen Bedingungen miteinander leben und arbeiten könnten. Sie orientierten sich dabei an dem Schwur der KZ-Häftlinge von Buchenwald »Nie wieder Faschismus – nie wieder Krieg«, und es war klar, daß sie sich künftig entsprechend ihrer bisherigen Lebensbiographie in der Gewerkschaft und der Kommunistischen Partei engagieren würden. Doch zunächst ging es erst mal ums nackte Überleben, um Arbeit und Brot, um ein Dach über dem Kopf... Daß trotzdem eine gewisse Aufbruchstimmung herrschte, ist mir noch gut in Erinnerung: Die Leute waren hungrig – auch nach einer neuen, besseren Zeit.

Nach dem Krieg hatte die Französische Militärregierung in Konstanz das Sagen. Nichts konnte ohne sie entschieden werden. Gewerkschaften und Parteien waren noch nicht zugelassen. Die Historikerin Margit Unser schreibt dazu:

»... In der ZOF (Zone d'Occupation Française) begann das politische Leben später als in den restlichen Besatzungszonen. Am 10. September 1945 durften die Gewerkschaften offiziell ihre Tätigkeit aufnehmen, die politischen Parteien vom 13. Dezember 1945 an...«[22]

»Widerstandsblock« – »Neues Deutschland« – »Antifa«

Diese Begriffe waren mir nach dem Krieg zwar geläufig, aber ich lernte erst mit der Zeit, was es damit auf sich hatte. Ich wußte damals lediglich, daß meine Eltern darin irgendwie involviert waren.

Bei meinen Recherchen im Konstanzer Stadtarchiv erfuhr ich darüber mehr: Die vor Kriegsende in Konstanz aktiven Widerstandsgruppen bildeten den »Widerstandsblock«, daraus wurde die »Antifa«, dann das »Neue Deutschland« bzw. später die »Antifaschistische Arbeitsgemeinschaft«, die alle ähnliche Ziele wie Bekämpfung der Nazis, demokratische Erneuerung, Säuberung der Wirtschaft von nazistischen Elementen, Requisitionen... in unterschiedlichen Organisationsformen verfolgten und überparteiliche Organisationen waren.

Die erste öffentliche Kundgebung der antifaschistischen Bewegung im Landeskommissariatsbezirk Konstanz fand am 11. November 1945 in Singen statt. Erwin Eckert und Dr. Karl Bittel referierten (»Südkurier« vom 20. November 1945).

Am 7. Dezember 1945 hieß es zu diesem Thema im »Südkurier«, daß nach Vorbesprechungen, an denen u.a. auch Erzbischof Dr. Gröber sowie weitere bekannte Persönlichkeiten teilgenommen hatten, das »Neue Deutschland« ins Leben gerufen wurde, das einen Zusammenschluß aller bestehenden örtlichen antifaschistischen Organisationen darstellte. Und weiter:

»... Damit ist ein Wunschtraum aller Antifaschisten in Erfüllung gegangen. Wir können heute wiederum in aller Öffentlichkeit zum Volk sprechen und für die Ideale einer neuen Demokratie werben...

... Es ist vielleicht das erste Mal in der deutschen politischen Geschichte, daß auf freiwilliger Grundlage – ausgerichtet auf ein gemeinsames großes Ziel – sich Kommunisten und Katholiken, Sozialisten und bürgerliche Demokraten zu engster Arbeitsgemeinschaft zusammengeschlossen haben. Im ›Neuen Deutschland‹ werden die Repräsentanten der verschiedenen Richtungen beweisen können, daß die Zeit des kleinlichen Parteihaders, wie er vor 1933 zum Unglück unseres Volkes an der Tagesordnung war, endgültig vorüber ist...

... Aufnahmeanträge sind in der Geschäftsstelle, Landratsamt Zimmer 51, erhältlich. Wir erwarten, daß alle Antifaschisten, welche Verantwortungsgefühl besitzen, mit uns arbeiten werden...«

In Konstanz wurde am 15. Dezember 1945 im »Capitol«-Kino eine Kundgebung des »Neuen Deutschland« mit mehreren Referenten veranstaltet, u.a. Erwin Eckert und als Versammlungsleiter Rudi Goguel, der »in sympathischen Worten der Opfer des Hitlerregimes gedachte«. Die Kundgebung, bei der auch das Städtische Orchester spielte, war laut »Südkurier« vom 18. Dezember 1945 so gut besucht, daß zweihundert Personen sogar in einem Nebenraum untergebracht werden mußten.

Wer ist »Joh. Hemm«?

In den Akten des Stadtarchivs[23] stieß ich in diesem Zusammenhang auf viele mir bekannte Namen von Personen diverser politischer Richtungen – christliche, liberale, sozialdemokratische, kommunistische oder parteilose – als Mitglieder des Widerstandsblocks, vor allem interessierte mich jedoch der Name Hemm.

Bald wurde ich fündig und las in einem Sitzungsprotokoll des Widerstandsblocks vom 2. September 1945: »Joh. Hemm«, maschinengeschrieben. Nun vermutete ich zuerst, daß es sich um meine Mutter – als dem später aktiveren Elternteil – handle, aber – Überraschung – »Joh. Hemm« war nicht Johanna, sondern mein Vater Johann, wie sich dann durch seine Unterschrift auf weiteren Anwesenheitslisten und die Berufsbezeichnung »Schneider« herausstellte. Allerdings trat er erst ab Juli 1945 auf, u.a. als Mitglied im einem der acht Ausschüsse des Widerstandsblocks, dem sogenannten Wiedergutmachungsausschuß, d.h. er war mit zuständig bei der Vergabe requirierter Gebrauchsgüter an Bedürftige.

Dazu mußten die Betreffenden ein Gesuch einreichen, und manchmal hatten sie Erfolg. Vor allem ehemalige KZ-Häftlinge erhielten einen gewissen Bonus. So wurde der Wiedergutmachungsausschuß zum Beispiel aufgefordert:

»Wollen Sie bitte an Herrn Rudolf Goguel, Konstanz, Beyerlestr. 7, einen Herrenanzug, eine Garnitur Unterwäsche, ein Paar Schuhe und zwei Paar Socken aushändigen.«

Oft tat sich jedoch gar nichts; beispielsweise entdeckte ich bei einer Nachfrage um ein Ersatzfahrrad in der Handschrift meines Vaters den Satz: »Kann auch nicht geholfen werden. Hemm.«

Die Aktivitäten meines Vaters im Widerstandsblock blieben eher bescheiden, doch immerhin enthalten manche Sitzungsprotokolle Wortmeldungen von ihm, zum Beispiel, daß er sich über den schlechten Zustand der requirierten Kleidungsstücke beklagte und er eine Reinigung und Ausbesserung vorschlug. Ja, der Herr Schneidermeister!

In der Sitzung des Widerstandsblocks am 1. Oktober 1945 beantragte mein Vater – großes Lob im nachhinein –, daß »auch Frauen in dieses Gremium aufgenommen werden sollen...« Der Antrag hatte Erfolg: Laut Protokoll stimmten alle sechzehn Anwesenden dafür. Grünes Licht für meine Mutter? Rotes für Vater? Nein: Als am 1. Februar 1946 die »Antifa« als politische Organisation aufgelöst und zur »Antifaschistischen Arbeitsgemeinschaft Konstanz« wurde, stand der Name Hemm in der Anwesenheitsliste gleich zweifach, einmal Johann, einmal Hanna.

Nachdenkliches und Kurioses bei Requisitionen

Über Requisitionen ist in den obigen Akten ebenfalls einiges dokumentiert. Was wurde nicht alles bei ehemaligen Nazis eingezogen. Das erstreckte sich von (einem) Frottiertuch, einem oder mehreren Bettlaken über Lederkoffer, Wäschekorb, Fußballschuhe, Brieföffner, Kristallvasen bis zum Flügel... Lange Listen über requirierte Radios, Fahrräder, Motorräder...

Im Sommer 1945 lautete eine Requisitions-Anforderung:

»Für die Militärregierung muß ein Eisschrank beschafft werden. Ich ersuche um Mitteilung von geeigneten Anschriften, wo noch Beschlagnahme von Eisschränken möglich ist.«

Selbst Hunde blieben nicht verschont, wogegen folgender Einspruch erhoben wurde:

»Es wird hiermit bescheinigt, daß Herr Otto Henze in der Widerstandsbewegung in leitender Funktion tätig ist. Von einer Requisition seines Hundes ist unter allen Umständen Abstand zu nehmen, zumal Herr Henze selbst z.Zt. für die Aktion ›Hunde-Requisition‹ eingesetzt ist.«

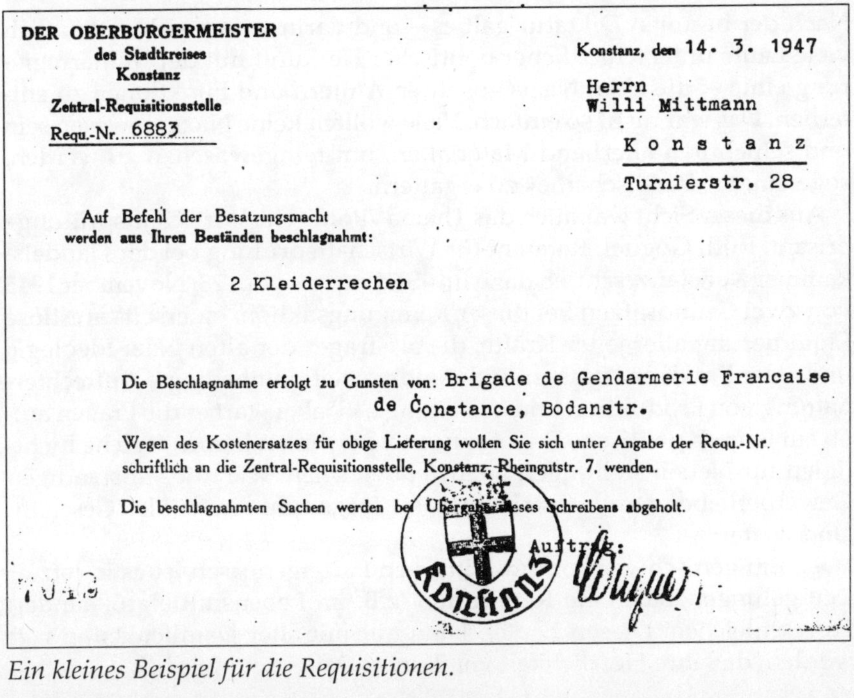

DER OBERBÜRGERMEISTER
des Stadtkreises
Konstanz

Zentral-Requisitionsstelle
Requ.-Nr. 6883

Konstanz, den 14. 3. 1947

Herrn
Willi Mittmann
Konstanz
Turnierstr. 28

Auf Befehl der Besatzungsmacht
werden aus Ihren Beständen beschlagnahmt:

2 Kleiderrechen

Die Beschlagnahme erfolgt zu Gunsten von: Brigade de Gendarmerie Francaise de Constance, Bodanstr.

Wegen des Kostenersatzes für obige Lieferung wollen Sie sich unter Angabe der Requ.-Nr. schriftlich an die Zentral-Requisitionsstelle, Konstanz, Rheingutstr. 7, wenden.

Die beschlagnahmten Sachen werden bei Übergabe dieses Schreibens abgeholt.

Im Auftrag:

Ein kleines Beispiel für die Requisitionen.

Interessant auch ein anonymes Schreiben:

»Es fällt auf, daß der 150%ige Parteigenosse Jansen, Brauneggerstr. 51 keine Kleider abliefern mußte, obgleich er doch so viele Sachen aus Frankreich mitgebracht hat und stets die Partei in großem Ton herausstrich. – Ein Nachbar.«

Meine bereits erwähnte Schulfreundin Inge Mittman, deren Vater Postbeamter und (ein kleiner) »PG« war, überließ mir einige Unterlagen über Requisitionen bei ihrer Familie. Da wurden »auf Befehl des Gouvernement Militaire folgende Sachen abgeliefert« (gegen Bescheinigung): ein Damenkleid, ein Kostüm mit Bluse, eine komplette Wäschegarnitur, ein Nachthemd, ein Paar Strümpfe, zwei Taschentücher, weiter ein Besteck komplett. Zu anderen Zeitpunkten: ein Leintuch, ein elektrisches Bügeleisen, ein Eimer, ein Rauchtisch (der später wieder zurückgegeben wurde), drei Dessertteller, zwei Kleiderrechen... Alles Dinge, welche die Familie mit drei Kindern sicher weiterhin selbst hätte gut gebrauchen können.[24]

Die »Säuberung« zwischen Anspruch und Wirklichkeit

Nach der braunen Diktatur galt es – und darin waren sich erstaunlich viele Leute unterschiedlicher politischer Herkunft mit der Militärregierung einig –, die alten Nazis aus ihren Ämtern und Funktionen zu entfernen. Das war nicht so einfach. Viele wollten keine Nazis gewesen sein und schleppten allerhand Material an, um reingewaschen zu werden, sogenannte »Persilscheine« zu ergattern.

Aus dieser Sicht war auch das Thema »Politische Wirtschaftsprüfung« brisant. Rudi Goguel, Referent für Wirtschaftsprüfung bei der Handelskammer Konstanz, schrieb dazu im »Südkurier« vom 23. November 1945 von zwei Grundsätzen bei dieser Reinigungsaktion: einerseits »restlose Liquidierung aller jener Kräfte, die als Träger der alten Nazi-Ideologie und Nazi-Praxis anzusehen sind«, andererseits »unbedingte Aufrechterhaltung von Produktion und Verteilung...« Dabei warf er die Fragen auf, ob ein Betrieb politische Entlassungen vornehmen könne, welche Richtlinien für Neueinstellungen anzuwenden seien, wie mit selbständigen Gewerbetreibenden verfahren werde... Insgesamt ein heikles Geschäft. Und weiter:

»... Einigen schwer kompromittierten Parteigenossen ist es in letzter Zeit gelungen, sich eine Konzession (z.B. im Lebensmittelgroßhandel) zu erschleichen. Diesen Leuten kann nur mit aller Deutlichkeit gesagt werden, daß ihre Herrlichkeit von kurzer Dauer sein wird...«

Ganz so kam es dann aber nicht. Erwin Eckert, damals Präsident des politischen Kontrollausschusses für die Säuberung in Baden äußerte sich bereits am 14. Mai 1946 im »Südkurier« warnend:

»... Es darf nicht weiterhin so bleiben, daß Nationalsozialisten und ihre Steigbügelhalter sich bereits wieder mit einer erstaunlichen Unverfrorenheit in Szene setzen und die Antifaschisten, die unter dem nationalsozialistischen Terror gelitten und Opfer an Leib und Leben gebracht haben, bei der politischen, wirtschaftlichen und kulturellen Neugestaltung unseres Landes ausgeschaltet bleiben...

... Die neue Demokratie vorzubereiten und sie vor Gefahren zu bewahren, bis sie frei und sicher ihren Weg nach dem Willen der verantwortungsbereiten und aufbauwilligen Mehrheit in unserem Lande zu gehen imstande sein wird, soll das Hauptanliegen aller derer sein, die beauftragt sind, in dieser Zeit der Not und der Unsicherheit Voraussetzungen zu schaffen für eine bessere Zukunft.«

Auch in den Parteien entwickelten sich bald Vorbehalte gegenüber der Säuberungspraxis, zum Beispiel bei den Kommunisten (»Südkurier« vom 8. März 1946):

»Die Kommunistische Partei im Landeskommissariatsbezirk Konstanz verfolgt mit Besorgnis die Entwicklung der bisher ausgeübten Säuberungspraxis. Sie ist der Auffassung, daß die Durchführung dieser Aktion nicht immer im Einklang mit den gesetzlichen Bestimmungen des Gouvernement Militaire zu bringen ist und häufig den Erwartungen der werktätigen Bevölkerung widerspricht. Die Kommunistischen Partei vertritt den Standpunkt, daß die Säuberung nicht dazu führen darf, daß kleine Mitläufer des Nationalsozialismus bestraft werden, während die Hauptverantwortlichen in ihren Stellungen verbleiben...«

Meine Eltern hatten beide mit der »Säuberung« zu tun. Bei meinen Recherchen zeigte sich, daß meine Mutter bereits im Januar 1946 auf Vorschlag der Gewerkschaft im Ermittlungsausschuß für Industrie, Handel und Handwerk war. Obwohl in den Akten meist als »Stellvertreter« genannt, nahm sie an einigen Sitzungen des Ausschusses teil, über die im Stadtarchiv Berichte vorliegen. Sie enthalten die Namen der zu ermittelnden Personen, die Frage nach deren Aktivitäten im Nationalsozialismus sowie Vorschläge für Sühnemaßnahmen und tragen Unterschriften der Ausschußmitglieder, oft auch die meiner Mutter. Anscheinend hatte die Arbeit dieser Ausschüsse aber an weitergehenden Stellen wenig Konsequenzen, so daß, wie es hieß, »Beschuldigte noch alle in ihren Stellungen sitzen«, ein Ärgernis für die Ausschußmitglieder, weshalb sie ihre Sitzungen ein paar Mal vorzeitig abbrachen.

Ab November 1946 wurden zwei Säuberungsausschüsse geschaffen, einer für Industrie und Handel, ein zweiter für Handwerk und Gewerbe. Meine Mutter wurde in letzteren delegiert für die Seite der Arbeiter und in einem Schreiben gebeten, am 18. November 1946 um 8.30 Uhr mit der Tätigkeit zu beginnen. Ganz korrekt die Anrede: Stadträtin Hanna Hemm.[25]

Schließlich las ich im »Südkurier« vom 18. Juli 1947 von zwei Spruchkammern, die die bisherigen Säuberungsausschüsse in Konstanz ablösten. In die eine wurde für die KP mein Vater, »Johann Hemm, städt. Angestellter«, in die andere meine Mutter, »Johanna Hemm, Stadtrat«, delegiert.

Leider habe ich keine Informationen, wie sich meine Eltern bei der Säuberung im Einzelfall verhielten. Aber ein oft zitierter Satz ist mir noch gut in Erinnerung: »Die Kleinen hängt man und die Großen läßt man laufen.« Und ich weiß auch, daß die Kommunisten irgendwann aus diesen Säuberungsgremien ausgestiegen sind, weil sie mit deren Praxis nicht einverstanden waren.

Ein kleine Episode aus der Praxis: Der Vater meiner Freundin Inge, der zur Entnazifizierung herangezogen wurde, sagte später zu seiner Tochter, meine Mutter hätte ihn »in die Pfanne hauen« können. Daß sie es nicht getan hat, mag für ihre Menschlichkeit sprechen; er war eben keine Nazi-Größe.

Grenzkarten erhältlich – aber für wen?

Im Lauf des Jahre 1946 wurden wieder Grenzkarten oder Tagesscheine ausgegeben, die einem bestimmten Personenkreis den Grenzübertritt in die Schweiz ermöglichten. Dazu sollten »integre« Konstanzer Privatpersonen zählen, vor allem aber die Gemüsebauern aus dem Paradies, damit diese ihre Felder im Tägermoos wieder bewirtschaften konnten.

Doch offensichtlich lief hier einiges schief, wie ich einem Artikel meiner Mutter im »Südkurier« vom 18. Juni 1946 entnehmen konnte:

»Woran liegt das?

Eine unserer Hauptsorgen ist zweifellos die Ernährung. Für Konstanz wurde diese Sorge insofern um einige Grade geringer, als seit geraumer Zeit die ›Paradiesler‹ ihre Felder in der Schweiz wieder bestellen können. Aber noch dürfen nicht alle hinüber. Gerade die Bewilligung der Grenzkarten hat zu ernsten Beanstandungen Anlaß gegeben. So hat z.B. mancher belastete PG schon seit Wochen eine Grenzkarte, dagegen warten Unbelastete seit langer Zeit auf die gleiche Karte vergeblich. Wir sind nun nicht der Meinung, daß die belasteten ›Paradiesler‹ nicht in die Schweiz gehen dürfen, aber wir glauben, daß die Unbelasteten doch hätten bevorzugt werden sollen, oder daß deren Bewilligung nicht immer hinausgeschoben wird.

Ähnlich liegen die Verhältnisse bei den privaten Kleingartenbesitzern. Auch hier lassen die Grenzkarten aus unbegreiflichen Gründen sehr lange auf sich warten. Die heutige Forderung heißt jedoch, jedes Stück Brachland für unsere Ernährung nutzbar zu machen. (...) Es wäre im Interesse unserer Ernährung zu wünschen, wenn die in Frage kommenden Stellen die Ausgabe der Grenzkarten beschleunigen würden.

In dieses Kapitel gehört auch die Ausstellung der Tagesscheine nach der Schweiz. Hier sind die Klagen der antifaschistischen Kreise groß. Denn sie müssen immer wieder feststellen, daß PGs, sogar ehemalige SS-Leute, nach der Schweiz gehen können, während antifaschistische Kreise Unterlagen über Unterlagen beibringen müssen, wenn sie einmal ihre Verwandten jenseits der Grenze besuchen wollen.

So hatten wir uns die Neuregelung der Grenzverhältnisse nicht vorgestellt.

Hanna Hemm«

Unter der Überschrift »Nochmals: Woran liegt das« meldete sich meine Mutter ein zweites Mal zum obigen Thema im »Südkurier« (6. August 1946) zu Wort:

»... Aus Gesprächen mit den zuständigen französischen Dienststellen entnahm ich, daß die Erteilung von Grenzkarten selbstverständlich von der politischen Zuverlässigkeit abhängig gemacht wird. Andererseits gibt es aber eine Reihe von öffentlichen Ämtern, deren Träger aus dienstlichen Gründen öfters in die Schweiz müssen. Mit Recht stellen sich die französischen Dienststellen auf den Standpunkt, daß es Angelegenheit der deutschen Säuberungsinstanzen sein muß, dafür zu sorgen, daß derartige Funktionen von politisch einwandfreien Personen besetzt werden. Dann kann auch die Grenzkarte nicht mehr von Nationalsozialisten zu ihrem persönliche Vorteil mißbraucht werden.

Unabhängig von dieser Feststellung bleibt aber die Tatsache bestehen, daß von seiten des deutschen Paßamtes – zumindest bis zum Zeitpunkt meines öffentlichen Protestes – eine nicht immer politisch einwandfreie Behandlung der Anträge erfolgt ist.

Hanna Hemm«

Weitere Frauen engagieren sich

Obwohl sehr in der Minderheit, so waren auch Frauen bestrebt, den Neuaufbau mitzugestalten. In zahlreichen Städten gründeten sich überparteiliche Frauenausschüsse und Frauenringe, im süddeutschen Raum zum Beispiel in Freiburg, Singen, Baden-Baden, Tübingen, Lindau... Sie wandten sich mit ihren frauenspezifischen Forderungen sogar an die Verfassungsgebende Landesversammlung Badens und waren damit in manchen Bereichen durchaus erfolgreich: Einige Artikel der Badischen Verfassung übernahmen die wörtlichen oder sinngemäßen Formulierung der von den Frauen erhobenen Forderungen.[26]

In Konstanz wurde im Herbst 1946 ein solcher Frauenausschuß ebenfalls ins Leben gerufen. Und natürlich war meine Mutter mit dabei (»Südkurier« vom 25. Oktober 1946).

»An die Konstanzer Frauen!

Vor kurzer Zeit hat sich in Konstanz ein überparteilicher, demokratischer Frauenausschuß gebildet, dem Vertreterinnen von drei Parteien, parteilose Frauen, Frauen aller Berufe und Hausfrauen angehören. Dieser Ausschuß übermittelt uns einen längeren Aufruf an die Konstanzer Frauen. Es wird in diesem Aufruf u.a. verlangt:

Völlige Gleichberechtigung der Frauen auf allen Gebieten, Mitwirkung an allen entscheidenden Stellen der öffentlichen Verwaltung, gleiches Recht auf Arbeit, gleiche Aufstiegsmöglichkeiten, gleiche Löhne bei gleicher Arbeit, Berufung der Frauen in alle Berufsvertretungen, Gewerkschaften usw., Hebung der Stellung der verheirateten Frauen durch Neuordnung des Familienrechts, starke Mitarbeit auf kulturellem und sozialem Gebiet und zwar in führenden Stellen, höhere Wertschätzung der Hausfrauenarbeit.

Der Frauenausschuß will allen Frauen helfend zur Seite stehen. Er ruft deshalb alle Konstanzer Frauen zur Mitarbeit auf. In den zu bildenden Kreisernährungsausschuß hat der Frauen-Ausschuß drei Vertreterinnen ernannt; er beabsichtigt ferner eine Beratungsstelle einzurichten, zu der alle Frauen, gleich welcher Partei, Religion und Anschauung mit ihren Sorgen und Nöten kommen sollen.

Unterzeichnet ist der Aufruf des Frauen-Ausschusses von Johanna Hemm (KP), Klara Leonhardt (SP), Else Munding (DVP) und Ch. Mc. Farlane Schlichter (parteilos).«

Gewerkschaftlicher Neuaufbau

Sie organisieren sich wieder

Mündlichen Berichten zufolge fanden schon vor der offiziellen Neugründung der Gewerkschaften Zusammenkünfte von Personen statt, die sich aus der Zeit vor 1933 aus der Gewerkschaftsarbeit kannten. Zu ihnen gehörte auch meine Mutter. Als frühere Betriebsrätin bzw. Betriebsratsvorsitzende bei der Firma Straehl wußte sie um die Wichtigkeit gewerkschaftlicher Organisation. Und sie hatte diesbezügliche Erfahrung in der Textil- und Bekleidungsbranche, die sie einbringen konnte.

So herrschte emsige Betriebsamkeit bei den GewerkschafterInnen. Viele Fragen standen im Raum:

– Wie sollen die neuen Gewerkschaften aussehen? Sollen sie zentral oder dezentral ausgerichtet sein? Gesamtdeutsch gar? Wie soll der Aufbau sein: »Ein Betrieb – eine Gewerkschaft?«

– Kann die Zersplitterung nach parteipolitischen und religiösen Kriterien (Richtungsgewerkschaften) wie in der Weimarer Zeit verhindert werden? Wird es eine Einheitsgewerkschaft geben? Wie können die KollegInnen der christlichen Richtung für eine Einheitsgewerkschaft gewonnen werden, wie die Angestellten?

– Wie weit soll die Mitbestimmung gehen? Sind sozialistische Tendenzen erlaubt oder tabu?

Fragen über Fragen. Aber jegliche Aktivitäten waren nur möglich im Einvernehmen mit den Besatzungsmächten. Margit Unser beschrieb die damalige Situation ausführlich, ich fasse kurz zusammen: Mit der Verordnung Nr. 6 vom 10. September 1945 genehmigte die Französische Militärregierung offiziell die Gründung von fachbezogenen Gewerkschaften auf Ortsebene. Die Bildung ihrer Landesverbände wurde erst später gestattet. Ab 1946 durften sich die einzelnen Fachgewerkschaften auf Ortsebene zu sogenannten »Ortsausschüssen« zusammenschließen, Verbindungen auf Kreisebene (Kreisausschüsse) folgten ebenfalls erst später. Außerdem wurde verordnet, daß der Zweck der Gewerkschaften ausschließlich in der Wahrnehmung der Berufsinteressen ihrer Mitglieder bestehe.

Für die Gründung einer Gewerkschaft forderte die Besatzungsmacht genau bestimmte Abläufe und vor allem politisch unbelastete Personen, was durch Fragebogen überprüft wurde – alles in mehrfacher Ausführung, deutsch und französisch. »Eine Gewerkschaft war erst dann gegründet, wenn das Gouvernement Militaire die Statuten und die Liste der Vorstandsmitglieder gebilligt hatte.«[27]

Die Einheitsgewerkschaft – ein hohes Gut

Meine Eltern vermittelten mir viel über die (Einheits-)Gewerkschaft, daß sie ein Gegengewicht zum Kapital ist, parteipolitisch neutral, aber nicht unpolitisch sein sollte. Außerdem las ich dazu Geschichtliches in zahlreichen Quellen, zum Beispiel:

»Bis zum Jahre 1933 konnte man in Deutschland fünf Gewerkschaftsrichtungen mit mehr als 200 Gewerkschaften feststellen. Eine Zersplitterung der gewerkschaftlichen Kraft, die nicht zum Vorteil der Arbeiterschaft gewesen ist...«[28]

Die Einheitsgewerkschaft wurde uns allerdings nicht geschenkt, sie wurde aus bittersten Erfahrungen geschaffen, wie Franz Steinkühler (IG Metall) in den achtziger Jahren eindrucksvoll schilderte:

»... Seit der Reichstagswahl von 1930 stand die Gefahr des Faschismus vor aller Augen. Aber viele sahen sie nicht, wollten sie nicht sehen, kämpften lieber gegen den eigenen Kollegen als gegen den gemeinsamen Gegner. Wir alle wissen, wie schmachvoll das Jahr 1933 für uns Gewerkschafter geworden ist. (...) In den Konzentrationslagern (...) und in zahllosen Gefängnissen und Zuchthäusern fanden sie sich wieder, die ›feindlichen Brüder‹. Da lag der Kommunist neben dem Sozialdemokrat, da half der Atheist dem Christen. Da begann der bittere Weg nach Dachau und Buchenwald. In dieser Zeit, unter den Erfahrungen von Blut, Schweiß und Tränen, ist sie zusammengeschmiedet worden: unsere Einheit. Hier wurden die Lehren aus der Geschichte gezogen. Bei uns in Baden-Württemberg braucht es keine gelehrte Abhandlungen über den Zusammenhang von gemeinsamem Widerstand und Einheitsgewerkschaft. Da genügt ein Name: Willi Bleicher. Ja, die Konzentrationslager waren – wie ein bekanntes Buch sie nennt – ›Stationen zur Hölle‹, aber es waren zugleich für die Überlebenden, für uns, Stationen auf dem Weg zur Einheit...«[29]

Die Einheitsgewerkschaft war nach dem Krieg kaum umstritten. So sagte beispielsweise der spätere DGB-Vorsitzende Ludwig Rosenberg 1949 in seinem Referat beim Vereinigungskongreß der Gewerkschaft Textil und Bekleidung den anschaulichen Satz:

»... Es soll uns ganz egal sein, ob von Golgotha oder von Karl Marx her die Menschen zur Überzeugung gelangen, daß ein Leben in Freiheit für uns nur durch gemeinsame gewerkschaftliche Arbeit erreicht werden kann...«[30]

Allerdings war es auf Dauer nicht möglich, alle Gewerkschaftswilligen von der Idee der Einheitsgewerkschaft zu überzeugen. Bereits 1949 kam es zur Abspaltung der DAG, der Deutschen Angestelltengewerkschaft[31], 1955 erfolgte die Gründung der Christlichen Gewerkschaftsbewegung Deutschlands, die 1959 in Christlicher Gewerkschaftsbund (CGB) umbenannt wurde.[32]

Meiner Mutter waren diese Abspaltungen unverständlich. Sie betrachtete die Einheitsgewerkschaft als eine äußerst bedeutsame Errungenschaft nach dem Zweiten Weltkrieg. Daß sie später manchmal sogar persönlich auf diese Einheitsgewerkschaft pochen mußte, wenn es um KommunistInnen in der Gewerkschaft ging, ahnte sie anfangs zwar noch nicht, aber es sollte sich immer wieder zeigen. Denn so wie der allgemeine Antikommunismus im Laufe der Zeit zunahm, so entwickelten sich antikommunistische Tendenzen auch in den Gewerkschaften, denen sich meine Mutter und ich später ebenfalls trotz Einheitsgewerkschaft ausgesetzt sahen, manchmal versteckt, manchmal offener.

Gewerkschaftsgründungen vor Ort

In Konstanz hatten ehemalige Gewerkschaftsfunktionäre bereits am 28. Juni 1945 einen Antrag auf Neugründung von Gewerkschaften eingereicht, darunter mein Vater, meine Mutter und mein Onkel Fritz Bächler.[33] Anfang November waren es im Stadtkreis Konstanz schon sieben Anträge, darunter die »Metallarbeitergewerkschaft« und die »Gewerkschaft für Textil, Bekleidung und Leder« (»Südkurier« vom 9. November 1945). Die Genehmigung für alle sieben wurde am 31. Dezember 1945 erteilt, wobei das Gouvernement Militaire monierte, daß drei der Antragsteller, darunter mein Onkel als Mitunterzeichner bei den »Metallern«, beim Zulassungsantrag ihren Fragebogen nicht beigelegt hatten.[34]

Am 30. Oktober 1945 erschien im »Südkurier« ein Aufruf an »Arbeiter, Angestellte und Beamte von Konstanz«, sich den Gewerkschaften anzuschließen, die sich in den kommenden Wochen bilden würden. Bei den Unterzeichnern des Aufrufs waren meine Eltern zwar nicht, wohl aber zu meinem Erstaunen Onkel Fritz. Wie schön, er war also nicht nur mein Onkel, Hobby-Maler und Fastnachter, wie ich ihn bisher eher in Erinnerung hatte... Ich erlebte ihn jedoch nicht als anhaltend kämpferischen Gewerkschaftler oder Kommunisten, möglicherweise, weil er sich Anfang der fünfziger Jahre selbständig machte und eine kleinen Reparaturwerkstatt für Automaten betrieb.

Bei den Unterzeichnern des erwähnten Aufrufs befand sich auch Hermann Henseler. Er war, wie ich als Mädchen mitbekam, »auf dem Gewerkschaftsbüro« in der Oberen Laube 63, besaß gute Verbindungen zu den Franzosen, sprach fließend Französisch. Daß er Rheinländer war, hörte man an seinem Akzent, und Insider nannten ihn daher bisweilen »det Herrmännche«, was keineswegs abwertend sein sollte. Hermann Henseler wurde später der erste DGB-Kreisvorsitzende in Konstanz. Sein Amtsnachfolger Erwin Reisacher schrieb in seinem Buch, daß Hermann Henseler »damals schon die ›Graue Eminenz‹ der Konstanzer Gewerkschaften war«.[35]

Hermann Henseler schien aufgrund seiner politischen Vergangenheit eine nicht ganz unumstrittene Person gewesen zu sein, wie ich aus Erzählungen weiß. Inzwischen habe ich nachgelesen, daß er – aus der christlichen Richtung kommend – während der Nazi-Zeit im Genfer Internationalen Arbeitsamt Dienst tat und auch mit den Nazis Kontakte pflegte.[36] In den »Konstanzer Wahrheiten«, der Stadtzeitung der KPD, wurde 1953 zu Henselers früheren politischen Tätigkeiten ebenfalls Stellung bezogen und erklärt, falls die inzwischen bekannt gewordenen Vorwürfe stimmen, habe er »nichts mehr in seiner gewerkschaftlichen Funktion zu suchen«.[37]

Nach dem obigen Aufruf begann in Konstanz offiziell das gewerkschaftliche Leben. Die erste Gewerkschaft, die sich in Konstanz neu gründete (15. November 1945), war die Metallarbeitergewerkschaft, bei der Fritz Bächler zweiter Vorsitzender wurde. Einem Bericht des »Südkurier« vom 20. November 1945 zufolge referierte mein Onkel in dieser Versammlung kurz darüber, »was die Gewerkschaften waren, und nun wieder werden sollen. Vor allem der Jugend solle man erklären, was eine Gewerkschaft ist...« Die Jugend hatte es ihm wohl angetan, denn im »Südkurier« vom 30. April 1946 veröffentlichte er einen ausführlicher Artikel, ja eher einen Appell, mit dem Titel »An die Jugend«, die er zur Mitarbeit in der Gewerkschaft gewinnen wollte.

Die Gründung der »Gewerkschaft für Textil, Bekleidung und Leder« erfolgte zwei Tage später als die der Metall-Gewerkschaft und wird von mir in einem eigenen Kapitel beleuchtet, in dem dann auch die gewerkschaftliche Arbeit meine Mutter gewürdigt wird.

Erste Gewerkschaftskonferenzen

Zum weiteren gewerkschaftlichen Aufbau waren immer wieder Konferenzen nötig. Die erste größere wurde am 5. Januar 1946 in Radolfzell durchgeführt. An ihr nahmen VertreterInnen der bereits gegründeten sowie der noch zu gründenden Gewerkschaften teil. Es wurde eine Reihe organisatorischer Fragen erörtert, aber auch über »Zukunftsfragen« nachgedacht (»Südkurier« vom 11. Januar 1946).

Von der nächsten Konferenz las ich im »Südkurier« vom 26. März 1946 erst mal eine Ankündigung, nämlich daß diese am 30. März 1946 in Engen stattfinde und alle genehmigten sowie beantragten Gewerkschaften eingeladen seien. Dann folgte die Tagesordnung und schließlich der damals wichtige Satz: Für Mittagessen ist gesorgt. Bei einer anderen Konferenz hieß es gar: Eßbesteck ist mitzubringen!

Der »Südkurier« schrieb über diese Engener Konferenz am 5. April 1946 einen ausführlichen Artikel. Es wurde von einem Referat, weiteren behandelten Themen und einer lebhaften Diskussion berichtet. Und abschließend:

»... Als Gesamteindruck ist festzustellen, daß die Verhandlungen auf beachtenswerter geistiger Höhe standen und durch keinen Mißton getrübt wurden. Die aufgetretenen Meinungsverschiedenheiten waren nur sachlicher Art und wurden auch sachlich ausgetragen. Die Tagung war ein Musterbeispiel demokratischen Lebens und einer Einheitsgewerkschaft, wie sie sein soll.«

Der 1. Mai 1946 – ein Erlebnis!

In Konstanz fand 1946 die erste Maifeier der Gewerkschaften nach dem Krieg im größten Saal der Stadt, dem »Oberen Konzilsaal«, statt. Sie wurde von der Militärregierung nur unter strengen Vorgaben genehmigt. Redner waren dabei Julius Grimm (Eröffnung), als Vertreter der Parteien sprachen die Herren Greis (SP), Fritz (CSV) und Goguel (KP) kurze Begrüßungsworte, das Hauptreferat hielt der damalige Geschäftsführer der Gewerkschaften Hermann Henseler.

Für mich war es die erste von inzwischen über fünfzig gewerkschaftlichen Maiveranstaltungen, die ich in Konstanz mitmachte. Ich war sehr beeindruckt. Von der Stimmung, von den vielen Leuten und der »Demo«. Aber auch der »Südkurier« (3. Mai 1946) reagierte positiv:

»Frei, von niemand gezählt und von niemand auf seine ›politische Haltung‹ mißtrauisch beobachtet, fanden sich am Mittwoch zur Maifeier der Konstanzer Gewerkschaften im Konzil etwa 2000 frohe Menschen, Werktätige aller Schichten zusammen, um den Tag gemeinsam zu begehen im festen Willen, die Zukunft aus eigener Kraft gestalten zu helfen und die Vergangenheit abzustreifen...

... Die Ausführungen des Redners wurden öfters von den aufmerksamen Zuhörern mit lebhafter Zustimmung begleitet. Nach einem gemeinschaftlichen Lied bildete sich unter Vorantritt der Stadtkapelle, die mit ihren Vorträgen auch den musikalischen Rahmen der Feier geschaffen hatte, ein großer Zug, der sich von der Marktstätte durch die Kanzleistraße zum Stefansplatz bewegte und dort die Maifeier mit dem traditionellen, seit 14 Jahren nicht mehr gehörten Lied ›Brüder, zum Licht und zur Sonne‹ beschloß.«

Das Lied ist hier zwar etwas falsch zitiert, aber GewerkschafterInnen wissen (hoffentlich!), wie es richtig heißt. Schließlich wird es immer bei Maifeiern gesungen. Dazu erhob man sich früher immer. Das gehörte sich so. Ich kannte es 1946 nur leidlich, habe es aber sehr rasch gelernt, und dieses Lied berührt mich jedesmal aufs Neue, wo auch immer es erklingt oder ich es selbst singe. Bin ich altmodisch? Ich glaube nicht. Nur das mit den »Brüdern« mißfällt mir heute, während es mich früher nicht störte, denn es ist ja mittlerweile auch eine stattliche Zahl von »Schwestern« in der Gewerkschaft organisiert. Ich könnte mit der folgenden Korrektur, die übrigens bei manchen Kolleginnen oft schon realisiert wurde, gut leben: »Brüder, zur Sonne, zur Freiheit – Schwestern, zum Lichte empor...«

Dieser 1. Mai 1946 war, wie in den folgenden Jahren auch noch, mehr als eine Kundgebung, er war eine richtige Feier, eine festliches Ereignis. Honoratioren aus Verwaltung und Parteien waren anwesend. Mein Vater ging im schwarzen Anzug, meine Mutter in ihrem besten Kleid und mit Hut. Und ich durfte ebenfalls dabei sein – gut zehnjährig.

Im Konstanzer Ortskartell/Gewerkschaftsausschuß

Kollegin Johanna – auch in diesem Gremium aktiv

Im Ortskartell treffen sich VertreterInnen der einzelnen (Fach-)Gewerkschaften einer Stadt regelmäßig, um über verschiedenste gewerkschafts-, gesellschafts- und kommunalpolitische Fragen miteinander zu diskutieren, Veranstaltungen und Aktionen vorzubereiten, kurz – um das gewerkschaftliche Leben vor Ort zu bereichern.

Meine Mutter erzählte mir, daß es ein dem Ortskartell ähnliches Gremium in Konstanz bereits Ende der zwanziger bis Anfang der dreißiger Jahren gab und daß sie darin schon aktiv war. Bei meinen Recherchen entdeckte ich tatsächlich ihren Namen im »Konstanzer Volksblatt« vom 21. Januar 1933, als sie sich in einer »gut besuchten Sitzung« des Ortsausschusses Konstanz des ADGB zu Wort meldete und zwar im Zusammenhang mit einem »Arbeitsplan im Notwerk der deutschen Jugend«. In der Zeitung reichte es lediglich zu der Bemerkung: »Kollegin Hemm ist dagegen.«

Aus der quellenreichen Magisterarbeit von Susan Hunn »Antifa und Gewerkschaftsbewegung in Konstanz 1945-1949« konnte ich zu diesem Thema weitere interessante Informationen gewinnen, zum Beispiel, daß in Konstanz die ersten Ortskartell-Sitzungen nach dem Krieg »noch vor der offiziellen Gründungserlaubnis der Franzosen abgehalten wurden«.[38] An das in der Arbeit genannte Sitzungslokal »Bauhof« entsinne ich mich gut, hielt ich mich doch später bei meinen eigenen Aktivitäten ebenfalls in diesen Räumlichkeiten auf. Kartellsitzungen waren in den ersten Nachkriegsjahren anscheinend recht lebhaft, gut besucht und dauerten oft bis nach 23 Uhr, wie ich diversen Protokollen entnehmen konnte.[39]

Doch zurück zu den Neuanfängen. Im Sommer 1946 durfte das Konstanzer Ortskartell im Lokal »Hussenkeller« offiziell gegründet werden.[40] Der Hussenkeller war damals ein beliebtes Versammlungs- und Tanzlokal in der Neugasse und mußte der späteren Gaststätte »Wienerwald« weichen. Heute befindet sich dort die Hussenpassage.

Insgesamt sechsundvierzig Delegierte der verschiedenen Gewerkschaften waren bei der Gründungsversammlung anwesend, sie beschlossen eine Satzung und wählten einen Vorstand. Auch meine Mutter nahm an dieser Versammlung teil, ebenso mein Onkel Fritz Bächler, der in der obigen Arbeit allerdings »Bücheler« genannt und Kassier wurde. Inzwischen liegt mir ein französisches Protokoll dieser Sitzung vor, aus dem hervorgeht, daß mein Onkel für das Amt des stellvertretenden Vorsitzenden kandidiert hatte, aber nicht zum Zuge kam. Ähnlich bei meiner Mutter: Sie bewarb sich um einen der zwei Beisitzerposten (»membre adjoint«), erhielt jedoch ebenfalls nicht genügend Stimmen.[41]

Im darauf folgenden Jahr zogen die GewerkschafterInnen am 25. Juni 1947 in einer Generalversammlung des Stadtkreises Konstanz eine erste Bilanz ihrer Arbeit (»Südkurier« vom 4. Juli 1947):

»Bis jetzt zehn Gewerkschaften in Konstanz

... Mit der großen Kundgebung im Konzil zur Feier des 1. Mai 1946 traten die Gewerkschaften zum ersten Mal vor die Öffentlichkeit und festigten durch die glänzend verlaufene Veranstaltung das Ansehen, das sie sich schon nach kurzer Zeit in unserer Stadt zu verschaffen gewußt hatten. (...) Die Arbeit des vorläufigen Gewerkschaftsausschusses fand ihre vornehmste Anerkennung darin, daß sämtliche Vorstandsmitglieder einstimmig wiedergewählt wurden...

... Der Jahresbericht gibt ferner ein eingehendes Bild über diese Tätigkeit, die trotz der schwierigen Zeitverhältnisse von sichtlichen Erfolgen begleitet war. Er stellt vor allem die Bemühungen der Gewerkschaften um eine Besserung der Ernährungslage heraus, weist auf die große Ernährungskundgebung im Konzil vom 22. Oktober 1946 und auf die zahlreichen Beratungen und Besprechungen dieses Problems mit deutschen Behörden und mit der Militärregierung hin. Ebenso mußte der Gewerkschaftsausschuß wiederholt in Fragen der Arbeitsverpflichtung, der Demontage von Maschinen und in vielen anderen, die Interessen der Arbeiter berührenden Fragen bei den zuständigen Stellen vorstellig werden. Dazu kam seine Mitarbeit bei der politischen Säuberung in Handel und Industrie, die Organisation und Durchführung der Betriebsratswahlen, die Mitarbeit bei der Gründung der Konstanzer Volkshochschule, die Veranstaltung von Sondervorstellungen des Stadttheaters und die Summe von Kleinarbeit, die sich aus der Notwendigkeit ergab, in unzähligen Fällen für einzelne Arbeiter und Angestellten und ganze Gruppen Verschlechterungen der Arbeitsbedingungen abzuwehren oder Verbesserungen zu erzielen. Die Zahl der angeschlossenen Gewerkschaften ist inzwischen auf zehn gestiegen, die Mitgliederzahl auf mehr als 2500. Weitere Neugründungen von Gewerkschaften stehen bevor...

... wurden die Wahlen zum Vorstand vorgenommen, der sich folgendermaßen zusammensetzt: Julius Grimm 1. Vorsitzender, Emmeran Brigl 2. Vorsitzender, Hermann Henseler Geschäftsführer, Fritz Bächler 1. Kassier, Josef Dietrich 2. Kassier, Anton Wahl und Hanna Hemm Beisitzer...«

Laut Protokoll äußerte sich meine Mutter in dieser Versammlung zum Jahresbericht, wobei sie zwei Themen ansprach:

»... In Bezug auf die Tatsache, daß 75 Grenzgängern die Grenzkarte entzogen wurde und daß der Prüfungsausschuß der Gewerkschaften davon nicht in Kenntnis gesetzt wurde, machte sie dem Arbeitsamt einen Vorwurf. Weiter erklärte sie, daß die Gewerkschaften bestrebt sein müßten, der Mitarbeit der Frauen in den Gewerkschaften mehr Aufmerksamkeit zu schenken. In der Gewerkschaft der Textilarbeiter seien z.B. bereits 75-80 % Frauen organisiert, derer sich die Gewerkschaften mehr annehmen müßten. Sie bittet den Vorstand, sich dieser Aufgabe zu widmen...«

Anschließend wurde zu ihrer Person vermerkt:

»... Es wird noch die Frage einer Entschädigung für die Kollegin Hemm für ihre geleistete Arbeit auf dem Gewerkschaftsbüro während der Abwesenheit der Sekretärin aufgeworfen...«[42]

Mir persönlich ist diese Beschäftigung nicht mehr in Erinnerung, aber jedenfalls wurden meiner Mutter für diese »Aushilfstätigkeit« im nachhinein fünfzig Mark bewilligt.[43]

Johanna fällt in Ungnade und behauptet sich trotzdem

Meine Mutter engagierte sich nach 1945 wieder sehr im Konstanzer Ortskartell, besuchte konsequent die Kartellsitzungen und war dort zeitweise auch Schriftführerin. Allerdings hatte sie aufgrund ihrer KPD-Mitgliedschaft so manchen Strauß auszufechten. Diese Diskussionen bedrückten sie immer sehr.

Erwin Reisacher schreibt über das Ortskartell in seinem Buch u.a.:

»... Im Ortskartell stritten sich drei politische Strömungen: Stärkste Gruppe waren die Sozialdemokraten, ihr Sprecher war Julius Grimm, gefolgt von den Kommunisten mit der Kollegin Johanna Hemm und den Christlichen, die von Hermann Henseler, Emmeran Brigl und Karl Seeberger repräsentiert wurden. Die Kollegen beschworen einander, Fehler, wie sie vor 1933 begangen worden waren, auf keinen Fall mehr zu wiederholen. Jetzt komme es darauf an, fest und unverrückbar zusammenzustehen...«[44]

Aber bald wurden die Kommunisten im Ortskartell nicht mehr akzeptiert. So berichtete der »Südkurier« am 21. Mai 1948 über die Generalversammlung des Ortskartells:

»Kurswechsel bei den Konstanzer Gewerkschaften

Die Vorstände und Delegierten der 12 Konstanzer Gewerkschaften hatten sich am Mittwochabend versammelt, um die Neuwahlen des Kartellvorstandes durchzuführen. Vor etwa 80 Gewerkschaftsfunktionären erstattete der Geschäftsführer Hermann Henseler nach der Eröffnung durch den Vorsitzenden, Stadtrat Grimm, den Tätigkeitsbericht für das abgeschlossene Verbandsjahr...

... In der Diskussion, die weit über den Rahmen der örtlichen Gewerkschaftspolitik hinausgriff und ein zweifellos hohes politisches Niveau der Gewerkschaftler bewies, wurden zwei Tendenzen bemerkbar: Die eine – durch Lehmann, Hanna Hemm und Huber vertretene Auffassung, daß die beim 1. Mai aufgetretene Apathie und die beim Kampf um das Betriebsrätegesetz zutage getretene Schwäche Anzeichen für eine bedrohliche Entwicklung sind und daß man eine energischere Politik betreiben müsse, die sich vor allem auf die unteren Einheiten der Organisation stützen müsse und den Wünschen der Arbeiterschaft Rechnung trägt. Dann der andere von Henseler verteidigte und von Meyer, Stadtrat Fritz und anderen unterstützte Standpunkt, daß man unter den gegebenen Kräfteverhältnissen nicht mehr erreichen könne...«

Die Vorstandswahlen brachten beim Vorsitzenden und Geschäftsführer keine Änderung, wohl aber bei anderen Posten:

»... Die Kollegen Brigl, Bächler und Hanna Hemm scheiden aus dem Vorstand aus. Mit dieser Wahl wurde in Konstanz zum ersten Mal das seit der Neugründung der Gewerkschaften befolgte Prinzip der Parität verlassen, indem die kommunistisch orientierte Gruppe nicht mehr im Vorstand vertreten ist.«

Im Protokoll der folgenden Ortskartell-Sitzung wurden »persönliche Gründe« für die Abwahl meiner Mutter und meines Onkels angegeben.[45] – Na, wirklich?

Erwin Reisacher führt weiter aus, daß die Kommunisten aus dem Vorstand des Ortskartells »ausgebootet« wurden, was mit »erheblichen Turbulenzen verbunden war, weil die KPD-Mitglieder sich den Ausschluß natürlich nicht einfach gefallen lassen wollten...« Außerdem habe es sich bei der Aktion um eine »von oben angeordnete Direktive« gehandelt, bei der argumentiert wurde, »... daß eine Einheitsgewerkschaft mit den Kommunisten nicht zusammenarbeiten könne. Kommunisten hätten eine andere Einstellung zu Gewerkschaften als Sozialdemokraten oder Christliche, für sie seien die Gewerkschaften nur der verlängerte Arm der Partei. Sie hätten die von der KPD erteilte Aufgabe, mittels der Gewerkschaften die Arbeiterschaft zu disziplinieren. Innerhalb freier Gewerkschaften verbiete sich aus diesem Grund jegliche Zusammenarbeit mit den Kommunisten. Zum zweiten machten auch die christlichen Gewerkschaftler deutlich, daß sich ihr Bild vom Menschen in der Arbeitswelt diametral unterscheide vom klassenkämpferischen Ansatz der Kommunisten...«

Die weitere Entwicklung vor Ort kommentiert Erwin Reisacher schließlich:

»... In Konstanz blieben die Kommunisten jedoch nur vorübergehend ausgegrenzt, nach wenigen Monaten waren sie wieder im Vorstand vertreten, zu stark war die Position der einzelnen kommunistischen Funktionäre in den Betrieben, wo viele eine aufopfernde Arbeit für die Beschäftigten leisteten. Zu Recht hatten sie bei jeder Gelegenheit betont, daß es im Widerspruch zum Einheitsgedanken stehe, sie von Vorstandspositionen fernzuhalten...«[46]

Ganz kamen die Konstanzer Gewerkschaften an meiner Mutter nicht vorbei. Sie war zu aktiv sowohl in ihrer eigenen Gewerkschaft Textil und Bekleidung als auch im Badischen Gewerkschaftsbund, die inzwischen beide ihre Arbeit ausgeweitet hatten. So las ich im Protokoll der Kartellsitzung vom 3. November 1948, bei der meine Mutter laut Anwesenheitsliste nicht zugegen war, von einem Beschluß im Zusammenhang mit dem 2. Bundestag des »Badischen Gewerkschaftsbundes«:

»... Es wurde beschlossen, alle Gewerkschaften aufzufordern, noch vor Jahresende eine Mitgliederversammlung abzuhalten, in welcher einer der Konstanzer Teilnehmer (...) oder Frau Hemm, Bericht erstatten sollen. Ferner wurde beschlossen, der Kollegin Hemm zu ihrer Wahl in den Bundesvorstand zu gratulieren und sie zu bitten, in Zukunft an den Sitzungen des Ausschusses teilzunehmen, um sich über die Auffassungen der Konstanzer Gewerkschaften fortlaufend zu informieren und ihrerseits über die Sitzungen des Bundesvorstandes zu berichten...«[47]

Warum dieser Sinneswandel in Bezug auf meine Mutter? Ein Trostpflaster für den Rausschmiß vom Mai 1948? Das gerade nicht, aber immerhin hatte sie sich mit ihrer kompetenten Art ein Stück weit durchgesetzt.

An der Generalversammlung des Ortskartells im Jahre 1949 nahmen anscheinend sowohl mein Vater als auch meine Mutter teil; im Protokoll jedenfalls werden ein Kollege und eine Kollegin Hemm erwähnt, beide diskutierten mehrfach (zu innergewerkschaftlichen Problemen, Schulung der Betriebsräte, zum trizonalen Zusammenschluß der Gewerkschaften, zur Fleischversorgung). Meine Mutter stellte sich zur Wahl für den Beisitzerposten. Diesmal war es kein Problem für sie, gewählt zu werden, denn die Zahl der Beisitzer wurde auf fünf erhöht. Schließlich hieß es im Protokoll noch:

»... Der Geschäftsführer (...) begrüßt besonders die Anregung der Kollegin Hemm, die Betriebsräteveranstaltungen in Zusammenarbeit mit den Landesvereinigungen, dem BaGB und den Gewerkschaften des Seekreises zu organisieren...«[48]

Im Sommer 1950 wurde das Ortskartell entsprechend den DGB-Richtlinien aus ehrenamtlichen Vertretern der Einzelgewerkschaften sowie »hauptamtlichen FunktionärInnen« neu gebildet. Somit war meine Mutter als »Leiterin der Kreisverwaltung der GTB« kraft Amtes Mitglied in diesem neuen Gremium (»Südkurier« vom 14. August 1950).

Lob aus berufenem Munde

Meine Mutter blieb dem DGB-Ortskartell treu bis weit in ihren Rentenstand, trotz der genannten Tiefen. Sie wurde vom Kreisvorsitzenden Erwin Reisacher geschätzt als engagierte Kollegin, auch wenn ihre parteipolitischen Ansichten in vielen Fragen nicht übereinstimmten. Aber gewerkschaftlich konnten sie in der Regel gut miteinander arbeiten. Ich erinnere mich an einen Besuch von Erwin Reisacher bei uns zu Hause, als meine Mutter schon sehr krank war und er sie mit den Worten »Wir brauchen Dich noch« aufzumuntern versuchte. Ich denke, das war ernst gemeint.

Im Zusammenhang mit dem »Proporz bei der Besetzung hauptamtlicher Funktionen« schreibt er über sie in seinem Buch:

»... So gehörten Mitte der fünfziger Jahre von sechzig DGB-Kreisvorsitzenden in Baden-Württemberg sicherlich zwanzig zur christlichen Couleur. Die übrigen waren Sozialdemokraten. Nur Kommunisten kamen nirgendwo zum Zuge. In den meisten Gewerkschaften wurden sie von hauptamtlichen Funktionen ferngehalten. Nicht überall gelang dies freilich, wie das Beispiel Johanna Hemm zeigt, einer kommunistischen Betriebsrätin, die Mitte der fünfziger Jahre zur hauptamtlichen Sekretärin der Gewerkschaft Textil-Bekleidung in Konstanz gewählt wurde. Die Kollegin vollbrachte damit eine beachtliche Leistung: Als Frau, die zudem der KPD angehörte, besetzte sie eine bis dahin typische Männerfunktion...«[49]

Auch im Band sechs der »Geschichte der Stadt Konstanz« von Lothar Burchardt, Professor für Geschichte an der Uni Konstanz, fand ich einige Sätze zum Thema Ortskartell in Bezug auf meine Mutter:

»... Gegen Ende der vierziger Jahre waren die Kommunisten praktisch aus allen Führungspositionen abgedrängt worden. Nur Johanna Hemm hatte in den frühen fünfziger Jahren noch einmal den Sprung auf einen Sekretärsposten geschafft. Jedoch blieb das ein Einzelfall, der eher auf Hemms hohes Renommee als auf kommunistische Neigungen in der Wählerschaft schließen ließ. Im übrigen hatte es Johanna Hemm in den folgenden Jahren oft schwer, sich gegen antikommunistische Tendenzen in der Führung wie an der Basis zu behaupten...«[50]

Gewerkschaftliche Entwicklungen im (süd)badischen Raum

Mitstreiterinnen und Mitstreiter der ersten Stunde

An erster Stelle ist hier Fritz Eiche (1902-1967) zu nennen. Er war Weber von Beruf, stammte aus Zell im Wiesental (nicht Zell in Westfalen, wie es einmal bei einer Konferenz auf dem Namensschild stand!) und engagierte sich wie meine Mutter beim gewerkschaftlichen Aufbau nach 1945 sowohl im Badischen Gewerkschaftsbund als auch bei der Gewerkschaft Textil-Bekleidung (GTB). Fritz Eiche hat meine Mutter wohl sehr gefordert, sicher auch stark geprägt. Einmal, das muß wohl am Anfang ihrer Zusammenarbeit gewesen sein, habe er sie bei einer Konferenz sogar provoziert und sie mit den Worten »Mädel, wenn Du jetzt nichts sagst...« dazu gebracht, daß sie das Wort ergriff. Das erzählte meine Mutter mir später oft, möglicherweise, um mich ebenfalls aufzumuntern.

Fritz Eiche war ein gestandener Kommunist, bis 1933 im Zeller Gemeinderat. Er wurde dann zu Festungshaft verurteilt, die er in Rastatt und später in den KZ Heuberg und Kislau absitzen mußte. Es folgten weitere Verhaftungen wegen illegaler politischer Betätigung und – im Krieg zunächst für »wehrunwürdig« erklärt – doch noch der Fronteinsatz. Nach Kriegsende kehrte er nach Zell zurück, erreichte dort wieder ein Gemeinderatsmandat und behielt es bis 1962, also auch nach dem Verbot der KPD, wobei mir nicht bekannt ist, welcher Liste er dann angehörte. Fritz Eiche war außerdem 1947-1951 Mitglied im Badischen Landtag. Wenn wir an ihn schrieben, legte meine Mutter bei der Adresse stets Wert auf den Zusatz »MdL«. Er war für meine Mutter ein wichtiger Kollege und Genosse, auf dessen Erfahrungen und Urteilskraft sie bauen konnte. Einen Ausspruch von Fritz Eiche zitierte meine Mutter immer wieder, der auch ihr große Genugtuung verschaffte: Bei Lohnverhandlungen soll er einmal in einer harten Auseinandersetzung zur Unternehmerseite gesagt haben: »Ein Sechstel der Erde kommt ohne Sie aus, meine Herren!« Mich beeindruckte der Satz ebenfalls, jedoch: Das galt eben damals.

Fritz Eiche war aber nicht nur ein politischer Mensch, sondern vor 1933 in Zell auch ein begeisterter Fußballer im »Roten Arbeiter-Sport« und Gesangvereinsmitglied. Später lernte ich ihn noch als Züchter von Schäferhunden kennen, ein Hobby, das ihm sehr viel Freude bereitete.

Mit der Familie Eiche verband uns ein freundschaftlicher Kontakt. Sie wohnte in Zell im Ellbogenweg, einer steilen Steige, die ich heute nur noch mit einigem Schnaufen bewältige. Wenn meine Mutter in Lörrach zu tun hatte, durfte ich als Kind manchmal mit und nach Zell weiterfahren, sogar mal Ferien dort verbringen. Mali, die Frau von Fritz (Jahrgang 1911), versorgte mich mit wunderbarer Hausmannskost. Mit den drei Kindern Rolf, etwa in meinem Alter, Kurt und Martha, beide jünger als ich, verstand ich mich gut. Sie besuchten uns gelegentlich am Bodensee, wenn es sich gerade so ergab. Inzwischen haben sie eigene Familien. Leider verstarb Fritz Eiche (zu) früh, er konnte seinen Rentenstand kaum genießen. Mali, inzwischen über neunzig Jahre alt, lebt seither allein in dem kleinen Haus, doch ihre Kinder kümmern sich rührend um sie, die »Bergle-Oma«.

Bei einem meiner Besuche erzählte mir Mali einiges von ihrem Leben mit Fritz, den sie nicht hätte heiraten sollen, weil er ein »Roter« war. Da war von Entbehrungen die Rede, von illegaler Tätigkeit während des Faschismus, von wenig Freizeit und nicht von großen Reisen. Aber ich glaube, sie hat ihre Entscheidung, einen »Roten« zu heiraten, nicht bereut.

Mali berichtete auch, daß immer wieder hauptamtliche Gewerkschafter aus den Vorstandsetagen der GTB, deren Namen für mich noch ein Begriff waren, in Zell aufgekreuzt seien, um mit Fritz in Ruhe zu diskutieren. Seine Meinung war gefragt, seine Sachkenntnis enorm, nur eben seine parteipolitische Ausrichtung. Ach, wäre er nur nicht so rot gewesen...

Daß meine Mutter einmal am 1. Mai bei einer Kundgebung in Zell gesprochen und einen Herzanfall erlitten hatte, so daß sie erst anderntags wieder nach Konstanz zurückreisen konnte, erwähnte Mali ebenfalls. Ich hatte diese Begebenheit vergessen, doch Anfang der fünfziger Jahre war meine Mutter gesundheitlich tatsächlich nicht auf der Höhe.

Ein weiterer »Mann der ersten Stunde« war Max Faulhaber, Sekretär für Betriebsräte im Badischen Gewerkschaftsbund, später bei der IG Chemie, bei der er bald mit Schwierigkeiten zu kämpfen hatte, denn auch er war Kommunist. Er wurde 1951 entlassen, wofür die Teilnahme an einer internationalen Gewerkschaftskonferenz in Dresden und ein dort gehaltenes Referat zum vordergründigen Anlaß genommen wurden.[51] So begegnete er mir leider nicht mehr als hauptamtlicher IG Chemie-Kollege.

Auch an Wilhelm Büche, Karl Schiller oder an den Spanienkämpfer Adolf Hunzinger, alle Gewerkschafter und Kommunisten aus der Region Südbaden, kann ich mich noch entsinnen. Ebenso an Isolde Volkmar aus Waldshut. Sie tauchten in der Nachkriegszeit ab und zu bei uns zu Hause auf, und dann wurde immer heiß diskutiert. Was, war für mich noch nicht interessant. Allerdings bekam ich als Mädchen bereits mit, daß die in diesem Abschnitt Genannten als Gewerkschafter zwar äußerst aktiv waren, aber vom Apparat möglichst »klein« gehalten, d.h. am liebsten nicht in höheren Funktionen gesehen wurden. Von Karl Schiller, einstmals bei der GTB angestellt und von Entlassung bedroht, weiß ich, daß er mit seiner Familie in die DDR übersiedelte. Über ihn las ich in einer Broschüre seltsame Bemerkungen – doch so wurde das damals eben propagandistisch überzeichnet:

»... Schiller und seine Frau waren in der Gewerkschaft Textil-Bekleidung als fanatische Kommunisten bekannt. In nur jeder erdenklichen Form betrieb Schiller Propaganda für den Kommunismus in seinem Arbeitsbereich. Seinen Jahresurlaub verbrachte er unlängst in der DDR. Man nahm ihm das nicht übel. Im Oktober 1958 nahm er an einer kommunistischen Tagung an der Humboldt-Universität in Ostberlin teil. Als Schiller (...) entlassen werden sollte, setzte er sich in die Ostzone ab...«[52]

Ähnlich ging es dem einst ebenfalls hauptamtlich beschäftigten Gewerkschafter Adolf Hunzinger. Auch er zog schließlich nach Ost-Berlin. Im Grunde waren Fritz Eiche und meine Mutter die einzigen der damaligen gewerkschaftlichen Geschäftsführer im süddeutschen Raum, die trotz ihres roten Parteibuches bis zum Rentenalter in ihren Funktionen blieben.

Im Südwesten tut sich was

Am 10. April 1946 wurde das Kontrollratsgesetz Nr. 22 – auch Betriebsrätegesetz genannt – erlassen. Es steckte den Rahmen ab, innerhalb dessen sich die Betriebsrätearbeit abspielen sollte und umfaßte dreizehn Artikel. Die Militärbehörden behielten sich vor, Betriebsratsgremien unter bestimmten Bedingungen aufzulösen.[53]

Die ersten Betriebsratswahlen fanden im Herbst desselben Jahres statt, die Amtsperiode dieser Betriebsräte war auf ein Jahr beschränkt. Die nächsten Wahlen konnten jedoch erst 1949 durchgeführt werden, nachdem ein neues Betriebsrätegesetz einschließlich Wahlordnung in Kraft getreten war.

Auch die Öffentlichkeitsarbeit begann sehr bald: Im Juni 1946 erschien erstmals »Der Badische Gewerkschaftler« als Mitteilungsblatt für die Gewerkschaften in der französisch besetzten Zone, zunächst vom Ortsausschuß Freiburg, später vom »Badischen Gewerkschaftsbund« herausgegeben. Eine Fundgrube gewerkschaftlicher Stellungnahmen aus dem Südwesten und eine spannende Lektüre, nicht nur für GewerkschafterInnen.

In dieser ersten Nummer herrschte auf der Titelseite deutliche Aufbruchstimmung:

»Ein Anfang – ›Allen Gewalten zum Trotz sich erhalten‹

... Die Gewerkschaften, die als erste durch das Nazi-Regime unterdrückt wurden, weil sie für dasselbe die größte Gefahr darstellten, werden und müssen in Zukunft ihren gesamten Einfluß auf das ganze Wirtschaftsleben so ausüben, daß die Werktätigen, auf deren Schultern doch die Hauptlast für den Wiederaufbau auf wirtschaftlichem und sozialem Gebiet liegen wird, zu dem ihnen zustehenden Recht kommen! Jeder Versuch, die Gleichberechtigung der Schaffenden hintanzuhalten, wird auf schärfsten Widerstand der Gewerkschaften stoßen. Die Einheit der in den Gewerkschaften ohne Rücksicht auf politische und religiöse Bindung zusammengeschlossenen gesamten Werktätigen ist dafür der besten Garant...«

Anschließend folgte ein kleiner, wenig erfreulicher, aber notwendiger Rückblick:

»... 13 Jahre ist es her, seitdem am 2. Mai 1933 die Gewerkschaftshäuser überfallen, die Büros der Gewerkschaften gewaltsam besetzt und nach Absetzung oder Verhaftung der Gewerkschaftsführer die große deutsche Arbeiterbewegung unter die Fuchtel der NS-Betriebsorganisation kam. Eine mehr als 80jährige freie Arbeiterbewegung war damit erwürgt worden. Die ganzen Einrichtungen der Gewerkschaften, von mühsam verdienten Groschen der Arbeiter in jahrzehntelangem Aufbau geschaffen, weit über 150 Barmillionen Mark gesparter Gewerkschaftsgelder wurden geraubt...«

Im »Badischen Gewerkschaftler« vom Januar 1947 wurde unter dem Titel »Eine Bilanz« Rückschau auf die Entwicklung der Gewerkschaftsbewegung (Süd-)Badens seit Kriegsende gehalten:

»Erlöst von dem Druck der Gewaltherrschaft, hoffnungsvoll den Blick auf eine neue, freiere Zukunft richtend, fanden sich schon in den ersten Tagen nach dem Einmarsch der alliierten Truppen in Baden an manchen Orten die alten Gewerkschaftler zusammen, um die Vorbereitungen für den Wiederaufbau der durch das Hitler-Regime zerstörten Gewerkschaften in die Hand zu nehmen. (...) Es wurde von Grund auf begonnen, ohne jegliche Geldmittel und sonstige Unterlagen...

... Die neu gebildeten örtlichen Gewerkschaften, die ohne Verbindung miteinander zustande kamen, boten jedoch ein buntes, vielfältiges Bild. Die Statuten und Einrichtungen waren stark verschieden voneinander...«

In diesem Artikel wurde auch auf eine (erste) überregionale Konferenz der in der französischen Zone Badens vorhandenen Gewerkschaften am 2. Juli 1946 in Offenburg hingewiesen, eine »denkwürdige Tagung«. Rund zweihundert Delegierte nahmen daran teil und befaßten sich mit allgemeinen Gewerkschafts- und Betriebsrätefragen, mit Forderungen nach einem weitgehenden Mitbestimmungsrecht der Gewerkschaften in Staat und Wirtschaft (»Nicht nur Lohngestalten, sondern Wirtschaftsgestalten ist die Hauptaufgabe der Gewerkschaften«) und weiteren Themen wie Ausschaltung der Nazi-Elemente aus allen Zweigen der Verwaltung und des Wirtschaftslebens, Lohn- und Preisstop, Abmontierung von Maschinen und Industrieanlagen und – wie könnte es anders sein – Ernährung. In dem mir vorliegenden Protokoll[54] entdeckte ich meine Mutter nicht in der Rednerliste, was aber nicht unbedingt auf ihre Abwesenheit schließen läßt.

Unklar ist mir auch, ob meine Mutter bei der nächsten Offenburger Konferenz am 20. Oktober 1946 präsent war, bei der Vorschläge zur Abgrenzung von sechzehn Berufs- und Industriegewerkschaften für die französisch besetzte Zone Badens beraten und genehmigt wurden, worauf die Bildung von Landesvereinigungen möglich war, deren Vorstände im Dezember 1946 für einen überregionalen, fachübergreifenden Zusammenschluß plädierten.

Damit stand der Gründung eines Badischen Gewerkschaftsbundes nichts mehr im Wege. Im »Badischen Gewerkschaftler« wurde dieses Ereignis auf der Titelseite der April-Ausgabe 1947 wie folgt kommentiert:

»Unser Weg!

Geräuschlos, ohne großem Aufwand wurde am 1. und 2. März in Freiburg einem provisorischen Zustand ein Ende bereitet und durch die

Der Badische **Einzelnummer 15 Pfg.**

GEWERKSCHAFTLER

Mitteilungsblatt für die Gewerkschaften in der französisch besetzten Zone Badens
Herausgeber: BADISCHER GEWERKSCHAFTSBUND. Verantwortlich: P. Kappes, Freiburg i. Br., Gewerkschaftshaus

2. Jahrgang, Nummer 8/9 *15. Juli 1947*

DEM 1. BUNDESTAG GEWIDMET

Den Delegierten zum Gruß!

Kolleginnen, Kollegen!

Durch das Vertrauen Euerer Kameraden seid Ihr berufen, an den Verhandlungen der ersten ordentlichen Tagung des Badischen Gewerkschaftsbundes mitbestimmend teilzunehmen. Ihr habt damit eine verantwortungsvolle Aufgabe übernommen, gilt es doch, die Interessen Euerer Industriegruppe wahrzunehmen und dabei gleichzeitig das große Ganze nicht aus den Augen zu verlieren. Zwei Tage anstrengender Arbeit stehen Euch bevor. Werden auch die Ansichten über manche Fragen nicht übereinstimmen, so hoffen wir doch, daß durch Verständnis und kollegiale Rücksichtnahme dieser 1. Bundestag nicht nur unseren Mitgliedern, sondern der gesamten Bevölkerung zeigt, daß die Gewerkschaftsbewegung in der französisch besetzten Zone Badens ein starker Pfeiler im demokratischen Neuaufbau von Staat und Wirtschaft ist und daß niemand in der Lage sein wird, einen Keil in die Einheit unserer Gewerkschaftsbewegung zu treiben. Sie wird zeigen, daß der Elan der Gewerkschaften trotz Ernährungsschwierigkeiten, trotz vieler Hemmungen und Widerstände weder eingedämmt noch gebrochen werden kann!

Wir grüßen Euch in den Trümmern Freiburgs in der festen Überzeugung, daß die von Euch gefaßten Beschlüsse dem Wohle der gesamten arbeitenden Bevölkerung dienen.

Der Bundesvorstand.

Gesamtvorstände der bis jetzt gegründeten und genehmigten Landesvereinigungen der Badische Gewerkschaftsbund offiziell aus der Taufe gehoben. Damit ist der organisatorische Aufbau der Gewerkschaften in der französisch besetzten Zone Badens vollzogen...

... Die sachliche und auf beachtlicher Höhe stehende Diskussion, die bei den Verhandlungen über die Gründung des Gewerkschaftsbundes gepflogen wurde, zeigte nicht nur den Vertretern der Militärregierung, sondern allen Anwesenden, daß die Vorstände der Landesvereinigungen nur ein Ziel kennen: den unbedingt demokratischen Aufbau von Verwaltung und Wirtschaft...«

Der Badische Gewerkschaftsbund

Aus heutiger Sicht ist die Geschichte des Badischen Gewerkschaftsbundes außergewöhnlich. Dennoch will ich mich beschränken und nur einige Berichte aus dem »Badischen Gewerkschaftler« sowie Einschätzungen von Margit Unser und Max Faulhaber aufgreifen, aber nicht allzu tief in die Aktivitäten der (süd-)badischen Gewerkschaftsbewegung eintauchen.

Da gab es zum Beispiel jährlich den »ordentlichen Bundestag«, das höchste Gremium des Badischen Gewerkschaftsbundes, der erstmals bereits im Gründungsjahr (18. bis 20. Juli 1947) zusammentrat, was im »Badischen Gewerkschaftler« selbstverständlich ausgiebig gewürdigt wurde.

Bei dieser Konferenz waren auch der Badische Staatspräsident Leo Wohleb und andere Mitglieder der Badischen Regierung sowie Vertreter der Militärregierung zugegen und hielten Begrüßungsansprachen. Hier lediglich ein Satz des Staatspräsidenten (»Badischer Gewerkschaftler« vom 15. August 1947): »... Die Zeiten sind vorbei, wo man über die Stimmen der Gewerkschaften hinweg zur Tagesordnung überging...«

Neben vielen organisatorischen Fragen sowie dem Rechenschaftsbericht, neben den Diskussionen und Wahlen wurden bei diesem Kongreß gewerkschaftliche und politische Forderungen gestellt, besonders die nach dem vollen Mitbestimmungsrecht. Die Situation schien kämpferisch, wie aus dem Rechenschaftsbericht des Vorsitzenden Wilhelm Reibel herauszulesen ist (»Badischer Gewerkschaftler« vom 31. August 1947):

»... Wenn Sie diesen Bericht einer Kritik unterziehen, dann denken Sie daran, daß wir in einer Zeit leben, die uns vor fast unüberwindliche Aufgaben stellt. Nur durch engste Zusammenarbeit, durch konsequente Haltung, rege Agitation und Aufklärung werden wir zum Erfolg kommen. Wir sind uns darüber klar, daß die kapitalistische Wirtschaftsordnung nicht ohne Kampf zu beseitigen sein wird. Die Einheit der Arbeiterklasse muß die Voraussetzung dafür schaffen, daß wir unser Ziel erreichen. Sie muß so dastehen, daß sie allen Stürmen Trotz bieten kann...«

Zu den Wahlen bei diesem »Bundestag« kann ich Max Faulhaber zitieren:

»... Zum ersten Vorsitzenden wählte der Bundestag den Freiburger Gewerkschafter Wilhelm Reibel (SP), Max Faulhaber (KP) wurde zweiter und Josef Vogel (BCSV) dritter Vorsitzender. Dies entsprach auch ungefähr den Mehrheitsverhältnissen in den Gewerkschaften...«[55]

Der zweite »Bundestag« fand vom 15. bis 17. Oktober 1948 in Freiburg statt. Die Tagesordnung, die ich dem »Badischen Gewerkschaftler« (1. Oktober 1948) entnehmen konnte, sah neben den üblichen Konferenz-Ritualen zwei Referate vor, eines zum neuen Betriebsrätegesetz und ein zweites zum Thema »Freie oder Planwirtschaft«.

Aus verschiedenen Berichten im »Badischen Gewerkschaftler« über diesen zweiten »Bundestag« erfuhr ich, daß sich in der Organisation inzwischen einiges verändert hatte: Da waren zunächst die Mitgliederzahlen mit einem Anstieg von 65000 (Juni 1947) auf 84643 (September 1948), aber auch Veränderungen im organisatorischen Bereich im Hinblick auf einen gesamtdeutschen Gewerkschaftsbund. Allerdings klangen Reibels Worte im Rechenschaftsbericht, der auszugsweise im »Badischen Gewerkschaftler« vom 15. November 1948 abgedruckt war, bereits sehr vorsichtig:

»... Es wäre deshalb von großem Vorteil, wenn der Zusammenschluß der Gewerkschaften ganz Deutschlands erfolgen könnte. (...) Wir wollen unsere Kollegen in der Ostzone nicht abschreiben. Wir glauben immer noch, daß ein Weg gefunden wird, der es ermöglicht, die Gewerkschaftsbewegung einheitlich über ganz Deutschland zu vereinigen...

... Sollten die Besatzungsmächte den Strich durch Deutschland ziehen und damit eine Vereinigung der West- mit der Ostzone unmöglich machen, so würden wir eine derartige Entwicklung bedauern, aber dann wären wir gezwungen, den organisatorischen Zusammenschluß in den Westzonen so durchzuführen, wie es die politische Entwicklung erfordert. Es besteht kein Zweifel, daß sich in den Westzonen mehr und mehr der kapitalistische Einfluß vom Ausland her geltend macht; man ist offensichtlich bestrebt, der Arbeiterschaft und den Gewerkschaften nicht zu viel Einfluß im Produktionsprozeß und in der Wirtschaft überhaupt zu geben...«

Auch die weiteren in den Berichten aufgeführten Themen ließen eine neue Entwicklung erkennen. Neben den bisherigen organisatorischen

Fragen und dem Thema Mitbestimmung ging es um die Löhne und Preise, um die Währungsreform, die Demontage der Rüstungsindustrie, die Entnazifizierung. Hinzu kam noch der Marshall-Plan, an dem sich die Geister im BaGB schieden. Die Linken – somit auch meine Mutter – waren dagegen, die anderen mehr oder weniger dafür.

Bei den Wahlen zeigten sich ebenfalls Veränderungen: Max Faulhaber (KP) wurde nicht mehr 2. Vorsitzender. Er blieb jedoch weiterhin Betriebsrätesekretär und wurde Beisitzer im Vorstand des BaGB, zusammen mit weiteren KP-Genossen (Eiche, Hunzinger) und meiner Mutter, die als Vertreterin der Frauen in den Vorstand gewählt wurde.

Den Wahlausgang kommentiert Margit Unser wie folgt:

»... Dem neuen Vorstand gehörten sieben Sozialdemokraten, fünf Kommunisten und drei Christdemokraten an.

Die französische Sûreté (Geheimdienst, Anm. V.H.) bezeichnete den Wahlausgang als einen großen Erfolg, den die Koalition von Sozial- und Christdemokraten davongetragen hätte. Sie folgerte, daß die Kommunisten in Zukunft eine Statistenrolle spielen würden, da die vier Schlüsselpositionen im Vorstand jetzt in den Händen dieser ›Koalition‹ waren. Hier wurde bereits deutlich, wie Sozial- und Christdemokraten zusammen mit der französischen Besatzungsmacht versuchten, die Kommunisten auf dem gewerkschaftlichen Sektor zu isolieren und auszugrenzen. Unter solchen Umständen mutet es beinahe anachronistisch an, wenn der zweite Vorsitzende Josef Vogel am Ende des Bundestages die Einheitsgewerkschaft beschwor und Spaltungstendenzen scharf verurteilte...«[56]

Der dritte und letzte »Bundestag« des Badischen Gewerkschaftsbundes vom 30. September bis 2. Oktober 1949 in Neustadt (Schwarzwald) stand bereits im Schatten der sich abzeichnenden Gründung eines Deutschen Gewerkschaftsbundes, was teilweise bei den (Süd-)Badenern Skepsis hervorrief, weil sie dadurch weniger Mitwirkungsmöglichkeiten befürchteten (»Badischer Gewerkschaftler« vom 1. Oktober 1949). Trotzdem wurde der Auflösungsbeschluß zum 31. Dezember 1949 gefaßt, mit dem die vierjährige Geschichte des Badischen Gewerkschaftsbundes ein Ende fand.[57]

Erwähnenswert sind beim BaGB aber noch die zonenübergreifende Treffen mit anderen regionalen Gewerkschaftsbünden, über die Margit Unser schrieb:

»Von 1946 bis 1948 fanden insgesamt neun Interzonenkonferenzen der Gewerkschaftsbünde der vier Besatzungszonen statt. Die Schwerpunktthemen der Zusammenkünfte waren Entnazifizierung, die Frage der Mitbestimmung, die Sozialversicherung und die Demokratisierung der Wirtschaft.

Die Errichtung eines einheitlichen deutschen Gewerkschaftsbundes hatten sie sich zum Hauptziel gemacht. Dieses Vorhaben scheiterte schließlich daran, daß sich die Gewerkschafter der westlichen Besatzungszonen in die Kalte-Krieg-Strategie ihrer Besatzungsmächte respektiv ihrer Länderregierung einbinden ließen. Nicht die Differenzen in Sachfragen führten zum Abbruch der letzten Interzonenkonferenz (...), sondern die Tatsache, daß die westdeutschen Gewerkschafter die organisatorische Vereinigung als ein wesentliches Nachkriegsziel aufgegeben hatten...«[58]

Aktivitäten meiner Mutter im Badischen Gewerkschaftsbund

Obwohl meine Mutter gewerkschaftlich bereits vor Ort ausgelastet war, engagierte sie sich auch im Badischen Gewerkschaftsbund. Allerdings nicht gleich von Anfang an und auch nicht gleich an »gehobener Stelle«.

Näheres entdeckte ich im »Badischen Gewerkschaftler« vom 1. November 1948 im Zusammenhang mit einem Artikel über den zweiten Bundestag. An dieser Konferenz war meine Mutter nicht nur anwesend, sie ergriff auch das Wort, was zu besonderer Erwähnung Anlaß gab (»Die Jugend und die Frauen«):

»... Ein Ereignis, das ebenso wie der Bericht des Jugendsekretärs vom Bundestag durch Beifallskundgebungen gefeiert wurde, war das Erscheinen einer Frau am Rednerpult. Aber zum Unterschied zum Bericht über die Jugendarbeit, bildete das Aufsehen, welches die Rednerin erregte, kein positives Zeichen. Es deutete auf eine Schwäche der Bewegung, die in dem viel zu geringen Anteil des weiblichen Geschlechts an der Mitgliederzahl und der Zahl der Delegierten besteht; denn wenn die erwerbstätigen Frauen in einem ihrer Gesamtzahl entsprechenden Verhältnis in der Mitgliedschaft anzutreffen wären, dann wäre auch die Frau am Rednerpult keine auffallende Erscheinung. Auf dem Bundestag war sie es selbst dann noch, als der ersten Rednerin alsbald eine zweite folgte...«

Aber während bei der Jugendarbeit Positives berichtet werden konnte, »... mußten die beiden Kolleginnen sich damit begnügen, zur gewerkschaftlichen Betätigung der Frauen und zur emsigen Werbung in deren Reihen aufzurufen. Sie taten das in gewandter Form und trefflich durchgeführter Begründung. Die Frauen, die so sprachen, waren die Kolleginnen Kästle von den Angestellten und Hemm von der Landesvereinigung Textil und Bekleidung.«

Dieses Auftreten meiner Mutter dürfte dazu beigetragen haben, daß sie bei diesem zweiten Bundestag als Beisitzerin in den Vorstand des BaGB gewählt wurde.

UNSER TAG

Heute Sportseite

VOLKSZEITUNG FÜR BADEN

52992 Heimkehrer im September

Berlin. Im September 1949 kehrten insgesamt 52 992 ehemalige deutsche Kriegsgefangene aus der Sowjetunion in ihre Heimat zurück. Allein am Samstag trafen im Heimkehrerlager Kronenfelde bei Frankfurt an der Oder 3 035 entlassene Kriegsgefangene ein.

Der Gesundheitszustand der Heimkehrer wird von den Lagerärzten durchweg als gut Bezeichnet.

4. Jahr Nr. 115 / 20 Pfg. — Für Frieden, nationale Einheit und Unabhängigkeit — Dienstag, 4. Oktober 1949

Bad. Gewerkschaften bekennen sich zum Weltgewerkschaftsbund

Vorbildliche Beschlüsse der Delegierten des 3. Bundeskongresses der Badischen Gewerkschaften

Neustadt (UT). Die Delegierten des 3. Südbadischen Bundeskongresses, der vom Freitag, den 30. September, bis Sonntag, den 2. Oktober in Neustadt tagte, faßten eine Reihe für die westdeutsche Gewerkschaftsbewegung vorbildlicher Beschlüsse. So bekannten sich die Delegierten zur deutschen Gewerkschaftseinheit und forderten den Anschluß an den Weltgewerkschaftsbund. Wohl noch nie war auf einem Bundestag ein solcher Kampfgeist zu spüren wie auf diesem Kongreß.

Als erster Redner erstattete der Bundesvorsitzende, Kollege Reibel, den Tätigkeitsbericht. Die Südbadischen Gewerkschaften, erklärte Reibel, können trotz großer Schwierigkeiten auf ein Jahr erfolgreicher Arbeit zurückblicken. Die Zahl der Gewerkschaftsmitglieder sei auf über 100 000 gestiegen. Trotz aller Anstrengung der Gewerkschaften sei aber der Lebensstandard der Arbeiterschaft weiter gesunken. Die sprunghaften Preissteigerungen als Segnungen der Freien Wirtschaft hätten durch Lohnerhöhungen nicht ausgeglichen werden können. Das Fachkommissionsgesetz sei durch das Veto der Militärregierung nicht in Kraft getreten. Vielfach habe sich die Regierung über die Vorschläge des Gewerkschaftsbundes hinweggesetzt.

Dr. Lais kündigt Preissteigerungen an

Wirtschaftsminister Dr. Lais, der die Badische Regierung ...

Weltgewerkschaftsbund bekannt. Dieses Bekenntnis wurde auf dem 3. Bundestag unterschrieben und bekräftigt. Immer wieder wurde von den Delegierten darauf hingewiesen, daß die Gewerkschaftseinheit zur Sicherung der wirtschaftlichen Existenz der Arbeiterschaft unerläßlich ist.

Aus diesem Grunde nahmen die Delegierten des Bundestages einen Antrag an, in dem es heißt: „Die Delegierten des Bundestages beantragen auf dem Bundeskongreß in München, nachstehenden Antrag einzubringen:

„Der Bundeskongreß beschließt den Anschluß an den Weltgewerkschaftsbund".

„Die ureigensten Interessen", heißt es weiter in dem Antrag, „können nur wahrgenommen werden im Kampf gegen den Monopolkapitalismus, dessen Maßnahmen eine entscheidende Wirkung auf die Lebenshaltung des deutschen Volkes haben. Der Weltgewerkschaftsbund führt den Kampf um die wirtschaftliche und soziale Ordnung, die den Frieden sichert und geeignet ist, die Ausbeutung und Unfreiheit der schaffenden Menschen zu beseitigen. In dieser Front soll unser Platz sein."

Scharfe, aber sachliche Kritik

Im Laufe des Samstag kamen 32 Diskussionsredner zu Wort. Trotz der manchmal starken Gegensätze über die weitere Marschroute waren die Auseinandersetzungen getragen vom Geist der Toleranz und der Zusammengehörigkeit. Bei der Aussprache wurde mit allem Nachdruck auf die verheerenden Wirkungen des Marshallplanes hingewiesen. Der Marshallplan, erklärte Koll. Bätz, bedeutet Abhängigkeit vom Ausland, Wirtschaftskrise, Kurzarbeit und Verelendung des werktätigen Volkes.

Aufgrund der mangelhaften Handelsbeziehungen mit der Ostzone, sagte Koll. Wörner-Lahr, arbeiten die Tabakarbeiter nur noch 24 Stunden. Koll. Schneckenburger-Lahr wies auf die große Notlage der Jungarbeiter hin, die vielfach ohne Aussicht auf eine Lehrstelle am Sinn und Zweck des Lebens verzweifeln. Ein anderer Kollege betonte die große Notlage der Rentenempfänger, deren Unterstützungssätze völlig ungenügend sind. Kollegin Johanna Hemm-Konstanz erklärte, daß die beabsichtigte Erhöhung der Kohlenpreise um 25 Prozent eine weitere sprunghafte Preissteigerung aller Bedarfsartikel nach sich ziehen wird. Weitere Redner forderten die sofortige Aufhebung des Notopfers Berlin-Kehl. Koll. Keim wies in diesem Zusammenhang darauf hin, daß sich die südbad. Regierung nicht schämt, mit der Not der Kehler Geschäfte zu machen. So erhielten die Kehler aus dem herausgepreßten „Notopfer" nur Darlehen, für die sie auch noch 2,5 Prozent Zinsen bezahlen müssen.

Mit Rücksicht auf die zu erwartenden Preissteigerungen werden von den Delegierten der südbad. Gewerkschaften energische Kampfmaßnahmen gefordert, da die Gewerkschaften nur dann als Kampforganisation der Arbeiterschaft angesprochen werden könnten, wenn sie kompromißlos und entschlossen die Rechte der Arbeitnehmer verteidigen.

(Fortsetzung Seite 2)

Beim 3. Bundestag des Badischen Gewerkschaftsbund wurde meine Mutter auch in der Presse zitiert (4. Spalte, 4. Zeile).

Am dritten Bundestag nahm meine Mutter ebenfalls teil, allerdings konnte sie als Vorstandsmitglied keine ordentliche Delegierte sein, diskutierte aber dennoch mit. Ich fand nämlich einen Satz in der KP-Zeitung für Baden »Unser Tag« vom 4. Oktober 1949:

»Kollegin Johanna Hemm (Konstanz) erklärte, daß die beabsichtigte Erhöhung der Kohlepreise um 25 % eine weitere sprunghafte Preissteigerung aller Bedarfsartikel nach sich ziehen wird.«

Meine Mutter war in der Nachkriegszeit sehr oft in Freiburg. Zu welchen Treffen sie dann jeweils fuhr, weiß ich natürlich nicht mehr. Aber daß sich die Fahrerei in dieser Zeit oft als schwierig herausstellte, ist mir noch gut in Erinnerung, wie auch meine Mutter in einem Brief an die Landesvereinigung schilderte:

»... Ob ich zur Vorstandsitzung des BaGB kommen kann, ist fraglich, da ja jetzt wieder die Zugverbindung sehr miserabel ist. Wenn ich kein Auto auftreibe, das nach Freiburg fährt und mich gnädigst mitnimmt, besteht keine Aussicht, daß ich fahren kann. Und am Montag früh 5.55 Uhr schon zu fahren, das lasse ich schön bleiben. Kollege Eiche soll mich, wenn ich also nicht da sein sollte, bitte entschuldigen.«[59]

Ein fortschrittliches Betriebsrätegesetz

Zu Zeiten, als ich mich selbst für gewerkschaftlichen Schulungen zu interessieren begann und mich im Betriebsverfassungsgesetz von 1972 einlas, lobte meine Mutter noch immer das Badische Betriebsrätegesetz, in dem die Mitbestimmungsrechte des Betriebsrats relativ weitgehend waren. Allerdings: Die volle wirtschaftliche Mitbestimmung wollte der Gesetzgeber schließlich nicht so umfassend verankern wie im gewerkschaftlichen Entwurf vorgesehen war. Daher gab es Proteste der Beschäftigten zum Beispiel in Radolfzell, Stockach, Singen, Überlingen und Konstanz, worüber der »Südkurier« vom 13. Januar 1948 u.a. schrieb:

»... In Konstanz war am letzten Freitag der St.-Johann-Saal überfüllt. Der Sekretär des Textilarbeiterverbandes Eiche stellte zunächst fest, daß es nach dem ersten Weltkrieg leider nicht gelungen sei, das Mitbestimmungsrecht der Arbeiterschaft in den Betrieben zu verwirklichen, da die wirtschaftlich stärkeren Unternehmer dies immer wieder zu verhindern suchten. Für die Arbeiterschaft gelte es, eine einheitliche Gewerkschaftsbewegung in Deutschland zu schaffen, um ein wirksames Gegengewicht gegen die Unternehmer bilden zu können. Die bis jetzt mit den Unternehmern geführten Verhandlungen hätten gezeigt, daß der Widerstand dann konkret einsetze, wenn es um reale Dinge wie die Kontrolle des

Weges der Produkte von der Herstellung bis zum Verbraucher ginge. (...) Der Standpunkt, nur vom Gesichtspunkt des Gewinns aus zu produzieren, sei heute unhaltbar...«

Das Badische Betriebsrätegesetz trat am 15. Dezember 1948 in Kraft.[60] Auch wenn es nicht so ausfiel, wie von Gewerkschaftsseite erhofft, wurde es begrüßt, weil es besser als das der Weimarer Republik war. Im »Badischen Gewerkschaftler« vom 15. April 1949 konnte ich das Aufatmen geradezu spüren:

»... Es ist soweit! Die Landesregierung hat die längst erwartete Wahlordnung zum Betriebsrätegesetz verabschiedet, der Bundesvorstand hat beschlossen, daß die Wahl der Betriebsräte und Betriebsobmänner, der Betriebsjugendvertretungen und der Personalräte bei den Behörden und Verwaltungen im Laufe des Monats April vorzunehmen sind. Sein Beschluß hat in den Betrieben ein lebhaftes Echo geweckt. Die Ungeduld, mit der die Arbeitnehmerschaft die Wahlen erwartet, und der Unwille, den ihre Verzögerung hervorgerufen hatte, sind einer regen Tätigkeit mit positivem Ziel gewichen...«

Zu dem Gesetz eine Einschätzung von Max Faulhaber:

»... Der ausgehandelte Kompromiß zwischen Ministerium und Gewerkschaften war eine Absage an das volle Mitbestimmungsrecht. Die Kraft der Gewerkschaften hatte nicht ausgereicht, ihre Zielvorstellungen zu verwirklichen. Trotzdem war das neue Badische Betriebsrätegesetz (...) ein Fortschritt gegenüber dem von 1920 und das fortschrittlichste in der Geschichte der Bundesrepublik...«[61]

Das neue Betriebsrätegesetz war auch Thema in einem Schreiben meiner Mutter an die Belegschaft der Firma Stromeyer. Die mir vorliegende Kopie trägt zwar ihre Unterschrift nicht, aber durch kleine Korrekturen in ihrer Handschrift ist sie für mich als Verfasserin erkennbar:

»Werte Kolleginnen und Kollegen!

In Eurer Betriebsversammlung im Neuwerk wurde abgesprochen, daß eine Aussprache zwischen dem Betriebsrat und den Herren der Firma stattfinden soll, um eine Grundlage für ein gedeihliches Arbeiten des neuen Betriebsrates zu schaffen. Diese Besprechung hat stattgefunden und ich fühle mich als Verantwortliche der Gewerkschaft Textil und Bekleidung verpflichtet, Euch vom Ergebnis der Unterredung in Kenntnis zu setzen...

... Die Grundlage jeglicher Arbeit des Betriebsrats ist das neue Betriebsrätegesetz. Herr Manfred Stromeyer hat das Gesetz und damit die daraus dem Betriebsrat zustehenden Rechte anerkannt und ausdrücklich betont, daß er auf das loyalste und entgegenkommendste das Betriebsrätegesetz anwenden werde...

... glaube ich, daß es möglich sein wird, zu einem erträglichen Verhältnis zwischen dem Betriebsrat und der Firma zu kommen. Alle weiteren, noch schwebenden Fragen klären sich in Anwendung des Gesetzes, die dem neuen Betriebsrat obliegt.

Dazu die ehrlichsten, mutigsten und fortschrittlichsten vorzuschlagen und zu wählen, ist nun Eure Pflicht. Erfüllt sie in gewerkschaftlicher Verantwortung!

Mit kollegialem Gruß«[62]

Das Badische Betriebsrätegesetz sowie die anderen länderbezogenen Betriebsrätegesetze wurde 1952 durch ein bundeseinheitliches Betriebsverfassungsgesetz abgelöst, dem dann 1972 ein weiteres folgte, das wiederum im September 2001 eine neue Fassung erhielt.

Gewerkschaften und Ernährung – auch für Johanna ein Thema

Daß sich Gewerkschaften um die Ernährungs- und Versorgungsfrage kümmern mußten, ist aus heutiger Sicht eher ungewöhnlich, war aber damals notwendig. Kaum eine Konferenz, an der nicht darüber debattiert wurde, immer wieder Zusammenkünfte der Gewerkschaften mit Vertretern der Militärregierung, um auf die Lage aufmerksam zu machen und um Abhilfe zu bitten.

Zahlreiche Artikel im »Badischen Gewerkschaftler« beschäftigten sich mit diesen Problemen. Es mangelte ja an allem, und ärztliche Untersuchungen zeigten im April 1947 »... eine erschreckende körperliche Verfassung der Arbeiterschaft. Untergewichte bis zu 24 kg werden bei älteren Arbeitnehmern festgestellt. Die Ärzte berichten von Muskelschwund und sind erstaunt, daß besonders die älteren Arbeitnehmer mit einem geradezu bewundernswerten Pflichteifer ihrer Arbeit nachgehen. Von mehreren Arbeitgebern wurde festgestellt, daß das Zusammenbrechen von Leuten am Arbeitsplatz keine Seltenheit ist, da manche fast nüchtern am Morgen die Arbeit aufnehmen und das mitgebrachte fettlose karge Mittagessen nicht ausreicht. Haben doch manche Familien seit langem keine Kartoffeln mehr...«

Auch in Konstanz waren die Gewerkschaften mit diesem Thema konfrontiert. So berichtete der »Südkurier« am 25. Oktober 1946 von einer vom Gewerkschaftsausschuß initiierten Versammlung:

»Was werden wir essen, womit uns bekleiden?

... Das allgemeine große Interesse, die Hauptreferate, die lebhafte Diskussion und die Anteilnahme der Zuhörer gingen weit über den Rahmen einer lokalen Kundgebung hinaus. 1700 Konstanzer füllten den größten Saal der Stadt, das Konzil. 800 weitere Personen fanden keinen Einlaß mehr. (...) Sie standen über zwei Stunden vor dem Konzil bis in den Stadtgarten hinein und hörten die Lautsprecher-Übertragung...«

Laut »Südkurier« entwickelte sich eine lebhafte Diskussion, in der auch mein Onkel Fritz sprach, der die angeblich nicht ganz einwandfreie Ausgabe von Bezugsscheinen beim »Wirtschaftsamt« kritisierte und sich auch gegen den Terror des Schwarzhandels wandte. Meine Mutter war bei dieser Kundgebung ebenfalls dabei und nicht nur als stille Zuhörerin. Ihre Wortmeldung faßte der »Südkurier« wie folgt zusammen:

»Zur Sprecherin der Frauen machte sich Frau Stadtrat Hanna Hemm. Ihre Kritik galt in erster Linie der neuen Bucheckern-Verordnung. Männer, die nicht fähig seien, auf dem Gebiet der Ernährung die Interessen der deutschen Bevölkerung genügend zu vertreten, müßten von ihren Posten entfernt werden.«

Am Schluß verabschiedete die Kundgebung eine Resolution und schlug Maßnahmen zur Linderung der herrschenden Not vor. Der Gewerkschaftsausschuß wurde aufgefordert, die Wünsche und Beschwerden in geeigneter Form an die zuständigen Stellen weiterzuleiten.

Wo bleibt in Konstanz das Gemüse?

Von Gewerkschaftsseite wird geschrieben:

Diese Frage war der Grundgedanke eines Briefes, den die Gewerkschaften an den Oberbürgermeister gerichtet haben. Es wurde darin gefragt, ob der Ertrag der Paradieser Felder, bzw. das, was davon über die Grenze kommt, ausreicht, um die Konstanzer Bevölkerung genügend mit Gemüse zu versorgen. Ferner wurde der direkte Einkauf im Paradies erwähnt, der sowohl für die Erzeuger als auch für die Verbraucher absolut kein Idealzustand ist. Die Gewerkschaften gaben dem Wunsche Ausdruck, es sollen in einer Besprechung, an der alle interessierten Kreise — Erzeuger, Verteiler und Verbraucher — teilnehmen, diese Fragen erörtert und geklärt werden. Der Oberbürgermeister hat diesem Wunsche entsprochen und die Aussprache hat unter Hinzuziehung von Vertretern der Ernährungsämter Konstanz Stadt und -Land stattgefunden.

Nachdem die Gewerkschaften ihren Standpunkt, daß die Gemüseversorgung der Stadt ungenügend sei, präzisiert hatten, kam der Ortsbeauftragte der Paradieser zum Wort. Er erklärte, daß durch die Schließung der Grenze 1945 die Felder sehr gelitten hätten, daß dieses Jahr die Paradieser verhältnismäßig spät anpflanzen konnten, und daß die Ungezieferplage sehr groß sei. Dies alles beeinträchtigte den Ertrag der Felder in weitgehendem Maße. Dennoch würde das Anlieferungssoll mit wenigen Ausnahmen zum großen Teil erfüllt werden.

Die Gewerkschaften sind weit davon entfernt, einen Gegensatz zwischen der Stadt und der ländlichen Bevölkerung zu konstruieren, aber sie glauben doch, angesichts der hungernden Bevölkerung einen Appell an das Gewissen der Bauern richten zu dürfen, das Aeußerste zu tun, um der Konstanzer Einwohnerschaft Gemüse zukommen zu lassen. Ebenso dringend ist ihr Appell an die Verteiler. Es muß auch für sie eine Gewissensfrage sein, jeden Kunden gleichmäßig mit Waren zu versorgen. Das Ernährungsamt hat versichert, daß es bemüht sei, die Bevölkerung regelmäßig mit Gemüse zu versorgen, soweit es dazu in der Lage ist. Es wurde dann beschlossen, dem Ernährungsamt einen Ernährungsbeirat anzugliedern, in dem die Gewerkschaften maßgebend vertreten sein werden. Aufgabe dieses Beirates soll es sein, neue Wege für die Heranschaffung von Lebensmitteln aller Art zu suchen, Mißstände abzustellen, zwischen Erzeugern, Verteilern und Verbrauchern Verhältnisse zu schaffen, in dem nicht ein Stand auf den andern schimpft, sondern sich jeder seiner eigenen Aufgabe und der Verantwortung dem Volksganzen gegenüber voll bewußt ist. Johanna Hemm

In der darauf folgenden Gemeinderatssitzung dankte Oberbürgermeister Knapp dem Gewerkschaftsausschuß im Namen der Stadtverwaltung für diese Großkundgebung im Interesse der Ernährung der Konstanzer Bevölkerung. Von Seiten der Stadtverwaltung werde dem Gewerkschaftsausschuß jede Unterstützung zuteil. Prompt schloß sich eine Bitte »der Frau Stadtrat Hemm an, die Gewerkschaft als Kontrollorgan der Einzelhandelsgeschäfte einzusetzen.«[63]

Aber es ging mit der Ernährung noch lange nicht bergauf. Im »Südkurier« vom 30. Juli 1946 schrieb meine Mutter »Wo bleibt in Konstanz das Gemüse?« (s. nebenstehendes Faksimile).

Eine weitere »Ernährungs-Frage« stellte meine Mutter im »Südkurier« vom 7. März 1947:

»Wo bleibt das Schweinefleisch?

Zum Wochenende sollte es für die Konstanzer Bevölkerung Schweinefleisch geben. Wem aber bei dem Gedanken an einen saftigen Sonntagsbraten das Wasser im Munde zusammenlief, der erlebte u.U. eine Enttäuschung. Denn es gab nicht überall Schweinefleisch. Aber nicht deswegen, weil es nicht überall vorhanden gewesen wäre, sondern weil es verschieden verwendet wurde. Die einen Metzger haben es ausgehauen, die andern verwurstet. Auf Anfrage beim Ernährungsamt wurde gesagt, daß Anweisung ergangen wäre, das Fleisch nicht zurückzuhalten und daß es ausgehauen werden müsse. Von den Metzgern erfuhr man allerdings, daß vom Schlachthaus keine positive Anweisung ergangen sei, wie das Fleisch verwendet werden soll. Seitens einzelner Metzger wird betont, daß es richtiger war, das Fleisch zu verwursten, als nur 50 Gramm pro Kopf auszuhauen. Sicher ißt die Bevölkerung auch gerne einmal wieder eine leckere Wurst, aber ein Teil ist eben skeptisch, wenn man sagt, das Schweinefleisch wird verwurstet. Kann man es ihnen verdenken?

Hanna Hemm«

Meine Mutter war in dieser Frage nicht nur persönlich engagiert, sondern ab Ende 1946 auch »kraft Amtes« Mitglied im gewerkschaftlichen Ernährungsausschuß, ebenso als Stadträtin im Kreisernährungsausschuß der Stadt Konstanz. Mir liegen ein Brief meiner Mutter an den OB[64] und mehrere Protokolle[65] solcher Sitzungen vor, bei denen die jeweiligen Gouverneure der Militärregierung ebenfalls anwesend waren. Manche Protokolle tragen die Unterschrift meiner Mutter. In diesen Besprechungen wurde die Lage auf dem Ernährungs-, Bekleidungs- und Heizungssektor intensiv beraten, auf negative Vorkommnisse wie Hamstern, Schwarzmarkt, Grenzkarten in die Schweiz hingewiesen. Eine Wortmeldung meiner Mutter in der Sitzung vom 4. November 1946 zwischen Colonel Degli-

Gewerkschaftsausschuß
Konstanz

10. Juli 1946

Johanna Hemm
Fischenzstr. 16

An den
Herrn Oberbürgermeister
des Stadtkreises
<u>K o n s t a n z</u>

Sehr geehrter Herr Oberbürgermeister

Darf ich Sie, als Mitglied der gewerkschaftlichen Ernährungskommission, auf ein Problem aufmerksam machen, das, über den Rahmen der Gewerkschaften hinaus, für die gesamte Bevölkerung von grosser Bedeutung ist. Es ist die Gemüseversorgung der Stadt Konstanz. In Gewerkschaftskreisen wird gefragt und gleichzeitig stark bezweifelt, ob der Ertrag der Paradiesler Felder, bzw. das, was davon über die Grenze kommt, ausreicht, um die Stadt mit Gemüse zu versorgen. Gleichzeitig wird der direkte Einkauf im Paradies kritisiert, da dadurch nur ein sehr kleiner Teil der Bevölkerung und wahrscheinlich immer derselbe, mit Gemüse versorgt wird, während andere, die nicht über die nötige freie Zeit verfügen, leer ausgehen.

Andererseits weiss ich, da ich im Paradies wohne und glaube die Verhältnisse einigermassen zu kennen, sehr gut, dass selbst den Paradieslern der prozessionsmässige Einkauf zu weit geht und sie heute bereits auf dem Standpunkt stehen, dass es so nicht weitergehen kann. Sie sollten das Gemüse bei der Sammelstelle abliefern und nebenher kommen so viele Leute, die klagend und jammernd auf ihre kleinen Kinder oder auf Kranke hinweisen, für die sie nichts zu kochen hätten.

Angesichts dieser Tatsachen bin auch ich der Meinung, dass etwas geschehen sollte. Wäre es nicht möglich, mit Vertretern aus den in Frage kommenden Kreisen - Erzeuger, Verteiler und Verbraucher - diese Frage zu besprechen und versuchen, sie so zu lösen, dass sie den beiderseitigen Wünschen einigermassen Rechnung trägt.

Vielleicht könnte auch an Hand von zahlenmässigen Unterlagen bewiesen werden, dass das Paradiesler Gebiet nicht ausreicht - angesichts der schwindenden Kartoffelvorräte - die Stadt Konstanz genügend mit Gemüse zu versorgen. Dann könnte ev. auch von Gewerkschaftsseite der Versuch gemacht werden, eine, wenn auch beschränkte Freigabe der Reichenau zu erwirken. Sicherlich würden sich die Gewerkschaften von einem ersten Misserfolg nicht entmutigen lassen.

Seien Sie, Herr Oberbürgermeister, versichert, dass Mitverantwortung und der reale Blick für die tatsächliche Lage das Motiv meiner Vorstellung bei Ihnen war.

Mit vorzüglicher Hochachtung

Brief meiner Mutter an den Konstanzer OB Fritz Arnold in Sachen Ernährung.

Konstanz, den 8. März 1948

243

Wenn wir als Ernährungskommission der Gewerkschaften in Ernährungsangelegenheiten vorsprechen, so denken wir neben den wichtigsten Dingen wie Fett, Fleisch, Brot etc. auch an die Gemüseversorgung der Konstanzer Bevölkerung. Und da ist unsere grösste Sorge z. Zt. die Frage der Erhaltung des Tägermoos. Wir wissen, dass dahingehend Besprechungen und Verhandlunge stattgefunden haben und noch stattfinden und möchten , gerade als Gewerkschaften , auch unsererseits ein Veto einlegen zur befriedigenden Lösund der Tägermoosfrage, weil sie in der heutigen Zeit geradezu zu einer Schicksalsfrage für die Stadt Konstanz geworden ist. Denn das Tägermoos ist eigentlich das Land, das die Stadt Konstanz mit Gemüse versorgt. So wurden an der Sammelstelle von den Paradiesler Gärtnern

394 075 Kg Gemüse angeliefert.

Daneben liefert das Tägermoos die nötigen Ackererzeugnisse wie Grünfutter, Heu, Stroh etc. das die Paradiesler brauchen, um ihre Landwirtschaft aufrechterhalten zu können.

Dazu kommen noch die Kleingärten, die von hiesigen Privatfamilien auf Schweizer Gelände bebaut werden, und die bei einem evt. Fall des Tägermoos gleichfalls in Wegfall kämen.

Anderwärts könnte ein Ersatz für den gesamten Ausfall nicht gefunden werden.

Mit diesen Darlegungen möchte ich bewiesen haben, wie notwendig das gesamte Gebiet für die Ernährung und Versorgung der Konstanzer Bevölkerung ist und daran die Bitte knüpfen, dass Sie, Herr Gouverneur, die Bemühungen der Stadtverwaltung, die in dieser Sache auch die unsrigen sind, unterstützen wollen.

Zur Gemüseversorgung der Stadt Konstanz selbst :

Angeliefert bei der Sammelstelle wurden	
von den Paradiesler Gärtnern :	394 075 Kg
von den Stadtgärtnern :	294 527
Gesamtanlieferung :	688 602 Kg

Das hat die deutsche Bevölkerung aber nicht alles erhalten.
Das war in der besten Zeit etwa 1 Kg pro Kopf in der Woche.
Das ist nicht viel. Wäre es nun nicht möglich, das für die deutsche Bevölkerung Zustehende zu erhöhen ?

Wir hätten den Wunsch, dass Sie, Herr Gouverneur, dafür sorgten, dass das aus diesen beiden Gebieten abgelieferte Gemüse restlos der Zivilbevölkerung zur Verfügung gestellt würde.

Es bleibt noch die Frage der Reichenau. Deren Erzeugung wurde 1947 für die Besatzungsmacht gebraucht. Könnte davon nicht auch etwas für den deutschen Sektor freigemacht werden ?

Wir wären Jhnen dankbar, wenn Sie diese ganzen Fragen in unserm Sinne erörtern und erledigen könnten.

Johanna Hemm.

Durchschlag eines Briefes meiner Mutter an den Gouverneur André Noël zur Ernährungslage in Konstanz.

am und Gewerkschaftsvertretern der Region sei als Beispiel angeführt, wobei in dem entsprechenden Protokoll lediglich von »einer Hausfrau«, in den von mir eingesehenen Akten (»Bericht«) namentlich von Frau Hemm die Rede ist. Bei beiden handelte es sich aber um dieselbe Sache:

»Frau Hemm – Konstanz weist auf die furchtbare Not inbezug auf die Kleider- und Schuhversorgung, hauptsächlich der Schulkinder, hin und bittet inständig, auch auf diesem Gebiet eine Besserung der Lage herbeizuführen.«[66]

Im »Südkurier« vom 7. Juni 1946 las ich über eine Sitzung des gewerkschaftlichen Ernährungsausschusses einen Bericht mit dem abschließenden Satz:

»... Die dreistündige Besprechung hat bewiesen, daß derartige Aussprachen notwendig und nützlich sind; notwendig insofern, als die Stimmung der Bevölkerung den betreffenden Stellen zur Kenntnis gebracht werden kann, und nützlich deswegen, damit die Bevölkerung informiert wird über das, was möglich und erreichbar ist. Die Gewerkschaften werden stets bemüht sein, die Interessen ihrer Mitglieder in allen Fragen des täglichen Lebens zu vertreten; damit sind sie auch die Wahrer der Interessen der Gesamtbevölkerung.«

Laut Protokoll einer weiteren Besprechung zwischen dem Gewerkschaftsausschuß mit Gouverneur Degliam machte sich meine Mutter – wieder einmal – für die Paradiesler stark:

»... Kollegin Hemm überreichte dem Gouverneur eine Liste von 13 landw. Mithilfen für die Paradiesler, die bis jetzt noch keine Grenzkarte haben und die diese angesichts der vorgerückten Zeit und der günstigen Witterung unbedingt haben sollten und bat, der Gouverneur möge die Angelegenheit beschleunigen...«[67]

Auch mit Gouverneur André Noël trafen sich die Gewerkschaftsvorsitzenden von Zeit zu Zeit, um »die jeweils schwebenden Fragen zu erörtern« (»Südkurier« vom 31. August 1948). An ihn richtete meine Mutter im März 1948 auch den auf Seite 201 im Faksimile abgedruckten Brief zur Ernährungssituation.[68]

Preise steigen – GewerkschafterInnen protestieren

Die Situation für die abhängig Beschäftigten war nach wie vor schwierig: Einerseits hatte sich nach der Währungsreform die Versorgung leicht gebessert, andererseits kam es jedoch zu erheblichen Preissteigerungen, denen die Löhne nicht folgten. Denn noch immer bestand der von den Nazis verordnete Lohnstop. Klar, daß die Gewerkschaften reagierten.

Im August 1948 rief der BaGB zu landesweiten Protestkundgebungen und Demonstrationen auf. Am 2. September 1948, einem Werktag, fanden die Aktionen statt, unter großer Beteiligung der Bevölkerung. In Konstanz versammelten sich 3500 (!) Personen auf dem Stephansplatz (»Südkurier« vom 4. September 1948).

Eine eindrucksvolle Berichterstattung von den Aktivitäten im Südwesten war im »Badischen Gewerkschaftler« vom 15. September 1948 zu lesen:

»... Überall ruhte ab drei Uhr nachmittags die Arbeit, und die Massen zogen zu den meistens unter freiem Himmel gelegenen Versammlungsplätzen. In den großen und kleinen Orten beherrschten um diese Zeit die Demonstranten das Straßenbild, und keiner konnte sich dem Eindruck entziehen, daß hier etwas Besonderes los sei...«

Zur damaligen Stimmung bemerkt Margit Unser:

»... Bei den Arbeitern wurde die Ankündigung von Protestkundgebungen in ganz Südbaden mit Befriedigung aufgenommen, gerade in den Kreisen, die in den vergangenen Wochen die passive Haltung der Gewerkschaften kritisiert und ihnen vorgeworfen hatten, die Interessen der Lohnempfänger nicht genügend verteidigt zu haben. Das Gros der Arbeiter betrachtete die öffentlichen Kundgebungen als ersten Schritt der südbadischen Gewerkschaften, die Interessen der arbeitenden Bevölkerung energisch zu vertreten...«[69]

Bei diesen Kundgebungen wurden in Resolutionen Maßnahmen gegen die Preisentwicklung und den Preiswucher ebenso gefordert wie eine Angleichung der Löhne an die Preise und die Aufhebung des Lohnstops.

Inzwischen hatte die Französische Militärregierung eine allgemeine Lohnerhöhung für ihre Zone verfügt. Am 23. November 1948 billigte der Badische Landtag das Landesgesetz über die Aufhebung des Lohnstops. Obwohl dieses Gesetz noch der Zustimmung der Militärregierung bedurfte, war anzunehmen, daß keine Bedenken dagegen erhoben würden (»Badischer Gewerkschaftler« vom 1. November und 15. Dezember 1948).

In den folgenden Jahren wehrten sich die Gewerkschaften vor allem gegen die Preiserhöhungen, zum Beispiel rief 1950 der DGB (»Bezirksstelle Baden«) zu Protestaktionen auf. Die Situation war anscheinend kämpferisch, wie aus den »Südkurier«-Artikeln mit den Überschriften: »Drohender Streik wegen Preiserhöhung« und »Protestaktion der Gewerkschaften« (25. Juli 1950) geschlossen werden konnte. Und zum Vorhaben selbst hieß es im »Südkurier«:

»... Wie in allen anderen Städten soll (...) auch in Konstanz am morgigen Mittwoch in der Zeit von 15 bis 18 Uhr die Arbeit ruhen. Außerdem wird auf der Marktstätte eine Kundgebung stattfinden. Alle Arbeitnehmer von Konstanz, ob organisiert oder nicht, sowie alle Hausfrauen sollen aufgefordert werden, sich an dieser Kundgebung zu beteiligen. Die Arbeitnehmer von Petershausen und Wollmatingen treffen sich um 15.45 Uhr auf dem Ebert-Platz und ziehen von dort geschlossen in die Stadt. Die Arbeitnehmer der Altstadt sammeln sich am Rheintorturm und schließen sich dem ersten Zug an...«

»Die Geduld des Volkes ist erschöpft« war die Überschrift des »Südkurier«-Berichts (27. Juli 1950) über diese Aktion. Deutliche Worte von Gewerkschaftsseite fielen dabei, mit spontanen Beifallsbekundungen der TeilnehmerInnen beantwortet. Erwähnenswert nicht zuletzt die Beteiligung: Zweitausend Personen – und das (zum Teil) während der Arbeitszeit!

Frauenerwerbsarbeit: »Notdurft des Lebens«?

Als »frauenbewegte« Gewerkschafterin interessierte ich mich natürlich dafür, wie mit dieser Frage in der damaligen Zeit umgegangen wurde. Im »Badischen Gewerkschaftler« konnte ich dazu eine ganze Reihe von Artikeln entdecken – von Frauen sowie Männern geschrieben –, die sich mit dem Thema berufstätige Frauen oder Frauen in den Gewerkschaften befaßten. Tenor in den meisten Beiträgen war, zum Beispiel im »Badischen Gewerkschaftler« vom April 1947, daß einerseits die Not die Frauen zur Arbeit zwinge – waren sie damals doch sehr oft Ernährerinnen der Familien, weil die Männer kriegsbedingt noch fehlten –, daß andererseits Frauenerwerbsarbeit auch wirtschaftlich notwendig sei:

»... Vornehmlich ist es jedoch die Notdurft des Lebens, welche die Frauen zur Erwerbsarbeit ruft. Dieser Lage entsprang auch die Neigung, aus der Not eine Tugend zu machen, den Spielraum der Frauenerwerbsarbeit zu erweitern und ihr manchen Beruf zu eröffnen, der bisher aus guten Gründen männlichen Kräften vorbehalten war...«

Nur ganz selten ein Satz in dem Sinne, daß Arbeit vielleicht auch als »Selbstverwirklichung«, als Beitrag zu mehr Selbständigkeit betrachtet werden kann. Aber das wäre für diese Zeit wohl eine zu hohe Erwartung gewesen!

Dennoch: Es gab immer wieder Aufrufe an die Frauen, sich gewerkschaftlich zu organisieren und zu engagieren, gemeinsam mit den Kollegen, versteht sich. Auch Forderungen für Frauen wurden erhoben. So berichtete der »Badische Gewerkschaftler« (15. November 1947) über die Interzonenkonferenz in Bad Pyrmont:

»... Die Konferenz nahm Stellung zur Frauenarbeit und zur Aufgabe der Frau in den Gewerkschaften. Dieser Aussprache wohnten Frauen-Delegierte aus den verschiedenen Zonen bei. Die Konferenz richtet an die Gesetzgebung und an die Öffentlichkeit eine Reihe von Forderungen zur Sicherung des Rechts der Frau auf Arbeit, zum Ausbau des Arbeitsschutzes für Frauen und für eine gleiche Bezahlung...«

Frauen in die Betriebsräte!

Meine Mutter wußte natürlich, daß bei den Frauen ein großer Nachholbedarf auch in Sachen Gewerkschafts- oder Betriebsratsarbeit vorhanden war und versuchte, ihnen Mut zum Engagement zu machen, u.a. in einem Artikel im »Badischen Gewerkschaftler« vom 1. Mai 1949:

Frauen im Betriebsrat

Viele Wochen haben die Betriebsbelegschaften auf die Wahlordnung warten müssen, damit endlich die Betriebsrätewahlen durchgeführt werden konnten. Den Gewerkschaftsfunktionären erwuchsen bereits mit den Vorbereitungen große Aufgaben, die sich mit den abzuhaltenden Betriebsversammlungen und der Aufstellung der Kandidaten noch mehr steigerten. Galt es doch, die ehrlichsten, aufrichtigsten, mutigsten und fortschrittlichsten Kolleginnen und Kollegen in Vorschlag und bei der Wahl durchzubringen.

Das konnte nicht immer so ohne Schwierigkeiten vor sich gehen. Insbesondere gibt es Frauen, die glauben, das Amt eines Betriebsrates nicht annehmen zu können. Und doch ist es sehr wichtig, daß auch die Frauen sich hier einschalten. Wer sollte wohl in den Textil- und Bekleidungsfabriken die Interessen der Belegschaften wahrnehmen, wenn nicht auch die Frauen das tun? Denn es sind doch gerade in diesem Industriezweig zum überwiegenden Teil Frauen beschäftigt.

Es ist allerdings bekannt, daß die Frauen vor allem glauben, den so gut gesetzten Worten des Unternehmers oder Betriebsleiters nicht mit den richtigen Worten entgegentreten zu können, und sie fühlen sich deswegen schon von vornherein an die Wand gedrückt. Dieses Gefühl müssen die Frauen, die nun in die Betriebsräte gewählt worden sind, überwinden, und sie können es auch, wenn sie sich sagen, daß die Wahrnehmung der Belange der Arbeiterschaft eine unbedingte Notwendigkeit und ein gutes Recht ist. Wir verkennen gewiß nicht, daß die Frauen, denen in der Hitlerzeit gerade jede Entfaltungsmöglichkeit genommen war, auch heute noch nicht so geschult und durchgebildet sind, um gleich alles vollkommen richtig machen zu können. Aber es ist da wie bei jedem Anfänger: keiner kann gleich alles, aber es kann vieles erlernt werden. Darum ist die Schulung der Betriebsräte von großer Wichtigkeit, und zwar die Selbstschulung und — was wir hier besonders hervorheben möchten — die laufende Wochenendschulung, bei der die in der Praxis auftauchenden Fragen besondere Berücksichtigung finden müssen. Ob eine zentrale, vom Bund durchgeführte Schulung besonders für weibliche Betriebsräte angesetzt werden kann, sollte in Erwägung gezogen werden.

Was haben die Frauen während des Krieges nicht alles leisten müssen — für den Krieg und die Zerstörung! Und da sollte es den Frauen nicht möglich sein, gegen Profitsucht und Willkür der Unternehmer für ihre Mitarbeiter einzutreten? Die Frau hat oft ungeahnte Kräfte, die sich meist sehr gut entfalten, wenn sie geweckt werden. Darum, ihr Frauen, überwindet eure Angst und Beklemmung und geht rüstig an die Arbeit.

Diese Aufforderung soll aber auch der jüngsten Generation gelten, die ja durch die Schaffung von Jugendvertretungen im Betriebsrat vor wichtige Aufgaben gestellt wird. Gerade die Jugend hat jene Hemmungen meist nicht, sondern Elan und jugendlichen Mut. Auf ihre Mitarbeit müssen wir daher sehr großen Wert legen. Freunde und Helfer der Werktätigen in all ihren Sorgen und Nöten sein, eindeutig die Interessen der Belegschaft vertreten, sich dabei durch nichts beirren und beeindrucken lassen, so müssen die Betriebsräte ihre Aufgaben erfüllen; und das kann sowohl der Mann als auch die Frau und die Jugend.

Hanna Hemm

Trotz alledem Optimismus

Wenn auch die allgemeine Situation schlecht war, wenn auch Hunger und Not herrschten – die Menschen verzweifelten nicht. Sie hatten, ausgemergelt und abgemagert, dennoch die Kraft für einen Neubeginn. Sie hatten Hoffnungen und Visionen... Sicher wurden dazu unterschiedliche Ansätze propagiert. Aber es war durchaus eine sozialistische Tendenz zu erkennen, wie ich aus den Erzählungen älterer KollegInnen und aus dem Quellenmaterial erfahren konnte. So stieß ich wiederum im »Badischen Gewerkschaftler« auf interessante Texte, bei denen übrigens auch die Sprache sehr beeindruckend war.

Aus der vierseitigen Sonderausgabe zum 1. Mai 1947 möchte ich den »Mai-Aufruf« dokumentieren, der, wie ich meine, ein sehr realistisches Stimmungsbild aufzeigt:

> **Schaffende in Stadt und Land!**
>
> Zum zweiten Male nach dem Zusammenbruch des „Tausendjährigen dritten Reiches" begehen wir den 1. Mai a. Feiertag der Arbeit, den Tag, an dem Millionen der ganzen Welt demonstrieren für die Einheit aller Schaffenden, fü Freiheit und Menschlichkeit, für Sozialismus und Demokratie, für Völkerverständigung und Weltfrieden; den Tag, a dem Millionen der ganzen Welt kämpfen gegen Diktatur und Reaktion, gegen Ausbeutung und Unterdrückung, gege Faschismus, Militarismus und Krieg. Freudig schlagen unsere Herzen, weil wir diesen Tag feiern können in unsere Sinne, mit unseren Losungen, frei von jeder Bevormundung.
>
> Keine falschen Parolen von Blut und Boden, von der Vorherrschaft der Herrenrasse sollen die Gehirne vernebel. Nicht mehr wollen wir schaffen für die Herstellung von Kriegswaffen und Kriegsmaterial. Deshalb fordern wir:
>
> Volles Mitbestimmungsrecht der Betriebsräte und Gewerkschaften zur Erreichung einer planvollen Lenkung der Wirtschaf
>
> Sicherung der Ernährung durch rationelle Bewirtschaftung des Bodens.
>
> Förderung der landwirtschaftlichen Produktion und gerechte Erfassung und Verteilung der erzeugten landwirtschaftlichen Produkte.
>
> Gerechte Entnazifizierung und sofortige Durchführung der gefällten Urteile; Entfernung der Verurteilten aus alle Schlüsselstellungen der Betriebe, Verwaltungen und Behörden.
>
> Entmachtung der Konzerne und der Kriegsverbrecher; Ueberführung ihrer Unternehmen in die Gemeinwirtschaft.
>
> Vergesellschaftung der Schlüsselindustrien (Bergbau, Stahl und Eisen, Energie und Grundchemie).
>
> Unser Ziel: Ein friedliches Deutschland, in dem jeder sein gerechtes Auskommen hat; Schutz der Arbeitskraft gleiches Recht für jeden, ohne Ansehung der Person; Freiheit der Persönlichkeit. Dafür kämpfen wir und sind en schlossen, jedes Opfer dafür zu bringen.
>
> Wir grüßen am 1. Mai die Schaffenden der anderen Zonen. Wir grüßen am 1. Mai die Schaffenden der ganze Welt, mit denen wir gemeinsam kämpfen für eine bessere Zukunft auf dem Boden der Völkerverständigung und de Friedens. Wir grüßen unsere Kriegsgefangenen fern der Heimat und geloben, alles zu versuchen, damit auch sie de Freiheit und ihren Familien zurückgegeben werden.
>
> Wir fordern alle Werktätigen und fortschrittlichen Kräfte auf, den 1. Mai zu einer machtvollen Kundgebung de Gewerkschaften zu gestalten. Es lebe die Demokratie, der Sozialismus, die Freiheit und der Friede!
>
> **Der Vorstand des Badischen Gewerkschaftsbunde.**

Ähnlich waren auch die »Mai-Aufrufe« des Badischen Gewerkschaftsbundes der Jahre 1948 und 1949. Und immer am Schluß: »Es lebe die Demokratie und der Sozialismus! Es lebe die Freiheit und der Friede!«

Aufbruchstimmung aber nicht nur bei den Gewerkschaften, nein, auch bei den Parteien, mehr oder weniger. Und wenn ich an den ersten Satz des »Ahlener Programms« der CDU von 1947 denke, war der Start ja so übel nicht: »Das kapitalistische Wirtschaftssystem ist den staatlichen und sozialen Lebensinteressen des deutschen Volkes nicht gerecht geworden. Nach dem furchtbaren politischen, wirtschaftlichen und sozialen Zusammenbruch als Folge einer verbrecherischen Machtpolitik kann nur eine Neuordnung von Grund aus erfolgen...«[70]

EINZELNUMMER 15 Pfg.

Der Badische GEWERKSCHAFTLER

Organ des Badischen Gewerkschaftsbundes für die französisch besetzte Zone
Herausgeber: Badischer Gewerkschaftsbund. Verantwortl.: P. Kappes, Freiburg/Bd. Gewerkschaftshaus
3. Jahrgang, Nummer 8 — 30. April 1948

Aus dem Inhalt:

Ende des Lohnstops
Blick in die Zeit
Maifeier-Tag der Jugend
Gesetzliche Grundlagen des Arbeiterschutzes
Die Frau im Betriebsrat

Maiaufruf 1948

Seit nahezu 60 Jahren demonstriert das schaffende Volk für die Erfüllung seiner Forderungen. Achtstundentag, Koalitionsfreiheit, Sicherung der Löhne durch Tarifverträge, Aufhebung des Lohnstops sind verwirklicht. Wir sind stolz auf diese gewerkschaftlichen Erfolge. Für die baldige gesetzliche Verankerung des Mitbestimmungsrechtes in der neu aufzubauenden demokratischen Wirtschaft und für den Ausbau der Sozialgesetzgebung werden die Gewerkschaften mit allem Nachdruck einstehen.

Drei Jahre nach dem Zusammenbruch sind vergangen und immer noch versuchen Vertreter des kapitalistischen Systems ihre volksfeindliche Politik durchzusetzen. Industrieerzeugnisse und Bedarfsartikel steigen fortwährend im Preise, die Löhne blieben für fast alle Berufsgruppen unverändert. Die meisten der dem Bauer zugebilligten Erzeugerpreise stehen in keinem Verhältnis zu den Preisen für Industrie- und Bedarfsartikel, welche der Bauer zur Aufrechterhaltung seiner Wirtschaft notwendig braucht.

Auch dieses Jahr demonstriert deshalb die arbeitende Bevölkerung aller Zonen und Länder am 1. Mai als dem Tag des Bekenntnisses zur Einheit aller Schaffenden im gemeinsamen Kampf

gegen die Angriffe der Reaktion,
gegen Ausbeutung und Unterdrückung,
gegen Diktatur und Faschismus,
gegen Kriegspsychose und Militarismus.

Der 1. Mai muß ein Tag des Bekenntnisses sein

für das volle Mitbestimmungsrecht der Betriebsräte und Gewerkschaften in der Wirtschaft,

für die Ueberführung der Konzernbetriebe in die Gemeinwirtschaft,

für die Vergesellschaftung der Schlüsselindustrie (Bergbau, Stahl und Eisen, Energie und Grundchemie),

für die Erhaltung der Arbeitskraft durch Sicherung der Ernährung, rationelle Bewirtschaftung des Bodens, gerechte Erfassung und Verteilung der erzeugten landwirtschaftlichen Produkte,

für die Sicherung des Existenzminimums durch ausreichende Löhne,

für die Erhaltung der bäuerlichen Existenzgrundlage durch angemessene Erzeugerpreise,

für den Schutz der kleinen Sparer bei der Währungsreform und gerechte Lastenverteilung durch stärkste Heranziehung aller großen Vermögen,

für die Rechte der arbeitenden Jugend,

für die Gleichberechtigung der Frau auf allen Gebieten des öffentlichen Lebens.

für Völkerverständigung und Weltfrieden.

Wir fordern alle Schaffenden in Stadt und Land auf, durch Teilnahme an den Kundgebungen für diese Forderungen einzutreten.

Wir grüßen unsere Kriegsgefangenen in der Hoffnung auf baldige Heimkehr.

Es lebe die Demokratie, der Sozialismus, die Freiheit und der Friede!
Es lebe die Gewerkschaftsbewegung aller Länder
und die Gewerkschaftseinheit!

DER VORSTAND DES BADISCHEN GEWERKSCHAFTSBUNDES

Es geht voran – auch bei den »TextilerInnen«

Regionale Neuanfänge und meine Mutter mittendrin

In Konstanz gab es im und nach dem Krieg einige unzerstörte (!) Textil- und Bekleidungsbetriebe, zum Beispiel die Firmen Stromeyer (Zelte, Bekleidung), Herosé (Stoffdruckerei), Straehl (Bekleidung), Schwarzenbach (Seidenweberei), Degenkolb (Taschentücher), später Dura (Strümpfe), Elma (Trikotagen)... Auch außerhalb von Konstanz sind mir noch einige Betriebe dieser Sparte in Erinnerung: Schiesser (Radolfzell, Rielasingen, Engen), Schroff (Radolfzell), Spinn-Weberei Arlen, Spek (Mühlhofen), Weberei Hämmerle (Meersburg), eine sicher nicht vollständige Auflistung. Sie zeigt aber, daß die Textil- und Bekleidungsbranche in unserer Region ziemlich verbreitet war und sich hier ein großes Reservoir für gewerkschaftliches Engagement anbot.

Zunächst ging es für die Gewerkschaften um die örtliche Ebene. So wurde in der Presse für die »Textilarbeiter« die Gründungsversammlung für den »17. November 1945, 7 Uhr abends« im Gasthaus »Hintere Sonne« angekündigt (»Südkurier« vom 9., 13., 16. November 1945). Ich vermutete zwar schon gleich, daß meine Mutter bei dieser Gründungsversammlung dabei war, fand aber erst bei meinen Recherchen endgültig in einem Protokoll die Bestätigung, und das sogar in französischer Sprache.

Etwa 80 »camarades« nahmen an dieser Gründungsversammlung der »Textil-, Bekleidungs- und Lederarbeiter« teil. Zunächst wurde die Geschichte der deutschen Gewerkschaftsbewegung beleuchtet. Jetzt gelte es, eine gewerkschaftliche Einheit zu schaffen und in der Welt das Ansehen des deutschen Arbeiters wieder aufzubauen, das durch die faschistische Arbeitsfront so bloßgestellt worden war... Und weiter im Protokoll:

»... Sur la proposition du sécrétaire du Comité préparatoire, Henseler, l'assemblée se lève en honneur des victimes de la terreur nazie, des victimes de la guerre des deux cotés du front et des disparus du mouvement syndical depuis 1933...« (Auf Vorschlag des Sekretärs des Vorbereitungsausschusses, Henseler, erhebt sich die Versammlung zu Ehren der Opfer des Nazi-Terrors, der Kriegsopfer beider Seiten sowie der Verschollenen der Gewerkschaftsbewegung seit 1933.)

Nun konnte die Gründung vonstatten gehen. Der Mitgliedsbeitrag wurde für männliche, qualifizierte Arbeiter auf 0,80 RM, für Frauen und Ungelernte auf 0,40 RM pro Woche festgelegt, etwas weniger als bei den »Metallern«. Dann die Wahlen: »Président, vice-président, secrétaire, trésorier« (Kassier), zusätzlich vier »Assesseurs« (Beisitzer), eine davon war »Mme. Hemm«. Ende der »assemblée« gegen 21.15 Uhr.[71]

Zwei Mitgliedskarten meiner Mutter (anfangs reichte es noch nicht für Mitgliedsbücher) der Gewerkschaft der Textil-, Bekleidungs- und Lederarbeiter befinden sich noch in meinen Unterlagen mit den Informationen: Eintrittsdatum 1.1.1946, Heimarbeiterin, Beitrag wöchentlich 0,40 RM.

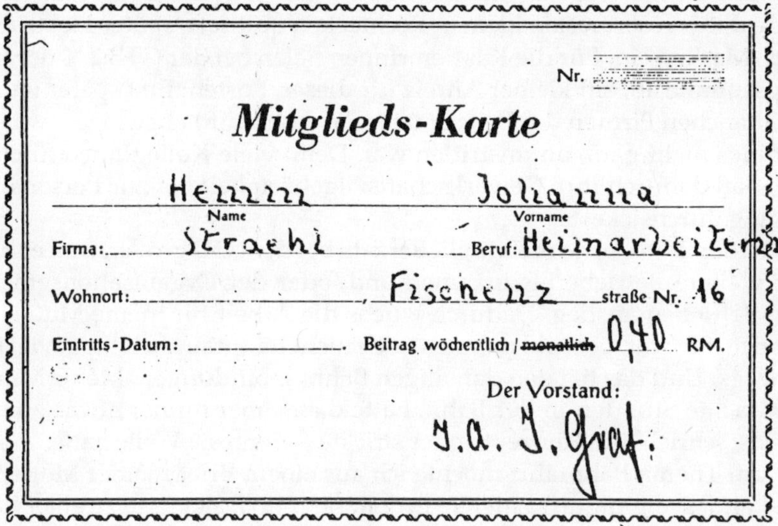
Nr. [redacted]

Mitglieds-Karte

Hemm Johanna

Name Vorname

Firma: Straehl Beruf: Heimarbeiterin

Wohnort: , Fischenz straße Nr. 16

Eintritts-Datum: . Beitrag wöchentlich / ~~monatlich~~ 0,40 RM.

Der Vorstand:

I.A. J. Graf

Später bildete sich eine eigenständige Gewerkschaft Leder – inzwischen ist sie in »meine« Gewerkschaft Bergbau, Chemie, Energie (BCE) integriert –, so daß die für meine Mutter zuständige Gewerkschaft nur noch hieß: Gewerkschaft Textil-Bekleidung (GTB). Allerdings entdeckte ich in den Akten manches Schreiben meiner Mutter, dessen Briefkopf noch die alte Bezeichnung trug: Gewerkschaft der Textil,- Bekleidungs- und Lederarbeiter, der Stempel jedoch bereits aktualisiert war. Ich gehe davon aus, daß sie lediglich aus Sparsamkeitsgründen die restlichen Briefbögen der Anfangszeit aufgebraucht hat. Das wäre echt Johanna.

Bald wurde meine Mutter Kassiererin der Ortsgewerkschaft, wie ich einem Bericht über die Jahreshauptversammlung im »Südkurier« vom 19. März 1949 entnahm. In einem weiteren Dokument dieser Versammlung, einem Protokoll in französischer Sprache, wurde erwähnt, daß meine Mutter als »trésorière« den »rapport financier« (Kassenbericht) verlas, außerdem stand hinter ihrem Namen »réélu« (wiedergewählt), d.h. sie war anscheinend bereits seit 1948 in dieser Funktion.[72]

Ein Wort gleich zur Beitragskassierung, die noch »persönlich« und im Betrieb erfolgte. Es gab KassiererInnen und UnterkassiererInnen, je nach Betriebsgröße. Eine mühevolles Amt. Denn sie mußten die Mitglieder monatlich und dann unter Umständen oft mehrmals ansprechen, bis diese den Beitrag entrichtet hatten, sie sozusagen immer wieder »neu in die Gewerkschaft aufnehmen«. In den ersten Nachkriegsjahren wurde der bezahlte Beitrag nur mit einem Stempel (»bez.«) in den in der Mitgliedskarte dafür reservierten kleinen Rechtecken quittiert, später klebte man dort Marken ein. Für die KassiererInnen fielen bei der GTB 2 % der Beitragssumme ab, ein kleiner Anreiz für diesen Posten. Erst später wurde bei manchen Firmen der Beitrag über das Lohnbüro abgezogen, was allerdings nicht ganz unumstritten war. Denn viele KollegInnen fürchteten, daß dadurch ihre Gewerkschaftszugehörigkeit bis zur Personalabteilung durchsickerte.

Mit der Zeit wurde die Mitgliederzahl bei der GTB größer, weil entweder weitere Betriebe hinzukamen und/oder der Organisationsgrad in den Betrieben anstieg. Dadurch wuchs die Arbeit für meine Mutter erheblich. Sie war, obwohl anfangs noch nicht hauptamtlich tätig, viel unterwegs. Und das bei den damaligen Bahnverbindungen. Meine Mutter verbrachte Stunden in der Bahn, hatte dabei aber immer etwas zu tun: Sie las, schrieb ihre Konzepte oder strickte – wenn sie Wolle hatte.

Zum Thema Bahnfahrt möchte ich aus einem Brief meiner Mutter an die Landesvereinigung zitieren, in dem sie zehn Delegierte zu einer Konferenz am 25. und 26. März 1949 (in Freiburg) meldete:

»... Die neulich veröffentlichten Zugeinschränkungen wirken sich für unsere Delegation sehr ungünstig aus. Zwar können wir am Freitag, den 25.3. morgens 5.55 Uhr hier wegfahren, so daß wir – wie verabredet – uns alle im Zug treffen, aber am Samstagnachmittag fährt kein Zug mehr in Richtung Konstanz. Wir müssen also nochmals übernachten und können erst am Sonntag früh 6 Uhr in Freiburg in Richtung Donaueschingen abfahren...«[73]

Allmählich wurden auch in andere Städten – Radolfzell, Singen, Stockach, Volkertshausen, Meersburg – Ortsverbände der GTB mit jeweils eigenen, ehrenamtlichen Ortsvorständen gegründet. Außerdem durften sich nun diese Ortsgewerkschaften auf Kreisebene zusammenschließen. Zu diesem Zweck fand im Mai 1948 in Radolfzell eine Delegiertenversammlung der Gewerkschaft Textil und Bekleidung statt, an der laut Protokoll vierzig KollegInnen aus dem Kreisgebiet sowie der Vorsitzende der Landesvereinigung Fritz Eiche anwesend waren.

»... Die Kreisgewerkschaft wurde dann, vorbehaltlich der Genehmigung der Militärregierung einstimmig beschlossen mit den im Kreis Lörrach bestehenden Statuten...«

Meine Mutter wurde zur ersten Vorsitzenden dieses Kreisverbandes gewählt, die anderen Vorstandsmitglieder stammten aus der Region.[74] Nicht uninteressant ist auch die Mitgliederstatistik für den Kreis Konstanz des Jahres 1949, handschriftlich und ordentlich aufgelistet von meiner Mutter.[75]

In der Folgezeit wurde meine Mutter Beisitzerin im Vorstand der Landesvereinigung der GTB, und es entwickelte sich ein reger Kontakt mit dem Lörracher Gewerkschaftsbüro.

Mir liegt zum Beispiel ein Brief der Landesvereinigung an einen Kollegen aus Markdorf vor, der sich um eine dortige Ortsgewerkschaft bemühte. Ihn verwies man an meine Mutter:

»... Da es brieflich zu weit führen würde, Euch über all das, was Ihr benötigt zu wissen, Auskunft zu geben, haben wir der Kollegin Frau Johanna Hemm, Konstanz, Fischenzstr. 16 mitgeteilt, daß sie Euch bei der Gründung der dortigen Textilgewerkschaft an Ort und Stelle behilflich sein soll und haben ihr auch die nötigen Unterlagen zugeschickt. Die Kollegin Hemm ist Vorstandsmitglied unserer Landesvereinigung (Beisitzerin) und außerdem Vorsitzende der Kreisgewerkschaft Textil und Bekleidung Bodensee und Hegau und ist somit, da Markdorf zu ihrem Wirkungsbereich gehört, für Euch zuständig...«[76]

Ich entsinne mich, daß meine Mutter manchmal KollegInnen aus Textil- oder Bekleidungsbetrieben »über dem See« aufsuchen mußte. Einmal durfte ich mit nach Mühlhofen, zu einer Kollegin bei der Firma Spek. Wir trafen nach umständlicher Fahrt mit Bodensee-Fähre und Bummelzug gegen Mittag dort ein, und die Kollegin nahm uns erst mal mit in ihre Wohnung, um uns dort zu verköstigen: Omelettes gab's. Erst danach begann die Besprechung...

Manche Aufgaben mußte meine Mutter auch in »entfernteren« Gebiete wahrnehmen. So wurde zum Beispiel in einem Schreiben des Landesverbandes meiner Mutter mitgeteilt, daß in einer Firma in Appenweier eine Betriebsversammlung abzuhalten sei. Die dortigen Kollegen brachten dabei folgenden Wunsch zum Ausdruck:

»... Zu diesem Zweck wäre uns sehr recht, wenn Ihr für eine Betriebsversammlung einen Kollegen oder besser noch Kollegin Hemm zur Verfügung stellen würdet...«[77]

Bei aller Mühe: War das nicht ein schöner Vertrauensbeweis für meine Mutter? Solche Äußerungen taten ihr gut in ihrem oft nicht einfachen Geschäft.

Eine »Gewerkschaftsbüro-Ecke« in unserer Wohnung

Viele Aktivitäten gewerkschaftlicher Art spielten sich in unserer damaligen Wohnung in der Fischenzstraße ab. Eine der ersten Requisiten, an die ich mich gut erinnere, war ein Karteikasten aus Holz, einschließlich Karteikarten. Erst später wurden Mitgliedsbücher eingeführt, die ich ab und zu ausfüllen durfte, weil ich eine schöne Druckschrift hatte. Mir machte das Spaß und für meine Mutter war es eine Hilfe.

So stellte ich auch für meine Mutter das erste »richtige« Gewerkschaftsbuch nach dem Krieg aus. In bestmöglicher Druckschrift: »Beruf: Näherin, eingetreten: 1.1.1946, die Beitragszahlung beginnt in diesem Buch mit der 1. Beitragswoche des Jahres 1951.« Meine Mutter ergänzte: Der Inhaber war vor 1933 von »1922 bis 1933« ununterbrochen gewerkschaftlich organisiert. Auch die Beiträge sind mit Marken dokumentiert: 1951 bezahlte meine Mutter einen Monatsbeitrag von 10 DM, vor ihrem Ruhestand 20 DM. Im Ruhestand betrug ihr Beitrag 14 DM.[78]

Nachdem sich die Gewerkschaftsarbeit bald bei uns zu Hause ausweitete, wurde ein Büroschrank in unser Wohnzimmer gezwängt, um die sich nun anhäufenden Unterlagen einigermaßen verstauen zu können. Ein Schreibtisch war nicht vorhanden, Büroarbeit wurde am Küchen- oder Wohnzimmertisch erledigt. Nicht sehr effektiv, denn beide brauchten wir ja auch für unser tägliches Leben. Aber irgendwie klappte es doch.

Ja, es waren denkbar schwierige Bedingungen, unter denen sich der Neuaufbau der Gewerkschaft Textil-Bekleidung, wie auch der anderen Gewerkschaften, vollzog. Man besaß so gut wie keine Hilfsmittel. Papier war knapp, an ein Büro nicht zu denken. Ein Telefon hatten wir natürlich nicht in unserer Wohnung. Um die zu betreuenden Betriebe zu erreichen, um Leute zu informieren, mußte meine Mutter oft mit dem Fahrrad, so sie ein intaktes hatte, weite Strecken zurücklegen. Omnibusse fuhren nur ungenügend. Bahnverbindungen waren schlecht. Die Post benötigte lange, um anzukommen. Ein Brief von Konstanz nach Lörrach konnte in dieser Zeit bis zu fünf Tage unterwegs sein.

Manche KollegInnen waren neu in der Gewerkschaftsarbeit und mußten erst in die Materie eingewiesen werden. Hier übte meine Mutter Nachsicht. So bemerkte sie einmal in einem Bericht über die Konstanzer Ortsgewerkschaft an die Landesvereinigung der GTB u.a.: »... Unser neuer Vorsitzender ist noch jung in der Gewerkschaftsbewegung, und man muß ihm alle mögliche Hilfe angedeihen lassen. Soweit ich das tun kann, mache ich es selbstverständlich und hoffe, daß auch Ihr das Nötige dazu beitragt...«[79]

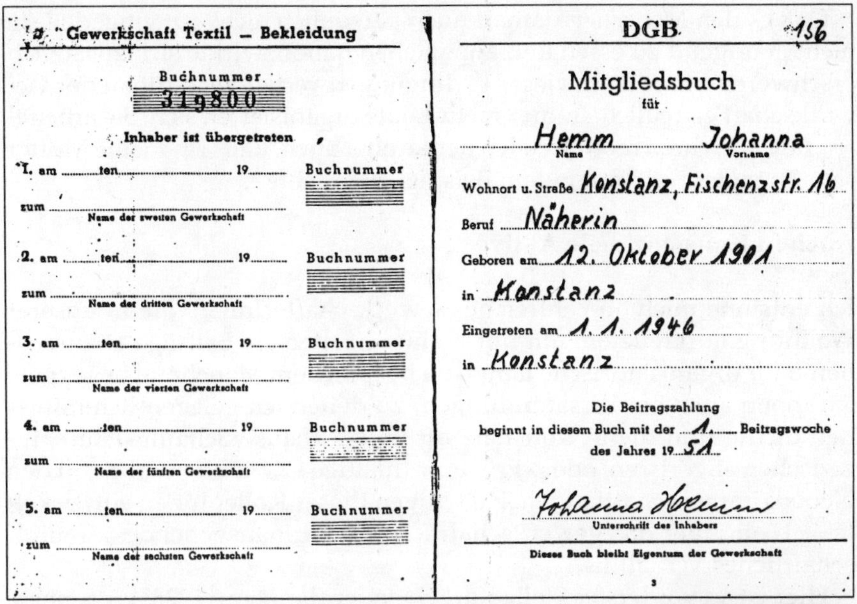

Gewerkschaft Textil – Bekleidung

Buchnummer 319800

Inhaber ist übergetreten

1. am ....ten .... 19........ Buchnummer
zum ....
Name der zweiten Gewerkschaft

2. am ....ten .... 19........ Buchnummer
zum ....
Name der dritten Gewerkschaft

3. am ....ten .... 19........ Buchnummer
zum ....
Name der vierten Gewerkschaft

4. am ....ten .... 19........ Buchnummer
zum ....
Name der fünften Gewerkschaft

5. am ....ten .... 19........ Buchnummer
zum ....
Name der sechsten Gewerkschaft

DGB 156

Mitgliedsbuch
für

Hemm (Name) Johanna (Vorname)

Wohnort u. Straße Konstanz, Fischenzstr. 16

Beruf Näherin

Geboren am 12. Oktober 1901

in Konstanz

Eingetreten am 1.1.1946

in Konstanz

Die Beitragszahlung
beginnt in diesem Buch mit der 1. Beitragswoche
des Jahres 19 51

Johanna Hemm
Unterschrift des Inhabers

Dieses Buch bleibt Eigentum der Gewerkschaft

3

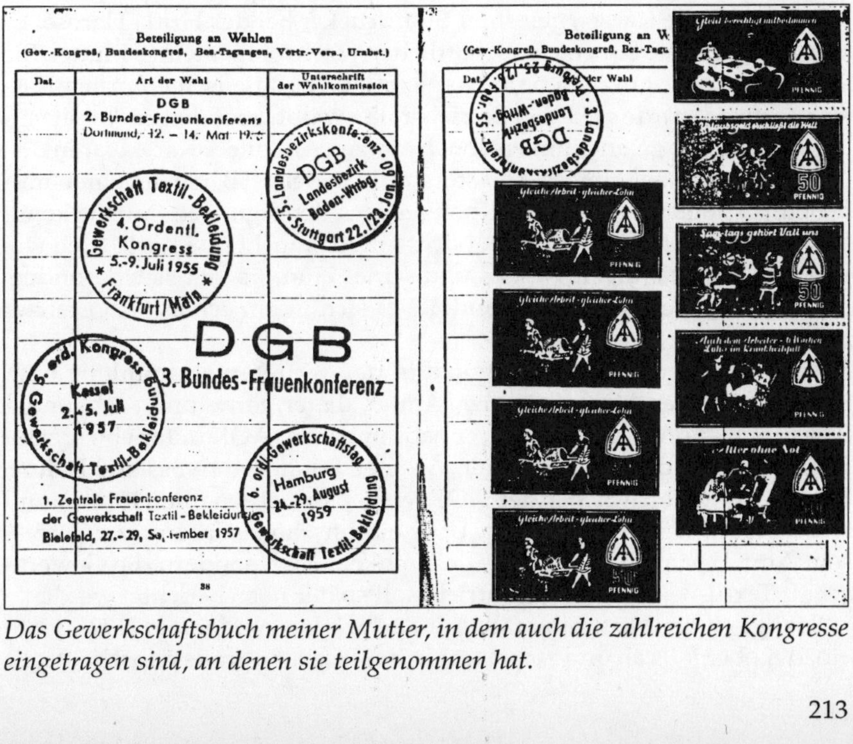

Beteiligung an Wahlen
(Gew.-Kongreß, Bundeskongreß, Bez.-Tagungen, Vertr.-Vers., Urabst.)

Dat.	Art der Wahl	Unterschrift der Wahlkommission
	DGB 2. Bundes-Frauenkonferenz Dortmund, 12. – 14. Mai 19..	

38

Beteiligung an W...
(Gew.-Kongreß, Bundeskongreß, Bez.-Tagu...

Das Gewerkschaftsbuch meiner Mutter, in dem auch die zahlreichen Kongresse eingetragen sind, an denen sie teilgenommen hat.

Daß es den Menschen damals auch persönlich nicht gut ging, daß sie nicht genügend zu essen und anzuziehen hatten, wirkte sich zusätzlich erschwerend aus. Trotz dieser Bedingungen verlief der Aufbau der Gewerkschaft erfreulich. Immer mehr Leute organisierten sich. Sie arbeiteten mit, sie waren motiviert. Ich denke aber auch, daß sich meine Mutter sehr engagiert und mit gutem Beispiel einbrachte.

Auch in Konstanz viele Aktive

Ich entsinne mich an zahlreiche GewerkschafterInnen, die in unserer Wohnung aufkreuzten, um mit meiner Mutter die Beiträge abzurechnen oder organisatorische Dinge zu besprechen. Manchmal begegnete ich ihnen auch bei Versammlungen, zu denen ich gelegentlich mitgehen durfte und die in Konstanz oft im Gasthaus »Schauinsland«, inzwischen abgerissen, oder »Frieden« (heutige »Zwitscherstube«) in den Nebenzimmern stattfanden. Zu einigen dieser KollegInnen entwickelte sich ein über das gewerkschaftliche Maß hinausgehendes, freundschaftliches Verhältnis.

Hier ist an vorderster Stelle Karl Hanauer (Jahrgang 1928) zu nennen, oder besser »de Karle«, gelernter Stoffdrucker bei der Firma Herosé. Er war so etwas wie ein gewerkschaftlicher »Ziehsohn« meiner Mutter. Sie konnte ihn sehr gut leiden und sagte oft: »De Karle isch en prima Kassier.« Später wurde er in den Betriebsrat gewählt, aber dessen Vorsitzender zu werden, gelang ihm erst nach einigen Anläufen. Karle war in den 45 (!) Jahren seiner Herosé-Zeit stets aktiv in der GTB, u.a. im ehrenamtlichen Vorstand und bei vielen Konferenzen oder Tagungen. Auf ihn konnte sich meine Mutter verlassen. Nicht zuletzt mochte sie Karle auch wegen seines aufrichtigen Wesens und seines Humors, der sich besonders an Fastnacht zeigte. Da verwandelte er sich in ein echtes »Konstanzer Mäschkerle«.

Karl Hanauer war auch Mitglied in der Vertreterversammlung bzw. im Vorstand der AOK Konstanz, Ämter, die er gerne und sachkundig wahrnahm. Fünf Geschäftsführer habe er bei der AOK miterlebt, erzählt Karle lachend: die Herren Rieger, Wurster, Böhm, Sandvoss und Daltoe. Kein Wunder, er war bei der AOK viele Jahre ehrenamtlich tätig und wurde erst 1995 verabschiedet. Über ein unschönes Intermezzo in diesem Amt, das allerdings nicht die Krankenkasse, sondern die Gewerkschaft Textil-Bekleidung vorantrieb, soll später noch berichtet werden.

Bezüglich der Mitstreiter fällt mir auch Heinz Weidenfeld (1921-1998) ein, der ebenfalls ab und zu bei uns in der Fischenzstraße reinschaute. Er arbeitete damals, glaube ich, bei der Elma-Strickerei in Konstanz, später bei Schiesser in Radolfzell und war aktives Mitglied bei der GTB.

Heinz Weidenfeld 1945 kam als junger, gut aussehender, charmanter Rheinländer nach dem Krieg ins Paradies und heiratete die attraktive Emmi Hörenberg aus der Grießeggstraße. Er war sehr musikalisch, hatte eine schöne Stimme, und manchmal konnten wir Kinder ihn in der Paradies-Kapelle überraschen, wenn er dort gerade sang, worauf er meist eilig aus den heiligen Hallen entschwand.

Im Krieg wurde Heinz Weidenfeld an der linken Hand stark verwundet und konnte daher seinen Traum, Geiger bzw. Dirigent zu werden, nicht mehr realisieren. Für ihn eine Tragik, die ihn aber andererseits zu einem antimilitaristischen Menschen werden ließ: Er gehörte zu den Männern des »Jahrgangs 22«, die sich gegen ihre (erneute) Wehrerfassung stellten, ebenso zu der Konstanzer Gruppe der Wehrdienstverweigerer, machte mit bei »Kampf dem Atomtod« und bei den Ostermärschen, war »bis Godesberg« SPD-Mitglied, dann lange sehr aktiv in der Deutschen Friedens-Union (DFU), wo er stellvertretender Landesvorsitzender und Bundesvorstandsmitglied wurde. Auch bei Wahlen trat er mehrfach an.

Weidenfelds Einstellung gegen das Militär floß sogar in die Fastnacht der fünfziger Jahre ein, als er Mitglied des Neunerrats bei den »Kamelern«, der Konstanzer Narrengesellschaft »Kamelia Paradies«, war und deren »Bunten Abende« sehr stark prägte: Er kreierte brillante Beiträge, mit viel Witz und Humor – und eben oft gegen die damals drohende Remilitarisierung. Er verhalf der Paradieser Fastnacht zu einem bis dahin nie gekannten Niveau und einem neuen Stil, vor allem viel Musikalisches entstammte seiner Feder. Für mich unvergessen sein Schunkellied: »Mäschkerle, mei Mäschkerle«, das ich übrigens noch heute zu entsprechender Zeit auf meinem Klavier klimpere. Leider wurde Heinz Weidenfeld nach einigen Jahren von den »Kamelern« ein wenig schöner Abgang bereitet, wofür unterschiedliche Gerüchte kursierten. Ich vermute allerdings, daß u.a. seine konsequente antimilitaristische Haltung der Hintergrund zu diesem »Karriere-Ende« war. Zugegeben wurde das natürlich nicht.

Ich erinnere mich auch noch, daß damals in einem Sommer an der Paradies-Kapelle »Jedermann« aufgeführt wurde mit Heinz Weidenfeld in der Titelrolle und seiner Frau als »Buhlschaft«. Die weiteren Laien-Schauspieler waren Mitglieder des Gesangvereins »Harmonie-Paradies«, dem Heinz Weidenfeld ebenfalls angehörte. Und die Kulissen – fast ein wenig wie Salzburg. Besonderer Gag: Für die lauten, bedrohlichen »Jedermann-Rufe« wurden die Männer auf die Bäume der Umgebung beordert. Das halbe Paradies konnte sie vernehmen!

Im Oktober 1959 gründete Heinz Weidenfeld mit weiteren Personen, darunter meine Mutter, die »Gemeinnützige Besucherorganisation Volksbühne Konstanz e.V.« Er engagierte sich mit viel Elan und hatte Erfolg: Nicht nur dem Stadttheater Konstanz, inzwischen ohne musikalische Sparte, auch dem Stadttheater St. Gallen verschaffte er im »Opern- und Operettenring« zahlreiche BesucherInnen. Eine ungeheure Leistung, für die eine Menge Zeit und Idealismus nötig waren.

Leider wurde anläßlich seines Todes lediglich auf dieses (sicher beispielhafte) Engagement für die Volksbühne eingegangen, nicht jedoch auf sein tatkräftiges Wirken im Paradieser Vereinsleben und in der DFU. Bei der Trauerfeier war es allerdings Oberbürgermeister Horst Frank, der auf das »Nie wieder« verwies, das Heinz Weidenfeld stets bewegte. Ob das die Anwesenden begriffen haben?

Wichtige Konferenz in Bad Salzuflen

Meine Mutter sprach ab und zu über Bad Salzuflen und von einer wichtigen Konferenz, die dort abgehalten wurde. Es war der Vereinigungskongreß der Gewerkschaft Textil-Bekleidung für die Westzonen Deutschlands, an dem sie als Delegierte teilnahm.[80] Sie schrieb sogar für den »Badischen Gewerkschaftler« vom 1. Juni 1949 einen Bericht darüber; er ist so ganz und gar nach der Art meiner Mutter – ein schönes Dokument für mich, das nebenstehend abgedruckt ist.

Aber nicht nur der Bericht selbst ist ein echtes Zeugnis meiner Mutter, ich entdeckte auch noch einen Brief, den sie am 11. April 1949 an die Landesvereinigung der Textilgewerkschaft Lörrach schrieb, aus dem ein Auszug ein weiteres Licht auf die Arbeitsweise meiner Mutter wirft: Er ist in DIN-A5-Format (quer) verfaßt. Das machte meine Mutter damals oft, wenn sie einen relativ kurzen Text hatte. So konnte sie Papier sparen.

»... Anbei den Bericht vom Vereinigungskongreß für den ›Badischen Gewerkschaftler‹. Habe ihn gleich im Zug aufgesetzt, wo ich gerade Lust dazu und auch genügend Platz hatte. Wenn er für richtig befunden wird, dann schickt Ihr ihn bitte nach Freiburg. Die Abschrift ist für Euch...«[81]

Noch immer ehrenamtlich bei der GTB?

Daß meine Mutter viel zu tun hatte, weiß ich aus eigener Erfahrung. Die Palette reichte von Werbung und Betreuung von Mitgliedern, Schulungen für BetriebsrätInnen und FunktionärInnen, Vorbereitung von Be-

Vereinte Kraft — Großes schafft

Das stand als Motto an der Stirnseite des großen Saales im Kurhause von Bad Salzuflen, in dem vom 6. bis 9. April 1949 der Vereinigungskongreß der Gewerkschaften Textil, Bekleidung und Leder für die drei Westzonen stattfand. Es war ein imposanter Kongreß, der dadurch noch an Bedeutung gewann, daß 23 Gastdelegierte von ausländischen Bruderorganisationen daran teilnahmen, die herzliche Worte der Verbundenheit mit den deutschen Gewerkschaften aussprachen. Die telegraphischen Grüße der Textilgewerkschaft der Ostzone, verbunden mit dem Wunsche nach einer baldigen gesamtdeutschen Gewerkschaftsbewegung, wurden mit großem Beifall aufgenommen. Ein alter, seit 52 Jahren organisierter Kollege — früher Sekretär der christlichen Gewerkschaft der Textilarbeiter — mahnte eindringlich zum einheitlichen und geschlossenen Kampfe der Gewerkschaften für die Verbesserung der Lebensbedingungen der schaffenden Bevölkerung. Feierliches Gedenken der Kollegen, die durch den Naziterror in der Zeit nach 1933 ihr Leben lassen mußten, und der Opfer aller Völker durch den Krieg schloß sich der Begrüßung an.

Im Mittelpunkt des ersten Nachmittags stand das Referat des Sekretärs im Gewerkschaftsrat, Ludwig Rosenberg, das die Aufgaben und Ziele der Gewerkschaften umriß. Rückblickend zog er umfassende Lehren aus der Vergangenheit der deutschen Gewerkschaften und erklärte für die Gegenwart, daß es ohne wirtschaftliche Freiheit auch keine politische Freiheit geben kann. Um das Mitbestimmungsrecht in Deutschland müsse heute und nicht erst in 50 Jahren gekämpft werden. Eine Arbeitsgemeinschaft zwischen Kapital und Arbeit könne es so lange nicht geben, solange die Arbeiterschaft nicht als gleichberechtigter Partner angesehen wird.

Den ganzen zweiten Tag nahmen die Satzungsberatungen in Anspruch; es wurde oft sehr (zu sehr?) um Formulierungen und Worte gerungen, bis dann abends die Satzung einstimmig angenommen wurde. Die Wahl des Hauptvorstandes ist verschiedenen Schwierigkeiten begegnet, die jedoch die vorbereitende Kommission zu überwinden bestrebt war. In den Hauptvorstand wurden gewählt als 1. Vorsitzender Werner Bock, Bielefeld; Stellvertreter Bernhard Tacke, München-Gladbach; 2. Vorsitzender Karl Poehlmann, Stuttgart; Stellvertreter Hugo Karpf, Aschaffenburg. Ferner gehören dem Vorstand an: Paul Trost, Wuppertal, Liesel Kipp-Kaule, Bielefeld, und Fritz Knepper, Krefeld, sowie acht unbesoldete Mitglieder. Der Hauptvorstand spiegelt nun nach seiner Wahl die Vereinigung der drei Zonen wider, und das ist das Positive, das besonders wir Süddeutsche (der Sitz ist in Bielefeld) mit Befriedigung feststellen. Eine Reihe Entschließungen über die Gewerkschaftseinheit für ganz Deutschland, Frauen- und Mutterschutz, Jugendschutzgesetzgebung und Sozialversicherung wurde angenommen.

Von den 160 Delegierten, die rund 300 000 Mitglieder vertraten, waren 23 Frauen. Leider eine viel zu geringe Zahl hinsichtlich der Tatsache, daß die Gewerkschaft Textil und Bekleidung mehr Frauen als Männer aufweist. Es ist zu hoffen, daß beim nächsten Verbandstag dieses Verhältnis ein besseres sein wird.

Der Kongreß, der durch eine äußerst gut gelungene Abendveranstaltung von Mitgliedern des Stadttheaters Bielefeld bereichert wurde, wird allen Teilnehmern in steter Erinnerung bleiben. Die vollzogene Einheit soll uns Verpflichtung sein für unsere künftige Arbeit, die wir tun wollen im Interesse und zum Wohle unserer Kolleginnen und Kollegen. Johanna Hemm

triebsrats- und Jugendvertreterwahlen sowie Durchführung von Betriebsrätekonferenzen bis zu Frauen- und Jugendarbeit, Teilnahme an Tarifverhandlungen und überregionalen Konferenzen... Desweiteren besuchte meine Mutter Betriebsratssitzungen oder Betriebsversammlungen in ihrem Betreuungsgebiet; auch Sitzungen der Ortsvorstände wurden regelmäßig durchgeführt. Und jedes Jahr eine Jahreshauptversammlung. Nicht zu vergessen allerhand »Kleinkram«, um den sie sich kümmern mußte. Später kamen noch die Kooperation mit dem DGB (Rechtsschutz, Personengruppenarbeit, 1. Mai) sowie Tätigkeiten beim Arbeitsgericht hinzu. Und schließlich »nebenher« die Familie!

Gruppenbild mit wenigen Damen bei der Konferenz in Bad Salzuflen (1949).

Bei meinen Recherchen fand ich Konkretes über ihre Tätigkeiten, zum Beispiel in einem Brief an die Landesvereinigung:

»... Zusammen mit einem Kollegen vom Ortsausschuß Konstanz habe ich nun in Mühlhofen eine Versammlung abgehalten. Es hat sich gezeigt, daß der Betrieb sehr rückständig ist sowohl bezügl. der Produktionsweise, als auch der Arbeiterschaft gegenüber. Trotzdem der Unternehmer anwesend war (die Belegschaft hatte es gewünscht), sind die Frauen und Mädchen sehr aus sich heraus gegangen. Und es kamen schreckliche Dinge an den Tag. Bezügl. all der strittigen Punkte wie Arbeitsordnung, sanitäre Belange, Aufenthaltsraum für Auswärtige etc. sind wir mit dem Unternehmer jun. dahin überein gekommen, daß er all die aufgeführten Dinge mit seinem alten Herrn bespricht (der ist 75 Jahre alt) und wir nächste Woche zu einer regelrechten Verhandlung zwischen dem Unternehmer, dem Betriebsrat und der Gewerkschaft nochmals nach Mühlhofen fahren...«[82]

Ein weiterer Brief meiner Mutter an die Landesvereinigung nach Lörrach zeigt eine stark beschäftigte Johanna:

»... Die Angelegenheit mit dem Lohngruppenkatalog für die Wirkerei und Strickerei wollte ich gestern mit dem Betriebsrat der Fa. Schiesser endlich bereinigen. Hatte ihm bereits letzte Woche geschrieben (...), daß ich am Montag kommen werde. Als ich ankam, sagte er mir, er hätte mir abgeschrieben, weil der den Lohngruppenkatalog bearbeitende Herr der

Firma in Urlaub sei. Ich habe aber keinerlei Post von dem Kollegen Alferi erhalten und so bin ich umsonst hingefahren...

... Da ich nun schon mal in Radolfzell war, habe ich bei der Firma Schroff – wo wir bisher keinerlei Verbindung hatten – nach dem Betriebsrat gefragt. Derselbe wird sich dieser Tage konstituieren, d.h. seinen Vorsitzenden etc. wählen und wird mir dann die Adressen zuschicken. Ich hoffe, daß es also auch da bald möglich sein wird, die Organisation aufzubauen.

Vergangenen Freitag war ich in Stockach und habe dort bei Schiesser eine Betriebsversammlung abgehalten. (...) und die Versammlung galt der Auswertung der Lohnerhöhung.

Am Samstag fuhr ich nach Markdorf und habe mit dem Kollegen Bükkendorf gesprochen und ihm alles Material und Aufnahmescheine übergeben. Wegen einer Versammlung dort wird er mir baldmöglichst berichten.

Habt Ihr schon Termine festgelegt für die Betriebsrätekonferenzen im August? Wir würden für uns Ende Monat vorschlagen. Kollege Eiche müßte aber diesmal einen Tag noch im Seekreis verbleiben, wie wir das bereits ja abgesprochen haben.

Anbei den Handzettel, den wir für den Kreis anfertigen ließen.

Mit besten koll. Grüßen

Johanna Hemm«[83]

Und immer wieder Betriebsrätekonferenzen

Nachdem das neue Badische Betriebsrätegesetz in Kraft getreten war, wurden auch bald Betriebsrätekonferenzen abgehalten. Die Einladung zu der 1. Konferenz liegt mir vor:

»Konstanz, den 22. Januar 1949

An alle Betriebsratsvorsitzenden

der Textil- und Bekleidungsindustrie.

Werte Kolleginnen und Kollegen!

Das Betriebsrätegesetz ist also nun in Kraft. Danach hat lt. § 11, Absatz 3 der Vorsitzende des Betriebsrats und sein Stellvertreter Anspruch auf Lohnersatz und auf Ersatz der notwendigen Auslagen anläßlich der Teilnahme an den monatlichen Betriebsrätekonferenzen.

Wir berufen daher auf

Montag, den 31. Januar 1949 vormittags 10 Uhr

für alle Textil- und Bekleidungsbetriebe unseres Kreises unsere

1. Betriebs – Räte – Konferenz

nach Radolfzell, Restaurant Rössle, ein, wo unser Landesvorsitzender Koll. Eiche persönlich anwesend sein wird.

Tagesordnung:
1. Die bevorstehenden Betriebsrätewahlen
2. Erläuterungen des Betriebsräte-Gesetzes
3. Lohn- und Tariffragen
4. Verschiedenes

In Anbetracht der überaus wichtigen Tagesordnung hoffen wir, daß alle in Frage kommenden Kolleginnen und Kollegen an der Konferenz teilnehmen, zumal gar kein finanzieller Ausfall damit verbunden ist. Die im Betriebsräte-Gesetz vorgeschriebene Bescheinigung über die persönliche Teilnahme wird nach der Konferenz in Radolfzell ausgehändigt.

Die kommenden Wochen stellen an uns erhöhte Anforderungen, die wir nur erfüllen können, wenn wir theoretisch gewappnet sind. Dieses Rüstzeug will die Konferenz vermitteln. Das Erscheinen ist daher für jeden Betriebsratsvorsitzenden und seinen Stellvertreter unbedingte Ehrenpflicht.

Mit kollegialen Grüßen
Johanna Hemm«[84]

Motivieren – agitieren...

Außer solchen regionalen Konferenzen wurden auch zentrale Betriebsrätekonferenzen durchgeführt, so zum Beispiel am 8. Dezember 1949 in Lörrach. Bei ihnen war meine Mutter zwar nicht für die organisatorische Abwicklung verantwortlich, hatte jedoch die Aufgabe, daran teilzunehmen und die in Frage kommenden KollegInnen ihres Bereiches zur Teilnahme zu motivieren. Das schien manchmal gar nicht so einfach gewesen zu sein. Denn zu dieser Konferenz fand ich ein Schreiben meiner Mutter an alle Betriebsratsvorsitzenden und Stellvertreter mit folgendem Wortlaut:

»Konstanz, den 3. Dezember 1949
Werte Kolleginnen und Kollegen!

Lt. den in Eurem Besitz befindlichen Flugblättern und der Einladung durch die Landesvereinigung findet also am

Donnerstag, den 8.12. die Landesbetriebsrätekonferenz in Lörrach statt, wozu ich nochmals jeden Betriebsratsvorsitzenden und den Stellvertreter bitten möchte, in Anbetracht der Wichtigkeit unbedingt zu erscheinen.

Ich möchte nicht haben, daß es wieder so wäre, wie auf der letzten zentralen Betriebsrätekonferenz am 9.6.1949, wo statt 34 nur 15 Betriebsräte aus dem Kreis Hegau und Bodensee anwesend waren. Das zeugte von einer sehr schlechten Organisation, und diesen Vorwurf möchten wir alle doch sicher nicht einstecken.

Abfahrt mit Eilzug ab Konstanz 5.49 Uhr, ab Radolfzell 6.10 Uhr, ab Singen 6.39 Uhr. Abfahrt in Lörrach abends 18.43 Uhr, Ankunft in Singen 21.35 Uhr, in Radolfzell 22.03 Uhr, Konstanz 22.25 Uhr.

Wir treffen uns alle in einem Wagen und also vollzählig.

Bis dahin beste Grüße:

Johanna Hemm«[85]

Es lief eben nicht immer alles glatt unter den damaligen Bedingungen. Manchmal mußte meine Mutter schon ein ernstes Wort mit ihren KollegInnen reden und »agitieren«, wie ich ihrem folgenden Brief entnehmen konnte, als es um eine neue Urlaubsregelung ging:

»Konstanz, den 23. November 1949

An alle Betriebsräte in der

Textil- und Bekleidungsindustrie.

Werte Kolleginnen und Kollegen!

Auf unserer letzten Betriebsrätekonferenz am 3.11.1949 haben wir u.a. auch über den Manteltarif gesprochen und eine Resolution an den Arbeitgeberverband angenommen, die besagt, daß wir unsere ganze Kraft zur Verwirklichung unseres Manteltarif-Entwurfs einsetzen werden.

Nun hat die erste Verhandlung stattgefunden, und aus dem Protokoll, das Euch von Lörrach zuging, ist ersichtlich, daß die Unternehmer unserem Vorschlag nicht zugestimmt haben...

... Das Wichtigste aber ist, daß die Unternehmer das vom Badischen Landtag angenommene Urlaubsgesetz nicht anerkennen wollen...

... Was habt Ihr nun als Betriebsräte getan, um die Belegschaften auf diese Ungeheuerlichkeit der Unternehmer aufmerksam zu machen und sie dagegen zu mobilisieren? Habt Ihr wenigstens im Gesamtbetriebsrat das Protokoll behandelt? Ihr wolltet doch lt. der angenommenen Resolution Eure ganze Kraft für die Verwirklichung unseres Entwurfs einsetzen.

Kolleginnen und Kollegen! Als ernsthafte Gewerkschaftler wollen wir doch nicht Schaumschlägerei treiben, sondern einen einmal gefaßten Entschluß auch in die Tat umsetzen. Dieser Meinung seid Ihr doch sicher alle auch.

Am 30.11.1949 ist nochmals eine Verhandlung und je nachdem diese ausgeht, wird es notwendig sein, daß wir uns nochmals zusammensetzen. Wir haben ja noch die Betriebsrätekonferenz vom November zu gut, so daß wir diese wohl Anfang Dezember abhalten können...«[86]

Aber es gab auch Druck und Unterstützung aus Betrieben für die gewerkschaftliche Forderungen. Anbei zwei Resolutionen als Beispiel, die zur Urlaubsforderung und zur Haltung der Unternehmer Position bezogen.

»An den
Verband der Bad. Textilindustrie e.V.
in der franz. bes. Zone
Schopfheim
Volkertshausen, den 16.12.1949
Betr.: Resolution
Die Belegschaft der Baumwoll-Spinn-und Weberei, Arlen, Werk Volkertshausen und Aach, hat in einer Protest-Betriebsversammlung zum Rundschreiben des Arbeitgeberverbandes betr. Urlaubsauflockerung nach dem Vorschlag der Arbeitgeber mit großer Entrüstung Stellung genommen.

In nachfolgender Abstimmung wurde der Vorschlag der Arbeitgeber einstimmig abgelehnt.

Würden die Arbeitgeber mit so großem Entgegenkommen, wie im Rundschreiben erwähnt, zu den Verhandlungen mit unseren Vertretern kommen, wäre eine Einigung bestimmt leicht möglich.

Wir bedauern, daß die Arbeitgeber gerade in der Weihnachtszeit Anlaß zu solchen Protest-Betriebsversammlungen geben.

Wir verlangen sofortige Verhandlungen mit den Vertretern der Gewerkschaft und verweisen auf bereits abgeschlossene Manteltarifverträge mit noch günstigeren Urlaubsregelungen.

Gewerkschaft für Textil und Bekleidung,
Ortsgruppe Volkertshausen
K. Münzer«[87]

Die zweite Resolution stammt von der Belegschaft der Firma Stromeyer und geht auch inhaltlich etwas auf die damalige Forderung ein:

»An den
Verband der Bad. Textilindustriellen
Schopfheim
Resolution

Anläßlich der Betriebsversammlung vom 14.12.49 der Firma L. Stromeyer und Co G.b.m.H. in Konstanz hat die Belegschaft mit Befremden Kenntnis genommen von der Haltung der Unternehmer in Bezug auf den Entwurf des neuen Manteltarifs, im Besonderen in der Urlaubsfrage. Die Belegschaft ist nicht nur selbst Zeuge eines sehr guten Geschäftsganges, sondern aktiv daran beteiligt. Sie weiß aber auch, wie dringend nötig der Urlaub im Interesse der Erhaltung der Arbeitskraft ist. Die durch Akkord- und Bandsystem vollkommene Auslastung jedes einzelnen fordern es, daß der von den Gewerkschaften vorgeschlagene zusätzliche Urlaub in Höhe von mindestens 6 Tagen von dem Unternehmer getragen werden kann. Die Belegschaft weiß es (was ja die Unternehmer in der Verhandlung vom 30.11.49 bestätigten), daß die Textilindustrie Südbadens in der Lage ist, die Urlaubsregelung zum mindesten auf der gleichen Basis wie die Metallindustrie abzuschließen.

Konstanz, den 15.12.49 – Stromeyersdorf
Die Belegschaft der Firma Stromeyer
Der Betriebsrat
i.A. E. Löhle«[88]

Konstanz, den 27. April 1949

An den
Vorstand der Jndustriegewerkschaft
Textil und Bekleidung
L ö r r a c h
- - - - - - - - -

Werte Kollegen !

Mit Ablauf dieses Monats bin ich nun 1 Jahr als Vorsitzende der Kreisgewerkschaft Bodensee und Hegau tätig. Jch habe mich in dieser Zeit bemüht, die Organisation auf- und auszubauen und einen wenn auch z.T. noch etwas schwachen und noch nicht genügenden Funktionärkörper zu schaffen. Zeitweise hinderte mich auch mein angeschlagener Gesundheitszustand an der besseren Ausübung meiner Pflichten.
Die Kreisgewerkschaft besteht nun auch 1 Jahr. Jhr Gebiet ist gross und die Textil - und Bekleidungsbetriebe sind sehr weit verzweigt. Zum Besuch der an der Peripherie gelegenen Betriebe sind einschliesslich der Bahnfahrt 2 Tage erforderlich. Das legt mir die Verpflichtung auf, wenn ich dorthin gehe, für meine Familie für diese 2 Tage vorzusorgen. Aber das kann nicht immer durchgeführt werden und ist besonders im Sommer hinsichtlich des Essens nicht sehr ratsam. Dann, und auch wenn ich auf grösseren Konferenzen für die Gewerkschaft bin, die mehrere Tage in Anspruch nehmen, ist die Familie häufig genötigt, ein oder zwei Mal im Gasthaus zu essen.
Da ich jedoch meine Tätigkeit nur gegen Verrechnung der Fahrtkosten und entstandenen Spesen verrichte, andererseits aber durch oben genannte Umstände Mehrkosten für meinen Haushalt entstanden, bitte ich den Landesvorstand, dieser Sachlage Rechnung tragen ~~xxxxxxxx~~ und mir eine Beihilfe gewähren zu wollen.
Unsere Kreiskasse ist durch die zentrale Delegierten-Konferenz, zu der wir 9 Delegierte stellten, stark beansprucht worden, sodass ich meine Bitte da nicht für angebracht erachtete.
Durch die neue Verrechnung mit künftig nur 50 % an die Landesvereinigung wird sich die Kreiskasse wieder mehr stärken und dann kann man ja wieder sehen, was sich machen lässt.
Jn Erwartung Eurer Stellungnahme hierzu und Antwort zeichne ich

mit koll. Grüssen :
Johanna [illegible]

Brief meiner Mutter an die GTB, in dem sie eine Beihilfe beantragt.

Meine Mutter wird »hauptamtlich« bei der GTB

Durch die bereits genannte Kreisdelegiertenversammlung im Mai 1948 wurde meine Mutter zwar für ihre Arbeit legitimiert, aber ich denke nicht, daß sie damit schon »hauptamtlich« bei der Gewerkschaft angestellt war und Gehalt erhielt. Ihr Schreiben vom 27. April 1949 an den Landesverband (s. Faksimile Seite 223) stützt diese Annahme ebenfalls.[89]

Der Landesverband antwortete darauf mit der Gewährung einer einmaligen Aufwandsentschädigung in Höhe von 80 DM per Postanweisung und mit der beruhigenden Information:

»... In Bezug Deiner zukünftigen Entschädigung wird der Vorstand bei einer gelegentlich dort stattfindenden Kreis-Delegiertenkonferenz diese Gelegenheit wahrnehmen, um die finanzielle Seite Deiner laufenden Entschädigungen zu regeln...«[90]

Auch einem Brief der Landesvereinigung vom 13. Mai 1949 an meine Mutter entnehme ich, daß sie noch ehrenamtlich für die GTB tätig war.

»... Wir möchten an Dich die Frage richten, ob Du nicht in Erledigung mit Donaueschingen diese vorgesehene Betriebsversammlung in Villingen mitübernehmen kannst. Vielleicht gelingt es Dir, in zwei aufeinander folgenden Tagen nur mit einer Hin- und Rückfahrt dies durchzuführen...

... Wie wir schon in unserem letzten Brief bemerkten, übernimmt die Landesvereinigung selbstverständlich sämtliche Auslagen und schlägt Dir vor, auch für diese Tage einen Lohnausfall in Anrechnung zu bringen...«[91]

Ende 1949 schien es aber ernst zu werden mit der »Hauptamtlichkeit« meiner Mutter bei der GTB. In einem Schreiben des Landesverbandes an sie ist bereits von »Deiner Verwaltungsstelle« die Rede[92] und in einem weiteren Brief heißt es:

»... Bei Durchsicht Deiner Unterlagen für Bielefeld stellten wir fest, daß Du kein Privatkonto angegeben hast.

Bitte teile sofort an die Hauptverwaltung in Bielefeld Dein Privatkonto mit, damit bei Überweisung Deines Gehaltes keine Schwierigkeiten entstehen.

Ferner bitten wir Dich, von den uns zur Weiterleitung nach Bielefeld übersandten Unterlagen (Lebenslauf, Bericht über die Verwaltungsstelle usw.) eine Durchschrift zuzuleiten, damit wir diese für unsere Akten verwenden können...«[93]

Eine Kopie jenes (leider nur kurzen) Lebenslaufes meiner Mutter vom Dezember 1949 mit den damals relevanten Daten ist nachstehend abgedruckt.[94] Anschließend dürfte wohl die hauptamtliche Anstellung meiner Mutter als Geschäftsführerin der Verwaltungsstelle Konstanz bei der Gewerkschaft Textil-Bekleidung am 1. Januar 1950 ihren rechtskräftigen Anfang genommen haben. Mit diesem Datum beginnt jedenfalls ihre Personalakte, die inzwischen in der »Friedrich-Ebert-Stiftung« in Bonn lagert und auf die ich an passender Stelle zurückkommen werde.

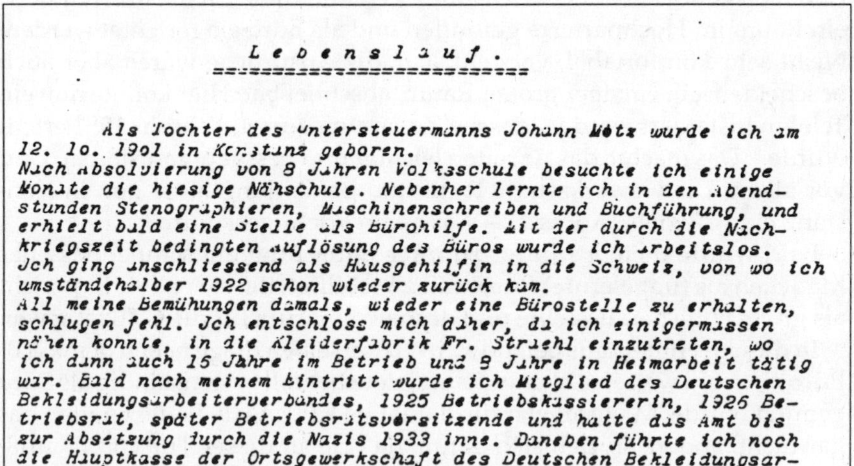

Lebenslauf.

Als Tochter des Untersteuermanns Johann Mötz wurde ich am 12. 10. 1901 in Konstanz geboren.
Nach Absolvierung von 8 Jahren Volksschule besuchte ich einige Monate die hiesige Nähschule. Nebenher lernte ich in den Abendstunden Stenographieren, Maschinenschreiben und Buchführung, und erhielt bald eine Stelle als Bürohilfe. Mit der durch die Nachkriegszeit bedingten Auflösung des Büros wurde ich arbeitslos.
Jch ging anschliessend als Hausgehilfin in die Schweiz, von wo ich umständehalber 1922 schon wieder zurück kam.
All meine Bemühungen damals, wieder eine Bürostelle zu erhalten, schlugen fehl. Jch entschloss mich daher, da ich einigermassen nähen konnte, in die Kleiderfabrik Fr. Straehl einzutreten, wo ich dann auch 15 Jahre im Betrieb und 9 Jahre in Heimarbeit tätig war. Bald nach meinem Eintritt wurde ich Mitglied des Deutschen Bekleidungsarbeiterverbandes, 1925 Betriebskassiererin, 1926 Betriebsrat, später Betriebsratsvorsitzende und hatte das Amt bis zur Absetzung durch die Nazis 1933 inne. Daneben führte ich noch die Hauptkasse der Ortsgewerkschaft des Deutschen Bekleidungsarbeiterverbandes bis zur Beschlagnahme allen Vermögens durch die NSDAP am 2. Mai 1933.
Ab Juni 1945 habe ich mich mit um die Neugründung der Gewerkschafte in Konstanz bemüht, wurde Delegierte zum Ortskartell, Mitglied verschiedener Ausschüsse und im September 1947 Hauptkassiererin der Ortsgewerkschaft Textil und Bekleidung.
Ende Mai 1948 wurde die Kreisgewerkschaft Bodensee und Hegau gegründet und ich zu deren Vorsitzenden gewählt und auf der diesjährigen Generalversammlung wieder bestätigt.
Als Entschädigung für die Tätigkeit erhielt ich bisher 100.- Mk mtl

Konstanz, den 1. Dezember 1949

Johanna Hemm
Konstanz

Der kurze Lebenslauf meiner Mutter für die Gewerkschaft Textil und Bekleidung. Verblüffend, daß sie im ersten Satz lediglich ihren Vater, nicht aber ihre Mutter erwähnt!

Gewerkschaftsarbeit in der fünfziger Jahren

Ein Büro für die Gewerkschaft Textil-Bekleidung

Mit der Zeit wurde unsere Wohnung für die gewerkschaftlichen Aktivitäten zu eng. Es mußte ein Büro besorgt werden. Das war nicht leicht. Dennoch konnte in der Hussenstraße 49 (Hinterhaus, heute Musik-Ebert) ein Raum im Hochparterre gefunden und als Büro eingerichtet werden. Nicht sehr komfortabel, versteht sich, die Ansprüche waren aber auch bescheiden: ein einziger großer Raum, abschließbar. Hier konnte nun ein Telefon installiert werden, dessen Zulassung zum 1. Februar 1951 erteilt wurde.[95] Das machte das Arbeiten leichter und besser organisierbar. Und vor allem: Die Gewerkschaft Textil und Bekleidung hatte nun in Konstanz eine offizielle Adresse. – War es ein »richtiges« Büro?

Bald wurde meiner Mutter zu ihrer Entlastung ein schulentlassenes Mädchen als (ungelernte) Bürokraft zugebilligt, die sich allerdings nicht als große Hilfe herausstellte und deshalb nur kurz für die GTB tätig war.

In diesem Hinterhaus befand sich auf derselben Etage neben dem GTB-Büro noch ein weiterer kleiner Raum, der ebenfalls eigenständig als Büro genutzt wurde. Mieterin war die damalige KPD. Viele Leute wußten das gar nicht, andere störten sich daran, daß sie an dieser Tür vorbei mußten, wenn sie zur Gewerkschaft wollten. Dabei war es reiner Zufall, daß die GTB und KPD ihre Büros unter einem Dach hatten, denn schließlich hatte man keine Auswahl an Büroräumen und mietete eben, was gerade frei war. Aber das wollten manche nicht begreifen. Sie vermuteten sogar eine Zusammenarbeit zwischen den beiden Büros, wofür sie jedoch den Beweis schuldig blieben.

In dieser Zeit erschien in Konstanz ein Blatt mit dem Titel »Der Pulverturm«, Untertitel: »Die Stellungnahme der Katholischen Aktion Konstanz zu aktuellen Tagesfragen«, Preis 10 Pfennig. In der Ausgabe vom 16. Dezember 1951 stand ein Artikel mit der Überschrift »Christ und Gewerkschaft – Schluß mit der Lethargie«. Darin wurde in den ersten Absätzen jedoch eher von Kommunisten berichtet als von Christen, und zwar genau mit dem Hinweis auf die Situation in der Hussenstraße 49. Da war von »kommunistischem Einfluß in den Gewerkschaften« die Rede, auch von »Machtmißbräuchen«. Und wörtlich:

»... Unzweifelhaft werden manche Stellen parteipolitisch ausgenützt. Ob sich das Gewerkschaftssekretariat der Gewerkschaft Textil und Bekleidung nur ›der Einfachheit halber‹ beim Sekretariat der kommunistischen Partei befindet?! Das Telefon ist auch dasselbe. Eine Rufnummer, eine Geschäftsstelle, eine Person!...«[96]

So lief das damals ab, einfach Stimmungsmache. Dabei war meine Mutter niemals Parteisekretärin der KPD, und die Büros der Gewerkschaft und der KPD waren selbstverständlich getrennt. Für wie dumm hielt der Schreiber des Artikels meine Mutter eigentlich?

Das zweite und dritte Büro

Sicher ist es nicht verwunderlich, daß sich die GTB um ein anderes Büro bemühte. Es ergab sich ein Raum in der Konstanzer Altstadt, eigentlich ein Nebenzimmer eines Lokals, damals Gasthaus »Traube« (Konradigasse 15). Das neue Büro hatte aber einen separaten Eingang von der Schreibergasse her, es war größer und heller als das in der Hussenstraße. Das Gasthaus verursachte nicht allzu viel Lärm. Es war eher abends besucht, so daß der Büroablauf nicht beeinträchtigt wurde. Und vor allem wichtig: kein KP-Büro in der Nähe!

Bald bekam meine Mutter wieder eine Bürokraft, diesmal »vom Fach«, Theo Heizmann. Für mich war er damals schon ein älterer Kollege, ich durfte Onkel Theo zu ihm sagen. Später ließ ich den »Onkel« dann weg! Übrigens finde ich diese personelle Bürosituation auch heute noch außergewöhnlich: eine Frau als Geschäftsführerin, ein Mann als Sekretär.

Nachdem 1957 in Konstanz in der Beyerlestraße das Gewerkschaftshaus erbaut war, bezog die GTB in diesem Gebäude zwei schöne, helle Räume im Erdgeschoß. Auch andere Gewerkschaften (zum Beispiel die ÖTV und natürlich der DGB) quartierten sich mit ihren Büros in das neue Haus ein. Nun konnte untereinander der gewerkschaftliche Kontakt problemloser als bisher gepflegt werden.

Meine Mutter hatte dadurch allerdings einen weiteren Weg zum Arbeitsplatz. Das war vor allem in der zweistündigen Mittagspause schwierig. Da kaufte sie oft noch schnell ein, radelte nach Hause, kochte, aß mit uns gemeinsam, so mein Vater und ich denn pünktlich zu Hause waren, und eilte dann wieder zurück ins Büro. Sehr stressig für sie.

Daher wurden Überlegungen angestellt, wie sich meine Mutter ihre Arbeit als Gewerkschaftsfrau erleichtern könnte, zumindest was die Mobilität betraf. So genehmigte der Verwaltungsstellenvorstand der GTB die Anschaffung eines »fahrbaren Untersatzes« in Form eines Motorrollers: Es war eine original italienische Lambretta – rot. Meine Mutter mußte dafür aber erst den Führerschein machen, mein Vater schloß sich gleich an. Mit der Fahrerei klappte es danach nur mäßig. Meine

Mutter konnte sich nicht so richtig mit dem Roller anfreunden. Um so mehr mein Vater. Das war übrigens legal, denn der Roller wurde zwar von GTB vorfinanziert, ging aber mit der Zeit in den Hemmschen Privatbesitz über.

Die Lambretta entpuppte sich leider ein anfälliges Mobil, so daß sie oft in Reparatur war. Dabei kamen die Ersatzteile aus Italien, wodurch immer ärgerliche Wartezeiten in Kauf genommen werden mußten. Und last not least: Meine Eltern hatten keinerlei technische Begabung, um auch nur eine Zündkerze auszuwechseln. Dennoch fuhr mein Vater die Lambretta noch erstaunlich lange.

Veränderungen in den Fünfzigern

Inzwischen hatte sich einiges geändert im gewerkschaftlichen Bereich: Die GTB wurde neu organisiert, wobei der Landesverband in Lörrach aufgelöst und eine Bezirksstelle (Bezirksleitung) in Stuttgart geschaffen wurde.[97]

Aus den frühen fünfziger Jahren liegen mir leider kaum Unterlagen aus der Arbeit meine Mutter vor. Wahrscheinlich wurde durch die bereits genannten Umzüge des Büros (und die, die noch kommen sollten) einiges ausgemustert. Außerdem mangelte es an Platz und Zeit, möglicher Weise war auch das Gespür, wie wichtig Dokumentation ist, noch nicht sehr ausgeprägt.

Dennoch fand ich etwas, nämlich einen Bericht über eine Generalversammlung der »IG Textil« der Verwaltungsstelle Konstanz vom 14. November 1950, der vom damaligen Nebenstellenleiter des DGB-Kreisausschusses Konstanz Heinrich Schnaubelt verfaßt und an die »Bezirksstelle der IG Textil« nach Stuttgart adressiert war. Erst glaubte ich an einen Zufall, daß ein DGB-Funktionär als Protokollant für die GTB fungierte, aber aus der Personalakte meiner Mutter ging hervor, daß Heinrich Schnaubelt von der GTB offiziell gebeten worden war, an dieser Versammlung teilzunehmen und zu berichten.[98]

»... Anwesend waren 17 Kolleginnen und 23 Kollegen...

... Kollegin Hemm gibt nach der Begrüßung einen Tätigkeitsbericht. Der abgeschlossene Tarifvertrag für das ganze Bundesgebiet könne uns in Südbaden nicht befriedigen und sei deshalb auf der Betriebsrätekonferenz in Freiburg abgelehnt worden. Der Manteltarifvertrag sei jedoch angenommen worden, weil er wesentliche Verbesserungen bringe. Es sei nun Sache der Betriebsräte, für die Durchführung der Manteltarifbestimmungen zu sorgen.

Anschließend macht Kollegin Hemm den Betriebsräten scharfe Vorwürfe, weil Beschlüsse, die sie selbst gefaßt haben, nicht durchgeführt werden. Auch läßt der Versammlungsbesuch bei Sitzungen und Konferenzen oft zu wünschen übrig. Über den Besuch der heutigen Generalversammlung sei sie jedoch angenehm überrascht.

In der Diskussion wurde das Verhalten verschiedener Betriebsräte scharf kritisiert. (...) Kritik an dem Geschäftsbericht der Kollegin Hemm könne nicht geübt werden, sondern sie verdiene nur Lob und Anerkennung für ihre geleistete Arbeit.

Kollegin Hemm gab sodann den Kassenbericht, in dem sie vor allem auf die richtige Abführung der Beiträge hinweist. Im Anschluß danach wurde der Kollegin Hemm auf Antrag der Revisoren einstimmig Entlastung erteilt...«

Es folgte eine dem Bericht nach zu schließen unschöne Diskussion über »Ostkontakte« meiner Mutter, ein Thema, das die Gemüter anscheinend hochgehen ließ und dem ich ein eigenes Kapitel widmen werde. Erst danach konnte zum Tagesordnungspunkt »Wahl des Vorstands und des Geschäftsstellenleiters« übergegangen werden. Dazu schrieb Kollege Schnaubelt in seinem Bericht weiter:

»... Sodann wurde der geschäftsführende Vorsitzende gewählt.

Kollegin Hemm bekam einstimmig ohne Stimmenthaltung das Vertrauen ausgesprochen und wurde somit als Geschäftsführende Vorsitzende der Verwaltungsstelle Konstanz gewählt...

... Abschließend stelle ich noch fest, daß der rein menschliche Kontakt zwischen Versammlung und Kollegin Hemm von Anfang an derart groß war, daß parteipolitische Differenzen dadurch völlig an die Wand gedrückt wurden. Man sprach nicht von der Kollegin Hemm, sondern immer nur von ›unserer Hanna‹...«[99]

Die ach so rote Kollegin Hemm

Natürlich gab es auch Leute an der Basis, die sich dem antikommunistischen Sog nicht entziehen konnten und meiner Mutter mit Skepsis begegneten. Davon las ich sogar einiges in ihrer Personalakte.[100] Ein paar Briefe erreichten den Hauptvorstand der GTB mit Beschwerden über »die Hemm«, wobei besonders ihre KPD-Mitgliedschaft und ihre parteipolitischen Aktivitäten außerhalb der Gewerkschaft angeführt wurden. Der Adressat hatte dafür wahrscheinlich ein offenes Ohr, bedauerte aber in einem der Briefe, daß nach entsprechender Prüfung »leider von den Anschuldigungen an Tatsachen sehr wenig übrig blieb«.

Im Oktober 1955 wurden meiner Mutter laut Personalakte weitere massive Vorhaltungen zum Teil in Briefen aus Konstanz, zum Teil in innergewerkschaftlichen Schreiben gemacht, u.a. daß die Rückläufigkeit der Mitgliederzahl »von dem allgemeinen Verhalten der Kollegin Hemm und dem daraus resultierenden Reagieren der Betriebsräte nicht zu trennen« sei. Ebenso wurde ihr (und nicht etwa den Firmen) angekreidet, daß »ihr das Betreten der meisten Textilbetriebe ihres Geschäftsbereichs untersagt« sei. Schließlich die Frage, ob »eine Radikaloperation den krankhaften Organisationskörper in Konstanz zu retten vermag« und die Bitte, »das Material zu prüfen und das weitere zu veranlassen...« Ob meine Mutter von diesen Briefen wußte, vermag ich nicht zu sagen.

Entsprechend ging es nahtlos weiter: Vom Januar 1956 lag in der Personalakte meiner Mutter eine Krankmeldung mit dem Vermerk, daß »der Gesundheitszustand von Frau Hemm bis auf weiteres nur eine halbtägliche Beschäftigung erlaube«. Darauf witterte der Hauptvorstand wohl Morgenluft, ob »wir daraus nicht gewisse Schlußfolgerungen ziehen sollten«. Schließlich erfordere eine solche Funktion die ganze Arbeitskraft.

Der GTB-Bezirksleiter Willi Golle wurde rasch konkret und schlug vor: »... Überlegungen anzustellen, ob unter den gegebenen Umständen die Kollegin Hemm als Geschäftsführerin der Verwaltungsstelle weiter beschäftigt werden kann. (...) Wenn der Hauptvorstand die Kündigung unter diesen Umständen für möglich hält, dann würde ich weiter empfehlen, der Kollegin Hemm für die Dauer der Kündigungszeit eine Abfindung in Höhe ihrer voraussichtlichen Nettobezüge anzubieten und die Stelle anderweitig zu besetzen...«

Ein Brief meiner Mutter an den Hauptvorstand der GTB, in dem sie »der Ordnung halber« mitteilte, daß sie »für die Wahl zum Baden-Württembergischen Landtag als Kandidatin für die KPD aufgestellt wurde«, sorgte für weitere Spannung. Wohl hieß es in einem gewerkschaftsinternen Schreiben vom 14. Februar 1956 zunächst: »Wir können zwar die Kollegin Hemm nicht hindern zu kandidieren«, aber dann die Bemerkung, daß die Übernahme der Kandidatur insofern interessant sei, »... als ihr diese zusätzliche Belastung anscheinend nichts ausmacht, obgleich uns Ende Januar ein ärztliches Attest zuging, woraus ersichtlich ist, daß sie (...) nur halbe Tage arbeiten könne.

Jedenfalls halten wir es für das Gegebene zu versuchen, mit ihr das Arbeitsverhältnis im gegenseitigen Einverständnis zu lösen. Sollte sie auf diesen Vorschlag nicht eingehen, werden wir zu überprüfen haben, ob nicht eine ordnungsgemäße Kündigung am Platze ist...«

Aus einem anderen Brief in der Personalakte meiner Mutter schließe ich, daß sie von dem obigen Vorhaben offensichtlich nichts wußte, sonst wäre sie sicher heftiger geworden. So reagierte sie noch relativ moderat:

»Ich bestätige dankend den Eingang Deines Briefes vom 10.2.56 und verstehe, daß Du von meiner Kandidatur zum Baden-Württembergischen Landtag den Geschäftsführenden Hauptvorstand unterrichten mußt. Was mich aber stutzig macht, ist der Satz, daß ich ›dann weiteren Bescheid erhalten werde‹. Soll ich das etwa so auslegen, daß der Geschäftsführende Hauptvorstand die Kandidatur evtl. mißbilligen wird?

Die Statuten unserer Gewerkschaft verbieten keinem Mitglied, ein solches Amt (wobei meine Wahl ja noch gar nicht feststeht) anzunehmen, und ich gehe sicher nicht fehl, wenn ich denke, daß es noch mehr Mitglieder unserer Gewerkschaft gibt, die in Stadt- und Landparlamenten tätig sind...

... Ich hoffe also, daß dieserhalb keine Schwierigkeiten entstehen und zeichne

mit koll. Gruß

Johanna Hemm«

»Zahme« Tarifrunden – nichts für Johanna

Als Mitglied der Tarifkommission für Textil Südbaden nahm meine Mutter an vielen Tarifverhandlungen mit der Unternehmerseite teil, oft als einzige Frau, außerdem an den entsprechenden vorbereitenden Treffen wie gewerkschaftlichen Tarifkommissionssitzungen, Funktionärskonferenzen, Geschäftsführerbesprechungen, die meist in Freiburg oder Lörrach stattfanden. Ab und zu erzählte sie von dieser Tätigkeit und erklärte mir, wie schwierig die Durchsetzung höherer Löhne sei und wie man dabei bisweilen um Zehntel-Pfennig kämpfen müsse. Manchmal seien mehrere Anläufe bis zu einem Durchbruch nötig; aber schließlich habe sie ja ihre KollegInnen an der Basis, die ihr den Rücken stärken. Das hob sie immer wieder hervor. Daher war sie auch der Meinung, daß ein Verhandlungsergebnis durch »gewerkschaftliche Kraft« und nicht durch Schlichterspruch erreicht werden sollte, was allerdings nicht immer gelang.

Die Wochen (oder Monate) der Tarifbewegungen waren oft aufregende Zeiten, in denen sich gewerkschaftliche Gegenmacht formierte – oder auch nicht. Zwei Beispiele habe ich aus den Unterlagen der GBT herausgegriffen.

In den Verhandlungen 1950/51 wurden höhere Löhne bzw. Gehälter und mehr Urlaub gefordert. Die Konstanzer GTB setzte sich in einer Protestversammlung in der »Gebhardshalle«, damals ein beliebtes Versammlungslokal, mit der Haltung der Unternehmer auseinander, wobei laut »Südkurier« (29. Juli 1950) meine Mutter »... versuchte, (...) die Unhaltbarkeit der Behauptungen, die auf eine ungenügende Rentabilität der Betriebe hinauslaufen, zu beweisen...

... Als gefährlichen Präzedenzfall stellte Frau Hanna Hemm das Verhalten eines Konstanzer Textilbetriebs dar, der die übertariflichen Löhne (...) zu reduzieren versucht und zur Erreichung dieses Zweckes das Arbeitsgericht bemüht...«

Mit dem Verlauf der Lohnverhandlungen war meine Mutter offensichtlich unzufrieden. Im Protokoll der Lohnverhandlung vom 19. April 1951 las ich nämlich eine Wortmeldung von ihr, die sie an die Gegenseite richtete:

»... Wir müssen dann auseinander gehen und unseren Betriebsräten sagen, die Herren Unternehmer haben außer ihrem letzten Angebot von acht Pfennig nichts dazu angeboten.«

Arbeitgebervertreter: »Doch, das haben wir.«

»Dann müssen Sie uns das wirklich auch konkret sagen. Wir haben auf der Betriebsrätekonferenz eine andere Diskussionsmöglichkeit, wenn wir konkret das neue Angebot der Unternehmer wissen. Wenn wir aber kommen und sagen ›acht Pfennig und noch etwas dazu‹, dann haben wir einen schweren Stand.«[101]

Der Tarifabschluß brachte schließlich eine Erhöhung der Löhne bei Männern und Jugendlichen um 12 %, bei Frauen um 11 % und je nach Betriebszugehörigkeit eine Urlaubsverlängerung bis zu 18 Tage.[102]

Als zweites Beispiel möchte ich eine brisantere Lohnrunde herausheben, die im August 1951 begann und im Februar 1952 beendet wurde. Auch bei dieser wirkte meine Mutter mit, ziemlich kämpferisch sogar, womit sie bei ihrer Gewerkschaftsführung keine Lorbeeren erntete.

Bereits bei der Frage der Kündigung des Lohntarifs waren anscheinend zwei Lager unter den gewerkschaftlichen Kommissionsmitgliedern vorhanden. Die »Linken« Eiche, Hemm, Schiller wollten kündigen, die anderen nicht.[103] Aber noch war ein Kompromiß möglich: Die Kündigung wurde um einen Monat hinausgeschoben. Dann verhärteten sich die Fronten innerhalb der Gewerkschaft. So war zum Beispiel in einer Betriebsrätekonferenz der Konstanzer Verwaltungsstelle am 5. November 1951 eine Resolution gefaßt worden, in der »mit Entrüstung« festgestellt wurde, daß »wir Südbadener nicht genügend Unterstützung von Seiten der Bezirksleitung und des Hauptvorstands haben« und daß der »gerechte Kampf um Verbesserung der Lebenshaltung vom Hauptvorstand auf das ganze Bundesgebiet der Textilindustrie ausgedehnt werden müsse.«[104]

Der Bezirksleiter Golle schickte darauf an den Hauptvorstand (Karl Buschmann) ein Schreiben, in dem auf die Resolution hingewiesen und das Verhalten meiner Mutter kritisiert wurde, nicht sehr sachlich, wie ich meine, und mit seltsamen (den üblichen?) Begründungen:

»... Ich bemerke dazu, daß mich solche Entschließungen, besonders wenn sie aus der Verwaltungsstelle Konstanz kommen, nicht mehr überraschen. Auch ich werde die Kollegin Hemm wegen dieser Sache anschreiben, ihr meine unverblümte Meinung sagen...

... Der Tarifkommission für Südbaden gehört auch die Kollegin Hemm an. Wenn sie den Betriebsräten einen Bericht gegeben hat, der mit Entrüstung aufgenommen worden sein soll, dann kann sie m. E. nicht objektiv berichtet haben. Die Kollegin Hemm handelt nach meinem Dafürhalten auch nicht nach innerer Überzeugung, sondern auf Anweisung der KPD, der es neuerdings darauf ankommt, unter allen Umständen Unzufriedenheit unter den Arbeitern und Angestellten zu schaffen und darüber hinaus die sog. ›rechten Gewerkschaftsführer‹ zu diskreditieren. Dafür spricht besonders der Schlußsatz im Schreiben der Kollegin Hemm: ›Der gerechte Kampf um die Verbesserung der Lebenshaltung müßte vom Hauptvorstand auf das ganze Bundesgebiet der Textilindustrie ausgedehnt werden.‹

Ich werden die Kollegin Hemm ersuchen, mir eine Anwesenheitsliste von jener Betriebsrätekonferenz zu senden, die selbstverständlich die Original-Unterschriften enthalten muß. Ob sie dazu in der Lage ist, wage ich zu bezweifeln...«[105]

Meine Mutter erhielt vom Bezirksleiter ebenfalls einen Brief, in dem ihr vorgeworfen wurde:

»... Deine Berichterstattung muß also sehr mangelhaft oder vielleicht auch böswillig entstellt gewesen sein. Ich bin – offen gestanden – nicht mehr überrascht, wenn ich von Konstanz solche ›Geistes-Produkte‹ erhalte. Mit dieser Entschließung hast Du Dir nach meiner Meinung selbst eine Ohrfeige verabfolgt und darüber hinaus natürlich auch die Arbeit der Tarifkommission herabgewürdigt.«[106]

Meine Mutter wehrte sich in einer Geschäftsführerkonferenz im Dezember 1951 gegen diese Anschuldigungen, wozu im Protokoll vermerkt ist:

»Kollegin Hemm nimmt Bezug auf die in Konstanz unter ihrer Leitung durchgeführte Betriebsrätekonferenz und die dort verfaßte Resolution. Sie nimmt ferner Bezug auf die Schreiben der Kollegen Buschmann und Golle an sie und findet den Inhalt dieser Schreiben befremdend. Sie

Unsere Geduld ist zu Ende!

Der Arbeitgeber verweigert uns seit eineinhalb Jahren unsere berechtigte Lohnforderung von 12 Pfennig pro Stunde! — In der letzten Versammlung der Gewerkschaft Textil-Bekleidung haben die Arbeitnehmer die Betriebsräte beauftragt, sofort in allen Textil-Betrieben Betriebsversammlungen durchzuführen. In diesen Betriebsversammlungen müssen wir zeigen, **daß wir mit dem Kampf beginnen.**

Die Aufträge sind vor Weihnachten so kurzfristig, daß sich kein Unternehmer eine Unterbrechung der Produktion auch nur für wenige Stunden leisten kann.

Jetzt liegt es an uns, auf der Betriebsversammlung dafür zu sorgen, daß unsere Lohnerhöhung durch Arbeitsniederlegung von einigen Stunden durchgesetzt wird, wie es der einmütige Wille der Mitgliederversammlung war. Wählt auf der Betriebsversammlung die besten Kollegen, die beauftragt werden, den Unternehmer vor die Alternative zu stellen

entweder sofortige Lohnerhöhung oder Arbeitsniederlegung!

Die Betriebsversammlung darf nicht früher beendet werden, bis die Kollegen uns den endgültigen Bescheid des Arbeitgebers gebracht haben. Wenn unsere Lohnforderung abgelehnt wird, muß die Betriebsversammlung **sofort** eine Arbeitsniederlegung von 2 Stunden durchführen.

Denkt doch daran, wir haben für fremde Interessen Leben und Besitz auf das Spiel gesetzt, jetzt aber gilt es, für unsere ureigensten Interessen einzutreten!

Arbeitskameradinnen! Arbeitskameraden!

Unsere Stärke liegt in der Einigkeit beim Kampf!

Gewerkschaft Textil-Bekleidung • Verwaltungsstelle Konstanz

Flugblatt zur Tarifrunde 1952.

weist darauf hin, daß die von der Konstanzer Betriebsrätekonferenz verfaßte Resolution nicht von ihr, sondern von einem Kollegen aus dem christlichen Lager abgefaßt worden sei. Es sei aber doch zu weitgehend, wenn ihr der Vorwurf einseitiger Berichterstattung gemacht würde.«[107]

Aber damit nicht genug. In den oben genannten Unterlagen fand ich ferner eine Einschätzung dieser Tarifrunde von Willi Werner, dem späteren Bezirksleiter der GTB; dort hieß es in einer Zusammenfassung u.a.: »... Die Tarifbewegung von 17 Monaten war eine schwere Niederlage...«

Dafür wurden verschiedene Gründe aufgezählt, organisatorische, jedoch auch andere, von denen ich drei zitiere:

»Die Abstimmungsergebnisse in den Verwaltungsstellen wurden manipuliert.«

»Die Kommunisten Eiche, Hemm und Schiller betrieben Tarifkündigung und Arbeitskampf.«

»Die Folgen der Niederlage wirkten sich noch Jahre lang organisatorisch aus und waren katastrophal.«[108]

Zu diesem Zweck wurden Mitglieder- und Beitragsentwicklungen in der GTB von 1951 bis 1955 aufgelistet, die in der Tat gravierende Verschlechterungen zeigten. Nur – war gerade diese Lohnrunde daran schuld? Gab es nicht auch noch andere Gründe?

Gewiß, die Südbadener waren in den Tarifrunden anscheinend nicht zimperlich. Sie gingen mit den Textilunternehmern oftmals hart ins Gericht. So zum Beispiel 1952. Dazu liegen mir ein entsprechendes Flugblatt der GTB Konstanz[109] sowie eine Entschließung einer Delegiertenkonferenz der GTB Südbaden vor, in der argumentiert wurde:

»... Nach Feststellung der gegebenen Unterlagen ist die Textilindustrie zweifellos in der Lage, die Lohnforderung der Textil-Arbeiterschaft zu erfüllen. Ihre bisherige Ablehnung stellt eine Böswilligkeit und eine Vorenthaltung des gerechten Anteils der Arbeitnehmer am Sozialprodukt der Textilindustrie dar. Diese Haltung nimmt die Konferenz zum Anlaß, die alterprobten Kampfmethoden einzuleiten...«[110]

Ostkontakte unerwünscht

Ein leidiges Kapitel in manchen Gewerkschaften, zum Beispiel in der GTB. Immer wieder tauchte es auf und nahm (zu) viel Kraft in Anspruch, die für andere Dinge notwendig gewesen wären. Auch meiner Mutter und vielen anderen Gewerkschaftsleuten, nicht nur KommunistInnen, wurden solche Kontakte zur Last gelegt: Ostkontakte, das waren private Besuche, mehr oder weniger offizielle Einladungen von DDR-Organisationen oder – noch »schlimmer« – die Teilnahme an dortigen Konferenzen beim Freien Deutsche Gewerkschaftsbund (FDGB).

Laut dem bereits erwähnten Bericht des Kollegen Schnaubelt waren die Ostkontakte auch ein Diskussionspunkt in jener Versammlung vom 14. November 1950, und zwar noch vor den anstehenden Wahlen.

»... Kollege Walz verlangt nun zuerst, daß Kollegin Hemm über Vorkommnisse berichtet, die sie andeutungsweise erwähnt hat.

Kollegin Hemm gab nun bekannt, daß sie während ihres Urlaubs in die Ostzone zum Kongreß des FDGB fuhr. Sie habe weder das Wort ergriffen, noch irgendwelche Informationen eingeholt...

... Im Anschluß an die Erklärung von Kollegin Hemm entstand eine Diskussion, deren Wortlaut ich nicht wiedergeben möchte. Die Seehasensprache – rauh aber herzlich – könnte Euch in Stuttgart und Bielefeld in die falsche Kehle geraten. Hauptträger der Diskussion waren Kollegen von der SPD und CDU.

Von Seiten der CDU wurde zum Ausdruck gebracht, daß es nicht Aufgabe der heutigen Versammlung sei, das Verhalten der Kollegin Hemm zu verurteilen, sondern es gehe darum, ihr voll und ganz das Vertrauen für ihre vorbildlich geleistete Arbeit in Vergangenheit – und für alle Zukunft auszusprechen...

... Einmütig war die Versammlung der Auffassung, daß nicht die Meinung des Vorstandes in Stuttgart oder Bielefeld in dieser Angelegenheit maßgebend ist, sondern einzig und allein das Vertrauen der Mitglieder. Es würde auch keinem hauptamtlichen Funktionär verwehrt werden nach Rom zu fahren, wie dies schon geschehen ist...«[111]

Die anschließende, einstimmige Wahl meiner Mutter zur Geschäftsführerin der Verwaltungsstelle von GTB sowie die bereits früher angeführten herzlichen Worte im Bericht des Kollegen Schnaubelt dürfte sie wohl über die persönlichen Ärgernisse getröstet haben. Aber politisch war damit die Sache nicht vom Tisch. Ostkontakte blieben weiterhin unerwünscht.

Erst im Laufe der Zeit, als Politiker von Ost und West leise Annäherungsversuche wagten, setzte sich diesbezüglich auch eine moderatere Haltung bei den Gewerkschaften durch, wie beispielsweise ein Beschluß beim DGB-Kongreß 1972 in West-Berlin verdeutlicht (vgl. »Unsere Zeit« vom 4. Januar 1982).

In der Personalakte meiner Mutter wurde natürlich ihre Teilnahme am FDGB-Kongreß registriert.[112] Einige Schreiben aus dem Jahr 1950 möchte ich streifen. So meldete der DGB-Bundesvorstand an die GTB:

»... Wie wir zuverlässig erfahren, hat Eure Angestellte der Verwaltungsstelle Konstanz – Johanna Hemm – am FDGB-Kongreß 1950 in Ost-Berlin teilgenommen. Sie ist am 27. August 1950, morgens 2.30 Uhr per Auto von Lahr (Baden) abgefahren.

Wir verweisen auf das Euch zur Kenntnisnahme und als Empfehlung übersandte Schreiben (...) betr. kommunistische und getarnte kommunistische Organisationen (...) und bitten Euch, auch für Eure Organisation und für Eure Funktionäre die entsprechenden Folgerungen zu ziehen...«

Daraufhin folgte eine handschriftliche Aufzeichnung des GTB-Vorsitzenden Werner Bock über ein Gespräch mit meiner Mutter, wobei sie diese Teilnahme zugegeben habe; es sei aber ihre private Angelegenheit. Und weiter:

»... Keiner kann mir Vorschriften machen. (...) Jawohl, ich bin Mitglied der KPD. Aber ich werde in der Gewerkschaft nie irgendeine Anordnung der KPD zur Anwendung bringen...«

Die Worte »gekündigt werden soll« waren ebenfalls auf diesem Papier vermerkt, allerdings ohne Unterschrift. Wie ein Brief des Hauptvorstands an den Bezirksvorstand der GTB zeigt, war tatsächlich vorgesehen, meiner Mutter wegen der Teilnahme am FDGB-Kongreß das »Vertragsverhältnis ordnungsgemäß zum Ende des Quartals zu kündigen...« Soweit kam es jedoch nicht, weil meine Mutter sich u.a. »der Tragweite ihrer Handlung nicht bewußt gewesen sei«. Die werte Kollegin Hemm erhielt darauf laut Personalakte vom Hauptvorstand, unterzeichnet von Werner Bock, ein Schreiben, in dem es hieß:

»... ich habe auch gebeten, den Kündigungsbeschluß des Gesamtvorstands zu revidieren (...), und man hat mich beauftragt, Dir eine ernste Rüge wegen der Teilnahme am FDGB-Kongreß in Berlin zu erteilen...«

Die Basis reagierte auf diese ganze Attacke mit einer Resolution:

»Die Mitgliederversammlung der Gewerkschaft Textil-Bekleidung der Ortsverwaltung Konstanz nahm mit Befremden von den geplant gewesenen Maßnahmen gegen die Kollegin Hemm Kenntnis. Da sie bisher ihre Arbeit zu unser aller Zufriedenheit geleistet hat, besitzt sie unser vollstes Vertrauen.

Wir erwarten vom Hauptvorstand, daß er unseren Willen respektiert und uns *die* Gewerkschaftsfunktionäre beläßt, denen wir unser Vertrauen schenken.«

Man hatte im GTB-Apparat die Rechnung wohl »ohne die Wirtin« gemacht, denn laut Personalakte räumte Werner Bock ein:

»... Ich war mir schon im voraus darüber klar, daß die Stimmung der dortigen Mitglieder bzw. maßgeblicher Funktionäre absolut positiv zur Kollegin Hemm ist...«

Zum Mitschaffen prächtig, aber sonst nicht zu mächtig...

Diese Zeile habe ich in den achtziger Jahren in einem Lied eigentlich in Hinblick auf die Frauen in Politik und Gesellschaft kreiert. Sie passen jedoch genau so gut zu der Frage, wie in den Gewerkschaften mit KommunistInnen verfahren wurde.

So wurde auch meiner Mutter als KPD-Mitglied unterstellt, sie würde »im Auftrag« handeln, weshalb maßgebliche Leute im Gewerkschaftsapparat ihr den Spitznamen »Heilige Johanna« verpaßten. Aber nicht weil sie so heilig gewesen sei, sondern weil sie ihren angeblichen Auftraggebern so treu gedient habe.

Ich kann solchem Unsinn nichts abgewinnen. Ich habe hautnah erlebt, mit wieviel ehrlichem, inneren Engagement und unter welchen Opfern meine Mutter Gewerkschaftsarbeit machte. Sie – eine Befehlsempfängerin? Daß ich nicht lache. Doch dazu ist die Sache zu ernst.

Allerdings, meine Mutter war eine sehr kämpferische und konsequente Frau, dazu belesen und hatte einen gewissen Durchblick in gesellschaftspolitischen Dingen, ohne »eine Studierte« zu sein. Möglicherweise war dieses Wissen um Zusammenhänge etwas, was anderen, speziell politisch Andersdenkenden mißfiel. Dabei legte meine Mutter immer großen Wert darauf, sich innerhalb der vorgegebenen gewerkschaftlichen Satzungen und Beschlüssen zu bewegen. Sie wußte nur zu gut: Sie durfte sich keinen groben Fehler leisten. Daher lautete die Devise meiner Mutter, die sie später an mich weitergab: Korrektheit, sauberes Arbeiten, keine wie auch immer gearteten Schummeleien. Daß sie sich dennoch manchmal ungeschickt verhielt, mag durchaus sein. Solche Dinge wurden dann schnell hochgespielt und waren Anlaß für mehr oder weniger faire Kritik.

Oft fühlte sich meine Mutter von der Gewerkschaftsführung zweitrangig behandelt. Als hauptamtliche Funktionärin war sie von deren zuweilen verbissenen antikommunistischen Haltung nicht nur persönlich gekränkt, sie sah im Antikommunismus vielmehr einen schwerwiegenden politischen Fehler und einen Verstoß gegen die Einheitsgewerkschaft, die sie als äußerst wichtige Errungenschaft der Nachkriegszeit betrachtete.

Wichtig war für meine Mutter immer die menschliche Seite. Sie war tolerant und schätzte auch KollegInnen anderer Couleur, wenn sie ihre gewerkschaftlichen Aufgaben ernst nahmen. Ich hörte sie oft sagen: »Das ist ein ordentlicher Kollege« und das konnte durchaus ein CDU-Mitglied sein. Diese Toleranz erwartete sie aber von anderen ebenfalls. Manchmal hatte sie Glück, manchmal wurde sie enttäuscht.

Natürlich war meine Mutter nicht die einzige in den Gewerkschaften, die den Antikommunismus in ihrer Organisation immer mal wieder zu spüren bekam. Vielen anderen KommunistInnen widerfuhr Ähnliches, auch bei ihnen wurde die Unterwanderungstheorie bemüht.

Max Faulhaber äußert sich zu diesem Thema in seinem Buch:

»... An dieser Stelle muß ich auch betonen, daß ich keine Anweisungen von der Partei erhielt für meine Tätigkeit in der Gewerkschaft. Ich bedauerte das zum Teil sogar, vor allem weil unser Parteivorsitzender, ›Pfarrer‹ Erwin Eckert, sich wenig mit Gewerkschaftsarbeit befaßte. Er schob das Thema immer auf andere Mitglieder ab, so daß wir als Kommunisten in den Gewerkschaften selbständig arbeiteten und handelten. Es waren etwas über hundert Gewerkschaftsfunktionäre in Südbaden, die Mitglied der Kommunistischen Partei waren...«

Dann werden von Max Faulhaber einige Namen kommunistischer GewerkschafterInnen genannt, die im BaGB tätig waren: u.a. die mir bekannten Genossen Fritz Eiche und Adolf Hunzinger, ebenso meine Mutter.

»... Mit diesen Kollegen war eine wirksame Gewerkschaftspolitik möglich. Besonders in der Zeit, als die Auseinandersetzung in den Gewerkschaften härter wurde, vom Marshall-Plan über die Remilitarisierung bis hin zur Frage des Südweststaates, nahmen auch die Differenzen mit anderen Gewerkschaftsfunktionären zu. Den Kommunisten wurde das Leben zunehmend schwerer gemacht. Das mußten wir schon bei der Vorbereitung des Betriebsrätegesetzes feststellen, bei dem die Kommunisten auf dem linken Flügel der Gewerkschaften sehr aktiv waren...«[113]

Betriebsversammlungen – oft aufregend

Meine Mutter war oft als Gewerkschaftsvertreterin bei Betriebsversammlungen in der Region. Natürlich lief dabei nicht immer alles wie am Schnürchen. So las ich zum Beispiel in einem Flugblatt, das meine Mutter 1954 an die »werten Kolleginnen« und »werten Kollegen« der Firma Stromeyer schrieb, daß sie sehr verärgert gewesen sei, weil ihr in der Betriebsversammlung vom Versammlungsleiter Löhle nicht das Wort erteilt wurde, um über die gerade stattgefundenen Lohnverhandlungen zu berichten, was später als Regiefehler abgetan wurde. Sie argumentierte in dem Flugblatt dazu sowohl persönlich als auch politisch:

»... Ich frage Dich nun, Kollegin und Kollege, bist Du der Meinung, daß ich gleichsam als blinder Passagier in dieser Versammlung anwesend sein wollte? Ist im Ernst daran zu denken, daß ich nicht hätte sprechen wollen? Wer mich kennt, der weiß, daß ich mich nicht scheue zu reden...

... Ohne aber noch weiter auf diesen ›Regiefehler‹ einzugehen, bitte ich doch folgendes zu überlegen:

Dadurch daß ich nicht zum Sprechen kam, blieb eine ausführliche Aufklärung über die Lohnsituation in der Textilindustrie aus. Das hat nun zur Folge, daß die zur Durchsetzung unserer Lohnforderung so notwendige Aktivität u.a. auch in der Abteilung P I in Frage gestellt sein kann, weil das Gros nicht genügend und konkret genug weiß, warum und wie es aktiv in Erscheinung treten soll. Wenn aber dieses ›Sich-Rühren‹ unterbleibt, ist das nur der Vorteil der Unternehmer. Das weiß auch der Kollege Löhle. Wer wird nun über den ›Regiefehler‹ am meisten befriedigt sein? Die Antwort könnt Ihr Euch alle gut selber geben.

Mit koll. Gruß

Hanna Hemm«[114]

Bei der Firma Herosé hatte meine Mutter ebenfalls Ärger wegen der Betriebsversammlungen. Sie war nicht gern gesehen. Das entnahm ich zunächst einem ausführlichen Protokoll, in dem sie zwar nicht namentlich erwähnt, weil sie nicht anwesend war, aber erkennbar ist. In dieser Betriebsversammlung vom 15. Oktober 1951 monierte ein Kollege, daß kein »Gewerkschaftsvertreter« rede, worauf ein anderer Teilnehmer meinte: »Wenn jemand einen Gewerkschaftsvertreter hören will, soll er in eine Gewerkschaftsversammlung gehen.« Der erste Kollege fügte später im Zusammenhang mit den damaligen Lohnverhandlungen noch hinzu:

»... In unserer Gewerkschaft ist eine Frau, die bestimmt die Lage gut übersehen kann und sich bestimmt keine politischen Sachen zuschulden kommen lassen wird, die die Lage gerade so schildert, wie sie uns Arbeitern verständlich ist...«

Die Frage des »Gewerkschaftsvertreters« zog sich durch die ganze Betriebsversammlung. Der Direktor äußerte sich weder dafür noch dagegen, war aber der Meinung, »daß, wenn wir uns hier richtig aussprechen, das Verhältnis zwischen Betriebsrat und Direktion bedeutend lebendiger gestaltet wird, als wenn ein Gewerkschaftsvertreter mitkommt und seinen Vortrag hält...« Laut Protokoll wurde zu diesem Thema sogar noch eine Abstimmung verlangt: Für die künftige Teilnahme eines Gewerkschaftsvertreters in der Betriebsversammlung stimmten zwölf Personen, dagegen votierten ca. 280! Hätte ich es nicht schriftlich im Protokoll, ich würde es nicht glauben.[115]

Anderseits weiß ich mittlerweile, daß einige Kollegen im Betriebsrat der Firma Herosé meiner Mutter nicht gerade freundschaftlich verbunden waren. Aus der Personalakte meiner Mutter erfuhr ich wiederum Konkretes zum obigen Thema. In einem Brief des Betriebsrats an die Bezirksleitung der GTB vom 17. August 1955 wurde betont, man habe grundsätzlich nichts gegen eine Teilnahme von Gewerkschaftsvertretern bei der Betriebsversammlung. »Doch legt unsere Direktion Verwahrung dagegen ein, daß unsere Geschäftsstellenleiterin, Frau Johanna Hemm, an unseren Betriebsversammlungen teilnimmt«, und die Alternative lautete: Betriebsversammlung mit Frau Hemm, dann ohne Direktion, oder ohne Frau Hemm und dann mit Direktion. Der Betriebsrat entschied sich für die zweite Lösung mit neun Stimmen bei zwei Enthaltungen. Damit wurde meiner Mutter der Zutritt zur Betriebsversammlung verwehrt...[116]

Frauenbewegt auch innerhalb der GTB

Was hatten berufstätige Frauen damals für Probleme? Neben der Versorgung der Familie mit dem Nötigsten sind hier die speziellen Frauenlöhne zu nennen, die damals üblich waren: Sie lagen um einiges unter den Männerlöhnen. Hier bestand Handlungsbedarf. Dabei drehte es sich aber nicht nur ums Geld, das den Frauen vorenthalten wurde, sie fühlten sich durch diese schlechtere Bezahlung auch oft als minderwertig.

Meine Mutter kannte die Nöte der Frauen. Diskriminierung, Benachteiligung, Chancenungleichheit von Frauen... waren für sie mehr als nur ein großes Ärgernis, gegen das sie immer wieder anzugehen versuchte. Allerdings sah meine Mutter die Frauenfrage nie isoliert, sondern eingebettet in ihre gesamtgesellschaftliche und gesamtgewerkschaftliche Arbeit. Bei der GTB mit hohem Frauenanteil gehörte »Frauenpolitik« sozusagen zum täglichen Brot.

Sehr vehement plädierte meine Mutter auch im Bekanntenkreis dafür, sich um eine Berufsausbildung für die Mädchen zu kümmern, damit endlich Schluß sei mit dem Slogan: »Mädchen brauchen nichts zu lernen, die heiraten ja doch.« Für meine Mutter war die Berufstätigkeit der Frau nicht nur Doppelbelastung, sondern (trotz niedriger Frauenlöhne und wenig Freizeit) eine Chance zu mehr Unabhängigkeit und ein wichtiger Schritt zur Emanzipation.

Bereits im »Badischen Gewerkschaftler« ergriff sie Partei für die Frauen, so zum Beispiel in der Ausgabe vom 1. Juli 1949 mit einem Artikel (»Erhöhung der Arbeitszeit für Frauen«), der die Situation der berufstätigen Frauen von damals sehr realistisch, wenn auch etwas ausführlich schildert. Ich habe daher nur drei markante Sätze ausgewählt, die für meine Mutter und ihre Einstellung kennzeichnend sind:

»... Man sollte die Zahltagstüte nicht durch Mehrarbeit auffüllen wollen, sondern durch Kampf um die Erhöhung der Tariflöhne...

... Schließlich und endlich ist die Frau nicht nur Arbeitsmaschine, sondern auch noch ein Mensch mit kulturellen Wünschen und Bedürfnissen. Ein Grund mehr, ihr auch dafür Zeit zu belassen...

... Aber all unsere Argumente, und wenn sie noch so stichhaltig sind, werden die Unternehmer nicht sehr stark beeindrucken. Darum müssen die Frauen selbst die Forderung der Gewerkschaften tatkräftig unterstützen...«

Die Gewerkschaftskongresse der GTB beschäftigten sich ebenfalls mit der Frauenfrage. So wurde 1955 zum Beispiel ein Antrag zur »Frauenarbeit unserer Gewerkschaft« beschlossen, demzufolge Richtlinien zur Schaffung von Frauenausschüssen und Frauenkonferenzen erstellt werden sollten.[117]

Daß meine Mutter in ihrer hauptamtlichen Tätigkeit bei der GTB der Frauenfrage und der gewerkschaftlichen Frauenarbeit eine große Bedeutung beimaß, zeigen auch die jeweiligen Passagen aus den mir noch erhaltenen vier Geschäftsberichten der späten fünfziger Jahre, auf die ansonsten später eingegangen wird. Allerdings war meine Mutter meist nicht ganz zufrieden mit dem »Geleisteten«.

So hieß es im Bericht von 1958 dazu:

»... Mit nur zwei Frauenausschuß-Sitzungen und einer Frauenkonferenz sind wir hinter der Frauenarbeit der letzten Jahre zurück. Ich scheue mich nicht, das zu sagen. Der neugewählte Frauenausschuß und die heute noch dazu zu wählenden Frauen werden, so hoffe ich, wieder aktiver tätig sein und die Frauenarbeit von neuem anpacken...«[118]

Auch laut Bericht von 1959 trat keine große Besserung ein:

»... Es klingt vielleicht etwas zu streng, wenn ich sage, daß ich mit der geleisteten Frauenarbeit nicht ganz zufrieden bin. Unser Frauenausschuß war leider nicht immer der Initiator der stattgefundenen Besprechungen mit den Frauen. Meist hat die Verwaltungsstelle diese Zusammenkünfte organisiert und auch personell durchgeführt. Eine aktivere Mitarbeit der Kolleginnen vom Frauenausschuß wäre wünschenswert.

Wir machen zwar nicht Frauenarbeit, bloß weil man sie tun muß, sondern weil es tatsächlich echte Frauenprobleme gibt und auch, weil es sich ab und zu schon als nützlich erweist, die Kolleginnen unter sich zusammenzunehmen.

Diesem Gedanken hat auch die abgehaltene Frauenkonferenz, an der sich 30 Kolleginnen beteiligten, gedient. (...) Seit einigen Monaten hat auch der Kreisausschuß des DGB in Konstanz und Singen einen Frauenausschuß, dem auch Kolleginnen von uns angehören. An dessen Wochenendschulung auf der Reichenau haben sechs Kolleginnen von Textil teilgenommen...

... Ihr seht also, so schlecht war es zwar nicht, aber man darf nie so zufrieden sein, daß man selbstgefällig wird. Dadurch entsteht die Gefahr des Nachlassens in der Arbeit, und das würde gerade in der Gewerkschaft böse Folgen zeitigen, die wir nicht verantworten könnten...«[119]

Im Bericht bei der Jahreshauptversammlung von 1960 beurteilte meine Mutter die Gruppenarbeit der Frauen etwas positiver:

»... Zwar haben eine Anzahl von Frauenzusammenkünfte stattgefunden, aber es fehlte doch die Regelmäßigkeit derselben. Sie wurden mehr nach Bedarf abgehalten, wenn irgend eine direkte Ursache vorlag, wie die geplante Verschlechterung des Mutterschutzgesetzes, Berichterstattung über Frauenkonferenzen etc. Es wäre sehr gut, wenn die Kolleginnen in einem bestimmten Zeitraum zusammenkämen und dann nicht nur in Konstanz, Arlen und Volkertshausen. Das würde unsere gesamte Gewerkschaftsarbeit sicher befruchten. Nun soll das aber nicht heißen, daß unsere Kolleginnen in unserer allgemeinen gewerkschaftlichen Tätigkeit abseits stünden. Nein. Sie sind bei Versammlungen, Sitzungen und Konferenzen immer zahlreich vertreten und können sich mit der Zahl der Männer wohl messen. Auch als Betriebsräte sind 50 Kolleginnen tätig. Ein Zeichen also, daß sie willens und auch fähig sind, im Interesse der Organisation zu wirken.

Der Vollständigkeit halber sei noch erwähnt, daß einige Kolleginnen sich auch in der Frauenarbeit des Kreisausschusses betätigen. Zusammenfassend kann man also sagen, daß die Frauenarbeit zur Befriedigung getan wird, doch sollten wir uns mühen, es noch besser zu machen...«[120]

Im letzten Geschäftsbericht (1961) meiner Mutter wurde der Frauenfrage nur ein kleiner Raum gegeben:

»... Von unserer Gruppenarbeit Jugend und Frauen sei berichtet, daß (...) die Frauen bei einigen betrieblichen Zusammenkünften in der Verwaltungsstelle ihre speziellen Frauenfragen besprochen haben.

Es läge mir sehr daran, daß diese Frauenarbeit sich in regelmäßigen Abständen abwickeln und dadurch eine kontinuierliche Arbeit würde. Denn gerade wir als Organisation mit so vielen weiblichen Mitgliedern müssen die Frauen für ihre eigenen Probleme zu interessieren versuchen, selbstverständlich ohne dabei das gemeinsame Ganze zu übersehen oder zu vernachlässigen...«[121]

Meine Mutter bei der Jubilar-Ehrung der GTB 1955 in Konstanz. Neben ihr Theo Heizmann, ihr Sekretär.

Auch meine Mutter gehörte zu den Geehrten.

Kollegialität wird gepflegt – das »Café Hemm«

Meine Mutter war bei all ihrer kämpferischen Einstellung auch sehr darauf bedacht, mit ihren KollegInnen gut und harmonisch zusammenzuarbeiten. Ein persönliches Wort hatte sie immer parat. Oftmals saß man nach den Versammlungen bei einem »Viertele« beisammen. Und wenn das dann noch nicht reichte, ging's noch ins »Café Hemm«, sowohl in der Fischenz- als auch später in der Wallgutstraße. Diese Gepflogenheit wurde allseits geschätzt, obwohl mich diese »Nach-Sitzungen« manchmal um den Schlaf brachten. Keine Angst, es hat mir nicht geschadet, ganz im Gegenteil: Ich wurde davon inspiriert und führte später während meiner Byk-Zeit diese Tradition fort, zur Freude meiner KollegInnen, die sich noch heute gern ans »Café Hemm« erinnern. Außer einem Mal, da handelte ich mir einen Minuspunkt ein, als ich nach der offiziellen Feier meines zehnjährigen Betriebsjubiläums 1972 den noch ins »Café Hemm« Geladenen einen so schwachen Kaffee servierte, daß darüber bisweilen noch heute gelästert wird. Aber ich trage es mit Fassung und lache mit.

Doch nicht nur im »Café Hemm«, auch an Fastnacht pflegte meine Mutter die kollegiale Geselligkeit. In einer Mappe fand ich zum Beispiel folgendes Gedicht (von 1957), bei dem sie ihre Arbeit und die Gewerkschaft aufs Korn nahm, nicht mit ganz so geschliffenen Versen, aber ich schätze, die Stimmung wird deutlich:

»Einmal im Jahr nur ist Fastnacht im Land,
Einmal im Jahr sitzet mir so beienand
Und hond ein Primat:
Mir sind heit ganz privat.
Heit macht's sich schlecht,
Z'rede vum Betriebsräterecht,
Vu Beitragsmarke und Abrechnung,
Ob des alles in Schwung.
Arbeitsstudie und Tarif,
Lieget heit au schief,
Mitgliederwerbung und Kartei
Und wa es au no alles sei.
Jugendfroge
Sottet uns au it ploge,
Sitzunge und Termine,
Stenogramm und Schreibmaschine,
Klageschrift und Arbeitsgericht
Zieht heit alles nicht.

Mir wered it ›Die Quelle‹ lese,
Sondern des alles vergesse.
Heit wemmer gmüetlich und luschtig sei
Beime guete Gläsle Wei.
Bleibt nu z'ergründe:
Wer wird sich als Zahler finde?
Der Deutsche Gewerkschaftsbund
Isch immer uf em Hund.
Sei Kass isch immer leer
Drum fallt em Hermann s'Zahle schwer.
Bei der ÖTV
Do schtohts zwar gar it mau,
Aber em Julius macht's Spaß,
Viel Geld z'ho i de Lokalkass'.
Die NGG
Set au ›oje‹.
De Erwin isch de Ärmscht im Kreisausschuß,
Des macht ihm viel Verdruß.
Die Gewerkschaft Textil Bekleidung
Bangt um ihre Abrechnung.
Drum zahlet am ringschte selber!
Ihr Kälber!!!«

Vor dem neuen Konstanzer DGB-Haus: (v.l.n.r.) Rotraud Löffler, Maja Hörenberg, meine Mutter und Maja Schröder (vermutlich 1958).

»Das Wort hat Kollegin Johanna Hemm, Konstanz«

Mandate – Konferenzen – Kongresse

Als Geschäftsführerin einer Verwaltungsstelle der GTB bekam meine Mutter weitere Mandate, sie wurde mit der Zeit Mitglied im Bezirksvorstand und im Bezirksfrauenausschuß sowie einige Jahre stellvertretendes Beirats-Mitglied. Sie nahm daher an sehr vielen Gewerkschaftskonferenzen teil, sei es auf Kreis-, Landes- oder Bundesebene. Auch spezielle Frauenkonferenzen waren darunter. Ich will mich hier jedoch lediglich auf einige Bundeskongresse der GTB beschränken, zu denen meine Mutter delegiert wurde und die sie nicht als Pflichtübung, sondern als eine Möglichkeit betrachtete, mit ihren KollegInnen gemeinsam die Richtung der Organisation mitzubestimmen, weshalb sie nicht immer nur eine stille Zuhörerin war...

Während der Amtszeit meiner Mutter als Geschäftsführerin fanden nach dem erwähnten Vereinigungskongreß 1949 weitere fünf Bundeskongresse der Gewerkschaft Textil-Bekleidung statt, von denen sie vier als ordentliche Delegierte besuchte (1951, 1955, 1957, 1959). Sogar in ihrem Rentenstand war sie noch einmal als Gastdelegierte beim 9. Bundeskongreß der GTB (1965 in Stuttgart).

Insgesamt drei Mal ergriff meine Mutter bei diesen Kongressen das Wort, wie aus den Protokollen ersichtlich ist. Ich halte es für sinnvoll, die Diskussionsbeiträge meiner Mutter möglichst vollständig zu dokumentieren, um einen Einblick in die Probleme der damaligen Zeit zu gewähren, aber auch um die Denkweise und Schwerpunkte meiner Mutter bei ihrem gewerkschaftlichen Engagement herauszuarbeiten. Dabei zeigte sich, daß sie ihre Hausaufgaben gemacht, die vorab erhaltenen Geschäftsberichte studiert, sich eben auf den Kongreß vorbereitet hatte, daß sie ihr Metier verstand und daß sie auch mit dem Herzen dabei war.

Zwischen Gewerkschaftstagen wurden/werden zur Klärung anstehender Probleme Beiratssitzungen einberufen. Eine möchte ich kurz streifen, weil sie in der Nähe, in Radolfzell, tagte und meine Mutter die organisatorische Vorbereitung dafür zu treffen hatte. Ich selbst erinnere mich noch gut. Meine Mutter war im Streß und schrecklich aufgeregt, ob alles klappen würde. Es gab aber keine Pannen, im Gegenteil zum Abschluß noch einen Besuch auf der Insel Mainau, an dem sogar mein Vater und ich dabei sein durften. Über die zweitägige Konferenz las ich auch einen Artikel im »Südkurier« (27. Juni 1950), der allerdings sehr kurz und wenig aussagekräftig war.

Redebeitrag meiner Mutter auf dem Bundeskongress der GTB 1955 in Frankfurt/M. (Auszug aus dem Prokoll)

Kollegin Johanna Hemm (Konstanz): Kollegen und Kolleginnen! In dem gedruckten Bericht des Hauptvorstandes steht in dem Abschnitt „Die Textilwirtschaft 1953/54" manches über Beschäftigung, Produktion, Produktivität und Konsum. Die Darlegungen sind mit reichhaltigen Tabellen versehen. Dabei wird gesagt, daß der Produktionsindex in der Textilindustrie in der Berichtszeit eine Steigerung von rund 20 % aufweist. Weiter wird gesagt, daß das Leistungsergebnis pro Arbeitsstunde seit 1949 je Jahr durchschnittlich um 5 bis 6 % gestiegen sei. Auch Kollege Bock sagte in seinem mündlichen Bericht, daß die manuelle Leistungssteigerung außerordentlich hoch sei.

Dieser Leistungssteigerung in den Betrieben müssen wir unsere besondere Aufmerksamkeit schenken; denn es kann nicht sein, daß ununterbrochen mehr und mehr geleistet wird, ohne die Gesundheit unserer Beschäftigten zu gefährden. Eine derartige Leistungssteigerung ist bisher in den meisten Fällen nicht in erhöhtem Lohn ausgedrückt worden. Im Gegenteil. Wir wissen aus unserer täglichen Praxis, daß man den Beschäftigten immer wieder sagt: Die Termine sind zu kurz. Wir müssen bis dann und dann liefern. Die Sachen müssen raus. Und dann wird auf eine Leistungssteigerung gepocht. Was kommt hinterher? Die berühmte Akkordschere. Es wird abgezwackt und von neuem wieder angetrieben — um es mal deutlich zu sagen — und immer wieder mehr von den Beschäftigten verlangt. Auf der anderen Seite lasen wir im Geschäftsbericht — und wir hörten es auch —, daß die Industrie beachtliche Gewinne erzielt hat. Diese Tatsachen dürfen wir aber nicht nur registrieren, sondern wir müssen aus diesen Erkenntnissen die notwendigen Konsequenzen ziehen. Erfreulicherweise tat das der DGB in seinem Aktionsprogramm. Der Hauptvorstand hat uns das Aktionsprogramm zu unserer besonderen Beachtung gestern eigens auf den Tisch gelegt. Wir müssen das Aktionsprogramm propagieren; wir müssen immer wieder auf die beiden wichtigen Forderungen nach Erhöhung der Löhne und Gehälter hinweisen. Wenn wir der Auffassung sind, daß diese Forderungen gerechtfertigt sind, dann müssen wir auch zum nächstmöglichen Termin die Lohntarife kündigen. Dazu hätte ich den Wunsch vorzutragen, daß die Tarifgebiete, die lohnmäßig sehr hinterherhinken, aufholen, damit nicht immer von Arbeitgeberseite ein Tarifgebiet gegen das andere ausgespielt wird, wie das leider bei uns in Südbaden bezüglich der Frauenlöhne schon seit Jahren geschieht.

Gerade da, wo wir viele Frauen haben, müssen wir immer wieder die Forderung nach der 40-Stundenwoche stellen. Eben weil man soviel Leistungen verlangt, deswegen die Notwendigkeit des längeren Ausruhens am Wochenende. Ich brauche Ihnen nicht besonders zu sagen, was wir täglich erleben, wie die Kolleginnen durch die Leistungssteigerungen gesundheitlich geschwächt werden.

Bei diesen Forderungen des Deutschen Gewerkschaftsbundes muß uns klar sein — das stand vor nicht sehr langer Zeit auch in der Presse —, daß wir nicht die 40-Stundenwoche und ein 500 000-Mann-Heer, daß wir nicht höhere Löhne und militärische Rüstungen haben können. Kollege Bock hat in seinem Grußwort in unserer Fachpresse — das ich sehr begrüße — davon gesprochen, wir müßten prüfen, welche Möglichkeiten gegeben sind, um die im Aktionsprogramm gestellten Forderungen und diese Angelegenheiten zu verwirklichen. Ich gaube, wir sollten konkrete Beschlüsse fassen, wie wir in unserer Organisation zur Verwirklichung des Aktionsprogramms kommen, und was wir als eigene Organisation dazu tun können. Möge der Geist des alten Frankfurt — der in der Grußbotschaft des Oberbürgermeisters von Frankfurt zitiert wird — von 1848 und der Geist des neuen Frankfurt, der Geist der Beschlüsse des 3. DGB-Kongresses, uns beseelen, wenn wir unsere weiteren Schritte für die Zukunft beschließen. (Lebhafter Beifall.)

Mich drängt es, etwas zu den Worten des Herrn Bundesarbeitsministers Storch von gestern zu sagen. Er sprach davon, daß die Sozialbelastung ein Siebentel des gesamten Sozialprodukt ausmache. Ich vermisse aber die Zahlen — die er eigentlich auch hätte nennen sollen — über die Beträge, die die Bundesrepublik auf dem militärischen Sektor belasten. (Lebhafte Zustimmung und Beifall.) Gerade diese Milliarden würden uns als Werktätige und als Steuerzahler mindestens genau so interessieren, wie die Zahlen über die Sozialbelastung.

Die Rechtfertigung des Herrn Bundesarbeitsministers, warum die Sozialreform so lange auf sich warten läßt, hat mich und wahrscheinlich auch einen Teil der Delegierten nicht befriedigt; denn es ist doch nur zu sehr bekannt, daß Gesetze mit Blitzgeschwindigkeit verabschiedet werden können, wenn die Bundesregierung sie braucht. (Anhaltender Beifall.)

Redebeitrag meiner Mutter auf dem Bundeskongress der GTB 1957 in Kassel. (Auszug aus dem Prokoll)

Kollegin Hemm, Konstanz:

Liebe Kollegen und liebe Kolleginnen! Als gestern Kollegin Kipp-Kaule bemängelte, daß von den Diskussionsrednern niemand zur Frauenarbeit sprach, da erwartete ich, sie würde auch bemängeln, daß keine Frauen gestern zur Diskussion sprachen. Aber ich glaube, den anderen Frauen geht es wie mir selber. Es ist im allgemeinen so, daß wir Frauen eben einfach den Funken brauchen, der zündet, damit wir aus unserer Reserve herauskommen. Ich glaube, diesen Funken hat uns Kollege Buschmann heute in seinem Referat gegeben. Daher auch die Diskussion der Frauen. Wenn es auch wenige sind, aber sie haben doch diskutiert.

Dabei möchte ich am Rande jetzt etwas bemerken. Ich habe festgestellt, daß heute auf dem Kongreß weniger Frauen sind als auf den vergangenen Kongressen. Das hat mich etwas tief berührt. Ich möchte hoffen, daß wir in dieser Beziehung keine rückläufige Tendenz haben und auf dem nächsten Kongreß wieder mehr Frauen da sein werden.

Aber nun zum Referat des Kollegen Buschmann. Er hat sehr treffend geschildert, was die Rationalisierung in den Betrieben alles mit sich bringt. Man hat jetzt schon genügend davon gesprochen. Ich will es nicht wiederholen. Aber man muß doch sagen, die Arbeitsteilung, die Monotonie der Fließbandarbeit wurde in dem Referat so treffend geschildert, daß es wirklich nicht besser gesagt werden konnte. Ich hätte gewünscht, daß es viel mehr Frauen gehört hätten. Ich begrüße auch, daß das Referat des Kollegen Buschmann in einer recht großen Auflage erscheint und unseren Mitgliedern, zumindest aber unseren Funktionären, recht bald zugängig gemacht wird.

In der Frage der Rationalisierung ist mein Standpunkt vielleicht von dem allgemeinen etwas abwegig. Sicherlich können wir die Rationalisierung nicht aufhalten. Aber ich glaube, wir sollten doch nicht gar so laut sagen, daß wir für die Rationalisierung sind. Vielleicht sagt man besser, daß wir für eine vernünftige Rationalisierung sind. Aber jetzt frage ich euch, wo und in welchem Betrieb ist die Rationalisierung vernünftig? Geht sie nicht in jedem Betrieb zu Lasten der Arbeitnehmer? Ist sie nicht für die Unternehmer vernünftig? Aber doch nicht für die Arbeitnehmerschaft! Das, was Kollege Buschmann als Auswirkung der Rationalisierung aufgezeigt hat — er hat es sehr deutlich gesagt —, das zeigt uns doch, daß wir diese Rationalisierung wirklich nicht gutheißen können. Deswegen dürfen wir nicht sagen, daß wir für die Rationalisierung sind. Das zumutbare Maß sei erheblich überschritten, hat Kollege Buschmann gesagt. Auch das Max-Planck-Institut hat er erwähnt, auf dem Frauenkongreß des DGB wurde uns das ganz klar vor Augen geführt.

Ich möchte also noch einmal sagen: In der heutigen Gesellschaftsordnung — das möchte ich gut unterstreichen — geht die Rationalisierung immer zu Lasten des Arbeitnehmers. Daher bin ich ganz der Auffassung, die Kollege Tacke zu Beginn des Kongresses dargelegt hat: Wir brauchen eine andere Gesellschaftsordnung. Wir müssen aber auch eben wegen der Auswirkung der Rationalisierung versuchen, das Aktionsprogramm des Deutschen Gewerkschaftsbundes beschleunigt zu verwirklichen. Wir müssen meines Erachtens — es wurde bereits einmal erwähnt — den Tarifverträgen, besonders dem der Bekleidungsindustrie, entsprechende Ergänzungen geben.

Bundeskongreß der Gewerkschaft Textil-Bekleidung 1957 in Kassel.

Redebeitrag meiner Mutter auf dem Bundeskongress der GTB 1959 in Hamburg. (Auszug aus dem Prokoll)

Johanna Hemm, Konstanz (von Beifall begrüßt):

Kolleginnen und Kollegen! Uns Süddeutschen wird nachgesagt, daß wir mit unseren Äußerungen meistens sehr kurz angebunden seien. Diese Eigenschaft kann für uns manchmal gut, manchmal auch schlecht sein. Aber wenn es so ist wie auf solchen Kongressen, auf denen man nur zehn Minuten Redezeit hat, dann ist wahrscheinlich diese Eigenschaft am Platze und von Nutzen.

Ich will daher versuchen, in diesen zehn Minuten zu den Problemen Stellung zu nehmen, zu denen ich etwas sagen möchte und auch zu sagen hätte, obwohl über viele Dinge wegen der kurzen Redezeit nicht gesprochen werden kann. Aber ich möchte zwei oder vielleicht drei Probleme behandeln, und auch die wegen der Zeit leider nur andeutungsweise. Sowohl im schriftlichen Geschäftsbericht wie auch in dem mündlich gegebenen Bericht hat Kollegin Kipp-Kaule auf die Frage des Hausarbeitstages hingewiesen. Da hat sie etwas angeschnitten, was uns als süddeutsche Kolleginnen schon immer am Herzen liegt, und zwar den Wunsch nach einem bundeseinheitlichen Hausarbeitstagsgesetz. Leider ist diese Frage auf der zentralen Frauenkonferenz des DGB in Bremen nicht zur Zufriedenheit der Süddeutschen behandelt und verabschiedet worden. Deswegen glaube ich verpflichtet zu sein, die Wünsche der Süddeutschen ganz deutlich anzusprechen. Wir wollen auch im Süden Deutschlands ein Hausarbeitstagsgesetz, und das heißt in dem Zusammenhang: ein bundeseinheitliches Hausarbeitstagsgesetz. Wir wissen wohl um die Problematik dieser jetzt bestehenden Hausarbeitstagsgesetze, sowohl was deren Anwendung, deren Durchführung, was den Widerstand der Arbeitgeber gegen diese Gesetze und auch die Torpedierung des nordrhein-westfälischen Gesetzes betrifft. Wir wissen aber auch, was die Schaffung eines bundeseinheitlichen Hausarbeitstagsgesetzes im jetzigen Bundestag bedeutet. Ich glaube, wir geben uns da alle gar keinen Illusionen hin. (Zuruf: Sehr gut!) Aber dennoch oder gerade deswegen müssen wir es uns angelegen sein lassen, unsere ganzen Kräfte und gerade die Kräfte der Frauen für diese ihre eigene Forderung mobil zu machen, weil nur wir unsere eigenen Anliegen durchzusetzen vermögen. Es geht darum, daß diese Forderungen der Frauen nicht aus der Diskussion herauskommen, sondern dauernd lebendig erhalten bleiben.

Das gleiche möchte ich zu den beabsichtigten Verschlechterungen des Mutterschutzgesetzes sagen, die, wie bereits erwähnt, geplant sind. Auch da müssen wir alle unsere Kraft einsetzen, um diese Verschlechterungen abzuwehren. Kolleginnen und Kollegen, das müssen wir gemeinsam tun, denn diese Verschlechterungen bringen nicht nur Verschlechterungen für die Frau allein, sondern sie bringen Verschlechterungen für die ganze Familie, denn die Familie würde darunter leiden. (Beifall)

Schon seit einigen Wochen wird von der Umgestaltung unserer Gewerkschaftspresse gesprochen. Man ist damit vielleicht einem schon länger gehegten Wunsch mancher unserer Mitglieder entgegengekommen. Die Testzeitung, wie wir sie zum 1. August erhalten haben, ist, soweit ich das beurteilen kann, draußen recht gut angekommen. Sie ist deswegen wahrscheinlich gut angekommen, weil die Bilder gewicht erhalten. Ich will also damit sagen: bebildert ja, aber bitte nicht so, daß sie zu sehr eine Illustrierte wird. Vielleicht denkt Ihr jetzt, das ist widersinnig und eigenartig, wenn das eine Frau sagt. Es kann sein. Aber ich gehe davon aus: Gestern wurde in dem Bericht des Kollegen Knepper davon gesprochen, daß wir mit unserer Presse an mehr Mitglieder herankommen sollten als durch Versammlungen und Konferenzen. Gerade darum, glaube ich, müssen wir zum Wollen unserer Gewerkschaft Stellung nehmen. Sicherlich wurde das bisher getan. Aber ich möchte mit meinen Ausführungen darauf verweisen, daß das künftig nicht weniger geschehen darf, weil ich die Gefahr wittere — vielleicht zu Unrecht —, daß dann, wenn sie mehr Illustrierte wird, der notwendige — ich möchte sagen — gewerkschaftliche Teil zu kurz kommt. Wir sprechen immer davon, daß wir gewerkschaftliches Bewußtsein schaffen wollen. Gerade dieses gewerkschaftliche Bewußtsein müssen wir in der Zeitung praktizieren. Ich gehe sogar noch einen Schritt weiter: Man spricht oft auch mal in unseren Versammlungen vom Schaffen einer neuen Gesellschaftsordnung. Auch darüber müßte in unserer Zeitung einmal eine Definition gegeben werden, damit die Mitglieder deutlich wissen, was wir darunter verstehen. Damit möchte ich sagen, daß es unsere dringendste Aufgabe sein muß, den Standort der Arbeitnehmer klar aufzuzeigen und den Arbeitnehmern den Weg zu weisen, der sie aus ihrer Lage herausführt. Und dieses Wissen darum und diese Darlegungen in der Zeitung werden dazu beitragen, unsere Bemühungen um gute Betriebsräte, um weitere Vertrauensleute zum Erfolg zu führen. Nun habe ich anscheinend — es leuchtet noch nicht rot auf — einen Moment Zeit. Deswegen möchte ich noch auf den Beschluß des Beirats auf der Elisenhöhe ganz kurz eingehen. Der Beschluß des Beirats besagt kurz und bündig, daß organisatorische — aber was mich betrübt — und insbesondere private Kontakte mit irgendwelchen Menschen drüben unseren Mitgliedern ohne Einschränkung untersagt werden. Der Hauptvorstand und die Bezirksleitungen sind verpflichtet, Beschlüsse durchzuführen. Sie werden also zu überwachen haben, daß sie durchgeführt werden. Auch die Geschäftsführer sind in der Linie verpflichtet. Was heißt das aber, Kolleginnen und Kollegen, in bezug auf diesen Beschluß? Das heißt nicht mehr und nicht weniger, als daß Hauptvorstand und Bezirksleitungen — bitte, nehmt mir das Wort nicht übel — zu Schnüfflern darüber werden, was die Gewerkschaftsangestellten tun. Auch der Geschäftsführer — in dem Falle auch ich — wäre verpflichtet zu schnüffeln, was das letzte Mitglied in dieser Beziehung tut oder nicht tut. Eine derartige Schnüffelei — ein Kollege hat von MacCarthy-Methoden gesprochen — wäre unserer Gewerkschaft und jeder Gewerkschaft unwürdig. Zudem wären wir schlechte Wahrer der im Grundgesetz verankerten persönlichen Freiheit. Deshalb, glaube ich, muß dieser Beschluß vom Gewerkschaftstag aufgehoben werden. (Beifall)

Feierliche Eröffnung des GTB-Kongress 1959 in Hamburg, an dem meine Mutter teilnahm.

Kollegin Hemm, eine aufmerksame Zuhörerin – nicht nur in Hamburg.

Als Gastdelegierte beim 9. Bundeskongress der GTB 1965 in Stuttgart.

Bei einem Ausflug zur Insel Mainau anläßlich der Beiratssitzung der GTB im Juni 1950 in Radolfzell.

Der Rente entgegen

Aus den letzten Geschäftsberichten meiner Mutter

Die vier letzten Geschäftsberichte (teilweise auch weitere schriftliche Unterlagen), die meine Mutter erstellt und bei den Jahreshauptversammlungen 1958, 1959, 1960 und 1961 der Verwaltungsstelle Konstanz der Gewerkschaft Textil-Bekleidung gegeben hat, verdeutlichen sowohl ihre Arbeit und als auch die damalige Situation der Gewerkschaft. Ich möchte mich mit ihnen »in Maßen« beschäftigen und einige interessante Punkte herausgreifen.

Vom Bericht in der Jahreshauptversammlung im Mai 1958 gefällt mir besonders die Einleitung, bei der meine Mutter ihre Tätigkeit als hauptamtliche Gewerkschaftsfrau anschaulich schilderte:

»Ehe ich diesen Jahresbericht zusammenstellte, habe ich in einer abendlichen stillen Stunde die Berichte der vergangenen Jahre durchgeblättert und dabei festgestellt, daß trotz gewisser Gleichmäßigkeit eine Vielfalt der Arbeit vorhanden war und immer wieder andere und neue Probleme aufgetaucht sind und gelöst werden mußten. Von einer sogenannten Routinearbeit kann also bei der gewerkschaftlichen Tätigkeit nicht oder höchstens nur bedingt gesprochen werden, z.B. wenn man die schriftlichen monatlichen Berichte und Meldungen, die Abrechnungen oder ähnliches betrachtet. Aber sonst ist unsere Arbeit so abwechslungsreich, so vielseitig, weil jedes Problem anders angefaßt werden muß, man also von einer Arbeit, die gleichsam aus dem Handgelenk erledigt werden könnte, nicht sprechen kann.

Unsere Tätigkeit ist aber auch von Hoch- und Tiefdrucklagen begleitet, die – im ersten Fall – viel Freude bringen kann, beim Tief aber alle Anstrengungen nötig sind, um diesen Punkt zu überwinden. So ist es im Leben ja auch.

Ich wollte mit diesen kurzen einleitenden Worten nur die etwaige Vorstellung verdrängen, als ob das Wirken der Gewerkschaftsangestellten ganz simpel einfach und ohne innere Anteilnahme wäre...«

Dann gleich das Thema Mitgliederentwicklung, wobei sie auf den in der Region »teilweise erschreckend niedrigen Prozentsatz der Organisierten« hinwies, der damals anscheinend weit unter dem im Bundesgebiet lag.

Darauf folgte in dem Bericht meiner Mutter das große Thema Tarifpolitik, wobei nicht nur Lohnabschlüsse, sondern auch Arbeitszeitverkürzungen genannt wurden, die u.a. als »außerordentlich wichtig insbesondere für unsere Frauen« bezeichnet wurden.

Als weitere Themen waren in dem Bericht: Betriebsratswahlen in 15 Betrieben, Jugendvertreterwahlen in sechs Betrieben, Seminare in »unserem Schulungsheim Elisenhöhe« (mit der Aufforderung – auch an die Frauen –, diese mehr zu nutzen) sowie Rechtsschutz... Und schließlich schrieb meine Mutter:

»... hat der Verwaltungsstellenvorstand fünf Sitzungen gehabt, pro Quartal die Abrechnung besprochen und jeweils die weitere Arbeit beraten. In 41 Sitzungen mit Betriebsräten, Betriebsratsvorsitzenden und Firmenleitungen konnte die Geschäftsführung beratend eingreifen.

An 22 Betriebs- und Mitgliederversammlungen, sowie an 24 Sitzungen der Funktionäre der örtlichen Gewerkschaften habe ich teilgenommen.

Die Verwaltungsstelle hat eine Betriebsrätekonferenz durchgeführt, eine Wochenendschulung über Tarifgestaltung (...) und eine Kassierkonferenz...

... Der Bezirksvorstand und der Bezirksfrauenausschuß, denen ich angehöre, haben sechsmal getagt.

Als Mitglied der Vertreterversammlung der AOK war ich in ihren vier Versammlungen und habe auch die Rechnungsprüfung mit durchgeführt.

Ich hatte die Ehre, an unserem Kongreß in Kassel und an der 1. Zentralen Frauenkonferenz unserer Gewerkschaft in Bielefeld teilzunehmen. Über beide Tagungen habe ich berichtet.

Durch unsere Verbindung mit den Schweizer Kollegen wurde ich im Mai zu einer Versammlung nach St. Gallen eingeladen und habe dort über unsere Tarifverträge referiert...«

In dem Bericht erwähnte meine Mutter ein weiteres Thema, das vielleicht auch heute noch aktuell ist. Ich selbst kann mich an ähnliche Konstellationen während meiner eigenen (späteren) Betriebsratszeit erinnern und die damalige Einschätzung meiner Mutter noch heute voll teilen: die Betriebsversammlungen.

»... und zwar nicht so sehr die, welche stattfinden, sondern die, die leider in vielen Fällen nicht stattfinden. Es muß allen Ernstes darauf verwiesen werden, daß der Betriebsrat, der keine Betriebsversammlung durchführt, sich einfach über die gesetzliche Verpflichtungen hinwegsetzt. Das gilt nicht nur für den Vorsitzenden. Dem ganzen Betriebsrat obliegt diese Pflicht.

Die Belegschaften haben doch ein Recht darauf, von den Männern und Frauen, denen sie ihr Vertrauen geschenkt haben, zu erfahren, was alles in der Berichtszeit geschehen ist. Ich meine damit nicht nur, was der Betriebsrat getan hat, sondern auch das, was er infolge der Ablehnung der Firmenleitung nicht tun oder nicht durchsetzen konnte.

Dadurch lehrt er die Belegschaft, die vorkommenden Dinge klarer zu sehen und kann dem oftmals ausgesprochenen Vorwurf, daß der Betriebsrat ja nichts tue oder für die oder jene Frage sich nicht einsetze, viel besser entgegentreten, als wenn er die ihm seitens der Betriebsleitung gemachten Schwierigkeiten vor der Belegschaft verschweigt.

Muß ich bezüglich der Betriebsversammlung extra darauf hinweisen, daß das BVG die Teilnahme des Gewerkschaftsvertreters ausdrücklich zuläßt? Sicher wissen das die meisten, aber praktiziert wird das leider zu wenig...«[122]

Über diese Jahreshauptversammlung von 1958 liegen mir auch die Einladung[123], eine zweiseitige »Tischvorlage« mit organisatorischen Daten[124] sowie das Protokoll vor. Mit dem Geschäftsbericht meiner Mutter waren die Anwesenden anscheinend zufrieden, denn im Protokoll hieß es u.a.:

»... Wenn ich als Schriftführer heute berichte, daß erstmals weder zum Kassen- noch Geschäftsbericht eine Diskussion stattfand, so dürfte das ein Zeichen sein, daß die Mitglieder mit der Arbeit der Geschäftsführerin und auch bezüglich der Kasse zufrieden waren und dürfte das der beste Dank für ihre Arbeit gewesen sein...«

Einen weiteren Absatz der Sitzungsniederschrift las ich mit Schmunzeln: Als der Verwaltungsstellenvorstand gewählt werden sollte, war niemand zur Kandidatur bereit.

»... Erst nachdem Kollegin Hemm in notwendig gewordenen ernsten Ausführungen, daß es so nicht geht, daß einfach alle Vorschläge mit Ablehnung erwidert werden, (...) nahm dieser an...«[125]

Nun konnte der Vorstand ordnungsgemäß gebildet werden. Dieses »So geht es nicht« ist mir auch in anderen Zusammenhängen noch lebhaft in Erinnerung. Denn das hatte meist Gewicht.

Im Bericht bei der Jahreshauptversammlung 1959 lautete ein Absatz: Erringung, Sicherung und Ausbau des Mitbestimmungsrechtes der Arbeiter und Angestellten im Betrieb und in der Wirtschaft als weitere »statuarisch festgelegte Aufgabe«. Dazu wörtlich:

»... Wenn ich hierzu etwas sage, greife ich in die Domäne der Betriebsräte ein. Ist die Erringung des Mitbestimmungsrechtes schon ein Stück Arbeit, so ist es die Sicherung ebenfalls. Wo seit Jahr und Tag hierin leichtsinnig verfahren wurde, wird es immer schwerer, sich durchzusetzen...

... Leider sagen manche Betriebsräte selbst, sie könnten deswegen bei der Festsetzung neuer Akkorde nicht mitbestimmen, weil sie die Materie nicht richtig oder doch nicht so beherrschten wie die Betriebsleitung oder gar das Refa-Büro. Das mag ohne weiteres in manchen Fällen zutreffen. Da muß doch die Gewerkschaft der helfende Faktor sein, und die Verwaltungsstelle hat schon mehrfach entsprechende Hinweise gegeben.

Weiter hat die Gewerkschaft schon sehr oft auf die Möglichkeit der Aneignung dieses Stoffes durch unsere Schulungen auf Elisenhöhe hingewiesen. Unwissenheit schützt nicht vor Strafe, sagt ein Sprichwort, und Unkenntnis in diesen Fragen kann die Autorität eines Betriebsrats sehr fragwürdig werden lassen und sich zudem recht negativ für die Arbeitnehmer auswirken...«

Nanu – habe ich nicht Ähnliches erlebt in meinen späteren Betriebsratszeiten? Hat sich so wenig verändert?

Natürlich standen auch positive Aspekte in diesem Bericht, zum Beispiel daß nach zähen Verhandlungen ein neuer Tarifvertrag abgeschlossen wurde, der für die Bekleidungsindustrie eine Lohnerhöhung von zehn und zwölf Pfennig pro Stunde und die Arbeitszeitverkürzung auf vierundvierzig Wochenstunden brachte, wozu meine Mutter wiederum mit Blick auf die Frauen kommentierte:

»... Wenn ich daran denke, daß es bei Schichtarbeit in der Textilindustrie vorkommt, daß Frauen am Samstagnachmittag und da noch bis spät abends arbeiten müssen, so ist diese Arbeitszeitverkürzung doch ein Lichtblick auch für diese Frauen und kann nicht oft genug als Verdienst unserer Gewerkschaft herausgestrichen werden...«

Allerdings mußten bei der Auslegung dieses neuen Vertrags die Arbeitsgerichte bemüht werden, was meiner Mutter offensichtlich mißfiel. Sie hielt das »Hinstarren auf die Rechtsprechung« für fragwürdig. »... Besser wäre es sicher gewesen, wenn in jedem Betrieb der Kampf um die richtige Berechnung der Lohnerhöhung aufgenommen worden wäre...«[126]

Auch in dieser Konferenz war wieder eine »Tischvorlage«[127] vorhanden, in der sich u.a. eine Liste der Mitglieder des damaligen Verwaltungsstellenvorstands befand. Meine Mutter wurde darin als Geschäftsführerin, als Mitglied der Tarifkommission Textil-Südbaden und als Delegierte zum Kreisausschuß des DGB Konstanz aufgeführt.

Im Protokoll dieser Jahreshauptversammlung wurde noch berichtet, daß meine Mutter den Geschäftsbericht in »bekannt guter Weise gab« und in »längeren Ausführungen so ziemlich alles streifte, was sich im Laufe des Jahres getan hat«, wobei ihre Ausführungen mit »starkem Beifall« bedacht wurden.[128]

Der Geschäftsbericht bei der Jahreshauptversammlung im Januar 1960, der wiederum durch eine »Tischvorlage«[129] ergänzt wurde, schilderte die üblichen Aktivitäten in der Verwaltungsstelle (Mitgliederwerbung, Mitgliederstand, Betriebsratswahlen, Jugend, Frauen) und natürlich auch Ergebnisse der Tarifverhandlungen, zum Beispiel: »... Der Urlaub von achtzehn Tagen für 1960 und noch drei Zusatztagen für 1959 war wirklich ein Knüller...«

Am Ende dieses Berichtes wurde meine Mutter gar politisch: Sie verurteilte »die in letzter Zeit aufgetauchten rechtsradikalen und nazistischen Umtriebe« und forderte auf, Verantwortung zu tragen.

»... Niemand als wir selbst ist verantwortlich dafür, wie die Welt – die große und die kleine – heute und morgen aussieht.

Freilich, es ist ein harter Kampf, eine ständige Auseinandersetzung im gewerkschaftlichen und politischen Raum zwischen Ordnung und Unordnung, zwischen Recht und Unrecht, zwischen Gerechtigkeit und Hinterlist.

Aber dafür haben wir uns ja zusammengeschlossen, um diesen Kampf zu führen auf wirtschaftlichem und politischem Gebiet. Ob wir ihn erfolgreich führen, hängt ab von unserer Aktivität, von unserem Bewußtsein als Klasse und von unserer Stärke. Dessen sollten wir immer eingedenk sein und unser Handeln danach ausrichten.«[130]

Im letzten Geschäftsbericht vom 4. März 1961 beschäftigte sich meine Mutter u.a. mit dem Gewerkschaftsbeitrag (damals bereits 1 % des Bruttolohns). Er lag in der Verwaltungsstelle Konstanz mit einem Durchschnittswert von 3,31 DM an drittletzter Stelle in Baden-Württemberg, wozu sie deutlich argumentierte:

»... Nun muß aber zur Beitragsfrage auch noch etwas Grundsätzliches gesagt werden.

Es geht – und das sei hervorgehoben – bei meinen Darlegungen nicht darum, in der Plazierung im Bezirk weit vorzurücken, um nicht mehr fast das Schlußlicht zu sein. Das ist zwar unangenehm, ist aber nicht die Hauptsache. Es geht um viel mehr. Um es ganz deutlich zu sagen, es geht um den Bestand der Gewerkschaft als Kampforganisation schlechthin.

Mit dem bisherigen Beitragsaufkommen ist es einfach nicht möglich, für den Kampffonds *die* Reserve zu schaffen, die es ermöglicht, Streiks finanziell ohne Bedenken führen zu können...

... Zudem, das möchte ich noch fragen, ist ein Beitrag wie wir ihn hatten und auch jetzt noch haben, überhaupt ein Äquivalent dafür, daß die Gewerkschaft für geordnete Lebensverhältnisse mit allem Drum und Dran sorgt und den Mitgliedern noch den unentgeltlichen Rechtsanwalt in diesen Dingen stellt?

Was käme heraus, müßte jeder Arbeitnehmer seine Arbeitsbedingungen und seinen Lohn selbst mit dem Arbeitgeber aushandeln? Die Sicherheit allein des Lohnes, wie wir sie durch den Tarifvertrag haben, ist

m. E. mehr wert, als das, was bei uns an Beitrag bezahlt wird. Mir scheint, wir setzen oft unsere eigene Organisation selbst zu tief an und geben ihr selbst nicht den Platz, der ihr gebührt...«[131]

Der Abschied aus der hauptamtlichen Tätigkeit bei der GTB naht

Meine Mutter war Gewerkschafterin mit Leib und Seele. Dennoch freute sie sich auf ihren Rentenstand, insbesondere darauf, daß sie nun mehr Zeit für sich, ihre Familie und für ihre Hobbies haben würde. Sie befaßte sich früh mit ihrem Ausscheiden aus der Funktionärstätigkeit bei der GTB und hielt dabei auch Rückschau.

Bereits in ihrem vorletzten Geschäftsbericht bei der Jahreshauptversammlung 1960, beleuchtete sie neben vielen anderen Dingen die Anfänge ihrer Tätigkeit bei der GTB nach dem zweiten Weltkrieg mit den folgenden Worten:

»... Im Berichtsjahr fand auch unser Gewerkschaftstag in Hamburg statt. Ich hatte Gelegenheit, daran teilzunehmen und habe an mehreren Orten darüber berichtet.

Unser Gewerkschaftstag stand im Zeichen des zehnjährigen Bestehens unserer Organisation als einheitliche Gewerkschaft im gesamten Bundesgebiet.

Seit dieser Zeit besteht auch unsere Verwaltungsstelle. Zwar waren wir vorher schon bezirklich in Südbaden zusammengeschlossen, aber der Anschluß an den großen Bruder erfolgte beim Zusammenschluß aller Bezirke zur einheitlichen Gewerkschaft Textil-Bekleidung.

Es sei mir gestattet, einen kurzen Rückblick auf die ersten Jahre der Bewegung zu werfen. Wer weiß heute noch, unter wieviel Unzulänglichkeiten und persönlichen Opfern damals gearbeitet werden mußte? Kann man sich heute noch vorstellen, daß man damals mit völlig unzureichend bereiften Fahrrädern weite Wege zurücklegen mußte? Oder daß es für die Delegierten ein Festessen war, anläßlich einer Konferenz in Freiburg bewirtet zu werden mit Kartoffeln und Hering, ohne daß Essenmarken dafür abverlangt wurden?

Vieles ließe sich noch anführen, was heute kaum mehr glaubhaft erscheint, was aber harte Tatsachen sind. Und die Kolleginnen und Kollegen, die jene Zeiten innerhalb der Organisation mitgemacht haben, sind durch eine harte Schule gegangen. Nur wenige noch könnten meine Worte bestätigen.

Ich wollte diese Dinge aber nur am Rande gestreift haben, um zu dokumentieren, daß Gewerkschaftsarbeit schon immer mit Mühen und

Opfern verbunden war. Sie ist es auch heute noch. Aber in der Gewerkschaftsarbeit kann man nicht auf die Arbeit einzelner zurückblicken, immer ist das Resultat unserer Bemühungen die Arbeit vieler.

Darum möchte ich allen, die in der Vergangenheit für die Organisation tätig waren und denen, die in der Gegenwart mitwirken, herzlichen Dank sagen. Sie mögen – trotz mancher Unbill, trotz Verdruß, ja sogar mancher Verärgerung, auch persönlicher Art – nicht den Mut verlieren, für unsere Sache weiterhin arbeiten und ihre Kraft dafür einsetzen...«[132]

Ihrem letzten Geschäftsbericht, gegeben 1961, fügte sie auf zwei separaten Seiten noch folgenden Absatz hinzu, den ich aus gutem Grund ganz zitieren möchte:

»Erlaubt mir noch einige persönliche Bemerkungen.

Als ich nach dem Zusammenschluß unserer Gewerkschaft im Bundesgebiet hauptamtlich angestellt wurde, war ich der erste weibliche Geschäftsführer. Im Laufe der Zeit kamen noch drei Kolleginnen dazu, die aber inzwischen wieder ausgeschieden sind, so daß ich heute noch der letzte Mohikaner bin. Das wird wieder anders sein, wenn ich im Herbst altershalber aufzugeben gedenke.

Ich muß sagen, ich habe die Arbeit gern und mit Liebe zur Sache gemacht, obwohl sie mir nicht immer leicht gefallen ist und auch nicht immer leicht gemacht wurde.

Zunächst einmal von der Seite her, daß ich eine Frau bin. Die Frau als Führungskraft – wenn ich das so sagen darf – stieß anfänglich auf Schwierigkeiten. Ich habe das des öfteren erfahren müssen. Theoretisch sprach man von der Gleichberechtigung, aber die Anerkennung in der Praxis ist manchem Kollegen scheinbar recht schwer gefallen.

Mit der Zeit hat sich das eingespielt, um nicht zu sagen, habe ich mich durchgesetzt.

Dann haben einzelne Anstoß an meiner politischen Überzeugung genommen, ohne daß sie mir je konkrete Vorwürfe hätten machen können. Manche haben sich da von ihrem Arbeitgeber beeinflussen lassen und hatten nicht durchschaut, daß dieser seine eigene Suppe an unserem Gegeneinander kochen wollte.

Ich habe diese Zeit durchgestanden, wenn es auch manchmal sehr bitter für mich war.

Und die Organisation hat durch diese Zwietracht auch nicht gewonnen, genau nach dem Sprichwort: Wenn zwei sich streiten... Ich will gerne zugeben, daß sich auch das später geändert hat.

Aus dem Erleben dieser Jahre möchte ich heute ganz deutlich sagen, daß keinem Mitglied seine politische Überzeugung angekreidet werden darf, solange er mit unseren Satzungen nicht in Widerspruch gerät. Wir sollten uns alle bemühen, auch den Andersdenkenden zu achten und ihm mit Toleranz zu begegnen, ohne die eigene Überzeugung dabei aufgeben zu müssen.

Dies ist heute meine letzte Jahreshauptversammlung. Es wird ein anderer an meine Stelle treten. Er wird die Arbeit anders, sicher sogar besser machen als ich. Er wird die Kraft und den Elan der Jugend mitbringen, wird Schulungen mitgemacht und eine Praktikantenzeit hinter sich haben. Ich hatte all das bei meinem Antritt nicht vorzuweisen (weil vor 1933 Gewerkschaftsschulungen noch sehr rar waren), sondern konnte mich nur auf eine – allerdings langjährige – Gewerkschafts- und Betriebsratstätigkeit berufen.

Ich möchte heute schon wünschen, daß Ihr zum neuen Geschäftsführer, dessen Namen ich nicht weiß und den man sicher auch noch nicht nennen kann, ein gutes Vertrauensverhältnis bekommt und daß Ihr gemeinsam die gewerkschaftlichen und politischen Belange der Arbeitnehmer fest anpackt. Dann wird der Erfolg nicht ausbleiben.«[133]

Meine Mutter ging nicht sang- und klanglos in Rente. Sie verabschiedete sich »ordnungsgemäß« von allen Funktionären der Verwaltungsstelle wie aus dem nebenstehenden Faksimile ersichtlich ist.[134]

Aber auch an meine Mutter wurde anläßlich ihres Ausscheidens geschrieben, so von den KollegInnen des Verwaltungsstellenvorstands der GTB:

»... Für die geleistete Arbeit innerhalb des Vorstands und besonders für Deinen persönlichen Einsatz für die Belange der Gewerkschaft, die Du unabhängig von jeder Bindung geleistet hast, sagen wir Dir unseren besonderen Dank. Damit verbinden wir den Wunsch, daß Du weiterhin bei guter Gesundheit noch recht viele Jahre für Deine Lieben daheim tätig sein kannst...«[135]

Personen- und Ortswechsel bei der GTB

Nachfolger meiner Mutter bei der GTB wurde ab 1. November 1961 Heinz Meinbresse. Im Februar 1962 fand unter seiner Federführung die nächste Jahreshauptversammlung statt, von der mir die Einladung und ein schriftlicher Jahresbericht vorliegen. Darin wurde nochmals schriftlich bestätigt, daß meine Mutter im Bezirksvorstand der GTB und in den beiden bezirklichen Tarifkommissionen von Textil und Bekleidung sowie auch in regionalen DGB-Gremien vertreten war. Auf der letzten Seite gab es sogar lobende Worte für meine Mutter:

Gewerkschaft
TEXTIL-BEKLEIDUNG
Verwaltungsstelle KONSTANZ
Beyerlestraße 1 Telefon 4420

Konstanz, 3o.1o.61.

An alle
F u n k t i o n ä r e
der Verwaltungsstelle
K o n s t a n z .

Werte Kollegin ! Werter Kollege !

Du wirst davon wissen, dass ich mit Erreichung der Altersgrenze aus dem Dienst der Gewerkschaft ausscheide.
Dieser Tag ist nun gekommen.
Aus zeitlichen Gründen ist es mir nicht möglich, mich persönlich zu verabschieden. Jch tue es daher mit diesem Schreiben.
Wir haben in der Vergangenheit längere oder kürzere Zeit zusammengearbeitet und dabei immer die Jnteressen unserer Mitglieder und unserer Organisation im Auge gehabt.
Für diese Zusammenarbeit danke ich Dir von Herzen.
Nun wird der Kollege Heinz Meinbresse als k. Geschäftsführer die Verwaltungsstelle leiten.
Jch bitte Dich sehr, das mir entgegengebrachte Vertrauen auf ihn zu übertragen.
Die gewerkschaftliche Arbeit ist zwar mit Personen verbunden, sie muß und wird aber weiterlaufen, auch wenn der eine oder andere nicht mehr dabei ist.
Darum hege ich die Hoffnung, dass Du auch künftig als Funktionär für die Gewerkschaft Textil-Bekleidung tätig sein wirst.
Jn dieser Hoffnung wünsche ich Dir persönlich alles Gute und verbleibe mit

freundlichen Grüssen !

Johanna Hemm

Abschiedsschreiben der Kollegin Hemm an alle Gewerkschaftsfunktionäre der Verwaltungsstelle Konstanz.

»... Einer Kollegin wollen wir aber doch an dieser Stelle unseren besonderen Dank sagen.

Die Kollegin Hemm hat jahrelang die Geschicke und Belange der Verwaltungsstelle Konstanz als Geschäftsführerin gelenkt und geleitet. Sie ist am 31. Oktober in den wohlverdienten Ruhestand getreten. In der Kollegin Hemm hatten wir eine Leiterin der Verwaltungsstelle, die mit ganzem Herzen unserer Sache gedient hat. Gerade für sie als Frau war es nicht immer leicht, unsere Interessen zu vertreten. Unser Wunsch, daß der Kollegin Hemm nach einem langen und schweren Arbeitsleben, das manchen Kampf mit sich gebracht hat, ein geruhsamer Lebensabend beschieden sei, möge hoffentlich in Erfüllung gehen...«[136]

Laut Protokoll dieser Versammlung wurde meine Mutter, deren Name ich nicht in der Anwesenheitsliste finden konnte, trotz ihres Rentenstands wieder ins DGB-Ortskartell und den DGB-Kreisfrauenausschuß delegiert.[137] So lief anfangs alles recht gut für sie, was sich jedoch bald änderte: Dem neuen Geschäftsführer waren diese »Noch-Aktivitäten« anscheinend ein Dorn im Auge. Es entwickelten sich Spannungen zwischen Heinz Meinbresse und meiner Mutter, was ich aus persönlichem Erleben, aber auch aus Briefen mitbekam. Sie fühlte sich ausgegrenzt, unschwer zu erraten weshalb, worauf sie in einem Brief an die GTB ihren Unwillen kundtat.[138] Ebenso wehrte sie sich bezüglich der »Teilnahme von Rentnern bei der Jahreshauptversammlung der GTB« mit einem Brief an die Bezirksleitung:

»... Aus der örtliche Presse entnahm ich, daß am Samstag, den 15.3.69 die Jahreshauptversammlung der Verwaltungsstelle unserer Gewerkschaft stattfand.

Seit einigen Jahren – letztmals am 12.10.68 – bin ich Delegierte für die Rentner. Zu obiger Veranstaltung habe ich aber keine Einladung erhalten.

Dagegen protestiere ich hiermit in aller Form.

Ich möchte wissen, warum die Einladung unterblieb, und was die Verwaltungsstelle veranlaßt hat, mein Delegiertenmandat einfach zu übergehen.

Die Aberkennung eines Mandates ist, so meine ich wenigstens, im gewerkschaftlichen Bereich eine diffizile Angelegenheit und kann m. E. nur aus schwerwiegenden Gründen erfolgen. Solche Gründe liegen aber meiner Meinung nach nicht vor.

So muß ich annehmen, daß meine Anwesenheit bei der Jahreshauptversammlung vom Koll. Meinbresse ganz einfach nicht erwünscht war...«[139]

Die Bezirksleitung der GTB antwortete:

»... Die Verwaltungsstelle Konstanz teilte mir mit, daß Du ein Mandat für die Legislaturperiode von 1966-1968 hattest. Da die Richtzahl von 50

Mitgliedern für ein Mandat bei den Rentnern in Konstanz auf 32 Mitglieder abgesunken war, ist eine weitere Delegation von dieser Gruppe entfallen...«[140]

Na bitte, alles halb so schlimm. Rein formelle Gründe waren's. Ein Streit also um »Kaisers Bart«?

In den sechziger Jahren, als sich im Textil- und Bekleidungsbereich die Konkurrenz aus den Billiglohnländern verstärkte, Betriebe dicht machten und die Rezession zunahm, verlagerte man das Büro der GTB vom DGB-Haus Konstanz weg nach Radolfzell in die Untertorstraße, dann in die Spitalstraße. Später wurden Betreuungsgebiete der GBT zusammengelegt: Der bisherigen Verwaltungsstelle Konstanz wurden neue Gebiete zugeordnet, zunächst Tuttlingen, später auch Teile aus dem Schwäbischen, was letztlich zur Verwaltungsstelle »Alb-Bodensee« mit Sitz in Albstadt führte.

Inzwischen wurde das dortige GTB-Büro aufgelöst, gemäß dem bundesweiten Beschluß der GTB, mit der IG Metall zu fusionieren. Der Name Gewerkschaft Textil-Bekleidung ist somit Vergangenheit. Auch von der ursprünglichen, traditionsreichen Textil- und Bekleidungsbranche in unserer Region ist nicht mehr viel übrig geblieben.

Das Ende der Gewerkschaft Textil-Bekleidung

»Ein starkes Stück Geschichte – 106 Jahre Gewerkschaft Textil-Bekleidung«, so war es im letzten Mitglieder-Magazin der GTB vom Dezember 1997 zu lesen. Ein historisches Dokument mit interessanten, eindrucksvollen Passagen und Fotos:

»... Unbeschreibliches Elend herrscht in den Weberhütten Mitte des 19. Jahrhunderts. Textilarbeit ist Heimarbeit. Skrupellose Textilfabrikanten pressen aus den Heimarbeitern gegen Hungerlöhne das Letzte heraus. Kinder müssen mitschuften. Es fehlt am Nötigsten zum Leben.

Im März 1891 finden sich in Pößneck in Thüringen bei einem Kongreß 78 Textilarbeiter aus dem ganzen Deutschen Reich, darunter fünf Frauen, zusammen. Sie gründen den Deutschen Textilarbeiterverband, die größte Vorläuferorganisation der Gewerkschaft Textil-Bekleidung...«

Eine wechselvolle Gewerkschaftsgeschichte begann, mit Höhen und Tiefen, zeitweise kämpferisch, zeitweise sozialpartnerisch ausgerichtet. Einen kleinen Teil dieser Geschichte habe ich zu beleuchten versucht, den Abschnitt nämlich, den meine Mutter nach dem Krieg im südbadischen Raum mitgestaltet hat – mit vielen anderen zusammen, wie sie stets betonte.

Nun die Fusion mit der IG Metall. Wie fühlt sich die Näherin, der Stoffdrucker, der Zuschneider? Können sie sich mit der neuen Organisation identifizieren? Bleibt zu hoffen, daß der Kampfgeist der »große Schwester Metall« auch auf die »Ex-GTB« übergreift...

Mein Beitrag zur Fusion – ein Hochzeitsgeschenk

Ein kleines Bonbon zu diesem Thema: Nach der Fusion lud die IG Metall im Juli 1998 ihre FunktionärInnen aus der Region zu einer Veranstaltung (»Hochzeitsfeier«) nach Radolfzell ein. Unsere DGB-Frauen-Kulturgruppe (ich werde sie im dritten Teil des Buches vorstellen) wurde zu einem Auftritt gebeten. Und dem Anlaß angemessen spielten zusätzlich KollegInnen von GTB und IGM eine Trauung, bei der ich als »Standesbeamtin« mitwirkte und eine kleine Rede kreierte, in der die einzelnen Lebensgeschichten der Braut »Mariechen Textil-Bekleidung« und des Bräutigams »Franz Großmetall« (symbolisch für Franz Steinkühler, früherer Vorsitzender der IGM) bildhaft beschrieben wurden, fröhlich mit ernsthaftem Hintergrund...

»... Also, liebes Mariechen Textil-Bekleidung, Sie sind nicht mehr ganz die jüngste, das darf ich hier wohl sagen: Ihr offizieller Geburtstag fällt in das Jahr 1891, ihr Geburtsort ist Pößneck in Thüringen. Selbstverständlich waren Sie ein Wunschkind, also liebevoll geplant und hatten eine große Verwandtschaft und eine Menge Vorfahren. Ich darf hier an die bekanntesten erinnern, an die schlesischen Weber, die unter äußerst schlechten Bedingungen lebten: Heimarbeit, Kinderarbeit, Hunger und Not, um nur einige Stichworte zu nennen.

Sie, Mariechen, brachten durch Ihre Geburt das Glück ins Haus der Familie Textil-Bekleidung, sie wuchsen und wurden stärker. Mit Ihrer Verwandtschaft fuhren Sie bereits 1904 nach Crimmitschau, um für den Zehn-Stunden-Tag einzutreten. Ja, sie sind schon früh in die Geschichte eingegangen und haben sie auch weiter mitgestaltet, bis ein brauner Dämon Sie für zwölf Jahre von ihrem ursprünglichen Weg abbrachte.

Doch Sie kamen wieder, es war sozusagen eine Wiedergeburt. Natürlich gibt es dazu auch einige wichtige Daten in der Region, z.B. darf ich hier den 17. November 1945 nennen, als Sie im Gasthaus Hintere Sonne« in Konstanz ihren Wiedergeburtstag feierten oder auch, als Sie im April 1949 zu Ihrem ersten ganz großen Verwandtschaftstreffen nach Bad Salzuflen reisten unter der Losung: ›Vereinte Kraft – Großes schafft‹.

Ja, liebes Mariechen, das waren Zeiten! Dabei verlief das Leben nicht reibungslos, aber das prägte Sie, besonders als Frau. Denn da hatten Sie meist schlechte Karten, wurden niedrig entlohnt und mit wenigen Berufsmöglichkeiten abgespeist. Aber Sie kämpften – mindestens zeitweise, wenn Sie auch ab und zu in die partnerschaftliche Linie abdrifteten. Das war allerdings erst in der späteren Zeit, als Sie einen kleinen Flirt mit einem gewissen Günter von der NGG hatten (gemeint ist G. Döding, Vorsitzender); ja, Sie brauchen nicht rot zu werden, das ist heute vergessen, heute haben Sie ja ihren Franz.

Und daher nun zu Ihnen, lieber Franz Großmetall.

Es ist sicher kein Zufall, daß Sie vom gleichen Jahrgang 1891 sind wie Mariechen, denn auch Sie sind ein Wunschkind. Sie stammen aus Frankfurt und hatten ebenfalls viele Vorfahren wie Mariechen, die in armen Verhältnissen lebten. Trotzdem – oder vielleicht gerade deswegen – wuchsen Sie zu einem kräftigen Kind heran und konnten schon sehr früh die Hand zur Faust ballen. Aber, obwohl ihre Verwandtschaft Sie stets solidarisch unterstützte, trafen auch Sie harte Zeiten. Die bereits erwähnten zwölf braunen Jahre erschütterten Sie schwer, konnten Sie aber glücklicher Weise nicht ganz zu Boden strecken.

Nein, auch Sie erlebten 1945 eine Wiedergeburt, in Konstanz übrigens zwei Tage vor Mariechen. Ja, lieber Franz, Sie waren ihrem Mariechen schon immer eine Nase lang voraus, manchmal sogar mehr! Kein Wunder, Sie sind ja schließlich ein Mann und Sie hatten daher die besseren Startchancen als Mariechen. Und natürlich keine Doppelbelastung.

Aber, lieber Franz, ich weiß, Sie haben immer schwer gearbeitet. Auch außerberuflich, das darf ich hier mal erwähnen. Sie haben sich sehr oft und regelmäßig mit Ihrer ›Verwandtschaft‹ getroffen und mit der Zeit ein erstaunliches Bewußtsein entwickelt. Je nun, Sie hatten eben gute Vorbilder! Wenn ich nur an ihre Onkel Willi Bleicher oder Otto Brenner denke. Von ihnen konnten Sie sehr viel lernen.

Das kam Ihnen natürlich in vielen Situationen zu Gute, sei es 1956 bei den sechszehn erfolgreichen Streikwochen (!) in Schleswig-Holstein für die Lohnfortzahlung im Krankheitsfall, die bis dahin nur den Angestellten, nicht aber den Arbeitern gewährt wurde, oder auch bei den vielen weiteren Arbeitskämpfen, besonders hier im Ländle.

Ja, und eines Tages, da trafen Sie dann das Mariechen. Bei einer Party anläßlich der Taufe eines gewissen DGB im Oktober 1949 in München. Nein, keine Liebe auf den ersten Blick. Da war ja noch besagter Günter im Spiel. Doch in den neunziger Jahren wendete sich das Blatt. Franz begann sich ziemlich spontan für Mariechen zu interessieren. In allen Ehren natürlich und völlig ohne Hintergedanken.

Mariechen zögerte zunächst. Sie kannte Franz zwar als einen kräftigen Mann, aber bisweilen zeigte er sich als ›Chauvy‹. Außerdem war er so schrecklich rot. Ob das gut gehen würde? Und der neue Name, den sie bekommen sollte – Mariechen Großmetall! Das war schon gewöhnungsbedürftig, um es mal freundlich auszudrücken.

Nun, Mariechen hat sich inzwischen entschieden und fand schließlich, daß sie beim starken, kampferprobten Franz gut aufgehoben sei. Eine Vernunftshochzeit also.

So stehen nun die beiden hier und warten auf den großen Augenblick.
Daher möchte ich Sie nun ganz offiziell fragen:
Liebes Mariechen Textil-Bekleidung, sind Sie gewillt,
– Franz Großmetall zu Ihrem Mann zu nehmen,
– ihn zu lieben, ohne ihm untertan zu sein,
– ihm treu zur Seite zu stehen und Solidarität zu üben,
– ihm Verständnis entgegenzubringen, wenn er zu Sitzungen geht,
– den Namen Großmetall zu tragen, ohne den Mädchennamen Textil-Bekleidung zu vergessen – dann antworten Sie mit einem deutlichen ›Ja‹.
Und Sie, Franz Großmetall, sind Sie gewillt,
– Mariechen Textil-Bekleidung zu ihrer Frau zu nehmen,
– sie zu lieben, auch wenn sie mal nicht ihrer Meinung ist,
– ihr so viel Eigenständigkeit zuzubilligen, wie sie für ihre Lebensvorstellungen braucht,
– sie in ihren frauenspezifischen Ansprüchen zu unterstützen – dann antworten auch Sie mit einem deutlichen ›Ja‹.
Ich darf Ihnen nun das rote Band der Solidarität überreichen und hoffe, daß Sie dieses Kleinod, das die wichtigste Grundlage ihrer Verbindung darstellt, immer in Ehren halten werden.
In diesem Sinne erkläre ich Sie für Mann und Frau. Ich wünsche Ihnen für Ihren weiteren gemeinsamen Lebensweg alles Gute und eine erfolgreiche und lustvolle Zusammenarbeit...«

Auch im Rentenstand ist noch keine Ruhe

Die sehr geehrte Kollegin Hemm

Meine Mutter war seit 1922 gewerkschaftlich organisiert. Wie ich in ihrem Gewerkschaftsbuch sehen konnte, wurde ihr am 26. März 1955 »die Silbernadel verliehen«. Der Eintrag im Gewerkschaftsbuch stammt von Theo Heizmann, ihrem Sekretär, der Stempel trägt die Schrift: »Gewerkschaft Textil-Bekleidung für die Westzonen Deutschlands, Verwaltungsstelle Konstanz«.

Eine weitere Ehrung wurde meiner Mutter im Februar 1963 zuteil, als sie bereits in Rente war, für ihre »40jährige Treue zur Gewerkschaftsbewegung«. Wie üblich bei solch einem Anlaß, erhielt sie vom Hauptvorstand der Gewerkschaft Textil-Bekleidung eine Ehrenurkunde, von der eine Seite im folgenden als Faksimile abgedruckt ist.[141]

Ich weiß nicht, mit welchen Gefühlen meine Mutter diese Urkunde entgegennahm, könnte mir aber denken, daß sie sich schon darüber gefreut hat. Wenn der Text auch nicht speziell für sie formuliert wurde, traf er doch auf sie in hohem Maße zu.

Um so schlimmer die nächste Geschichte, an die ich mich noch gut, aber ungern erinnere.

Ein rotes Flugblatt und seine Folgen

Im Sommer 1968 verfaßten ehemalige KPD-Mitglieder ein Flugblatt für die Wiederzulassung ihrer Partei. Um ihrer Forderung auf eine breitere Basis zu stellen, suchten sie vor allem gewerkschaftlich organisierte UnterzeichnerInnen aus Betrieben und konnten mehrere dafür gewinnen. Meine Mutter unterschrieb natürlich ebenfalls, sie war bereits Rentnerin. Hauptamtliche GewerkschafterInnen gehörten nicht zu den Unterzeichnenden.[142] Das Flugblatt wurde im Raum Radolfzell und Singen verteilt, in Konstanz kaum (s. Faksimile Seite 274).

Alles hätte wahrscheinlich weniger Furore gemacht, wäre nicht in diesen Augusttagen der Einmarsch der Warschauer-Pakt-Truppen in die damalige Tschechoslowakei (CSSR) erfolgt. So aber war die Stimmung natürlich nicht gerade günstig für ein solches Flugblatt. Besonders die Gewerkschaft Textil-Bekleidung reagierte im Gegensatz zu anderen Gewerkschaften ausgesprochen heftig gegen ihre Kolleginnen und Kollegen, die das Flugblatt unterzeichnet hatten. Dazu zählte außer meiner Mutter noch

Vierzig arbeitsreiche Jahre stehst Du in den Reihen Deiner Gewerkschaftsorganisation und hattest Anteil an den Aufgaben, die uns zum Wohle des schaffenden Volkes gestellt sind. – Aus diesem Anlaß danken wir Dir für Deine Treue und wünschen eine weitere gute Zusammenarbeit.

Gewerkschaft Textil-Bekleidung
Der Hauptvorstand

Die Ehrenurkunde für meine Mutter (1963).

Roswitha Besnecker – Frau des Kommunisten Fritz Besnecker, aber selbst kein ehemaliges KPD-Mitglied – und Karl Hanauer, beide in der Demokratischen Linken (DL) engagiert. Um dieses »Trio« handelte es sich also.

Alle drei hatten mehrere ehrenamtliche Funktionen inne, in die sie direkt oder indirekt durch die Gewerkschaft Textil-Bekleidung gelangt waren. Bei meiner Mutter als Rentnerin waren es allerdings nur noch wenige: Vorsitzende des Kreisfrauenausschusses des Deutschen Gewerkschaftsbundes (damit im DGB-Kreisvorstand) sowie Mitglied der Vertreterversammlung der AOK Konstanz. Roswitha Besnecker war damals Betriebsratsvorsitzende bei der Firma Schiesser und Mitglied des Ortsvorstands der GTB, Karl Hanauer Betriebsratsmitglied bei der Firma Herosé, außerdem Mitglied des Ortsvorstands der GTB und im Vorstand der AOK Konstanz.

Dummerweise fügten alle drei Personen zu ihren Unterschriften auf jenem Flugblatt auch eine ihrer Funktionen hinzu, meine Mutter »Geschäftsführerin i.R. der Gewerkschaft Textil-Bekleidung«, Roswitha Besnecker »Betriebsratsvorsitzende« und Karl Hanauer »Vorsitzender der Verwaltungsstelle der Gewerkschaft Textil-Bekleidung«, ohne nochmals explizit deutlich zu machen, daß diese Angaben nur zur Information über ihre Person dienen.

Genau dieser Verwaltungsstellenvorstand beschäftigte sich am 29. August 1968 mit der Angelegenheit und faßte laut Protokoll folgenden Beschluß:

»1. Der Vorstand distanziert sich in aller Schärfe in der Öffentlichkeit von dem Vorgehen der Mitglieder Besnecker, Hemm und Hanauer.

2. Die Vorstandsmitglieder Besnecker und Hanauer sind schriftlich aufzufordern, sofort von allen Ämtern zurückzutreten. Im Falle der Kollegin Hemm wird dem Hauptvorstand überlassen, Maßnahmen zu ergreifen.

3. Für den Fall, daß ein freiwilliger Rücktritt nicht erfolgt, behält sich der Vorstand satzungsgemäße Maßnahmen vor.«[143]

Entsprechendes stand darauf im »Südkurier« (31. August 1968) und im »Schwarzwälder Boten« (31. August 1968) und die Sache wurde nun erst richtig publik.

Auf die drei genannten Personen kam die Gewerkschaft Textil-Bekleidung zu, und zwar nicht nur aus dem örtlichen Bereich der Verwaltungsstelle. Sogar der Bezirksleiter bemühte sich von Stuttgart nach Konstanz. An Karl Hanauer schickte die Gewerkschaft außerdem ein Telegramm, da man ihn nicht angetroffen hatte, mit der Maßgabe, von der auf dem Flugblatt gegebenen Unterschrift Abstand zu nehmen. »Wie kannst Du hier unterschreiben – dazu noch unter Nennung Deiner gewerkschaftlichen

12 Jahre KPD-Verbot

In diesen Tagen sind es 12 Jahre, seit die KPD verboten wurde. Auch in der Nazizeit war sie 12 Jahre verboten. Damals wie heute war die KPD den Regierenden bei der Durchsetzung ihrer Ziele ein Hindernis.

Wohin führte uns die Politik der Kräfte, die 1956 dieses Verbot erwirkten?

Die Wehrpflicht wurde eingeführt. Die demokratischen Rechte, wie sie im Grundgesetz standen, wurden Stück um Stück abgebaut.

Zuletzt durch die Notstandsgesetzgebung.

Auch Hitler hat erst die Kommunisten in die Zuchthäuser und KZ gesperrt, um freie Hand für seine Kriegsvorbereitungen zu haben. Immer wenn die herrschenden Kreise ihre Politik durchsetzen wollen, beginnen sie mit der Verfolgung von Kommunisten. Offensichtlich sehen sie in den Kommunisten ein entscheidendes Hindernis für ihre Politik.

Heute, 12 Jahre nach dem Verbot, ist für jedermann sichtbar, wer die freiheitlich-demokratische Grundordnung in diesem Staat gefährdet.

Nicht die Kommunisten waren es, die die demokratischen Rechte Grundgesetz durch Notstandsvollmachten für die Herrschenden ersetzten, sondern jene Kräfte, die das KPD-Verbot erzwangen.

Vergleichbare Beispiele gibt es nur in faschistischen Ländern, wie Spanien, Portugal und Griechenland. Wenn die Bundesrepublik Deutschland ein demokratischer Staat sein soll, dann muß auch eine legale KPD vorhanden sein.

Ohne KPD gibt es keine Demokratie.

Wir Unterzeichner sind der Ansicht:

Die KPD muß legal werden

Hans Betz	Konstanz	SDAJ Sozialistische Deutsche Arbeiterjugend
Fritz Besnecker	Singen (Htwl.)	Vertreter
Roswitha Besnecker	Singen (Htwl.)	Betriebsratsvorsitzende
Bruno Blohorn	Singen (Htwl.)	Angestellter
Georg Blohorn	Singen (Htwl.)	Betriebsratsmitglied
Johanna Blohorn	Singen (Htwl.)	Hausfrau
Gerhard Dobschat sr.	Singen (Htwl.)	Demokratische Linke
Gerhard Dobschat jr.	Singen (Htwl.)	Aktionsgemeinschaft Unabhängiger Sozialistischer Schüler
Josef Dietrich	Hilzingen	Betriebsratsmitglied
Günter Gailus	Nenzingen	Betriebsratsvorsitzender
Karl Hanauer	Konstanz	Vors. der Verwaltungsstellenvert. Gewerkschaft Textil-Bekleidung
Gertrud Harlander	Singen (Htwl.)	Ortsvorsitzende der Gewerkschaft Handel, Banken, Versicherungen
Johanna Hemm	Konstanz	Geschäftsführerin i. R. der Gewerkschaft Textil-Bekleidung
Wolf G. Lauchstaedt	Singen (Htwl.)	1. Vorsitzender der Jungsozialisten Ortsgruppe Singen (Htwl.)
Siegfried Mannstadt	Konstanz	Ortskassier der Gewerkschaft Bau-Steine-Erden
Paul Mast	Konstanz	Ingenieur
Walter Schellhammer	Singen (Htwl.)	Betriebsratsmitglied
Manfred Söhnlein	Konstanz	SDAJ Sozialistische Deutsche Arbeiterjugend
Kurt Stehle	Nenzingen	Betriebsratsmitglied
Käte Weick	Singen (Htwl.)	Hausfrau
Peter Wieland	Konstanz	Sozialistischer Schülerbund
Hans Wunderlich	Allensbach	Vertreter

(Hier bitte abtrennen)

Herrn
FRITZ BESNECKER
77 Singen (Htwl.)
Schnaidholz 38 - Tel. (0 77 31) 6 18 76

○ Ich bin bereit, Ihre Bemühungen um die Wiederzulassung der KPD zu unterstützen

○ Ich bitte um Zusendung von Informationsmaterial
(Zutreffendes bitte ankreuzen)

Name: .... Vorname: .... Beruf: ....

Funktion: .... Anschrift: ....

Viel Wirbel um ein rotes Flugblatt (1968).

Funktion...« hieß es immer wieder. Daran erinnere ich mich noch gut. Entsprechende Vorwürfe wurden auch an die anderen beiden Personen gerichtet. Aber unter den dreien herrschte Einigkeit, nicht freiwillig von ihren Ämtern zurückzutreten.

Im September 1968 meldete Heinz Meinbresse den »Vorfall« an den Hauptvorstand nach Düsseldorf[144] und informierte ihn am 4. Oktober über einen Beschluß des Verwaltungsstellenvorstands, daß am 12. Oktober in Radolfzell wegen dieser Sache eine »außerordentliche Vertreterversammlung der GTB« stattfinden werde.

»... Es soll geklärt werden, ob die Vertreterversammlung an der Spitze des Verwaltungsstellenvorstands Mitglieder haben will, die linksradikale Tendenzen vertreten...«

In diesem Schreiben wurde vom Hauptvorstand außerdem noch ein Kostenzuschuß für diese Versammlung in Höhe von 650.- DM erbeten.[145] Man konnte sich der Hilfe sicher sein!

Nun also die Vertreterversammlung am 12. Oktober, dem 67. Geburtstag meiner Mutter. Auf der Tagesordnung der Einladung, Punkt zwei: »Beratung und Beschlußfassung über das politische Verhalten der Vorstandsmitglieder Hanauer und Besnecker«. Danach noch ein gewerkschaftliches Referat zur Arbeit der Tarifkommission.[146]

Von dieser – in der Tat »außerordentlichen« Versammlung – erzählten mir nicht nur Roswitha Besnecker und Karl Hanauer, ich besitze davon auch ein Protokoll mit Anwesenheitsliste.

Um meine Mutter ging es offensichtlich in dieser Versammlung nur indirekt. Sie beteiligte sich jedoch, ebenso wie die zwei anderen »Beschuldigten« und einige weitere Personen an der Diskussion. Anschließend wurden Stimmzettel ausgegeben mit der Frage:

»Sollen die Vorstandsmitglieder Kollege Karl Hanauer und Kollegin Roswitha Besnecker von allen gewerkschaftlichen Funktionen abgelöst werden? – ja – nein.«[147] (s. Faksimile Seite 279)

Entsprechende Stimmzettel existierten (vorsichtshalber) zusätzlich sogar einzeln, d.h. mit nur einem Namen versehen, übrigens auch für meine Mutter[148], sie wurden aber nicht benützt. Laut Protokoll votierten 31 Delegierte mit ja, neun mit nein und zwei enthielten sich der Stimme: »... Mit dieser Abstimmung sind die beiden Mitglieder Karl Hanauer und Roswitha Besnecker sämtlicher gewerkschaftlichen Funktionen enthoben...«[149]

Die Entscheidung entsprach wohl den Wünschen des Gewerkschaftsapparats. Nun ja, anscheinend wurden für diese Konferenz die Weichen entsprechend gestellt: TeilnehmerInnen von damals berichteten von einer gut besuchten Veranstaltung und von Gesichtern, die man sonst nicht oder äußerst selten bei Versammlungen sah... Darf ich in diesem Zusammenhang von »Manövriermasse« reden?

Zurück zu den drei GewerkschafterInnen. Ihre Enttäuschung über das Ergebnis der Abstimmung war groß, ebenso ihr Ärger wegen der Vorgehensweise. Aber sie waren politisch klug genug, der Gewerkschaft nicht den Rücken zu kehren.

Meine Mutter litt sehr unter der ganzen Geschichte, war allerdings nicht so betroffen wie die beiden anderen, hatte sie doch bei ihrer eigenen Gewerkschaft keine Ämter mehr. Und beim DGB-Kreisvorstand betrachtete man die ganze Sache gelassener. So schrieb der damalige Kreisvorsitzende Erwin Reisacher am 25. September 1968 an die GTB in Radolfzell:

»Betr. Gewerkschaftliche Maßnahmen gegen die Kollegin Johanna Hemm

Lieber Heinz!

Der DGB-Kreisvorstand hat sich in seiner letzten Sitzung (...) mit den Maßnahmen beschäftigt, die die Gewerkschaft Textil-Bekleidung gegen die Kollegin Johanna Hemm eingeleitet hat. Auf Antrag des Vorstandsmitglieds Adolf Lumbe faßte das Gremium mit 10 Ja-Stimmen bei einer Enthaltung folgenden Beschluß:

›Der Kreisvorstand kennt die Kollegin Hemm aus der gemeinsamen Arbeit vieler Jahre. Er spricht ihr für die in diesem Gremium geleistete Arbeit das Vertrauen aus und würde es bedauern, wenn die gegen die Kollegin Hemm eingeleiteten Maßnahmen der Gewerkschaft Textil-Bekleidung ein Ausscheiden aus den DGB-Funktionen nach sich ziehen würden.‹

Der Kreisvorsitzende wurde beauftragt, den Beschluß den zuständigen Gremien der GTB zuzustellen und darum zu bitten, sowohl die unkluge Handlungsweise der Kollegin Hemm, die den Beschluß der GTB provozierte, als auch diesen Beschluß selbst nochmals einer nüchternen und distanzierten Betrachtung zu unterziehen.

Die Kollegin Hemm ist als Vorsitzende des DGB-Frauenausschusses Mitglied des DGB-Kreisvorstands. Sie bekleidet diese Funktion – vordem als Delegierte der GTB – seit 15 Jahren. Trotz des strikten Grundsatzes, sich nicht in die inneren Belange einer Gewerkschaft einzumischen, fühlt sich der Kreisvorstand aus Gründen der Loyalität dazu verpflichtet, für sein Mitglied Hemm einzutreten.

Freundliche Kollegengrüße
Deutscher Gewerkschaftsbund
Kreis Konstanz
Reisacher«[150]

Ich freute mich sehr, als ich beim Recherchieren diesen Brief fand. Welch schönes Zeichen der Solidarität! Hier zeigte sich zum xten Mal, daß meine Mutter eine geachtete Persönlichkeit war.

Natürlich äußerte sich auch der Hauptvorstand der GTB zu jener Angelegenheit. Doch es sieht so aus, als ob auch er sie nicht ganz so verbissen beurteilte wie manche Leute in den unteren Apparats-Ebenen. Der Brief aus Düsseldorf an meine Mutter war zwar deutlich, aber in meinen Augen relativ moderat, wie dem umseitigen Faksimile zu entnehmen ist.[151]

Blieb noch die Funktion meiner Mutter als Mitglied in der Vertreterversammlung der AOK Konstanz: Sie wurde nicht angetastet.

Die anderen beiden »Angeklagten« traf es härter. Karl Hanauer trauerte besonders seinem Mandat im Vorstand der AOK nach. Allerdings wurde er nach einiger Zeit wieder in deren Vertreterversammlung, nicht aber in den Vorstand delegiert. Erst in den achtziger Jahren wurde ihm von der Gewerkschaft vorgeschlagen, wieder im Vorstand mitzuarbeiten, doch daran hatte er dann kein Interesse mehr.

Er sei sich bei der Gewerkschaft Textil-Bekleidung oft wie ein »Aussätziger« vorgekommen, sagt Karl Hanauer noch heute. Den Kontakt mit der Gewerkschaft hielt er dennoch aufrecht, er war weiterhin Betriebsratsmitglied und ab 1977 noch einige Jahre Betriebsratsvorsitzender bei der Firma Herosé. Dennoch spürte Karl Hanauer bei manchen KollegInnen immer wieder Argwohn und Konfrontationen. Man tuschelte viel und warf ihm die Kontakte zu meiner Mutter vor, und nicht selten wurde er als Kommunist diffamiert.

Die Geschichte von 1968 weitete sich überdies noch aus, wie ich später erfuhr. Die Gewerkschaft suchte sich sogar bei der jeweiligen Geschäftsleitung von Karl Hanauer und Roswitha Besnecker Verbündete gegen die beiden. Welch seltsame Koalition! Die hauptamtlichen Gewerkschafter fragten nämlich an, ob diese Personen für die betreffende Firma als Mitarbeiter nun überhaupt noch tragbar seien. Die Firma Herosé bejahte dies und erklärte sogar, Karl Hanauers Betätigungen außerhalb der Firma sei ihr gleichgültig.

Diesbezüglich war die Firma Schiesser rigoroser. Hier gelang der Pakt der ungleichen, aber durch Antikommunismus (?) geeinten Brüder. Zu der Flugblatt-Affäre gesellten sich – wie praktisch für die Ankläger – noch zwei weitere Dinge, die Roswitha Besnecker zur Last gelegt wurden: Erstens ein Zeitungsbericht über eine Versammlung, bei der sich »Besnecker« kritisch geäußert hatte (»Schwarzwälder Bote« vom 24. August 1968). Daß es sich dabei um ihren Mann Fritz Besnecker handelte,

Gewerkschaft Textil-Bekleidung
Hauptvorstand

Gewerkschaft Textil-Bekleidung
Hauptvorstand · 4 Düsseldorf · Ross-Str. 94 · Postfach 3509

Frau
Johanna Hemm

7750 Konstanz
Wallgutstraße 20

Fernsprecher: 43 47 01 - 08
Drahtanschrift: Getebe Düsseldorf
Fernschreiber: 858 4822 a dgb d über
DGB-Bundesvorstand
Bankkonto:
Bank für Gemeinwirtschaft AG.
Düsseldorf, Konto-Nummer 204
Postscheckkonto: Hannover 11 76 56

Ihr Zeichen	Ihre Nachricht vom	Unser Zeichen	4 Düsseldorf, Ross-Straße 94
		Vors. - Bu/Hg.	7. 11. 1968

Betr.: Unterzeichnung eines Aufrufes zur Wiederzulassung der vom Bundesverfassungsgericht verbotenen KPD

Werte Kollegin Hemm!

Von der Verwaltungsstelle Konstanz erhielten wir ein Exemplar des Aufrufes "12 Jahre KPD-Verbot", mit dem die Wiederzulassung der durch das Bundesverfassungsgericht verbotenen KPD gefordert wird. Dieser Aufruf ist von Dir mit dem Hinweis: "Geschäftsführerin i. R. der Gewerkschaft Textil-Bekleidung" mit unterschrieben worden.

Der Geschäftsführende Hauptvorstand hat sich mit Deiner Unterschriftsleistung unter diesen Aufruf befaßt. Er untersagt Dir die zukünftige Verwendung des Hinweises "der Gewerkschaft Textil-Bekleidung". Die Verwendung von Titeln aus der Funktion innerhalb unserer Gewerkschaft wird vom Geschäftsführenden Hauptvorstand nicht gestattet. Wir fordern Dich deshalb auf, ein solches Verfahren in Zukunft zu unterlassen.

Mit kollegialem Gruß
GEWERKSCHAFT
TEXTIL-BEKLEIDUNG
- Hauptvorstand -

K. Buschmann

(Karl Buschmann)

Die Reaktion des Hauptvorstands der Gewerkschaft Textil-Bekleidung war recht gelassen.

klärte sich erst später. Zweitens wurde bekannt und »weitergeleitet«, daß Roswitha Besnecker vor der Bundestagswahl 1968 bei einzelnen Personen im Betrieb Unterschriften für die »Demokratische Linke« (DL) gesammelt hatte, was zugegebener Weise nicht sehr klug war, weil es als unerlaubte parteipolitische Betätigung eines Betriebsratsmitglieds interpretiert werden konnte. Dies alles wurde zum Anlaß genommen, Roswitha Besnecker los zu werden. Sie verlor zunächst ihr Mandat als Betriebsratsvorsitzende, da ihr die lieben KollegInnen das Mißtrauen aussprachen. Dann folgte eine Klage der Firma auf Ausschluß von Roswitha Besnecker aus dem Betriebsrat[152], worauf die Kollegin von ihrer Gewerkschaft Rechtsschutz erbat. Der aber wurde ihr vom Verwaltungsstellenvorstand der GTB verweigert[153], ein mehr als ungewöhnliches Verhalten... Die Geschichte endete schließlich mit der Auflösung des Arbeitsverhältnisses durch einen Vergleich beim Arbeitsgericht.[154] Der »Südkurier« berichtete darüber am 11. Oktober 1968.

Stimmzettel

Soll die Kollegin

Johanna Hemm

von allen gewerkschaftlichen
Funktionen abgelöst werden.

ja nein

Stimmzettel

Soll das Vorstandsmitglied

Kollegin Roswitha Besnecker

von allen gewerkschaftlichen
Funktionen abgelöst werden.

ja nein

Stimmzettel für die Abwahl meiner Mutter und Roswitha Besneckers.

Mitarbeit in DGB-Gremien

Beim Gründungskongreß des DGB

Daß meine Mutter bei der Gründung des Deutschen Gewerkschaftsbundes dabei war, wußte ich lange Zeit nicht, obwohl ich es hätte erahnen können. Denn in einem der Regale unserer Wohnung befindet sich noch immer ein kleines Kästchen, auf dessen Deckelinnenseite steht:

»Zur Erinnerung
an den Gründungskongreß des
Deutschen Gewerkschafts-Bundes
München, 12.-14. Oktober 1949«

War dieses Kästchen meiner Mutter aus »gegebenem Anlaß« überreicht worden? War sie tatsächlich beim Gründungskongreß? Ja, sie war, wie mir das Kongressprotokoll endgültig bestätigte, ein Dokument von historischer Bedeutung, aus dem ich einiges zitieren möchte.

So hieß es zum Beispiel in der Einführung zum Protokoll:

»Sechzehn Gewerkschaften, vertreten durch 487 stimmberechtigte Delegierte, berieten die Gründung eines deutschen Gewerkschaftsbundes für das Gebiet der Bundesrepublik. Sämtliche Delegierten versammelten sich am Morgen des Ersten Verhandlungstages in Anwesenheit von über 200 Gastdelegierten und zahlreichen bedeutenden Gästen des In- und Auslandes zur Eröffnung des Kongresses, die vom Vorsitzenden des Gewerkschaftsrats der vereinten Zonen, Dr. h. c. Hans Böckler, vorgenommen wurde.

Die Bedeutung dieses Kongresses wurde nicht nur durch die lückenlose Anwesenheit aller Delegierten, sondern auch durch die Tatsache unterstrichen, daß nahezu 100 Vertreter der In- und Auslandspresse dem Ereignis beiwohnten. Rundfunk und Film unterrichteten die Öffentlichkeit über den Verlauf der Tagung. Mehr als 500 verdiente Gewerkschaftskolleginnen und -kollegen nahmen als Gasthörer am Kongreß teil.

Hauptsächlich zwei Probleme füllten die Beratungen des Kongresses aus:

– der organisatorische Neuaufbau, der mit der Gründung eines einheitlichen Gewerkschaftsbundes für das Gebiet der Bundesrepublik Deutschland vorläufig abgeschlossen wurde, und

– die Festlegung der Gewerkschaftspolitik in einer Reihe von Richtlinien für die in nächster Zeit zu erwartenden Auseinandersetzungen auf wirtschafts- und sozialpolitischem Gebiet...«[155]

Ich überflog im Kongreßprotokoll zunächst die Liste der Delegierten und entdeckte unter den ordentlichen Delegierten meine Mutter (Delegierte Nr. 468) sowie weitere, mir bekannte Personen aus dem Südwesten wie Fritz Eiche (GTB), Max Faulhaber (IG Chemie). Ein Manko bei den stimmberechtigten Delegierten: Nur 14 Frauen waren darunter, das entsprach einem Anteil von 2,9 %! Auch die Liste der RednerInnen interessierte mich, allerdings fand ich darin weder den Namen meiner Mutter, noch die der anderen beiden Kollegen aus dem Badischen.

Aber bei diesem Ereignis dabei zu sein, bedeutete auch ohne Wortmeldung bereits etwas. Ich kann mir gut vorstellen, wie sich meine Mutter gefühlt hat an diesem 12. Oktober, der gerade ihr 48. Geburtstag war und den sie – wie so manch andere Geburtstage – nicht zu Hause feiern konnte. Sie war bestimmt aufgeregt und bewegt, vielleicht sogar etwas stolz, sicher auch voller Tatendrang. Sie wollte mithelfen, etwas zu verändern...

Die Eröffnung des Kongresses war sehr festlich, wie ich dem Protokoll nachempfinden konnte. Ein Kollege der Gewerkschaft Kunst sprach als Prolog die ersten Verse des Gedichtes »Requiescat« von Ferdinand Freiligrath, womit die Delegierten im Saal des Deutschen Museums in München mit für uns heute pathetisch klingenden Worten auf die Arbeitswelt eingestimmt werden sollten. Danach erklang die Ouvertüre zu »Euryanthe« von Carl Maria von Weber, gespielt vom Münchener Philharmonischen Orchester. Darauf die Begrüßungsansprache des designierten Bundesvorsitzenden Hans Böckler, »mit lebhaftem Beifall empfangen«.[156]

Es wäre reizvoll, mich weiter mit diesem Gründungskongreß auseinanderzusetzen, vor allem mit den diversen Reden, Anträgen, Grundsätzen, Richtlinien und Forderungen des DGB. Doch das ist hier nicht mein Thema. Einige Punkte seien aber dennoch aus dem Protokoll herausgegriffen, um die Einmaligkeit und Wichtigkeit dieses Kongresses zu betonen und in den zeitlichen Zusammenhang zu stellen.

Da ging es zunächst um den Namen des zu gründenden Bundes, wozu der von meiner Mutter (und mir) hochverehrte Kollege Willi Bleicher (IG Metall) – allerdings erfolglos – argumentierte:

»... Ich nehme den § 1: ›Namen des zu gründenden Gewerkschaftsbundes für die Bundesrepublik Deutschland‹. Mit dieser Formulierung haben wir den politisch-staatsrechtlichen Zustand, der da geschaffen wurde, ohne unseren Willen anerkannt. Damit haben wir die Spaltung unserer Nation anerkannt und haben sie übertragen – so wie ich die Dinge sehe – auf die Gewerkschaften. Ich hätte es gern gesehen, wenn man hier diese Frage offen gelassen hätte, indem man formuliert hätte: ›Dieser neugeschaffene Gewerkschaftsbund der Bundesrepublik Deutschland ist ein Teil des noch zu schaffenden und von uns so sehnlichst herbeigewünschten gesamtdeutschen Gewerkschaftsbundes.‹...«[157]

Des weiteren war meiner Mutter (und anderen aus ihrer Region) bewußt, daß sich durch diese DGB-Gründung die Einflußnahme des Südwestens verringerte und daß sie selbst nicht mehr so hautnah wie bisher an gewerkschaftlichen Entscheidungen beteiligt sein würde. Ähnlich äußerten sich Betriebs- und Personalräte des Bezirks Konstanz in einer Resolution anläßlich einer Konferenz (»Südkurier« vom 27. September 1949), wonach in einem Antrag des BaGB an den Gründungskongreß schließlich gefordert wurde:

»... daß der demokratische Aufbau und Charakter der Gewerkschaften gewahrt bleibt. Für das Land Baden wird verlangt, daß (...) Ortsausschüsse an allen Orten erhalten bleiben oder errichtet werden, wo dies im Interesse der Mitglieder und einer fruchtbaren Gewerkschaftsarbeit notwendig erscheint, auch dann, wenn die vorgesehenen Mitgliederzahlen nicht immer erreicht werden.«[158]

Der wahrscheinlich ergreifendste Moment bei diesem Kongreß war die Gründung des Deutschen Gewerkschaftsbundes. Hans Böckler bat die Vorsitzenden der einzelnen Gewerkschaften und die Kollegen des

Feierlich Eröffnung des DBG-Gründungskongresses.

Gewerkschaftsrats, nach vorn zu kommen und sagte laut Protokoll weiter:

»... Kolleginnen und Kollegen!

Der historische Augenblick ist nun gekommen. Wir sind mit unseren Beratungen bereits so weit fortgeschritten, daß wir ruhig die Gründung des von uns beabsichtigten Bundes vornehmen können. Dazu ist notwendig, daß wir zuvor einen Beschluß fassen, einen Beschluß des Wortlauts:

Die Gründungsurkunde des DGB trägt auch die Unterschrift meiner Mutter.

›Der vom Gewerkschaftsrat einberufene Kongreß beschließt die Gründung des Deutschen Gewerkschaftsbundes für das Gebiet der Bundesrepublik Deutschland.‹

Haben Sie alle den Beschlußentwurf vernommen? (Ja-Zurufe) Sind Sie sich klar über seinen Inhalt? (Ja-Zurufe)

Dann kommen wir zur Abstimmung.

(Der Kongreß beschloß einstimmig die Gründung des Deutschen Gewerkschaftsbundes für das Gebiet der Bundesrepublik Deutschland.)

(Lang anhaltenden Beifall)«

Es blieb feierlich. Kollege Böckler führte weiter aus:

»... Wir werden jetzt, und zwar der bisherige Gewerkschaftsrat und mit ihm die Vorsitzenden der 16 Gewerkschaften, eine Urkunde unterzeichnen, die all das enthält, was bei einem Gründungsakt so bedeutsamer Art, wie wir ihn eben vollzogen haben, gesagt wird und schriftlich festgehalten werden soll und muß, damit spätere Geschlechter sich den Augenblick vergegenwärtigen können, an dem sie selbst nicht zugegen waren. Sie sollen der Urkunde entnehmen können, was da lange vor der Zeit, in der der eine oder andere die Urkunde durchblättert, geschehen ist. Ich unterzeichne nun diese Urkunde und bitte die Vorsitzenden der Gewerkschaften, nach mir zur Feder zu greifen.

(Der Kongreß stimmt das Lied ›Brüder, zur Sonne, zur Freiheit‹ an. Der Vorsitzende sowie die Mitglieder und Sekretäre des Gewerkschaftsrates und die Vorsitzenden der 16 Gewerkschaften unterzeichneten die Urkunde. Im Anschluß daran unterzeichneten die anwesenden Delegierten die Urkunde.)«[159]

Somit prangt laut obigem Protokoll auch der Name meiner Mutter unter diesem historischen Dokument. Ob ich es einmal besichtigen kann?

Daß dieser Kongreß stellweise emotional ablief, las ich auch in der Zeitung »meiner« Gewerkschaft vom Oktober 1999, in der ein damaliger Teilnehmer berichtete:

»... ›Als die Musik erklang, da hatte ich Gefühle, als liefen Schauer über meinen Körper. Hinter mir hörte ich einige Männer schluchzen, da habe ich geweint wie ein kleiner Junge.‹ Zu Tränen gerührt wurde der damalige Vorsitzende der IG Chemie-Papier-Keramik Wilhelm Gefeller, als am 12. Oktober 1949 in München der Gründungskongreß des Deutschen Gewerkschaftsbundes eröffnet wurde...«

Selbstverständlich wurde bei diesem Kongreß aber auch viel Realistisches abgehandelt. Es wurde über Ziele und Aufgaben des neuen Gewerkschaftsbunds debattiert und immer wieder die Einigkeit beschworen... Dann folgten Beschlüsse über die Satzung, Grundsätze,

Richtlinien und Forderungen, auf die hier im einzelnen nicht eingegangen werden kann.

Schließlich die Wahl des Bundesvorstand, bestehend aus 26 Männern und einer Frau, und ein Schlußwort des neu gewählten Vorsitzenden, Hans Böckler, mit der Aufforderung:

»... Ich bitte Sie, verehrte Anwesende, zum Schluß mit mir einzustimmen in den Ruf: Es lebe die deutsche Arbeiterbewegung, es lebe die Internationale, beide in Freiheit und in Unabhängigkeit!

Der erste Kongreß der Gewerkschaften in der Bundesrepublik Deutschland ist hiermit geschlossen. (Langanhaltender Beifall.)

(Der Kongreß endete um 18.08 Uhr mit dem gemeinsamen Gesang des Liedes ›Brüder, zur Sonne, zur Freiheit‹.)«[160]

Dieser Gründungskongreß war für meine Mutter sicher ein eindrucksvolles Erlebnis. Er sollte übrigens der einzige DGB-Kongreß auf Bundesebene für sie bleiben, wie ich aus weiteren Kongreß-Protokollen erfahren konnte.

DGB-Konferenzen im »Ländle«

In Baden-Württemberg war meine Mutter häufiger bei DGB-Konferenzen präsent. An zwei von fünf Landesbezirkskonferenzen während ihrer hauptamtlichen Zeit nahm sie teil. Von einer, der 3. Landesbezirkskonferenz 1955 in Freiburg (Paulussaal), liegt mir ein Protokoll vor; dort war sie ordentliche Delegierte und diskutierte gleich zweimal.

In ihrem ersten Beitrag, der ziemlich lang war, sprach sie zum Geschäftsbericht des Landesbezirksvorsitzenden und bezog sie sich zunächst auf Themen wie Arbeitszeit (40-Stunden-Woche), Preiserhöhungen (Brot, Miete), Steuern. »Die Steuerreform belastet die Kleinen und schenkt's den Großen«. Anschließend eine Passage zum Thema Wiederaufrüstung und Pariser Verträge: Es könne nicht gleichzeitig ein »500000-Mann-Heer und die 40-Stunden-Woche geben«, ebensowenig wie »Rüstungswirtschaft und steigende Reallöhne«. Und weiter regte sie an:

»... Nicht nur der Bundestag kann zu den Pariser Verträgen sprechen, sondern auch wir müssen etwas dazu sagen (Einwurf: sehr richtig), und zwar müssen wir sagen, was wir gegen diese Pariser Verträge zu tun gedenken...«

Sie schlug vor, das »Frankfurter Manifest« – in der Frankfurter Paulskirche protestierten Wissenschaftler und Politiker 1955 gegen die Pariser Verträge – in die Tat umzusetzen, Versammlungen, Kundgebungen, Volksabstimmungen und Proteststreiks abzuhalten und endete, mit »lebhaftem Beifall« bedacht:

»... Möge aus diesem Paulussaal der gleiche Geist und die gleiche Tatkraft ausströmen in unser Land und darüber hinaus, wie das durch das Manifest in der Paulskirche geschah...«[161]

Die zweite Wortmeldung meiner Mutter war nochmals zu den Pariser Verträgen. Sie plädierte für die Erweiterung einer Entschließung, daß »die Landesbezirkskonferenz dem Manifest der Paulskirche für die friedliche Wiedervereinigung und gegen die Wiederaufrüstung zustimmt«, hatte aber keinen Erfolg.[162] Es wurde aber dennoch eine Entschließung gegen den Wehrbeitrag angenommen:

»Die Delegierten der 3. ordentlichen Landesbezirkskonferenz des DGB, Landesbezirk Baden-Württemberg, lehnen eine Wiederaufrüstung Deutschlands, wie sie im Rahmen der Pariser Verträge geplant ist, ab...

... Die Stellungnahme der Gewerkschaften gegen die Wiederaufrüstung kann nur wirksam werden, wenn einheitliche Aktionen durchgeführt werden...«[163]

Ein weiterer Antrag, von der GTB Konstanz eingebracht, befaßte sich mit der massiven Zunahme von Überstunden sowie mit der personellen Situation bei den Gewerbeaufsichtsämtern – beides bereits 1955 anscheinend ein Problem –, wurde aber lediglich an den Bezirksvorstand als Material verwiesen.[164]

Frauen im DGB

Bereits der DGB-Gründungskongreß beschloß Richtlinien für die DGB-Frauenarbeit sowie Forderungen für die erwerbstätigen Frauen, zum Beispiel nach Sicherung des Rechtes der Frau auf Arbeit, nach gleichem Lohn bei gleicher Arbeit und Leistung, Ausbau des Arbeitsschutzes für Frauen... Außerdem beauftragte jener Kongreß den neue Bundesvorstand, Referate für Frauenfragen einzurichten.[165]

Mit der Zeit wurden die Forderungen und Richtlinien für gewerkschaftliche Frauenarbeit konkreter und der jeweiligen Situation angepaßt. Bis zur organisatorischen Neugliederung im Jahr 2000 (Zusammenlegung von DGB-Kreisen zu Regionen) und dem damit leider verbundenen Rückzug des DGB aus der Fläche bestanden in den Kreisen die Kreisfrauenausschüsse (KFA), zu denen die Einzelgewerkschaften Delegierte entsandten. Laut Satzung wählten sie sich eine Vorsitzende und trafen sich zu Sitzungen, Veranstaltungen und Aktionen, wobei es vorwiegend um frauenpolitische Themen ging. Alle drei bzw. vier Jahre fand eine »DGB-

Kreisfrauenkonferenz« statt, zu der eine größere Anzahl von Kolleginnen delegiert wurde. Die KFA-Vorsitzende gab einen Rechenschaftsbericht, und es wurde das weitere Vorgehen im KFA beraten. Auch Anträge konnten bei dieser Konferenz eingebracht und gegebenenfalls an andere Organe weitergeleitet werden. Entsprechende Regularien galten für die Landes- und Bundesebene.

Beim DGB Baden-Württemberg wurde das Frauenreferat 1948[166] gegründet und die Kreisfrauenausschüsse im Ländle erreichten zeitweise eine stattliche Zahl; so las ich zum Beispiel im Geschäftsbericht zur 7. DGB-Landesfrauenkonferenz 1966, daß an vierzig Orten Kreisfrauenausschüsse tätig waren.[167]

Gewerkschaftliche Frauenarbeit im DGB-Kreis Konstanz

Meine Mutter engagierte sich bei den DGB-Frauen bereits, als sie noch hauptamtlich bei der GTB war, wurde bald KFA-Vorsitzende und behielt dieses Amt auch noch einige Jahre während ihres Rentnerinnendaseins. Ich begleitete sie zu diesen KFA-Zusammenkünften zwar oft, war aber noch wenig aktiv. Das überließ ich lieber meiner Mutter, die mehr Erfahrung hatte als ich und ohnehin alles besser konnte... Vielleicht stand ich sogar etwas in ihrem Schatten.

Es war ein recht gut funktionierender KFA mit meiner Mutter als Vorsitzenden. Die Kolleginnen an der Basis akzeptierten sie meist ohne Vorbehalte. Und meine Mutter nahm die Kolleginnen eben auch so, wie sie waren. Sie machte die KFA-Arbeit selbst im Rentenstand noch gern und investierte dafür Zeit und manche Mühe. So sprach sie sich immer mit dem Kreisvorsitzenden ab, um ein Jahresprogramm für die Frauenarbeit zu erstellen. In meinen Akten befindet sich zum Beispiel als kleine Broschüre das DGB-Bildungsprogramm von Konstanz 1969/70, in dem für die verschiedenen gewerkschaftliche Gruppen Seminare angeboten wurden, für die Frauen natürlich ebenfalls.[168] Die weiteren Themen der KFA-Sitzungen waren vielfältig und beileibe nicht revolutionär: Lohnsteuer-Tips, »Akkord ist Mord«, »Eine Kollegin erlebt den DGB-Bundeskongreß«, »Kultur – Triebfeder des Menschen«, Blumenstecken, Kosmetik-Abend, Frauen- und Kinderhygiene, Rechtsschutz beim DGB, »Wird Kranksein teurer?«, »Kolleginnen berichten von ihrer Arbeit«, »Bildungsnotstand in der Bundesrepublik«, Verbraucherfragen, Lichtbilder-Abend, Arbeits- und Sozialrecht, bunt gemischt also. Zusätzlich gab es Nikolaus- oder Fastnachtsfeten oder einfach mal einen Spaziergang im Sommer. So entwickelte sich zwischen den Kolleginnen ein fast freundschaftliches Verhältnis, und sie kamen gern in den KFA. Auch die damalige Landesfrauensekretärin des DGB, Irma Jochims, schätzte die Arbeit meiner Mutter, was ich selbst noch festgestellt habe.

Doch eines Tages krachte es im KFA. Nicht unter den Frauen – nein! Der übliche Grund: Hanna, die Kommunistin – nicht rechtmäßig in Amt und Würden? Aha, wieder diese Schiene! Die bereits erwähnte Flugblatt-Affäre ließ grüßen!

In der DGB-Kreisfrauenkonferenz am 2. November 1968 in Radolfzell, bei der auch Heinz Meinbresse als Geschäftsführer der GTB vertreten war, nannte dieser den DGB-KFA ein Kaffeekränzchen und eine Frauengruppe, die mit dem DGB nichts zu tun habe. Außerdem beanstandete er, daß den Kolleginnen für diesen Ausschuß eine ordentliche Legitimation fehle. Ich selbst war bei dieser Konferenz dabei und rannte bei Meinbresses Wort »Kaffeekränzchen« wütend aus dem Saal und knallte die Tür zu. Wie blöd von mir, sage ich heute. Doch damals ärgerte ich mich eben schrecklich.

Meine Mutter war ebenfalls sehr sauer. Nach einiger Zeit schrieb sie an den Kreisvorsitzenden Reisacher einen Brief und versuchte ihre gewerkschaftliche Frauenarbeit beim DGB zu rechtfertigen, die ja, wie sie wußte, weder ihn noch den DGB-Landesbezirk zu Klagen veranlaßt hatte, trotz der anscheinend nicht vorhandenen ordnungsgemäßen Delegation. Und weiter wörtlich:

»... Bleibt also nur die Tatsache, daß der Kollege Meinbresse nur deshalb so sehr auf das Delegationsrecht der Gewerkschaften pocht, weil er mich ja nicht delegieren würde und mich dadurch – so auf dem hintenherum-Weg – nicht nur aus dem DGB-Frauenausschuß, sondern auch aus dem Kreisvorstand draußen hätte. Weshalb er das so hartnäckig verfolgt, hat er ja noch nie gesagt. Aber es wird zweifellos meine politische Einstellung sein, die ihn dazu veranlaßt, was allerdings nach den Satzungen des DGB sowohl, als auch der Gewerkschaft Textil-Bekleidung nicht angängig ist...«

In dem Schreiben informierte meine Mutter außerdem den Kreisvorsitzenden, daß sie in der letzten KFA-Sitzung den Vorsitz niedergelegt habe, weil »sie sich vom Kollege Meinbresse den Stuhl nicht vor die Tür setzen lassen wolle«.[169]

Der Entschluß meiner Mutter bewog daraufhin drei KFA-Kolleginnen, auf neutralem Briefpapier zu einer »wichtigen Zusammenkunft« mit dem Thema einzuladen: Rücktritt der Kollegin Hanna Hemm als Vorsitzende des DGB-Frauenausschusses.[170] An diesem Abend (12. Dezember 1968) wurde ein Brief an den DGB-Kreisvorsitzenden verfaßt, in dem es hieß:

»... Wir sind der Meinung, daß die Äußerungen des Kollegen Meinbresse eine persönliche Attacke gegen die Kollegin Johanna Hemm sind. Es ist bedauerlich, daß ausgerechnet bei den Gewerkschaften nach ›Gesicht‹ geurteilt wird und somit jede Grundlage einer gewerkschaftlichen Frauenarbeit genommen wird...

... Wir bitten um persönliche Stellungnahme in Form einer Aussprache.

Mit kollegialem Gruß

der z. Zt. noch bestehende DGB-Frauenausschuß«[171]

Danach herrschte einige Zeit Funkstille, d.h. die DGB-Frauenarbeit stagnierte. War das nun besser? Aber der Frauenausschuß erholte sich nochmals, allerdings in geschrumpfter Form. Im Dezember 1969 wurde wieder an die bisherige Form der Frauenzusammenkünfte angeknüpft, wobei meine Mutter in der Einladung erklärte:

»... In der letzten Frauenausschuß-Sitzung haben sich die Kolleginnen dafür ausgesprochen, daß wir als örtlicher Frauenausschuß weiter bestehen sollen.

Um damit einen guten, neuen Anfang zu machen, wollen wir uns zu eine gemütlichen Abend (...) treffen. Der bisher übliche ›Nikolausteller‹ wird auch diesmal vorhanden sein...«[172]

Bald sollte aber diese Zeit des Frauenausschusses unter dem Vorsitz meiner Mutter aus anderen Gründen beendet sein: Im Sommer 1970 wurde ihre Krankheit endgültig entdeckt, an der sie im Januar 1971 starb. Daß ich später dieses gewerkschaftliche Erbe übernehmen durfte, war mir zu dieser Zeit natürlich nicht bewußt. Ich hätte auch nicht die Kraft gehabt, angesichts ihres immer schlechter werdenden Gesundheitszustands darüber nachzudenken.

Im Konstanzer DGB-Ortskartell der sechziger Jahre

Meine Mutter blieb auch nach ihrer Pensionierung weiterhin aktiv im Ortskartell, das sie nach wie vor für eine sehr wichtige Einrichtung hielt, um Erfahrungen in Sachen Gewerkschaftspolitik auszutauschen und um den Kontakt zu den KollegInnen zu pflegen, was sie als Rentnerin besonders genoß.

Von den Ortskartell-Sitzungen der sechziger Jahre, in denen Max Bölle Vorsitzender und meine Mutter Schriftführerin war (sie selbst unterzeichnete dabei stets mit »der Schriftführer«), liegen mir einige Protokolle vor, eine sogar im nachhinein interessante Lektüre. Bei manchen dieser Sitzungen war ich anwesend, meist aber (noch) als stille Zuhörerin.

Was wurde zu jener Zeit nicht alles im Ortskartell besprochen! Viel Theoretisches, viel über große und kleine Politik, die wir GewerkschafterInnen oft gerne mehr im Interesse der ArbeitnehmerInnen ausgerichtet gesehen hätten. Manchmal wurden zu aktuellen Begebenheiten Resolutionen verabschiedet und veröffentlicht. Das Ortskartell war ein sehr kritisches Gremium. Aber wenn sich der Kreisvorsitzende, damals Erwin Reisacher, einmal (zu?) weit vor gewagt hatte, wie zum Beispiel bei seiner Aktivität mit den Kongolesen[173], in späteren Jahren bei der Aktion »Seeuferweg«[174] oder beim Gerichtsstreit mit einem Konstanzer Arzt[175] – all dies hatte in Konstanz Wellen geschlagen und wird in seinem Buch geschildert –, dann stärkte das Ortskartell ihm immer den Rücken.

Ich kann mich besonders gut an die Ortskartell-Debatten in den sechziger Jahren zu den Notstandsgesetzen erinnern. Die Beschlußlage der Gewerkschaften war eindeutig: dagegen.[176] Doch wie war das bei Bundes- oder Landtagswahlen? Durfte »man« einen Gewerkschafter zur Wahl »empfehlen«, der sich nicht an den Gewerkschaftsbeschluß gebunden fühlte und sich für diese Gesetze aussprach? Da wurde heftig gestritten. Dazu aus dem Protokoll einer Ortskartell-Sitzung vom Februar 1965:

»... Kollege Bölle wies zum Abschluß darauf hin, daß der Kollege Karius Kandidat der SPD zur Bundestagswahl sei, worauf Kollegin Vera Hemm auf den Gewerkschaftskollegen Weidenfeld als Kandidat der DFU verwies.

Kollegin Hanna Hemm ist dazu der Meinung, daß der Kollege Karius, der auf dem Karlsruher Parteitag der SPD für die Notstandsgesetze gestimmt habe, damit dem DGB-Beschluß zur Notstandsgesetzgebung zuwider gehandelt habe. Im übrigen sei die Propaganda des Kollegen Karius für seine Person als Kandidat der SPD auf gewerkschaftlichen Veranstaltungen nicht gutzuheißen...«[177]

Fragen auch bei gewerkschaftlichen Podiumsdiskussionen: Wer darf aufs Podium? Wer als Referent ins Ortskartell? Gar irgendwelche Linke?

Hier ein weiteres Beispiel: Am 10. März 1965 referierte im Ortskartell Heinz Seeger aus Friedrichshafen, ein linker Gewerkschafter, damals bereits aus der Gewerkschaft Holz und Kunststoff ausgeschlossen (wegen antidemokratischer Beziehungen, was auch immer das bedeutet haben mag), zudem DFU-Mitglied. Das verursachte anschließend mächtigen Ärger, wie aus dem achtseitigen (!) Protokoll der darauf folgenden Kartell-Sitzung zu entnehmen ist:

»Kollege Bölle begrüßte die Anwesenden, besonders aber die Kollegen, die sonst sehr spärlich die Kartell-Sitzungen besuchten...

... Erwin Reisacher sagte, daß die letzte Kartellsitzung mit dem Referat des Kollegen Seeger überraschenderweise einige Auswirkungen gehabt, wenn nicht zu sagen, zu einem Skandal geführt habe. Kein Mensch hätte das gedacht. Es seien Meldungen abgegangen an verschiedene Stellen...«

Nanu, das kenne ich doch irgendwoher! Kollege Reisacher als Kreisvorsitzender und Kollege Bölle als Ortskartell-Vorsitzender standen am Pranger. Aber es wurde ein Schuß in den Ofen. Das Referat des Kollegen Seeger hatten die meisten als gut bezeichnet, doch sei er eben ein »ausgeschlossener Kollege«. Nein, die DFU spiele dabei keine Rolle, das sei ja eine zugelassene Partei.

Natürlich mischte sich laut Protokoll auch meine Mutter in die Diskussion ein:

»... Daß das Referat Seegers Unruhe ausgelöst habe, bestreitet sie; denn wer von den Mitgliedern kenne schon Kollege Seeger. Noch nicht mal die Funktionäre...

... Sie bedaure sehr den Mangel an Kollegialität, die der frühere Kreisausschuß-Vorsitzende Henseler immer gepredigt, und aber auch selbst eingehalten habe. Leider vermisse man sie im Hause...«

Das mag genügen, um die Situation zu schildern. Letztlich sprach das Ortskartell den Kollegen Bölle und Reisacher mehrheitlich das Vertrauen aus, weil sie »zum Zeitpunkt der Einladung vom Ausschluß des Kollegen Seeger und seinen antidemokratischen Beziehungen keine Kenntnis hatten...«[178]

Ob meine Mutter angesichts der »antidemokratischen Beziehungen« dem wohl zustimmte? Ich vermute ja. Sicher war ihr die Solidarität zu den beiden Kollegen wichtiger als eine wie auch immer gemeinte Redewendung.

Die Geschichte zog trotzdem sich noch eine Weile hin; selbst der DGB-Landesbezirksvorstand wurde bemüht. Kollege Reisacher mußte sich noch immer wegen der obiger Geschichte verteidigen und war verärgert, wie im Protokoll einer weiteren Ortskartellsitzung zu lesen ist:

»... Plötzlich werde er gerügt, sogar bis zum Äußersten. Und das nur wegen einer solchen Lappalie...«

Aber nicht nur dies. Sogar die Zukunft des Konstanzer Ortskartells war in Frage gestellt. Seine rechtmäßige Besetzung wurde angezweifelt. Doch die in der Sitzung Anwesenden wollten das Gremium erhalten, was letztlich auch gelang. Meine Mutter unterstützte diese Haltung und bemerkte laut Protokoll:

»... daß in manchen Gewerkschaften kaum Mitgliederversammlungen durchgeführt werden, daher der Kontakt Mitglied – Gewerkschaft oft mangelhaft und deswegen der Bestand des Kartells und seine Repräsentanz nach außen so notwendig sei...«

Schließlich mußte meine Mutter in dieser Sitzung sogar als Protokollantin Kritik einstecken, wozu sie jedoch meinte, daß sie »genau so gern zuhören würde, ohne mitschreiben zu müssen und bereit sei, das Amt des Schriftführers jemand anderem zu überlassen.«[179] So weit kam es allerdings nicht, Protokollieren ist eben Arbeit...

Eine »Glanzleistung« des Ortskartells war im März 1964 die Denkschrift zur geplanten Universität in Konstanz, die nachstehend teilweise abgedruckt wird.[180] Das Ortskartell hatte starke Bedenken wegen der finanziellen Belastungen, die der Stadt daraus erwachsen könnten. Ich brauche nicht viel über diese Geschichte zu berichten, da Erwin Reisacher dieses Ereignis in seinem Buch entsprechend gewürdigt hat.[181] Vielleicht nur der Zusatz, daß es bei der Ausarbeitung des Textes der Denkschrift einen Redaktionsausschuß gab, in dem meine Mutter mitarbeitete[182] und, wie aus einer von ihr handschriftlich veränderten Version hervorgeht, Vorschläge machte.[183] Und last not least: Auch meine Mutter unterzeichnete dieses Dokument, gemeinsam mit acht Gewerkschaftskollegen.

Ich weiß nicht mehr, in welcher Auflage die Denkschrift gedruckt wurde. Jedenfalls waren meine Mutter und ich (mit anderen) fleißig dabei, sie in Briefkästen zu verteilen... Heute bin ich – Ironie des Schicksals – des öfteren Gasthörerin an der Uni Konstanz und schätze das Hinzulernenkönnen...

In den siebziger Jahren, als die Universität längst akzeptiert war, tauchten im Ortskartell, da es zeitweise für jedes Mitglied offen war, vermehrt StudentInnen auf und diskutierten ausgiebig mit. Zwar interessant und lehrreich, aber manchem »gestandenen« Gewerkschafter zu theoretisch, zu hoch, zu langatmig und ach, viel zu radikal. Fazit: Die ursprünglichen KollegInnen beteiligten sich nicht mehr so recht am Ortskartell und sie waren auch nicht mehr so aktiv bei den Maifeiern des DGB.

So besann man sich: Eigentlich war das Ortskartell ein Delegationsgremium mit KollegInnen aus den einzelnen DGB-Gewerkschaften. Als solches existierte es weiter, mehr oder weniger gut besucht, mit mehr oder weniger Ausstrahlung nach außen. Ich werde diese Zeit im dritten Teil des Buches nochmals streifen.

Maifeiern in Konstanz – vom DGB ausgerichtet

Nach den ersten euphorischen Maifeiern ließ die Beteiligung der Bevölkerung an dieser Veranstaltung bald nach. Die Gewerkschaften mußten sich darauf einstellen, auch in Konstanz. Die Maifeiern wurde für einige Jahre ins Stadttheater verlegt. Sie waren nicht minder feierlich wie im Konzil. Es wurde weiterhin festliche Musik geboten, ebenso die obligate Mairede und, was mir immer gut gefiel, eine Szene aus einem passenden Stück, das im Stadttheater gerade auf dem Spielplan stand. Ich entsinne mich beispielsweise an die »Physiker« von Dürrenmatt... Aber auch diese Form der Maifeier verblaßte mit der Zeit. Die KollegInnen kamen nur noch spärlich ins Stadttheater. Daher mußte der DGB als verantwortlicher Organisator der Konstanzer Maifeiern neue Wege suchen, diesem Tag einen würdigen und dennoch populären Rahmen zu geben. Es gelang jedoch leider nicht immer, die KollegInnen aus den Betrieben zum Mitmachen zu motivieren, obwohl Form und Ort der Veranstaltungen immer wieder wechselten.

Die Feierlichkeit der frühen Jahre verschwand, es wurde volkstümlicher, familiärer. Daß es deswegen weniger kämpferisch war, kann ich so pauschal nicht behaupten. Da traten von Jahr zu Jahr andere Erfahrungen auf. Und ein Minuspunkt: Von den 2000 Teilnehmern des Jahres 1946 ist heute nur noch ein Bruchteil übrig geblieben.

Mit Demonstrationen war es in Konstanz Anfang der sechziger Jahre ebenfalls nicht mehr so weit her. Die wurden erst wieder nach der Universitätsgründung aktuell, als die StudentInnenbewegung sich auch in Konstanz zu Wort meldete.

Insgesamt sind mir etwa zehn Veranstaltungsplätze für die Konstanzer Maifeiern im Laufe der Jahre im Gedächtnis: Der Obere und Untere »Konzilsaal«, der »St. Johann-Saal«, das Stadttheater, der Platz am »Tannenhof«, der »Obermarkt«, der Garten der Arbeiterwohlfahrt, das See-Ufer-Areal »Klein Venedig«, das neue Landratsamt und schließlich in den letzten Jahren das »Kulturzentrum K9« mit seinem Vorplatz.

Für meine Familie war der 1. Mai immer ein hoher Feiertag. An diesem Tag wurde selbstverständlich auch zu Hause nichts gearbeitet. Als es die Situation gestattete, wurde noch nicht mal gekocht. Wir gingen zum Essen, meist in das damalige Restaurant »Zum Hohenzollern« (heute »Seekuh«), mit dessen Besitzer meine Familie seit Jahren bekannt war. Ich muß aber hinzufügen, daß wir uns bis in die sechziger Jahre nur dieses einzige Mal im Jahr den »Luxus« des Auswärts-Essens erlaubten.

Meine Eltern nahmen immer an den Konstanzer Maifeiern teil. Ich selbst habe nur sehr wenige versäumt. Leider jedoch die »spektakulärste« im Jahr 1975, nach deren Abschluß der »berühmte« Seeufer-Spaziergang stattfand, was an anderer Stelle noch beleuchtet wird.

DEUTSCHER GEWERKSCHAFTSBUND
KREIS KONSTANZ

Denkschrift des DGB-Ortskartells zum Bau einer Universität in Konstanz

Seitdem im Sommer 1959 die Idee aufkam, in Konstanz eine Universität zu bauen, wurde das Problem von allen Seiten beleuchtet. Berufene und Unberufene haben sich zu dem Plan geäußert.

Nur darum, wieviel ein Universitätsbau unsere Stadt kosten würde, hat sich noch niemand gekümmert.

Auch der Gemeinderat ist einigemale über den Stand der Dinge informiert worden, zuletzt am 1. Februar 1962.

Inzwischen wurde aber im September 1963 die Denkschrift der Landesregierung zur Errichtung von wissenschaftlichen Hochschulen in Baden-Württemberg veröffentlicht. Es wurden darin erstmals genaue Angaben über den Standort der Universität in Konstanz gemacht.

Was steht in der Denkschrift über die Kosten?

Neben einer Bedarfsplanung enthält die Schrift eine Kostenaufstellung und eine baufachliche Beschreibung. Unter der Rubrik „F. Standorte" heißt es auf Seite 5827: **Die Stadt (Konstanz) hat sich bereit erklärt, das erforderliche Gelände unentgeltlich zur Verfügung zu stellen und später etwa erforderliches weiteres Gelände bereit zu halten, ferner die äußere Erschließung auf ihre Kosten durchzuführen.**

Mit anderen Worten: Die Stadt Konstanz schenkt dem Land das Universitätsgelände und baut auf unsere Kosten die Straßen, Kanäle, Wasserleitungen, Gasleitungen und die Stromzuführung bis zu einem Anschlußpunkt im Universitätsgelände.

Auf Seite 5826 ff der Denkschrift wird folgender Geländebedarf geltend gemacht: Für Wohnbauten und Studentenwohnheime das Gewann Sonnenbühl mit 14 ha, zusätzlich die Gewanne Hinterhag und Schmerzenmösle mit nochmals 14 ha; für Sportzwecke die Gewanne Flöschen und Breitenwiesen mit zusammen 20 ha, als Universitätsgelände selbst den Mainauwald mit 143 ha.

Die Stadt verliert fast ihren gesamten Wald

Die Stadt Konstanz soll also von ihrer Gemarkung insgesamt 191 ha Bau- und Waldgelände unentgeltlich zur Verfügung stellen; unentgeltlich für das Land selbstverständlich. Für die Stadt schlägt diese Geländeabgabe leider als Vermögensverlust zu Buch.

Das Ortskartell des DGB protestiert deshalb im Interesse der gesamten Bevölkerung gegen weitere Gebührenerhöhungen.

Andere wichtige Gemeinschaftsaufgaben ¡kommen zu kurz!

Zwar hat ein Landtagsabgeordneter bei seinem Besuch in Konstanz geäußert, einer Stadt wie unserer könne nicht die ganze Last der Geländebereitstellung und Erschließung aufgebürdet werden. Erstens ist er jedoch nur ein Abgeordneter von vielen und zweitens würde auch eine von ihm für möglich gehaltene Teilbelastung die Stadt über Gebühr beanspruchen.

Es wird dann kaum mehr möglich sein, andere schon lange gewünschte und notwendige, aber immer wieder verschobene städtische Pläne zu verwirklichen, z. B. den weiteren Ausbau des Strandbades Horn, den Ausbau des Uferweges Kammerer am See über die Schmugglerbucht zum Hörnle, weitere Grundschulbauten und die Errichtung der Stadthalle. Die Erschließung neuen Geländes für den Wohnungsbau wird sehr schwierig werden; ebenso die Modernisierung der Straßenbeleuchtung oder die Herrichtung der innerstädtischen Straßen und Wege.

Wir begrüßen den Bau einer Universität. Wir sind jedoch der Meinung, daß sie voll von Land und Bund finanziert werden muß.

Wir fordern eine breite öffentliche Diskussion

Sie sollte sich auf zwei Punkte konzentrieren:

a) Die finanzielle Last muß von der Stadt abgewendet werden

b) Es muß eine Planung verhindert werden, die jede spätere Erweiterung unserer Stadt nach Westen und Nordwesten vereitelt.

Bürger, die Initiative liegt bei Euch!

Niemand wird bei vernünftigem Abwägen aller Argumente gegen den Bau weiterer Universitäten sein. Niemand sollte jedoch offenen Auges in eine Verschuldung rennen, die nicht nur uns, sondern auch unsere Nachkommen verhängnisvoll belasten wird.

Konstanz, im März 1964

Max Bölle	Erwin Reisacher
Johanna Hemm	Armin Schonhardt
Erich Hohwieler	Hugo Schuster
Friedrich Karius	Wilfried Zimmermann
Helmut Löffler	

Zwei Seiten der vierseitigen Denkschrift zur Errichtung der Konstanzer Universität, die die finanziellen Belastungen für die Stadt thematisiert.

Und was ist mit Mutti? Plakat des DGB zur 40-Stunden-Woche (1956).

Parteipolitisches

Die »Roten« sind wieder da...

Über die Kommunisten und ihre Partei herrschen in manchen Köpfen seltsame Vorstellungen. Vielleicht gelingt es mir, sie mit diesem Kapitel aus der Nachkriegsgeschichte etwas zu korrigieren.

Dazu möchte ich den Marburger Politikprofessor Georg Fülberth zitieren:

»... Am 11. Juni 1945 trat das Zentralkomitee der KPD in Berlin erstmals nach dem Krieg wieder auf deutschem Boden mit einem Aufruf öffentlich in Erscheinung (...) und forderte – anders als 1933 – nicht die sofortige Errichtung des Sozialismus:

›Wir sind der Auffassung, daß der Weg, Deutschland das Sowjetsystem aufzuzwingen, falsch wäre, denn dieser Weg entspricht nicht den gegenwärtigen Entwicklungsbedingungen in Deutschland.

Wir sind vielmehr der Auffassung, daß die entscheidenden Interessen des deutschen Volkes in der gegenwärtigen Lage für Deutschland einen anderen Weg vorschreiben, und zwar den Weg der Aufrichtung eines antifaschistischen, demokratischen Regimes, einer parlamentarisch-demokratischen Republik mit allen demokratischen Rechten und Freiheiten für das Volk.‹...«[184]

Auch in Baden, wo die Kommunistische Partei durch die Französische Militärregierung wieder zugelassen und ihr Programm (teilweise) in der Presse veröffentlicht wurde (»Südkurier« vom 15. Februar 1946), war das Wort »Sozialismus« nicht unter den Forderungen, wohl aber: Säuberung aller öffentlichen und privaten Stellen von Nazis, einheitliche Lebensmittelversorgung, Beschaffung von Wohnraum, Instandsetzung der Betriebe und Sicherstellen von Rohstoffen, Kontrolle der Produktion durch die Gewerkschaften, Aufbau eines freien kulturellen Lebens...

Die Kommunisten – plötzlich salonfähig?

Kommunisten (aber wenig Kommunistinnen) spielten nach dem Krieg eine beachtliche Rolle, waren meist anerkannte Personen. Mit ihnen wollte man sich gut stellen. Vielleicht konnte man sie ja noch mal brauchen, überlegten die »Rückversicherer«. Doch viele Menschen zollten den Kommunisten einfach deswegen Achtung, weil sie zu denjenigen zählten, die in der Nazi-Zeit eine aufrechte Haltung an den Tage gelegt und bewahrt hatten, also eine »weiße Weste« vorweisen konnten. Von den rund 300000 Mitgliedern der KPD waren Zehntausende von den Nazis in KZ und Zuchthäuser verschleppt worden. Tausende hatten im Widerstand gegen Hitlers mörderische Politik ihr Leben verloren.

In Konstanz gab es damals neben vielen anderen »Männern und Frauen der ersten Stunde«, wie ich persönlich mitbekommen habe, einen kommunistischen Oberbürgermeister, Vinzenz Kerle, unter GenossInnen nur »Vinz« genannt. Allerdings hatte er dieses Amt nur etwa drei Wochen inne – und schon traten Probleme auf.

Rolf Lachenmaier schreibt in seiner Magisterarbeit »Politischer Neubeginn und Kommunalwahlen in Konstanz zwischen 1945 und 1949« dazu:

»Die Berufung eines Kommunisten beinhaltete beträchtlichen Zündstoff. Münsterpfarrer Kuenzer bezeichnete diesen Schritt in einer Meldung an den Freiburger Erzbischof Gröber als eine ›Schiebung der Militärbehörde, die selber sehr viel kommunistisch gesinnte Elemente enthält‹.«[185]

Die Kommunisten und das Grundgesetz

Obwohl dieses Thema 1945 noch nicht spruchreif war, möchte ich es dennoch kurz streifen, weil die Rolle der Kommunisten dabei oft ungenau wiedergegeben wird. Fakt ist – sehr verkürzt –, daß der Parlamentarische Rat, der aus 65 Abgeordneten der Länderparlamente bestand (darunter vier Frauen), sich 1948 auf Weisung der westlichen Besatzungsmächte konstituierte und die Aufgabe hatte, eine separate Verfassung für die Westzonen zu erarbeiten. Auch zwei Kommunisten waren in dem Rat vertreten: Max Reimann, damaliger Vorsitzender der KPD, und Hugo Paul bzw. nach ihm Heinz Renner. Diese brachten einen 28 Artikel umfassenden Antrag ein, der allerdings – da sehr weitgehende demokratische Rechte wie zum Beispiel der Volksentscheid vorgesehen waren – keine Mehrheit fand. Ebenso fiel ihr Vorschlag einer Volksabstimmung über das Grundgesetz nicht auf fruchtbaren Boden. Schließlich wurde das Grundgesetz von den Kommunisten abgelehnt. Dazu Max Reimann:

»... Am 8. Mai 1948 kam es zur Schlußabstimmung über das Grundgesetz. Es stimmten 53 Mitglieder des Parlamentarischen Rats mit Ja, 12 mit Nein. Genosse Heinz Renner und ich blieben bei der Ablehnung des Grundgesetzes, weil es die Spaltung Deutschlands bedeutete. Am 23. Mai 1948 wurde das Grundgesetz (...) in Kraft gesetzt. Wir verweigerten die Unterzeichnung, ich erklärte namens der KPD:

›Sie, meine Damen und Herren, haben diesem Grundgesetz (...) zugestimmt. (...) Es wird jedoch der Tag kommen, da wir Kommunisten dieses Grundgesetz gegen die verteidigen werden, die es angenommen haben!‹...« (Max Reimann, Entscheidungen 1945-1956, zitiert nach: »Unsere Zeit« vom 11. September 1998)

Das Grundgesetz ist inzwischen mehrfach geändert – sprich verschlechtert – worden. Ganz demokratisch, versteht sich. Die Kraft der Kommunisten, es zu verteidigen, hatte nicht ausgereicht.

Kommt es im Südwesten zur Einheitsfront?

Eine Frage, die 1945 intensiv diskutiert wurde, war die Einheitsfront zwischen SP und KP. Die Magisterarbeit von Rolf Lachenmaier enthält eine, wie mir scheint, sehr präzise Beschreibung der damaligen Ereignisse:

»... Wie kaum irgendwo anders in den Westzonen bestand in Südbaden die Tendenz zur Vereinigung der beiden Arbeiterparteien. So kam es dann auch an etlichen Orten schon kurz nach Kriegsende zur engen Zusammenarbeit der Linken, die gleichzeitig in der Antifa-Bewegung entscheidend mitwirkten bzw. identisch mit ihr waren. In Singen, wo viele aus dem Schweizer Exil zurückkehrende Kommunisten zusammenkamen, war der Gedanke einer Vereinigung besonders stark ausgeprägt...«[186]

Auch meine Mutter erzählte mir immer wieder von dieser Entwicklung, wobei die unterschiedlichsten Namen fielen: Bittel, Eckert, Großhans, Hohlwegler, Jäckle, Hans Venedey und besonders oft Goguel. Dabei spürte ich noch im nachhinein, daß meine Mutter ebenfalls eine Verfechterin dieser Idee war, allerdings taucht ihr Name in den Quellen, die ich inzwischen durchgesehen habe, in diesem Zusammenhang nicht auf.

Über diese damaligen Tendenzen im Südwesten ist recht wenig oder oft auch Falsches – Stichwort »Zwangsvereinigung« – bekannt. Näheren Aufschluß darüber gibt der Zeitzeuge Rudi Goguel in seiner Schrift »Dokumente des Kampfes der deutschen Arbeiterbewegung um die Aktionseinheit«[187], die ich hier jedoch nicht näher erläutern kann. Erwähnen möchte ich dazu nur, daß in Singen bereits zum 1. Mai 1945 ein Mitteilungsblatt »Neues Deutschland« erschien[188], das als Motor für diese Vereinigungsentwicklung gedacht war, nach der zweiten Nummer aber von der Französischen Militärbehörde verboten wurde.

Trotzdem blieb der Südwesten in Sachen Einheit aktiv. Von einer »sozialistisch-kommunistischen Tagung« in Radolfzell berichtete der »Südkurier« vom 29. Januar 1946 ausführlich. Bei dieser Tagung traf sich ein

Ausschuß von Vertretern der sozialistischen und kommunistischen Partei des Kommissariatsbezirks Konstanz und nahm folgende Entschließung an:

»Gemeinsame Not und gemeinsamer Widerstand der Sozialisten und Kommunisten unter dem Hitlerterror und die kameradschaftliche Arbeit in der Antifaschistischen Bewegung seit der Kapitulation hat in den Mitgliederkreisen der beiden Arbeiterparteien einen starken Einheitswillen zur Folge. Allgemein vertreten die Mitglieder den Standpunkt, daß es in Zukunft nie mehr eine gegenseitige Bekämpfung der beiden Parteien geben darf, die gemeinsam auf die wissenschaftlichen Lehren von Karl Marx zurückgehen. Der Ausschuß steht auf dem Standpunkt, daß der gemeinsame Wille sofort zu einer Aktionsgemeinschaft in allen Kreisen führen muß...«

Am Ende des Zeitungsberichts hieß es zu diesem Thema, daß seitens der SP gegen »gemeinsames taktisches Zusammenarbeiten in gewissen Fragen nichts einzuwenden sei«, ein Zusammenschluß der beiden Parteien aber abgelehnt werde.

Damit war jedoch der Vereinigungsgedanke noch nicht gestorben, der sich übrigens in anderen Städten Süddeutschlands ebenfalls breit gemacht hatte. Treffen und Konferenzen beider Gruppen fanden weiterhin statt, noch immer die Einheitsfront beschwörend. Andererseits mischte sich aber auch die SPD-Führung in diese ihr nicht genehme Entwicklung ein, wobei hier besonders Kurt Schumacher zu nennen ist. Nicht zuletzt dürfte außerdem eine Unterschriftensammlung »Für die Sozialistische Einheitspartei Badens«, anläßlich der Gemeinderatswahlen 1946 initiiert von der Badischen KP[189], den Einheitsbestrebungen eher geschadet als genützt haben. Doch das ist heute leicht zu sagen.

Daß das Ziel einer vereinten Arbeiterpartei auf konsequent sozialistischer Grundlage nicht erreicht wurde, halte ich noch heute für bedauerlich. Fataler jedoch war, daß sich die beiden Gruppen SP und KP immer mehr voneinander entfernten und manchmal gar zu feindlichen Brüdern/Schwestern wurden, oft nicht wahrnehmend, wo der wirkliche Gegner stand.

Die Gründung der KP in Konstanz – vielseitig beachtet

In Konstanz waren die Kommunisten die ersten, die ihre Wiederzulassung beantragten. Im Stadtarchiv las ich diesen Antrag mit Interesse, zumal meine Mutter zu den Unterzeichnenden gehörte. Dazu auch Rolf Lachenmaier in seiner Arbeit:

»... Am 31. Dezember 1945 stellte man bei der Militärregierung einen Antrag auf ›Wiederzulassung der Kommunistischen Partei für den Landkreis‹, dem eine Begründung und ein vorläufiges Statut beigegeben war. (...) verlief der Zulassungsprozeß offenbar ohne größere Probleme, so daß am 17. Februar die Gründungsversammlung stattfinden konnte; dies war gleichzeitig die erste öffentliche Kundgebung einer Partei in Konstanz...

... Von den fünf Unterzeichnenden, die Ende 1945 die Zulassung der Partei beantragten – Jakob Stoll, K.H. Wallenwein, Josef Seifritz, Rudi Goguel und Hanna Hemm – sollten sich insbesondere die beiden letztgenannten zu festen Größen im politischen Leben der Stadt entwickeln...«[190]

Bezüglich der Gründungsversammlung erfolgte im »Südkurier« vom 15. Februar 1946 die Ankündigung:

»Als erste der politischen Parteien wird die Kommunistische Partei Deutschland, Ortsgruppe Konstanz, eine öffentliche Kundgebung veranstalten. (...) Die Versammlung findet statt am Sonntag, den 17. Februar, vormittags 1/2 10 Uhr im Capitol unter Mitwirkung des städtischen Orchesters.«

In der Arbeit von Rolf Lachenmaier steht in einer Fußnote über diese Versammlung, daß sie ursprünglich einen Tag früher im Konzil geplant gewesen, aber die Genehmigung von der Militärregierung kurzfristig widerrufen worden sei, so daß man auf das »Capitol«-Kino auswich.[191]

Der »Südkurier« (19. Februar 1946) schrieb über diese Versammlung u.a.:

»... Der Saal war lange vor Beginn der Veranstaltung, die durch Orchestervorträge und Rezitationen bereichert wurde, überfüllt. Unter den Anwesenden sah man ungewöhnlich viele Frauen. Erwin Eckert sprach, nach Begrüßungsworten von Herrn Jakob Stoll und namens der SPD durch Herrn Studienrat Göpfrich, über das Thema: ›Was wollen die Kommunisten?‹...«

Auch bei Lothar Burchardt ist einiges über diese Veranstaltung bzw. Erwin Eckert zu lesen:

»Er hielt einen rhetorisch glänzenden Vortrag. (...) Dort entwickelte er u.a. die Notwendigkeit, an die Stelle demokratischer Sammelbewegungen wie der ›Antifa‹ nun eine kämpferisch-antifaschistische Partei treten zu lassen, eben die kommunistische.«[192]

Die Hemms und Onkel Fritz in der KP

Meine Eltern traten natürlich sofort wieder in die KP ein. Sie waren auch zeitweise Mitglieder der örtlichen Parteileitung, wobei in den Unterlagen zunächst mein Vater (April 1946), später meine Mutter (Juli 1947) genannt wird.[193] Mein Onkel Fritz war ebenfalls nicht nur Mitglied, sondern auch eine Zeitlang erster Vorsitzender.[194] Im Kreisarchiv entdeckte ich ferner ein Schreiben vom November 1951 an das Landratsamt, wonach ein Kurt Griesbaum sein Amt als 1. KP-Vorsitzender für den Stadtkreis Konstanz niederlegte und »als vorläufige Geschäftsträgerin Frau Johanna Hemm betraute«.[195] Bei den darauf folgenden Wahlen im Februar 1952 wurde jedoch nicht meiner Mutter der Parteivorsitz erteilt, sondern Willi Gerspacher, den ich flüchtig kannte.[196]

In den mir vorliegenden und nachstehend teilweise faksimilisierten Mitgliedsbüchern meiner Eltern von 1954 ist als Eintrittsdatum 1923/1945 eingetragen, was für letzteres formell zwar nicht korrekt, aber inhaltlich wohl stimmig sein mag. Übrigens hatte meine Mutter dabei die Endziffer 93 und mein Vater 94 – Mutter vor Vater – ein Zufall?

Ein kurzer Auszug aus dem damaligen Statut der KPD ist in den Mitgliedsbüchern kleingedruckt eingefügt. Es war mir nicht ganz wohl bei der Lektüre! Nicht wegen des Zieles, der Errichtung des Sozialismus. Nein, wegen einiger weiteren Ausführungen:

»... Die Partei ist eine einheitliche Kampforganisation. In ihr herrscht eine für alle Parteimitglieder in gleicher Weise verbindliche Disziplin, Kritik und Selbstkritik sind ein Entwicklungsgesetz der Partei. Die Stärke der Partei liegt in der Geschlossenheit ihrer Reihen, in der Einheit des Willens und des Handelns. Unvereinbar damit sind Abweichungen von den Prinzipien des Marxismus-Leninismus und dem Statut der Partei, ebenso wie die Verletzung der Parteidisziplin, die Beteiligung an fraktionellen Gruppierungen und Doppelzünglerei...

... Die Mitglieder der Kommunistischen Partei Deutschlands müssen bereit sein, unermüdlich für die Verwirklichung der Beschlüsse der Partei und ihrer Organe zu kämpfen, für die Partei und die Arbeiterklasse Opfer zu bringen, die Arbeiterklasse im Geiste des proletarischen Internationalismus und besonders zur engen Freundschaft mit der Sowjetunion und den Volksdemokratien zu erziehen...«[197]

Inzwischen bin ich auf das ganze Statut gestoßen, das leider kein Datum trägt.[198] Ein Vorwort, als Ziele die Errichtung der politischen Herrschaft der Arbeiterklasse, Sozialismus sowie organisatorische Aussagen. Und: Pflichten über Pflichten! Ob sich die Mitglieder immer danach richteten? Nun, ich erinnere mich gut, daß meine Eltern, vor allem meine Mutter sehr viel Kraft in ihre Parteiarbeit steckten und auch Opfer brachten, weil sie eben vom Ziel des Sozialismus überzeugt waren und sich dafür engagieren wollten. Daß ihnen manchmal zu viel abverlangt wurde, merkten sie oft erst spät.

Über die Konstanzer KP der ersten Nachkriegszeit schreibt der bereits im ersten Teil zitierte Joachim Arndt in seiner Magisterarbeit:

»... In der Partei standen sich zwei Gruppen gegenüber, die sich zum Schaden der Parteiarbeit heftig bekämpften und abwechselnd die Leitung beherrschten. Die andere Gruppe ging dann regelmäßig in die Opposition und wurde von der Leitung ferngehalten...«[199]

Diese Querelen dürften sich noch bis Ende der vierziger Jahre hingezogen und auch auf die Bundestagswahlen von 1949 einen gewissen Einfluß gehabt haben, worauf später noch eingegangen wird. Doch direkt nach dem Krieg bekam ich davon natürlich nichts mit. Ich kannte lediglich einige GenossInnen »der ersten Stunde«: Josef Seifritz und Josef Neser, mit denen wir ja ohnehin befreundet waren, dann Rosa Arzt, Alfons Beck, Marie Götschl, Otto Henze, Karl Lehmann, Hans Okle, Jakob Stoll, Heinz Wallenwein, Hans Waschek sowie manche GenossInnen aus dem Paradies: Glaßner, Gollerthan, Lieb, Frau Sterk, Westendorf, denen ich immer mal Einladungen für KP-Versammlungen zu bringen hatte – denn an ein Verschicken mit der Post war damals nicht zu denken!

Ein Name fiel bei meinen Eltern des öfteren: Karl Hartmann, Kommunist und Nachbar von Familie Seifritz aus der Dacherstraße. Er sei immer wieder von der Gestapo besucht, verhört und schließlich verhaftet worden. Er ist nie zurückgekehrt...

Zwei Parteitage der KP Badens

»Der erste Parteitag in Baden (französische Zone) am 30.-31. März 1946 in Singen gab mit 293 Delegierten ein kraftvolles Zeugnis ungebrochener Kraft...«

Mit diesem Satz begann der »Südkurier« (9. April 1946) seinen Bericht. Diese Einschätzung war sicher realistisch. Die Kommunisten gehörten ganz selbstverständlich zum damaligen Leben.

In dem sehr ausführlichen »Südkurier«-Artikel wurden drei inhaltsreiche Referate erwähnt, darunter auch das Thema »Einheitsbestrebungen«. Von der SP Konstanz sprach dazu als Gastdelegierter Prof. Dr. Kirchheimer und die Delegierten erhoben sich unter »außerordentlichem Beifall« und sangen »Brüder, in eins nun die Hände...«

Dann wurde von einer »ausgiebigen Diskussion«, einigen Entschließungen und von der Wahl einer Landesleitung berichtet (Bittel, Eckert, Goguel, Käthe Seyfried, Wohlrath und andere). Meine Mutter war darin nicht vertreten, es könnte allerdings sein, daß sie in die erweiterten Lan-

KOMMUNISTISCHE PARTEI DEUTSCHLANDS

MITGLIEDSBUCH

Nr. 68 196793

NAME: Hemm

VORNAME: Johanna

GEB. AM: 12.10.01

GEB. IN: Konstanz

WOHNORT: Konstanz

STRASSE: Fischenzstr. 16

Eintritt in die KPD 1923/1945

Eintritt in die SPD -

Eintritt in den KJVD -

Eintritt in die SAJ -

Mitgl. der Gew. Textil seit -

Unterschrift des Inhabers

Buch ausgestellt am 2.1.54

durch Wi...

35 JAHRE KPD

Stempel des Landessekretariats

Unterschrift des Landessekretärs der KPD

4

„Die Kommunistische Partei Deutschlands

ist die Partei der Arbeiterklasse, ihr bewußter und organisierter Vortrupp, die höchste Form ihrer Klassenorganisation in den von den amerikanischen, englischen und französischen Truppen besetzten Westzonen Deutschlands.

Die Kommunistische Partei Deutschlands vereinigt den fortschrittlichsten Teil der Werktätigen Westdeutschlands in ihren Reihen. Sie läßt sich in ihrer gesamten Tätigkeit von der Theorie von Marx, Engels, Lenin und Stalin leiten.

Die Partei verwirklicht die führende Rolle der Arbeiterklasse durch die Herstellung des Bündnisses der Arbeiterklasse mit dem werktätigen Bauern und der fortschrittlichen Intelligenz. Die Partei ist die Führerin der Arbeiterklasse und der anderen werktätigen Schichten in Stadt und Land, das heißt der breitesten Volksmassen, im Kampf für einen dauerhaften Frieden, für die Schaffung eines einheitlichen, demokratischen, friedliebenden Deutschlands, dessen feste Basis die Deutsche Demokratische Republik ist. Die

5

KPD-Mitgliedsbuch meiner Mutter.

KOMMUNISTISCHE PARTEI DEUTSCHLANDS

MITGLIEDSBUCH

Nr. 63 196794

NAME: Hemm

VORNAME: Johann

GEB. AM: 22. 1. 1898

GEB. IN: Hayingen

WOHNORT: Konstanz

STRASSE: Fischenzstr. 16

Eintritt in die KPD 1923 / 1945

Eintritt in die SPD –

Eintritt in den KJVD –

Eintritt in die SAJ –

Mitgl. der Gew. ÖTV seit ....

....

Unterschrift des Inhabers

Buch ausgestellt am

2. 1. 54

durch Wü.

35 JAHRE KPD

Stempel des Landessekretariats

Unterschrift des Landessekretärs der KPD

4

„Die Kommunistische Partei Deutschlands

ist die Partei der Arbeiterklasse, ihr bewußter und organisierter Vortrupp, die höchste Form ihrer Klassenorganisation in den von den amerikanischen, englischen und französischen Truppen besetzten Westzonen Deutschlands.

Die Kommunistische Partei Deutschlands vereinigt den fortschrittlichsten Teil der Werktätigen Westdeutschlands in ihren Reihen. Sie läßt sich in ihrer gesamten Tätigkeit von der Theorie von Marx, Engels, Lenin und Stalin leiten.

Die Partei verwirklicht die führende Rolle der Arbeiterklasse durch die Herstellung des Bündnisses der Arbeiterklasse mit dem werktätigen Bauern und der fortschrittlichen Intelligenz. Die Partei ist die Führerin der Arbeiterklasse und der anderen werktätigen Schichten in Stadt und Land, das heißt der breitesten Volksmassen, im Kampf für einen dauerhaften Frieden, für die Schaffung eines einheitlichen, demokratischen, friedliebenden Deutschlands, dessen feste Basis die Deutsche Demokratische Republik ist. Die

5

KPD-Mitgliedsbuch meines Vaters.

desleitung kam, die insgesamt »48 Genossinnen und Genossen« umfaßte. Abschließender Satz in diesem Artikel:

»... Mit dem Lied ›Brüder, zur Sonne, zur Freiheit‹ wurde der erste Parteitag der KP Baden in Singen nach zweitägiger fruchtbarer Arbeit im festen Willen zur Einheit und im Bewußtsein unbesiegbarer Kraft geschlossen.«

Auch dem zweiten Parteitag der KP Badens schenkte der »Südkurier« (19. August 1947) noch große Beachtung:

»... Wenn etwas den organisatorischen Fortschritt der Kommunistischen Partei seit dem Singener Parteitag im März 1946 belegen kann, so war es die starke Beschickung des Lörracher Parteitages durch die Kreisorganisationen mit 208 stimmberechtigten Delegierten. Unter der Gesamtzahl von 475 Tagungsteilnehmern befanden sich 90 Frauen...

... Das politische Referat des zweiten Parteivorsitzenden Wohlrath gab eine Übersicht der politischen und wirtschaftlichen Verhältnisse in Deutschland und in der übrigen Welt. Der Redner wandte sich insbesondere gegen die Behauptung, daß die Teilung Europas eine vollzogene Tatsache sei und daß der Marshall-Plan die Rettung bedeute. (...) Er kritisierte scharf die Mängel der Säuberungspolitik, den Lehrermangel (...) und forderte die Gleichstellung der Frauen im Berufsleben...«

Ferner ist wiederum von einer »viele Stunden dauernden, lebhaften Diskussion« zu lesen, sowie von der (geheimen) Wahl eines dreißigköpfigen Landesvorstands, als dessen erster Vorsitzender Erwin Eckert wiedergewählt wurde.

Ganz schön aktiv, die KP in Konstanz

Daß die KommunistInnen »ab Frühjahr 1946 eine rege Aktivität entwikkelten«[200], kann ich durch meine Recherchen nur bestätigen. Ich meine, die KP stand den anderen Parteien darin um nichts nach. Da waren zudem Ankündigungen und Berichte über Veranstaltungen der KP im »Südkurier« ganz selbstverständlich und oft erstaunlich umfangreich und gut plaziert. Vielleicht spielte hierbei Rudi Goguel als Redaktionsmitglied eine Rolle, vielleicht auch die allgemeine politische Situation, in der ein gemeinsamer Wille zum demokratischen Neuaufbau und zur Veränderung noch vorherrschend war.

Anbei eine kleine Auslese aus den im »Südkurier« geschilderten unterschiedlichsten Tätigkeitsfeldern der KP der ersten Nachkriegszeit.

Am 9. April 1946 wird über eine »erfreulich gut besuchte Versammlung der Kommunistischen Partei« vom 6. April 1946 im Oberen Konzilsaal informiert, in der Paul Schreck, Mitglied des Vorparlaments Württemberg-Baden, zum Thema »Wir Kommunisten und die Gegenwart« sprach, aber nicht nur er:

»... Der Redner führte u.a. aus, daß sich die großen Hoffnungen auf den Neuaufbau bisher nicht erfüllt hätten. Treue Diener des Hitlerregimes säßen weiterhin in ihren Ämtern, und die schwarz-weiß-rote Reaktion tarne sich. Eine überalterte Verwaltung hemme den Aufbau und helfe der Reaktion. Der Neuaufbau müsse von der Masse des Volkes getragen werden...

... Anschließend forderte Frau Hemm die werktätigen Frauen, insbesondere auch die Hausfrauen auf, zur Kommunistischen Partei zu kommen. Auch die Frau müsse sich heute mit Politik beschäftigen. Allein die Ernährung sei schon eine politische Frage...«

»Südkurier« vom 21. Mai 1946:

»... In der gut besuchten Mitgliederversammlung am 16. Mai fanden die Wahlen zur Stadtkreisleitung Konstanz statt. Es wurden gewählt: R. Goguel, O. Henze, H. Erat, E. Wilde. Die Wahl erfolgte in geheimer Abstimmung. Der erweiterten Stadtkreisleitung gehören ferner neben den Leitern der vier Ortsgruppen F. Bächler als Gewerkschaftsvertreter und J. Stoll als Leiter der Stadtratsfraktion an. Parteisekretär ist Okle. Das Parteibüro befindet sich Rosgartenstr. 11«

»Südkurier« vom 2. Juli 1946:

»... Am Mittwoch, den 26. Juni, legte in der Mitgliederversammlung Konstanz die Stadtkreisleitung den Rechenschaftsbericht über ihre Tätigkeit im vergangenen Monat vor. Neu hinzugewählt wurde Frau Hanna Hemm für die Frauenarbeit und ein Jugendlicher...«

Auch mit dem Thema Weihnachten beschäftigten sich die Kommunisten, wobei in den beiden Ankündigungen (30. Dezember 1946 und 3. Januar 1947) auf eine Weihnachtsbescherung für Kinder von Genossen (und Genossinnen?) hingewiesen und in der zweiten der Satz angefügt wurde: »Tassen müssen mitgebracht werden«. Ich selbst war zu dieser Zeit zum »Aufpäppeln« in St. Gallen, sonst wäre ich sicher bei dieser Bescherung dabei gewesen. So kann ich lediglich den »Südkurier« vom 7. Januar 1947 bemühen:

»Leuchtende, glückliche Kinderaugen

Die Kommunistische Partei hatte 270 Kinder ihrer Mitglieder zu einer Bescherung in den Oberen Konzilsaal eingeladen. Auch hier fand der Knecht Rupprecht (...) nur erwartungsfrohe und freudig gestimmte Gesichter. Aber auch der Appetit ließ nichts zu wünschen übrig. Über 500 Tassen Kakao, ca. 300 Stückchen Kuchen und Lebkuchen wurden ausgegeben. Außerdem erhielt jedes Kind ein nützliches Geschenk, in der Hauptsache eine Spende von Gesinnungsfreunden aus der Schweiz...«

»Südkurier« vom 28. März 1947:

»... In der überfüllten Mitgliederversammlung am Mittwoch, an der auch zahlreiche Sozialdemokraten als Gäste teilnahmen, sprach der ehemalige Minister Hans Venedey über die sozialistische Arbeitsgemeinschaft SED-KPD. Die Versammlung nahm einstimmig folgende Resolution an:

›... Wir sind der Auffassung, daß auch die Kommunistische Partei der französischen Zone sich so schnell wie möglich mit der Sozialistischen Einheitspartei vereinigen soll und so einen Beitrag zur Einheit Arbeiterbewegung und zur Einheit Deutschlands leistet...‹.«

»Südkurier« vom 18. April 1947:

»... Wie sichern wir Ernährung, Kleidung, Wohnung?

Über dieses allgemein interessierende Thema hatte die Kommunistische Partei Konstanz im Bürgersaal eine Frauenversammlung einberufen. Lag die geringe Beteiligung an der allgemeinen Lethargie, am schönen Wetter oder an anderen Ursachen, auf jeden Fall war sie bedauerlich. Genossin Käthe Seyfried stellte der Resignation der Bevölkerung in den Westzonen den Elan der Frauen (Bildung von Frauenausschüssen) der Ostzone gegenüber, die durch die Abschlüsse günstiger Tarifverträge, Abschaffung der Lebensmittelkarten 5 und 6 sowie durch das erkämpfte Mitspracherecht wesentliche Erfolge erzielten. Ein Schwächeanfall zwang die Referentin zur vorzeitigen Beendigung ihrer Ausführungen. In diesem Zusammenhang muß festgestellt werden, daß bei uns jetzt nur einzelne Frauen um eine Besserung ihrer Lage kämpfen, während der größte Teil sich noch passiv verhält und alle ›guten Ratschläge‹ beim Schlangenstehen in den Wind schlägt.«

Im »Südkurier« las ich auch über weitere Frauenversammlungen der KP, zum Beispiel mit dem Thema »Die Frau als Mitgestalterin der Zukunft« (23. August 1946) oder »Der Internationale Frauentag – ein Gelöbnis zum Frieden« (15. März 1947), wobei jeweils Käthe Seyfried aus Freiburg referierte.

»Südkurier« vom 11. Juli 1947:

»Auf der am Mittwoch stattgefundenen Parteiarbeiterkonferenz erklärte der Leiter des Stadtkreises Rudi Goguel seinen Rücktritt aus Gesundheitsgründen. Zu seinem Nachfolger wurde mit 27 von 37 Stimmen Fritz Bächler gewählt. Als Kandidaten für die neu zu bildende Landesleitung wurden die Genossen Henze, Hanna Hemm und Goguel einstimmig bestimmt.«

Während der diversen Wahlkämpfe organisierten die Kommunisten wie andere Parteien auch öffentliche Versammlungen, zum Beispiel wurde mit einer großen Annonce (»Südkurier« vom 11. Oktober 1946) eine Kundgebung im Oberen Konzilsaal zur Kreistagswahl angekündigt mit Rudi Goguel als Referent, der damals Spitzenkandidat für die KP war. Vor der Landtagswahl 1947 veranstaltete die KP Konstanz sogar in den einzelnen Stadtteilen ihre Versammlungen, so in den Gasthäusern »Bauhof« für die Altstadt, im »Schützen« für Petershausen, im »Alpenblick« für Wollmatingen und im »Wallgut« fürs Paradies (»Südkurier« vom 2. September 1947).

Und all dies stand im »Südkurier«! Aber diese normale, tolerante Umgangsweise mit den Kommunisten verlor sich leider im Zuge des Kalten Krieges immer mehr.

Eine richtige Partei braucht ein richtiges Büro

Daß die KP bereits 1946 ein Parteibüro hatte, weiß heute kaum mehr jemand. Es befand sich in der Rosgartenstraße, aber nicht in der Nummer 11, wie im »Südkurier« stand, sondern in der Rosgartenstraße 9, im Parterre des heutigen »Rosgarten-Cafés«. Diese Adresse entdeckte ich auf einen Briefkopf der KP, Stadtkreis Konstanz.[201] Ich kann mich aber auch selbst an das KP-Büro entsinnen. Ich begleitete meine Mutter ab und zu dahin, interessierte mich allerdings noch nicht für die Dinge, die dort abgehandelt wurden.

Doch die Räumlichkeit in der Rosgartenstraße blieb nicht das einzige Parteibüro. Anfang der fünfziger Jahre zog die KPD in die Hussenstraße 49 ins Hinterhaus, was – wie bereits berichtet – sehr bald zu seltsamen Problemen führte. Nun hieß das Parteibüro offiziell Kreissekretariat, und Hans Wunderlich wurde Kreissekretär. Später verlegte man das Büro nach Singen.

Die be- und geachtete Kommunistin Johanna

Meine Mutter konnte sich trotz aller Kritik an den Kommunisten, die sich im Laufe der Jahre entwickelte, einen sehr guten Ruf aufbauen bzw. bewahren. Sie war eine integre Persönlichkeit, ihr kommunistisches Gedankengut wurde ihr oft nur als »läßliche Sünde« angelastet. Daß sie daraus ihr Handeln ableitete, erkannten nur wenige. »Sie ist schon in Ordnung, schade, daß sie Kommunistin ist« bekam ich immer wieder zu hören. Und ich erinnere mich sehr gut, daß man sie während ihrer Gemeinderatszeit sogar auf der Straße ab und zu respektvoll mit »Frau Stadtrat« begrüßte, was mich damals eher erheiterte. Ja, sie war eine aktive Frau, die treibende Kraft in unserer Familie. Und immer da, wenn sie sich gebraucht fühlte.

Einige Passagen über meine Mutter las ich bei Lothar Burchardt, er erwähnte sie darin insgesamt achtmal. Und dies fast so, als hätte er sie gekannt. Im Zusammenhang mit den Kommunisten schreibt er über sie:

»... Außerdem verfügten sie in Persönlichkeiten wie Hanna Hemm und vor allem Rudi Goguel über ebenso fähige wie zugkräftige Führungskräfte...«[202]

Ihre Aktivität im Ortskartell der Konstanzer Gewerkschaften kommentiert er ebenfalls treffend:

»... Lediglich Johanna Hemm vollbrachte die Leistung, hauptamtliche Sekretärin der Gewerkschaft Textil und Bekleidung in Konstanz zu werden, obwohl sie nicht nur Kommunistin war, sondern damit obendrein in eine fast reine Männerdomäne vordrang...«[203]

Schließlich charakterisiert er meine Mutter im Zusammenhang mit dem zurückgehenden Einfluß der KPD wie folgt:

»... Nach Goguels Wegzug besaß sie als Aushängeschild im Grunde nur noch die langjährige Stadträtin Johanna Hemm. Sie wurde allseits respektiert, doch achtete man sie als aufrechte Persönlichkeit, nicht als Kommunistin. Den Niedergang ihrer Partei konnte sie nicht aufhalten...«[204]

Auch in der Magisterarbeit von Rolf Lachenmaier, für die er mich 1991 interviewte, fand ich Positives über meine Mutter:

»... Hanna Hemm konnte auf mehr oder weniger reichhaltige politische Erfahrungen zurückblicken: Seit den zwanziger Jahren KP-Mitglied und gleichzeitig gewerkschaftlich engagiert, war sie nach 1945 wesentlich am Aufbau der KP am Ort und im Kreis beteiligt. Bis zu ihrem Ausscheiden aus dem Stadtrat 1953 war sie das unumstrittene und auch von anderen Parteien anerkannte Zugpferd der hiesigen Kommunisten.«[205]

Und die Genossinnen? – Gleichberechtigt?

Die KP in Konstanz war männerdominiert, nicht außergewöhnlich für damals. Frauen traten nur vereinzelt in Aktion und hatten außerdem kaum Funktionen. Bei meiner Mutter dürfte sich das zwar im Laufe der Jahre gebessert haben, als sie ihr Können unter Beweis stellte. Mußten sich Männer eigentlich ebenfalls so lange bewähren?

Meine Mutter kandidierte bei den Gemeinderatswahlen 1946 an zweiter Stelle, worüber noch gesondert berichtet wird. Jakob Stoll, der Erstkandidat, war für sie ein wichtiger, erfahrener Genosse, und ich denke, sie konnte als neue Gemeinderätin mit dieser Konstellation gut leben. Bei der Gemeinderatswahl 1948 war Otto Henze Erstkandidat und meine Mutter wieder »nur« auf Platz zwei. Da die KP lediglich ein Mandat errang, ging sie leer aus. Otto Henze legte jedoch nach einem Jahr sein Amt nieder, und meine Mutter war wieder im Stadtrat. Erst 1953 rückte sie zur Erstkandidatin bei den Gemeinderatswahlen auf. Sie war zu einer bekannten und geschätzten Persönlichkeit geworden, was sich die Partei natürlich nicht entgehen ließ. Aber nun erreichte sie kein Mandat mehr.

Ein weiteres Beispiel für die Schwierigkeit, sich als Frau durchzusetzen: Nach dem Krieg zeigte sie sich interessiert, bei der KP als »Parteisekretärin« (politische Sekretärin) zu arbeiten. Sicher hätte sie auch das Zeug dazu gehabt. Doch ihre Bemühungen waren umsonst, ein Mann wurde vorgezogen: Hans Okle, zwar ein verdienter Genosse, aus meiner heutigen Einschätzung indes weniger qualifiziert als meine Mutter, die damals sehr ärgerlich über diese Entscheidung der Partei war, wie ich noch genau weiß.

Von Joachim Arndt[206] erfuhr ich, und ein Protokoll einer Landesvorstandssitzung[207] bestätigt dies, daß meine Mutter bei der ersten Bundestagswahl 1949 im hiesigen Wahlkreis für die KPD antreten sollte. Sie wurde von der Landesleitung vorgeschlagen, aber von der späteren vorwiegend männlich besetzten Kreisdelegiertenkonferenz nicht als Kandidatin akzeptiert: Rudi Goguel erhielt den Zuschlag. Aus meiner zwischenzeitlichen Kenntnis der Zusammenhänge vermute ich zwar, daß innerparteiliche Kontroversen zur Ablehnung meiner Mutter beigetragen haben, allerdings bin ich nicht sicher, ob nicht auch Vorbehalte gegen eine Frau als Kandidatin mit im Spiel waren. Mit dem »ewig Weiblichen« – besonders an herausragender Stelle – taten sich die Kommunisten offensichtlich ebenso schwer wie andere Gruppierungen.

Eine KP-Stadtzeitung für Konstanz

Im Herbst 1952 kam die erste Nummer der »Konstanzer Wahrheiten« heraus, auf schlechtem Papier, Marke »Saugpost«, einige Seiten DIN A4, beidseitig bedruckt, mit mäßigem Layout, die Themen oft ungeordnet hintereinander, dafür preiswert: zehn Pfennig. Auf Seite eins als Kopf die Silhouette von Konstanz.

Ich erinnere mich sehr gut an die Herstellung, weil ich ab und zu mitgeholfen habe. Da mußte zunächst für jede Seite der Text mit der Schreibmaschine, aber ohne Farbband, auf eine Wachsmatrize getippt werden, möglichst fehlerfrei, denn Korrekturen erwiesen sich als schwierig. Für handgeschriebene Überschriften oder Zwischentexte waren Geschicklichkeit und Zeit notwendig. Dann wurde die Wachsmatrize in den Vervielfältigungsapparat eingespannt, die schwarze Farbe in den dafür vorhandenen Behälter am Apparat eingefüllt, und es konnte losgehen. Jedes Blatt Papier mußte einzeln mit einer Handkurbel »durchgenudelt« werden. Erst bei moderneren Geräten funktionierte das Einziehen der einzelnen Blätter automatisch. Es war eine echte Prozedur, diese Druckerei. Und ach, die Finger sahen danach aus!

Aber immerhin, es gab eine KP-Zeitung und sie wurde auch vertrieben, im Einzelverkauf, mühsam sicherlich. Insgesamt 21 Nummern konnten herausgebracht werden, die letzte im Juli 1956. Dazwischen erschienen auch »Extrablätter« der »Konstanzer Wahrheiten« und sogar zu Fastnacht etwas Witziges, was wahrscheinlich auf Johannas Konto ging.

Die Themen waren vielfältig und nicht nur aufs Kommunale beschränkt. Oft standen allgemeine Slogans (zum Beispiel »Weg mit Adenauer«) zusammenhanglos neben den Artikeln. Es würde mich reizen, möglichst viel aus der Fülle des Materials zu zitieren. Ich will mich jedoch bescheiden und erst an entsprechender Stelle einige kommunalpolitische Beiträge herausgreifen.

Zunächst lediglich aus der ersten Ausgabe:

»Zum Geleit

In ernster Stunde im Leben unseres Volkes beginnen wir mit der Herausgabe unseres Mitteilungsblattes ›Konstanzer Wahrheiten‹. Es soll uns ein Helfer sein im Kampf um den Frieden, die Wiederherstellung der deutschen Einheit. Alle fortschrittlichen Menschen werden unseren Entschluß begrüßen und die ›Konstanzer Wahrheiten‹ zu einem Instrument des Kampfes gegen die Feinde der Wahrheit, gegen die Reaktion und deren Verbündete machen. Es soll uns behilflich sein, die fortschrittlichsten Menschen zu vereinen, um gemeinsam das große Ziel, den ›Frieden‹ zu erhalten und ein neues demokratisches Deutschland zu schaffen. Es wird die Aufgabe haben, einer gewissen ..... Presse die Kriegs- und Völkerhetze zu erschweren, indem es die Menschen darüber aufklären wird. Mit der Bitte um Ihre aktive Unterstützung im Ausbau und Verbreitung unseres Blattes laßt uns beginnen!«[208]

Der Antikommunismus zieht seine Kreise

Die Vorbehalte gegen KommunistInnen empfand ich als junges Mädchen kaum. Man wußte zwar, daß meine Eltern in der KPD waren, aber die meist anerkannte Arbeit meiner Mutter im Gemeinderat verhalf mir eher zu einem Bonus.

KONSTANZER WAHRHEITEN

Nr. 6 Stadtzeitung der KPD Ortsgruppe Konstanz 10 Pfg.

Wir fordern Aufklärung!

Im Südkurier lasen wir die Nachricht, dass in Leipzig ein Prozess stattfand, weil in Konstanz Lebensmittelkarten gedruckt und in die DDR geschmuggelt wurden, um dort die Bewirtschaftung in Unordnung zu bringen. Der Südkurier behauptet natürlich die Sache sei erlogen.
Wir sind anderer Ansicht. Die Kapitalisten müssen alles versuchen, um den ihnen verhassten Wirtschaftsaufbau der DDR zu stören, weil sie wissen, wenn es dort dem Arbeiter spürbar besser geht als hier, dann wollen die westdeutschen Arbeiter dieselben Verhältnisse haben wie drüben.
Wir können also an unseren 5 Fingern abzählen: Es sind tatsächlich in Konstanz Lebensmittelkarten gedruckt worden. Das ist eine Fälschung, ein kriminelles Verbrechen.
Wir verlangen von der Konstanzer Polizei, dieses Verbrechen auf das Genaueste zu untersuchen.
Der Chefredakteur des Südkurier ist ein Freund vom Bonner Minister Jakob Kaiser, den Leiter des "Ministeriums für gesamtdeutsche Fragen", der über Ostern in Konstanz weilte, und der berufsmäßig über alles Bescheid wissen müßte, was in Deutschland passiert.
Schon immer vertraten wir die Meinung, dass die Gelder dieses Ministeriums nicht im Interesse der deutschen Einheit ausgegeben werden. Vielleicht ist es der Polizei möglich, von dort her einen Fingerzeig zu bekommen, wo die Lebensmittelkarten in Konstanz gedruckt wurden. Es gilt den guten Ruf der Stadt zu wahren.

Es heißt hierzu im Programm der nationalen Wiedervereinigung der KPD:

Das Adenauer-Regime entsendet nach Ost-Deutschland Spione und Terroristen, um deutsche Betriebe, Eisenbahnen, Schleusen und Kanäle zu sprengen, um die Versorgung der friedlichen Deutschen Bevölkerung zu sabotieren"

Allerdings bekamen meine Eltern bei öffentlichen Parteiversammlungen die volle Wucht des Antikommunismus zu spüren. Das bedrückte und ärgerte sie sehr, weil viele Leute eben nur feindselige Klischeevorstellungen über Kommunisten äußerten und andere Argumente nicht gelten ließen. Das geflügelte Wort »Geh' doch rüber« wurde dabei immer wieder strapaziert – übrigens auch später bei meinen Aktivitäten, die anfangs ja beileibe nicht kommunistisch waren.

Manchmal hatte die Französische Militärbehörde Vorbehalte gegen die Kommunisten, so daß KP-Versammlungen schon mal verboten wurden. Laut »Südkurier« (4. November 1947) sollte am 8. November im Oberen Konzilsaal eine Versammlung abgehalten werden mit dem Thema: »Sind wir schon über dem Berg?« Als Redner wurden genannt: Hanna Hemm, Stadtrat, Otto Niebergall, Mitglied des Verbindungssekretariats der KP Mainz. Doch am 7. November teilte der »Südkurier« mit, daß die von der Militärregierung genehmigte Versammlung nicht stattfinden könne, da »der Stadtkommandant für diese Veranstaltung das Konzil nicht freigegeben hat«.

Ähnliches passierte Monate später (»Südkurier« vom 13. Juli 1948):

»Aufgeschobene Versammlung

Wie der Südkurier erfährt, konnte die für vergangenen Freitag im Konzilsaal vorgesehene öffentliche Versammlung der Kommunistischen Partei nicht stattfinden, da die Militärregierung wegen formeller Verstöße gegen die Bestimmungen der Besatzungsmacht ihre Zustimmung zurückgezogen hatte. Die Versammlung soll nunmehr am kommenden Freitag durchgeführt werden.«

Der Antikommunismus zeigte sich aber auch darin, daß oftmals die von meinen Eltern abonnierten KP-Zeitungen »Unser Tag« bzw. »Das Badische Volksecho« nicht im Briefkasten steckten – sie waren dann eben beschlagnahmt worden. Manchmal hörte ich, vor allem in der Zeit vor dem KPD-Verbot, von Hausdurchsuchungen bei GenossInnen. Allerdings kann ich mich an keine in unserer Wohnung entsinnen. Im Parteibüro in der Hussenstraße erfolgten jedoch ab und zu Besuche der Kriminalpolizei mit Beschlagnahmungen, zum Beispiel am 25. September 1952, worüber dann die »Konstanzer Wahrheiten« erbost berichteten.[209] Eine weitere, am 13. März 1954 sogar ohne Haussuchungsbefehl vorgenommene Durchsuchung des Parteibüros wird in der Nummer 13 beschrieben, bei der aktuelle Flugblätter und Broschüren wiederum konfisziert wurden.[210] Dies alles lange vor dem KPD-Verbot!

In den »Konstanzer Wahrheiten« Nr. 8 fand ich eine weitere Passage zum Thema Antikommunismus:

»Die Verfassungsgebende Landesversammlung hat auf Antrag der CDU beschlossen, den Bürgermeistern der Gemeinden und Städte zu empfehlen, Wahlversammlungen der KPD nicht zuzulassen und den polizeilichen Schutz zu versagen. (...) Protestieren Sie mit uns gegen diese Behinderung im Wahlkampf und senden Sie den dieser Zeitung beiliegenden Zettel mit Ihrer Unterschrift an unsere Stadträtin Frau Johanna Hemm, Konstanz, Fischenzstr. 16«[211]

An diese Ausgabe war der hier abgebildete DIN-A5-Zettel angeheftet, adressiert an die Verfassungsgebende Landesversammlung, das Landesparlament zur Vorbereitung des Zusammenschlusses der Länder Baden und Württemberg:[212]

An die Verfassungsgebende Landesversammlung

S t u t t g a r t

Der Unterzeichnete fordert die Verfassungsgebende Landesversammlung von Württemberg-Baden auf, den Beschluss aufzuheben, der den Gemeinden empfiehlt, kommunistische Versammlungen während des Wahlkampfes nicht zu schützen und nicht zu genehmigen. Dieser Beschluss stellt eine ungesetzliche, terroristische Massnahme gegen die kommunistische Partei dar.Unter diesen Umständen kann nicht mehr von freien, demokratischen Wahlen gesprochen werden.

....

Unterschrift

Was den Kommunistenhaß anbelangt, will ich nicht verkennen, daß auch Fehler der KPD und Ereignisse im Osten mitgeholfen haben, diese antikommunistische Entwicklung zu begünstigen. Aber sie waren für den Abstieg der KPD sicher nicht allein verantwortlich, wie uns noch heute oft eingeredet wird. Zu diesem Punkt möchte ich Rolf Lachenmaier anführen:

»... Die Kommunisten, 1945 wie kaum eine andere politische Gruppierung mit dem Anspruch und dem Ziel des Neubeginns angetreten, sahen sich schon seit 1946 in die Defensive gedrängt. (...) War das politische Klima bis 1948 aber noch von einer distanzierten Zusammenarbeit mit den anderen Parteien geprägt, so verhärteten sich die Fronten in diesem Jahre zusehends. Den Anfang machten die Gewerkschaften, die im Mai anläßlich der Neuwahl des Kartell-Vorstandes die Kommunisten ausschlossen...«[213]

Meiner Mutter werden Grenzkarte und Reisepaß entzogen

Antikommunistische Behördenmaßnahmen kann ich auch an zwei Beispielen, die meine Mutter betrafen, mit Hilfe des damaligen Briefwechsels verdeutlichen:[214]

Da ist zunächst die Ablehnung einer Verlängerung der Grenzkarte meiner Mutter Ende 1951 – ohne Angabe von Gründen, wogegen meine Mutter beim Verwaltungsgericht Klage gegen den Badischen Staat, vertreten durch das Landratsamt Konstanz einreichte. Der Landrat beantragte, die Klage abzuweisen mit folgender Begründung:

»... Die Antragstellerin ist in den von den Alliierten herausgegebenen Reisekontrollisten (früher Sperrlisten) aufgeführt. Da das System der Sperrlisten nach Auskunft des Bundesministeriums des Innern auf die Note der Alliierten Hohen Commission vom 14.11.50 (...) beruht, ist den deutschen Behörden die Paßhoheit nur mit dem Vorbehalt übertragen worden, daß unerwünschte Personen von der Paß- bzw. Grenzkartenausstellung ausgeschlossen bleiben.

Es handelt sich bei dem angegriffenen Verwaltungsakt unsererseits also um eine auf unmittelbaren Befehl der Besatzungsmächte beruhende Ausführung eines Befehls, so daß das Verwaltungsgericht u.E. ohne ausdrückliche Ermächtigung der Besatzungsbehörde in der Angelegenheit die Gerichtsbarkeit überhaupt nicht ausüben darf...«

Mit Unterstützung der Rechtsanwälte Venedey und Keller klagte meine Mutter nochmals beim Verwaltungsgericht. Dieses setzte das Verfahren aus und verwies es an die Alliierte Hohe Kommission, weil davon auszugehen sei, daß »die Klägerin in den Reisekontrollisten (sog. ›Schwarze Listen‹) der Alliierten Hohen Kommission aufgeführt ist...«

Gegen den neuen Gerichtsbeschluß legte meine Mutter am 31. März 1952 mit Hilfe ihrer Rechtsanwälte Beschwerde ein, wonach vom Badischen Verwaltungsgerichtshof in Freiburg die Aussetzung des Verfahrens kostenfällig zurückgewiesen wurde. Dagegen sei nun nichts mehr zu machen, meinte auch das Anwaltsbüro, meine Mutter müsse nun außerdem die »Sportel« (Gebühr) von 40.- DM zahlen.

Aber damit noch nicht genug. Im Januar 1952 erhielt meine Mutter ein weiteres Schreiben vom Landratsamt, diesmal mit dem Betreff: »Versagung des Reisepasses«:

»Unterm 24.7.51 wurde Ihnen durch unser Amt ein Einzelreisepaß, gültig bis 24.7.53, ausgestellt und am 1.8.51 ausgehändigt. S. Zeit hatten wir keine Weisung, unsererseits den beantragten Reisepaß zu versagen. Inzwischen wurden wir aber mit Fernschreiben des Bad. Ministeriums des Innern vom 23.2.52 Nr. 2266/2953 angewiesen, den Ihnen ausgestellten Reisepaß umgehend einzuziehen. (...) Besondere Gründe hierfür wurden uns nicht angegeben.

Wir bitten Sie daher, dem Überbringer dieses Schreibens Ihren Reisepaß Nr. 3829/51 zur Rückgabe an unser Amt auszuhändigen...«

Darauf schrieb meine Mutter ans Landratsamt:

»Im Nachgang zu meiner mündlichen Einsprache wegen der Entziehung des Reisepasses erhebe ich hiermit noch schriftlich Einsprache gegen diese Maßnahme. Meine Gründe hierfür sind folgende:

1. Es wurden mir keine Gründe, welche die Entziehung des Reisepasses rechtfertigten, angegeben.

2. Nach dem Grundgesetz wird jedem Deutschen das Recht der politischen Betätigung ausdrücklich zugebilligt. Es verstößt daher gegen das Grundgesetz, wenn man mir, nur weil ich Mitglied der KPD bin, den Reisepaß verweigert. Ich habe in der Vergangenheit in keiner Weise weder gegen das Grundgesetz noch gegen andere Gesetze verstoßen, so daß also gar kein Grund vorliegt, mir den Reisepaß zu entziehen.

Daß nichts gegen mich vorliegt, zeigt schon die Tatsache, daß mir am 1.8.51 der Reisepaß ausgehändigt wurde, also s. Zeit kein Grund vorlag, demnach auch keine Weisung, mir den Paß nicht auszustellen. Seit 11.8.51 hat sich aber gar nichts ereignet – auch nicht in meinem persönlichen Verhalten – was die Maßnahme des Landratsamts rechtfertigen könnte.

Ich erhebe daher nochmals Beschwerde gegen den Entzug des Reisepasses...«

Aber siehe da: Im Mai 1954 erging ein Schreiben des Verwaltungsgerichts an die Anwälte bzw. an meine Mutter:

»Das Landratsamt hat mitgeteilt, daß der Klägerin auf ihren Antrag ein neuer Reisepaß und eine neue Grenzkarte ausgestellt worden sind...«

Unbequem und doch »linientreu«

Meine Mutter war eine überzeugte Kommunistin. Sie betrachtete den Sozialismus als die bessere Gesellschaftsordnung und kämpfte dafür im Rahmen ihrer Möglichkeit. Sie war ziemlich firm in den diesbezüglichen theoretischen Grundlagen, verehrte Lenin sehr, wenn sie ihn auch nicht immer explizit zitieren konnte. In der Sowjetunion sah sie das große Vorbild, in der DDR den besseren deutschen Staat, wohl wissend, daß es dort in den Anfangsjahren immer wieder Engpässe in der Versorgung gab oder manches bisweilen nicht gut lief. Dies schien für sie korrigierbar gewesen zu sein.

Dennoch stellten sich auch Ereignisse im sozialistischen Lager ein, bei denen sie unsicher wurde: der 20. Parteitag in der Sowjetunion, der Ungarnaufstand 1956, der 17. Juni 1953 in der DDR, der Mauerbau in Berlin, der Prager Frühling, um nur einige zu nennen. In solchen Situationen suchte sie verstärkt die Diskussion mit ihren GenossInnen. Besonders bei Hans Wunderlich, dem sie eine große politische Kompetenz beimaß und den sie außerdem menschlich sehr schätzte, wurde so mancher Rat eingeholt, worauf meine Mutter in der Regel die von ihm vertretene Parteimeinung akzeptierte – manchmal jedoch mit »Bauchschmerzen«.

Parteidisziplin – ja oder nein?

Meine Mutter konnte Partei- und Gewerkschaftsarbeit gut trennen. Sie wußte, daß es wichtig war, sich in der Gewerkschaft genau an die Beschlußlage zu halten, wenngleich ihr diese aus ihrer persönlichen Sicht oft nicht weitreichend genug war. Aber manchmal machte die eigene Partei es ihr und anderen GenossInnen nicht gerade leicht.

Herausragendes Beispiel war die »These 37« der KPD, beschlossen auf ihrem ersten Parteitag 1951, in einer Zeit, da der Kalte Krieg und der Antikommunismus Hochkonjunktur hatten. Entsprechend hart war auch diese These formuliert, die sich mit der Politik der Gewerkschaftsführung beschäftigte, zum Beispiel zu den Themen Aufsichtsräte, Mitbestimmung, Remilitarisierung, diese heftigst kritisierte und daraus Konsequenzen für kommunistische GewerkschaftsfunktionärInnen zog, »den wachsenden Kampf- und Widerstandswillen der Arbeiter zu entwickeln und zu festigen und Kampfhandlungen auszulösen auch gegen den Willen rechter Gewerkschaftsführer...«[215]

Der Konflikt war vorprogrammiert. Die Gewerkschaftsführungen wehrten sich vehement: Kommunistischen FunktionärInnen wurden Erklärungen (»Reverse«) abverlangt, die bei der IG Metall beispielsweise folgenden Wortlaut hatten:

»Ich bestätige hiermit, daß mir durch das Schreiben des Vorstandes die Beschlüsse und bindenden Anweisungen der KPD für die Arbeit der Mitglieder der KPD in den Gewerkschaften zur Kenntnis gebracht wurden, die ich als gewerkschaftsfeindlich ablehne.

Gleichzeitig verpflichte ich mich, meine gewerkschaftliche Tätigkeit im Rahmen der Beschlüsse der Gewerkschaftstage bzw. der zuständigen Gewerkschaftsorgane und den Satzungen der IG Metall für die Bundesrepublik Deutschland, Sitz Frankfurt am Main, durchzuführen.«

Das bedeutete nach Auffassung des Marburger Politikwissenschaftlers Georg Fülberth: »... KPD-Mitglieder, welche diesen Revers nicht unterschrieben, wurden von ihren Funktionen abgelöst. Diejenigen, die unterzeichneten, wurden aus der KPD ausgeschlossen...«[216]

Erst im nachhinein reifte die Erkenntnis, daß diese These 37 »für viele kommunistische Gewerkschafter einen schweren inneren Kampf« auslöste und die KPD »damals nicht wenige ihrer besten und erfahrensten Gewerkschafter« verlor. (»Unsere Zeit« vom 7. Juli 1989)

Inwieweit auch meiner Mutter ein solcher Revers vorgelegt wurde, und wenn ja, wie sie sich verhalten hat, kann ich leider nicht rekonstruieren. Ihre Personalakte sagt dazu nichts aus. Jedenfalls hat sie diese Geschichte sowohl in der Gewerkschaft als auch in der Partei überstanden.

Das Verbot der KPD und die Illegalität

Obwohl die Aktivitäten der KPD Anfang der fünfziger Jahre nicht mehr so vielfältig waren wie in der unmittelbaren Nachkriegszeit, so hatte die Partei dennoch auf verschiedenen Gebieten durchaus Gewicht, zum Beispiel trat sie äußerst konsequent gegen die Einführung der Wehrpflicht und Wiederbewaffnung und gegen Gesinnungsschnüffelei auf, engagierte sich für freie Wahlen in ganz Deutschland und gegen die endgültige Spaltung Deutschlands durch den NATO-Beitritt des Westens. Dies und manches andere war der damaligen Bundesregierung ein Dorn im Auge. Das Parteiprogramm der KPD wurde minutiös zerpflückt, besonders das »Programm zur nationalen Wiedervereinigung Deutschlands«[217] und es fanden sich für die Justiz Aufhänger, um den bereits 1951 von der Adenauer-Regierung gestellten Verbotsantrag der KPD zu begründen. Der Urteilsspruch erfolgte am 17. August 1956: Die Partei wurde verboten, ihr gesamtes Vermögen eingezogen. Alle Parteibetriebe, Zeitungen, Druckereien wurden enteignet, mögliche Ersatzorganisationen, die noch gar nicht existierten, gleich mitverboten. Damit war die Bundesrepublik das einzige Land in Westeuropa ohne eine legale kommunistische Partei, wenn man von den damals faschistisch regierten Ländern Spanien und Portugal absieht.

Ich weiß noch genau, wie empört meine Eltern über das KPD-Verbot waren. Dabei hatte 1945 alles so hoffnungsfroh, wenn auch mühevoll angefangen! Und nun dieses Urteil. Meine Eltern (und andere ebenfalls) sahen jedoch keine Möglichkeit, in diesem Moment dagegen anzugehen. Einziger Ausweg: Weiterarbeit in der Illegalität, was mit großen Schwierigkeiten und persönlichen Gefahren verbunden war. Aber darin hatten sie ja aus der Nazi-Zeit bereits ihre Erfahrungen.

Die öffentlichen Aktionen der KPD waren also lahmgelegt. Doch es herrschte keine totale Funkstille. Man traf sich privat, in Wohnzimmern. Ich entsinne mich an so manchen Abend, an dem bei uns zu Hause beim »Viertele« mit »Linken« eifrig diskutiert wurde. Der eigenen politischen Heimat beraubt, brachten sich KommunistInnen in anderen Organisationen verstärkt ein und setzten sich im Laufe der Jahre immer mehr mit der Bündnispolitik auseinander, was ich später zum Beispiel in der DFU, in der Ostermarschbewegung oder im Kampf gegen die Notstandsgesetze hautnah miterlebte. Aber ach, auch dort wurde manchmal die Unterwanderungstheorie bemüht... Dabei nahmen KommunistInnen doch nur ein Grundrecht auf politische Betätigung wahr, orientierten sich an den jeweils gegebenen Satzungen und Beschlüssen und waren oft sehr rührige MitstreiterInnen.

Die nun illegale KPD »emigrierte« mit Teilen der Organisationsstrukturen sozusagen in die DDR ins Asyl. Dort wurden 1957 ein Parteitag abgehalten und den neuen Verhältnissen angepaßte Strukturen beschlossen, wozu bei Georg Fülberth zu erfahren ist:

»... konnten zwischen 1957 und 1960 noch circa 12000 Mitglieder organisiert werden. Ein Teil der bisherigen Parteipresse, darunter das Zentralorgan, ›Freies Volk‹ und die theoretische Zeitschrift ›Wissen und Tat‹, wurde nunmehr illegal verteilt, wenngleich mit seltenerer Erscheinungsweise...«[218]

Ich habe zudem einige persönliche Erinnerungen an diese Zeit der Illegalität. So wurde ich einmal von Hans Wunderlich unter dem Siegel der Verschwiegenheit gefragt, ob ich bereit wäre, für die Partei illegal zu arbeiten. Ich wollte dies nicht ohne Absprache mit meiner Mutter entscheiden. Nur ungern, und weil meine Mutter eben eine langjährige Genossin war, gewährte er mir meine Bitte. Doch sie zeigte sich absolut nicht mit diesem Vorhaben einverstanden; sie hielt es für zu gefährlich, und so wurde aus der ganzen Geschichte nichts.

Bei einem weiteren Mal handelte es sich um meine Teilnahme an einem einjährigen Studienlehrgang der KPD in der DDR. Hans Wunderlich und Fritz Besnecker schickten nach einem Theaterbesuch in St. Gallen ihre Gattinnen ins Café, um mit mir allein über diese Sache zu beraten. Ich konnte mich wiederum nicht sehr begeistern und teilte es brühwarm meiner Mutter mit. Diese war erneut mächtig sauer und machte den beiden Genossen heftige Vorwürfe wegen ihres Ansinnens. Nicht gerade im feinsten Ton, wie mir Fritz Besnecker später lachend erzählte.

Somit wurde ich nie in »den illegalen KPD-Apparat« integriert. Ich war ganz froh über das Eingreifen meiner Mutter, denn ich fühlte mich weder ideologisch noch persönlich für eine solche Tätigkeit geeignet. Außerdem hatte ich keine Lust, in der Gegend herumzureisen, wie es die illegalen GenossInnen taten, zum Beispiel Fritz Besnecker, der in der Illegalität oft bei uns zu Hause aufkreuzte. Offiziell war er Vertreter in der Elektrobranche. In dieser Zeit haben wir unseren Elektrogerätepark nicht unerheblich vergrößert. So hatte die Tarnung noch ihre positiven Seiten.

In den sechziger Jahren bekam ich mit, daß meine Mutter nicht nur für sich, sondern auch für mich an die Partei einen Beitrag bezahlte. Es störte mich nicht, obwohl ich mich nicht gerade als »richtige« Kommunistin verstand. Und schon gar nicht als illegale. Aber natürlich wurde darüber mit niemandem geredet.

In der verbotenen KPD hatte meine Mutter keine Funktionen, beschränkte sich auf Beitragszahlungen für sich und mich. Manchmal besuchte uns Käte Weick, eine Genossin aus Singen, um Solidaritäts-Spenden zu sammeln für inhaftierte GenossInnen, von denen es eine Menge gab, wie auch die DKP-Zeitung »Unsere Zeit« vom 12. Januar 1996 berichtet:

»... Um eine Vorstellung von den Folgen des Urteils zu bekommen, seien zwei Zahlen genannt: Bis 1968 waren gegen 200000 Menschen polizeiliche und juristische Ermittlungsverfahren angestrengt worden, mittelbar betroffen wurden durch das Verbotsurteil 500000 Menschen. Nicht nur Mitglieder der KPD, annähernd 10000 von ihnen erlitten Haftstrafen, auch Pastoren, Gewerkschafter, Kaufleute und Frauen, die mit Kindern in Ferienlager der DDR fuhren, wurden Opfer des Urteils...«

Die DKP wird gegründet

Nachdem die KPD nicht wieder zugelassen wurde (sie ist noch heute verboten), bahnte sich eine neue Lösung an: Im September 1968 wurde die Deutsche Kommunistische Partei (DKP) für die Bundesrepublik ins Leben gerufen, der sich meine Mutter bald anschloß. Auch in Konstanz rührte sich etwas: Am 6. Juni 1969 fand im Gasthaus »Elefanten«, das damals noch ein Nebenzimmer hatte, eine erste Versammlung statt, mit der sich die neue Partei vor Ort vorstellen wollte: »Was will die DKP?«[219]

Meine Mutter übernahm keine offiziellen Aufgaben mehr in der DKP, erledigte aber hin und wieder Kleinarbeit, wie Einladungen, zum Beispiel die zur oben genannten Versammlung (s. umseitiges Faksimile). Und sie mischte sich in Diskussionen ein, wenn es nötig war. Leider blieb ihr nicht mehr viel Zeit dazu.

In der DKP trafen sich zwar manche »alten KommunistInnen« wieder, doch es gesellten sich sehr bald weitere, oft junge Menschen dazu, was einen großen Gewinn bedeutete. Sie waren jedoch nicht nur jung, sondern auch nicht »vorbelastet«...

Kommunisten aus der ganzen Bundesrepublik haben sich zusammengefunden und die Deutsche Kommunistische Partei (DKP) geschaffen.

Was will die DKP ?

Unser Ziel ist der Sozialismus. Eine Gesellschaftsordnung ohne Not und Ausbeutung , ohne Unsicherheit und Angst vor der Zukunft, eine Gesellschaftsordnung in der die Mehrheit des Volkes, unter Führung der Arbeiterklasse, alle Bereiche des gesellschaftlichen Lebens frei gestaltet.

Wir wissen, daß wir dieses Ziel nicht schon morgen verwirklichen können. Der Weg dorthin führt über die Lösung der drängensten Aufgaben der Gegenwart. Diese sind:

Mitbestimmung auf allen Gebieten
Verteidigung und Erweiterung der Demokratie
Kampf für soziale Sicherheit und bessere Lebensverhältnisse

Die Deutsche Kommunistische Partei will sich Ihnen vorstellen.

Wir laden Sie zu einer öffentlichen Versammlung am

Freitag, den 6. Juni 1969 um 20.00 Uhr
ins Gasthaus "Elefanten" in Konstanz

ein.

Es sprechen der Bezirksvorsitzende der DKP Walter E b e r t aus Mannheim und Fritz B e s n e c k e r Singen.

Deutsche Kommunistische Partei
Ortsgruppe Konstanz

Als Gemeinderätin aktiv für die Konstanzer Bevölkerung

Konstanz nach dem Krieg: Ein halbes Dutzend Oberbürgermeister

Um die Tätigkeit meiner Mutter im Gemeinderat angemessen beurteilen zu können, ist es wichtig, sich die damalige Nachkriegszeit zu vergegenwärtigen. Sie war schwierig, diese Zeit, wenngleich Konstanz noch zu den »gutsituierten«, weil unzerstörten Städten gehörte.

Nach 1945 hatte Konstanz mehrere vom »Gouvernement Militaire« eingesetzte Oberbürgermeister. Zunächst wurde für einige Zeit Leopold Mager, ein ehemaliger NS-Mann, übernommen, ihm folgte ganz kurz der Sozialdemokrat Josef Benz, dann der bereits erwähnte Kommunist Vinzenz Kerle. Nach ihm kam Hans Schneider, er war aber ebenfalls nicht sehr lange im Amt. Im Januar 1946 wurde Fritz Arnold (SP) zum Oberbürgermeister ernannt, an den sich im September 1946 Dr. Franz Knapp (BCSV) anschloß, allerdings nun vom neu im Amt befindlichen Gemeinderat gewählt.[220] Wie ich bei Lothar Burchardt nachlesen konnte, gaben bei dieser OB-Wahl am 22. September die zwei kommunistischen Gemeinderäte, also auch meine Mutter, bei der von ihnen beantragten geheimen Wahl weiße Stimmzettel ab, so daß Franz Knapp mit 22 Stimmen gewählt wurde. Er blieb bis 1957 im Amt. Meine Mutter bezeichnete ihn oft als »Fuchs«, was sie keinesfalls negativ meinte, auch wenn sie oft nicht konform mit seinen Ansichten war. Er schien sie ebenfalls zu schätzen. Von einer Äußerung Knapps erfuhr ich erst neulich, die er Ernst Schächtle gegenüber vor Jahren kundtat und die sich auf das Ende der Gemeinderatstätigkeit meiner Mutter (1953) bezog: Man habe ihm – und dann anscheinend wörtlich – »eines der besten Pferde aus dem Stall geholt.«

In der obigen Stadtratsitzung wurden außerdem die sogenannten Beigeordneten (Bürgermeister) gewählt. Laut Lothar Burchardt war es dabei Tradition, »... daß sie aus den verschiedenen Fraktionen kamen, doch gab es deren nicht drei, sondern vier. Als diese Frage im Rat diskutiert wurde, sprachen sich die drei nichtkommunistischen Fraktionen einschließlich der SP gegen die Nominierung eines KP-Kandidaten aus...«[221]

Die Kommunisten nahmen dieses Verhalten vor allem der SP übel, war doch 1946 die Frage der »Aktionseinheit« eigentlich noch auf der Tagesordnung! Bürgermeister wurden schließlich Hermann Schneider (BSCV), Fritz Arnold (SP) und Franz Fischer (DP).

Zu dieser Bürgermeisterwahl legte die KP-Fraktion am 23. September

1946 eine schriftliche Erklärung vor, wonach sie sich »von allen in Zukunft getroffenen städt. Maßnahmen distanziert und sich jede Kritik ohne Ansehen von Partei und Person vorbehält.«

Darauf der Oberbürgermeister laut Protokoll:

»Die kommunistische Fraktion sei keineswegs von den Verhandlungen zur Bürgermeisterwahl ausgeschlossen worden, es sei vielmehr korrekt vorgegangen worden, und er bedaure, daß die kommunistische Fraktion in dem Verhalten der anderen Parteien ein Mißtrauen sehe. Er bittet, die Einstellung nochmals einer Prüfung zu unterziehen.«[222]

Kommunale Gremien der ersten Nachkriegsmonate

Wie ich diversen Quellen entnehmen konnte, hatte Konstanz im Laufe der ersten Nachkriegsmonate nacheinander mehrere kommunale Gremien mit verschiedenen Bezeichnungen, wie »Stadtrat«, »Beschließender Ausschuß«, »Beratender Ausschuß«, wobei diese Gremien unterschiedliche Mitgliederzahlen hatten und bis Herbst 1946 von der Militärregierung berufen wurden. In ihrer Zusammensetzung orientierten sie sich an den Wahlergebnissen der Weimarer Zeit. So wurden in den »Beratenden Ausschuß« (17 Personen) drei Kommunisten bestellt, die ich persönlich kannte, Josef Seifritz, Heinrich Wallenwein, Jakob Stoll (»Südkurier« vom 15. Februar 1946). Meine Mutter war noch in keinem dieser Gremien, sie wurde erst im Herbst 1946 in den Gemeinderat gewählt.

Bereits im Protokoll der ersten Sitzung des Stadtrats am 1. Juni 1945 wurde die bedenkliche Situation der Stadt verdeutlicht durch die Worte des damaligen Oberbürgermeisters Kerle, der u.a. sagte:

»... Große Sorge bereitet der Stadt die Unterbringung der aus ihren Villen und Wohnungen evakuierten Personen. Eine weitere Schwierigkeit, die noch anwächst, bildet die Ernährungsfrage, die gleichzeitig eine Transportfrage ist. Auch hier kann die Stadtverwaltung nicht so durchgreifen wie sie gerne möchte, da die Besatzungsmacht auch in diese Angelegenheit eingreift. Es wurde z.B. in letzter Zeit ein großer Kartoffelvorrat, der für die Bevölkerung bestimmt war, von der Militärbehörde beschlagnahmt...«[223]

Entsprechend waren auch die Tagesordnungen der weiteren Konstanzer »Stadtratsitzungen«. Und wie die folgenden Protokollauszüge zeigen, ging es schlichtweg ums Überleben der Bevölkerung in der Stadt. Aber alles konnte nur im Einvernehmen mit der Besatzungsmacht gelöst werden. Ohne sie lief nichts. Daher stand oft an erster Stelle der Tagesordnung: Bericht über Verhandlungen mit der Militärregierung.

Ein ebenfalls immer wiederkehrender Tagesordnungspunkt für die jeweiligen Sitzungen war die (schlechte) Lebensmittelversorgung. Dieses Thema beschäftigte den Stadtrat noch lange Zeit; erstmals Anfang August 1950 befand es sich nicht mehr auf der Tagesordnung einer Stadtratssitzung.[224]

Einige Passagen aus den Ratsprotokollen[225], die handschriftlich im Konstanzer Stadtarchiv vorliegen, möchte ich wörtlich zitieren:

– »... Bei der Unterredung mit der Besatzungsmacht wurde auch eine Besserung in der Fleischversorgung angeregt. Auch der Fischfang werde in nächster Zeit in Gang gebracht...« (22. Juni 1945)

– »...Weiter sei versprochen, daß auch die Kinder wieder Fleisch bekommen können...« (27. Juli 1945)

– »... Der Oberbürgermeister gibt bekannt, daß sich die Lebensmittelversorgung in nächster Zeit verschlechtere. Die nächste Versorgungsperiode sehe u.a. eine Herabminderung der Brotzuteilung von 7000 auf 4000 g vor. Es werde versucht, die Kürzung von 7000 auf 6000 g Brot durchzusetzen...« (10. August 1945)

– »... Der Oberbürgermeister berichtet über seine kürzliche Besprechung beim Landesernährungsamt in Freiburg und teilt mit, daß die Intervention von verschiedenen Seiten insofern zu einem gewissen Erfolg geführt hätten, als eine Erhöhung der Brotration um 350 g, Fleisch um 25 g, Fett um 36 g wöchentlich zugestanden wurde. Die erforderlichen Mengen stünden zur Verfügung. Im übrigen sei man beim Landesernährungsamt der Ansicht, daß Konstanz derzeit die bestversorgte Stadt von Südbaden sei. Mit Zustimmung des Landwirtschaftsamts Radolfzell werde nun mit der Ausgabe des dritten Zentners Kartoffeln in Konstanz begonnen. Die Absicht, einen vierten Zentner an die Bevölkerung auszugeben, lasse sich vorerst nicht verwirklichen. (...) Die Milchversorgung der Kinder könne in der 6. Versorgungsperiode ebenfalls verbessert werden...« (13. Oktober 1945)

– »... Maßgebend sei eine Lebensmittelmenge mit einem Wert von 1550 Kalorien. Diese Kalorienzahl werde in Konstanz bei weitem nicht erreicht. (...) Am schlimmsten stehe es mit der Fettversorgung, auch die Zuckerversorgung sei schwierig...« (23. November 1945)

– »... Kinderweihnacht 1945: (...) Schweizer Freunde hätten sich (...) bereit erklärt, für 1700 Kinder fertig gekochten Kakao zu stiften. Durch Spenden hiesiger Bäcker und Metzger sei es voraussichtlich auch möglich, den Kindern ein Weihnachtsbrot und ein kleines Würstchen zu verabfolgen...« (13. Dezember 1945)

– »... Wein wird zwischen Weihnachten und Neujahr ausgegeben. Zukker sei eingetroffen, Margarine werde noch erwartet...« (20. Dezember 1945)

– »... amerikanisches Weizenmehl sei im Anrollen. (...) Diesen Monat könnten bestenfalls nur 62,5 g Butter ausgegeben werden. Vielleicht wäre ein Ausgleich mit Käse möglich...« (10. Januar 1946)

– »... Die Brotversorgung ist noch bis 5. März 1946 gesichert. (...) Über die Höhe der Ration wird noch gekämpft. (...) Die Versuche um Erhöhung der Fleischration verliefen alle ergebnislos. (...) Mit der Gemüseversorgung wird es noch zwei Monate recht ungünstig sein...« (21. Februar 1946)

– »... kann an die Bevölkerung vom 16.3.1946 ab nur noch 200 g Brot auf den Kopf eines Normalverbrauchers abgegeben werden gegenüber 275 g im Monat Februar. Ferner können abgegeben werden Fett 9,7 g gegenüber 14,2 g, Käse 8,1 g gegenüber 8,9 g im Vormonat, Öl überhaupt keines. Vorgesehen sind ferner 500 g Nährmittel, doch ist die Zuteilung fraglich. Der Wert der Kalorien beträgt nur 1007 Kalorien täglich...« (14. März 1946)

– »... können auf Ostern 2-3 Eier ausgegeben werden, außerdem eine Fleischzulage von 150 g, im ganzen also 200 g. (...) Die Mehlversorgung ist bis Mitte Mai gesichert. (...) Eine Gemüseversorgung aus dem Schweizerischen Tägermoos ist z.Zt. noch nicht möglich, da das ganze Tägermoos im Jahre 1945 brach liegen mußte...« (11. April 1946)

Doch nicht nur Lebensmittel waren knapp, auch Kleidung jeglicher Art. Ebenso mangelte es an Schuhen. Leder gab es kaum, im Februar 1946 war die »Zuweisung von Leder, höchstens mit 4,5 g pro Kopf und Monat« in einem Protokoll aufgeführt (21. Februar 1946). Dort wurde sogar über ein Angebot von Schuhen aus Aluminium (Alu-Werke Singen) berichtet, die »für gewisse Arbeiten sehr zweckmäßig seien.« Preis 12.- bis 15.- RM. Ferner sei mit einer »Spinnstoffzuweisung für die Zivilbevölkerung von 10 g pro Monat und Kopf zu rechnen«. Über die Beschaffung von Fahrraddecken und -schläuchen – aber »nur für die arbeitende Bevölkerung« – wurde laut diesem Protokoll ebenfalls geredet. Ähnlich schlecht sah es mit der Wohnungsmarktlage in Konstanz aus. Die Wohnungen waren bewirtschaftet und aufgrund von Evakuierten, Flüchtlingen und Requisitionen herrschte akuter Wohnungsmangel. Auch damit befaßte sich der Stadtrat.

»... Bis 10.7.1945 wurden von der Besatzungsmacht beschlagnahmt: 105 Wohnhäuser, 35 Einfamilienhäuser, 18 Hotel, ein Café...« (13. Juli 1945)

Die Energieversorgung lag ebenso im argen. Bei der Strom- und Gasversorgung wurden Sperrzeiten verhängt, wie ich aus eigenem Erleben noch weiß. Holz war Mangelware, in den Wäldern fand man keines mehr zum Sammeln, höchstens noch Tannenzapfen, aber auch die waren schnell weg. In einem Protokoll wurde von einer Holzaktion berichtet, »daß sich für die Brennholzaktion etwa 920 Selbsteinschläger gemeldet hätten, dazu kämen rund 600 Einschläger, die von Fabriken zur Verfügung gestellt würden. (...) Das Militärgouvernement hat zur Abfuhr des Holzes Fahrzeuge zur Verfügung gestellt...« (25. August 1945)

Sehr bald wurde im Stadtrat wieder über »Kulturelles« gesprochen: über das Stadttheater, die Volkslesehalle, das Rosgartenmuseum, den Flügel im Bürgersaal, über die Fresken im Haus Münsterplatz 5, wenig später über die Themen Konzert, Stadtarchiv, Kunstwoche, Konstanzer Messe...

In den ersten Nachkriegsmonaten nahm der Stadtrat regelmäßig Berichte des Widerstandsblocks entgegen. Auch über die Betreuung von KZ-Häftlingen, über Säuberungsaktionen und Requisitionen (von Wohnungen, Anzügen, Kleidern, Wäsche, Schuhe, Fahrrädern...) sowie Ablieferung von nationalsozialistischem Schrifttum diskutierte der Stadtrat. Ferner beschloß er, daß Straßen, die in der braunen Zeit nach führenden Nationalsozialisten umbenannt worden waren, ihre früheren Namen zurück erhielten, zum Beispiel hieß die »Adolf-Hitler-Straße« nun wieder »Seestraße« und die »Robert-Wagner-Straße« wieder »Untere« bzw. »Obere Laube.«

Weitere Beratungspunkte der Stadtratsitzungen waren (erwartungsgemäß): Die städtischen Finanzen, Personalangelegenheiten, wobei mich bei einer Bewerbung ein Satz zum Schmunzeln brachte (21. März 1946): »... Da eine Badenerin die Stelle aufgeben müßte, kommt er als Nicht-Badener nicht in Betracht...« Dann: Krankenhaus, Kinderkrankenhaus, Kindergärten, Busverkehr, Wiederaufnahme des Rheinfähre-Betriebs (»s'Schiffle«), Grundstücksangelegenheiten...

Aber auch Dinge, die wir heute nicht mehr in die Kompetenz eines Gemeinderats einordnen würden, waren Gegenstand der Diskussion in den Sitzungen: Schwerarbeiterzulage bei der Spitalverwaltung, Urlaubsfrage der städtischen Bediensteten, Bekämpfung von Geschlechtskrankheiten, Rattenplage.

Die Hemms tauchen auf

Einigen Ratsprotokollen dieser Zeit konnte ich sogar Familiäres entnehmen, zunächst über meinen Vater im Zusammenhang mit einem als Volksküche, Kindergarten und Lehrlingsheim vorgesehenen städtischen Gebäude an der Ecke Gütle-/Leinerstraße: »Als Hausmeister wird Schneider Johann Hemm, Schützenstr. 16 bestellt.« (13. Juli 1945)

In einer weiteren Sitzung (10. August 1945) wurde dies nochmals bestätigt, nun mit der richtigen Adresse. Für das Rathaus wurde ebenfalls ein neuer Hausmeister gesucht (17. August 1945), da der bisherige Stelleninhaber »im Hinblick auf seine politische Einstellung zur Entlassung kommt«. Kurz darauf eine weitere Protokollnotiz: »Es wird vorgeschlagen, den Johann Hemm, Fischenzstr. 16, für diese Stelle einzusetzen; zuvor soll Hemm aber sich beim Oberbürgermeister zur Besprechung einfinden.« (31. August 1945)

Ich erinnere mich nicht, daß mein Vater diese Positionen jemals innehatte. Das war auch gut so, denn als Schneidermeister zeigte er sich bei groben Handwerksarbeiten nicht allzu begabt und wäre somit nicht gerade prädestiniert für einen solchen Posten gewesen. Daß er in den Requisitionsausschuß berufen wurde, las ich in den Offenlagen zur Gemeinderatssitzung (2. Januar 1947); allerdings dürfte dies keine sehr angenehme Aufgabe gewesen sein.

Den Namen meiner Mutter entdeckte ich bereits vor ihrer Zeit als Gemeinderätin in einem Ratsprotokoll (13. Oktober 1945), und zwar als Anna Hemm, Fischenzstraße 16. Sie wurde in den Fürsorgeausschuß delegiert.

Es darf wieder gewählt werden

Die ersten Gemeinderatswahlen nach dem Krieg fanden am 15. September 1946 statt. Vier Parteien stellten sich zur Wahl: Die Sozialistische (SP), die Badische Christlich-Soziale Volkspartei (BCSV), die Kommunistische Partei (KP), die Demokratische Partei (DP), hinzu kam die Vereinigung unabhängiger Sozialisten zur demokratischen Erneuerung, deren Listenführer der vormalige Kommunist Vinzenz Kerle war (»Südkurier« vom 30. August 1946).

Die KP hatte für das 24köpfige Gemeinderatsgremium vierzehn KandidatInnen auf ihrer Liste, meine Mutter an zweiter Stelle, mit Hausfrau als Berufsbezeichnung. Erstkandidat war Jakob Stoll, weitere mir bekannte Personen folgten, u.a. mein Onkel Fritz Bächler (Platz 4) und Josef Neser (Platz 9). Insgesamt waren drei Frauen auf der KP-Liste nominiert.

Die KP erhielt 9 % der Stimmen und zwei Mandate (»Südkurier« vom 17. September 1946). Meine Mutter war somit gewählt, gemeinsam mit ihrem Genossen Jakob Stoll. Sie war mit Maria Beyerle (BCSV) und Klara Leonhardt (SP) eine der drei ersten Frauen, die dem Konstanzer Nachkriegs-Gemeinderat angehörten, was einen Frauenanteil von 12,5 % bedeutete.

In der Gemeinderatssitzung vom 26. September 1946 wurde zunächst die vorgeschriebene »handgelübdliche Verpflichtung« des Oberbürgermeister und der drei Beigeordneten (Bürgermeister) durch Landeskommissär Dr. Marcel Nordmann, anschließend nach dem gleichen Procedere die der neu gewählten Stadträte und Stadträtinnen durch Oberbürgermeister Knapp vorgenommen. Damit begann für meine Mutter ein neues Kapitel in ihrem Leben.

Und immer wieder Frau Hemm...

Ich denke, daß meine Mutter auf ihr neues Mandat stolz war. Aber ich weiß auch aus eigenem Erleben, daß sie es sehr ernst nahm und sich dafür einsetzte, die schlechte Nachkriegs-Situation möglichst schnell und gründlich (radikal?) zu verbessern.

Und was gab es da nicht alles zu tun! Die Protokolle der Stadtratssitzungen, die ich durchgearbeitet habe, sind höchst interessant. Laut Anwesenheitsliste fehlte meine Mutter selten. In den Sitzungsniederschriften fand ich immer wieder Wortmeldungen von ihr, die sowohl über die damalige Zeit und deren Probleme, als auch über ihr Engagement etwas aussagen. Dabei ist unschwer zu erraten, für wen sie »Politik machte«.

In all diesen Protokollen zeigte sich, daß meine Mutter eine rührige Stadträtin war, daß sie zur Meinungsbildung im Gemeinderat beitrug und vielleicht sogar diesen oder jenen Beschluß beeinflussen konnte. Oft stand sie allerdings als Einzelkämpferin auf verlorenem Posten. Bei manchen Themen schloß sie sich der Meinung anderer GemeinderätInnen, wobei hier besonders Frau Leonhardt hervorzuheben ist, die meine Mutter stets freundschaftlich »s'Klärle« nannte.

Sicher hat meine Mutter mehr Diskussionsbeiträge gehalten als in den Protokollen dokumentiert ist, doch selbst von diesen kann ich hier nur eine kleine Auswahl wiedergeben:[226]

– »Stadtrat Hemm teilt mit, daß der Angestellte Brei bei der Städtischen Requisitionsstelle den Franzosen mehr liefere als diese verlangten. (...) Stadtrat Hemm: Ein Mann wie Brei ist für die Stadtverwaltung nicht tragbar.« (7. November 1946)

– »Frau Stadträtin Hemm bemerkt, daß die Arbeiter das Essen in den Gaststätten vielfach nicht zahlen könnten.« (14. November 1946)

– »Gleichzeitig regt Frau Stadtrat Hemm an, die Stadtratsitzungen öffentlich zu gestalten, um der Bevölkerung einen Einblick über die Tätigkeit desselben zu geben.« (21. November 1946)

– Als die SPD dieses Thema nach Jahren in den Stadtrat einbrachte, erinnerte meine Mutter an ihren Antrag von 1946, der »jedoch von allen Parteien abgelehnt worden sei. Man habe schließlich einen Eventual-Antrag angenommen, alle Vierteljahre die Öffentlichkeit auf sogenannten Bürgerversammlungen über die kommunalen Geschehnisse zu unterrichten. Sie müsse feststellen, daß dieser Beschluß nie zur Verwirklichung kam. Es bestehe aber die Notwendigkeit einer besseren Unterrichtung. Um von vornherein jegliches Mißtrauen in die Vorgänge auf dem Rathaus auszuschließen, unterstütze sie daher voll inhaltlich den Antrag der SPD.« (4. Juli 1951)

– »Stadtrat Hemm bittet, in einer der nächsten Stadtratssitzungen noch die Ablieferungszahl der Gärtner im Stadtgebiet mitteilen zu wollen.« (23. Januar 1947)

– »Frau Stadtrat Hemm bemerkt, daß im Auffüllgebiet am Schänzle sich ein ›Schnackenloch‹ befindet, das nicht aufgefüllt wurde. Sie bittet um Aufklärung, warum dieses Loch nicht aufgefüllt wurde.« (22. Mai 1947)

– »Auf Anregung der Frau Stadtrat Hemm beschloß der Stadtrat, das Ministerium zu bitten, es möge bei der zuständigen Stelle dafür sorgen, daß durch eine Änderung des Aufrufs die Hausfrauen in die Lage versetzt werden, das vorgesehene Fett schon anfangs des Monats zu erhalten.« (26. November 1947)

– Zum 1. Mai 1947 hatte der »Vereins der Opfer des Nationalsozialismus« (heute »Vereinigung der Verfolgten des Naziregimes/Bund der Antifaschisten«, VVN/BdA) für seine 130 Mitglieder je eine Flasche Wein aus der Spitalkellerei gegen Bezahlung beantragt. Obwohl der Wein eigentlich beschlagnahmt war, befürwortete meine Mutter die Aktion, die dann vom Gemeinderat auch genehmigt wurde:

– »Frau Hemm ist der Ansicht, daß die Mitglieder des Vereins der Opfer des Nationalsozialismus einen ablehnenden Standpunkt des Stadtrats sicher nicht verstehen würden.« (18. April 1947)

– Zu einem Antrag bezüglich einer »Unterbringungsstätte für unberechtigt zuziehende Jugendliche« hieß es im Protokoll: »Frau Stadtrat Hemm unterstützt obigen Antrag und empfiehlt die Einrichtung einer Tagesstätte für berufstätige Mütter.« (3. Juni 1947)

– Laut Sitzungsprotokoll wurde meine Mutter in einen der drei Ortsleistungsausschüsse delegiert, die für Wollmatingen, Allmannsdorf und das Paradies eingerichtet wurden. In letzterem war auch der damalige Ortsbeauftragte Josef Schächtle als Mitglied vertreten, woraus ich schließe, daß es in diesen Ausschüssen um die Frage der Gemüseversorgung ging. (24. Juli 1947)

– Desweiteren war von einer kleinen Delegations-Reise und ihren Folgen zu lesen: »Die Stadträtinnen Beyerle, Leonhardt und Hemm berichten über ihren Besuch in der Pestalozzisiedlung in Wahlwies. Aufgrund ihrer warmen Empfehlung beschloß der Stadtrat die Änderung des Beschlusses vom 13.3.1947 in der Weise, daß anstatt der ursprünglich in Aussicht genommenen 2000.- RM nunmehr 5000.- RM als einmaliger Zuschuß gewährt werden sollen.« (12. September 1947)

– Schon 1948 ging es um die Errichtung einer Großtankstelle auf dem Bodanplatz an. Dazu erklärte meine Mutter »die Aufhebung der Kleintankstellen für untragbar, weil dadurch die Existenz der in Frage kommenden Tankstelleninhaber gefährdet würde.« (17. Juni 1948)

In den Protokollen wurden auch ab und zu Anträge der KPD-Fraktion erwähnt, zum Beispiel bezüglich der Brennholzversorgung: »Die Stadt solle allen Leuten, welche durch die Währungsreform nicht mehr in der Lage seien, diese Holzpreise zu bezahlen, finanzielle Hilfe gewähren.« Dieser Antrag wurde »in der Weise angenommen, daß über das Fürsorgeamt eine Prüfung und in Notfällen eine Hilfe erfolgt«. (15. Juli 1948)

Bisweilen veröffentlichte auch der »Südkurier« in seinen Berichten über Gemeinderatssitzungen Namen von DiskutantInnen, so zum Beispiel am 4. Juni 1948: »Bei einer an sich harmlosen Sache wurde es lebhaft: Frau Stadtrat Hemm hatte das in weiten Kreisen der Bevölkerung mehrfach erörterte Bauthema angeschnitten und dabei der Meinung Ausdruck gegeben, heute baue nur der Geschäftsmann oder derjenige, der etwas zum Kompensieren habe.«

Sind Stadträte »Geheimräte«?

Im November 1946 war man im Gemeinderat über meine Mutter verärgert. Laut Protokoll hatte sie hatte anscheinend kurz zuvor in der KP-Zeitung »Der Neue Tag« (Vorläufer von »Unser Tag«) einen Bericht über eine gewerkschaftliche Kundgebung zur Ernährungslage in Konstanz verfaßt und darin Bürgermeister Schneider kritisiert, daß er »von der verlangten Kontrolle der Verteilungs- und Zuteilungsorganisation durch die Verbraucher und Gewerkschaft (...) nicht sehr viel wissen wollte. Er habe sich zu den Äußerungen der Stadträte Hemm und Grimm, die die Forderungen der Gewerkschaften vertraten, sehr gewunden geäußert.«

»Gegen diese irreführende Darstellung wende sich Bürgermeister Schneider und wünsche eine Berichtigung mindestens im Stadtratsbericht. Der Zeitungsbericht der Frau Stadträtin Hemm stelle außerdem eine Verletzung der Schweigepflicht dar, die im Interesse aller Stadtratsmitglieder eingehalten werden müsse. (...) Bürgermeister Schneider erklärt, er habe keine ›gewundene‹ Äußerung getan. (...) Die Mitarbeit der Gewerkschaften sei selbstverständlich möglich und durchaus erwünscht. (...) Im Ernährungsausschuß seien alle Parteien, die Gewerkschaften und die Berufsstände vertreten. Die Übertragung von Kontrollaufgaben an eine kleine Minderheit oder an Einzelpersonen mit Blankovollmacht lehne er aber ab. (...) Im übrigen habe die Stadträtin Frau Hemm durch den Zeitungsartikel die gebotene Schweigepflicht als Stadträtin verletzt, indem sie die Stellungnahme eines Stadtratsmitgliedes durch Namensangabe und zudem in unrichtiger Weise wiedergegeben habe.«

»Frau Stadträtin Hemm erklärt, sie habe den Boden der Wirklichkeit nicht verlassen, im übrigen habe sie nicht als Mitglied der Kommunistischen Partei, sondern im Namen der Gewerkschaften berichtet.«[227]

Und noch eine Geschichte in Sachen Vertraulichkeit: Der Gemeinderat beschäftigte sich 27. März 1947 laut Protokoll mit einem tags zuvor erschienenen Artikel in der KP-Zeitung »Unser Tag«, in dem über einen Einbruch bei der Konstanzer Lebensmittelkartenstelle auch der kritische Satz hinzugefügt wurde:

»... Anscheinend soll von der Stadtverwaltung der Öffentlichkeit so wenig wie nur möglich von dem Sachverhalt bekannt gegeben werden. Es soll nach dem Ausspruch des Leiters vermieden werden, daß sich die Presse damit befaßt...«

Darauf folgten Wortmeldungen, doch keine von meiner Mutter, wohl aber die Erklärung des Stadtrats, daß in dem besagten Artikel wesentliche Teile der Äußerungen Schneiders weggelassen worden seien. Und weiter: »Zu dieser tatsächlichen Äußerung steht die Zeitungsnotiz in krassem Widerspruch. Solche irreführenden Zeitungsnotizen sind bedauerlich.«[228]

Die Währungsreform – auch im Gemeinderat ein Thema

An die Währungsreform kann ich mich nur vage erinnern. Mir ist lediglich im Gedächtnis, daß es kurz danach in den Läden und Schaufenstern wieder viele Waren zu sehen und zu kaufen gab, während vorher nur wenig gezeigt wurde. Nun machte man für manche Produkte schon bald Reklame, ein völlig neues Phänomen für mich. Trotzdem konnten wir uns all die neuen Dinge nicht leisten, denn wir hatten ja nur vierzig Deutsche Mark pro Person bekommen. Ich weiß allerdings noch, daß meine Eltern der Währungsreform sehr skeptisch gegenüberstanden; sie befürchteten Preissteigerungen und Belastungen für die arbeitende Bevölkerung. Entsprechendes entnahm ich auch einer Erklärung der KPD im »Südkurier« vom 25. Juni 1948.

Anläßlich der Währungsreform brachte die kommunistische Fraktion einen Antrag im Gemeinderat ein, der im »Südkurier« (6. Juli 1948) breiten Raum fand. Unter der Überschrift »Ein Nachwort zur letzten Stadtratssitzung« wurden einige der Forderungen festgehalten:

»... und zwar Einberufung einer Bürgerversammlung mit der Bekanntgabe eines Notprogramms (Oberbürgermeister Knapp: Nicht möglich, weil die Verhältnisse noch nicht zu übersehen sind.), Herabsetzung der Spitzengehälter auf 400 DM (Vom Land Baden her ist eine Gehaltsregelung im Gange), Bereitstellung von Hilfsgeldern für Fürsorge- und Jugendamt (Betrag bereits vorhanden), Gründung eines Ausschusses, der über die zur Verfügung stehenden Barmittel zu entscheiden hat (Ein solcher Ausschuß kann erst geschaffen werden, wenn ein Überblick über die zu erwartenden Maßnahmen vorhanden ist.), sofortige Maßnahmen zur Überprüfung der Preise (Zuständig hierfür ist die Preisprüfungsbehörde beim Landratsamt), Entlassungen bei der Stadt dürfen in den nächsten drei Monaten nicht vorgenommen werden (Solche Entlassungen sind auch nicht vorgesehen. – Die Bemerkungen in Klammern stellen die Antworten von Oberbürgermeister Knapp dar.)«

Im letzten Abschnitt des Artikels wird meine Mutter mit einer weiteren, heute noch gültigen Aussage zitiert:

»In Ergänzung dieses Antrags bemerkte Frau Hemm, die Stadtverwaltung müsse einen besseren Kontakt halten mit der Bevölkerung und auch Aufklärung geben über verschiedene Dinge der Vergangenheit. Den Bürgern müsse deshalb Gelegenheit gegeben werden, in einer Bürgerversammlung ihre Wünsche und Anregungen zum Ausdruck zu bringen.«

Im entsprechenden Ratsprotokoll (1. Juli 1948) las ich zu dieser KPD-Aktion nur eine kurze Zusammenfassung ohne Einzelheiten, weniger als im »Südkurier« (!), was meine Mutter in der darauf folgenden Sitzungsniederschrift monierte: »Ich vermisse im Protokoll den Wortlaut der von unserer Fraktion gestellten Anträge. (...) gez. J. Hemm«

Die zweite Gemeinderatswahl nach dem Krieg

Bei den nächsten Gemeinderatswahlen 1948 kandidierte meine Mutter wiederum auf Platz zwei der KPD-Liste, Erstkandidat war diesmal Otto Henze, Inhaber eines Möbelgeschäftes am Münsterplatz. Auch bei dieser Wahl mir bekannte Mitbewerber: Mein Onkel Fritz Bächler, Alfons Beck, Rudi Goguel, Hans Waschek... (»Südkurier« vom 23. Oktober 1948). Aber das

Ergebnis der Wahl war für die KPD mit 8,1 % (»Südkurier« vom 16. November 1948) so, daß sie in dem nun zwanzig- vorher vierundzwanzigköpfigen Gemeinderat nur noch einen Sitz stellen konnte, der an Otto Henze fiel.

Kleine Erheiterung (?) am Rande: Für diese Wahl wurde meine Mutter, »Frau Johanna Hemm« vom Stadtrat als »Vertrauensmann der KPD« benannt.[229]

Nur kurze Funkstille um Johanna

Nach dieser Wahl war es stiller geworden um die KommunistInnen, auch um meine Mutter. Ich entdeckte kaum etwas über sie in der Presse. Mit Ausnahme einer Meldung, daß sie vom Gemeinderat in den Wahlausschuß zur Bundestagswahl 1949 berufen wurde (»Südkurier« vom 16. Juli 1949).

Innerparteilich engagierte sich meine Mutter aber nach wie vor, zum Beispiel hielt sie bei einer Landesvorstandsitzung der KPD einen ziemlich langen Diskussionsbeitrag, als es u.a. um eine ideologische Klärung

Mitbürger!

Die Währungsreform hat einschneidende Änderungen gebracht. Für viele, ja für die meisten Menschen bedeutet sie den völligen Ruin. Die große Masse der Schaffenden, die Kleinsparer wurden durch die Anrechnung der Kopfquote um ihre letzten Pfennige gebracht, während der Sachwertbesitz durch Anlegung riesiger Warenlager sich den Auswirkungen der Währungsreform entziehen konnte. Ein abwertungsfreier Mindestbetrag, der sich zugunsten der Werkätigen ausgewirkt hätte, existiert nicht.

Noch ist es nicht zu spät, die schlimmsten Härten des Gesetzes zu beseitigen, wenn sich alle Parteien für die von uns erhobenen Forderungen einsetzen. Die Kommunistische Partei, die diese Entwicklung vorausgesehen hat, hat ein Sofortprogramm aufgestellt, für dessen Verwirklichung sie das ganze Volk zum Kampf aufruft.

Hierüber sprechen in einer öffentlichen Versammlung

Freitag, den 9. Juli, 20 Uhr im Konzil

Hermann Ahrens, Baden-Baden

Hanna Hemm — Fritz Bächler.

Die Vertreter der anderen Parteien sind eingeladen, zum Thema Stellung zu nehmen. Wir laden alle Einwohner zu dieser Versammlung ein. Es findet freie Aussprache statt

Kommunistische Partei, Stadtkreis Konstanz.

Die Kommunisten waren skeptisch in der Frage der Währungsreform, nicht nur weil damit die Spaltung Deutschlands in zwei Währungsgebiete erfolgte.

der Parteilinie ging, wobei die Namen Goguel und Henze ebenfalls aufgeführt waren. Und weiter hieß es dort, daß »Genosse Henze noch immer als Stadtrat fungiere...«[230]

Das änderte sich Ende 1949; im »Südkurier« wurde am 10. November 1949 unter »Kurze Stadtnachrichten« gemeldet:

»Stadtrat Otto Henze (KP) hat sein Mandat als Stadtrat niedergelegt und ist auch als kommissarischer Vorsitzender des Stadtkreises Konstanz der KP zurückgetreten. Die Kommunistische Partei wird in Zukunft im Stadtrat durch Frau H. Hemm vertreten sein, die bereits früher dem Stadtrat angehörte.«

Am 3. Januar 1950 informierte der »Südkurier« dann weiter:

»... Es hat lange gedauert, bis im Konstanzer Stadtrat die verschiedenen Respiziate endgültig verteilt wurden. Nach den letzten Vereinbarungen der Parteien wurden jetzt die bisher noch umstrittenen Respiziate übertragen: (...) Ernährungs- und Wirtschaftsamt sowie Marktwesen an Stadträtin Anna Hemm...«

Im Stadtratsprotokoll las ich davon ebenfalls, allerdings bereits mit Datum vom 8. Dezember 1949 und mit richtigem Namen: Stadtrat Hanna Hemm.[231]

Schließlich stieß ich noch auf ein weiteres Dokument im »Südkurier« vom 12. November 1953, nämlich ein Foto des Gemeinderats im Ratssaal. Und darunter der Text: »128 Sitzungen hielt der Konstanzer Stadtrat in der Zeit vom November 1948 bis zum November 1953 ab. (...) Das Bild wurde bei der letzten Stadtratssitzung aufgenommen. Es besitzt also gewissermaßen ›historischen Wert‹. Denn alle Stadträte, die auf dem Bilde zu sehen sind, werden nach dem 15. November sich nicht mehr in diesem Saal in der Hussenstraße treffen.«

Für mich ist dieses Foto (s. Seite 349) auch aus persönlichem Grund »historisch«, denn gleich vorne erkenne ich meine Mutter, obwohl sie nur seitlich zu sehen ist. Ihre Haltung, ihre Nachdenklichkeit – typisch für sie. Leider habe ich damals versäumt, sie in eine Gemeinderatssitzung zu begleiten.

Um was sich Frau Stadtrat Hemm alles kümmerte

Auch aus der zweiten Amtsperiode (1949-1953) sind in den Ratsprotokollen[232] viele Wortmeldungen meiner Mutter dokumentiert, über die ich ebenso nur in Auszügen berichten kann, zum Beispiel daß sie

– sich dafür aussprach, die Schülerspeisung »trotz der Besserung der Lebensmittelverhältnisse nicht allzu sehr einzuschränken, da mit einer

Zunahme der Arbeitslosigkeit gerechnet werden müsse« (10. November 1949);

– die Meinung vertrat, viele alte und arme Leute würden von der »Winternotküche« noch nichts wissen, »weil sie wegen ihrer Armut keine Tageszeitung halten können«. Sie empfahl deshalb, bei der Auszahlung der Fürsorgeunterstützungen Handzettel auszugeben und durch einen Anschlag auf die »Winternotküche« hinzuweisen (19. Januar 1950);

– sich nicht fürs Spielcasino erwärmen konnte (19. Januar 1950);

– die Tariferhöhung der Fährepreise für Fahrräder mit kleinem Anhänger beanstandete, »da diese in der vorgesehenen Steigerung eine unbillige Härte gerade der kleinen Leute bedeute« (12. Januar 1951). Ihr Einspruch hatte wohl Erfolg, denn im Protokoll ist von »Korrekturen« der Vorlage »hinsichtlich der aufgeworfenen Behandlung von Radfahrern« zu lesen;

– anregte, die Schülerspeisung für »ernährungsergänzungsbedürftige Volksschüler« auf weitere 155 Kinder auszudehnen, wonach der Stadtrat dann die Speisung (Milch und Brötchen) von 300 Kindern für 200 Tage beschloß (29. März 1951);

– die geplanten Mieten für die Wohnungen im Kuhmoos für zu hoch halte (29. März 1951);

– gegen eine neue Beleuchtungsanlage an der Seestraße plädierte mit der Begründung, »daß es vordringlichere Aufgaben zu finanzieren gebe« (15. März 1951); ähnlich argumentierte sie (gemeinsam mit fünf anderen RatskollegInnen) in Sachen Yachthafen (5. April 1951);

– bezüglich der Beschaffung einer neuen Fähre erklärte, »daß sie an sich geneigt sei, für das Fortschrittliche einzutreten, aber nicht an eine ständige Steigerung der Verkehrsentwicklung im Tempo des bisherigen Ausmaßes glaube« und sie sich daher »zur Notwendigkeit der billigeren Lösung bekenne«, d.h. zu einer kleineren Fähre, die dann auch mit 20:3 Stimmen vom Stadtrat genehmigt wurde (12. April 1951);

– in den neuerlichen Maßnahmen zur Sicherung der Kohleversorgung »eine Zwangslage verfehlter Bonner Regierungspolitik« sah (12. April 1951);

– für die städtischen Omnibusse »jede Fahrpreiserhöhung als unsozial ablehne mit dem Bemerken, die Stadtwerke müßten als Ganzes betrachtet werden, wodurch der Fehlbetrag bei den Verkehrsbetrieben ausgeglichen werde« (21. Juni 1951);

– vorschlug, der »Frauenarbeitsschule wieder wie früher zwei Räume zur Verfügung zu stellen. Außerdem sollte an die Anschaffung von ein oder zwei neuen Nähmaschinen gedacht werden« (23. August 1951);

– mitteilte, es seien ihr kürzlich wieder Klagen über die Verpflegung im Krankenhaus zugegangen (23. August 1951);

– als einzige gegen den ordentlichen und außerordentlichen Haushaltsplan 1951 stimmte (23. August 1951);

– im Zusammenhang mit dem winterlichen Streudienst auf die »unmöglichen Wegverhältnisse« in der Hussen- und Wessenbergstraße aufmerksam machte (18. Februar 1952);

– sich mit zwei weiteren Ratsmitgliedern bezüglich der drohenden Abschaffung des ambulanten Milchhandels für die Interessen der Kleinhändler einsetzte und auch auf die Lage der Hausfrauen hinwies, die »keine Zeit zum Anstehen am Milchladen haben« (18. Februar 1952);

– beim Thema »Wohnraum für Besatzungsverdrängte« den Abzug der Besatzungstruppen forderte. Wörtlich: »In diesem Fall wäre die Frage der Wohnungsverdrängten mit einem Schlag behoben« (27. März 1952);

– gegen einen Offenlagen-Beschluß der vorangegangenen Stadtratssitzung über einen geplanten Untermieterzuschlag in städtischen und spitälischen Wohnung Einspruch erhob, sowie über unklare Gasrechnungen, die viele Familien bekommen hatten, Aufklärung erbat (8. Mai 1952).

Auch das passierte: Im Protokoll der öffentlichen Stadtratsitzung vom 3. Juli 1952 las ich zwar den Namen meiner Mutter als anwesend, fand dann aber zu meinem großen Erstaunen keine Wortmeldung von ihr in der sehr langen Niederschrift, erst am Schluß folgende Erklärung:

»Konstanz, den 2. Juli 52

Betr.: Haushaltsberatung

Da ich durch eine Verpflichtung, die schon längere Zeit vorbereitet ist, verhindert bin, an der Etatberatung teilzunehmen, gebe ich folgende Erklärung ab:

1. Der Voranschlag enthält Positionen, die ich in früheren Beratungen schon abgelehnt habe.

2. Im Voranschlag wird von einer beabsichtigten Erhöhung der Gebühren für Abortgrubenentleerung und für die Kehrichtabfuhr geschrieben.

In Konsequenz des ersten Punktes und weil ich nicht für die Erhöhung der Gebühren bin, lehne ich den Etat in seiner Gesamtheit ab.

Kommunistische Partei Deutschlands

gez. Johanna Hemm, Stadtrat«

Mit dem Stadttheater im Clinch

Meine Mutter war zwar kulturinteressiert, hatte aber eher ein Faible für die leichte Muse. Sie liebte Operetten, und ich erinnere mich, daß sie diese in den ersten Nachkriegsjahren angebotenen Vorstellungen des Konstanzer Theaters mit Freuden aufnahm. Auch mein Vater war immer mit von der Partie, und ich durfte mir dabei ebenfalls die ersten Operetten-Eindrücke holen. Wir waren alle drei begeistert, besonders wenn die Aufführungen im Sommer im Stadtgarten gezeigt wurden (»Vetter aus Dingsda«, »Im weißen Rössel«...)

Aber mit der Spielzeit 1947/48 war meine Mutter nicht zufrieden, wie sie im »Südkurier« vom 13. April 1948 kundtat:

»... wer nach des Tages harter Arbeit in der Werkstatt, Fabrik oder Büro schnell nach Hause springt, ißt und sich beeilen muß, daß er noch rechtzeitig ins Theater kommt, der möchte auch einmal was anderes sehen als nur immer klassische Stücke. Nicht, daß die werktätige Bevölkerung diese nicht verstünde; (wie die Theaterleitung wohl annahm, als sie den Gewerkschaften als Abonnementsvorstellung ›Schneewittchen‹ anbot; das war direkt eine Beleidigung) – nein, aber die Menschen möchten neben der Arbeit auch einmal eine Freude haben, die vom Theater durch Aufführung von musikalischen Werken gegeben werden könnte...«

Das Stadttheater konterte ebenfalls im »Südkurier« (23. April 1948), und dies meines Erachtens mit guter Begründung.

Besonders heiße Diskussionen zum Thema Stadttheater stellten sich in der zweiten Stadtratsperiode meiner Mutter ein, als der damalige Intendant Heinz Hilpert, während dessen Amtszeit das Haus »Deutsches Theater« hieß, um seine Entlassung ersuchte, wozu der Stadtrat »diskussionslos« seine Zustimmung erteilte.

Laut Ratsprotokoll wurde meine Mutter aber dann doch aktiv:

»Später ergriff Frau Stadtrat Hemm das Wort, um daran zu erinnern, daß ihre Fraktion (KP) der seinerzeitigen Berufung Hilperts als Intendant des Stadttheaters mit sehr gemischten Gefühlen gegenüber gestanden und die Entwicklung diese Zurückhaltung gerechtfertigt habe. Sie kritisierte den Spielplan, der in keiner Weise auf die Konstanzer Verhältnisse und Wünsche zugeschnitten sei. Hilpert führe kein volksnahes Theater, er komme reichlich spät auf den Einfall von Gewerkschaftsveranstaltungen, habe namhafte Autoren bei Anerbieten von Uraufführungen in verletzender Form abgewiesen, die Sympathie der Konstanzer verscherzt, in personeller und finanzieller Hinsicht (...) eine unverantwortliche Mißwirtschaft getrieben.

Hilpert sei die Auflage zu machen, über die finanziellen Verhältnisse Rechnung zu legen. Ihre Fraktion sei für die Entbindung Hilperts aus dem Vertragsverhältnis, sie verlange aber bis zum Endzeitpunkt eine strikte Einhaltung des Vertrags. (...) Auch die Bevölkerung habe ein Recht und ein Interesse daran, zu erfahren, in welchem Umfang bisher das Deutsche Theater seitens der Stadt in finanzieller Hinsicht gestützt wurde.« (22. Dezember 1949)

Die Theaterfrage wurde eine Weile zum Dauerbrenner im Gemeinderat, wobei am 19. Januar 1950 zunächst die Frage im Raum stand, ob ein Teil des »Beratungsgegenstands« in die nichtöffentliche Sitzung verlegt werden solle.

»Dem widersprach Frau Stadtrat Hemm und verlangte eine uneingeschränkte öffentliche Behandlung der Theaterfrage.«

Allerdings kam meine Mutter damit nicht durch – Abstimmungsergebnis 19:1! Der »Südkurier« schrieb dazu am 21. Januar 1950: »... Interne Einzelheiten wurden vom Oberbürgermeister in die nichtöffentliche Sitzung übernommen, so sehr ihm deswegen Frau Hanna Hemm und die Anwesenden grollten...«

Als darauf in der nichtöffentlichen Sitzung die Theaterfrage in Hinblick auf die Schuldenübernahme durch die Stadt sowie den Plan Hilperts, die Hälfte des Ensembles an seinen neuen Wirkungskreis »mitzunehmen«, nochmals erörtert wurde, erhob meine Mutter »gegen das Vorhaben schärfsten Einspruch mit der Begründung, daß die Stadt nicht dazu da sei, den Bankrott Hilperts zu zahlen«.

Der Stadtrat erklärte sich jedoch mehrheitlich mit der vorgelegten Schuldenregelung einverstanden und bekannte sich anschließend »in voller Einmütigkeit« zur Fortführung des Theaters unter neuer Leitung durch Dr. Arthur Schmiedhammer.

Schließlich entdeckte ich in einem späteren Protokoll (s. umseitige schöne handgeschriebene Seite!) nochmals einen Diskussionsbeitrag meiner Mutter zum Thema Stadttheater:

»Frau Stadtrat Hemm brandmarkte die unverantwortliche finanzielle Mißwirtschaft der Theaterleitung, insbesondere die Nichtabführung der sozialen Beiträge. Man müsse sich sehr überlegen, der Theaterleitung nochmals eine Chance zu geben. Grundsätzlich bekenne sie sich zu den Kulturnotwendigkeiten, aber sie sehe in den Vorschlägen des Kulturausschusses keine befriedigende Lösung der Misere. (...) Die Stimmung in der Stadt sei sehr erregt, der Stadtrat werde von der Bevölkerung nicht mehr ernst genommen, wenn er das noch mitmache...« (12. April 1951)

Geschäftsführung erwartet.

Frau Stadtrat Hamm brandmarkte die unverantwortliche finanzielle Mißwirtschaft der Theaterleitung, insbesondere die Nichtabführung der sozialen Beiträge. Man müsse sich sehr überlegen, der Theaterleitung nochmals eine Chance zu geben. Grundsätzlich bekenne sie sich zu den Kulturnotwendigkeiten, aber sie sehe in den Vorschlägen des Kulturausschusses keine befriedigende Lösung der Misere. Die Zeit werde beweisen, daß das Theater unter 200.000.- DM Jahreszuschüssen nicht durchhalten könne und die Schwierigkeiten nicht nur jetzt, sondern auch im Herbst und im Frühjahr den Stadtrat erneut beschäftigen würden. Dr. Schmidhammer werde es nicht schaffen. Man dürfe ihm auch den Ausweg auch nicht zu leicht machen. Die Stimmung in der Stadt sei sehr erregt, der Stadtrat werde von der Bevölkerung nicht mehr ernst genommen, wenn er das noch mitmache; es müßten neue Mittel und Wege gefunden werden.

Stadtrat Zeller weist auf die fremdenverkehrspolitische Bedeutung

Auszug aus dem Protokoll der Stadtratsitzung vom 12. April 1951 mit dem Diskussionsbeitrag meiner Mutter zum Thema Stadttheater.

Lokales in den »Konstanzer Wahrheiten«

In den »Konstanzer Wahrheiten« wurde neben allgemein politischen Aktualitäten auch immer wieder über die Tätigkeit meiner Mutter im Gemeinderat berichtet, so zum Beispiel 1952 über ihre Haltung zu den Gas- und Strompreiserhöhungen, mit denen sie nicht einverstanden war. Dazu nannte sie drei Argumente, wovon ich hier nur eines herausgreife, »daß es weiter unmöglich sei, daß die Bevölkerung noch mehr belastet wird. In einer Zeit, wo bei Lohnforderungen der Schaffenden die Arbeitgeber – wie beispielsweise in der Textilindustrie – erklären, daß aus einem leeren Kassenschrank nichts herausgenommen werden könne, jetzt gesagt werden muß, daß aus einer leeren Lohntüte auch nichts herausgenommen werden kann. Sie lehne die Erhöhung ab...«

Laut »Konstanzer Wahrheiten« wies meine Mutter in diesem Zusammenhang außerdem darauf hin, daß die Politik der CDU die Bedingungen schaffe, die zu Preiserhöhungen führen... Die von der Verwaltung geforderten Erhöhungen wurden trotzdem vom Stadtrat beschlossen, der Strompreis bei zwei, der Gaspreis bei fünf Gegenstimmen und jeweils zwei Enthaltungen.[233]

Zu dem Wohnungsproblem in Konstanz war in der zweiten Ausgabe ein ausführlicher Artikel zu lesen:

»... Wohnungen sind knapp, sehr knapp...

... Mit der gerechten Verteilung des Wohnraumes ist aber das Wohnungsproblem noch lange nicht gelöst. Abgesehen von den Bauten für die Besatzungsmacht hält sich der Neubau von Wohnungen in Konstanz in bescheidenen Grenzen. Durch diese Bautätigkeit, die durch die überhöhten Preise für Baumaterialien noch geringer werden wird, ist für lange Zeit keine Behebung der Wohnungsnot zu erreichen. Aber 500 Kasernen sollen in Westdeutschland gebaut werden.

Solange aufgerüstet wird, solange Deutschland geteilt ist, solange wir jährlich zwölf Milliarden für Besatzungskosten und Generalvertrag ausgeben, solange werden auch die Wohnungen knapp sein.

Die Wohnungsnot wird erst dann beseitigt werden können, wenn wir ein einheitliches Deutschland, einen Friedensvertrag haben, wenn alle Besatzungstruppen unser Land verlassen haben, wenn das, was wir bauen, auch uns gehört. Dann werden wir auch in Konstanz so herrliche Bauten für die Arbeiter errichten können wie die Berliner im demokratischen Sektor beim ›Nationalen Aufbauprogramm‹ für Berlin.«[234]

Auch der städtische Zuschuß von 25000 DM für den Umbau des Spielkasinos wurde von meiner Mutter laut »Konstanzer Wahrheiten« nicht gutgeheißen. »Dafür hätten acht schöne Wohnungen gebaut werden können.«[235]

Weiter wurden in den »Konstanzer Wahrheiten« der Vergabemodus der Wohnungen sowie das Wohnungsamt und dessen Leiter kritisiert:

»In der Stadtratsitzung vom 24.4.53 stellte unsere Stadträtin Hanna Hemm folgenden Antrag: ›Auf Grund der Aussprache in der letzten Sitzung des Wohnungsausschusses (...) wird der Leiter des Wohnungsamtes bis zur Klärung der Angelegenheit beurlaubt‹...«[236]

Aber es bewegte sich anscheinend nichts. Ich fand lediglich in einer späteren Ausgabe der »Konstanzer Wahrheiten« nochmals eine Notiz, mit der an den Antrag meiner Mutter erinnert wurde, und die Feststellung, daß man die Angelegenheit mit vielen Ausreden verzögert habe. Und dazu die Frage:

»Wann gedenkt die Stadtverwaltung diese dunkle Angelegenheit zu bereinigen und die nötigen Konsequenzen zu ziehen?«[237]

Offensichtlich wurde noch immer nicht reagiert. Andererseits tat sich etwas Interessantes beim Wohnungsbau in Konstanz: Die Firma Stromeyer hatte der Stadt ein zinsloses Darlehen gegeben, was zunächst zu einem Flugblatt der Konstanzer KPD und dann zu einem längeren Artikel in den »Konstanzer Wahrheiten« führte:

»L. Stromeyers wohlfeile Million!

... Unsere Genossin Hemm hat sich in besagter Stadtratsitzung dem Dank der Genossin Leonhardt für das Geld zu Wohnbauzwecken angeschlossen und daran die Bitte geknüpft, daß bei der Vergebung der Wohnungen für die Arbeiter der Betriebsrat ein Mitbestimmungsrecht haben soll...

... Daß wir Kommunisten diese Darlehensgewährung aufgriffen, lag angesichts der Verweigerung einer Lohnerhöhung für die Textilarbeiterschaft geradezu in der Luft; ein Schweigen unsererseits wäre unverantwortlich gewesen...«[238]

Zur Haushaltsdebatte im Jahr 1953 stand ebenfalls ein Artikel in den »Konstanzer Wahrheiten« mit der Überschrift: »Warum stimmte Frau Stadtrat Hemm gegen den Haushaltsplan?« Obwohl die Begründung für diese Entscheidung interessant ist, muß ich hier auf weitere Einzelheiten verzichten. Daß meine Mutter den Zuschuß für das Europahaus lieber für kostenloses Lernmaterial an bedürftige Schüler umgemünzt hätte, war nur einer ihrer Vorschläge, die sie bei der Etatberatung einbrachte. Meine Mutter war übrigens wieder die einzige, die den Etat ablehnte.[239]

Vor der Gemeinderatswahl 1953 wurde in den »Konstanzer Wahrheiten« nochmals Rückschau auf die ablaufende Amtszeit und auf Aktivitäten meiner Mutter gehalten. Nur einige Sätze aus diesem langen Artikel:

»... Die Stadträtin Hanna Hemm hat im Laufe ihrer Tätigkeit immer wieder vor der Öffentlichkeit berichtet und sich stets bei ihrer Arbeit im Stadtrat von dem Gedanken leiten lassen, nicht nur die Interessen ihrer Wähler, sondern die Interessen der gesamten Bevölkerung der Stadt Konstanz zu vertreten...

... Sie sind der Meinung, daß unsere Genossin Hanna Hemm der Erhöhung der Strom- und Gaspreise, der Kehrichtabfuhr und Grubenentleerungsgebühr ihre Zustimmung hätte geben sollen? Sie hat es nicht getan, um jede weitere Belastung von der Konstanzer Bevölkerung abzuwenden, denn jede weitere Belastung soll dazu beitragen, die Lasten der Bonner Finanz- und Steuerpolitik auf die Gemeinde abzuwälzen...«[240]

Der § 218 und der Stadtrat

Ein Protokollabschnitt einer nichtöffentlichen Sitzung beim Punkt »Städtische Frauenklinik« machte mich besonders betroffen. Zum Problem wurden die (wenigen) dort vorgenommenen Schwangerschaftsabbrüche und Sterilisationen, weshalb die in der Klinik beschäftigten Lioba-Schwestern bzw. deren Ordensleitung ihren 1923 geschlossenen Vertrag kündigen wollten. Die Anstalt Reichenau (heute Zentrum für Psychiatrie) war als Ausweichsort für solche Eingriffe vorgesehen. Dazu meine Mutter:

»Frau Stadtrat Hemm erklärt, daß es sich hier um eine sehr schwierige Frage handle. Man sollte aber Mittel und Wege finden, damit diese medizinisch notwendigen Dinge weiterhin durchgeführt werden können. Sie könne sich nicht befreunden mit der Ausweichmöglichkeit auf der Reichenau, schon wegen des Namens.«

Dazu sagte der damalige Leiter der Frauenklinik Dr. Welsch u.a.:

»... Unter der Voraussetzung der Zustimmung des Stadtrats sei er deshalb bereit, zu erklären, daß die genannten Eingriffe in der Städt. Frauenklinik nicht mehr durchgeführt werden sollen, weil eine personelle Besetzung mit weltlichen Schwestern nicht möglich sei...«

Der (männerdominierte) Stadtrat war damit einverstanden. Als Ausweichmöglichkeit wurde im Protokoll das Staatliche Gesundheitsamt genannt[241], was sicher für viele Betroffene keine adäquate Alternative war.

Einfach nur ärgerlich oder auch politisch?

Manchmal mußte meine Mutter im Gemeinderat Protest anmelden, wie ich aus einigen Protokollen[242] schließe:

»Ich lege wert auf die Feststellung, daß ich betr. die Kartoffelversorgung weitergehende Lieferung als in der Entschließung verlangt habe. – gez. Johanna Hemm.« (12. August 1947)

»Ich vermisse meinen Antrag, daß den Klein- und Sozialrentnern generell eine Winterbeihilfe von je 50.- RM gewährt werden soll. Es erfolgte kein Widerspruch. – gez. Johanna Hemm.« (25. September 1947)

Bisweilen bemängelte meine Mutter scheinbar formale Dinge, zum Beispiel die Tagesordnung einer Sitzung, bei der über »Entwicklung der Gas- und Strompreise« gesprochen werden sollte. Sie vertrat die Ansicht, es könne zwar darüber diskutiert, aber nicht abgestimmt werden. Doch ihre Haltung wurde von der Mehrheit der Ratsmitglieder nicht geteilt: Die Abstimmung wurde durchgeführt. (12. August 1952)

Dieses Verfahren kritisierte meine Mutter zudem in den »Konstanzer Wahrheiten«:

»Anscheinend habe man seitens der Stadtverwaltung nicht den Mut besessen, die gewünschte Erhöhung offen auf die Tagesordnung zu setzen. Sie beanstande das und unterstreiche damit, was schon mehrmals auch seitens der SPD und DP über die mangelhaft aufgesetzte Tagesordnung gesagt worden sei...«[243]

Meine Mutter schaute sich offensichtlich auch die Sitzungsniederschriften genau durch, denn einmal entdeckte ich einen Vermerk: »Diesen letzten Satz habe ich nicht gesagt. – gez. J. Hemm.« Im Protokoll ist er (daher?) in Klammern gesetzt. (15. September 1952)

Besonders ärgerlich war sicher für meine Mutter (und ihre GenossInnen), daß der KPD der städtische Bürgersaal als Versammlungsort verwehrt wurde. Ich entsinne mich noch gut, wie empört sie darüber war. Meine Mutter erhob laut Ratsprotokoll Einspruch gegen diese Absage und beantragte, »eine grundsätzliche Entschließung des Stadtrats herbeizuführen«. Dabei bemerkte sie, daß »die CDU nicht auf den Bürgersaal angewiesen sei wie die KPD. Die Bibelforscher würden den Saal ja auch erhalten. Man sollte deshalb die bisherige Tradition weiterführen.« (31. Oktober 1952)

In der darauf folgenden Stadtratssitzung am 14. November (im nichtöffentlichen Teil) plädierte meine Mutter für die »Beibehaltung des bisherigen Zustandes«, der bisher keine Beanstandungen verursacht habe. Größenverhältnisse, zentrale Lage, Neutralität des Raumes ohne Bewirtschaftung, waren ihre (einleuchtenden?) Argumente, aber es half nichts. »Mit überwiegender Mehrheit« wurde beschlossen, »den Bürgersaal künftig generell für die Abhaltung von Veranstaltungen parteipolitischen Charakters zu sperren«. Es lebe die Gleichbehandlung! Oder der Antikommunismus?

Die Gemeinderatswahl 1953 und das Aus für die KPD

Die letzten Gemeinderatswahlen (und Kreistagswahlen) vor dem KPD-Verbot waren am 15. November 1953. Dem mir vorliegenden Flugblatt nach trat die KPD mit meiner Mutter als Erstkandidatin für beide Wahlen an. Vier weitere Genossinnen und 15 Genossen wurden als »Unsere Kandidaten« vorgestellt, die ersten fünf mit Bild und einem kleinen Lebenslauf.

Seite zwei des Flugblatts enthielt einen kurzen Rechenschaftsbericht über die Gemeinderatstätigkeit meiner Mutter, darin stand u.a.: »... vertrat sie immer die Forderung, den sozialen Wohnungsbau zu fördern...

... Als Gewerkschafterin sah sie die Sicherung der Arbeitsplätze und die Verbesserung der Arbeitsbedingungen als Hauptbestandteil ihrer Arbeit.

... Sie war im Parlament die Sprecherin für die werktätigen Frauen, aber auch zugleich eine Vertreterin einer Politik, die die entscheidendste Forderung des ganzen deutschen Volkes nach Einheit und Frieden zum Ausdruck brachte.«

Ferner wurden in dem Flugblatt die damaligen Forderungen der KPD in der Konstanzer Kommunalpolitik aufgelistet:

»Am 15. November geht es um Eure eigenen Interessen in der Gemeinde und im Kreis

Es geht um Wohnungen zu tragbaren Mieten
Es geht um ordentliche Schulverhältnisse
Es geht darum: keine neuen Steuern und Gebührenerhöhungen einzuführen
Es geht um das Wohl unserer Gemeinde
Es geht um eine saubere Verwaltung
Es geht um den Schutz unserer Jugend.«

Und schließlich der Satz: »... Wir sind nicht gewillt, im Konstanzer Parlament Adenauer-Politik zu machen, die dazu führt, daß das deutsche Volk in einem neuen Krieg elendiglich zugrunde gerichtet werden soll...«[244]

Leider konnte meine Mutter bei dieser Wahl mit 2,4 % der Stimmen[245] für die KPD kein Mandat mehr erringen. Dazu Rolf Lachenmaier:

»Hanna Hemm (...) verfehlte mit 1914 Stimmen zwar deutlich den Wiedereinzug in den Stadtrat, doch vereinigte sie mit diesem Ergebnis 21,9 % aller Voten für die KPD auf sich.«[246]

Ich weiß noch gut, daß meine Mutter sehr enttäuscht über dieses Ergebnis, auf ihren »eigenen Stimmenanteil« dennoch ein Stück weit stolz war. Sie schrieb dazu in den Konstanzer Wahrheiten einen längeren Artikel, den ich auszugsweise zitieren möchte:

Deine Stimme der Liste 5

Wählt KPD

Alber Heinrich

Alber Heinrich, am 18. März 1903 geboren, fand schon früh den Weg zur Arbeiterbewegung und war stets bereit, sich aktiv für die Interessen der Arbeiter einzusetzen. In seinem beruflichen Leben lernte er die Sorgen und Nöte der Arbeiter und des Handwerks kennen. Sein ganzer persönlicher Einsatz galt stets dem Kampf um die Erhaltung des Friedens, da er die Kriege mit ihren furchtbaren Auswirkungen im Prinzip ablehnt.

Hans Wascheck

Hans Wascheck ist am 20. Oktober 1904 geboren. Schon als Kind wurde er unter schweren sozialen Bedingungen vertraut mit dem Kampf der Arbeiter für eine bessere Zukunft. Deshalb fand er früh den Weg zu den Organisationen der Arbeiterklasse, in deren Reihen er stets in vorderster Front stand. Seine aktive Mitarbeit im politischen und gesellschaftlichen Geschehen hinterläßt bei allen Menschen, die mit ihm beruflich oder gesellschaftlich zusammenstoßen, die Überzeugung, daß er ein konsequenter Verfechter der Sache der Arbeiter ist.

Hanna Hemm

Hanna Hemm ist am 12. Oktober 1901 geboren. Durch ihre gesellschaftliche und politische Tätigkeit in unserer Heimatstadt Konstanz ist Hanna Hemm zu einer Persönlichkeit geworden. Von Jugend auf mit der Arbeiterbewegung verbunden, ihre Mitgliedschaft zu den fortschrittlichsten Organisationen, machten sie gleichzeitig zu einer aktiven Kämpferin für die Interessen der Arbeiter. Als Geschäftsführerin der Gewerkschaft Textil und Bekleidung ist ihr Name und ihre persönliche, sowie politische Haltung zu einem Begriff geworden. Als Stadträtin ist sie die Sprecherin der werktätigen Bevölkerung von Konstanz auf dem Rathaus. Keine Mühe und keine Arbeit ist ihr zuviel, wenn es darum geht, die Interessen unserer Heimatstadt Konstanz zu vertreten.

Wolfgang Grunewald

Wolfgang Grunewald ist am 17. Juli 1922 geboren. Als Arbeiterkind geriet er frühzeitig mit den gesellschaftlichen und politischen Verhältnissen in Widerspruch und wurde zu einem entscheidenden Gegner des Krieges, den er als junger Mensch kennen lernen mußte. Als Sprecher der Jugend kennt er nur eines, alles zu tun, um die Jugend von der Gefahr der Rekrutierung zu schützen. Seine politische Aktivität ist der Ausdruck für die hohe Bereitschaft, sich stets bis zur letzten Konsequenz für die Interessen des ganzen deutschen Volkes einzusetzen.

Rudolf Beckert

Rudolf Beckert ist am 30. Mai 1907 geboren. Ein Arbeiter, von Beruf Zimmermann. Er kennt die Schwere des Kampfes um ein besseres Leben. Er weiß, wie notwendig es ist, daß die Arbeiter gemeinsam den Kampf um bessere Arbeitsbedingungen führen müssen. Deshalb ist er stets aktiv und unermüdlich in dem Bemühen, die Lage der Werktätigen zu verbessern.

Kommunalwahlkampf im Jahr 1953.

»Nachträgliches und Nachdenkliches zur Stadtratswahl«

»... Für die Kommunistische Partei wurden 369 unveränderte und veränderte Wahlzettel abgegeben, die Gesamtstimmenzahl der KPD belief sich auf 8744 Stimmen, das sind 2 % der abgegebenen Wahlzettel bzw. 2.4 % der abgegebenen Gesamtstimmen...

... Ich selber habe 1914 Stimmen für mich verbuchen können, was zeigt, daß ich sehr oft auf andere Wahlvorschläge übernommen wurde. Dies beweist, daß ich ein gewisses Vertrauen in allen Teilen der Konstanzer Bevölkerung genieße. Für dieses Vertrauen danke ich allen meinen Wählern recht herzlich. Es geschah kurz nach der Wahl sehr oft und geschieht auch heute noch ab und zu, daß mir die Enttäuschung darüber zum Ausdruck gebracht wird, daß ich nicht mehr im Stadtrat bin.

Nun lege ich mir immer wieder die Frage vor, warum haben die Leute mich persönlich so oft gewählt, aber nicht den Stimmzettel meiner Partei abgegeben. Das Vertrauen dieser Wähler zu mir ist doch bestimmt ein Ergebnis meiner bisherigen Arbeit im Stadtrat. Aber was ich im Stadtrat tat, tat ich doch als überzeugtes Mitglied der KPD und tat ich im Übereinklang mit meiner Partei. Wenn man also meine Stadtratstätigkeit bejaht, dann müßte man zwangsläufig auch die Politik der KPD bejahen. Daß dies nicht geschah, ist der Wermutstropfen im Freudenbecher meiner 1914 Stimmen...«

Doch es kam für meine Mutter bei dieser Gemeinderatswahl noch eine weitere Enttäuschung hinzu:

»... Was sehr bedenklich stimmen muß, ist aber die Tatsache, daß es der Mager-Gruppe gelang, ein Mandat zu erhalten und daß dieser Stadtrat ausgerechnet Mager selbst ist. Für die Konstanzer Bevölkerung ist er die Verkörperung des Nationalsozialismus, war er doch während des 3. Reiches Bürgermeister von Konstanz. Daß diese Wählergruppe, sie nannte sich klugerweise nicht Partei, fast 1200 Wahlzettel für sich verbuchen konnte, läßt gewisse Rückschlüsse auf die Gesinnung eines Teiles der Konstanzer Wähler zu...

... Daß Sie alle Vorkommnisse im Konstanzer Stadtrat wohl verfolgen, sich gut merken und Sie in drei Jahren die notwendigen Konsequenzen ziehen mögen, das hofft von Ihnen

Ihre Hanna Hemm«[247]

Meine Mutter war oft bei Wahlauszählungen anwesend, teils aus Interesse, teils als Wahlbeisitzerin. Sie erzählte gerade von dieser Wahl 1953, die bereits nach dem noch heute geltenden Wahlmodus (mit Kumulieren und Panaschieren) verlief, daß sie sich über manche Wahlzettel gewundert habe: Es sei zum Beispiel keine Seltenheit gewesen, daß die Kommunistin und bekannte Gewerkschafterin Hanna Hemm mit dem Unternehmer Stromeyer von WählerInnen auf einer Liste »vereint« worden sei.

Zu dieser Wahl 1953 fällt mir noch eine Begebenheit ein, die unsere ganze Familie sehr nachhaltig und schmerzhaft berührte: Nach den Wahlen erhielt meine Mutter eine Beileidskarte, unterzeichnet »von denen, die die KPD nicht gewählt haben«. Das war eine schlimme Sache für uns. Sie zeigte, wie stark sich der Antikommunismus breit gemacht hatte, wie er sogar persönlich verletzend sein konnte. Und das, obwohl meiner Mutter auch in ihrer Gemeinderatsarbeit immer wieder und von allen möglichen Seiten starkes menschliches Engagement, Sachverstand und Geradlinigkeit bescheinigt wurden. Sogar von Nicht-Gleichgesinnten. Meine Mutter erwähnte in diesem Zusammenhang, daß Regierungsrätin Hilde Sturm von der CDU, eine von ihr sehr geschätzte Ratskollegin, einmal gesagte hatte: »Frau Hemm, Sie sollten bei uns sein.« Das tat meiner Mutter persönlich sicher wohl und drückte vielleicht auch eine gewisse Verbundenheit von Frauen untereinander aus.

Meine Mutter blieb den kommunalen Interessen der Stadt und ihrer BürgerInnen trotz ihrer Abwahl verbunden. Sie besuchte noch so manches Mal die Stadtratsitzungen und berichtete nach wie vor in den »Konstanzer Wahrheiten« über städtische Geschehnisse. Ob es sie schmerzte, sich nicht mehr stärker engagieren zu können?

Wie ich die Sache damals sah

Mit meinen gut zehn Jahren verstand ich 1946 noch nichts von diesem neuen Amt meiner Mutter, ich sah nur, daß immer Einladungen zu Gemeinderatssitzungen im Briefkasten lagen, die nicht per Post, sondern per Boten gebracht wurden. In der Regel waren die Sitzungen donnerstags um 16 Uhr. Meine Mutter ging aber oft früher von zu Hause weg, um vorher die »Offenlagen« zu studieren. Ich bekam auch mit, daß bei uns immer wieder Leute in der Fischenzstraße erschienen, um Rat oder Hilfe zu erbitten, wobei ich mich besonders an Wohnungssuchende entsinne.

Gut in Erinnerung ist mir noch die Tatsache, daß meine Mutter relativ bald nach dem Krieg ein Mal wöchentlich in die Schweiz durfte. Sie hatte dabei die vom Gemeinderat übertragene Aufgabe, im Tägermoos bei den Paradieslern eine gewisse Kontrolle auszuüben, ob diese ihre Erzeugnisse auch ordentlich an den Sammelstellen ablieferten oder nicht etwa in der Schweiz – gegen gute »Fränkli« – verhökerten. Daß die Gemüsegärtner aus dem Tägermoos 75 % ihrer Erzeugnisse nach Konstanz einführen mußten, ansonsten mit dem Entzug der Grenzkarte zu rechnen hatten, weiß ich zwar noch, nicht aber, wie die Kontrolle durch meine Mutter erfolgte. Hart dürfte sie wohl nicht gewesen sein. Für mich war dabei wichtig, daß meine Mutter in die Schweiz durfte und daß dann ab und zu » e Schoklädle« (letztendlich von meiner Tante in St. Gallen finanziert) abfiel.

Ich habe auch verschiedene Baumaßnahmen im Gedächtnis, die damals den Gemeinderat beschäftigten und über die bei uns zu Hause manchmal diskutiert wurde, so über die »Schlichtwohnungen« im Käthe-Kollwitz-Weg, das Jugendhaus Raiteberg, das Rondell am Fähreanlegeplatz in Staad, wozu ich im Ratsprotokoll auch Vorschläge meiner Mutter las.[248] Ein weiteres Problem kenne ich ebenfalls noch: Die Wollmatinger Bus-Linie, die nur mit Mühe eingerichtet werden konnte.

Erwähnenswert sind auch die gelegentlichen »Nachsitzungen« des Gemeinderats in den Räumen der Konstanzer Spitalkellerei, bei denen der menschlichen Kontakt unter den GemeinderätInnen gepflegt wurde, wobei meine Mutter bei entsprechenden Gelegenheiten (Fastnacht?) manche ihrer RatskollegInnen mit fröhlichen Versen bedachte. Leider gibt es davon keine Unterlagen mehr. Und ich selbst habe nur noch Bruchstükke davon im Kopf, zum Beispiel »Wen soll i no uf d'Schippe nehme – weller? – i mein doch grad de August Keller« oder, auf wen auch immer gemünzt: »Die Wollmatinger Linie, des schlechte Gas, me könnt fascht meine, was kümmert ihn das?«

Das (unverhoffte) Ende der Ratstätigkeit meiner Mutter: Die letzte Sitzung des Stadtrates vor der Wahl 1953. Meine Mutter vorn in der Bildmitte.

Genossin Johanna kandidiert auch bei anderen Wahlen

Kreistagswahlen

Die zweiten Wahlen der Nachkriegszeit waren die zur Kreisversammlung (Kreistag) am 13. Oktober 1946. Meine Mutter kandidierte dabei zwar nicht, wohl aber die KP (»Südkurier« vom 4. Oktober 1946); auf ihrer Liste standen wiederum einige mir bekannte Personen (Goguel, Henze, Bächler, Wallenwein). Die KP erhielt einen Stimmenanteil von 8,4 % und zog mit zwei Sitzen (einer davon Goguel) in das neue Gremium ein (»Südkurier« vom 15. Oktober 1946). Die erste Sitzung tagte am 29. Oktober im ungeheizten (!) Bürgersaal und wurde musikalisch umrahmt. Von den 30 Mandatsträgern waren 29 anwesend (»Südkurier« vom 31. Oktober 1946).

Bei den Kreistagswahlen im November 1948 war meine Mutter (»Hausfrau«) zwar nominiert, jedoch erst auf Listenplatz drei hinter zwei mir nicht bekannten Männern aus dem Singener Raum (»Südkurier« 4. November 1948). Die KP-Liste von Konstanz schaffte aber nur zwei Mandate (»Südkurier« vom 16. November 1948), die Partei selbst schnitt in Südbaden ebenfalls nicht sehr gut ab, was den »Südkurier« u.a. zu dem Satz bewog:

»Die Kommunisten sind in den Gemeinden (4,4 %) und in den Kreisen (6 %) weiter zurückgegangen und treten als politischer Faktor nicht mehr ausschlaggebend in Erscheinung.«

Ein noch schlechteres Ergebnis mußte die Partei bei der Kreistagswahl von 1953 hinnehmen, bei der meine Mutter (Berufsbezeichnung »Gewerkschaftssekretärin«) Erstkandidatin war: Die KPD konnte kein Mandat mehr erringen.

Landtagswahlen

Bei der ersten und einzigen Landtagswahl in Baden (1947) kandidierte meine Mutter nicht. Die Kommunisten stellten vier Abgeordnete im Badischen Landtag: Eckert, Eiche, Büche, Käthe Seyfried (»Südkurier« vom 20. Mai 1947). Unter den insgesamt 60 Landtagsabgeordneten befanden sich vier Frauen (»Südkurier« 3. Juni 1947).

Der erste Landtag im inzwischen gebildeten Bundesland Baden-Württemberg ging aus der Verfassungsgebenden Landesversammlung hervor, die am 9. März 1952 gewählt wurde. Meine Mutter trat dabei für die KPD im Wahlkreis Konstanz an, hatte aber keinerlei Chancen. Das Direktmandat fiel auf den CDU-Bürgermeister Hermann Schneider. Sie trug allerdings mit ihren Stimmen zum Gesamtergebnis der Partei von 5,1 % bei, was vier Abgeordneten von 121 entsprach (»Südkurier« vom 11. März 1952).

Bei der Landtagswahl 1956 – der letzten vor dem KPD-Verbot – bewarb sich meine Mutter wieder auf Platz eins; Hans Waschek war Zweitkandidat. In einem mir vorliegenden Flugblatt wurden nicht nur die beiden Lebensläufe (mit Foto) beschrieben, sondern auch Argumente angeführt und Fragen aufgeworfen, zum Beispiel »Frieden, Demokratie und sozialer Fortschritt oder Wirtschaftskrise, Aufrüstung, Krieg und Chaos?« So hieß es darin wörtlich:

»...Wir Kommunisten wollen die friedliche Wiedervereinigung Deutschlands. Dazu ist eine grundlegende Veränderung der Politik in Westdeutschland erforderlich. (...) Mit der Politik der Stärke und des Militarismus muß gebrochen werden...«[249]

Daran anschließend Vorschläge der KPD für die Bevölkerung des Wahlkreises auf den verschiedensten Gebieten, von der Verhinderung der Wehrpflicht über mehr Wohnungsbau, Krankenhauspflegesätze, Stipendien bis zu Gemeinschaftsschulen. Diesen Vorschlägen wurden die Auswirkungen der »Politik der Stärke« in den jeweiligen Punkten gegenübergestellt, und ich muß sagen, da ist leider manches eingetroffen, was Kommunisten damals an die Wand gemalt haben.

Zu jener Wahl entdeckte ich ein weiteres Flugblatt[250] mit der Ankündigung einer Versammlung im Unteren Konzilsaal (Referent Erwin Eckert: »Soll Konstanz auch noch Nato-Garnisonsstadt werden?«) und einen Versammlungsbericht im »Südkurier« vom 1. März 1956 mit folgendem Satz:

»Unverständlich ist, daß die anwesende kommunistische Kandidatin, Frau Hanna Hemm, es nicht für nötig hielt, über die Pläne und Absichten einiges zu sagen.«

Zwei Tage später veröffentlichte der »Südkurier« über »Frau Hanna Hemm (KP)« ein Foto und ein Interview mit ihr zu vier landespolitischen Fragen, wozu die Zeitung meinte, »die kommunistische Kandidatin habe leider eine Anzahl der Fragen, die der ›Südkurier‹ gestellt hatte, nicht beantwortet...«

Das Ergebnis auch dieser Wahl war enttäuschend, aber eigentlich absehbar: Die KPD kam nicht in den Landtag.

Bundestagswahlen

Am 14. August 1949 fanden die ersten Bundestagswahlen statt. Die KPD kandidierte natürlich. Und die Genossin Johanna? Wie bereits an anderer Stelle berichtet, war sie zwar zunächst als Kandidatin vorgeschlagen, aber nicht sie, sondern Rudi Goguel wurde schließlich Bundestagskandidat der KPD. Sicher war meine Mutter deswegen verärgert, doch sie gab wohl klein bei. Aus einer Notiz im »Südkurier« (11. August 1949) entnahm ich, daß beide, Rudi Goguel und meine Mutter, in einer Wahlversammlung der KPD referierten, ein Zeichen, daß sie sich offenbar nicht spinnefeind waren.

Das Ergebnis dieser Wahl war für die Kommunisten nicht erhebend; sie erhielten in Konstanz wie im Bundesdurchschnitt 5,7 %, was insgesamt 17 Mandate einbrachte (»Südkurier« vom 16. August 1949).

Nach dieser Bundestagswahl wurde, wie bei Joachim Arndt dokumentiert, von der Konstanzer Stadtkreisleitung der KPD eine Wahlanalyse verfaßt[251], die zu heftigen Auseinandersetzungen in einer Landesvorstandssitzung der Partei führte:

»... und die Konstanzerin Johanna Hemm, die die Wahlanalyse als einzige nicht mitgetragen hatte, schob Goguel die Hauptverantwortung für ihr Zustandekommen zu. ›Dabei‹, verteidigte sich Goguel, ›weiß die Genossin Hemm sehr wohl, daß einige Konstanzer Funktionäre viel schärfere und teilweise unverantwortliche Formulierungen vorbrachten, die ich abbog‹...«[252] So muß damals die Stimmung innerhalb der Konstanzer KPD nicht gut gewesen sein.

Entsprechendes las ich auch in einigen Dokumenten der KPD Badens aus den Jahren 1948 und 1949, u.a. im Protokoll einer Landesvorstands-

Der den Einwohnern unserer Stadt wohlbekannte
Erwin Eckert
Landtagsabgeordneter und ehem. Stadtpfarrer von Meersburg und Mannheim, spricht über das Thema:
„Soll Konstanz auch noch Nato-Garnisonstadt werden"?
am Dienstag, den 28. Februar 1956, abends 20.00 Uhr im unteren Konzilsaal
Eintritt frei!
KPD Ortsgruppe Konstanz
Freie Aussprache!
Herausgeber: KPD Ortsgruppe Konstanz
Verantwortlich: H. Stöhr, Konstanz
Druck: SWS, Singen

Weil die KPD furchtlos für eine bessere Ordnung kämpft, will sie die Adenauer-Regierung verbieten. 1933 fing es genau so an. Das Ende war der Krieg. Niemals darf sich das wiederholen.

Aus dem bisher gesagten kann es nur eine Schlußfolgerung geben:

Wer Frieden will und Wohlstand kann nur der KPD die Stimme geben!

Der Erst-Kandidat und der Zweit-Kandidat der KPD im Wahlkreis:

Hanna Hemm

Hanna Hemm ist am 12. Oktober 1901 geboren. Durch ihre gesellschaftliche und politische Tätigkeit in Konstanz ist Hanna Hemm zu einer Persönlichkeit geworden. Sie ist von Jugend auf mit der Arbeiterbewegung verbunden. Ihre Mitgliedschaft in den fortschrittlichsten Organisationen machten sie gleichzeitig zu einer aktiven Kämpferin für die Interessen der Arbeiter.

Als Geschäftsführerin der Gewerkschaft Textil - Bekleidung und durch ihr mutiges Eintreten für die Interessen der Schaffenden genießt sie hohe Achtung. Als Stadträtin war sie lange Zeit die Sprecherin der schaffenden Bevölkerung von Konstanz auf dem Rathaus. Keine Mühe und keine Arbeit ist ihr zuviel, wenn es darum geht, die Interessen der Werktätigen zu vertreten

Hans Waschek

Plattenlegermeister

Hans Waschek wurde am 22. Oktober 1904 geboren. Aus einer gut christlichen Familie trat er in frühester Jugend in die katholische Jugendbewegung ein und wurde dort zum aktiven Mitarbeiter. Während der Regierung Brüning mit ihren Notverordnungen, Lohn- und Rentenkürzungen kamen ihm die ersten Zweifel. Die Hetze gegen die Sowjetunion und die widersprechenden Nachrichten von dort veranlaßten ihn, im Jahre 1932 in die Sowjetunion zu fahren, um sich ein eigenes Bild von den dortigen Verhältnissen zu machen. In der Sowjetunion erkannte er, daß nicht die Feinde der Sowjetunion im Recht waren, sondern die Kommunisten. Nach langem Ringen und eifrigem Studium der Lehre von Marx, Engels und Lenin trat er der kommunistischen Partei bei. Sein ganzes Streben ist darauf gerichtet, für den schaffenden Menschen eine Verbesserung seines Lebens zu erreichen.

Geht alle am 4. März 1956 zur Landtagswahl! Entscheidet Euch

für die Kandidaten der KPD

Aus dem vierseitigen Flugblatt zur Landtagswahl 1956.

Frau Hanna Hemm (KP)

Auf die Fragen des Südkurier antwortete die Kandidatin der Kommunistischen Partei, Frau Hanna Hemm, wie folgt:

Frage 1: (Soll Konstanz Sitz eines Regierungspräsidiums werden?): Falls eine territoriale Neugliederung des Landes beschlossen werden sollte, werde ich den Anspruch der Stadt Konstanz auf den Sitz eines Regierungspräsidiums unterstützen.

Frage 2: (Welche Möglichkeiten gibt es, das Straßenbauprogramm zu unterstützen?): Der Ausbau der Bundesstraße 33 mit der so notwendigen Umleitung über die Reichenaustraße sowie der Ausbau der Landstraßen I. Ordnung ist eine unaufschiebbare Angelegenheit. Wie aber kann das verwirklicht werden? Der Konstanzer Abgeordnete müßte davon ausgehen, daß der Verkehr nach der Schweiz und in umgekehrter Richtung nicht nur eine Sache der Stadt Konstanz ist, sondern auch eine Sache des Landes bzw. des Bundes. Zur Sicherung der Mittel ist weiterhin notwendig, daß der Konstanzer Abgeordnete entschieden gegen jede Fortführung einer Politik eintritt, durch die das Land dem Bund immer wieder Mittel zur Durchführung der Aufrüstung zur Verfügung stellt.

Frage 3: (Unterstützung der Autofähre Konstanz—Meersburg): Die Fähre Konstanz—Meersburg hat sich in den 25 Jahren ihres Bestehens selbst getragen. Da sie ein Verkehrsmittel von außergewöhnlicher Bedeutung ist, liegt der Gedanke von staatlichen Zuschüssen nahe. Selbstverständlich muß der Konstanzer Abgeordnete im Landtag für unsere Fähre einen derartigen Antrag stellen.

Frage 4: (Soll Konstanz in das Kasernen-Neubauprogramm aufgenommen werden?): Die Klosterkaserne für kommunale Zwecke freizumachen und ein Teil des Geländes zur Neuordnung der Straßenführung zu verwenden, ist wohl denkbar. Aber warum dazu eine neue Kaserne bauen? Alle Besatzungstruppen sollten abziehen. Deutsche brauchten auch nicht zum Wehrdienst eingezogen werden, dann brauchte man weder alte noch neue Kasernen.

Hierzu meint der Südkurier: Die kommunistische Kandidatin hat leider eine Anzahl der Fragen, die der Südkurier gestellt hatte, nicht beantwortet. Es handelt sich um folgende Fragen: Großzügige Finanzhilfe für die Modernisierung der Konstanzer Abwasseranlagen. Höherer Zuschuß für Stadttheater und städtisches Orchester. Staatsmittal für die Anstalt für Bodenseeforschung in Konstanz-Staad. Schiffbarmachung des Hochrheins. Elektrifizierung der Schwarzwaldbahn auf der Strecke Konstanz—Stuttgart.

Abfuhr für Kommunisten

In der sozialdemokratischen Wahlversammlung am Donnerstag meldeten sich als Diskussionsredner auch Beauftragte der Kommunistischen Partei. Sie brachten die von kommunistischer Seite gewohnten und immer wiederholten Phrasen vor: Die kommunistische Sowjetzonen-Republik sei das Musterbeispiel für Deutschland, die Bundesrepublik solle völlig auf Verteidigungskräfte gegen den Kommunismus verzichten.

Die Versammlung reagierte darauf sofort, als man den kommunistischen Unterton der Äußerungen erkannte. Grollen und

Interview im »Südkurier« vom 3. März 1956.

sitzung, in der meine Mutter über die Konstanzer Stadtleitungssitzung mitteilte, daß von einer Vertrauenskrise der Partei gesprochen werde und »selbst Funktionäre ihres Kreises ideologisch nicht mehr bei der Partei stehen«. Dabei ging meine Mutter laut Protokoll mit manchen Genossen, besonders mit Rudi Goguel hart ins Gericht, eine Art, die ich selbst bei ihr gar nicht so kannte.[253]

Ferner fiel mir eine Einladung von 1949 an »Herrn und Frau Joh. Hemm« zu einer Mitgliederversammlung in Konstanz in die Hände, um unter der Leitung des Landesvorsitzenden Erwin Eckert u.a. »die Frage der Parteilinie« zu klären. Eine Neuwahl des Funktionärskörpers stand ebenfalls auf der Tagesordnung. Die Einladung im DIN A4-Format wurde per Post, jedoch ohne Umschlag, nur zweimal gefaltet, zugestellt, die Außenseite enthielt die Adresse, die Rückseite (innen) den Text.[254]

Schließlich die Bundestagswahl von 1953, bei der Johann Susin aus Singen Kandidat der KPD war. Erstmalig konnte bei dieser Wahl auch eine Zweitstimme für eine Landesliste abgegeben werden, die mir allerdings von der KPD nicht vorliegt. Daher ist mir nicht klar, ob meine Mutter dabei war; unter den ersten fünf Personen befand sie sich jedenfalls nicht (»Südkurier« vom 5. September 1953). Bei diesem Wahlkampf wurde die KPD wohl ziemlich ausgegrenzt; der »Südkurier« vom 1. September 1953 zeigte zum Beispiel nur Kandidatenfotos von fünf Parteien, obgleich derer acht kandidierten. Außerdem war bei der Bundestagswahl die undemokratische 5%-Hürde eingeführt worden, und da die KPD mit ihrem Wahlergebnis darunter lag, konnte sie nicht mehr in den Bundestag einziehen.

Ehrenämter und Vereine

AOK-Vertreterversammlung

Die ehrenamtliche Tätigkeit in der Selbstverwaltung der AOK Konstanz, genau gesagt in der Vertreterversammlung, war für meine Mutter eine wichtige Aufgabe, sozusagen ein Stück sozialpolitischer Mitbestimmung. Erst 1951 wurde diese Selbstverwaltung wieder etabliert.

Meine Mutter kam bereits ab 1953 für die Gruppe der Versicherten[255] in die Vertreterversammlung, drei weitere Amtsperioden folgten. Sie nahm regelmäßig an den jeweiligen Sitzungen teil, eine Arbeit, über die ich hier nicht berichten kann. Sie behielt diese Funktion bis zu ihrem Tod, war also ein »langjähriges Organmitglied«. Die Aufgaben der Vertreterversammlung habe ich teilweise damals bereits kennengelernt: Haushaltsplan, Beiträge, Satzungen und nicht zuletzt Wahl des Geschäftsführers. Dazu erzählte mir meine Mutter, daß sie einmal der Geschäftsführung die Zustimmung zu einer Beitragserhöhung verweigerte, weil ihr der vorgeschlagene Beitragssatz zu hoch erschien. Trotzdem konnte sie mit den damaligen Direktoren der AOK, Willi Wurster und Kurt Böhm, gut zusammenarbeiten.

Arbeitsgericht

Laut dem »Badischen Gewerkschaftler« vom Februar 1947 begannen die Arbeitsgerichte in Baden am 1. März 1947 wieder mit ihrer Tätigkeit. Auch hier war meine Mutter eingebunden, leider konnte ich nicht in Erfahrung bringen, ab und bis wann sie Beisitzerin (ehrenamtliche Richterin) beim Gericht in Radolfzell war. Wohl aber erinnere ich mich, daß sie von dem damaligen Vorsitzenden Richter Ullrich mit Hochachtung sprach. Er hatte sie im Vorfeld ihrer öffentlichen Vereidigung gefragt, wie sie schwören wolle – »mit oder ohne Gott?« Na ja, das war wohl ziemlich klar.

Über Einzelheiten dieser richterlichen Aktivität meiner Mutter kann ich aus Mangel an Quellen nichts schreiben. Aber ich bin sicher, daß sie auch hier mit Engagement dabei war.

Vereine

Für Vereine blieb meiner Mutter nicht viel Zeit, zumindest nicht für eine regelmäßige Mitwirkung am Vereinsleben. Jedoch für eine Mitgliedschaft reichte es schon.

Zum Beispiel bei der »Arbeiterwohlfahrt«. Hier war meine Mutter, wie mir durch den »Südkurier« vom 28. November 1947 bestätigt wurde, in Konstanz bei der Neugründung anwesend und wurde in den Vorstand gewählt. Allerdings habe ich keinerlei Kenntnisse, wie intensiv und wie lange sie dieses Amt ausfüllte.

Beim Touristenverein »Die Naturfreunde« war meine Mutter ebenfalls Mitglied, jedoch ohne Funktion. Somit beteiligte sie sich nicht sehr stark am Vereinsleben (Monatsversammlungen, Wanderungen). Wenn aber eine öffentliche Veranstaltung der Jugendgruppe stattfand, in der ich mitwirkte, dann ließ sie es sich nicht nehmen, dabei zu sein. Daß sie auch einmal in unserer Jugendgruppe einen Abend zum Thema Gewerkschaften gestaltete, habe ich noch gut im Gedächtnis, und beim Bau des Bootshauses am Wintererssteig schleppte sie zwar kein Wasser so wie ich, half aber dafür mit finanziellen Bausteinen, die ebenso willkommen waren.

Die »Volksbühne Konstanz e.V.«, bei der meine Mutter Gründungsmitglied war, erwies sich zunächst nicht als besonders arbeitsintensiv. Doch als auch ich später Volksbühnenmitglied und bald Kassiererin der Schauspielringe wurde, unterstützte sie mich tatkräftig. Das war mir natürlich angenehm, denn in den sechziger Jahren zahlten die Mitglieder bei den verschiedenen Geschäftsstellen ihre Beiträge noch bar und meist in kleinen Beträgen. Von wegen Überweisungen! Da war die Abrechnung immer eine zeitraubende Sache.

Zum Schluß noch ein Verein, in dem Vater und Mutter Mitglieder waren, der Verein für Feuerbestattungen. Diese Alternative zur Erdbestattung war damals noch relativ selten; vor allem kirchliche Kreise standen ihr skeptisch gegenüber, was sich inzwischen ziemlich verändert hat.

Es ist vielleicht auffallend, daß bei all diesen Vereinen meist nur vom Engagement meiner Mutter die Rede ist. In der Tat weiß ich nichts von einer Mitgliedschaft meines Vaters, weder bei der Arbeiterwohlfahrt noch den »Naturfreunden«. Schon gar nicht in der »Volksbühne«. Denn fürs Sprech-Theater (zu dieser Zeit wurde in Konstanz nichts anderes angeboten) konnte sich mein Vater nicht begeistern, und als die musikalischen Vorstellungen für uns KonstanzerInnen im St. Galler Theater durch die »Volksbühne« möglich wurden, war er gesundheitlich bereits angeschlagen. Sonst, da bin ich mir sicher, hätte er sich – musikalisch wie er war – den Kunstgenuß nicht entgehen lassen, zumal dieser oft mit einem Besuch bei Tante Claire verbunden wurde. Ich entsinne mich nur an einen einzigen Opernbesuch mit meinem Vater in den fünfziger Jahren, allerdings in Zürich, wo wir eine prächtige »Carmen«-Vorstellung sahen – ein Hochgenuß für uns beide!

Familienleben mit Höhen und Tiefen

Noch immer fastnachtsbegeistert

Trotz der schlechten Nachkriegszeit hatte meine Mutter das traditionelle »Ho Narro« nicht verlernt. Und sie fand auch neben ihrer beruflichen und politischen Belastung immer noch Zeit für närrische Beschäftigungen. Kein Wunder bei dem fastnachtsfrohen Onkel Fritz und seiner Frau, die nach 1945 beide wieder in der Narrengesellschaft »Niederburg« engagiert waren. Mein Onkel, Mitglied im »Dreizehnerrat« und »Betriebsleiter«, schrieb für die bunten Abende allerlei Texte, die immer gut ankamen. Sehr oft hatten sie einen politischen Hintergrund. Das habe ich selbst miterlebt, konnte es aber auch bei meinen Recherchen im »Südkurier« lesen, wo mein Onkel eine äußerst positive Kritik für seinen Auftritt erhielt (31. Januar 1950) oder als »Stimmungskanone« bezeichnet wurde (18. Februar 1950).

Meine Mutter brachte sich nach dem Krieg – der Wohngegend gemäß – bei den »Kamelern« ein. Sie besuchte die traditionellen vorfastnächtlichen Kaffeekränzchen in den Gasthäusern »Lieber Hannes« und »Schweizergrenze«. Kaffeekränzchen waren damals sehr beliebt, es wurden »richtiger« Kaffee und sehr gute, von den Paradiesler Frauen selbstgebackene Kuchen und Torten aufgetischt. Ich durfte meine Mutter manchmal begleiten. Abends ging's meist weiter (ohne mich), natürlich erst, wenn bei den Paradieslern »de Stall g'macht war«; da erlaubten sich auch die Ehemänner einem Abendschoppen.

Am »Schmutzige Dunschtig« war meine Mutter gern beim Frühschoppen der »Kameler«, der damals in der »Schweizergrenze« veranstaltet wurde. Da gab sie so manches selbstverfaßte Gedicht zum besten und zog die Paradiesler fröhlich durch den Kakao. Einen Song (nach der Melodie vom »Kreuzfidelen Kupferschmied«) schuf meine Mutter bereits 1948, den ich wegen der treffenden Beschreibung der Paradiesler teilweise zitiere:

»Die Paradiesler allesamt
Des isch en eig'ne Schlag!
Sie helfet alleweil enand'
Heut und die nächste Tag.
Vum ›Halder‹ bis zur ›Schweizergrenz'‹
Des isch ihr Domizil,
Vom ›Saubach‹ bis zur Rheinesgrenz,

Herrje, des isch gar viel.
Do nuelet se und wuelet se
Vum Tag bis spät i d'Nacht,
Und s'Tägermoos umstechet se,
Des isch e wahre Pracht.
Darum isch au die G'müsabfuhr
So guet gsi letztes Johr,
Nur böse Zunge saget do,
Des sei jo gar it wohr.
S'Paradies isch au s'gelobte Land,
Wo Milch und Honig fließt.
Und Henne rennet umenand -
Wenn s'Amt nu alle wüßt.
Viel Geisse gibt es, mäck, mäck, mäck
Und Saue, klei und groß
Die ganze Arbet isch kon Schleck.
Es fallt om nint in Schoß...«

Mit solchen närrischen Ergüssen konnte sich meine Mutter die Sympathie vieler »Kamelinchen und Kameler« erwerben. Oft waren es auch nur private Vorkommnisse, die sie närrisch glossierte. Jedenfalls wartete man bei den jeweiligen Kaffeekränzchen oder den Frühschoppen schon immer, daß meine Mutter in die (noch nicht vorhandene) Bütt stieg.

So war meine Mutter bei den »Kamelern« in diesen Jahren gern gesehen. Was Wunder: Sie hatte Humor, Witz und Geist, tanzte hervorragend – kein Kind von Traurigkeit. Beste Voraussetzungen für ein »Mäschkerle«. Das zeigte sich auch sehr deutlich auf dem gelungenen – ja geradezu historischen – Foto, das bei einem fastnächtlichen Treffen des Neunerrats der »Kamelia« bei Gouverneur Noël geschossen wurde, den meine Mutter von ihren politischen und gewerkschaftliche Tätigkeiten her kannte. War das die sonst so kämpferische Johanna?

In den fünfziger Jahren erschien in der Vorfastnachtszeit einmal leicht verlegen Thomas Schächtle, ein Paradiesler Gemüsegärtner, bei uns zu Hause in die Fischenzstraße. »Themes, wa witt?« Da erzählte er, daß die »Kameler« beim »Bunten Abend« einen Sketch spielen wollten, in dem meine Mutter vorkommen sollte. Dazu bräuchten sie einige Requisiten, die sie kennzeichneten... »Ihr hond doch so e grüene Kappe« meinte er. Ja, sie trug diese im Herbst und Winter täglich. Natürlich durfte er sie zu gegebener Zeit abholen, ebenso ihren Mantel und sogar noch die Lambretta dazu. Unverkennbar sollte die Johanna werden, dargestellt von Thomas Schächtle. Es gelang ihm gut.

Ein fast historisches Dokument: Fröhliche Fastnachtsrunde bei Gouverneur Noël, zweite Reihe in der Mitte ohne Kostüm, meine Mutter vorne im Bild.

Thomas Schächtle als Hanna Hemm auf unserem Motorroller (50er Jahre).

Auch der »Kameler-Präsident« Walter Martin suchte meine Mutter bisweilen auf mit der Bitte, eine »närrische Begrüßungsrede« für die »Bunten Abende« oder die damals traditionellen Fahrten zu einer befreundeten Fastnachtsgesellschaft in Immenstaad (auf der anderen Seeseite) zu verfassen. Sie tat es sehr gern, das lag ihr – ihm weniger. Aber als Heinz Weidenfeld bei den »Kamelern« als »Betriebsleiter« agierte und die »Bunten Abende« dank seiner Mitwirkung immer besser wurden, war ihre Hilfe nicht mehr nötig und der Kontakt verlor sich mit der Zeit. Dennoch gratulierte meine Mutter 1961 den »Kamelern« zum 75jährigen Jubiläum mit einer kleinen Zeitung, die zwar nicht professionell aufgemacht ist, dafür aber »eigene Kreationen« der Jahre 1948 bis 1961 enthält.[256]

Doch im Januar 1970 erklärte meine Mutter ihren Austritt und schrieb »an den gesamten Rat der Kamelia Paradies«:

»...Ich will deswegen nicht mehr Mitglied sein, weil die ›Kamelia‹ schon seit einigen Jahren für die älteren Mitglieder kaum noch etwas bietet. Selbst der Umzug am ›Schmutzigen Donnerstag‹ (eine in der Bevölkerung beliebte Tradition) wird nach den Aussagen in der Generalversammlung nicht stattfinden. Eigene ›Bunte Abende‹ haben auch schon lange nicht mehr stattgefunden.

Was leistet die ›Kamelia‹ also noch? Leider gab der Kassenbericht in der Generalversammlung, der üblicherweise ein Spiegelbild der Aktivität eines Vereins ist, darauf keine Antwort.

Ich bitte Sie daher, mich als Mitglied zu streichen...«[257]

Die fastnächtlichen Züge meiner Mutter beschränkten sich aber nicht auf ihr eigenes Auftreten, sie band auch mich als Mädchen in die Fastnacht mit ein. Ende der vierziger Jahre durfte ich ein Gedicht bei einem »Bunten Abend« der »Niederburg« aufsagen, das sie kreiert hatte, später im »Niederburger Hofstaat« als Page mitwirken, keine große Rolle. Statistin eben, die mich nicht sehr begeisterte. Aber das war's dann dort für mich.

So wechselte ich zu den »Kamelern«, ebenfalls mit einem Gedicht aus der Feder meiner Mutter, das ich bei einem »Bunten Abend« als Haremsdame auf dem Kamel sitzend vortrug, wovon sogar noch ein Foto in dem Buch »Konstanzer Fastnacht« existiert.[258] Und mein Text von damals:

»Ich komme als Beduinenkind
Aus einem fernen Land.
Ich lieb' den warmen Wüstenwind
Und uns'ren heißen Sand.
Doch uns're Karawane zog
Fort nach Europa hin,

Zu suchen eine neuen Trog,
Das stand in ihrem Sinn.
Die Reise war beschwerlich sehr
Für Menschen und für Tier.
Drum machen keinen Schritt wir mehr.
Wir bleiben einfach hier.
Und ihr sollt uns jetzt haben.
Das ist ein hartes Muß.
Europa soll uns laben
Mit seinem Überfluß.
Europas Freiheit und Kultur
Soll uns ein Vorbild sein.
In uns'rer Wüste gibts ja nur
Sand und Stein...«

Hier verläßt mich mein Gedächtnis, aber eine Kostprobe war's wenigstens, wobei meine Mutter mir damals noch erläutern mußte, daß die Sache mit Europas Freiheit natürlich ironisch gemeint war.

Meine Mutter, teilweise auch Tante Olga steuerten außerdem einiges bei, um mich in ein (nettes) »Mäschkerle« zu verwandeln – mit selbst genähten Kostümen: als Holländerin, als Biedermeier-Dame oder als Harlekin. Und als ich später in der Fremde weilte, traf an Fastnacht sogar ein kesses Koch-Kostüm per Post in Mainz ein, mit dem ich dann dort zum närrischen Treiben loszog. Aber nicht mit »Ho Narro«, sondern mit »Helau«, das ich sehr schnell lernte!

Bescheidene Ferien

Während des Krieges waren Ferien für unsere Familie ein Fremdwort. Da reichte es höchstens zu Fahrten meiner Mutter nach Vöhringen, um dort Näharbeiten zu erledigen und Eßbares mit nach Hause zu bringen. Nach dem Krieg, als die Zonengrenzen dann durchlässiger wurden, reisten wir manchmal zu Vaters Verwandtschaft nach Hayingen, wozu er trotz langer Abwesenheit noch immer sagte: »I fahr hoim«.

Kurzurlaube, maximal eine Woche, waren für uns die nächste Stufe, noch immer in überschaubarer Nähe, noch immer Hayingen, nun aber bereits im Gasthaus mit ländlichem Ambiente. Später kam als Ziel auch der Bregenzer Wald dazu. Ich entsinne mich an einen Osterurlaub in Hittisau, von Gründonnerstag bis Ostermontag 1957. Bereits die Anfahrt war ein Erlebnis: Per Schiff nach Bregenz, weiter mit dem »Bregenzer-Wald-Bähnle« und schließlich noch im Postauto. Fast eine Tagesreise. Und erst das

Essen! Am Karfreitag wurden unvergeßlich gute »Kässpätzle« aufgetischt, die wir lustvoll in uns hineinstopften. Aber ach, es folgte noch ein Dessert: »Kaiserschmarrn« – ebenso traumhaft und gar nicht kalorienarm.

Bald ging es weiter weg – nach Tirol. Meine Mutter organisierte Mitte der fünfziger Jahre Urlaubsfahrten über die Gewerkschaft für ihre Mitglieder nach Steeg am Lech. Vollpension einschließlich Busfahrt 60 DM pro Woche, preiswert für damalige Verhältnisse. Auch meine Eltern testeten dieses Angebot und erlebten anscheinend fröhliche Tage im Lechtal. Sogar ein geflügeltes Wort wurde dort geboren. In dem betreffenden Gasthaus (»Post«) hatte sich gerade eine französischen Reisegruppe einquartiert. Mein Vater – höflich aber nicht französisch sprechend – wollte sich und seine Frau vorstellen. Da nahm er einfach seine Hanna in den Arm und verkündete: »D'Madame g'hört mir«, womit alles geklärt war.

Während meiner Lehrzeit durfte ich 1956 ebenfalls für eine Woche nach Steeg fahren, ohne meine Eltern, mit zwei Freundinnen, mein erster selbst finanzierter Urlaub. Die Unterbringung war einfach: Fließend Wasser gab es natürlich nicht in unserem Dreibettzimmer. Doch das war uns egal. Wir fanden alles prächtig, wanderten ausgiebig. Der Höhepunkt war dabei der »Heilbronner Weg«, der mich ganz schön schaffte. Zwischendurch schalteten wir einen Ruhetag ein, den wir drei, damals zwischen 18 und 21 Jahre alt, zum Bräunen nutzen wollten. Wir legten uns in unseren Badeanzügen (keine Bikinis!) auf eine Wiese am Hang und freuten uns an der Sonne. Aber unser Glück währte nicht lang. Eine alte Frau spürte uns auf und jagte uns weg, wir sollten nicht so unehrenhaft (wörtlich) hier herumliegen. Also zogen wir ungebräunt und kichernd von dannen.

Später, als ich in der »Fremde« war, machte ich gern mit meinen Eltern Urlaubsreisen per Zug oder Bus – allerdings relativ kurze, denn ich hatte anfangs nur zwei Wochen tariflichen Urlaub. Da mußte man scharf kalkulieren und behalf sich manchmal mit sogenannten Brükkentagen, den Tagen zwischen Feiertagen (die vor- oder nachgearbeitet wurden) und konnte so noch etwas freie Zeit »herausschinden«. Es waren jeweils sehr schöne Ferientage mit meinen Eltern. Ich hätte überhaupt keine Lust gehabt, den Urlaub allein zu verbringen. Und ich glaube, meine Eltern freute es ebenfalls, mit mir zusammen zu sein. Die letzten gemeinsamen Ferien zu dritt waren sonnige Herbsttage in Meran (1962), wo wir die Südtiroler Gegend etwas kennenlernten und Trauben in allen Variationen genossen.

Erst 1963, als mein Vater nicht mehr ganz gesund war, entschloß ich mich, fast solo zu reisen: nach Wien mit einer Reisegesellschaft. Ich war

Auf dem Heilbronner Weg: Wie weit geht's denn noch?

begeistert, zumal ich mir außer dem angebotenen Programm noch eine Verlängerung auf eigene Faust gönnte, im »Theater an der Wien« eine Vorstellung der Operette »Eine Nacht in Venedig« mit Rudolf Schock sah und anschließend weitere zwei Tage in Salzburg verweilte.

Nach dem Tod meines Vaters 1963 fuhr ich ausschließlich mit meiner Mutter in die Ferien. Hier ist vor allem unser Flug nach Bulgarien zu nennen, wo wir am »Goldstrand« am Schwarzen Meer zwei sehr schöne Wochen (einschließlich eines Abstechers nach Istanbul) zubrachten und braun gebrannt nach Hause kamen.

Zu Gast in der DDR

In der DDR hatten wir vor allem mit meiner Cousine Gisela Kontakt, aber in den sechziger Jahren auch mit Walter Böhme aus Dresden, den ich seit meiner Reise 1955 kannte. Damals war er Dozent an der ABF, inzwischen hatte er promoviert und war Professor an der Universität Dresden. Von Gisela und Böhmes wurden wir immer wieder eingeladen und hin und wieder klappte es mit einem Besuch.

So reisten wir 1969 zum 20. Jahrestag der DDR zu Böhmes nach Dresden. Einige Fotos von der damaligen offiziellen, imposanten Demonstration schmücken noch mein Album. Ich erinnere mich auch, daß wir der Eröffnungsfeier des Dresdener Kulturpalastes beiwohnten, ganz feierlich; manche Genossen erschienen mit ordensbestückter Brust. Außerdem waren wir nochmals im Sommer bei Böhmes, wo wir Pillnitz, Moritzburg, die Sächsische Schweiz und eine Vorstellung in der Felsenbühne Rathen (»Bürgermeister Anna«) besuchten und ein weiteres Mal im Winter, als wir mit der ganzen Familie gemütlich Silvester feierten.

Da es meiner Mutter nach dem Tod meines Vaters nicht gut ging, wurde ihr über parteiinterne Wege angeboten, in Bad Elster eine Kur zu machen. Sie akzeptierte gerne, mußte sich aber erst in Berlin in einem »Objekt« einfinden. Ich durfte sie bis dorthin begleiten. Meinem Umfeld gegenüber sollte ich über den Aufenthaltsort meiner Mutter Stillschweigen bewahren. In Bad Elster freilich war die Geheimnistuerei nicht so groß, meine Mutter wurde mit ihrem richtigen Namen zu den Anwendungen aufgerufen, wie sie mir hinterher erzählte. Nach drei Wochen kehrte sie recht gut erholt nach Hause zurück.

Eine weitere offizielle Einladung zu einer Ferienreise in die DDR erhielten wir einige Zeit später. Auch hier wieder ein ähnliches Procedere: Bahnfahrt nach Berlin, Fahrt zu einem »Objekt«, wo wir dann zwei Tage ausharrten, nicht wissend, wohin die Reise gehen sollte. So war der Anfang eher langweilig. Dann wurden wir auf die Insel Usedom nach Ahlbeck in ein Ferienheim chauffiert. Kost und Logis fanden wir sehr angenehm, das Meer war wunderbar – aber kühl. Unser Quartier lag direkt am Strand, und wir hatten einen eigenen Strandkorb. Die MiturlauberInnen waren freundlich, mehr sollte es nicht sein. Doch daran hielt sich die Genossin Johanna nicht so ganz. Schließlich waren DDR-Reisen auch immer wichtig für Diskussionen. Und hier, so »am Ball«, sollten wir schweigsam nebeneinander her urlauben? Das wäre außerdem viel zu langweilig gewesen. Wir redeten also miteinander, mal mehr mal weniger, tauschten schließlich mit einigen sogar unsere Adressen aus und schrieben uns eine Weile, bis die Sache von selbst einschlief.

Manche Reisen in die DDR unternahm meine Mutter ohne mich: Zu den »Arbeiterkonferenzen« nach Leipzig. Meist konnte sie mit jemandem im Auto mitfahren und bei ihrer langjährigen, inzwischen umgesiedelten Gewerkschaftskollegin und Genossin Isolde Volkmar wohnen. Ich selbst war nie bei einer solchen Konferenz, weil ich nicht bereit war, dafür meine (noch immer nicht üppigen) Urlaubstage zu opfern. Interessiert hätte mich die Sache schon.

Ost-West-Begegnung am Strand von Ahlbeck.

»Dein Päckchen nach drüben«

Dieser Slogan wurde bis in die sechziger Jahre propagiert. Damit sollten BürgerInnen der BRD ihre »notleidenden Brüder und Schwestern in der Zone« unterstützen, was sie bisweilen in großem Ausmaß taten. Mit der Zeit zeigte sich aber, daß mit diesen Aktionen neben karitativer Hilfeleistung auch Politik gemacht wurde: Reicher Westen – armer Osten. Unsere Familie beteiligte sich daran nicht.

Ich will jedoch nicht verschweigen, daß wir zu Weihnachten unserer Verwandtschaft sowie befreundeten Familien ebenfalls Päckchen in die DDR geschickt haben, ohne uns allerdings auf der mitleidigen Tour zu bewegen. Die Grundnahrungsmittel und die Mieten waren in der DDR ohnehin billig und so bekamen sie von uns eben Dinge, die sie nicht oder nur für teures Geld kaufen konnten. Und natürlich »etwas aus der Schweiz«. Das war stets willkommen.

Andererseits erreichte auch uns hin und wieder ein »Päckchen von drüben«. Daß es zu Weihnachten Stollen waren, Ehrensache, ansonsten Bücher, Bücher... Ich konnte sie mir nicht alle zu Gemüte führen, dazu fehlte mir die Zeit. Aber die, die ich gelesen habe, beeindruckten mich schon, zum Beispiel Bredels Dreiteiler »Väter, Söhne, Enkel«, Erik Neutschs »Spur der Steine«, »Das Klassentreffen« von Wolfgang Joho, »Der geteilte Himmel« von Christa Wolf und viele andere. Sie alle brachten mir die dortige Realität etwas näher, auch wenn ich die DDR, für die wir immer Partei ergriffen, im nachhinein etwas distanzierter betrachte...

Wenn die Frau den Mann überflügelt

Meine Eltern hatten zwar beide acht Jahre Volksschule hinter sich, aber meine Mutter lernte in Konstanz sicher mehr als mein Vater in der Dorfschule »auf d'r Alb«. Andererseits konnte er eine Lehre absolvieren, meine Mutter nicht direkt. Dennoch zeigte sich mit der Zeit, daß meine Mutter die geistig beweglichere war. Sie las viel, oft stundenlang im Bett vor dem Einschlafen, wobei dies auch schwierigere Schriften zum Beispiel von Marx sein konnten. Da war sie oft fleißig am Unterstreichen, wie ich mich noch gut erinnere.

Meine Mutter entwickelte im Laufe der Nachkriegszeit mehr Aktivität als mein Vater, obwohl sie sich anfangs gemeinsam in der »Antifa« und KP betätigten. So hatte bereits bei der ersten Gemeinderatswahl meine Mutter – und eben nicht mein Vater – einen Platz auf der KP-Liste. Nun war sie mehr gefordert als er. Außerdem vollzog sich in diesen Zeiten der Neuorientierung eine gewerkschaftliche Trennung: Mein Vater wechselte von der GTB in die ÖTV, so daß meine Eltern nun unterschiedliche Termine wahrzunehmen hatten. Dabei war meine Mutter wiederum aktiver als mein Vater, sowohl hinsichtlich ihres inhaltlichen als auch zeitlichen Engagements.

Ich brauche nicht zu betonen, daß das verstärkte öffentliche Auftreten meiner Mutter sehr zeitintensiv war und das Familieleben manchmal stark beeinträchtigte. Wir konnten den Alltag zwar einigermaßen organisieren (Gotte stand uns zur Seite, zeitweise hatten wir eine Putzhilfe), vermißten meine Mutter aber zu Hause oft sehr. Oder umgekehrt: Wir genossen es, wenn sie die Abende oder die Wochenenden zu Hause war. Da wurde mir selbst das Putzen zum Vergnügen, wenn wir gemeinsam werkeln konnten. Und erst das anschließende Einkaufen in der Stadt, gekrönt von einem Besuch im Café Bohe...

Für mich war es ein besonderer Hochgenuß, wenn ich an Vaters Kegelabend (samstags) meine Mutter ganz für mich hatte. Meist gingen wir dann zeitig ins Bett, ich schlüpfte noch als großes Mädchen zu ihr, und wir lösten Kreuzworträtsel zusammen, bis mir bald die Augen zufielen. Sie ließ mich eine Zeitlang gewähren, schickte mich dann jedoch in die »eigenen Federn«, um dann in Ruhe noch eine Weile lesen zu können.

Mein Vater schien mit dieser familiären Situation gewisse Probleme zu haben, wenngleich er »auf unsere Mutti«, wie er zu sagen pflegte, sehr stolz war. Aber er merkte eben, daß er irgendwie zum Stillstand gekommen war, sowohl beruflich als angelernter »Nicht-Fachmann im Büro«, als auch im gewerkschaftlichen Bereich bei der ÖTV. Kein Vergleich mit der Karriere – war es eine? – meiner Mutter bei ihrer Gewerkschaft. So blieb es nicht aus, daß er schon mal – ohne es laut zu äußern – so etwas wie eifersüchtig auf die Entwicklung meiner Mutter wurde, die sich auch auf der finanziellen Seite manifestierte: Sie verdiente mehr als er. Sie regte Neuanschaffungen an. Sie machte Urlaubsvorschläge. Das alles muß ihn sehr getroffen haben. Er war der Familienvorstand nur noch auf dem Papier.

Und dann noch die ewigen Versammlungen und Konferenzen. Mit Männern natürlich. Welcher Mann mag das schon, aber ich denke nicht, daß mein Vater um die Treue seiner Hanna fürchten mußte. Doch hatte er sie eben nicht um sich, wie andere Männer ihre Frauen. Manchmal begleitete er sie zu GTB-Versammlungen, holte sie in der Nacht auch ab, oder meine Eltern verabredeten sich zu einem »Nach-Hock« im Versammlungslokal. So lernte mein Vater viele KollegInnen aus der GTB kennen.

Unter diesen Bedingungen gewöhnte sich mein Vater an, abends nach der Arbeit nicht nach Hause, sondern lieber auf ein (?) Bier an den Stammtisch zu gehen. Ohne vorheriges Nachtessen war das natürlich nicht besonders günstig. So kam er manchmal leicht angesäuselt heim und das auch dann, wenn meine Mutter keine Versammlung hatte. Das gab mit der Zeit natürlich Ärger. Tagelang konnte bei uns daher »stille Mess« herrschen, es wurde nur das Nötigste gesprochen. Die Situation war mehr als peinlich. Sie normalisierte sich zwar immer wieder, aber die Wiederholungsgefahr war groß.

Meine Mutter bedrückte das alles sehr, schließlich wußte sie auch, daß meinem Vater das Trinken nicht gut tat. Ich selbst stellte mich voll hinter meine Mutter. Damals bedachte ich die Hintergründe noch nicht, sah nur, daß mein Vater manchmal spät und nicht mehr nüchtern heimkehrte. Dabei war er im angeheiterten Zustand nicht bösartig, legte sich meist gleich aufs Sofa und schlief rasch ein. Aber ich fand es eben schrecklich, zumal unser ohnehin kleines Familienleben ganz gewaltig unter diesen »Exzessen« litt. Erst mit der Zeit, als beide in Rente waren, normalisierte sich die Sache wieder. Doch da hatten meine Eltern hatten nur noch wenige gemeinsame Jahre.

In memoriam Johanna Hemm

Mit einer kleinen Auswahl an Nachrufen möchte ich das Kapitel über meine Mutter abschließen, wenn auch im dritten Teil meines Buches, der meine eigenen Aktivitäten beschreibt, noch manchmal von ihr die Rede sein wird.

NACHRUF

Unsere langjährige Geschäftsführerin

Frau Johanna Hemm

ist am Samstag, dem 2. Januar, verstorben. 15 Jahre leitete sie unsere Verwaltungsstelle Konstanz. Ihre ganze Kraft setzte sie stets für die Ziele der Arbeitnehmerschaft ein.

Wir haben unserer verstorbenen Kollegin vieles zu verdanken und werden ihr immer ein ehrendes Andenken bewahren.

Gewerkschaft Textil-Bekleidung
Hauptvorstand Düsseldorf
Bezirksleitung Stuttgart
Verwaltungsstelle Konstanz

Die Trauerfeier findet heute, 5. Januar 1971, um 16 Uhr auf dem Friedhof Konstanz statt.

Wir betrauern

Frau Johanna Hemm

Alt-Stadträtin

die am 2. Januar 1971 im Alter von 69 Jahren nach kurzer Krankheit verstarb. Sie gehörte von 1946 bis 1948 und von 1949 bis 1953 dem Konstanzer Gemeinderat und gemeinderätlichen Ausschüssen an.

In schwerer Zeit hat die Verstorbene ihre ganze Kraft eingesetzt, um die harten Lebensbedingungen und die sozialen Belange ihrer Mitbürger zu verbessern. Sie genoß Vertrauen, ein hohes Ansehen und allgemeine Wertschätzung. Auch bei politisch Andersdenkenden wurde ihre lautere Gesinnung respektiert.

Sie war eine aufrechte Persönlichkeit und hat sich um ihre Mitbürger verdient gemacht.

Im Namen des Gemeinderates
und der Stadtverwaltung

Dr. Bruno Helmle
Oberbürgermeister

Nachruf

Unsere Partei hat eine aktive Kämpferin für die Sache der westdeutschen Arbeiterklasse verloren.

Am Samstag, dem 2. Januar, verstarb im Alter von 69 Jahren unsere Genossin

Johanna Hemm

Genossin Hanna beteiligte sich nahezu 50 Jahre aktiv am Kampf der Arbeiterklasse für Sozialismus und Demokratie. 1945 war sie mit bei den ersten, die den Wiederaufbau der Gewerkschaften im südbadischen Raum in Angriff nahmen. Getragen vom Vertrauen ihrer Kollegen war sie 15 Jahre Geschäftsführer der Gewerkschaft Textil-Bekleidung, Verwaltungsstelle Konstanz.
1946 zog sie als erste Frau in das Konstanzer Stadtparlament ein, wo sie als Abgeordnete der KPD viele Jahre hindurch die Interessen der Konstanzer Arbeiterschaft vertrat. Noch bis zu ihrem Tode war sie aktives Mitglied der Vertreterversammlung der AOK Konstanz.

Genossin Hanna hat uns allen durch ihre immerwährende Einsatzbereitschaft ein nachahmenswertes Beispiel gegeben. Wir werden ihr stets ein ehrendes Andenken bewahren.

Deutsche Kommunistische Partei
Bezirksvorstand Baden
Gebietsvorstand Hegau-Schwarzwald

Dritter Teil

Ich, von vielen
die rote Vera genannt

Nicht mehr nur Privates

Erste kleine Schritte in die Politik

Nachdem ich seit 1955 in der IG Chemie organisiert war, besuchte ich in den Folgejahren manchmal die Treffen der Konstanzer Gewerkschaftsjugend. Davon zeugt u.a. eine Fotografie anläßlich einer Demonstration am 1. Mai 1956, bei der ich ein Transparent »Für soziale Gerechtigkeit« mittrug. Daß ich gerade mit dieser Losung durch die Stadt zog, war damals sicher ein Zufall, doch irgendwie könnte sie auch die Überschrift für mein späteres Engagement darstellen.

Es blieb aber nicht bei der gewerkschaftlichen Schiene. Die Politik kam hinzu. Ich ging hin und wieder zu den Zusammenkünften der Jungsozialisten. Meine Eltern hatten nichts dagegen. Die Jusos hinterließen bei mir sogar noch Spuren: Bei meiner ersten Wahl, der Bundestagswahl 1957 – ich war inzwischen einundzwanzig geworden, damit volljährig und wahlberechtigt – stimmte ich für die SPD. Später habe ich allerdings andere Parteien bevorzugt.

Über meine Juso-Zeit fiel mir zufällig ein Dokument aus der »Protestchronik 1949-1956« in die Hände, und ich staunte nicht schlecht, mich auf einem Foto zu entdecken. Es stammte vom Juli 1956, als die Wiederbewaffnung der BRD zwar schon beschlossen, aber in der Bevölkerung teilweise noch nicht akzeptiert war. Und der Text zu diesem Foto:

»Eine Gruppe von Jungsozialisten und jungen Gewerkschaftlern protestiert im Rathaus von Konstanz mit antimilitaristischen Liedern und Sprechchören gegen einen Auskunfttag der Bundeswehr. Junge Männer, die sich über Armee, Luftwaffe und Marine informieren wollen, werden in Diskussionen verwickelt und aufgefordert, von einer Bewerbung abzusehen. Als Polizeibeamte eintreffen, um den Protesten ein Ende zu bereiten, lassen sich die Wehrdienstgegner nicht hinausdrängen. Sie erreichen, daß sich die zur Auskunft bereitstehenden Offiziere einer Auseinandersetzung stellen. Erst nach einer leidenschaftlichen Diskussion, bei der die Bundeswehr-Werber manche Antwort schuldig bleiben, ziehen die Protestierenden wieder ab...«[1]

Das besagte Foto fand ich auch im »Südkurier« vom 31. August 1956 mit einem längeren Artikel (»Wir wollen keine Helden sein«) zu dieser Aktion der Jugendlichen.

Mit der Gewerkschaftsjugend am 1. Mai 1956 in Konstanz – eine meiner ersten Aktionen. Im Bild vorne rechts.

Meine nächste Aktivität: Die Gemeinderatswahl 1962

Nach meiner Rückkehr aus Mainz galten meine öffentlichen Betätigungen der Kommunalpolitik. Im Herbst 1962 sollten der Gemeinderat und gleichzeitig die Gemeindeverordneten, der sogenannte Bürgerausschuß, gewählt werden. Letzterer war ein zweites Gremium neben dem Gemeinderat, allerdings mit geringeren Rechten und Pflichten, er wurde in Konstanz 1956 wieder eingeführt und 1971 abgeschafft. In Konstanz umfaßte der Gemeinderat 20, der Bürgerausschuß 40 Personen; 1962 stand die Wahl der jeweiligen Hälfte an.

Von Heinz Weidenfeld wurde ich animiert, für beide Gremien zu kandidieren. Er, damals bereits Mitglied der Deutschen Friedens-Union (DFU), meinte, meine Kandidatur sei »eine politische Notwendigkeit«. Wörtlich so, ich weiß es noch genau. Nach einigem Bedenken ließ ich mich als Parteilose und Jüngste für die DFU-Liste aufstellen, die Heinz Weidenfeld anführte. Ein Flugblatt, das wir zu dieser Wahl verteilt hatten, zeigte die Schwerpunkte der damaligen DFU-Politik, bundesweit und regional. Auf Seite vier ein Bild von Albert Schweitzer mit dem Kommentar: »In seinem Geiste für die Deutsche Friedens-Union«, desweiteren die zehn ersten KandidatInnen der Liste mit Lebensläufen und Fotos, einige Aussagen zur hiesigen Kommunalpolitik und schließlich die Aufforderung: »Wählt Rüstungsgegner in die Rathäuser!«[2]

Laut Wahlgesetz mußten (müssen) die Kandidatenaufstellungen nach bestimmten Regularien erfolgen. Das hieß für die DFU als nicht im Bundestag vertretene Partei zusätzlich, »Stütz-Unterschriften« zu sammeln, um überhaupt kandidieren zu dürfen, was eine sehr zeitaufwendige Prozedur war. Die Unterschriften mußten beim Wahlamt eingereicht und dort beglaubigt werden.[3] Ich erinnere mich gut an diese Aktion(en), denn sie waren nicht nur für die DFU, sondern auch für nachfolgende Wahl-Konstellationen notwendig, klappten aber immer.

Die Konstanzer DFU schnitt 1962 mit 3,9 % nicht gerade rosig ab. Es reichte nicht für einen Sitz, weder im Gemeinderat, noch im Bürgerausschuß (»Südkurier« vom 17. November 1962). Dennoch: In drei Wahlkreisen Baden-Württembergs errang die DFU je ein Mandat.[4]

Ich persönlich war mit meiner Stimmenzahl nicht unzufrieden. Natürlich hatte Heinz Weidenfeld mit 1575 Stimmen für den Gemeinderat bzw. 1933 für den Bürgerausschuß die meisten Stimmen, gefolgt von Gustav Branner und Margarete Nitz. Die viertmeisten Stimmen bekam dann ich bei beiden Gremien: 694 bzw. 1391, obwohl ich erst den Listenplatz sechs innehatte. Ich denke, ich habe damals von dem Namen Hemm, der in der Konstanzer Bevölkerung durch die Gemeinderatsarbeit meiner Mutter noch immer einen guten Ruf hatte, profitiert und vielleicht einen gewissen Bonus erhalten.

Ich engagiere mich in der DFU

Von der DFU erfuhr ich, als ich noch in Mainz lebte. Sie hatte sich 1960 in Stuttgart konstituiert[5] und kandidierte bereits zu den Bundestagswahlen 1961, scheiterte aber an der 5%-Hürde.

In Konstanz entstand bald ein Ortsverband, im Mai 1961 ein Bezirksverband[6], jeweils mit Heinz Weidenfeld als Vorsitzenden. Es wurden regelmäßig Mitgliederversammlungen abgehalten, sehr oft gemeinsam mit den Ortsverbänden Singen und Überlingen. Die DFU war damals, wie ich nachlesen konnte, recht aktiv vor Ort. So fand im Vorfeld der Bundestagswahl 1961 ein Bodensee-Treffen der DFU statt, bei dem ein ganztägiges Programm angeboten wurde. Dabei sollte Frau Prof. Dr. Renate Riemeck, Gründungs- und Bundesvorstandsmitglied der DFU, im Oberen Konzilsaal referieren (»Wer Frieden will, muß Frieden wählen«).[7] Sie mußte allerdings wegen Erkrankung durch Lorenz Knorr (Bundesvorstandsmitglied) vertreten werden (»Südkurier« vom 11. September 1961). Bundestagskandidat war für unsere Region Heinz Weidenfeld, der in einem Flugblatt die Gründe und Ziele seiner Kandidatur aufzeichnete.[8]

Ich entschloß ich mich 1962, DFU-Mitglied zu werden. Ihre Ziele waren mir einleuchtend: Frieden, Abrüstung, Entspannung, Wiedervereinigung, soziale Leistungen.[9] Damit konnte ich mich identifizieren. Ich engagierte mich ziemlich in der Konstanzer DFU, beschränkte mich jedoch zunächst auf Kleinarbeit wie Protokollführen, auf das Schreiben von Einladungen, zeitweise auch aufs Kassieren. Ab 1967 wurde ich stellvertretende Bezirksvorsitzende und Mitglied im Landesvorstand der DFU. Mit Heinz Weidenfeld bin ich wegen dieser Funktion so manches Mal per Auto nach Stuttgart zur Landesvorstandssitzung gefahren, allerdings noch nicht auf der Autobahn, sondern über die Landstraßen. Entsprechend lang dauerte die Fahrt, aber musikalisch wie wir beide waren, haben wir sie oft mit den unterschiedlichsten Liedern untermalt. Und natürlich viel diskutiert.

Bei den Landtagswahlen 1964 kandidierte Heinz Weidenfeld in zwei Wahlkreisen.[10] Die damalige Wahlveranstaltung in Konstanz mit dem Bundesgeschäftsführer der DFU, Pfarrer Heinrich Werner, ist mir gut im Gedächtnis. Die dabei von Heinz Weidenfeld gehaltene Begrüßungsansprache liegt mir noch vor[11], ebenso der Entwurf des Landeswahlprogramms, das die Positionen der DFU verdeutlichte.[12] Ich entsinne mich auch, daß wir vor dieser Wahl zu dritt (Heinz Weidenfeld, Karl Polikeit und ich) mit dem Auto gemächlich durch Konstanz pendelten und per Lautsprecher für die DFU warben, schön abwechselnd unsere Losungen vortragend. Davon habe ich ebenfalls noch den Text![13] Aber leider waren alle unsere Bemühungen umsonst, die DFU schaffte den Sprung in den Landtag nicht.

In der Folgezeit nahm ich oft an Konferenzen der DFU teil, am 13./14. März 1965 sogar am Unionstag in Duisburg, wo zahlreiche DFU-Prominente zu sehen und zu hören waren: Prof. Renate Riemeck, Lorenz Knorr, Heinrich Werner, Graf Karl von Westfalen, um nur einige zu nennen. Im Hinblick auf die anstehende Bundestagswahl hatte dieser Unionstag das Motto: »Die Bundesrepublik braucht eine neue Politik – die Opposition muß in den Fünften Deutschen Bundestag«. Von den 600 Delegierten wurde im Laufe des für mich sehr eindrucksvollen Unionstags das Wahlprogramm der DFU für die Bundestagswahl 1965 verabschiedet.[14]

Für diese Bundestagswahl 1965 gab es bei der DFU außer Direktkandidaten (Wahlkreis Konstanz: Heinz Weidenfeld) auch eine Landesliste, mit vielen mir bekannten Personen, darunter Dr. Hermann M. Venedey, Dr. Georg Hermann, Heinz Seeger, Ludwig de Pellegrini (»Pelle Igel«), August Locherer, Werner Gürtner, Werner Schrott...[15] Ich war noch nicht dabei, half aber vor Ort beim Wahlkampf. Wir sprachen uns aus gegen die Rüstungspolitik, gegen die Notstandsgesetze, für eine neue Opposition. Wir verteilten Flugblätter, zum Beispiel mit Fotos und Aussagen der Kandidaten Venedey/Weidenfeld[16] sowie Schrott/Weidenfeld[17]; sie sind noch heute lesenswert!

Doch leider war der DFU wiederum kein Erfolg beschieden. Sie kam nicht über die 5%-Hürde (»Südkurier« vom 21. September 1965). Dieses Wahlergebnis deprimierte mich sehr. Ich konnte es nicht verstehen. Unsere für mich so einsichtigen Argumente fanden bei der Bevölkerung offenbar kein Gehör.

Die DFU und ihre Verbündeten bei weiteren Wahlen

Nach diesen Erfahrungen mußten wir uns neu orientieren, wir brauchten Verbündete. Für weitere Wahlen bot sich die Demokratische Linke (DL) an, die 1967 für Baden-Württemberg gegründet wurde. Sie brachte ArbeitnehmerInnen-Belange stärker ein, war gewerkschaftlicher ausgerichtet als die DFU, hatte aber ansonsten in Sachen Notstandsgesetze,

Bildungswesen, Friedenssicherung, Vietnam-Krieg oder Ostpolitik ähnliche Positionen wie die DFU.[18]

In Konstanz wurde am 26. Januar 1968 im Nebenzimmer des Gasthauses »Bauhof« die erste Versammlung der DL abgehalten, die ich selbst miterlebte. Siegfried Mannstadt wurde Vorsitzender der Konstanzer DL, Karl Hanauer sein Stellvertreter; auch meine Mutter wurde in den provisorischen Vorstand gewählt (»Südkurier« vom 27. Januar 1968).

Im gleichen Jahr waren noch Wahlen fällig: im April zum Landtag und im Herbst zum Gemeinderat und Bürgerausschuß. Für die Landtagswahl 1968 faßte die DFU in Baden-Württemberg den Beschluß, sich selbst zurückzunehmen und die DL zu unterstützen[19,20], wobei die DFU aber ansonsten ihre politisch-organisatorische Selbständigkeit bewahrte. Die DL kandidierte daraufhin in allen 70 Wahlkreisen in Baden-Württemberg, in Konstanz mit Heinz Weidenfeld, Stellvertreter Karl Hanauer. Das Ergebnis war für die DL nicht berauschend. Sie konnte die 5%-Hürde nicht überspringen (»Stuttgarter Zeitung« vom 29. April 1968); also kein Einzug in den Landtag.

Trotz dieses schlechten Abschneidens der DL ließen wir uns für die Gemeinderatswahlen in Konstanz (noch) nicht entmutigen: Wir traten als Listenverbindung DL/DFU an und konnten für den Gemeinderat zehn, für den Bürgerausschuß zwanzig KandidatInnen aufbieten (»Südkurier« vom 17. Oktober 1968). Spitzenkandidat (im wahrsten Sinne des Wortes) war Dr. Hermann M. Venedey, ihm folgten Heinz Weidenfeld, Marion Bracht-Galle, Karl Hanauer, dann ich an fünfter Stelle. Unsere Liste zum Bürgerausschuß enthielt manche Familiennamen doppelt: Hanauer (Karl und Dora) und Hemm (Johanna und Vera).

Im »Blickpunkt«, unserer damaligen Konstanzer Wahlzeitung, wurde von einigen KandidatInnen zu den kommunalpolitischen Zielen Stellung bezogen (ich hatte das Thema »Sozialer Wohnungsbau«), worüber hier jedoch nicht berichtet werden kann. Unsere Forderungen sahen wir aber auch im Zusammenhang mit der Bundespolitik:

– Mehr Geld für die Gemeinden – weniger für Starfighter und Panzer
– Keine Mark aus der Staatskasse für Notstandsgesetze
– Mehr staatliche Mittel für Sozialwohnungen.[21]

Dieser Wahlkampf kostete uns viel Kraft, Zeit und Geld. Hervorzuheben sind dabei die relativ vielen (und teuren!) Anzeigen im »Südkurier«, mit denen wir uns, wie ich noch immer meine mit guten Argumenten, um Stimmen bemühten.

Doch all dies nützte nichts. Wieder blieben wir »draußen vor der Tür« (»Südkurier« vom 22. und 23. Oktober 1968). Die DL/DFU bekam für den Gemeinderat insgesamt 5005, für den Bürgerausschuß 10087 Stimmen. Dr. Venedey gewann zwar 1612 (2003) Stimmen, Heinz Weidenfeld 891 (1206) Stimmen, doch wir anderen fielen dagegen ab: Ich selbst erreichte 609 (760) Stimmen, meine Mutter (die nur für den Bürgerausschuß kandidierte) 564 Stimmen. Ich hatte sie somit übertrumpft, was mir gar nicht recht war.

An eine Geschichte erinnere ich mich bei dieser Kommunalwahl besonders: Meine Mutter hatte sich bereit erklärt (als Rentnerin mit Zeit!), einige Regularien zu erledigen, zum Beispiel das Einreichen der Listen beim Wahlamt. Aber ach, es unterlief ihr ein peinlicher Fehler: Ausgerechnet bei unserem hochkarätigen Erstkandidaten stand auf den öffentlichen Papieren nur Hermann M. Venedey, ohne Titel, was er berechtigter Weise monierte. Meine Mutter entschuldigte sich natürlich sofort mit einem Brief bei ihm[22], ihr war dieses Mißgeschick außerordentlich unangenehm, um so mehr, als sie große Stücke auf ihn hielt. Wenn ich mich recht entsinne, reichte es für eine Korrektur auf dem Wahlzettel nicht mehr, lediglich zu einem Inserat im »Südkurier« vom 16. Oktober 1968 mit Foto und der korrekten Bezeichnung Dr. phil. Hermann M. Venedey, Oberstudiendirektor.

Nach dieser Wahl herrschte eine Weile Ruhe in unseren Reihen. Doch zum Resignieren kamen wir nicht. Im nächsten Jahr, im Herbst 1969, sollte ja Bundestagswahl sein. Was tun? Die DFU hatte es schwer. Die Widerstände waren groß. Die Diskriminierungen, die der DFU gegenüber als »**D**ie **F**reunde **U**lbrichts« von konservativer Seite entgegengebracht wurden, taten ein übriges. Die DFU schrumpfte zu einem kleinen Häuflein, die DL löste sich auf.

Aber aufgeben? Das war nicht unsere Sache. Eine neue Möglichkeit eröffnete sich, zumindest für die Bundestagswahl am 28. September 1969: Die Aktion Demokratischer Fortschritt (ADF) formierte sich bundesweit. Ähnlich wie die DL stellte sie ArbeitnehmerInnen-Interessen in den Mittelpunkt ihres Programms[23], ebenso Forderungen nach Abrüstung, Demokratie, Anerkennung der DDR und der Nachkriegsgrenzen.[24] Die DFU entschloß sich zu einem Wahlbündnis mit der ADF.[25] Für den Wahlkreis Konstanz war Heinz Weidenfeld Erstkandidat, Stellvertreterin Roswitha Besnecker. Auf der Landesliste von Baden-Württemberg kandidierten wiederum viele mir bekannte Personen. Ich selbst hatte Platz 23.[26]

Auch dieses Mal machten wir Wahlkampf, waren jedoch auch in diesem, wie wir hofften, breiteren Bündnis keineswegs erfolgreich. Im Gegenteil, wir erhielten als ADF weniger Stimmen als bei früheren Wahlkonstellationen: (»Südkurier« vom 30. September 1969) – geradezu niederschmetternd für uns.

Die DFU und die ADF traten im Laufe der Zeit immer stärker in den Hintergrund, inzwischen existieren sie nicht mehr.

Gesprächsrunden

In unserer Region gab es neben den geschilderten Aktivitäten auch immer wieder kleinere Gesprächsrunden politisch ähnlich gesinnter Personen. Eine Einladung zu einem solchen Treffen aus dem Jahr 1958 besitze ich noch, das im Hause des Kunstmalers Otto Marquardt in Allensbach stattfinden und bei dem es u.a. um das Thema »atomare Bedrohung« gehen sollte und zu dem »... eine Anzahl verantwortungsbewußter deutscher Menschen aus allen Gesellschaftsschichten und politischen Lagern ihre Teilnahme angemeldet haben...«[27]

Ich erlebte Otto Marquardt, der sich selbst als »Friedensmaler und Pazifisten« bezeichnete, bei solchen Treffen nicht, wohl aber in etlichen Versammlungen der DFU, deren Mitglied er war. Dabei ergriff er, damals bereits ein älterer Herr, immer ausführlich das Wort. Er starb 1969 über 80jährig.

Weitere Zusammenkünfte dieser Art fanden, wie mir noch gut in Erinnerung ist, in Unteruhldingen bei Frau Huck, der Tochter des Schriftstellers Andersen-Nexö, sowie bei Frau Bracht-Galle in Allensbach statt. Meine Mutter nahm an manchen dieser Gespräche teil und erzählte danach immer sehr positiv sowohl vom Inhalt als auch von der Atmosphäre. Ich war ich nur einmal dabei, als mich Frau Bracht zum Kaffeekochen engagierte. Von der Runde selbst habe ich recht wenig mitbekommen.

»Kampf dem Atomtod«

Diese Bewegung wurde bereits 1958 initiiert, trat bundesweit gegen Atomwaffen auf und stieß auf eine breite Zustimmung in der Bevölkerung, u.a. weil auch Gewerkschaften mitmachten. In Konstanz bildete sich eine solche »Aktionsgemeinschaft« ebenfalls (»Südkurier« vom 18. April 1958), basierend auf dem »Konstanzer Manifest«, in dem auf die atomare Gefahr hingewiesen und ein Volksentscheid vorgeschlagen wurde. Desweiteren heißt es dort:

»... In dieser ernsten Stunde fordern daher auch die unterzeichneten Konstanzer Bürger (...), es wolle unsere Regierung mit allen Kräften nach der friedlichen Lösung der Konflikte suchen und die sich bietende Möglichkeit fruchtbarer Gespräche mit Rußland zur Erhaltung des Friedens und damit unserer Kultur und unserer Jugend nützen.«[28]

Der 1. Mai 1958 stand in Konstanz dann auch stark im Zeichen des Widerstands gegen die Atombewaffnung. Neben dem DGB riefen der Arbeitsausschuß »Kampf dem Atomtod«, die Wehrdienstverweigerer und die Jusos am 30. April 1958 im »Südkurier« zur Kundgebung mit Ansprachen, Musik und Rezitationen auf. Ich nahm mit meinen Eltern an der Feier im Konzil sowie an der sich anschließenden Demonstration teil, die mit etwa 500 bis 600 Personen zum Stefansplatz führte, wo der damalige SPD-Bürgermeister Alfred Diesbach von Balkon des Restaurants »Grünenberg« die Abschlußrede hielt. Sie wurde »mit lautem Beifall aufgenommen« (»Südkurier« vom 2. Mai 1958).

Ostermarsch statt Osterhase

Anfang der sechziger Jahre hörte ich bereits etwas von dieser aus England stammenden neuen Bewegung und interessierte mich dafür. Ihre Ziele, Frieden und Abrüstung, gegen Atomwaffen in Ost und West konnte ich aktiv unterstützen.[29] DFU und Ostermarsch, das widersprach sich gegenseitig nicht. Ein Flugblatt der »Kampagne für Abrüstung« von 1963 stellte das damalige Kuratorium mit vielen Prominenten der Bundesrepublik vor[30], was mich sehr beeindruckte.

Mein erster Ostermarsch war am Ostermontag 1963 in Freiburg. Eine Reihe bekannter Personen aus der Region hatte durch ein großes Inserat im »Südkurier« vom 9. April 1963 dazu aufgerufen. Meine Mutter und ich wollten unbedingt dabei sein, mein Vater, bereits gesundheitlich angeschlagen, sah davon ab. Ich besaß zwar schon ein Auto, hatte aber noch wenig Fahrpraxis. Daher nahmen uns Eugen und Elli Martin in ihrem Auto mit. In Freiburg gab es ein eine Demo, die von der Polizei lange durch die Außenbezirke geleitet wurde, eine üble Lauferei. Elli tat mir besonders leid, sie war schwanger und das Gehen bereitete ihr Mühe. Vielleicht wurde der im Juni geborene Jury, dessen Patin zu werden ich die Ehre hatte, damals vom »Ostermarsch-Geist« inspiriert. Seinem jetzigen Verhalten nach könnte das möglich sein! Jedenfalls hielt Elli tapfer durch und nach der Abschlußkundgebung chauffierte uns Eugen wieder zurück nach Hause.

In Konstanz begann unser Ostermarschengagement mit dem »Hiroshima-Gedenktag«, an dem wir zu den Atombombenabwürfen von 1945 einen Informationsstand machen wollten. Da wir darin keine Übung hatten, fuhren wir vorher nach Freiburg zu den dortigen Freunden, um zu sehen, wie »so was« abläuft. So »geschult« trauten wir uns im Sommer 1964 erstmals ans Konstanzer Schnetztor (Tor an der ehemaligen Stadtmauer), natürlich mit vorheriger Anmeldung bzw. städtischer Ge-

Unsere Forderung: Keine Atomwaffen auf deutschem Boden (1965), auf das regennasse Plakat wurde noch hinzugeschrieben: »Nous n'en voulons non plus, nous français.« (Wir Franzosen wollen sie auch nicht.)

nehmigung, und erinnerten an Hiroshima und Nagasaki. Immer wieder blieben Leute vor unseren Informationstafeln stehen und ließen sich auf Diskussionen ein. Nachdem der Anfang gelungen war, wagten wir uns noch so manches Mal mit Info-Ständen ans Schnetztor oder auf andere geeignete Plätze in der Stadt. Mit der Zeit wandten sich auch andere Gruppierungen mit Ständen an die Öffentlichkeit. Heute ist das kein besonderes Phänomen mehr, aber 1964, das gebe ich zu, fühlte ich mich schon etwas komisch bei einem solchen Auftritt.

In den folgenden Jahren war ich recht aktiv in der Konstanzer Ostermarschbewegung. An den Ostertagen gestattete ich mir jahrelang kein anderes Programm als den Ostermarsch, samstags in Konstanz, anderentags dann im »Ländle«.

Der Ostermarsch war für mich ganz wichtig: Ich wollte mich engagieren gegen Atomwaffen und Krieg. Und wie mir ging es vielen. Mit der Zeit entwickelte sich ein breites Bündnis von Menschen unterschiedlichster Herkunft. Von Pastoren bis zu Hausfrauen. In Konstanz hatten wir mit Otto Just, Pfarrer a.D. einen sehr rührigen Vorsitzenden, der immer wieder neue Ideen einbrachte, sowie eine Reihe mithelfender Menschen, so daß in Konstanz jahrelang Ostermärsche durchgeführt werden konnten. Der regionale Ostermarschausschuß tagte relativ oft, das ist mir gut

Mit Plakaten und Flugblättern versuchten wir aufzuklären. Rechts ich, links von mir Hans Wunderlich (1964).

im Gedächtnis. Von manchen Sitzungen existieren noch Protokolle. Da galt es lange vor Ostern allerhand vorzubereiten, beispielsweise für den örtlichen Ostermarschaufruf im »Südkurier« geeignete UnterzeichnerInnen zu finden. Außerdem wurde um Geld zur Finanzierung der Aktionen gebeten (»Bettelbriefe«), denn wir hatten ja Kosten, wie Fahrgeld für Referenten, Plakate, Flugblätter, Info-Stände. Auch die Anzeigen mit dem Aufruf waren nicht gerade billig. Für Pfarrer Just zählte sogar zur Ostermarschvorbereitung, daß er die für die Konstanzer Demonstration vorgesehene Strecke vom Gebhardsplatz bis zur Marktstätte im voraus ablief und die Zeit dafür abstoppte.

Als Beispiel unserer Osteraktivitäten sei die aus dem Jahr 1965 stammende Anzeige (»Südkurier« vom 17. April 1965, s. Faksimile Seite 385) mit dem Ostermarschaufruf einschließlich Programm vorgestellt: Samstags Fackelzug in Konstanz, anschließend Kundgebung, am Sonntag Marsch in Freiburg, am Montag internationale Abschlußkundgebung in Basel. Über 30 Personen aus der Region unterzeichneten. Prominentester: der Kunstmaler Professor Otto Dix aus Hemmenhofen. Auch in den folgenden Jahren wurden ähnliche Aufrufe im »Südkurier« veröffentlicht, so am 7. April 1966 (s. Faksimile Seite 388), wobei die Zahl der Unterzeichnenden erfreulicherweise wuchs. Während meine Mutter und ich anfangs nicht zu diesen Personen zählten (warum eigentlich nicht?), las ich meinen Namen auf dem Aufruf von 1967. Meine Mutter war wiederum nicht dabei.[31]

Für die Konstanzer Ostermarschkundgebungen hatten wir verschiedene Redner, einmal den Widerstandskämpfer Pastor Martin Niemöller, den Pfarrer Just »Bruder Martin« nannte, ferner den bereits erwähnten Gewerkschafter Heinz Seeger oder Herbert Faller von den Naturfreunden und andere, ziemlich bunt gemischt jedenfalls.

Über den Ostermarsch 1966 in Konstanz liegt mir eine Einschätzung vor, daß nämlich am Fackelzug etwa 150, an der Kundgebung ca. 400 Personen teilnahmen. Das sei für Konstanz ein schöner Erfolg gewesen, heißt es im Protokoll einer Sitzung des Ostermarschausschusses.[32]

Im März 1968 boten wir OstermarschiererInnen in Konstanz eine kulturelle Veranstaltung an, und das im Oberen Konzilsaal.[33] Ich entsinne mich noch genau, weil wir große Bedenken hatten, ob wir uns damit finanziell nicht zu sehr belasten würden. Aber der Besuch war gut, und so kamen wir über die Runden.

Im Jahr 1982 legte ich beim Ostermarsch eine besondere Aktivität zutage, nämlich als eine der RednerInnen bei der Abschlußkundgebung in Pfullendorf. Meine Ausführungen wurden allgemein als sehr gut beurteilt, leider sah ich nie einen Pressebericht darüber. Dafür hier der Text:

»Liebe Ostermarschierer, liebe Freunde!

Ich freue mich sehr, an der heutigen Kundgebung als Frau, Gewerkschafterin und Ostermarsch-Veteranin sprechen und einige Gedanken zur derzeitigen Situation darlegen zu können.

Diese Situation ist gekennzeichnet durch ein Wettrüsten, das einen Krieg denkbar und möglich macht. Und zwar nicht irgendwo in weiter Ferne, sondern hier bei uns in Europa. Hier in unserem Land sollen Mit-

Aufruf

zur Teilnahme am OSTERMARSCH der Atomwaffengegner

Im Zeichen weltumspannender Zusammenarbeit und frei von aller parteipolitischen Bindung ruft die Ostermarschbewegung der Atomwaffengegner zur Teilnahme am Ostermarsch 1965 auf.

Ihr Ziel ist geblieben: Abschaffung aller Atomwaffen in West und Ost. Mitteleuropa atomwaffenfrei und militärisch entspannt.

Der Plan eines Atomminengürtels mitten durch Deutschland beweist, wie gefährlich die Situation jetzt schon geworden ist. Die Gefahr des Unterganges unseres Volkes und der gesamten Menschheit steht drohend vor uns. Die Erhaltung des Weltfriedens wird umso fragwürdiger, je größer die Zahl der Staaten wird, die atomare Vernichtungswaffen besitzen.

Es ist keine Zeit mehr, von Frieden und Sicherheit nur zu reden, es gilt, für Frieden und Sicherheit zu handeln!

Wollen wir der Stimme der Vernunft und des Gewissens folgen, uns für eine Welt ohne Atomwaffen einzusetzen oder wollen wir mitschuldig werden am drohenden Völker- und Generationenmord?

Der Präsident der USA, L. B. Johnson, hat darauf hingewiesen, daß politische Vereinbarungen wie das Moskauer Atomteststoppabkommen eine Chance haben, wenn die öffentliche Meinung sich kraftvoll dafür einsetzt. Damit ist uns ein Weg gewiesen, auf dem ein jeder die Abschaffung der atomaren Vernichtungswaffen fordern kann.

Darum bitten wir Sie um Ihre Teilnahme:

am Ostersamstag: Fackelzug in Konstanz.

Abfahrt in Singen: 18.45 Finanzamt — Herz-Jesu-Kirche.

Abmarsch in Konstanz: 19.45 Uhr St.-Gebhard-Platz.

Kundgebung in Konstanz: 21 Uhr Marktstätte.

Redner: Pfarrer Simon, Wies
Journalist Seeger, Friedrichshafen.

Am Ostersonntag: Marsch in Freiburg.

Abfahrt Konstanz: 10 Uhr St.-Gebhard-Platz.
Abfahrt Singen: 10.30 Uhr Scheffelhalle.
Kundgebung in Freiburg: 17 Uhr Karlsplatz.

Am Ostermontag:

Internationale Abschlußkundgebung in Basel 13.30 Uhr Münsterplatz. Es sprechen: Pfarrer Lüthi, Regierungspräsident Wollschleger, Bundesabgeordneter Bertholet, oder wenigstens an einer der genannten Veranstaltungen.

Tragen Sie auch bitte durch eine Spende mit dazu bei, die Unkosten zu decken: Bez. Sparkasse Gottmadingen, Nr. 555.

H. Eckert, Oberlehrer, Büsingen a. Hochrhein
Professor Otto Dix, Hemmenhofen
Werner Brütsch, Zweigstellenleiter, Hilzingen
Herbert Schmidt, Oberlehrer
Eugen Aich, Steinmetzmeister, Konstanz
Dr. med. Hans Bär, Facharzt
Hans Friedrich Bohn, Bühnenbildner
Marion Bracht-Galle, med. Laborantin
Heinz Finke, Journalist
Dr. Erika Frühwirth, Rechtsanwältin
Dr. med. E. Grau, Facharzt
Ernst A. Hartung, Dramaturg.
Ewald von Hellermann, Landwirt
Gudrun von Hellermann, Dolmetscherin
Dr. Winfrid A. Jauch, Frauenarzt, Mitgl. d. Dtsch. Lebensschutzbundes
Otto Just, Pfarrer i. R.
Ingeborg Freifrau Kress von Kressenstein
Hannes Krüger, Oberspielleiter
Boris Mattern, Schauspieler
Johannes Menge, Journalist
Klaus Mono, stud. theol.
Ursula Rieck, Schauspielerin
C. Mac Farlane Schlichter, vereid. Dolmetscherin
Walter Soell, Rektor
Christoph Thorbecke, Buchhändler
Jan Peter Thorbecke, Verlagsvolontär
Karl-Heinz Ullmann, Schauspieler
Professor Dr. H. M. Venedey, Oberstudiendirektor
Heinz Weidenfeld, Kaufmann
Dr. Kurt Welsch, Chefarzt d. Städt. Frauenklinik
Dr. med. Peter Huck, Singen
Walter Müller, kaufm. Angestellter
Theo Odenwald, Pfarrer
Eugen Ruckhaberle, Präsident d. Südb. Boxsportverbandes
Werner Schrott, Textilkaufmann
Ruth Weiler, kaufm. Angestellte
Dr. med. Lilly Walther, Frauenärztin, Überlingen

Konstanzer Ostermarschaufruf aus dem Jahr 1965.

telstreckenraketen aufgestellt werden. Das bedeutet für uns keine Sicherheit, wie immer behauptet wird, sondern eine Gefahr für unser Leben und das unserer Kinder.

Deshalb wollen wir keine Raketen in unserem Land. Deshalb fordern wir die Bundesregierung auf, ihre Zustimmung zur Stationierung der Pershing-II-Raketen und der Marschflugkörper zurückzuziehen und alle Stationierungsvorbereitungen einstellen zu lassen!

Die Rüstung kostet wahnsinnig viel Geld. Es ist im Grunde hinausgeschmissenes Geld, und es sind unsere Steuergelder, die anderweitig besser verwendet werden könnten, sei es zur Sicherung von Arbeitsplätzen, im sozialen, Bildungs- oder Kulturbereich, sei es beim Umweltschutz, im Gesundheitswesen... Während weltweit täglich 200 Milliarden DM für die Rüstung ausgegeben werden, sterben stündlich 4000 Menschen in der Dritten Welt an Hunger und Seuchen.

Dies alles ist nicht nur uns bekannt. Die Regierenden wissen dabei sehr wohl, daß sie jede Mark nur einmal ausgeben können und daß das Wettrüsten immer mit Sozialabbau gekoppelt ist. Wir wenden uns entschieden gegen die Rotstiftpolitik, die vor allem uns kleine Leute belastet. Wir sollen den Gürtel enger schnallen, sollen den Rüstungswahnsinn auch noch bezahlen, der unser Leben nicht schützt, sondern bedroht.

Dagegen wehren wir uns an diesem Ostermarsch, und wir werden uns bei jeder sich bietenden Gelegenheit weiter zur Wehr setzen. Wir sagen nein zur Stationierung von Raketen in unserem Land, nein zum Wettrüsten und Sozialabbau, nein zur Neutronenbombe.

Wettrüsten trifft auch speziell uns Frauen. Ich meine damit die Diskussion um die Einbeziehung der Frauen in die Bundeswehr. Für mich ist dies nichts anderes als eine weitere Militarisierung der Gesellschaft. Man will die Frauen mit der Behauptung zum Dienst in der Bundeswehr gewinnen, militärischer Frauendienst sei ein Schritt zur Gleichberechtigung. Da muß ich energisch widersprechen. Die Vorstellung, durch Militärdienst erhielten Frauen mehr Einfluß und Zugang zu einem wichtigen, bisher den Männern vorbehaltenen Machtbereich, ist eine Täuschung. Niemand wird zum Militär eingezogen, damit er dort politische Entscheidungen treffen kann, sondern damit er gehorcht und sich anpaßt. Die »Blitzmädel-Karrieren«, die den Frauen im Zweiten Weltkrieg angeboten wurden, sind noch gut bekannt: Die anspruchslosen Hilfsdienste am Telefon, im Lazarett und in der Amtsstube.

Diese Gesellschaft hat hinlänglich bewiesen, daß sie unwillig und unfähig ist, die reale Arbeit von Frauen anzuerkennen. Man soll uns doch nicht weis machen, wir Frauen fänden Recht und Anerkennung ausgerechnet im männlichsten Teil der Gesellschaft, im Militär. Daher gilt es, daß Frauen verstärkt ihre Rechte durchsetzen, aber nicht, Frauen in die Bundeswehr einzubeziehen. Deshalb: Keinen Pfennig, keine Frau für den Militärausbau!

Dafür demonstrieren wir und deshalb lautet unsere Devise: Keine Atomraketen in unserem Land und anderswo!

Angesichts der drohenden Raketen und der Aufrüstung wollen wir in dieser Frage um Leben und Tod die Grenzen der unterschiedlichen Gesinnungen, Weltanschauungen, Religionen, Parteien überschreiten. Denn dies können wir alle heute wissen: Es ist keine einzige Vision von einer besseren, gerechteren, menschenwürdigeren und gesicherten Ordnung denk- und realisierbar, wenn der Friede als Voraussetzung jeder weiteren Entwicklung verlorengeht.«[34]

Mehrfach gab es auch bundesweite Ostermarsch-Aufrufe mit zahlreichen prominenten UnterzeichnerInnen, so 1967 mit Prof. Wolfgang Abendroth, Heinrich Böll, Erich Kästner, Martin Walser und vielen anderen. Sie forderten zur Teilnahme an den Ostermärschen auf, 1967 zum Beispiel unter der Losung:

»– Für Sicherheit in Europa
– Für Abrüstung und Demokratie
– Gegen Notstandsgesetze
– Gegen den Krieg in Vietnam.«[35,36]

An den Ostermärschen waren immer neue Slogans zu hören, je nach der politischen Situation. Einer ist mir ganz besonders im Gedächtnis: »Die Bombe löst keine Probleme«. Wie wahr, auch heute noch. Nicht zu vergessen bei den Osteraktivitäten ist das Ostermarsch-Lied, das Insidern noch bekannt sein dürfte, wenigstens die erste Strophe:

»Unser Marsch ist eine gute Sache,
Weil er für eine gute Sache geht.
Wir marschieren nicht aus Haß und Rache,
Wir erobern kein fremdes Gebiet.
Uns're Hände sind leer,
Die Vernunft ist das Gewehr,
Und die Leute versteh'n uns're Sprache:

Refrain:

Marschieren wir gegen den Osten? – Nein!
Marschieren wir gegen den Westen? – Nein!
Wir marschieren für die Welt,
Die von Waffen nichts mehr hält.
Denn das ist für uns am besten...«[37]

Aufruf zur Teilnahme am Ostermarsch der Atomwaffengegner

Im Zeichen weltumspannender Zusammenarbeit und frei von aller parteipolitischen Bindung ruft die Kampagne für Abrüstung — Ostermarsch der Atomwaffengegner — zur Teilnahme am Ostermarsch 1966 auf. Wir fordern nach wie vor:

Keine Weiterverbreitung von Atomwaffen, weder zu uns, noch zu anderen;

Allgemeine Abrüstung in West und Ost;

Als ersten Schritt eine atomwaffenfreie Zone in Mitteleuropa;

Wir wollen in keiner Form am Krieg in Vietnam beteiligt werden!

„Der Friede muß das Geschick der Völker und der ganzen Menschheit leiten." (Papst Paul VI.)

„Eine Politik der gegenseitigen Abschreckung im Teufelskreis der Angst droht anstelle des von den Völkern sehnlichst erhofften Friedens eine unvorstellbare Weltkatastrophe heraufzuführen". (Evangelische Kirche der Union)

Wie nahe die Gefahr einer solchen Katastrophe ist, zeigt uns der furchtbare Krieg in Vietnam. Er kann sich über Nacht zu einem dritten Weltkrieg ausweiten und die gesamte Menschheit auslöschen.

Darum rufen wir alle Mitbürger auf, die Ostermarschbewegung zu unterstützen.

Wolf-Hermann Freiherr von Arnim, stud. med. Überlingen
Dr. med. Hans Bär, Internist, Konstanz
Knut Beba, Studienassessor, Horn
Roswitha Besnecker, Betriebsratsmitglied, Singen
Johann Bierl, Zimmermann, Horn
Renate Bierl, Hausfrau, Horn
Marion Bracht-Galle, Mediz. Laborantin, Konstanz
Werner Brütsch, Zweigstellenleiter, Hilzingen
Karl Conradi, Pfarrer, Meersburg
Otto Dix, Professor, Hemmenhofen
Heinz Eisenbrückner, Betriebsratsmitglied, Radolfzell
Hans Felgentreu, Wissenschaftlicher Mitarbeiter, Konstanz
Ursula Felgentreu, Hausfrau, Konstanz
Dr. Hans Foerster, prakt. Arzt, Radolfzell
Lina Frey, Fachlehrerin, Konstanz
Dr. Erika Frühwirth, Rechtsanwalt, Konstanz
Dr. Wolfgang Gervelmann, Arzt, Horn
Dr. Erich Grau, Facharzt, Konstanz
Karl Hanauer, Stoffdrucker, Konstanz
Dr. Peter Huck, prakt. Arzt, Singen
Dr. Winfried A. Jauch, Frauenarzt, Konstanz
Otto Just, Pfarrer i. R., Konstanz
Herbert Keilholz, Buchhändler, Konstanz
Fridel Keilholz, Hausfrau, Konstanz
Ferdinand Keller, Maschinist, Konstanz
Joseph Keller, Schriftsteller, Konstanz
Johann Knobelspies, Betriebsratsmitglied, Nenzingen
Marie-Elisabeth Koch, Arztwitwe, Schloß Randegg (Hegau)
Martin Koch, Schloß Randegg (Hegau)
Inge Freifrau Kress von Kressenstein, Konstanz
Hannes Krüger, Oberspielleiter, Stadttheater Konstanz
Dr. A. Linder, Zahnarzt, Radolfzell
Lina Maihofer, Hausfrau, Konstanz
Edgar Manogg, Kaufmann, Singen
Eugen Martin, Gemüsebauer, Konstanz
Paul Mast, Ingenieur, Konstanz
Boris Mattern, Schauspieler, Stadttheater Konstanz
Siegfried Meller, Kreisvorsitzender des Bundes der Hirnverletzten und Arbeitsopfer e. V. Konstanz
Klaus Mono, stud. theol. Konstanz
Walter Müller, kaufm. Angestellter, Singen
Peter Neser, Buchhändler, Konstanz
Gudrun Neser, Buchhändlerin, Konstanz
Sigmund Nissenbaum, Kaufmann, Konstanz
Theo Odenwald, Pfarrer, Singen
Ursula Rieck, Schauspielerin, Stadttheater Konstanz
Eugen Ruckhaberle, Präsident des Südb. Amateurboxsportverbandes
Heidi Schäufele, Jugendleiterin des TV Naturfreunde, Singen
Walter Schellhammer, Betriebsratsmitglied, Singen
C. Mac Farlane Schlichter, vereidigte Dolmetscherin, Konstanz
Werner Schrott, Kaufmann, Singen
Dr. Hanna Schweickert, Oberstudiendirektorin i. R., Konstanz
Brüne Stahl, Hausfrau, Nußdorf
Dr. A. Stegmann, Kath. Stadtpfarrer i. R., Ravensburg
Kurt Stehle, Betriebsratsmitglied, Nenzingen
Christoph Thorbecke, Buchhändler, Überlingen
Jan-Peter Thorbecke, Verlagsbuchhändler, Konstanz
Ruprecht Thorbecke, stud. med., Konstanz
Dr. A. Uhlenhoff, Amtsgerichtsrat i. R., Überlingen
Dr. Hermann M. Venedey, Oberstudiendirektor, Konstanz
Ursula Voigt, Oberlehrerin, Radolfzell
Klaus Vorpahl, Buchhändler, Konstanz
Dr. Lili Walther, Frauenärztin, Überlingen
Heinz Weidenfeld, Kaufmann, Konstanz
Ruth Weller, Angestellte, Singen
Herbert Weis, Landesjugendleiter der TV Naturfreunde, Schopfheim
Dr. Kurt Welsch, Frauenarzt, Konstanz
Heinrich Wollheim, Kammermusiker i. R., Konstanz
Lilo de Wys-Arndt, Angestellte, Horn

Wir bitten Sie um Ihre Teilnahme am Fackelzug am Ostersamstag, Abmarsch 19.45 Uhr, St.-Gebhard-Platz

Kundgebung 21 Uhr, Marktstätte

Redner: Kurt Sprenger, Bundesjugendleiter des TV Naturfreunde
Heinz Seeger, Journalist

Abfahrt der Singener Teilnehmer 18.30 Uhr Finanzamt Singen

Ostersonntag: Marsch Geislingen — Stuttgart

Ostermontag: Abschlußkundgebung 17 Uhr, Stuttgart - Schillerplatz

Anmeldung/Information: Pfarrer i. R. Otto Just, Konstanz, Rheinsteig 11a, Telefon 25 92

Tragen Sie bitte durch Ihre Spende mit dazu bei, die Unkosten zu decken: Postscheck Karlsruhe 16 113, Bezirkssparkasse Gottmadingen, Konto 555.

Konstanzer Ostermarschaufruf aus dem Jahr 1966.

Kampagne für Abrüstung

Ostermarsch

der Atomwaffengegner

Geschäftsführer: Klaus Vack, 605 Offenbach 4, Buchrainweg 161, Postfach 648

Zentraler Ausschuß
Geschäftsführung
Telefon (06 11) 86 60 51 / 52
Postscheck Frankfurt
Konto Nr. 8255
Bank für Gemeinwirtschaft
Offenbach, Konto 740 633

Sehr verehrte Damen! Sehr geehrte Herren!

Die Kampagne für Abrüstung hat in dem vergangenen Jahr ihre Tätigkeit verstärkt und ihre politische Aussage konkretisiert. Ihr Bemühen um eine Politik der Sicherheit durch Abrüstung, für die Beendigung des Krieges in Vietnam und für die Erhaltung der Demokratie in der Bundesrepublik wird 1967 einen neuen Höhepunkt in den Veranstaltungen und Märschen zu Ostern finden.

In der gegenwärtigen politischen Situation in der Bundesrepublik halten wir dieses Bemühen um eine neue Politik einer an keine Partei gebundenen außerparlamentarischen Sammelbewegung wie der Kampagne für Abrüstung für notwendiger denn je. Wir unterstützen deshalb den Aufruf der Kampagne zum Ostermarsch 1967, der umseitig wiedergegeben ist. Wir bitten Sie, die politische Aussage des Aufrufes zu prüfen und sofern Sie mit ihr übereinstimmen, den Aufruf durch Ihre Unterschrift zu unterstützen. Wir halten das Engagement jedes einzelnen für erforderlich, um endlich auch in unserem Lande, eine Politik der Entspannung, der stabilen Friedenssicherung und der Zusammenarbeit der Völker durchzusetzen.

Mit freundlichem Gruß!

(Prof. W. Abendroth) (Heinrich Böll) (Dr. Andreas Buro)

(H. M. Enzensberger) (Herbert Faller) (Prof. H. Gollwitzer DD)

(Dr. W.-O. von Hentig) (Erich Kästner) (Dr. H. Kloppenburg DD)

(Hinrich Oetjen) (Philipp Pleß, MdL.) (Horst Symanowski)

(Gösta v. Uexküll) (Klaus Vack) (Martin Walser)

Kuratorium: Frank Allaun, Hedwig Born, Margherita v. Brentano, Benjamin Britten, L. John Collins, Herbert Faller, Ossip K. Flechtheim, Christian Geissler, Helmut Gollwitzer, Werner G. Haverbeck, Gustav Heckmann, Heinz-Joachim Heydorn, Heinz Hilpert, Robert Jungk, Erich Kästner, Arno Klönne, Heinz Kloppenburg, Christel Küpper, Armin Prinz zur Lippe, Wilhelm Maier, Bodo Manstein, Martin Niemöller Katharina Petersen, Bertrand Russell, L. Ruzicka, Robert Scholl, Martin Schröter, Helga Tempel-Stolle, Hans Konrad Tempel, Heinrich Vogel, Ernst Friedrich Wolf.

Sprecher des Zentralen Ausschusses: Dr. Andreas Buro, 806 Dachau, Schwarzhölzlstraße 20

Frieden durch Abrüstung Eine Zukunft ohne Waffen!

NIE WIEDER KRIEG!
DGB
ABRÜSTUNG IST DAS GEBOT DER STUNDE

Der DGB-Landesbezirk Baden-Württemberg ruft zum Ostermarsch '85 auf.

Kommt nach Heilbronn zur Demonstration und Kundgebung am Ostermontag, 8. April 1985

Beginn der Demonstration:	Theresienwiese	13.00 Uhr
Beginn der Kundgebung:	Marktplatz	15.00 Uhr

Eröffnung: **Paul Maier,** DGB-Kreisvorsitzender Heilbronn
Redner: **Siegfried Pommerenke,** DGB-Landesvorsitzender
Prof. Dr. Peter Starlinger, Köln
Rudolf Hermes, ev. Pfarrer, Stuttgart

Der Rüstungswettlauf gefährdet den Frieden. Der Rüstungswahnsinn bedroht die Menschheit. Atomraketen machen die Welt nicht sicherer. Sie vergrößern die Gefahr eines atomaren Konflikts.

Die weltweit explodierenden Rüstungsausgaben führen zu Massenelend und Zerstörung unserer natürlichen Lebensgrundlagen.

- **Hunderte von Millionen Menschen in aller Welt sind ohne Arbeit und Brot.**
- **15 Millionen Arbeitslose gibt es in der Europäischen Gemeinschaft.**
- **3,5 Millionen Arbeitsuchende in der Bundesrepublik leben von Arbeitslosengeld, Arbeitslosen- und Sozialhilfe. Die Armut wird immer größer! Die Rüstungsausgaben steigen und steigen. 1984 waren es 60 Milliarden (60 000 000 000 DM).**

Wir fordern:

- Beendigung des Wettrüstens
- Weltweit kontrollierte Abrüstung
- Beseitigung aller Atom- und chemischen Waffen
- Abbau und Vernichtung der in Europa stationierten und auf Europa gerichteten Raketen
- Verzicht auf die Weltraumrüstung

Dafür treten wir ein,
dafür demonstrieren wir am

Ostermontag in Heilbronn

Mit der Zeit machte sich eine gewisse Müdigkeit bei den OstermarschiererInnen breit, bei mir ebenfalls. Zwar war ich noch immer bei den Osterveranstaltungen mit dabei, doch von den Vorbereitungsarbeiten, die nun meist in den Händen der Konstanzer Friedensinitiative lag, hielt ich mich eher fern. In der Region wurden aber bis in die neunziger Jahre internationale Ostermärsche organisiert, zum Beispiel in Bregenz (Österreich, 1988), in Konstanz (1989) mit Robert Jungk als Redner, in Arbon (Schweiz, 1990), Friedrichshafen (Anfahrt per Charter-Schiff!) und Überlingen (1993), wie ich den diversen Buttons genau entnehmen kann, die ich nach wie vor aufbewahrt habe. Speziell an Bregenz erinnere ich mich, weil dort im Park am See ein Friedensbaum gepflanzt wurde, der noch heute dort wächst und von unserer damaligen Aktion erzählen könnte...

»Konstanz atomwaffenfrei«

In den achtziger Jahren wurden viele Städte und Plätze symbolisch für atomwaffenfrei erklärt. »Wo ich wohne, ist atomwaffenfreie Zone!«

Von Konstanz weiß ich, und ein Artikel im »Stichling«, der damaligen DKP-Zeitung vor Ort dokumentierte die Geschichte, daß die SPD 1983 einen Antrag an den Gemeinderat stellte, durch den Konstanz zur atomwaffenfreien Zone deklariert werden sollte, aber der damalige Oberbürgermeister Dr. Eickmeyer lehnte die Behandlung des Antrags im Gemeinderat mit der Begründung ab, dieser sei nicht zuständig. Daraufhin wurde die »Friedensinitiative« aktiv, sammelte 2200 Unterschriften unter einen Bürgerantrag, um den Gemeinderat zur Behandlung dieses Antrags zu zwingen, und übergab diese am 12. September dem Oberbürgermeister, der nun zusagte, alles noch einmal zu prüfen. Der Antrag der »Friedensini« lautete:

»Der Gemeinderat erklärt die Stadt Konstanz symbolisch zur atomwaffenfreien Zone und ist entschlossen, im Rahmen seiner Möglichkeiten die Lagerung, Produktion und den Transport von atomaren, chemischen und biologischen Massenvernichtungswaffen auf Konstanzer Gebiet zu verhindern.«[38]

Nun reagierte die Stadt: Am 18. Oktober 1984 verabschiedete der Konstanzer Gemeinderat die nebenstehende Resolution zum Thema ABC-Waffen, mit der zwar Konstanz nicht explizit zur atomwaffenfreien Zone ernannt wurde, aber immerhin hieß es darin u.a., daß der Gemeinderat entschlossen sei, »... im Rahmen des geltenden Rechts keine Maßnahmen zuzulassen oder zu unterstützen, die der Stationierung, der Lagerung oder der Herstellung von atomaren, chemischen oder biologischen Waffen im Gebiet der Stadt Konstanz dienen...«

STADT KONSTANZ

Resolution des Gemeinderates der Stadt Konstanz zum Thema ABC-Waffen auf Konstanzer Gemarkung verabschiedet am 18. Oktober 1984

1. Der Gemeinderat der Stadt Konstanz ist besorgt darüber, daß das Gebiet der Stadt Konstanz in der Reichweite von Massenvernichtungswaffen liegt, die eine Gefahr für ihre Bürger darstellen.

2. Er bittet deshalb die Bundesregierung, sich auch weiterhin mit allem Nachdruck in ihrer Außen- und Sicherheitspolitik dafür einzusetzen, daß es zu einer weltweiten und gleichzeitigen Abrüstung dieser Massenvernichtungswaffen kommt.

3. Der Gemeinderat der Stadt Konstanz ist entschlossen, im Rahmen des geltenden Rechts keine Maßnahmen zuzulassen oder zu unterstützen, die der Stationierung, der Lagerung oder der Herstellung von atomaren, chemischen oder biologischen Waffen im Gebiet der Stadt Konstanz dienen.

4. Der Oberbürgermeister wird beauftragt, im Hinblick auf die gemeindliche Planungshoheit der Stadt, wie auch ihre Verantwortung für die Gewährleistung der öffentlichen Sicherheit in ihrem Bereich und aus Rücksichtnahme auf das angrenzende Schweizer Hoheitsgebiet, in Verhandlungen mit den zuständigen Dienststellen und Behörden, insbesondere mit dem Bundesminister für Verteidigung, darauf hinzuwirken, daß der Transport und die Lagerung atomarer, chemischer und biologischer Waffen im Gebiet der Stadt Konstanz verhindert werden.

Mit der Resolution wurde der Oberbürgermeister außerdem beauftragt, in Verhandlungen »insbesondere mit dem Bundesminister für Verteidigung darauf hinzuwirken, daß der Transport und die Lagerung von atomarer, chemischer und biologischer Waffen im Gebiet der Stadt Konstanz verhindert werden.«[39] Vom Ministerium kam laut »Südkurier« vom 28. Juni 1985 eine Antwort mit der damals üblichen Bedrohungs-Story des Warschauer Pakts. Und der letzte Satz des Schreibens:

»... Ich bin so vermessen, anzunehmen, daß die Entscheidungen des Gemeinderats Ihrer Stadt wenig Einfluß auf die Zielplanung des Warschauer Pakts haben werden.«

Neue Aktionsfelder – wir waren dabei

Ab Mitte der sechziger Jahre erweiterte sich unser Engagement auch auf andere Gebiete: gegen den Vietnam-Krieg und die Notstandsgesetze, wobei hier unsere örtlichen Aktivitäten nicht mehr so umfangreich waren.

Gleichwohl entsinne ich mich an eine Samstags-Aktion im November 1965, bei der wir, ein relativ kleines Häuflein, mit Plakaten (»Sandwiches«) durch Konstanz zogen, um gegen den Vietnam-Krieg zu demonstrieren. Es war kalt und wir wären lieber nach Hause gegangen, aber ausgerechnet unser ältester Mitdemonstrierer Rupert Renner, ein ehemaliger KZ-Häftling, meinte, das »bissle Schneewetter sei doch gar nix gegen die Leiden im Vietnam-Krieg«, und wir müßten einfach weitermachen. Das wirkte. Wir tranken zum Aufwärmen im nahen Gasthaus einen Schnaps an der Theke und setzten unsere Demo fort.

Des weiteren waren die Notstandsgesetze in diesen Jahren ein Thema. Bereits 1965 schrieben 215 Professoren einen offenen Brief an die Gewerkschaften mit vielen Argumenten gegen die Notstandsgesetze und zwei abschließenden Fragen:

»... Können wir wenigstens den Abgeordneten vertrauen, die Mitglieder der Gewerkschaften sind, daß sie sich den Machinationen widersetzen, mit denen wir auf Entscheidungen festgelegt würden, die an die Fundamente unserer demokratischen Ordnung rühren und die die Existenz unseres Volkes aufs Spiel setzen?...

... Werden Sie bei ihren Beschlüssen bleiben und was gedenken Sie zu tun, um die Demokratie ernsthaft zu verteidigen?«[40]

Vor allem entwickelten sich aber bei den verfassungsändernden Gesetzen (Notstandsverfassung) bundesweit heftige Diskussionen und ein starkes Engagement gegen deren Verabschiedung. So bekundeten zum Beispiel auf einem Flugblatt des »Kuratoriums Notstand der Demokratie Baden-Württemberg« etwa 200 Persönlichkeiten ihre ablehnende Haltung gegen die Notstandsgesetze.[41] Im Oktober 1966 fand in Bonn ein Kongreß »Notstand der Demokratie« statt, ebenfalls hochkarätig besetzt, mit Foren und einer Abschlußkundgebung auf dem Römerberg.[42] Die Gewerkschaften mischten sich ein, es gab Beschlüsse von Gewerkschaftstagen gegen die Notstandsgesetze und viele große und kleine Aktionen im ganzen Land. An manchen nahm ich teil, zum Beispiel an einer Fahrt per Omnibus nach Bonn zu einer Groß-Demo im Mai 1968[43], sehr anstrengend, weil wir in Konstanz enorm früh wegfahren mußten, um rechtzeitig anzukommen. Im Vorfeld hatte ich ein großes Transparent angefertigt mit der Aufschrift: »Notstandsgesetze sind Kriegsvorbereitungen«. Und, akkurat wie ich war (und bin), habe ich die Losung nicht etwa aufgemalt, sondern mit schwarzen Klebeband zu Buchstaben geformt. So sah alles wie gestochen und ausgesprochen schön aus. Ich habe das Transparent sogar später auf einem Foto wiedererkannt.

Bei den Demos dieser Zeit ging es ausgesprochen lebhaft zu. Sprechchöre wie »Benda, wir kommen«, an den damaligen CDU-Bundesinnenminister gerichtet, oder das mitreißende »Ho-Ho-Ho-Chi-Minh« hallten durch die Straßen. Buttons wurden allerorts angeboten, mit der weißen Friedenstaube, dem Ostermarschzeichen, mit der Aufschrift »Gegen Notstandsgesetze« oder »Bild macht dumm«. Die Stimmung der DemonstrantInnen war meist sehr kämpferisch, typisch für die APO und die 68er!

Auch in Konstanz tat sich einiges zum Thema Notstandsgesetze. Wir machten Info-Stände in der Stadt, die Gewerkschaften beschäftigten sich mit dem Thema Notstandsgesetze immer wieder, der Sozialistische Deutsche Studentenbund (SDS) war ebenfalls rührig vor Ort. Als wichtige Diskussionspartner traten dabei die Doktoren Wolfram Buhrisch und Wolf-Dieter Narr von der Universität Konstanz auf, auch ab und zu bei den Gewerkschaften, was den Mitgliedern allerdings nicht immer zur Freude gereichte... Daß Konstanzer StudentInnen gegen die Verabschiedung der Notstandsgesetze protestierten und dabei die Rheinbrücke blockierten, zeigt ein rückblickender Artikel mit Foto im »Südkurier« vom 4. Januar 2000.

Von einer abendlichen Demo in Konstanz gegen die Notstandsgesetze, leider ohne Datum (vielleicht war es die oben beschriebene?) liegt mir ein Bericht vor, dessen Urheber allerdings nicht genannt wird:

»... Der Demonstrationsbeginn wurde zum Zeitpunkt des Betriebsschlusses vor dem größten Konstanzer Betrieb angesetzt. Trotzdem waren nur sehr wenige Arbeitnehmer bereit, sich an dieser Demonstration zu beteiligen. Die wenigen teilnehmenden Arbeiter schlossen sich der

Demonstration erst an, als wir aus Sichtweite des Betriebes waren. Die Demonstration, die mit etwa 200 Teilnehmern begann, wurde unterwegs immer stärker und erreichte auf halben Wege bereits die Stärke von ca. 500 Teilnehmern. Auf der Rheinbrücke, dem verkehrsdichtesten Platz der Stadt, wurde durch Besetzen der Fahrbahn eine fünfminütige Verkehrsruhe erzwungen. Auf der Kundgebung, an der etwa 1000 Personen teilnahmen, sprachen der örtliche DGB-Kreisvorsitzende, sowie der Direktor des Gymnasiums, Vertreter der Schüler und Studenten, sowie ein Funktionär der DL...«

Ferner wurde darin von einer symbolischen Emigration in die Schweiz berichtet, unter der Losung »Notstand ist nicht deutsch – Notstand ist kapitalistisch«. Und schließlich: »... Bei unserer Rückkehr wurde auf der Grenzlinie von beiden Seiten die Internationale abgesungen.«[44]

Aber alles Engagement, von dem hier nur ein sehr geringer Bruchteil wiedergegeben werden konnte, ließ Bonn kalt. Die Notstandsverfassung wurde im Mai 1968 mit Zweidrittelmehrheit verabschiedet.

Selbst kleine Aktionen waren wichtig (1965): links Pfarrer a.D. Otto Just, ganz rechts Rupert Renner, neben ihm Heinz Schubert.

Die Friedensbewegung – eine große Schwester des Ostermarschs

»Den Frieden sichern – das Wettrüsten beenden« – unter diesem Slogan der Friedensbewegung engagierten sich viele Personen und Persönlichkeiten aus der BRD, riefen zum Beispiel zu einer Demonstration am 1. September 1979 nach Bonn auf[45], organisierten Aktionen unterschiedlichster Art. Doch die Rüstungsspirale drehte sich weiter: Im Dezember 1979 beschloß die NATO, neue amerikanische Atomraketen in West- und Mitteleuropa zu stationieren[46], was eine neue Welle von Protesten in der BRD nach sich zog. In Konstanz forderten beispielsweise etwa 300 Personen in einer großen Anzeige im »Südkurier« (15. Oktober 1983) das Verbot aller Atomwaffen, sprachen sich gegen Gewalt aus und luden zur Teilnahme an den im Rahmen einer Aktionswoche geplanten Veranstaltungen ein. Ich war nicht nur Mitunterzeichnerin der Anzeige, sondern auch an einigen der zahlreichen Treffen dabei. So am 17. Oktober, dem Tag der Frauen, den diverse Konstanzer Frauengruppen vorbereitet hatten (»Südkurier« vom 14. September 1983). Klar, daß sich die DGB-Frauen daran beteiligten. »Schwarz gekleidet für den Frieden« stand dann im »Südkurier« vom 18. September 1983:

»Die Passanten sahen schwarz. Der Klagezug der ebenso gekleideten Frauen schien schier kein Ende nehmen zu wollen. In der Kanzleistraße ging nichts mehr, an ein Durchkommen war kaum zu denken, als sich über 600 Konstanzerinnen aller Altersgruppen, Trauer tragend, eine Kerze in der Hand, ihren Weg zur Marktstätte bahnten...« Die dabei vorgenommene Umbenennung der Marktstätte durch die Frauen in »Berta-von-Suttner-Platz« blieb allerdings nur von kurzer Dauer.

Eine bundesweite Aktion startete die Friedensbewegung mit dem »Krefelder Appell« vom November 1980, initiiert von bekannten Persönlichkeiten wie Gerd Bastian, Petra Kelly, Martin Niemöller und vielen anderen.[47] Unterschriften sollten gesammelt werden zur Rücknahme des Raketenbeschlusses von 1979. Es wurde eine imposante Protestbewegung daraus: Über zwei Millionen Menschen unterzeichneten den Aufruf.[48]

Der »Krefelder Appell« war leider in den Gewerkschaften umstritten. Da waren nämlich auch KommunistInnen (u.a. beim Unterschriften-Sammeln) aktiv! So konnte sich meine Gewerkschaft zum Beispiel nicht dafür erwärmen. Daß der DGB 1981 mit einem eigenen Friedensaufruf (»Gewerkschaftspost« 9/1981) ebenfalls um Unterschriften warb und damit mannigfaltige (und kontroverse) Diskussionen auslöste, weiß ich noch genau. Mit dieser Version konnte dann die IG Chemie anscheinend leben und wurde erfreulich rege. Na, immerhin.

PERSHING II
CRUISE MISSILES
NEIN!
LEISTET
WIDERSTAND!
Volksversammlung für den Frieden am 22.10.
Menschenkette von Stuttgart nach Neu-Ulm
Gewaltfreie Blockade in Neu-Ulm
Kundgebungen in Neu-Ulm und Stuttgart

Die Menschenkette 1983.

Auch in Baden-Württemberg hatten wir im Herbst 1983 »unser Ereignis«: die Menschenkette von Stuttgart bis Neu-Ulm (s. Faksimile Seite 397).[49] Der DGB rief zur Teilnahme auf.[50] Natürlich fehlte ich nicht. Ein Sonderzug brachte uns nach Stuttgart. Gute Stimmung auf dem Schloßplatz. Viel Info-Material, Musik, und überall Plakate mit Friedenstauben. Welch ein Jubel, als es hieß: Die Menschenkette im »Ländle« ist geschlossen! Wir waren nicht mehr zu übersehen. Konnten wir trotzdem übergangen werden?

Immer weitere Aktionen folgten, örtliche, regionale. Der DGB Baden-Württemberg propagierte eine Aktionswoche vom 14.-19. Oktober 1985 »gegen Sozialabbau und Aufrüstung, für Frieden und Arbeit«.[51] Ich war an der Abschlußdemo in Stuttgart dabei – und sehr beeindruckt.

In bester Erinnerung ist mir auch noch die zentrale Demo der Friedensbewegung im Herbst 1986 in Hasselbach im Hunsrück[52], an der ich mit vielen anderen (per Sonderzug!) teilnahm. Wir protestierten gegen die Raketen allgemein, besonders aber gegen die dort geplante Aufstellung von 96 »cruise missiles«. Es war noch einmal eine großartige, mächtige Aktion. Ein breites Bündnis hatte sich entwickelt, doch der Höhepunkt der Friedensbewegung schien zu dieser Zeit bereits überschritten.

War alles umsonst?

Ich glaube nicht. Sicher hatten wir bei Wahlen (DFU und Umfeld) keinen Erfolg, vieles ist uns auch in der APO nicht gelungen: Wir bekamen die Notstandsgesetze, gültige Rechte wurden abgebaut. Der Neonazismus ist so stark und frech wie nie zuvor... Trotzdem: Ohne die vielen, großen und kleinen Aktionen wäre manches nicht so gelaufen, wie es gelaufen ist. Ich denke, wir haben mitgeholfen, den Boden für eine günstige Entwicklung zu bereiten: für den Atomwaffensperrvertrag, die Ostverträge unter der Brandt-Scheel-Regierung, die KSZE und weitere Abkommen der siebziger Jahre... Daß ich als kleines Rädchen das große Getriebe in die richtige Richtung mitbewegen konnte, erfüllt mich noch heute mit Genugtuung.

Mein Leben ändert sich

Krankheit und Tod meiner Mutter

Anfang des Jahres 1970 ging es meiner Mutter nicht gut. Sie hatte zwar direkt keine Schmerzen, sah aber schlecht aus. Daher hatten wir uns für die Sommerferien eine Kur vorgenommen. Doch daraus wurde nichts. Meine Mutter mußte ins Krankenhaus. Diagnose: dringender Verdacht auf Unterleibskrebs ohne Heilungschancen. In Absprache mit den Ärzten sagte ich meiner Mutter jedoch diese bittere Wahrheit nicht, auch nicht nach der Operation, die mich mit der endgültigen Gewißheit konfrontierte. Ich war dazu nicht in der Lage. Allerdings machte ich ihr auch keine übertriebenen Hoffnungen. Es war eine furchtbare Situation und für mich eine echte Leidenszeit, zumal ich auch nur mit ganz wenigen Leuten über den wirklichen Zustand meiner Mutter (und meinen eigenen) reden konnte.

Nach der Operation »erholte« sich meine Mutter rein äußerlich einigermaßen. Da faßte ich wieder etwas Hoffnung. Wir konnten sogar noch nach Bad Krozingen in die Ferien fahren. In einer kleinen Privatpension verbrachten wir geruhsame, aber für mich keineswegs entspannende Tage. Ich mußte mich sehr zusammennehmen. Um so mehr liefen mir die Tränen, wenn ich einmal allein war. Leider fühlte sich meine Mutter bereits nach kurzer Zeit wieder schlechter, sie wollte zurück in die heimische Umgebung. So brachen wir den Urlaub vorzeitig ab.

Inzwischen war es Oktober geworden. Den 69. Geburtstag meiner Mutter und auch meinen 35. beachteten wir kaum, wir hatten eine zu trübe Stimmung. Der Zustand meiner Mutter verschlimmerte sich zusehends, sie mußte immer mal wieder ins Krankenhaus, wo sie von dem sich ständig und immer mehr bildenden Wasser befreit wurde. Das war zwar im Moment für sie eine Erleichterung, doch nach jedem Krankenhausaufenthalt kam sie schwächer nach Hause. Ich verschwieg meiner Mutter die Wahrheit noch immer. Aber ich vermute, daß sie wohl gespürt hatte, was los war mit ihr. Einige Tage vor ihrem Tod meinte sie: »Das wird wohl nichts mehr.« Sie besprach mit mir einige Formalitäten, schrieb – wie ich erst später feststellte – heimlich ein Testament. Nun lag meine Mutter meist im Bett oder nachmittags auf dem Sofa im Wohnzimmer. Ich selbst sorgte mit meiner ganzen Kraft für sie. Das war der letzte Liebesdienst, den ich ihr erweisen konnte.

Wir litten beide sehr unter der Situation und dachten dasselbe: Meine Mutter war ja noch keine siebzig Jahre alt, eigentlich zu jung zum Sterben. Außerdem: Was wird nach ihrem Tod aus mir? Sie würde mich allein zurücklassen. Sicher nicht nur für mich ein entsetzlicher Gedanke.

Schlimm war für uns die Silvesternacht 1970/71. Andere Leute böllerten – wir, allein zu Hause, lagen bereits früh im Bett (ich schlief wieder neben ihr), hörten die Glocken zum Einläuten des Neuen Jahres. Ich wußte und meine Mutter ahnte, daß es uns die Trennung bringen würde. Dennoch wünschte sie mir ein gutes Neues Jahr. Dann weinten wir beide.

Während der Zeit ihrer Krankheit bekam meine Mutter ziemlich viel Besuch von allen Seiten, von Tante Claire aus St. Gallen, von FreundInnen, KollegInnen und GenossInnen. Sie versuchten sie aufzumuntern. Ich erinnere mich noch gut an den Besuch von Erwin Reisacher, der wörtlich zu ihr sagte »Hanna, wir brauchen Dich noch...« Das war sicher Balsam für sie, aber ob sie noch an ihre Heilung glaubte?

Mir selbst begegneten meine Bekannten und FreundInnen mit viel Verständnis und besonders meine Byk-KollegInnen ertrugen meine damalige Nervosität und meine Gereiztheiten mit Toleranz.

Eine besonders große, praktische Hilfe erfuhr ich von der Firma Byk: Sie gewährte mir bereits ab Oktober 1970 einen bezahlten Sonderurlaub von hundert Stunden zur Pflege meiner Mutter, den ich je nach Bedarf stunden- oder tageweise in Anspruch nehmen konnte. Als dieser Ende Oktober aufgebraucht war, verlängerte Byk die Abmachung sogar noch, wobei zunächst eine Verrechnung der neu entstehenden Fehlzeit mit dem Gehalt im Gespräch war. Letztendlich häuften sich noch weitere 94 Fehlstunden an. Diese sollten dann mit eventuell anfallenden Überstunden im Jahr 1971 verrechnet werden, die damals allerdings in der Analytik nicht die Regel waren, so daß ich meine »Schulden« nur schlecht auf diesem Weg begleichen konnte. So hieß es dazu dann in einem Schreiben der Firmenleitung, das ich nach dem Tod meiner Mutter erhielt u.a.:

»... Am Ende des Jahres wollen wir dann entscheiden, ob es nicht möglich ist, Ihnen die Rückvergütung der nach dieser Abrechnung übriggebliebenen Fehlstunden zu erlassen.

Wir möchten auf diese Weise anerkennen, daß Sie dem Unternehmen viele Jahre treu und mit guter Leistung gedient haben...«[53]

Natürlich bedankte ich mich bei der Firma für den außerordentlich großzügigen Sonderurlaub[54], den ich so gut gebrauchen konnte. Das war für mich mehr als nur eine noble Geste. Und die restlichen 94 Fehlstunden verliefen schließlich auch im Sande.

Meiner Mutter tat es wohl, daß ich möglichst viel um sie herum war. So auch am 2. Januar 1971, ihrem Sterbetag. Tagsüber las ich ihr noch

Der letzte Urlaub mit meiner Mutter, 1970.

vor, abends telefonierte ich mit der Frauenärztin, Frau Dr. Müller, die sie während ihrer Krankheit vorzüglich betreute. Sie schlug an diesem Abend vor, meine Mutter solle nochmals ins Krankenhaus, um sich Linderung zu verschaffen. Und – ich müsse mit dem Schlimmsten rechnen. Kaum hatte ich aufgelegt, hörte ich ein leises Jammern aus dem Schlafzimmer. Ich eilte hinein, sah, wie meine Mutter bereits die Augen verdrehte und stürzte nochmals ans Telefon, um im Haus bei Familie Glaser Hilfe zu holen und dann Frau Dr. Müller herzubitten. Inzwischen blieb ich bei meiner Mutter, die nur noch sehr schwach atmete. Glasers waren sofort da, ebenso Frau Dr. Müller, die damals in unserer Nähe wohnte. Sie konnte aber nur noch den Tod meiner Mutter feststellen. Es war entsetzlich.

Frau Dr. Müller erledigte die Regularien, riet mir, einen Cognac zu trinken und keine Angst vor der Toten zu haben. Sie sei doch meine Mutter. Doch da waren auch schon Glasers wieder zur Stelle und boten mir an, bei ihnen zu nächtigen, was ich gerne akzeptierte. Ich entsinne mich, trotz meines Schmerzes gut geschlafen zu haben. Ich war wohl sehr erschöpft.

Alles Weitere lief wie am Schnürchen, ich hatte es schon lange im Kopf: Telefonate nach nah und fern, Bestattungsinstitut, Todesanzeige. Bei letzterer wieder – wie beim Tod meines Vaters – der Gang zu Nesers und die Frage: Kann ich das so formulieren? Dann ein Telefongespräch mit Hans Wunderlich, die Partei benachrichtigen. Schließlich wollte ich ja eine standesgemäße Trauerfeier, natürlich ohne Pfarrer. Herr Mesecke von der Freireligiösen Gemeinde übernahm diesen Part. Und die Musik: »Der Russischer Trauermarsch«, die Noten lagen noch parat von Vaters Tod. Diesmal wollte ich aber auch: »Brüder, zur Sonne, zur Freiheit...« Das war ich meiner Mutter schuldig.

Dann der 5. Januar, der Tag der Trauerfeier. Hektik im Vorfeld. Die Verwandtschaft trifft in der Wallgutstraße ein, Tante Mariele aus Hamm kommt bereits zeitig, Tante Claire später, Jonny holt sie per Auto vom Bahnhof ab. Die Meckenbeurer sind ebenfalls zugegen. Jonny kocht Kaffee. Jonny spült. Mädchen für alles. Ich selbst bin schrecklich nervös. Und untröstlich. Evi Brendel kümmert sich um mein Outfit: Alles in Schwarz. So ist mir auch zumute.

Es wurde eine große Trauerfeier: Verwandtschaft, viele KollegInnen und GenossInnen. Blumen und Kränze. Tränen. Herr Mesecke und Hans Wunderlich sprachen. Ich kann mich nicht mehr an den Inhalt erinnern, wohl aber daran, daß mich der Ablauf zufriedenstellte. Als der Sarg versunken war, stand ich fassungslos weinend vor dem Nichts. Ich wußte nicht, was ich nun ohne meine Mutter, Freundin, Kollegin, Genossin anfangen sollte.

Trotzdem versuchte ich mich zu fassen. Ich hatte die Parole »Zwitscherstube« (ein Lokal in Friedhofsnähe) vorgeschlagen, wo sich, wer wollte, noch zusammensetzen konnte. Ich ging von Tisch zu Tisch, bedankte mich bei den einzelnen Leuten für die Anteilnahme, für Blumen oder Couverts. Ich plauderte, gab mich leutselig, obwohl mir nicht danach war. Josef Neser meinte gar: »Ich muß Dich bewundern!« Ein schönes Kompliment, das gut tat. Aber schließlich hatte ich ja in den letzten Monaten gelernt, mich zu beherrschen.

Ein paar Tage später die Urnenbeisetzung, an der lediglich Tante Mariele und ich teilnahmen. Es waren furchtbar traurige Minuten. Im offenen, kleinen Grab meines Vaters konnte ich seine Urne entdecken, zu der nun auch die meiner Mutter hinzugestellt wurde. Und bald verschwanden beide Urnen unter schwarzer Erde.

Mir blieb noch, den Namen und die Daten meiner Mutter auf den bereits vorhandenen Grabstein anbringen zu lassen, den Gärtner für eine neue Bepflanzung zu ordern. Oft legte ich in der Folgezeit frische Blumen auf das kleine Grab, meist rote Nelken, denn sie besitzen nicht nur eine gute Haltbarkeit, sondern auch die richtige Symbolik für meine Eltern. Inzwischen sind die ersten zwanzig Jahre der Ruhezeit abgelaufen, aber ich wollte 1991 das Grab noch nicht auflösen. Ich kaufte es für weitere zehn, inzwischen nochmals für fünf Jahre und besuche die letzte Ruhestätte meiner Eltern noch immer häufig.

Tante Mariele unterstützte mich auch in organisatorischer Hinsicht, machte Listen über die Kränze und Gebinde, über die Couverts mit und ohne Geldeinlagen, so daß ich fast mühelos ans Bedanken gehen konnte, zumindest rein technisch gesehen. Außerdem stellte sie aus den Anzeigen und all den vielen Nachrufen, die über meine Mutter in der Presse standen, eine kleine Dokumentation zusammen.

»De mortuis nil nisi bene« – Über die Toten nur Gutes

Ein geflügeltes Wort lautet zwar: Nirgends wird so viel gelogen wie bei Jubiläen und Beerdigungen. Mag sein. Dennoch will ich einige Stimmen von Menschen zitieren, die meine Mutter kannten und, so glaube ich, ehrlich schätzten. Und selbst wenn ich einiges abziehen würde – es bliebe noch sehr viel Anerkennung übrig...

Der damalige Oberbürgermeister Dr. Bruno Helmle (CDU) schrieb mir:

»... Ebenso wie viele Konstanzer Bürger habe auch ich Ihre Mutter als eine charakterlich integre, von einer tiefen Menschlichkeit durchdrungene Persönlichkeit hochgeschätzt. Ich weiß, daß sie immer für ihre

Mitmenschen da war, für die sie sich aufopferte. Als Stadträtin kämpfte sie jahrelang um bessere Lebensbedingungen für ihre Mitbürger. Wer ihren Einsatz im Kreise des Gemeinderates miterlebte, wird das Wirken dieser ungewöhnlichen Frau nicht so schnell vergessen. Auch politisch Andersdenkende wurden durch ihre aufrechte Haltung und ihre Überzeugungskraft beeindruckt und respektierten ihre Gesinnung. Ich weiß wohl, daß ihr Anfeindungen und Ungerechtigkeiten in ihrem Leben nicht erspart geblieben sind. Doch das alles hat sie nie mutlos werden lassen.

Johanna Hemm war eine Frau, wie es im politischen Leben einer Stadt leider nur sehr wenige gibt...«[55]

Auch von der damaligen, langjährigen CDU-Stadträtin Hilde Sturm erreichten mich nicht nur mitfühlende, sondern auch anerkennende Worte über meine Mutter:

»... Ich sah sie von der Ferne in den vergangenen Monaten so manches Mal als Zuhörerin in öffentlichen Stadtratssitzungen, sie, die selbst einmal an diesem runden Tisch saß und wohl immer bei ihrem politischen Interesse und ihrer Liebe zu unserer Stadt Konstanz und ihren Menschen die Probleme und Aufgaben, ihre Lösungen mit Leidenschaft verfolgte. Ich habe ihre Mutter, auch wenn ich nur selten ins Gespräch mit ihr kam, in ihrer geraden, offenen Art, in ihrem mutigen Einsatz geschätzt und freute mich immer, ihr zu begegnen...«[56]

Desgleichen vom früheren SPD-Bürgermeister Alfred Diesbach:

»... Ihre liebe Mutter war eine großartige Frau, deren geistige Klarheit, tiefes Empfinden für die Nöte dieser Zeit, Entschiedenheit und Mut, Treue zu sich und ihren Ideen ich immer bewundert habe.

Wenn auch der rein äußere Kontakt leider nicht sehr groß war, die menschliche Verbundenheit war doch da. So haben auch meine Frau und ich das echte Empfinden, einen guten Freund verloren zu haben...«[57]

Ähnlich äußerte sich Dr. Hermann M. Venedey:

»... Ihre Frau Mutter war in ihrer Gesinnung eine so aufrechte, mutige und zuverlässige Persönlichkeit, daß sie dem Kreise ihrer Gesinnungsfreunde sehr fehlen wird...«[58]

Last not least auch Worte der Anerkennung von Erwin Reisacher:

»... Ich habe Deine Mutter immer bewundert ob ihrer standhaften Überzeugung – und geliebt, weil sie trotz eigener Konsequenz Verständnis zeigte für andere...«[59]

Selbstverständlich bedankte ich mich bei allen, die mir so wohlwollend ihr Beileid bekundet oder mit Zeitungsnachrufen meiner Mutter gedacht hatten. In einem Fall war ich aber geradezu eigensinnig, nämlich bei der GTB. Hier antwortete ich der Verwaltungsstelle und dem Verwaltungsstellenvorstand sehr förmlich:

»Werte Kollegen!

Trotz der Danksagung im »Südkurier« halte ich es für angebracht, mich auch persönlich für den Kranz und den Nachruf zum Tode meiner lieben Mutter bei Ihnen zu bedanken. Beides waren recht ehrenvolle Gesten, die ich zu schätzen wußte, wenn ich sie auch mit manchen Praktiken zu Muttis Lebzeiten nicht in Einklang bringen konnte.

Mit freundlichen Grüßen...«[60]

Aber noch nicht genug. Auch der Hauptvorstand der GTB in Düsseldorf kam dran, u.a. mit folgenden Passagen:

»... Daß die Abschiedsworte bei der Trauerfeier von einem Kollegen gesprochen wurden, der meiner Mutter fair gegenüberstand (fairer als mancher andere), das habe ich als sehr angenehm empfunden. So konnte ich seine Worte als durchaus ehrlich akzeptieren, was ich bei allen anderen Ehrungen doch etwas in Frage stellen möchte. Denn angesichts mancher Dinge, die sich während und auch nach Muttis Dienstzeit ereignet haben, und über die ich recht gut Bescheid weiß, kann ich eigentlich kaum einen anderen Schluß ziehen.

Sicherlich wäre man zu Lebzeiten zu Mutti anders gewesen, hätte sie nicht das »falsche« (?) Parteibuch in der Tasche gehabt. Dann wäre u.a. in Ihrer Zeitung ein Nachruf und nicht nur ein Betätigungsnachweis gestanden; dann hätte man auch – wie bei dem anderen Kollegen auf derselben Seite – die Parteizugehörigkeit nennen können. Oder war es nicht opportun, eine Kommunistin in der Gewerkschaft gehabt zu haben?...

... Glauben Sie nicht, daß meine Mutter Dank oder Anerkennung gewollt hätte! Sie wünschte lediglich, wie jeder andere Gewerkschafter fair behandelt zu werden. Denn sie hat wie jeder oder besser gesagt wie viele Gewerkschafter positive Arbeit geleistet. Daß man ihr dabei mehr als anderen Kollegen auf die Finger sah, war zwar m. E. unberechtigt, aber eben eine Realität...

... Nun frage ich mich am Ende dieser Ausführungen, ob es wohl sinnvoll und notwendig war, meiner Mutter das Leben oftmals so sauer zu machen. Und ich frage mich vor allem: Wem haben all diese Aktionen, die aus purem Antikommunismus heraus gestartet wurden, letzten Endes genutzt?...

... Ich bin der Meinung – und das war auch die Auffassung meiner Mutter – daß wir nur gemeinsam die Ziele der Gewerkschaftsbewegung erreichen können und daß hierbei nicht das Parteibuch mitspielen, sondern einzig und allein die Arbeit in den Gewerkschaften zum Wohl der arbeitenden Menschen maßgebend sein darf.

In diesem Sinne werde ich auch weiterhin an meine Arbeit in der Gewerkschaft herangehen, und wenn ich dann zu Lebzeiten etwas mehr Toleranz erfahren darf als meine Mutter, dann kann mich dies nur zu besserer Arbeit anspornen.

Vielleicht waren dann diese Zeilen, mit denen ich einmal loswerden wollte, was mich schon immer gedrückt hat, nicht ganz umsonst...«[61]

Gewiß, das war starker Tobak. Der Hauptvorstand der Gewerkschaft reagierte selbstverständlich und wies meine Behauptungen als ungerechtfertigt zurück.[62] Das hatte ich erwartet. Es störte mich nicht.

Mein Dankesbrief an den Landesbezirk des DGB in Stuttgart, fiel moderater aus:

»... Ein größerer Trost ist es mir allerdings, zu wissen, daß sie ein sehr erfülltes Leben hatte, das geprägt war durch ihre gewerkschaftliche und politische Tätigkeit. Ich verrate gerade Ihnen kein Geheimnis, daß man es ihr dabei oft in unnötiger Weise schwer gemacht hat, auch von gewerkschaftlicher Seite...«[63]

Im Zusammenhang mit meinem Buchprojekt sprach ich noch ab und zu mit dem späteren Bezirksleiter der GTB Willi Werner. Da war er kooperativ und beteuerte, daß er persönlich nichts gegen meine Mutter gehabt, sie allerdings wie andere Kommunisten nicht gern in Funktionen gesehen habe, eine gewerkschaftliche Haltung, die mir in ähnlicher Weise zeitversetzt begegnete.

Hilfe von vielen Seiten

Nachdem Tante Mariele wieder nach Hamm gefahren war, blieb ich allein in der Wohnung in der Wallgutstraße zurück – schrecklich. Dennoch mußte das Leben weitergehen, das wußte ich. Also strengte ich mich an, nicht zu resignieren. Viele Menschen halfen mir, den harten Verlust zu überwinden – meist mit ganz alltäglichen Dingen.

Beispielsweise durfte ich einmal pro Woche an einem bestimmten Tag zu Nesers zum Mittagessen in die Rosgartenstraße kommen. Das war eine feine Sache im wahrsten Sinne des Wortes. Denn Mathilde kochte hervorragend, wenn auch Sepper meist bestimmte, was es sein sollte und selbst auf dem Markt einkaufte! Da standen viele Köstlichkeiten auf dem Küchenzettel wie Kalbskopf, Krautwickel, Aufläufe, Sauerbraten, Maultaschen... Meist gab's noch einen feinen Nachtisch, einen vitaminreichen Drink und ein obligates Schwätzchen mit Mathilde, wenn sich Sepper bereits zur Siesta in seinem Sessel im Wohnzimmer niedergelassen hatte. Dann war es für mich höchste Zeit, wieder zum Arbeiten zu gehen.

Auch bei Seifritzens in der Buchnerstraße war ich oft zu Gast. Doch für ein Mittagessen wochentags, zu dem mich Luise ebenfalls gern eingeladen hätte, wäre meine damals nur einstündige Mittagspause zu kurz bzw. der Weg zu weit gewesen. So ließ ich mir Luises Küche eher sonntags schmecken. Und wenn wir nach der »Freitagsrunde« noch in der Buchnerstraße einkehrten, wurde nicht nur ein oder zwei Viertele oder Kaffee offeriert, sondern mir, dem »Süßschnabel«, auch meist ein herrliches Marmeladenbrot (»Male-Brot«), das ich so gern bei Luise aß.

Besonders wichtig waren in diesen Monaten Brendels in Dingelsdorf. Ich fuhr abends nach der Arbeit mehrfach in der Woche und auch an den meisten Wochenenden zu ihnen. Oft schlief ich dort, wobei ich im Kinderzimmer einquartiert wurde. Ich fühlte mich wohl bei »meiner großen Schwester« und ihrer Familie. Mit den Kindern verstand ich mich prima und sie mochten mich auch. Wir unternahmen sehr viel gemeinsam, ich integrierte mich völlig in die Familie. Manchmal machte ich sogar Dinge mit, die mir eigentlich gar nicht so lagen – Hauptsache nicht allein zu Hause... Auf Dauer wollte ich allerdings diese Anpassung nicht praktizieren. Meine frühere Eigenständigkeit meldete sich wieder. Doch statt darüber zu reden, schmollte ich vor mich hin. Wie dumm von mir! Trotzdem traten keine gravierenden Unstimmigkeiten auf, nur: Ich reservierte nicht mehr ganz so viel Zeit für die Brendels. Dennoch war ich weiterhin angetan von der familiären Atmosphäre und natürlich auch von all den guten Dinge aus Küche und Keller.

Nach dem Tod meiner Mutter wurde der Kontakt mit Tante Claire wieder ganz intensiv. Ich erlebte manches schöne, gemütliche Wochenende bei ihr in St. Gallen. Zwar war am Sonntagmorgen noch immer das »Amt« angesagt, bei dem sie nach wie vor singend mitwirkte, aber anschließend hatte wir meist ein kleines Programm. Daß ich sie dabei mitunter im Auto chauffierte, genoß sie, die Nichtmotorisierte, ebenso wie ich, die sie gern verwöhnte. Und wenn ich von solchen Wochenenden in St. Gallen nach Konstanz zurückkehrte, war es durchaus möglich, daß sich der eine oder andere St. Galler Ausdruck in meinen Konstanzer Dialekt einmischte. Ich konnte meine Bindung an St. Gallen eben nicht verleugnen.

Mit Tante Claire kramte ich manchmal in unserer familiären Vergangenheit. Dabei stellte sie über die Herkunft der Hemms die eigenwillige These auf, wir könnten von den Schweden abstammen, weil sie nämlich in einem Atlas dort einen »Hemm-Felsen« entdeckt hatte. Daraus folgerte sie, daß während der Schwedenkriege unsere Vorfahren ins Schwäbische gelangt und irgendwie dort hängen geblieben seien... Doch weitere Nachforschungen in dieser Richtung wurden nicht betrieben.

Nicht zuletzt war mir Jonny eine rührende Hilfe in dieser Zeit, woraus sich später mehr als nur eine Freundschaft entwickeln sollte. Aber das wird ein eigenes Kapitel.

Urlaub in der Toscana

Tante Claire verbrachte ihre Ferien meist mit ihrer langjährigen Freundin Hedy Ullmann in Italien und war jedesmal hellbegeistert, obwohl (oder weil?) sie immer am gleichen Ort wohnte: in Fuimetto in der Toscana, direkt am Meer. Natürlich schrieb sie uns immer eine Karte, worauf meine Mutter einmal meinte, mit Tante Claire in den Urlaub zu fahren, das müsse schon etwas Besonderes sein. Daß ich dieses Glück nach dem Tod meiner Mutter haben sollte, ahnten wir damals freilich nicht. Aber 1971 fragte mich Tante Claire tatsächlich, ob ich mit ihr und ihrer Freundin Hedy ans Meer reisen wolle. Da gab es nichts zu überlegen – ein tolles Angebot.

Es wurde ein Urlaub wie im Bilderbuch. Bereits die Anfahrt: per Bahn erster Klasse! Dazu noch ein »Vorprogramm«: drei Tage Florenz! Ich war fasziniert. Nicht, weil Tante Claire mich dazu einlud (»z'Florenz bisch Du min Gascht«), nein überhaupt. Wir befanden uns ständig auf Achse, um die Kunstwerke in der kurzen Zeit möglichst optimal kennenzulernen. Ich kam aus dem Staunen kaum mehr heraus.

Die Piazzale Michelangelo mit der großen Statue des Davide imponierte mir besonders. Welch ein Blick auf Firenze! Und da ich immer mal wieder davon schwärmte, ließen sich Tante Claire und ihre Freundin einen Spaß einfallen: Sie kauften klammheimlich in Florenz einen kleinen Davide aus Alabaster, um ihn mir dann in Fiumetto ebenso heimlich in meinem Bett zu verstecken. Die beiden Damen, deren Zimmer von meinem nur durch das gemeinsame Bad getrennt war, warteten abends gespannt auf meine Reaktion, freuten sich, als sie mein Gelächter vernahmen und stimmten kräftig darin ein. Noch heute blickt Davide von meinem Bücherregal herunter...

In diesen Ferien paßte alles: das Hotel, die Verpflegung (Vollpension!), die Leute, das Wetter. Und natürlich die herrliche Umgebung, in die mich meine beiden Damen einführten: Pisa, Lucca, San Giminiano, die kleinen Dörfer in der Umgebung, das mondänere Viareggio. Und vor allem das Meer, so schön warm und salzig – eine Wonne, darin zu schwimmen. Und ich tat es ausgiebigst.

Unser Hotel war für meine Begriffe ziemlich vornehm. Wir mußten uns zu jeder Mahlzeit entsprechend anziehen. Manche Damen erschienen abends gar in langer Robe und ziemlich gestylt. Ganz so streng nahmen wir drei es zwar nicht, putzten uns jedoch ebenfalls etwas heraus.

Tante Claire und ihre Freundin bemühten sich sehr, mir den Urlaub angenehm zu machen – mit Erfolg: Es trat kaum einmal eine traurige Stimmung bei mir auf. Ich strengte mich aber auch selbst an, zeigte mich von meiner besten Seite als kleines Dankeschön fürs Mitnehmen und erlaubte mir keine Extra-Touren, sondern blieb immer in der Gesellschaft der beiden, was mir überhaupt nicht schwer fiel. Hedys anfängliche Zweifel, ob ein Urlaub zu dritt wohl funktioniere, konnte ich damit schnell entkräften. Und ganz besonders schön: Ich war wieder Tante Claires »heimliche Tochter«.

In diesem Jahr wußte ich ohne lange Überlegungen, was ich Tante Claire zu Weihnachten schenken würde, einen Reisebericht mit dem Titel »Ein fröhliches Kleeblatt reist durch die Toscana«, handgeschrieben, teils in Prosa, teils in Versform, mit Bildern und manchen Erinnerungen zum Schmunzeln.[64] Er gelang mir recht gut, und Tante Claire hatte große Freude daran. Sie präsentierte den Bericht überall. Auch Hedy bekam ein Exemplar, aber ebenso wie ich, nur eine Kopie. Inzwischen habe ich das Original wieder, es wurde mir nach Tante Claires Tod von deren Erben ausgehändigt. Dabei hätte ich gern weiterhin mit dem Duplikat vorlieb genommen...

Auch 1972 erlebte ich nochmals Ferien in der Toscana. Allerdings waren wir zu viert, Tante Claire, Hedy, eine weitere Freundin der beiden und ich. Es wurde wieder sehr schön, obwohl diese drei Wochen nicht ganz an die des Vorjahres heranreichten. Trotzdem, ein Besuch bei Davide in Florenz war natürlich Ehrensache.

Meine Reise in die Sowjetunion

Im Jahr 1972 unternahm ich noch eine weitere und für mich wichtige Reise: Unter der Leitung von Ingeborg Riehle, der Frauensekretärin der IG Chemie Baden-Württemberg, flog ich mit etwa zwanzig Gewerkschafterinnen für eine Woche nach Moskau und Leningrad. Es war eine Studienfahrt und daher nicht die reine Erholung. Aber das störte mich nicht.

In Moskau angekommen, verschlug mir nicht nur die Hitze fast den Atem, sondern auch das Bewußtsein, in der Sowjetunion zu sein. Ich mußte an meine Mutter denken, die so gern einmal das Land »ihrer Ideen« besucht hätte... Nun erfüllte sich ihr Traum bei der Tochter.

Es waren interessante Tage in Moskau, vollgepackt mit Besichtigungen und Führungen unterschiedlichster Art, die mich sehr beeindruckten: der Kreml, der Rote Platz, die Universität, die Allunions-Ausstellung, das Kloster in der Umgebung... Abends »Schwanensee« im Bolschoi-Theater. Und immer wieder die Erinnerung an meine Mutter und heimliche Tränen. Ist das nun wirklich das Land »ihrer Träume«? Selbstverständlich machte ich eine Gedenkminute am Lenin-Mausoleum, reihte mich jedoch nicht in die Warteschlange ein, um den toten Genossen zu besichtigen.

Weiter ging's per Flugzeug nach Leningrad, das mir eigentlich eher als Moskau zusagte. Dort war gerade die Zeit der weißen Nächte, die ein besonderes Flair ausstrahlen. Bis in die Nacht saßen die Menschen am Ufer und warteten, daß die Brücken hochgeklappt wurden und so den Schiffen den Weg freigaben, was die Menge mit Beifall belohnte. Auch hier, im Venedig des Nordens, standen Besichtigungen der wichtigsten Sehenswürdigkeiten an: der Winterpalast mit seinen reichen Sammlungen, das Denkmal Zar Peter I. (Dazu der Kommentar der Reiseleiterin: »Wir verehren Zar Peter als einen fortschrittlichen Staatsmann«), die »Aurora«, jenes für die Russische Revolution wichtige Schiff, der »Smolny«, ein ebenso geschichtsträchtiges Gebäude – von dort aus leitete Lenin den revolutionären Aufstand – mit dem Lenin-Denkmal davor, ferner eine Fahrt auf der Newa, ein Folklore-Ballett-Abend...

Einmal wurde es bei unserer Stadtrundfahrt mäuschenstill, nämlich als unsere Reiseleiterin von den Nöten der Leningrader Bevölkerung im Zweiten Weltkrieg berichtete und mit schriftlichen Unterlagen ergänzte. Einiges davon habe ich in meinem Fotoalbum verewigt:

»... 900 Tage währte die Blockade, der die Stadt durch die faschistischen Belagerer unterworfen war. Tausende Menschen fielen dem pausenlosen Artilleriebeschuß, dem Hunger, dem Frost und den in der Stadt wütenden Krankheiten zum Opfer. Doch die Leningrader ergaben sich nicht...«[65]

In Leningrad gedachte ich natürlich auch meiner Namenspatronin Vera Figner, die in der ehemaligen Peter-und-Pauls-Festung über zwanzig Jahre eingekerkert war, und schickte postum schwesterliche Grüße.

Alles in allem vermittelten mir diese Tage in der Sowjetunion nicht nur neue Erkenntnisse, sondern sie berührten mich auch sehr und konnten mich sicher in meiner politische Haltung bestärken. Damals noch. Jedenfalls notierte ich danach in mein Album: Meine erste und hoffentlich nicht letzte Reise in die Sowjetunion. Doch es war meine letzte.

Die »Sippe Hemm« wird kleiner

Nach dem Tod meiner Mutter traf ich mich gemeinsam mit Tante Claire ab und zu bei ihrem Bruder in Meckenbeuren. Leider wurde Onkel Karl in den achtziger Jahren sehr krank und schließlich bettlägerig. Tante Claire brach für diese Zeit »ihre Zelte« in St. Gallen ab und widmete sich ganz seiner Pflege. Das war wiederum echte, praktizierte christliche Nächstenliebe. Diese Situation nagte sehr an ihren eigenen Kräften. Einmal bat sie mich daher, sie für ein Wochenende abzulösen, was ich – im Gegensatz zu den Söhnen bzw. deren Familien – selbstverständlich tat. So konnte sich Tante Claire in St. Gallen in ihren eigenen vier Wänden wenigstens für kurze Zeit etwas regenerieren.

Bald darauf starb Onkel Karl und Tante Claire zog sich, allerdings sehr angeschlagen, wieder nach St. Gallen zurück. Sie erholte sich nie mehr richtig. Ihren 80. Geburtstag feierte sie zwar noch im kleinen Kreis, aber bald darauf mußte sie ins Spital und später in ein Heim gebracht werden. Dort besuchte ich sie noch etliche Male, doch ich merkte, daß sie zunehmend anfälliger und verwirrter wurde. Am 30. April 1983 starb sie.

Natürlich nahm ich an Tante Claires Beerdigung teil, bedankte mich nochmals symbolisch bei ihr mit einem Rosenbouquet... Jonny begleitete und tröstete mich, so gut sie konnte. Aber sie trauerte ja selbst mit. Sie hatte, wie sie mir später erzählte, eine besondere Hochachtung vor Tante Claire.

Überrascht war ich, als mir per Testament zwei Kostbarkeiten von Tante Claire zuteil wurden: ihr sehr schöner Nerzmantel, der für mich leider fast etwas zu klein ist, aber trotzdem hoch in Ehren gehalten wird, und ein Brillantring in Weißgold, den ich, leicht geweitet, seither an meinem Finger trage... Aber so sehr ich mich über diese Gaben freute, was sind sie gegen das, was mir Tante Claire bereits zu ihren Lebzeiten geschenkt hatte... Ich denke sehr oft dankbar daran zurück – und dies nicht nur, wenn ich in St. Gallen an ihrem Grab stehe.

»Jonny«

Jonny und ihre Familie

Über Jonny zu schreiben, ist mir ein besonderes Anliegen. Wurde sie doch in den schwierigsten Jahren meines Lebens eine verständnis- und liebevolle Freundin für mich, die mein Leben bereicherte durch ihr offenes und fröhliches Wesen, ihre Zuverlässigkeit, ihre Hilfsbereitschaft und nicht zuletzt durch ihre ehrliche Zuneigung.

Jonny wurde am 4. Mai 1934 in Memel (Ostpreußen) geboren. Ihr Vater Adolf Dressler (1891-1973) war Bäckermeister und betrieb dort bis zum Krieg mit seiner Frau Hildegard (1903-1980) eine Bäckerei mit Filiale. Jonnys Bruder Hans-Georg, zehn Jahre älter als sie, ging bei Kriegsbeginn zur Marine. Nach dem Krieg begab sich die Familie auf die Flucht, landete nach Aufenthalten in Hamburg, Schleswig-Holstein (Arbeit auf dem Bauernhof), Staufen bei Freiburg schließlich in Konstanz, wo sie zunächst im Eichendorffweg eine kleine Wohnung in Einfachbauweise bekam. Im Jahre 1957 bauten Dresslers in der Friedrichstraße unter schwierigen finanziellen Bedingungen gemeinsam mit den Familien Beyer und Konrad ein Reihenhaus, wobei Dresslers der mittlere Teil gehörte.

In den verschiedenen Wohnorten versuchte Jonny, eine Lehre zu machen bzw. weiterzuführen, doch es klappte nicht. In Konstanz fand sie bei der Firma Pintsch-Elektro (heute Siemens Dematic) eine Stelle als Arbeiterin, wurde aber bald ins Angestelltenverhältnis übernommen. Als ich sie 1962 kennenlernte, war sie in der Arbeitsvorbereitung beschäftigt und eine geachtete Kollegin, wovon ich mich später bei ihrem 25jährigen Betriebsjubiläum selbst überzeugen konnte. Manche mochten sie jedoch nicht ob ihrer deftigen Sprüche, andere wegen ihres »nicht sehr gepflegten Outfits«, aber die meisten hielten sie für einen »verläßlichen, fröhlichen Kumpel«.

Jonnys richtiger Name war Roselinde, sie wurde von ihrer Familie immer so gerufen. Den Namen »Jonny« legte sie sich in ihrer Hamburger Zeit selber zu. Ich persönlich wußte lange Zeit nur diesen Namen und nichts von einer Roselinde.

Mit ihrem Vater hatte Jonny ein sehr gutes Verhältnis, ja, er verwöhnte sie bis in sein hohes Alter, servierte ihr sonntags den Kaffee ans Bett, putzte sogar ihre Schuhe... Sie war eben sein »Schieperchen«. Mit ihrer Mutter stand Jonny nicht so gut, sie respektierte sie zwar, aber ohne große Zuneigung. Ich begriff das anfangs nicht, konnte jedoch mit der Zeit Jonnys Haltung etwas nachvollziehen.

Mehr als Nachbarn: Die Familie Beyer

Besonders wichtig war bei der Familie Dressler die Nachbarschaft mit Familie Beyer, die das Eckhaus Friedrichstraße/Spechtweg bewohnte. Bald nach dem Einzug 1958 begann sich eine Freundschaft zu entwikkeln, die Jahrzehnte lang dauern sollte. Mit allen Höhen und Tiefen auf beiden Seiten. Gerhard Beyer (1919-1988), Maurerpolier, war immer da, wenn es etwas zu handwerkeln galt. Seine Frau Erna (Jahrgang 1922) verstand sich aufs Kochen, Haushalten und Gärtnern, wovon auch die Dresslers profitierten. Andererseits war Erna wiederum froh, wenn jemand vom Nachbarhaus auf die Beyer-Kinder aufpassen konnte, eine Aufgabe, die Opa Dressler immer gern und stundenlang übernahm. Drei Kinder, Renate, Wolfgang und Dieter, waren bereits in die Friedrichstraße mit eingezogen, zwei weitere, Günter und Sabine, kamen später noch dazu.

Zu allen fünf Beyer-Kindern hatte Jonny ein sehr gutes Verhältnis. Die größeren durften mit ihr in den Zirkus, zum Reitturnier, zum Boxen und Motocross-Rennen... Später machte Jonny mit ihnen Spritztouren auf dem Motorroller. Aber auch Günter und das Nesthäkchen Sabine hatten es ihr angetan. Beide stiegen als kleine Kinder mit Begeisterung zu Jonny in die Dresslersche Badewanne.

Erleichtert wurde dieses familiäre Verhältnis durch die Bauweise des Reihenhauses, als beim Vergrößern von Beyers und Dresslers Terrassen eine kleine »Schweinebucht« ausgespart wurde, so daß ein problemloses Hin- und Hergehen möglich war. Eine wunderbare Einrichtung, die bis heute geblieben ist!

Eine Kollegin wie jede andere?

Bereits während der Krankheitszeit meiner Mutter merkte ich, daß sich Jonny sehr um uns sorgte. Sie besuchte uns öfter, bot mir ihre Hilfe an. Ich könne sie auch nachts jederzeit anrufen, wenn ich sie brauche, sie würde sich sofort ins Auto setzen. Allerdings mußte ich auf ihr Angebot nicht direkt zurückgreifen, ich konnte alles einigermaßen auf die Reihe bringen. Vom Tod meiner Mutter informierte ich sie jedoch umgehend, damit sie es nicht durch die Zeitung erfahren mußte. Sie war unverzüglich zur Stelle.

In den folgenden Wochen meldete sie sich oft telefonisch oder schaute vorbei. Sie konnte mich zwar nicht sehr aufmuntern, aber sie war da. Ich empfand die Wohnung nicht so leer. Manchmal erkundigte sie sich am

Jonny – für die Familie immer Roselinde (70er Jahre).

Telefon: »Hast Du heute schon was Richtiges gegessen?« Sie ahnte meine Antwort und, ohne meinen Kommentar abzuwarten, holte sie mich einfach ab, und wir suchten uns ein Lokal zum Nachtessen.

An den Wochenenden ließ Jonny mich in Ruhe, da wußte sie, daß ich bei Brendels in Dingelsdorf gut aufgehoben war. Erst sehr viel später verriet sie mir, daß sie mir einmal heimlich dorthin gefolgt sei, weil sie mich mit meinem Auto so ungewohnt schnell habe rasen sehen. Es stimmte, ich fuhr in diesen ersten Monaten nach dem Tod meiner Mutter wirklich flott wie nie zuvor. Es wäre mir fast egal gewesen, wenn ich einen Baum gerammt hätte...

Die Sonne beginnt wieder zu scheinen

Trotz der vielseitigen Hilfen nach dem Tod meiner Mutter fühlte ich mich grenzenlos allein. So tat es mir wohl, daß Jonny sich sehr intensiv um mich kümmerte. Nun, sie hatte kaum familiäre Verpflichtungen bzw. schob sie stark in den Hintergrund. Meinetwegen? Jedenfalls nahm sie sich viel Zeit für mich, freilich nicht ganz uneigennützig, wie ich im Laufe der Monate spürte: Sie wollte mich für sich gewinnen.

Wir verbrachten viel Zeit miteinander, redeten über Gott und die Welt, lernten uns näher kennen. Ich fing an, meine Vorbehalte ihr gegenüber abzubauen. Mehr noch: Ich fühlte, daß ich ihre Zuneigung erwiderte und daß sie so etwas wie eine Bezugsperson für mich wurde. Ich fragte sie um Rat, bat sie um Gefälligkeiten, die sie stets gern erledigte. Ihre Menschenkenntnis war mir, der oftmals »Blauäugigen«, in vielen Situationen hilfreich, ebenso ihr Humor, mit dem sie mich langsam wieder etwas erheitern konnte. So darf ich ohne Übertreibung sagen: Jonny hat mir das Lachen wieder beigebracht.

Daß Jonny kein Kind von Traurigkeit war, daß sie gern mal einen »Zug durch die Gemeinde« machte und dabei allerhand in sich hineingießen konnte, war kein Geheimnis für ihr Umfeld. Mir allerdings stießen solche Eskapaden etwas auf, doch diesbezüglich besserte sie sich mit der Zeit.

Jonny war mir gegenüber sehr tolerant. Sie respektierte meine Parteizugehörigkeit, obwohl sie selbst damit nichts am Hut hatte. Sie unterstützte mich, als ich Anfang der siebziger Jahre wieder in die gewerkschaftliche Frauenarbeit einstieg, wohl wissend, daß ich dafür Zeit brauchte, die ihr dann vielleicht fehlen könnte. Aber schließlich zählte sie sich ja auch zu den DGB-Frauen.

Jonny und ich waren nun viel beisammen, kochten, aßen gemeinsam, gingen gemeinsam in die Stadt, zu Sitzungen... Oder wir blieben einfach zu Hause, mal in der Friedrichstraße, mal bei mir in der Wallgutstraße, später Gartenstraße. Wir wurden ein Paar.

Manchmal überlegten wir, ob wir zusammenziehen sollten, verwarfen diese Idee aber sehr bald. Wir behielten unsere eigenen Wohnungen. Jede von uns hatte damit eine gewisse Rückzugsmöglichkeit, was sich im Laufe der Jahre als sehr positiv erwies und unserer Liebe keinen Abbruch tat. Allerdings war dieses Hin- und Herkutschieren (samt »Klamotten«) vom Königsbau zum Paradies zunächst gewöhnungsbedürftig und bisweilen auch stressig. Aber es klappte. Nur einmal meinte Jonny, daß wir für die Zeit unseres Alters und unserer eventuellen Gebrechen mal nachdenken müßten, wie wir uns dann arrangieren würden... Doch diese Frage stellt sich leider nicht mehr.

Bald merkten meine FreundInnen und Bekannten, daß ich meine Freizeit fast nur noch mit Jonny verbrachte. Aber niemand sprach mich oder Jonny direkt auf unsere Beziehung an. Manche Leute zogen sich zurück, manche ließen ganz nebenbei irgendwelche Bemerkungen fallen von wegen »krankhaft und so«, andere dagegen, zum Beispiel die »Freitagsrunde«, betrachteten unsere Liaison als das Normalste der Welt. Das war wohltuend. »Wo schlaft Ihr heute?«, hieß es da oft, und wir gaben bereitwillig Auskunft.

Meine Verwandtschaft akzeptierte Jonny sofort: Tante Claire mochte sie gleich (vielleicht weil sie sich meiner so intensiv annahm in der Zeit nach dem Tod meiner Mutter?) und bot ihr schon nach kurzer Zeit das »Du« an. Eine Auszeichnung für Jonny, die sie zu würdigen wußte. Bei meiner Vöhringer Verwandtschaft kam Jonny ebenfalls gut an. Sie war ja sehr verbindlich, konnte mitreden bei der Hofwirtschaft. Wir waren gern gesehene Gäste und erlebten schöne Stunden »auf dem Land«.

Mit Jonny hatte ich aber auch ganz witzige Erlebnisse – aufgrund ihres Outfits, da sie immer Hosen und T-Shirts bzw. Pullover trug und daher burschikos bis männlich aussah. Dabei war sie andererseits in ihrer gesunden Zeit recht vollbusig. »Der Herr ist ja ziemlich klein«, meinte einmal eine Verkäuferin, als ich mich nach der Menge an Pulloverwolle für Jonny erkundigte. Ich hielt es kaum aus vor Lachen. Oder in Wien: »Zu eam setz i mi net...« Sogar im Eingangsbereich einer Damentoilette wurde Jonny einmal zurechtgewiesen, hier sei für Damen, worauf sie nur antwortete: »Soll ich mich mal frei machen?« Jonny war nie um eine Antwort verlegen. Besonders nett empfanden wir ein kleines, uns unbekanntes Mädchen, das die grauhaarige Jonny freundlich mit »Opa« begrüßte!

»Die Szene«

Durch die Beziehung zu Jonny begann für mich ein völlig neues, bisher unbekanntes Leben. Schließlich hatte ich bis dahin weder von der Lesben- noch von der Schwulenszene sehr viel vernommen. Einige Zeitungsartikel, mal eine Reportage – mehr nicht. Gehörte ich nun auch dazu? Ich möchte das nicht generell behaupten, aber in den Jahren mit Jonny sicherlich, obwohl ich diese Tatsache offiziell verschwieg. Anfangs genierte ich mich einfach. »Es« war nicht »normal«...

Jonny erzählte mir immer wieder vom »Club«, einer Bar (»Boje«) in der Kreuzlingerstraße. Sie war dort schon längst Stammgast, kannte etliche Leute, vor allem die Wirtin Sofie Stieger. Ich dagegen wußte lediglich, daß es sich um eine Bar mit verschlossener Türe handelte, die den Gästen erst nach dem Klingeln geöffnet wurde. Das war mir suspekt. Eines Abends rief Jonny mich von der »Boje« aus an und bat mich, auch hinzukommen, es sei grad' so gemütlich. Sie hole mich ab. Vor der Türe der »Boje« stehend, zog ich mein Kopftuch noch etwas mehr ins Gesicht, aus Angst, entdeckt zu werden. Aber niemand sah mich, außer der Wirtin, die mich freundlich in das etwas düstere Lokal einließ und willkommen hieß. Jonny und ich saßen mit ihr lange an der Bar und unterhielten uns prima. Das Eis war gebrochen.

In der Folgezeit hatte ich keine Berührungsängste mehr, war mit Jonny noch oft Gast in der »Boje« und lernte viele nette Leute kennen. Meist Männer mit oder ohne Freund. Sie tranken etwas, redeten, tanzten oder schmusten auch schon mal... Frauen waren die Minderheit unter den Gästen. Und was mich betrifft: Allein betrat ich die »Boje« nie. Aber nicht wegen des Lokals oder wegen der Leute, sondern weil ich generell kein »Gasthaus-Mensch« bin.

Meine Urlaube mit Jonny

Natürlich fuhren wir nun auch zusammen in die Ferien. Dabei erinnere ich mich sehr genau, daß mich vor unserem ersten gemeinsamen Urlaub, für den wir Bad Vöslau bei Wien ausgesucht hatten, ein etwas seltsames Gefühl beschlich, ob wir es drei Wochen lang Tag und Nacht miteinander aushalten würden. Doch es funktionierte bestens. Die Umgebung des Wiener Waldes, die Reben um Bad Vöslau und der herrliche Rotwein beim Heurigen, nicht zu vergessen Wien mit seinen Attraktionen (zum Beispiel die Spanische Hofreitschule) und vor allem der kulturelle Teil: »Tosca« in der Staatsoper, »Hoffmanns

Erzählungen« und die »Fledermaus« in der Volksoper begeisterten uns enorm.

Auch die weiteren Urlaube mit Jonny waren alle sehr schön, jeder auf seine Weise. Ich könnte viele Berichte darüber schreiben. Ein Urlaubsziel muß wenigstens erwähnt werden, weil es uns dorthin mehrfach verschlug und wir dort auch neue Freundschaften knüpfen konnten: Bad Bleiberg in einem wunderschönen Hochtal bei Villach (Kärnten), mit einem kleinen Thermalbad und Bergbau-Tradition.

Mit der Zeit zeigte sich, daß Jonny ein gutes Händchen für Urlaubsplanung hatte, so daß dies nun jährlich ihre ureigenste Aufgabe wurde. Allerdings reiste sie nicht gern ins Ausland, weil sie sich weder in der Sprache noch mit dem Essen auf Fremdes einstellen wollte. Aber in Österreich und der Bundesrepublik fanden wir immer ein passendes Fleckchen zum Regenerieren.

Jonnys erste lange Krankheit

Anfang 1982 mußte Jonny operiert werden. Unterleibskrebs, fortgeschrittenes Stadium. Das Ende meiner Mutter lebte in mir auf. Aber die Ope-

Unterwegs im Bleiberger Tal – eine echte Tradition (1991).

ration verlief normal. Jonny war bereits wieder auf der Station und rauchte (!) sogar, als ob nichts gewesen wäre. Plötzlich ein Lungenschock, Intensivstation. Ich wollte zu ihr, aber man verwehrte mir den Zutritt. Ich war ja keine Verwandtschaft, »nur« die Freundin. Wohl hatte Jonny in ihren Unterlagen ein entsprechendes Schreiben, daß ich ihre Bezugsperson und immer zu ihr zu lassen sei, aber nein, ein Besuch war nicht möglich. Dabei ging es ihr so schlecht. So mußte ich ihren Bruder aus der Schweiz herbitten. Noch in der Nacht erschien er, dann durften wir beide zu Jonny, die unter Sauerstoff lag. Sie könne in dieser Nacht sterben, wurde uns mitgeteilt, eine schreckliche Prognose. Anderentags die Nachricht einer kleinen Besserung. Nun war für mich die Intensivstation kein Problem mehr, ich konnte Jonny täglich nach Dienstschluß besuchen, jeden Tag etwas länger, brachte ihr zum Essen mit, worauf sie Lust hatte, denn sie sollte ja wieder zu Kräften kommen. Über vier Wochen blieb sie in der Intensivstation, erholte sich sehr langsam. Aber immerhin.

Und noch eine Komplikation: Durchblutungsstörungen an den Fingern der linken Hand. (Vom Rauchen?) Höllische Schmerzen, Blaufärbung. Schließlich Verlegung auf die Chirurgie. Das erste Glied des kleinen Fingers der linken Hand mußte amputiert, die anderen Finger konnten gerettet werden. Seither waren Zigaretten für Jonny zwar tabu, aber sie habe eigentlich weiterhin Lust zu rauchen, gestand sie freimütig. Ich bin nicht sicher, ob sie es manchmal (heimlich) nicht doch tat.

Bei allem behielt Jonny ihren Humor. Ihren kurzen kleinen Finger nannte sie liebevoll »Seppel«. Und da er immer etwas unterkühlt war, häkelte ich einen kleinen roten Überzieher, eine Geste von (Galgen-)Humor meinerseits.

Nach drei Monaten konnte Jonny das Krankenhaus verlassen, abgemagert, ohne Appetit, noch immer nicht über dem Berg. Erst mit der Zeit besserte sich ihr Zustand, mit Hilfe der Verköstigung von Erna Beyer legte sie wieder an Gewicht zu und konnte nach etwa einem Jahr Krankenstand ihre Arbeit wieder aufnehmen.

Noch während ihres Krankenhausaufenthaltes begann Jonnys Chemotherapie. Sie verlor einen Teil ihrer Haare, störte sich jedoch nicht sehr daran. »Aber nicht daß du denkst, ich trage nun eine Perücke – du strickst mir ein Mützchen«, meinte sie. Natürlich widersprach ich nicht. Nach Monaten entdeckte ich an ihrer Kopfhaut wieder einen ganz zarten Flaum. Also doch kein Mützchen, wie schön.

Die Chemotherapie zog sich über ein Jahr hin. Jonny vertrug sie relativ gut: Nach vorausgegangener morgendlicher Blutentnahme und Kontrolle wurde ihr am Abend im Krankenhaus eine Spritze verabreicht, wonach sie putzmunter war. Manchmal traf sie sich sogar anschließend mit ihren KollegInnen zum Kegeln. Sie war schon hart im Nehmen und eine sehr geduldige, kooperative Patientin, wie mir allseits versichert wurde.

Jonnys letzte Krankheit und ihr Tod

Ab 1992 war Jonny im Vorruhestand. Wir wollten es uns nun gemütlich machen und noch etwas durch die Welt streifen. Aber unser harmonisches, zufriedenes Leben wurde jäh zerstört. Wir waren im Herbst einige Tage nach Locarno gefahren. Bereits zuvor hatte Jonny eine etwas seltsam gelbe Gesichtsfarbe, die sich an unserem Urlaubsort verstärkte. Sie fühlte sich sehr elend, so daß wir vorzeitig die Heimreise antraten. Sofort konsultierten wir in Konstanz ihren Arzt. Bereits hier eine schlimme Nachricht: Verdacht auf einen bösartigen Tumor an der Bauchspeicheldrüse.

Im Krankenhaus bestätigte sich der Verdacht. Man legte zwar zunächst bei Jonny eine Drainage, damit die Galle wieder abfließen konnte, worauf die Gelbfärbung langsam wieder verschwand, die große Operation (nach Whipple), die geplant war, konnte jedoch nicht mehr durchgeführt werden. Es wurde nur auf- und zugemacht, entsetzlich.

So durfte Jonny bald wieder nach Hause, sah aber bereits sehr schlecht aus. Trotzdem schien sie Hoffnung zu haben, noch einige Zeit leben zu können. Und ich hoffte mit ihr. Ich verlegte mein Domizil nach der Arbeit ganz in die Friedrichstraße, um so oft wie möglich in ihrer Nähe zu sein.

Jonny schien sehr stark, hing aber trotzdem ihren Gedanken nach. Sie habe keine Angst vor dem Sterben, sagte sie mir eines Tages. Und weiter: »Ich habe für heute einen Termin beim Bestattungsinstitut festgelegt und Du mußt mitkommen.« Mit gemischten Gefühlen begleitete ich Jonny dorthin. Wir ließen uns bezüglich der Grabstätte beraten und regelten alles. Wir entschieden uns für ein gemeinsames Urnengrab in Konstanz. Ich mußte oft kräftig durchschnaufen, um alles zu überstehen. Doch unsere Vorsorge war ja sinnvoll. Ich sollte Testamentsvollstreckerin sein. Klar. »Und keinen Pfaffen« (wörtlich!), ermahnte sie mich eindringlich in ihrer derben Art. Sie war ja aus der Kirche ausgetreten und hatte sich oft geärgert, wenn »atheistische Linke« aus meiner Bekanntschaft letztlich von einem Pfarrer beerdigt wurden.

Dieses Jahr reisten wir an Weihnachten nicht wie sonst nach Bleiberg. Wir blieben zunächst zu Hause und wurden im Hause Beyer mit einem fröhlichen Heiligen Abend überrascht, der uns kurze Zeit unsere schlimme Lage vergessen ließ. Erst am Weihnachtstag fuhren wir nach Garmisch-Partenkirchen, wo wir für einige Tage in die uns vertraute Ferienwohnung von Jonnys Verwandtschaft einzogen. In Garmisch herrschte bittere Kälte, trotzdem waren wir täglich eine Weile im Freien unterwegs.

Wir gönnten uns im Mai 1993 noch einen Urlaub im Altmühltal, quartierten uns in Kipfenberg in einer schönen, kleinen Ferienwohnung ein und konnten sogar mit dem Auto noch etwas die Gegend erkunden. Allerdings mußten wir dort den Arzt in Anspruch nehmen, denn Jonny brauchte bereits rund um die Uhr Schmerztropfen. Ich gab sie ihr auch nachts, konnte aber anschließend nur schwer wieder einschlafen. Es bedrückte mich alles sehr. Gegen Ende unserer Ferien trat bei Jonny wieder die Gelbfärbung auf, wir gingen nach unserer Rückkehr in Konstanz sofort zum Arzt bzw. ins Krankenhaus. Wir dachten an eine neue Drainage...

Im Krankenhaus besprach der behandelnde Arzt, während Jonny noch in der Kurznarkose lag, mit mir die Situation und erklärte, daß nichts mehr zu ändern sei und Jonny demnächst sterben werde. Ich war fassungslos und äußerst niedergeschlagen. Als Jonny wieder erwachte, erkannte sie meine Stimmung sofort (wie immer!) und meinte tröstend, es würde ja jetzt wieder etwas besser... Ich konnte nur den Kopf schütteln und ihr weinend andeuten, daß keine Drainage mehr möglich sei. Es war furchtbar für uns beide.

Die nächsten Tage verbrachten wir mehr schlecht als recht. Jonny konnte immer weniger machen. Sie aß kaum mehr. Der Arzt kam ins Haus. Bald benötigte sie auch Schmerzspritzen, welche die Schwestern der Sozialstation täglich verabreichten. Jonnys Kraft wurde zusehend geringer.

Inzwischen war es Ende Juni geworden, ich fühlte mich ebenfalls nicht gut, war krank geschrieben und blieb natürlich in Jonnys Nähe. Als am 28. Juni ihre Schmerzen immer unerträglicher wurden, rief ich den Arzt, der ihr eine Spritze setzte. Zunächst glaubte ich, Jonny wolle sich danach zum Schlafen zur Seite legen, merkte aber bald, daß sie so seltsam atmete. Ich bat sofort Beyers telefonisch um Hilfe. Doch Erna und Sabine konnten nur noch Jonnys letzten Zügen lauschen. Der herbeigerufene Notdienst stellte ihren Tod fest.

Es war grausam für mich, aber auch für Beyers. Wir überlegten gemeinsam, was zu tun sei. Die üblichen Regularien, Telefonate mit der Todesnachricht. Ich fühlte mich verantwortlich, obwohl Jonnys Bruder noch am gleichen Abend eintraf.

Jonnys Wunsch »keinen Pfaffen« war für mich natürlich eine Verpflichtung. Vom Bestattungsinstitut wurde mir zwar ein freier Prediger benannt, doch bei dessen Besuch im Hause Dressler zeigte sich, daß er bei der Trauerfeier sehr wohl mit Bibelworten aufwarten wollte. Ich sagte ihm darauf mein Anliegen offen, daß ich, Jonnys Wunsch entsprechend, lieber einen nichtkirchlichen Menschen für diese Mission haben wolle, worauf er sich zurückzog mit dem Angebot, notfalls doch zur Verfügung zu stehen.

Letztlich gewann ich über meine eigenen Kontakte einen Redner, Erwin Renner, den ich von meiner Naturfreundezeit her kannte und der als IG-Metall-Gewerkschafter auch Jonny noch in Erinnerung hatte. Somit war dieses Problem zu meiner Zufriedenheit gelöst.

Alles andere klappte dann auch: Die Annonce für die Zeitung, die Musik bei der Trauerfeier, das Lokal für das anschließende Treffen... Den Platz für die Urne wählte ich gemeinsam mit Erna Beyer aus, da sie neben mir Roselindes Grab – sie sagte nie Jonny – am ehesten einen Besuch abstatten würde.

Dann die Trauerfeier. Ich selbst war die letzte, die von Jonnys offenem Sarg wegging. Derweil hatten sich die anderen Trauergäste ohne mich bereits in die Leichenhalle begeben, nahmen sogar mein Rosenbouquett mit, das ich eigentlich selbst niederlegen wollte und saßen wartend auf den Stühlen. Nun, ich bekam wenigstens noch ein Plätzchen in der ersten Reihe, direkt neben Erna Beyer. Mein Ärger über diese Begebenheit war groß, verflog jedoch bald angesichts der endgültigen, traurigen Abschiedsstunde.

Es hatten sich viele Leute in der Friedhofshalle versammelt, ein letztes Zeichen von Jonnys Beliebtheit. Die Urnenbeisetzung fand später im kleinen Kreis statt, Günter Beyer las einige Verse aus dem »Kleinen Prinzen« vor. Mit Sabine Beyer suchte ich bald den Steinmetz auf, wir entschieden uns für eine Tafel mit grünlicher Farbe und der Inschrift: Roselinde – Jonny – Dressler 1934-1993. Es erhob sich keinen Widerspruch wegen des zweiten Vornamens. Schließlich war sie unter Jonny bekannter als unter Roselinde. Ich selber hätte am liebsten auch meinen Namen eingravieren lassen, aber da stand ich mit meiner Meinung ganz allein. Also ließ ich es. Platz für mich ist jedenfalls vorhanden.

Nun folgten weitere Verpflichtungen als Testamentsvollstreckerin, eine arbeitsintensive Geschichte, mit einigen unschönen Szenen trotz oder wegen des Testaments, das Jonny lang vor Beginn ihrer letzten Krankheit geschrieben hatte. Stein des Anstoßes war vor allem, daß nicht die Verwandtschaft Jonnys Hausanteil erben sollte, sondern Günter Beyer. Als Begründung hatte ich von Jonny immer wieder gehört: »Mein Bruder und dessen Sohn haben bereits eine eigene Bleibe in der Schweiz,

Jonny im Kurzurlaub am Lago Maggiore (1992).

außerdem bringt mir eher Günter als meine Verwandtschaft im Notfall eine ›barmherzige Suppe‹ ...«

Das Ausräumen von Jonnys Wohnung war schlimm. Alles erinnerte an sie. Aber in Beyers hatte ich wieder eine große Hilfe, während sich die Dresslers eher bedeckt hielten. Danach wurde Jonnys Wohnung renoviert, Günter Beyer und seine Frau Monika zogen in die Friedrichstraße 93 ein, wo sich ein kleiner Anton eingestellt hat, dem inzwischen ein Friedrich gefolgt ist. Trotzdem fällt mir ein Besuch bei ihnen nicht leicht, die Erinnerung ist noch immer allgegenwärtig und schmerzhaft.

Wieder allein

Jonnys Tod hinterließ bei mir eine große Lücke. Zum zweiten Mal änderte sich mein Leben: Ich war wieder allein, aber anders als nach dem Tod meiner Mutter. Ich war älter geworden, nicht mehr berufstätig, hatte mehr Zeit... Wie sollte ich sie ohne Jonny gestalten? Mit wem sollte ich Probleme besprechen? Oder nur über Alltäglichkeiten plaudern? Wer würde mich anrufen ohne besonderen Grund, nur mit einem »Hallo – wa machsch?«

Ich habe zwar viele FreundInnen und Bekannte, aber alle haben ihre eigene Familie und eigene Lebensweisen, alle sind sehr beschäftigt. Natürlich geben sie mir wohlgemeinte Ratschläge, was ich nun tun könne. Doch viele gehen an meiner Realität vorbei...

Vorbei – Herbstwanderung mit Jonny im Bregenzer Wald 1976.

Weitere zwanzig Jahre in der Byk-Analytik

Neues bei der Arbeit – wechselnde Chefs

Meine Arbeit bei Byk war in den insgesamt 31 Jahren sehr abwechslungsreich. Ich begann bei Dr. Reiss mit Routinearbeiten nach vorhandenen Vorschriften – für meinen Einstieg ideal. Nach einigen Jahren »durfte« ich mich schon mal an spezielle oder schwerere Analysen heranwagen, ein Ansporn für mich. Das war die Zeit, in der ich Frau Dr. Hobl als Chefin hatte. Sie blieb nicht sehr lange bei Byk. Noch während ihrer Zeit kam Dr. Fila, er übernahm nach ihrem Weggang zunächst für einige Jahre die Analytik, wurde später Hauptabteilungsleiter und war somit nicht mehr so direkt mit der Analytik verbunden. Viele aus der Abteilung behielten dennoch einen recht guten Draht zu ihm, ich selbst ebenfalls. Zu seinem Abschied in den Rentenstand erdachte ich mir eine Laudatio: »Phila-sophische Remineszenzen aus gegebenem Anlaß unge-hemmt zu Papier gebracht und mit den allerbesten Wünschen überreicht«. Darin hieß es u.a.:

»... Ich denk', wir war'n ein gutes Team,
Er mit uns und wir mit ihm.
Und wenn man es zum Schluß betrachtet,
Ha'm wir uns mehr als nur geachtet...«

Aber ich bekam noch weitere Vorgesetzte. Als Mitte der sechziger Jahre die Analytik immer mehr Leute beschäftigte, wurde eine Unterabteilung für die Ausarbeitung neuer Untersuchungsvorschriften mit Dr. Reiter als Chef eingerichtet, die Abteilung »Analytische Entwicklung« (TAE). Ich wurde in diese Abteilung integriert, was sich als Glück erwies, denn ich lernte viel Neues. Alles war interessanter, nichts genau vorgegeben. Ich konnte mich mehr einbringen, das gefiel mir. Dr. Reiter stellte mir Aufgaben, machte Vorschläge, ließ mir aber viel Freiheit beim Ausarbeiten. Ich fühlte mich nie klein oder dumm. Leider wechselte er nach sieben Jahren die Abteilung.

Ein Höhepunkt meines Schaffens bei Dr. Reiter war seine vierseitige Veröffentlichung mit dem Thema: »Über den Einfluß nichtwäßriger Elutionsmittel auf das Verhalten extrem schwacher Basen bei der Ionenaustauscher-Chromatographie am Beispiel eines pharmazeutischen Wirkstoffgemisches«.[66] Sie fand ein großes Echo, ich wurde darin als »bewährte Mitarbeiterin« erwähnt und freute mich sehr darüber. Heute, zwanzig Jahre später, ist diese Schrift sicher nicht mehr so relevant, es sind bessere und schnellere Methoden zur Lösung solcher Probleme vorhanden.

Danach eröffnete sich für mich ein neues Tätigkeitsfeld innerhalb der »Analytischen Entwicklung« die Gaschromatographie (GC), eine damals relativ neue Trennmethode. Um sie zu erklären, will ich einen Ausschnitt aus einer Büttenrede (Fastnacht 1986) zitieren, in der ich die Gaschromatographie närrisch, hintergründig und bezugsreich zerpflückte unter dem Titel: »Die GC – immer ein Erlebnis!«

»... In der GC, das ist klar,
Werden fast schon Wunder wahr.
Heißer Ofen, Säule drin,
Alles hat hier seinen Sinn.
In der Säule, die belegt,
Ist ein Gas, das sich bewegt.
Spritzt man eine Probe ein,
Stellt ein Gleichgewicht sich ein,
So daß sich Komponenten trennen
Und aus der Säule treten können.
Die zeigen sich dann an Signalen,
Die ein Schreiben auf tut malen.
Jedoch so einfach wie das scheint
Und ihr jetzt sicher alle meint,
Ist die GC nicht – von wegen!
Sie ist 'ne Kunst, die schwer zu pflegen.
Braucht Erfahrung, ziemlich viel,
Logik und dazu Gefühl!
Und auch – ich sag's mehr ernst als heiter –
Einwandfreie Mitarbeiter!
Und deshalb komm' ich zum Ergebnis:
›Die GC – immer ein Erlebnis!‹...«

Diese Definition der GC stimmt übrigens, zumindest im Prinzip, auch wenn sie für chemische »Neulinge« nicht so ganz verständlich sein mag. Über mich selbst und mein Verhältnis zur GC sagte ich anschließend mit ernster (!) Mine:

»... GC ist meine Leidenschaft!
Ich finde sie ganz fabelhaft
Und sage euch auch ungelogen:
Der ist ums Lebensglück betrogen,
Der nicht weiß und nicht versteht,
Was in der GC vor sich geht.
So komm' ich jetzt schon zum Ergebnis:
›Die GC – immer ein Erlebnis!‹...«

Die Gaschromatographie war totales Neuland für mich. Nach zwei einwöchigen Kursen (1974 und 1975) an der Universität Tübingen kehrte ich zwar etwas gescheiter, aber noch immer unsicher zurück ins Labor. Erst mit der Zeit konnte ich durch die tägliche Praxis mehr Erfahrung sammeln, und in meinem neuen Chef Dr. Lohde hatte ich einen kompetenten und verständnisvollen Lehrmeister.

Bald wurde wieder eine neue Abteilung innerhalb der Analytik geschaffen, die »Instrumentelle Analytik« (TIA), zu der nun auch die Gaschromatographie gehörte. Also wieder ein neuer Chef. Es war Ludwig Uhl, früher als Chemotechniker fast ein Kollege von mir, den ich duzte, nun mein Vorgesetzter. Na ja, die Anfangszeit war schon gewöhnungsbedürftig. Nicht weil er streng war oder ich wegen des »Du« zu kollegial zu ihm. O nein! Ich hatte schon den gebührenden Respekt. Aber er wollte eben eine leistungsstarke Abteilung vorweisen und forderte uns bisweilen (zu?) sehr...

Nach einigen Jahren Arbeit in der Gaschromatographie wurde mir ein anderes Arbeitsgebiet zugeordnet. Es galt, für die Analytik ein »Standardlabor« einzurichten. In diesem sollten alle Substanzen, die in der Analytik zu Vergleichszwecken herangezogen werden, aufbewahrt, katalogisiert und sorgfältig untersucht werden. Auch hier betrat ich wiederum Neuland. Es war richtige Aufbauarbeit mit Höhen und Tiefen. Ich konnte meine Kreativität entfalten und am Ende meiner Byk-Zeit ein gut sortiertes »Standardlabor« hinterlassen. Zur Zufriedenheit meines Chefs und meiner KollegInnen.

Manchmal hatte ich im Labor für einige Zeit eine(n) Azubi zu betreuen. Das war zusätzliche, aber keine unangenehme Arbeit. Außerdem wurde ich dazu »verdonnert«, bei den Lehrlingen theoretischen Unterricht in Physik zu halten. Ach, wie mußte ich mich vorbereiten, denn ich hatte aus meinem Physik-Schulunterricht nicht mehr viel parat. Ich büffelte regelrecht, wurde trotzdem nicht sehr versiert, »schwamm« manchmal tüchtig. Doch mit der Zeit lief es mit dem Unterrichten ganz gut. Glücklicherweise konnte ich auch einige praktische Dinge vorführen, die mir angenehmer waren als die graue Theorie.

In diesem Zusammenhang soll auch betont werden, daß die Ausbildung bei Byk Gulden immer sehr gut war, sowohl bei den Kaufleuten als auch bei den LaborantInnen. Viele Azubis erhielten am Ende ihrer Lehrzeit Preise oder Belobigungen. Und mit den LaborantInnen, die von Byk nach der Lehre übernommen wurden, konnte ich später hervorragend zusammenarbeiten.

Von 1975 bis 1987 war ich Betriebsrätin, was entsprechende Aufgaben

(Teilnahme an Sitzungen, Durcharbeiten von Unterlagen und Protokollen...) mit sich brachte. Ich erledigte sie – für mich eine Selbstverständlichkeit – in der Arbeitszeit. Natürlich hatte mein Chef nichts gegen die Betriebsratsarbeit, aber er sah es nicht gerade mit Freude, wenn ich betriebsrätlich tätig oder gar unterwegs war und ihm dann als Arbeitskraft fehlte. Das konnte ich zwar nachvollziehen, doch in dieser Frage standen wir eben auf verschiedenen Seiten. Ich konnte damit leben, und er mußte es!

Mit der Zeit arrangierten wir uns und konnten (wieder) gut miteinander umgehen. Möglicherweise trugen manche meiner fastnächtlichen Büttenreden dazu bei, in denen ich ihm (und anderen) stets humorvoll einiges unterjubelte. So plauderte ich zum Beispiel 1985 (nach der Einführung von Computern in unserer Abteilung) über PC-Befehle und konnte damit die Strenge meines Chefs in Sachen »Zeitungslesen während der Arbeitszeit« wirkungsvoll glossieren:

»Wirst du mal beim Zeitunglesen
Im Labor vom Uhl geseh'n,
Bist zu bedauern, armes Wesen,
Denn jener findet das nicht schön.

Erste Gehversuche am PC im »Standard-Labor« (1992).

Wenn du grad' fünf Minuten liest,
Dann rechnet hoch der Uhl,
Wieviel das in zehn Jahren ist,
Und wird gleich ziemlich cool.
Er gibt einen ›Transfer-Befehl‹,
Wie sich's gehört nach oben,
Der war nicht fein, auch nicht so hell.
Wir können ihn nicht loben.
Auch scheint der Befehl nicht logisch mir:
Wenn wir auch nicht mehr gaffen
In ›FAZ‹ und ›Südkurier‹,
Meh' dund mir doch it schaffen!
Doch halt, vielleicht sag' ich zuviel
Und tu ihm Unrecht auch?
S'könnt sein, daß er auch lesen will
Vom ›Südkurier‹ 'nen Hauch.
War es daher gar purer Neid?
Na, da wär' ich schon platt.
War deshalb er befehlsbereit,
Weil er kei' Zeitung hat?
Wenn dem so ist, da dacht' ich mir:
Nichts Leichteres als dieses!
Hier hast du ein paar ›Südkurier‹!
Nimm das Paket und lies es!
Doch eines stinkt mir jetzt dabei:
Als rot bekannte Dame
Mach ich mit meinem Konterfei
Für den ›Südkurier‹ Reklame!
Drum tat ich, um Proporz zu wahren,
Ein rotes Band drum schlingen,
Um jenem schwarz geschrieb'nen Schmarr'n
Niveau noch beizubringen.
Nun also lies, soviel du magst,
Bis sich die Balken biegen!
Und wenn du mich dazu noch fragst:
Ich wünsche viel Vergnügen!
Du hast ja noch den Heimvorteil:
Milchglas an Fenster, Tür!
Kannst ruhig lesen Zeil' um Zeil'!
Wir seh'n nicht rein zu dir.

Erwischen wir dich doch mal schnell,
Mit ›Südkurier‹ und so,
Wir halten dicht! S'gibt kon Befehl
Nach oben! Ho Narro!«

Wenig »Ungereimtheiten« in der Analytik

Es gab in meiner Byk-Zeit kaum Anlässe (Geburtstage, Abschiede etc.), zu denen ich nicht irgend einen Vers kreierte, mal mehr, mal weniger gelungen. Von den vielen will ich nur drei herausgreifen, um die Stimmung in unserer Abteilung etwas zu beleuchten.

Bei meinem Wechsel ins »Standard-Labor« wurde ich auch nominell einer anderen Abteilung zugeteilt, von »TIA« kam ich zu »TAS«, behielt aber meinen bisherigen Chef. Das mußte natürlich kommentiert und an meine Tür geheftet werden:

»Neues Glück — Hier bei Byk
T-I-A — Nicht mehr da
T-A-S — Kommt statt dess'
Neuer Name — Alte Dame
Standard-Tante — Wohlbekannte
Bald Pension — Freut sich schon
Das Labor — Wie zuvor:
Dienstbeflissen — Gut Gewissen
Kolossal — Kollegial
Chef: der gleiche — Arbeitsreiche
Oft verhöhnt — Dran gewöhnt
In diesem Sinn — Frohen Beginn
Gute Zeit — Gelassenheit
Allen hier — Im Revier
In neuer Ära — wünscht Hemms Vera«

Oft meldete ich mich vor Urlauben oder Kuren bei meinen KollegInnen ab, zum Beispiel:

»Liebe Leute – Ihr müßt wissen
(Solltet Ihr mich hier vermissen):
Ich bin in Kur für ein paar Wochen,
Damit für meine alten Knochen
Mit Wasser Moor, Gymnastik, Sole
Beweglichkeit zurück ich hole.
Das ›Standard-Labor‹ ist daher
Für diesen Zeitraum etwas leer.

Doch 'ne Vertretung gibt's – ganz klar –
Die auf Draht und dreifach gar:
Uschi, Gabi und Renate
Sind parat, wenn ich im Bade
Gehörig werde durchmassiert
Und kalorienreduziert
Ich in Neustadt an der Saale
Mich in Kurgefilden aale.
Ich hoffe, daß Ihr mir das gönnt,
Mich bei der Rückkehr auch noch kennt
Und sage Euch ›Auf Wiedersehn‹ –
Bleibt gesund und schafft recht schön.
Jedoch strengt Euch nicht allzu schwer a' –
Rät Euch mit frohen Grüßen Vera«

Oder zur Abwechslung etwas in schönem Konstanzerisch:

»I bin it do, Ihr liebe Leit!
Denn für mi isch Ferie-Zeit!
Doch Standards gibt's trotz alledem
Wie suscht au und ganz bequem!
Und wenn mol ebbes unklar isch:
E Lischte liegt glei uf em Tisch.
Und die hot nämlich au en Sinn:
Do stond alle Standards drin
Und – wo mer se au finde ka.
Leset nu und strengt Eu a.
Wenn's trotzdem weit're Froge gibt
(Weil manche Leit halt ungeübt!)
Denn helfet Eu die Gabi Rieder
Und die Uschi Quecke wieder,
Die kennet sich im Lade aus,
Au denn, wenn i mol it im Haus.
In diesem Sinne – schaffet froh!
Im Juli bin i wieder do!«

Byk und die Analytik – närrisch glossiert

Obwohl in den siebziger Jahren die Analytik am »Schmutzigen Dunschtig« in den Räumen der Gottlieberstraße eigentlich nicht mehr närrisch aktiv sein durfte, schlich sich mit der Zeit dort wieder der ursprüngliche »Schnitzelbank-Geist« ein. Unter Vorsichtsmaßnahmen, die wir streng beachteten und mit weniger Publikum, meist nur InsiderInnen. Das war ein guter Ausgangspunkt für meinen Mitnarren Ernst Schellinger und mich. Da konnten wir uns in der Bütt wieder so manches von der Seele reden, gereimt oder in Prosa. Manchmal auch mit Musik. Ein närrisches Spiegelbild unserer Abteilung. Und ich hatte mir so einige Glanzrollen gebastelt.

Die Analytik war zwar noch immer eine tolle Abteilung, aber zeitweise auch Stimmungsschwankungen ausgesetzt. Daher nahm ich manchmal das Betriebsklima aufs Korn, wie zum Beispiel 1973, im Heinrich-Heine-Jahr:

»... Denk' ich an Byk in mancher Nacht,
Dann bin ich um den Schlaf gebracht.
Nicht weil das Byk-Geschäft so schlecht wär',
Was übrigens auch mir nicht recht wär,
O nein, es gibt ganz and're Gründe,
Warum ich es nicht schön oft finde.
Die Stimmung – konstatier' ich leise -
Ist manchmal ausgesprochen sch...ön!
Ein jeder gammelt vor sich hin,
Es mangelt an Gemeinschaftssinn,
Man plärrt sich gegenseitig an,
Läuft zum Betriebsrat noch sodann,
Doch leider kann auch der mitnichten
Die Querelei so gänzlich schlichten.
Nun, als die Fastnacht rückte näher,
Wo jedes Narrenherz schlägt höher,
Da hörte man die bange Frage:
Ist man zum Feiern in der Lage?
Kann man noch närrisch sein und froh?
Reicht's noch zu einem Ho Narro?
Lädt man zur Schnitzelbank noch ein?
Oder läßt man's gleich von vornherein?
Doch halt – ich hör' Fanfarenklänge
Und seh' ein ›Mäschkerle-Gedränge‹!

Vergessen ist – o welch ein Glück -
Die olle Schafferei bei Byk.
Tankt drum an Fastnacht viel Humor!
Ihr braucht ihn wieder im Labor!
Der Aschermittwoch kommt bestimmt.
Drum sorgt, daß dann die Richtung stimmt,
Und macht aus diesem Laden hier
Ein echtes Narrenhauptquartier!«

Im folgenden Jahr, 1974, schien sich die Stimmung in der Analytik gebessert zu haben:

»... Des isch e Abteilung, mol so und mol so,
Mol find't mer se nett und mol fad.
Mol ziehet d'Leit Lätsch na, mol sind se froh,
Mol stinkt eim de ganze Salat.
Und trotzdem, do isch se, des sag' i mit Stolz,
Und glei' zu Beginn und im Reime,
E Abteilung us eme b'sundere Holz,
Verbunde mit herzhaftem Leime.
Die isch halt guet g'wachse, die hot no en Stamm!
Die tuet denn de Byk scho no ziere.
Und isch se au it so fromm wie e Lamm,
Me tuet se doch sehr respektiere! ...«

Und gleich auch noch ein kleiner Seitenhieb auf die Chefs:

»... Mir hond au scho Chefs ghet, des war e Pracht,
Die hier bei uns taten landen.
Vu domols bis heit, do zell i grad acht.
Doch mir hond se guet überstande.
Mir sind des Kumme und Gehe jo g'wöhnt.
Mir störet uns do dra jo numme.
Bloß: Selle wo bliebet, des sei mol erwähnt,
Die sind halt am End' doch die Dumme!
Und neue Bese, die kehret halt guet!
Nur eines, des mueß mer sich b'halte:
Wenn en neue Bese au wunderwie tuet,
Aus dem wird au mol en alte!...«

Als Professor der chemisch-komischen Bykologie (1980) verglich ich die Byklinge mit Molekülen und Atomen und brachte auch weitere chemische Begriffe in meinen Vortrag ein:

»... Ich untersuche Bykšche Wesen
Und werd' aus meinen Werken lesen,

Damit ihr wißt, zumindest heut,
Wer, wie, wozu und was ihr seid,
Ob ihr gescheit seid, ob blemm-blemm,
Verrät euch Dr. rer. Byk Hemm...
... Und wie ihr seid, zeigt s'Mikroskop,
Ob bykophil, ob bykophob...«

Ein wichtiges Gesetz in der Bykologie erklärte ich wie folgt:

»... Moleküle und Atome sind niemals in Ruhe, sondern immer in Bewegung. So sind die einen immer im Streß, andere führen Schwimmgebewegungen um das Hauptatom aus, weil dies besonders für die Fortbewegung wichtig zu sein scheint. (...) Mit der Frage der Fortbewegung der Atome ist das so eine Sache, vor allem mit der Vorwärts- und Aufwärtsbewegung. Da gibt es ja mehrere Hebel, die man in Bewegung setzen muß. Im Grund ist das sehr einfach: Man muß nur den richtigen Gang haben, richtig schalten können und mit der Zündung muß es auch klappen. Selbstverständlich gibt es zur Vorwärtsbewegung auch vergoldete Fahrräder, Autos, Skier etc...

... Manche Atome sind ja noch jung, sozusagen in statu nascendi in diesem Molekülgefüge. Man müßte sie eigentlich hegen und pflegen, damit sie sich nicht losreißen und andere Verbindungen eingehen. Eventuell wären hier gewisse Edelmetalle als Katalysatoren gut geeignet. Im übrigen hat dieser letzte Satz auch für ältere Atome Gültigkeit; man könnte damit Festigkeit und Reaktionsfreude merklich optimieren, den Säuregrad und die Trägheit herabsetzen, die Unbeständigkeit abpuffern oder neutralisieren und manche negative Ladung in eine positive umwandeln...«

An meinen damaligen Chef, Herrn Uhl, gerichtet war folgender freche Vers, den er mir, der Närrin, nicht übel nahm, ja sogar beherzigte:

»Du kasch jo kumme, wenn du witt,
Sehr gern in uns're Klause.
Bloß eimol mögen mir dich it:
Des isch in unserer Pause!«

Auch über die Musik bei Byk machte ich mir (1987) so meine närrischen Gedanken:

»... Grundlage für die Musik sind ja die Töne. Wie heißt es so schön: Der Ton macht die Musik und das gilt natürlich auch in unserer ›Byk-Band‹. Meistens. Wir haben da einen bestimmten Leitton. Das C, eben das allseits bekannte C. Das gilt überall in der Bundesrepublik. Und ausgehend von diesem Ton wird dann in CDU gespielt – pardon, das muß heißen in C-Dur, sorry...«

Als wahrsagende Zigeunerin bei Byk in der Bütt (1966).

»... Einen Ton gibt es noch, den man nicht vergessen darf, das ist das a – wie Altana. Man nennt es auch das ›einstreichende‹ o, Verzeihung, das eingestrichene a, den sogenannten Kammerton. Also nach diesem a werden bei Byk die Instrumente gestimmt, danach wird gespielt und getanzt. (...) Einzelne Töne, besonders wenn sie sehr hoch oben sind, haben oft einen sehr dünnen Klang. Denen fehlt dann eben die Resonanz. (...) Obertöne brauchen, um voll zur Geltung zu kommen, weitere Töne. Nur dann wird alles eine schöne Musik. Nur dann kann man auch von ›klingender Münze‹ sprechen. Laßt mich als Klavierspielerin das einmal so interpretieren:

'Ne Melodie, die im Sopran
Man rechtshändig schön spielen kann,
Die klänge dünn und leis' und leer,
Wenn die linke Hand nicht wär',
Welche die Begleitung bringt
Und dafür sorgt, daß alles klingt.
Und sind auch der Begleitung Töne
So niedrig oft wie ihre Löhne,
Sie bringen voll und ganz sich ein.
Das sollte nie vergessen sein...

... Kritisch wird es bei den Ton-Kombinationen: zum Beispiel bei B-D-A, das ist ein sogenannter Dominant-Akkord und der tönt bis in die ›Byk-Band‹ hinein. Oder dann gibt's noch C-D-A. Das wäre dem Ton nach oft gar nicht so übel, aber da schwingen immer gewisse Obertöne mit und dann wird die ganze Harmonie wieder verzerrt. Eine Eroica kommt da halt nie raus...

... Natürlich muß au de Takt stimmen. Der isch wichtig in so einer Band. (...) Es gibt den 3/4- und den 4/4-Takt. Dann kennt man auch noch den 35-Stunden-Takt, der hat sich noch nicht so durchgesetzt, da hat's noch zu viele 116er-Noten drin. Und schließlich träumt me au scho vum 58er-Takt, nach dem Motto: ›Uf den Tag wart i‹. Mit dem Takt eng verbunden ist das Tempo. Und dabei spielen die Pausen eine Rolle. Es gibt ganze, halbe, viertel Pausen. Wenn man die nicht strikt einhält, kommt das ganze musikalische Gefüge durcheinander. Da kann es sehr schnell zu einem concerto grosso kommen und das noch im fortissimo. Das ganze geht dann je nach Dirigent vivace oder furioso zu. Nur das erhoffte Tremolo bleibt aus, es kommt eher zu einem Staccato-Spiel und alles endet dann in Sch-moll...«

Die weiteren Reden gingen in ähnlichem Stil vonstatten: 1988 erteilte ich aus der Bütt Unterricht in »Mechanik«, wobei Kräfte, Arbeit, einfache Maschinen, Bewegungs- und Strömungslehre usw. herrliche Stichworte lieferten – alles aus dem Physik-Unterricht bei den Byk-Auszubildenden! Nur ein kurzes Zitat daraus:

»... Jede Kraft hat eine Gegenkraft. Die Kraft ›Bykobull‹ hat die Gegenkraft ›BR‹. Aber die Kraft ›BR‹ ist manchmal zu klein. Zu einem Kraftstoß oder einer Bewegungsgröße kann es da nicht kommen. Eher zu einem Drehmoment. Und spätestens hier stellt sich die Frage nach dem Wirkungsgrad. Und das ganze nennt man dann freies Spiel der Kräfte. Nein, Reibungskräfte gibt es hier keine. Die will man ja auch vermeiden. Dazu gibt es die unterschiedlichsten Gleitmittel. Bitte, ich habe nicht gesagt Schmiermittel. Bei uns wird das Mittel Partnerschaft eingesetzt. Bisher hat's ja auch funktioniert. Ob es allerdings auf Dauer tauglich, hitzebeständig und krisenfest ist, wird sich zeigen...

... Kräfte kann man auch zerlegen, z.B. in männlich und weiblich, jung und alt, Deutsche und Ausländer. Das nennt man dann auseinanderdividieren. Da gibt es schon welche, die darauf reinfallen. Die merken gar nicht, daß es dabei eine Profitierende gibt, o pardon eine Resultierende. Immer diese Fremdwörter...«

Meine letzte Büttenrede hielt ich 1990. Dabei nahm ich unser Computer-System unter die Lupe, hatte sogar ein Papp-Computerchen dabei und ließ allerhand Närrisches auf dem Bildschirm erscheinen. Das meiste davon ist zu Byk-spezifisch und für Außenstehende schwer verständlich. Allerdings scheint mir eine Geschichte um den Kauf von Sicherheitsschuhen dennoch recht amüsant. Nach dem Schlager »Wasser ist zum Waschen da« besang ich die Computertaste »Fußnote«:

»Schuhe sind zum Kaufen da, – falleri und fallera
Auch um sich zu schützen,
Kann man sie benützen.
Schuhe sind so schön wie nie, – fallera und falleri
In einem Prospekt,
Da ha'm wir sie entdeckt.
Und bei uns'ren Füßen
Wär'n sie zu begrüßen.

Dr. Lohde, der sagt ja, – falleri und fallera
Die dürft ihr schon kaufen,
Könnt dann besser laufen.
Drum, ihr Leut, bestellet sie, – fallera und falleri
Das vertret' ich schon
Bei der Direktion.

Und bei eu'ren Füßen
Würd' ich es begrüßen.

Dr. Beißner sagt aha, – falleri und fallera
Bei all' diesen Schlappen
Gibt es vorn zwar Kappen,
Aber leider geben sie – fallera und falleri
Hinten keinen Halt.
Da fehlt ein Riemen halt.
Drum kann an den Füßen
Ich sie nicht begrüßen.

Da sagen wir olala, – falleri und fallera
Wir tun sie sanieren,
Riemen dran montieren.
Denn für die security – fallera und falleri
Geh'n wir jederzeit
Und gerne meilenweit.
Denn bei uns'ren Füßen
Muß man das begrüßen.

Agostini kommt noch a – falleri und fallera
Und sieht, weil er schlau ist,
Daß die Farbe blau ist.
Er sagt, daß für die Chemie – fallera und falleri
In frage käm' nur weiß!
Was soll denn so ein ... Dreck.
Blaue an den Füßen
Könnt' er nicht begrüßen.

Unser Ludwig sagt na ja, – falleri und fallera
Das ist doch, ihr Lieben,
Etwas übertrieben.
Die Bestellung macht mir Müh' – fallera und falleri
Wenn ihr sie bestellt,
Kostet das Bykscher Geld.
Und bei euren Füßen
Kann ich's nicht begrüßen.

Und er fügt noch dazu a: – falleri und fallera
Wenn wir d'rauf bestehen,
Will er bei uns sehen
Kittel weit bis übers Knie – fallera und falleri
Geschlossen bis zum Hals
Und Schutzbrill'n ebenfalls.
Dann würd an den Füßen
Er solche Schuh' begrüßen.

Und was sagen wir: haha! – falleri und fallera
Das sind tolle Sachen
Fast nicht mehr zum Lachen.
Es gibt and're Bykling', die – fallera und falleri
Kriegen jedes Jahr
Ein neues Schlappenpaar.
Auch bei uns'ren Füßen
Müßt' man das begrüßen.

Schließlich füge ich no a: – falleri und fallera
Solang solche Themen
Werden zu Problemen,
Bleibe zuversichtlich i – fallera und falleri
Denn da geht's bei Byk
Noch lange nicht zurück
Und das macht mich fro-oh!
Darauf ein Ho Narro-o!«

Ich werde fünfzig Jahre jung

Das Älterwerden bereitet(e) mir keine Probleme. Noch nicht einmal mein »Fünfziger«. Ich feierte ihn gleich dreifach: Einmal privat mit FreundInnen, dann mit meinen DGB-Frauen und schließlich mit meinen Byk-KollegInnen. Bei diesen hatte ich im Vorfeld scherzend angekündigt, daß ich mir an meinem Geburtstag zum Empfang Musik und Fahnen wünsche. Na, ich sollte mich wundern: Als ich am 23. Oktober 1985 das Labor betrat, standen meine KollegInnen Spalier und sangen aus Leibeskräften: »Happy birthday to you...« und über den Blumen und Geschenken am Arbeitsplatz prangten zwei Fahnen, eine kleine rote und eine schwarz-rot-goldene, ein Relikt aus der Bundeswehrzeit eines Kollegen, die er später wieder einholte. Aber zunächst war der Spaß gelungen.

Zu der Feier mit meinen KollegInnen und Chefs verfaßte ich eine witzige Einladung (zu einem »Colloquium cum vino (...), nach froh getaner Arbeit, unter Ziehung des zwecks Zeitkontrolle von der Firma unter Mitwirkung des Betriebsrats eingeführten mausgrauen Nummernschildes (Erkennungsmarke)...« Am Schluß nahm ich mich noch selbst aufs Korn und verpaßte mir diverse treffende Eigenschaften bei der Untersschrift:

»... Ihre sehr ergebene – niemals widersprechende – allzeit fröhliche – permanent arbeitende – selten tratschende – immer verständnisvolle – ab und zu grätige – oft mißverstandene – ständig hilfsbereite – häufig explosive – von Zeit zu Zeit motzende – kaum resignierende – zeitweilig betriebsrätliche – mitunter dichterische – meist kritische – stellenweise aufmüpfige – manchmal beleidigte – dauernd aktive – stets kollegiale – ewig Byk liebende – Vera Hemm.«

Ich schenkte mir zu meinem »Fünfziger« sogar selbst etwas: Ein Lied, zu dem ich nicht nur den Text, sondern diesmal auch die Melodie erfand. Schön im 3/4-Takt, schwungvoll und fröhlich. Und in breitem »Konschtanzerisch« mit dem Titel: »I bin kon falsche Fufziger«. Ist das zu viel Eigenlob?

»So manchmol in ere stille Stund'
Do denk' i noch über mi.
Und was denn dobei use kunnt,
Isch fascht scho e Biographie.
I hon meine Mucke, des isch jo it neu,
Bin grätig und manchmol e Kueh,
I gang schnell a d' Decke, des goht 1-2-3,
Doch eines sag' i glei' dezue:

Refrain:

I bin kon falsche Fufziger, des sag i klipp und klar.
Wenn s'Gegeteil behauptet wird, denn isch des gar nicht wahr!
I bin kon falsche Fufziger, des sag' i heit erst recht,
Denn i bin sogar als Fufziger jetzt mathematisch echt.

Denk' i a de Byk und a des was i dirt
De liebe lange Tag mach':
Ich analysiere computergeführt,
Des macht mi jo manchmol ganz schwach.
Die Arbeitsteilung, die isch so total,
Die goht mir uf Nerve und Geist.
Und daß i des sage mueß, find i fatal,
Was andrerseits wieder beweist:

Refrain:...
I werd oft belächelt und viel kritisiert.
Es fehlt au niemals an Spott,
Weil i allzusehr politinteressiert,
Was e richtige Frau niemols sott.
Doch do mueß i sage, wo kämert mer hie,
Wenn konne me ebbes tät tue.
Do hon i die bessere Philosophie,
Und i stand au ganz ehrlich dezue.

Refrain:...
Au mit de Gewerkschaft hon i manchmol Müeh'
Und oft au mei liebe Not,
Weil manche Leit' saget: O Jesses Gott, die!
Die isch jo so fürchterlich rot!
Aber s'gibt au no welche, die sind tolerant.
Die nehmet mi so wie i bin:
Als Kollegin vom Arbeitnehmerstand.
Die sind mit mir einig darin:

Refrain:...
Und wenn mer so feschtet ame so e Tag wie heit',
Do fallt mir no ebbes ein:
I' bedank' mi herzlich bei euch, ihr Leit',
Daß ihr a meim Fufzger debei.
Drum hebt aus gegebenem Anlaß das Glas
Und trinket jetzt auf mei Wohl
Von diesem edlen, herrlichen Naß,
Das sicherlich ohne Glykol.

Refrain:...«

Mein 25jähriges Betriebsjubliäum

Am 1. Mai 1987 beging ich mein 25jähriges Betriebsjubiläum. Es fiel in eine Zeit, da ich latente Schwierigkeiten mit meinem Chef und den übergeordneten Stellen hatte. Ich versuchte nämlich kurze Zeit vorher, in eine höhere Tarifgruppe eingestuft zu werden, was nach meiner Meinung längst fällig gewesen wäre, von der Firmenseite jedoch abgelehnt wurde. Ich war also sauer.

Trotzdem verschmähte ich nicht das Procedere eines Jubiläums am 4. Mai 1987, das feierliche Zusammensitzen mit dem Abteilungsleiter, dem Hauptabteilungsleiter, einem Herrn aus der Personalabteilung und einem Vertreter des Betriebsrats, alles im Büro des Hauptabteilungsleiters bei Blumen, Sekt und Keksen. Und dem Anlaß angemessen: ohne den weißen Arbeitskittel.

Ganz ohne Biß sollte die Sache allerdings nicht ablaufen. Warum nur zu Fastnacht fröhlich reimen? Warum nicht mal pro domo die Luft ablassen? Mir machte das Vortragen in erlauchter Runde jedenfalls mächtig Spaß, wußte ich doch, daß meine Verse (wie meist) zwar hintergründig, aber nicht beleidigend waren. So rezitierte ich frei nach Eugen Roth:

»Ein Mensch, der 25 Jahr'
In einer Firma ist und war,
Der bietet Grund zum Jubilieren.
Denn schließlich soll der Mensch ja spüren,
Wie man ihn schätzt und man ihn mag –
Zumindest an so einem Tag.

Der Mensch erhält ein Schreiben auch,
So ist es in der Firma Brauch,
Kriegt ein Geschenk spendiert, ein Essen,
Kommt noch in diverse Pressen,
Und auf dem Konto ist, wie schön,
Ein erhöhter Stand zu sehn.

Dann wird der Mensch zum Chef gebeten.
Dort hört er viele, schöne Reden,
Wie er als Mitarbeiter toll.
Drauf trinkt man auf des Menschen Wohl.
Auch der Betriebsrat ist vor Ort
Mit manchem wohlgemeinten Wort.
Und Händedrücke, herzlich-heiße,
Die gibt es dazu massenweise.
Dies alles macht den Menschen stolz.
Er ist ja schließlich nicht aus Holz.
Und er bedankt sich bei den vielen,
Die ihm heut' ›Halleluja‹ spielen,
Die Gutes nur von ihm berichten.
Das verkennt der Mensch mitnichten.
Doch er sieht alles relativ.
Und damit liegt er auch nicht schief,
Weil nach dem Jubiläum eben
Zurückkehrt das normale Leben,

In dem der Mensch zu seinem Kummer
Wieder wird die alte Nummer.

Der Mensch der schließt aus alledem:
Wie wär' es schön und angenehm,
Wenn man 'nen Teil nur von den Dingen,
Die man zum Jubilä tut bringen,
Dem Menschen würde unterbreiten
In ganz normalen Arbeitszeiten.
Das würd' den Menschen nicht nur freu'n,
Das wäre auch noch obendrein
Für die Firma wirkungsvoll.
In diesem Sinne: sehr zum Wohl!«

Zu meinem Jubiläum erhielt ich von meinen KollegInnen Blumen und Geschenke, für die ich mich mit einem Festle bedankte, sowie ein Gedicht von Ernst Schellinger, meinem Kollegen und »Mitfasnachter«. Allerlei Lob wurde mir darin ausgesprochen – es war mir fast schon peinlich:

»... Als Betriebsrat manches Jahr
Sie für uns *die* Hoffnung war,
Daß des Arbeitnehmers Recht
Bei Byk vertreten wär' nicht schlecht...
... Wir hoffen drum auf bess're Zeiten,
Wo sich das Recht wird Weg bereiten.
Du, Vera sollst genau so bleiben!
Laß Dir nicht den Mut vertreiben!
Sag immer allen klipp und klar,
Was gut und auch, was miese war
In der Bütt' und im Labor!
Klemm dir ja kein Blatt davor!«[67]

Nach 31 Jahren in den Vorruhestand

Als ich 1993 aus dem Urlaub zurückkehrte, waren in der Firma Gerüchte im Umlauf, daß Personal reduziert würde. Bald bat mich die Personalabteilung zu einem Gespräch: Ich könne, demnächst 58jährig, in den Vorruhestand gehen. Die Bedingungen waren für mich akzeptabel. Sollte ich mir da nicht zwei Jahre Vorruhestand gönnen? Das sind zwei »geschenkte Jahre«, sagte ich mir. Jonny riet mir zu, krank wie sie war. Ich selbst dachte auch an sie dabei: Ohne Byk-Arbeit könnte ich besser für sie da sein. Also stimmte ich zu.

Beim Jubiläumsfest umrahmt von vier Chefs: (v.l.n.r.) Ludwig Uhl, Dr. Fila, Dr. Lohde, Dr. Reiter.

Am 1. Nobember 1993 war es dann soweit. Eigentlich begann es schon vorher, das letztmalige Überprüfen von Unterlagen und Standardsubstanzen: alles in Ordnung? Sind die Substanzen richtig deponiert, die Dokumente parat? Wie erfolgt das Übergeben von Unerledigtem? Und immer wieder die Frage: Ist auch für andere nachvollziehbar, wie im »Standardlabor« gearbeitet wurde? Können sie darauf aufbauen? Und schließlich das Aufräumen, Vernichten von Unwichtigem. Immer noch ordentlich. So bin ich eben.

Natürlich lud ich noch zu einem Abschiedsfest in die Kantine ein. Und – wie ich es meinem Ruf schuldig war – per Vers:

»Endgültig ist es nun soweit:
Vorbei ist meine Arbeitszeit.
Ich sage: ›ade mitenand‹
Und geh' in den Vorruhestand.
Zuvor jedoch lad' ich euch ein,
Noch einmal bei mir Gast zu sein,
Um noch einmal das Glas zu heben
Auf mein und euer weit'res Leben.

Das ›Wann und Wo‹ – ihr seht es schon -
Sag' ich euch hier ins Mikrophon
Sogar mit meinem Konterfei
Direkt vom letzten Ersten Mai.
Ich freu' mich, wenn ihr kommen könnt,
Zu meinem Abschied Zeit euch gönnt
Und hab' auch gleich noch eine Bitt':
Bringt große Taschentücher mit.
Denn ich muß heute schon gesteh'n:
Ganz ohne Tränen wird's nicht geh'n.
Jedoch ich denk', das ist natürlich
Und mir und euch auch nicht genierlich.
Wir stehen schließlich zu Gefühlen,
Die uns hie und da durchwühlen!

Nun hab' ich außer Abschiedsschmerzen
Noch etwas Weit'res auf dem Herzen:
Ich möchte mich an dieser Stell
Ganz herzlich und hochoffiziell
Bedanken für die Abschiedsgabe,
Die ich von euch erhalten habe
Bereits schon vor geraumer Zeit.
Ich hab' mich d'rüber sehr gefreut.
Ihr habt gesammelt – das war stark –
357 Mark.
Ihr wißt ja sicher schon, wozu
Ich dieses Geld verwenden tu:
Ich investier's in 'nen PC,
Den zu bedienen ich versteh,
Und so kommt das Geschenk von euch
Zu mir nach Hause in mein Reich.
Dort kann ich meine Memoiren
Reintippen und auch aufbewahren
Und werd' drum allezeit beim Schreiben
Gedanklich euch verbunden bleiben -
Trotz Ende meiner Bykschen Aera!
In diesem Sinn grüßt euch die Vera.«

Es wurde ein schönes Fest, harmonisch und zeitweise auch fröhlich, aber ich mußte mich schon zusammennehmen. Besonders, als ich mein (für Byk endgültig letztes) Abschiedsgedicht vortrug:

»Wenn i etzt gang, blick i zurück
Auf 31 Johr bei Byk.
Des wared vu mei'm ganze Lebe
Fünfzig Prozent, it wenig ebe.
Und wenn i des rückwirkend seh,
War's eigentlich doch ganz o.k.
Vielleicht hätt's könne besser sei,
Vielleicht au schlechter gar, jo mei.
Uf jeden Fall hon i erfahre
Ganz furchtbar viel in dene Jahre,
Sei's fachlich, wo den Horizont
I ziemlich mir erweitern konnt,
Sei's menschlich, wo mir tolle Leit
Begegnet sind in dere Zeit,
Bis uf e paar, des heißt die selle,
Die mi hond partout it welle,
Manche Byk-BR-Kollege,
Dene kam ich ungelege.
Die hond bekämpft mi bis ufs Messer
Als wär i grad' en Menschefresser.

Wenn i etzt gang und ade sag'
Denn isch des für mi gar kei Frag',
Daß i mi it zur Ruhe setz.
Zwar au it umenanderhetz,
Doch ebbes tue, was mi erfreut.
Denn etzt hon i für mi mol Zeit.
Ka lese, ka spaziere gehe,
Bis nachts no Fernsehfilme sehe,
Ka schwimme go ins Jakobsbad,
Morgens, wenn's wenig Leute hat,
Ka bastle, handarbeite, nähe,
Und zwischedurch mol Däumle drehe,
Ka wand're, turne, fahrradfahre
Und so Gelenkigkeit bewahre,
Im Stadtarchiv no recherchiere,
Was noch em Krieg hier tat passiere,

Ka Kabarett no viel meh' mache,
Au ab und zu en Kueche bache,
In Sache ›Frauen‹ aktiv bleibe,
Ka meine Memoire schreibe,
Dozu kauf i mir en PC
Und no en Drucker, des wird schee!
Ka untertags Termin eigo,
Passierschein ka i bleibe lo,
Ka wieder des Klavierspiel übe,
Hon Zeit zum Lache, Lebe, Liebe
Viel meh als einst bei der Maloche
Trotz 35-Stunden-Woche
Und krieg für alles des no Geld!
Was isch des für e schäne Welt!

Wenn i etzt gang, denk i au dra,
Daß mer it alles kriege ka,
Beim Byk it und au it im Lebe.
Me ka zwar schaffe und au strebe
Nach Titeln, Ehren und meh Geld,
Nach Höherem in dieser Welt,
Jedoch mir isch in diesen Jahren
Davon nur wenig widerfahren.
Ich weis zum Beispiel im Labor
Nur eine Standard-Laufbahn vor.
Dafür mußt' i – und ka drum lache –
Keine große Klimmzüg' mache
Und bin mir selbst, unübertrieben,
Mir, Vera Hemm, stets treu geblieben.
Und des isch für mi wert viel mehr
Als wenn de Chef vum Chef i wär.

Wenn i etzt gang, denn dank i allen
In diesen Bykschen heil'gen Hallen,
Die mir des Leben hier verschönt,
Die manchmol mich sogar verwöhnt.
Dank für Verständnis, Toleranz!
I bin jo einfach it so ganz!
Doch denk i mir, s'isch gut gelaufe,
Mir konntet uns scho z'ammeraufe.

Und war i manchmol it so nett,
Verletzend war i au, i wett,
Denn tu i herzlich darum bitten,
Nehmt mir dies allzu übel itten.

Doch etzt kumm i ganz schnell zum Schluß,
Weil i suscht grad' bläre muß.
I sag' euch tschüß, sag euch ade,
Und tut es auch e bißle weh,
I bin jo it aus dieser Welt.
Und wenn dem Schicksal es gefällt,
Denn wered mir uns wiedersehn.
Des war's denn also. Danke schön!«

Inzwischen sind Jahre vergangen. Erstaunlich viele von meinen Vorhaben konnte ich realisieren. Mit dem Klavierspiel hapert's noch und mit dem echten Lachen ist es seit Jonnys Tod auch so eine Sache...

Von den Byklingen verwöhnt: Empfang im Labor an meinem 50. Geburtstag.

»Meine DGB-Frauen und ich«

Ich möchte nicht länger ohne die DGB-Frauen sein

Prinzipiell hatten für Frauenarbeit im DGB die Richtlinien von 1949 noch immer Gültigkeit. Hinzu kam aber ab 1969 das »Programm des DGB für Arbeitnehmerinnen« mit seinen Grundsätzen und Forderungen, in dem es u.a. hieß:

»Die berufliche Tätigkeit der Frauen ist
für die Frauen selbst von wesentlicher Bedeutung,
für die Volkswirtschaft unentbehrlich,
für die Gesellschaft notwendig...

... Deshalb müssen Staat, Gesellschaft und Wirtschaft in ihrem eigenen Interesse und aus der Verpflichtung zur sozialen Gerechtigkeit auch den Frauen die Grundrechte der Menschen, insbesondere das Recht auf Arbeit, garantieren. Dazu bedarf es in erster Linie der Aufhebung der sozialen Schranken, der Beseitigung aller Diskriminierungen und des Abbaus der gesellschaftlichen Vorurteile...«[68]

Zur Realisierung dieser Grundsätze wurde ein Zehn-Punkte-Forderungskatalog veröffentlicht, der den Gewerkschaftsfrauen eine Menge Anregungen für ihre Arbeit bot. Allerdings waren Frauen bisher kaum gewohnt, zumindest viel weniger als Männer, Forderungen für sich selbst zu stellen und sich dafür zu engagieren. Aber sie lernten es mit der Zeit, wie sich auch an unserem DGB-Kreisfrauenausschuß (KFA) zeigte.

Für mich war die gewerkschaftliche Frauenarbeit nichts Neues. Durch meine Mutter und meine gelegentliche Teilnahme an Sitzungen hatte ich bereits vieles mitbekommen. Nach der im zweiten Teil des Buches beschriebenen Flugblatt-Affäre von 1968 blieb ich jedoch eine Weile reserviert. Erst nach dem Tod meiner Mutter interessierte ich mich wieder für den Kreisfrauenausschuß, damals unter dem Vorsitz von Lotte Göringer. Die Kolleginnen kannte ich so gut wie alle von früher. Mir war wichtig, etwas dazu beitragen zu können, um die Situation der werktätigen Frauen zu verbessern, ihre Rechte auszuweiten, mehr Chancengleichheit für sie zu erstreiten.

Erste Aktion in der Öffentlichkeit: Das »Babyjahr«

Die siebziger Jahre brachten eine immer lebhafter werdende Frauenbewegung, die uns auch vor Ort nicht unberührt ließ. So war es nicht verwunderlich, daß wir als KFA in Konstanz ebenfalls aktiv wurden. Die damalige Bundesregierung, die sozialliberale Koalition, hatte zum Thema »Babyjahr« einen Gesetzesentwurf vorgelegt, wonach Frauen für die Erziehung ihrer Kinder unter bestimmten Bedingungen einen Zuschlag zu ihrer späteren Rente erhalten sollten. Die CDU/CSU-Opposition lehnte die Vorlage ab. Dagegen protestierten wir DGB-Frauen 1972 mit einem offenen Brief an alle Fraktionen des Deutschen Bundestags[69] sowie mit einer Flugblattaktion auf dem Konstanzer Wochenmarkt.[70] Ein solches Auftreten der DGB-Frauen war neu in Konstanz. Der damalige Rechtsschutzsekreär des DGB Ernst Berndt hatte einiges an unserer Aktion auszusetzen, und es entstand ein heftiger Briefwechsel[71] zwischen ihm und uns, dem KFA. Außer inhaltlicher Bedenken zum Babyjahr selbst wurde uns die Verbreitung von Halbwahrheiten vorgeworfen, mit denen »wir die CDU und diejenigen Gewerkschaftsmitglieder, die sich für eine bessere als die Regierungsvorlage eingesetzt (...) hatten, diskriminieren wollten...«

Erwin Reisacher bekam dabei ebenfalls sein Fett ab: Die Aktion sei unter »seiner Regie« durchgeführt worden. Na klar, schließlich war er DGB-Kreisvorsitzender. Wir hatten keine Schwierigkeiten, die Argumente von Ernst Berndt zu entkräften. Wir befanden uns im Einklang mit der Beschlußlage unserer Organisation und mißachteten keineswegs unsere parteipolitisch Neutralität, für den Kreisfrauenausschuß und für mich ganz besonders immer oberstes Gebot!

Der Kreisfrauenausschuß im Umbruch

Nach dieser Aktion hatten wir den Eindruck, wir sollten unsere gewerkschaftliche Frauenarbeit neu, aber natürlich im Rahmen der bestehenden Richtlinien gestalten und entschieden uns im Herbst 1972 bei einer Wochenend-Schulung für einen organisatorischen Neuanfang des DGB-Kreisfrauenausschusses. Dabei installierten wir neben dem üblichen Kreisfrauenausschuß ein weiteres Gremium, das Vorbereitungsarbeiten übernehmen sollte (sozusagen als Vorstand) und das wir (o, wie blauäugig!) »Kollektiv« nannten.[72] Eigentlich nichts Anrüchiges, ein Kollektiv, wenn ich als »alte Lateinerin« mal von dem Verb »collegere« (=sammeln) ausgehe. Aber weit gefehlt, das Wort »Kollektiv« zog Probleme nach sich: »Wie könnt ihr nur ein Gremium so benennen?« hat mich mal ein Kollege gefragt, ohne freilich konkret zu werden. Aber Kollektiv war eben (ost-)verdächtig. Der »Südkurier« erwähnte übrigens am 21. April 1973 jenes Vorstandskollektiv bzw. ein von diesem initiiertes Flugblatt[73] ebenfalls:

»...Die Gefahr einer Unterwanderung des DGB sehen einige Mitglieder auch in einem kürzlich erschienenen Flugblatt vom Kreisfrauenausschuß Konstanz, im Auftrag: das Vorstandskollektiv. Dieses Flugblatt, das eindeutig kommunistisches Gedankengut vertrete, sei nicht vom DGB-Frauenausschuß herausgegeben worden...«

Doch der Kreisfrauenausschuß ließ sich nicht beirren. Die KFA-Delegierten, eine »ordentliche« und eine Stellvertreterin, wurden wie bisher von den Mitgliedsgewerkschaften im Kreis Konstanz bestellt, die Kollektivmitglieder aus dem Kreis der KFA-Delegierten gewählt, erstmals am 7. Dezember 1972. An dieser Versammlung, die Erwin Reisacher selbst leitete, nahmen insgesamt 23 Kolleginnen teil. Laut Protokoll hatte Erwin Reisacher zu dieser Neuerung folgende Position:

»Der DGB-Kreisvorsitzende erklärte, daß er gegen Experimente im Bereich der Frauenarbeit nichts einzuwenden habe. Hauptsache müsse bleiben, daß die Frauenarbeit in Zukunft neue Akzente setzen müsse.«[74]

Mit dieser Einstellung unseres Kreisvorsitzenden konnten wir optimistisch in unsere neue gewerkschaftliche Frauenarbeit einsteigen. Wir hatten die Möglichkeit, uns weiterzuentwickeln. Wir machten den KFA öffentlicher, da wir nicht nur eine Kollegin pro Gewerkschaft zu Sitzungen einluden, sondern auch die jeweilige Stellvertreterin. Das vergrößerte unseren Kreis ebenso wie unsere Arbeitskapazität. Natürlich durfte sich an Abstimmungen nur eine Kollegin pro Gewerkschaft beteiligen.

Damals waren oft Studentinnen – über die Gewerkschaft ÖTV oder als Gäste – bei unseren Sitzungen anwesend und aktiv. Dadurch wehte einerseits etwas frischer Wind in unserem KFA, andererseits mußten wir aber darauf achten, daß wir nicht von den Studierten »untergebuttert« wurden. Manchmal gab es deftige Diskussionen. Aber letztendlich haben wir uns arrangiert.

Ich werde KFA-Vorsitzende und bleibe es fast zwanzig Jahre

Am 22. Juni 1974 fand im Gasthaus »Kreuz« in Radolfzell eine mit ca. 50 Kolleginnen gut besuchte Kreisfrauenkonferenz des DGB statt, von der mir ein ausführliches Protokoll vorliegt. Auch der »Südkurier« informierte (27. Juni 1974). Bei dieser Konferenz erfolgte die Einstimmung musikalisch – ein Novum! –, nämlich mit Liedern, die eine neu gegründete gewerkschaftliche Song-Gruppe vortrug. Erwin Reisacher eröffnete die Konferenz, den Bericht des KFA hatte ich verfaßt und trug diesen auch vor[75], obwohl Lotte Göhringer noch Vorsitzende war. Die damaligen Frauensekretärin beim Landesbezirk Vera Kebel referierte dann zum Thema:

»DGB-Kollegen sind Partner«. Anschließend konstituierte sich der KFA und wählte seine Vorsitzende mit dem Ergebnis: Vera Hemm, einstimmig. Auch im »Kollektiv« war ich wiederum vertreten.[76] Nach dieser organisatorischen Abwicklung konnte die Arbeit im DGB-Kreisfrauenausschuß ordnungsgemäß weitergehen. Bald erledigte sich übrigens das Problem »Kollektiv« von selbst: Wir berieten unsere weitere Arbeit direkt im KFA, das »Kollektiv« löste sich sang- und klanglos auf.

Die Wahl zur Vorsitzenden des KFA kam für mich nicht überraschend. Allerdings war sie, so sehr ich mich darüber freute, nicht nur eine Ehre, sondern auch eine Verpflichtung für mich. Das war bei meinen weiteren Ämtern, die sich nun vermehrt ergaben, nicht anders. Als KFA-Vorsitzende wurde ich, wie einst meine Mutter, Mitglied im DGB-Kreisvorstand, an dessen Sitzungen ich regelmäßig teilnahm.

Die Konstanzer DGB-Frauen bei den Mai-Feiern

Bis Anfang der siebziger Jahre waren wir Gewerkschaftsfrauen lediglich als »Publikum« bei den Mai-Feiern dabei, doch ab 1973 sollte sich das in Konstanz für einige Jahre ändern. Wir gestalteten den 1. Mai mit! So präsentierte sich der KFA neben der Jugend und den ausländischen KollegInnen im Mai-Aufruf unseres DGB-Kreises mit einer extra Seite[77], vor allem aber hielt unsere Kollegin Jonny bei der Kundgebung in Konstanz am Obermarkt einen kämpferischen Redebeitrag im Namen des KFA. Manche Passagen sind leider heute noch aktuell.[78]

An diesem 1. Mai war Jonny sehr aufgeregt, weil ihr das offizielle Referieren schwer fiel. Darum übte sie schon Tage vorher und sprach aufs Tonband. Doch der Auftritt gelang ihr gut, obwohl sie in ihrer Aufregung immer ihre Hosentasche suchte, die an diesem Tag – ausnahmsweise – nicht da war: Ich hatte sie nämlich, dem feierlichen Anlaß angemessen, zum Tragen ihres dunkelgrauen Kostüms – und das bei Jonny! – überredet. Das hatte leider keine Taschen und Jonny griff ins Leere, worüber wir uns später noch oft amüsierten.

Der »Südkurier« berichtete anderentags vom Hauptredner Willi Lorenz, Geschäftsführer der IG Chemie, Freiburg, aber auch mit einem Satz von Jonny, daß mit ihr »erstmals eine Frau bei einer Mai-Kundgebung in Konstanz gesprochen hat.«

Zum 1. Mai 1974 lud der KFA mit einem Flugblatt besonders die Frauen zur DGB-Maifeier ein mit der Anregung: »Es kann nicht genügen, nur ›dafür‹ zu sein. Wenn wir unsere Lage verbessern wollen, müssen wir mitarbeiten...«[79] In diesem Jahr hatte ich den Frauenpart bei der Kundge-

Jonny redet für die DGB-Frauen am 1. Mai 1973.

1.-Mai-Demo 1973 – mit roten Nelken. Ganz rechts Jonny, in der Mitte ich, links daneben Dora und Uwe Hanauer.

bung auf dem Obermarkt. Von meinen Ausführungen wäre heute ebenfalls noch einiges einzufordern.[80] Ebenso aktuell ist folgende Passage aus meiner Rede vom 1. Mai 1985:

»... Wo Arbeitslosigkeit und Abbau von ArbeitnehmerInnen-Rechten den Lebensimpuls begrenzen, braucht man von Emanzipation nicht mehr zu reden. Deshalb ist der Kampf um Emanzipation gleichzeitig ein Kampf gegen Arbeitslosigkeit, (...) für Verbesserung von Lebens- und Arbeitsbedingungen...«[81]

Was die jeweiligen Redebeiträge der Frauen zum 1. Mai anbelangt, so konnten wir sie noch ab und zu in wechselnder Besetzung aufrecht erhalten. In späteren Jahren traten wir wiederholt als DGB-Frauen-Kulturgruppe (darüber an anderer Stelle) bei den inzwischen veränderten Mai-Veranstaltungen auf und brachten so unsere frauenspezifischen Belange kabarettistisch an den Mann und an die Frau – wahrscheinlich sogar besser als mit trockenen Ansprachen.

Eine besondere Erwähnung gebührt dem 1. Mai 1975, den ich leider aufgrund einer Kur nicht in Konstanz miterleben konnte. Damals machte anscheinend weniger die DGB-Veranstaltung selbst Furore, als eher der 1.-Mai-Spaziergang am Seeufer entlang, zu dem Erwin Reisacher nach Beendigung der Kundgebung aufrief, um darauf hinzuweisen, daß das Seeufer allen gehört. Er schildert diese Aktion, die gar ein gerichtliches Nachspiel hatte, in seinem Buch.[82] Auch die Dokumentation über diesen Spaziergang[83] ist interessant zu lesen.

Trotz meiner Abwesenheit an jenem 1. Mai unterstützte ich diese Geschichte im Anschluß aktiv. Ein Foto im Buch von Erwin Reisacher[84] zeigt mich mit einigen Kollegen bei einer »Seeufer-Aktion« im Stadtgarten, allerdings bin ich nicht gut erkennbar. Ich glaube, es war am Seenachtfest, als wir echte »Bodenseesteine« verkauften, die wir tags zuvor in Säckchen verpackt hatten. Ein weiterer Beitrag meinerseits war die Teilnahme an einem zum Thema »Seeufer-Weg« ausgeschriebenen Wettbewerb, bei dem ich mit folgendem Gedicht einschließlich Zeichnung den dritten Preis erreichte:

»Der Bodensee – das ist uns klar -
Von jeher schon ein Kleinod war.
Man kann dort, um sich fit zu trimmen,
Rudern, segeln und auch schwimmen.

Nur eines kann man leider nicht:
Am See lang wandern, so ganz dicht.
Zwar geht zum Teil es, in der Tat,

Doch plötzlich heißt es: ›Hier privat‹,
›Kein Durchgang‹ oder ›Achtung Hund!‹
So tun es viele Schilder kund.

Vorbei ist's mit dem Weg am See,
Und ach der Wand'rer klagt o jeh.
Ihm will die Sache nicht gefallen.
Der See gehört doch schließlich allen.
Nicht nur wer Geld hat, soll sich laben
Und die, die Seegrundstücke haben.
Wir sind doch auch da, wir, die Kleinen.
Und in der Mehrzahl, sollt' man meinen.
Wir wollen auch den Bodensee
Genießen so in nächster Näh'!

Drum fordern wir – Männer und Frauen –
'Nen Uferweg am See zu bauen,
Damit in Zukunft jedermann
Ganz nah am See spazieren kann.«[85, 86]

Das »Internationale Jahr der Frau«

Das Jahr 1975 wurde von der UNO zum »Internationalen Jahr der Frau« erklärt. Ein Grund auch für uns DGB-Frauen, unsere Vorstellungen und Forderungen öffentlich verstärkt darzulegen.[87] In Konstanz veranstalteten wir am 12. April 1975 im »St. Johann« ein Podiumsgespräch mit Vertreterinnen von Parteien (CDU, SPD, FDP, DKP) und Gewerkschaft. Thema: »Frauen wollen freier werden!« Erwin Reisacher hatte die Diskussionsleitung. Da die vorgesehene Referentin der Gewerkschaft absagte, mußte ich einspringen. Es war das erste Mal, daß ich in einem Podium als Referentin saß, und ich hatte trotz intensiver Vorbereitung schreckliches Lampenfieber. Glücklicherweise konnte ich mich an dem vom KFA erarbeiteten Thesenpapier orientieren und es klappte dann alles recht gut. Es waren etwa hundert Personen anwesend, was sicher auch mit der guten Werbung zusammenhing: Wir hatten vor Konstanzer Betrieben Einladungen verteilt (s. Faksimile Seite 456) und außerdem mehrere Ankündigungen in der Presse. Und am 14. April 1975 berichtete der »Südkurier« ausgiebig.

Das »Internationale Jahr der Frau« war auch Anlaß für eine Artikel-Serie im »Südkurier«. Unter der Rubrik »Frauen in der Öffentlichkeit«

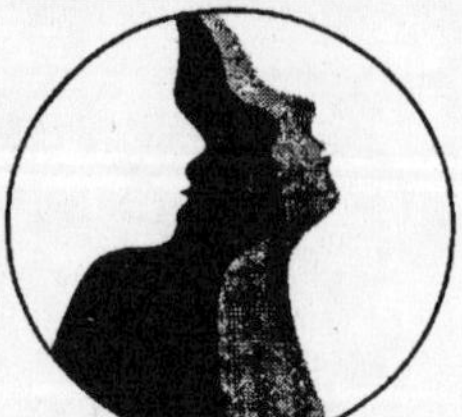

DGB 1975 INTERNATIONALES JAHR DER FRAU WELTWEIT: FRAUEN WOLLEN FREIER WERDEN

Liebe Kolleginnen,
liebe Kollegen!

Die UNO hat das Jahr 1975 zum „Internationalen Jahr der Frau" erklärt.
Der Deutsche Gewerkschaftsbund und die in ihm zusammengeschlossenen Gewerkschaften und Industriegewerkschaften schließen sich dieser Erklärung an, denn sie wissen, daß die Frauen immer noch diskriminiert werden.
Ihre Probleme sind

weltweit

Einladung zum Podiumsgespräch

am Samstag, 12. April 1975
um 16.00 Uhr, im oberen Saal
des Domhotels St. Johann
Konstanz, Inselgasse

Gesprächsteilnehmer:

Frau Ursula Ibler, IGM
Frau Dr. Helga Jauss-Meyer, SPD
Frau Hilde Sturm, CDU
Frau Barbara Naumer, FDP
Frau Lore Schneider, DKP
Frau Christel Lammers, Frauenring

Frauen haben eine geringere Ausbildung als Männer
– bei gleichen schulischen Leistungen –

Frauen haben weniger Aufstiegschancen im Beruf
– bei gleicher Ausbildung –

Frauen werden niedriger entlohnt
– bei gleichwertiger Arbeit –

Frauen werden stärker von Arbeitslosigkeit betroffen
– bei gleichem Recht auf Arbeit –

Frauen haben stärkere familiäre Belastungen zu tragen
– wegen Mangel an Partnerschaft –

Frauen haben geringere Chancen der Mitarbeit in der Gesellschaft und dadurch:
geringeren Anteil an Führungspositionen,
geringeren Anteil in Entscheidungsgremien.

Diese Probleme sind weltweit.
Diese Probleme bestehen auch bei uns.
Diese Probleme müssen gelöst werden,
denn Frauen wollen nicht mehr diskriminiert werden

Frauen wollen die Anerkennung ihrer Persönlichkeit

Frauen wollen die Verwirklichung ihrer verbrieften Rechte

Frauen wollen eine solide Ausbildung

Frauen wollen ihr Recht auf einen Arbeitsplatz verwirklichen

Frauen wollen sichere Arbeitsplätze

Frauen wollen gleichen Lohn für gleichwertige Arbeit

Frauen wollen eine eigenständige soziale Sicherung

Frauen wollen berufliche und gesellschaftliche Anerkennung

Frauen wollen gleiche Rechte und gleiche Chancen

Sie haben einen Anspruch darauf und es gibt Lösungen.

Aber dafür muß man

kämpfen

Alle gemeinsam. Frauen und Männer.
In Betrieben und Verwaltungen.

Gemeinsam mit den Gewerkschaften.
Mit allen demokratischen Parteien.
Mit nationalen und internationalen Organisationen.

Liebe Kolleginnen und Kollegen:

Das „Internationale Jahr der Frau" fordert von allen Frauen, sich ihrer Rechte bewußt zu sein und für die Verwirklichung dieser Rechte aktiv zu werden.

Das „Internationale Jahr der Frau" fordert von allen Männern, gemeinsam mit den Frauen zu handeln.

Das „Internationale Jahr der Frau" fordert von allen diesen Kampf

in Solidarität

Maria Weber
stellvertretende Vorsitzende des Deutschen Gewerkschaftsbundes

Wir laden ein

DGB
Kreisfrauenausschuß Konstanz

für die Betreuung der Kinder wird gesorgt.

interviewte die Journalistin Regine Klett mehrere Frauen in Konstanz. Als Vorsitzende der DGB-Frauen gehörte ich ebenfalls dazu, und ich finde noch heute, ich bin in dem Artikel ganz gut porträtiert, auf dem Bild weniger (»Südkurier« vom 28. Juli 1975).

Wenn Frauen sich wehren

Ein weiteres Ereignis aus dem Jahr 1975: die Schließung der Kindertagesstätte am Singener Krankenhaus und die Reaktion des KFA in Zusammenarbeit mit den ÖTV-Frauen. Natürlich wollten wir die Beibehaltung der Tagesstätte, wir gingen in Singen auf die Straße und sammelten Unterschriften gegen die Schließung (»Südkurier« vom 8. Dezember 1975).

Diese Geschichte löste spezielle »publizistische Ergüsse« aus, diesmal im »Schwarzwälder Boten« durch den damaligen Redakteur Walter Fröhlich. In »Wafrös würzigem Wochenragout« wurde zunächst Erwin Reisacher wegen seiner Aussage zur Frauenerwerbsarbeit attackiert. Dieser hatte nämlich in einer Presseerklärung zu unserer Aktion u.a. erwähnt, daß das Leben »zwischen Kinderbett und Schreibmaschine« den Müttern noch immer unzumutbare Belastungen aufbürde, »denn die Gesellschaft hat es bisher versäumt, günstige Voraussetzungen für die Vereinbarkeit von Familie und Arbeitswelt zu schaffen«[88], was »Wafrö« folgendermaßen kommentierte (»Schwarzwälder Bote« vom 17. Juli 1976):

»... Bei dieser Hitze sollte Reisacher weder reden noch schreiben, und wenn er nach wie vor glaubt, daß Erziehungseinrichtungen wie Kindertagesstätten und Ganztagsschulen die Familie ersetzen können, dann soll er mal mit dem SPD-Genossen Jung diskutieren. Erziehungseinrichtungen sind Notbehelfe, und das Erstrebenswerte ist und bleibt ›die Mamme dehom!‹ Wo die Frau arbeiten muß, muß ihr geholfen werden. Die Konsumgeilheit gewisser Frauen jedoch nur der Wirtschaft anzulasten, welche die Frau braucht, ist eine Logik für Kämpferhirne mit Brettern vor dem Kopf, ob aus Teak oder Eiche ist sekundär. Gewerkschafter, macht euch mal für den Slogan stark: ›Mutter bleib daheim – rette dein Kind vor dem Rauschgift!‹...«

Dann belehrte Wafrö den Kreisfrauenaussschuß, was er hätte tun sollen, verschonte uns dabei nicht mit antikommunistischem Gefasel und forderte uns schließlich auf: »... Sie sollten bei dieser Hitze vielleicht besser baden gehen als protestieren...«

Über eine solche Frechheit regten wir uns tierisch auf. Ich schrieb im Namen des KFA einen Leserbrief, der am 6. August 1976 im »Schwarzwälder Boten« mit der Überschrift »Eine Emanzipierte gibt mehr kontra« erschien:

»... Frauen meinen: Mehr Gift als Würze im Ragout...

... Ein Drittel aller Erwerbstätigen sind Frauen. Viele davon arbeiten, weil sie müssen, andere weil sie es wollen. Letzteres hat weder mit ›Konsumgeilheit‹ noch mit der zitierten ›Logik der Kämpferhirne mit Brettern vor dem Kopf‹ etwas zu tun, sondern mit der Entfaltung ihrer Persönlichkeit, welche sie – trotz der immer noch herrschenden Diskriminierungen – in der Arbeitswelt eher finden als bei den berühmten drei K: Kinder, Kirche, Kochtopf. Aber ich billige Herrn Wafrö natürlich gern die ›Mamme dehom‹ zu, die ihm vielleicht weniger kontra gibt, als eine ›Emanzipierte‹ es tun würde...«

Nach einigen sachlichen Klarstellungen hieß es in meinem Leserbrief abschließend, daß der Kreisfrauenausschuß gegen die Schließung der Singener Kindertagesstätte protestiert hat, »... weil es nötig ist, sich gegen den Abbau von Sozialleistungen zu wehren. Daß wir ›Damen vom DGB-Kreisfrauenausschuß‹ uns damit nicht das Wohlwollen des würzigen Ragout-Verfassers einholen, ist uns klar. Aber wir werden auch ohne sein Placet an unseren gewerkschaftlichen Aufgaben festhalten und eben nicht – wie es er und vielleicht noch andere gerne sehen würden – baden gehen...«

Das konnte Herr Wafrö nicht auf sich sitzen lassen. Es folgte eine lange Antwort im »Schwarzwälder Boten« vom 21. August 1976 mit allerhand Seltsamem darin, von dem kaum etwas wert ist, wiedergegeben zu werden. Dabei wurde ich von Wafrö zunächst mit »Liebes Fräulein Vera« angeredet, er korrigierte sich aber sofort: »... Ich schreib lieber ›Frau Vera‹, denn eine Emanzipierte ist kein Fräulein, das tät sie sich verbieten...«

In diesem Stil fuhr er dann fort, über sich, seine Familie, die Frauen in der Arbeitswelt und zu Hause und natürlich, wie könnte es anders sein, brachte er auch Seitenhiebe: Da wurde sogar Erich Honecker bemüht, ebenso die KPD/ML und der KBW. Zur Sache an sich nahm er nur kurz Stellung und fügte freundlicherweise hinzu: »... Wer aber meint, eine Frau könne sich mit Kindern und im Haus nicht entfalten und verwirklichen, den halte ich für eine dumme Nuß...«

Allerdings lud Wafrö mich, die anscheinend »dumme Nuß«, abschließend mit folgendem Kommentar zu einem Viertele ins Gasthaus »Wallgut« ein:

»... Meine Mamme dehom isch so emanzipiert, die loht mich mit jedere furt, wenn ich will. (...) Sie weiß natürlich ganz genau, daß ich nach dem Zusammentreffen mit Emanzipierten gern wieder hom kumm. Wenn mei Mamme dehom nämlich so emanzipiert wär, wie selle Wieber, wo sich fir emanzipiert halted, no wär i dere scho lang verdloffe...«

Wafrös freundliche Einladung übersah ich geflissentlich. Mir reichte bereits das Geschriebene, sollte ich auch noch Geschwätztes über mich ergehen lassen?

Nachwort: Diese Episode habe ich nicht zur Erheiterung dokumentiert, obwohl es das beste gewesen wäre, darüber zu lachen. Aber wir Gewerkschafterinnen nahmen die Sache deshalb ernst, weil es gar nicht so ungewöhnlich war, daß Frauen in dieser Art und Weise angegriffen wurden, wenn sie sich einmischten. Da mußten wir einfach reagieren, das waren wir uns selber schuldig.

Unsere kontinuierliche Arbeit im KFA – mehr als kollegial

So turbulent war es natürlich nicht immer. Mit der Zeit gewöhnten sich unsere Kritiker an uns und ließen uns mehr oder weniger in Frieden arbeiten. Unsere Akzeptanz wuchs mit der Zeit. Das hieß natürlich nicht, daß es keine Auseinandersetzungen mehr gab.

Von unserer Arbeit im KFA könnte ich eine Menge berichten. In zehn Ordnern und einigen Kartons schlummern bei mir zu Hause Unterlagen, von denen ich nur »Rosinen« herauspicken kann, in sehr subjektiver Auswahl natürlich und nicht sehr detailliert...

Wir organisierten ziemlich viele KFA-Sitzungen, teils in Konstanz, teils in Singen, um uns sachkundig zu machen. Manchmal gingen wir mit Informationsständen in die Öffentlichkeit. Dazu kamen Wochenendschulungen, wenn wir uns mit bestimmten Themen besonders intensiv auseinandersetzen wollten. Solche Treffen an Wochenenden hatten aber auch noch einen Nebeneffekt: Wir konnten den Samstagabend für persönliche, private Gespräche nutzen, die sonst bei Sitzungen meist kaum möglich waren. Dieser private Kontakt stärkte unser Gemeinschaftsgefühl.

Immer wieder beschäftigten wir uns auch mit unserer eigenen Organisation und mit den Beschlüssen der gewerkschaftlichen Gremien, nahmen als Delegierte an Konferenzen des DGB oder der Mitgliedsgewerkschaften teil. Nicht zuletzt formulierten und beschlossen wir im KFA Anträge, um sie an Konferenzen weiterzuleiten. Die Themen orientierten sich dabei an den jeweiligen politischen und gesellschaftlichen Gegebenheiten.

Wichtig war für mich als KFA-Vorsitzende immer, die Kolleginnen zur Mitarbeit zu motivieren, »die Veränderung der Welt zur Lust zu machen«

September 92

Liebe Kollegin!

Wie Du aus der beiliegenden Einladung ersiehst, wollen wir - nach hoffentlich erholsamer Sommerpause - wieder in die gewerkschaftliche Frauenarbeit einsteigen.
Ich hoffe, Du wirst dabei sein.

Diesen Beginn möchte ich auch zum Anlaß nehmen, einige Gedanken zu unserer Arbeit im KFA los zu werden.
Ich habe nämlich den Eindruck, daß es in letzter Zeit nicht mehr so optimal läuft, wie wir es eigentlich immer gewöhnt waren und daß die Zahl der "KFA-Aktiven" nicht mehr so befriedigend ist. Das macht mich nachdenklich.

Zwar weiß ich, daß es in einer Gruppe nicht nur Hochs geben kann, daß es einmal besser, dann wieder weniger gut geht. Ebenso klar ist mir, daß es bei manchen Kolleginnen auch private Dinge gibt, die mal Vorrang haben müssen.
Dafür habe ich jederzeit Verständnis.

Trotzdem frage ich mich, warum wir (alle miteinander) etwas müde geworden sind.
Nachdem es mir gesundheitlich wieder besser geht, möchte ich dieser Müdigkeit entgegensteuern und hoffe dabei auf Deine Mithilfe.
Überlegen wir gemeinsam (s. Tagesordnung), wie wir weitermachen, mit welchen Themen, ReferentInnen, Aktionen.....
Angesichts der derzeitigen Situation mit all den vielen für uns negativen und gefährlichen Plänen von "Kabinett und Kapital" dürfen wir uns nicht zurückziehen, sondern müssen uns kräftig zu Wort melden.

In diesem Sinne freue ich mich auf ein weiteres, gemeinsames, kreatives, erfolgreiches ..... und fröhliches Arbeiten im KFA !!!!!

Herzlichst

Vera.

Zusätzliche (motivierende?) Zeilen zu einer Einladung.

(Brecht). Das fing schon bei den Einladungen an, die ich, manchmal auch andere Kolleginnen, ansprechend zu gestalten versuchte[89], das setzte sich fort mit ein- bis zweimaligem geselligen Beisammensein pro Jahr, einem Theaterbesuch oder sogar mit einer gemeinsamen Fastnachtsfete des KFA und der DGB-Jugend... So banal das klingen mag, ich denke, diese Dinge haben durchaus ihren Stellenwert.

Ich werde (an-)gefordert

KFA-Vorsitzende zu sein, bedeutete viel (Klein-)Arbeit. Da waren nicht nur die Sitzungen selbst, da mußte vieles vorbereitet und eine Menge »Schreibkram« (Einladungen, Protokolle, Briefe) erledigt werden, wobei ich allerdings vom DGB-Büro stets bestens unterstützt wurde.

Bereits 1977 erhielt ich die Aufgabe, in der bundesweit erscheinenden DGB-Broschüre »Frauen und Arbeit« über unsere neu gestaltete KFA-Praxis zu berichten. Das Schreiben eines solchen Artikels war für mich zwar Neuland, gefiel mir aber. Es wurde eine längere Abhandlung mit dem Titel: »So arbeiten die Kolleginnen in Konstanz«.[90]

Manchmal baten mich StudentInnen um Interviews zu frauen- oder gewerkschaftsspezifischen sowie politischen Fragen. Dazu war ich immer gerne bereit, denn es war ein wechselseitiges Geben und Nehmen.

Auch als Referentin wurde ich ab und zu angefordert, zum Beispiel 1979 im Ortskartell Waldshut-Tiengen, wo ich über das Thema sprach: »Wird die Frau im Berufsleben unterbewertet?«[91] Im Jahr 1985 luden mich die Friedrichhafener DGB-Frauen zu einem Tagesseminar ein[92], hier ging es um den »Internationalen Frauentag« und seine Geschichte, worüber ich problemlos referieren konnte.

Eine weit größere Herausforderung war die Möglichkeit, in einem Buch einen Beitrag zum Thema »Teilzeitarbeit« zu verfassen. Ich schaffte mächtig, und tatsächlich erschien mein Artikel »Teilzeitarbeit – ein Ausweg?« im »Frauenjahrbuch 1«, herausgegeben 1983 im Drumlin-Verlag. Den allgemein euphorischen Stimmen zu dieser Frage begegnete ich eher kritisch:

»... Vor allem kann Teilzeitarbeit nicht als Allheilmittel für die hohe Frauenarbeitslosigkeit angesehen werden. Sie erweist sich schließlich für Frauen als Bumerang, auch wenn sie kurzfristig vernünftig erscheint...«

Der Teilzeitarbeit stellte ich die 35-Stunden-Woche mit Lohnausgleich entgegen und zog die Schlußfolgerungen:

»... Verbunden mit anderen Maßnahmen, die von den Gewerkschaften gefordert werden, ist diese Arbeitszeitverkürzung eher als Teilzeit geeignet, die Arbeitsmarktsituation zu entschärfen, geschlechtsspezifische Arbeitsteilung einzudämmen und traditionelle Rollenvorstellungen zu verändern.«[93]

Geburtshilfe des KFA bei der Pro-Familia-Beratungsstelle

Eigentlich waren von gewerkschaftlicher Seite in Konstanz nicht nur die Frauen bei der Gründung des Ortsverbandes samt Beratungsstelle von Pro Familia beteiligt. Auch unser Kreisvorsitzender, Kollege Reisacher, setzte sich stark dafür ein und förderte unsere gesamten diesbezüglichen Aktivitäten. Da ist eine öffentliche DGB-Veranstaltung[94] mit dem Ehepaar Krebs von der bereits tätigen Pro-Familia-Beratungsstelle in Villingen (»Südkurier« vom 18. Oktober 1975) ebenso zu nennen wie Kontakte zu Parteien und zur Arbeiterwohlfahrt. Aber auch zahlreiche Einzelpersonen, zum Beispiel Dr. Helga Jauss-Meyer, Barbara Naumer, Luise Holländer und andere brachten sich ein. Am 2. Dezember 1975 konnte der Ortsverein Konstanz unter dem Vorsitz von Dr. Albert Jung gegründet werden.[95] Die Beratungsstelle fand in der Theodor-Heuss-Realschule eine einfache (provisorische) Bleibe, in der das Beratungsteam nun seine Tätigkeit aufnahm (»Südkurier« vom 10. Juni 1976).

Viele Kolleginnen unseres KFA gehörten zu den 26 Gründungsmitglieder beim Pro-Familia-Ortsverband, ich selbst natürlich auch. Ich war außerdem in den ersten Jahren Mitglied des Vorstands, wurde später jedoch aus Zeitmangel von diesem Posten abgelöst. Nach längerer Pause stieg ich, nun als Rentnerin, wieder in die Vorstandsarbeit bei Pro Familia ein, allerdings ohne mir große Belastungen aufzuhalsen.

Anfangs hatte es Pro Familia besonders schwer. Nicht nur aus finanziellen Gründen. Diese Schwierigkeiten existieren leider heute noch! Der Verein und seine Beratungsstellen wurden in der Öffentlichkeit mit üblen Attacken oftmals als »Abtreibungsorganisation« diffamiert. Dabei standen und stehen bei Pro Familia Fragen der Familienplanung, Geburtenregelung, Sexualpädagogik viel mehr im Vordergrund als die Probleme des § 218. Im übrigen durften die Beratungsstellen erst nach einer ausdrücklichen Genehmigung Schwangerschaftskonfliktberatungen zum § 218 durchführen, in Konstanz ab 1977 (»Südkurier« vom 9. November 1977).

Wir Mitglieder waren natürlich bestrebt, Pro Familia bekannt zu machen, für sie zu werben, wo immer es möglich war. Ich versuchte es einmal (und nie wieder) in meinem Betriebsrat. Oje. Da erntete ich nur Gelächter, dazu die Bemerkung einiger Kollegen: »Mir hond des it nötig!« Na, wirklich nicht?

Die Konstanzer Beratungsstelle konnte sich bald räumlich verbessern, sie zog 1977 in die Gütlestraße, 1995 in die Muntpratstraße. Inzwischen befindet sie sich in der Reichenaustraße. In Singen wurde 1978 eine Außenstelle eingerichtet, seit 1999 besteht dort ein eigenständiger Ortsverband.

Als Pro Familia 1995 in Konstanz ihr 20jähriges Jubiläum feierte, wurde zu einem Empfang geladen, den ich ebenfalls besuchte. Bei dem geschichtlichen Rückblick der Beratungsstelle war ich mehr als zufrieden, an ihrem Zustandekommen und Überleben mitgewirkt zu haben, wozu der »Südkurier« (21. Oktober 1995) bemerkte:

»... Auch Vera Hemm denkt an diese Anfangszeit zurück. Als Vorsitzende des Kreisfrauenausschusses des DGB war sie maßgeblich an der Gründung des Vereins beteiligt. Und wenn sie jetzt in den neuen Räumen ist und von der professionellen Arbeit hört, überkommt sie ein sehr gutes Gefühl. Ihr Blick schweift durch die Räume an der Muntpratstraße und sie schwärmt davon, wie ›toll es hier ist‹. Stolz erzählt sie, daß sie den Eindruck hat, daß ›das, was wir gemacht haben, nicht umsonst war‹...«

Bittere Schokolade? Streik bei Stehlin!

Im Herbst 1978 hatten wir in unserer Region ein seltenes Ereignis: Streik bei der Schokoladenfabrik Stehlin im nahen Allensbach. In dieser Firma wurden keine Tariflöhne bezahlt, die Urlaubsregelung entsprach nicht dem Tarifvertrag und einen Betriebsrat wollte der Schweizer Besitzer auch nicht zulassen. Mit Hilfe der Gewerkschaft Nahrung, Genuß, Gaststätten (NGG) fanden sich die Betriebsangehörigen – in der überwiegenden Mehrzahl Frauen – zusammen, um sich gegen diese Ungerechtigkeiten zu wehren. Das war ein Grund für den KFA, sich mit ihnen zu solidarisieren: Wir fuhren mehrfach morgens vor dem eigenen Dienst nach Allensbach zu den KollegInnen, verlasen an einem der ersten Streiktage eine Grußbotschaft des KFA, um die Frauen zu ermutigen.[96] Wir brachten Kaffee, Tee und Brötchen mit, was dankend angenommen wurde. Denn es war ziemlich kalt. Doch die Streikfront stand, obwohl die Frauen keinerlei Streikerfahrung besaßen. Ich höre noch heute eine Kollegin zur anderen sagen, wobei sie auf mich wies: »Du, die Frau hot gset, mir hond recht!« Die Kolleginnen wurden von Tag zu Tag kämpferischer und mutiger, nach zehn Tagen hatten sie eine Lohnerhöhung, längeren Urlaub und kürzere Arbeitszeit durchgesetzt (»Südkurier« vom 5. Oktober 1978).

Alle Beteiligten feierten zusammen mit den Stehlin-KollegInnen in Konstanz im Gasthaus »Grüneberg« am Stefansplatz. Es gab anerkennende Worte und jede Menge Blumen. Dort erhielt ich die erste Orchidee meines Lebens. Dabei habe ich nur sehr wenig in dieser Auseinandersetzung getan.

Der Sieg der KollegInnen war jedoch leider nur von kurzer Dauer, er sollte sich sogar bald umkehren. Herr Stehlin, zunächst noch zu Zugeständnissen bereit, zeigte den KollegInnen schließlich, daß er noch immer der Herr im Hause war, und – da er über die Produktionsmittel verfügte – auch das Sagen hatte. Die Firma wurde geschlossen.

Wir holen uns den Internationalen Frauentag zurück

Der Internationale Frauentag war für mich und den Kreisfrauenausschuß des DGB nichts Neues. Wir kannten die Hintergründe für sein Entstehen und betrachteten ihn noch immer als wichtigen Tag, an dem wir unsere Forderungen stellen und in die Öffentlichkeit gehen konnten. Wir wollten ihn auch in Konstanz wieder zum Leben erwecken – allerdings nicht als »Ersatzmuttertag«.

Ende 1979 wurden wir vor Ort konkret: Wir planten zum nächsten Internationalen Frauentag eine öffentliche Veranstaltung mit Liedern und Sketchen zum Thema Frau. Zu dieser Form von Veranstaltung hatte uns die theaterbegeisterte und -begabte Kollegin Heide Konrad inspiriert. Bei ihr trafen wir uns nach der Arbeit, labten uns erst mal an einem kleinen Vesper und dann übten wir unser Programm ein. Es war toll, wenn auch sehr laienhaft.

Mitten in diese kulturellen Vorbereitungen platzte nun ein Beschluß des DGB-Bundesvorstandes. Darin hieß es u.a.:

»... Der DGB-Bundesvorstand hat sich in seiner Sitzung am 19.1.1980 mit dieser Frage (Internationaler Frauentag, Anm. V. H.) befaßt und beschlossen, daß sich der DGB (...) nicht an Aktionen anderer Veranstalter beteiligen wird. Er wird auch keine eigenen Veranstaltungen zur Erinnerung an diesen bemerkenswerten Beschluß des II. Internationalen Frauenkongresses der Sozialistinnen im Jahre 1910 durchführen, der zu einem parteipolitischen Gedenktag führte, an dem sich der DGB aufgrund seines Prinzips der Einheitsgewerkschaft nicht beteiligen kann.

Wir geben Euch diesen Beschluß zur Kenntnis und bitten Euch, ihm zu entsprechen und keine Aktionsgemeinschaften mit anderen Gruppen zu bilden bzw. von eigenen Veranstaltungen aus Anlaß dieses 8. März als ›Internationaler Frauentag‹ abzusehen...«[97]

DGB

Eingang: 04. FEB. 1980

Bearbeitung:
Termin:
Ablage:

Deutscher Gewerkschaftsbund Bundesvorstand

Postanschrift: DGB Bundesvorstand 4 Düsseldorf 1 Postfach 2601

An die

Hauptvorstände
der Gewerkschaften / Industriegewerkschaften

Vorstände der DGB-Landesbezirke

Vorstände der DGB-Kreise

den Bundesfrauenausschuß

Düsseldorf
Hans-Böckler-Str. 39 (Hans-Böckler-Haus)

Fernsprech-Sammelnummer (0211) 43011
Drahtanschrift: Degebevorstand Düsseldorf
Fernschreiber: 858 4822 a dgb d
858 4819 dgb d

Bankverbindungen:
Bank für Gemeinwirtschaft AG., Düsseldorf,
(BLZ 300 101 11) Konto Nr. 1000 200 600
Postscheckkonto Essen
(BLZ 360 100 43) Konto Nr. 695 41-430

Ihre Zeichen	Ihre Nachricht vom	Fernsprech-Durchwahl (0211) 4301	Unsere Zeichen	Datum
		291	We/Bä/Rh	28.01.1980

Betrifft:
"Internationaler Frauentag" am 8.März 1980

Liebe Kolleginnen und Kollegen,

an einige DGB-Kreise ist der Wunsch herangetragen worden, sich zur 70. Wiederkehr des "Internationalen Frauentages" am 8.März d.J. an Gedenkveranstaltungen anderer Verbände zu beteiligen oder eine eigene Veranstaltung durchzuführen.

Der DGB-Bundesvorstand hat sich in seiner Sitzung am 19.01.1980 mit dieser Frage befaßt und beschlossen, daß sich der DGB auch in diesem Falle nicht an Aktionen anderer Veranstalter beteiligen wird. Er wird auch keine eigenen Veranstaltungen zur Erinnerung an diesen bemerkenswerten Beschluß des II. Internationalen Frauenkongresses der Sozialistinnen im Jahre 1910 durchführen, der zu einem parteipolitischen Gedenktag führte, an dem sich der DGB aufgrund seines Prinzips der Einheitsgewerkschaft nicht beteiligen kann.

Wir geben Euch diesen Beschluß zur Kenntnis und bitten Euch, ihm zu entsprechen und keine Aktionsgemeinschaften mit anderen Gruppen zu bilden bzw. von eigenen Veranstaltungen aus Anlaß dieses 8.März als "Internationaler Frauentag" abzusehen.

Mit freundlichen Grüßen

Deutscher Gewerkschaftsbund
B u n d e s v o r s t a n d

Heinz O. Vetter
Vorsitzender

Maria Weber
stellvertr. Vorsitzende

Diesem unverständlichen Beschluß widersetzten wir uns – mit Erfolg!

Unterzeichnet wurde dieses Schreiben vom damaligen DGB-Vorsitzenden Heinz O. Vetter und der stellvertretenden DGB-Vorsitzenden Maria Weber.

Da standen wir nun mit unserem Konzept. Wir berieten uns mit unserem DGB-Kreisvorsitzenden, mit der Frauensekretärin unseres DGB-Landesbezirks und, statt unsere Rollen und Lieder einzustudieren, schrieben wir zunächst Protestbriefe. Letztlich entschlossen wir uns, unser nun schon so weit gediehenes Vorhaben durchzuziehen: Wir probten weiter und der Erfolg sollte uns recht geben.

Bei den organisatorischen Vorbereitungen waren wir sehr aktiv, verteilten ein selbst gestaltetes Flugblatt zu dieser Veranstaltung vor Betrieben in Konstanz und Singen, kontaktierten immer wieder die Mitveranstalterinnen (Frauenausschüsse der IG Metall und ÖTV, Uni-Frauengruppe, ASF, Pro Familia, Frauenzentrum Konstanz und Singen). Wir resignierten nicht, trotz des Beschlusses »von oben«.

Unsere Nachmittagsveranstaltung am Samstag, den 8. März 1980 im Konstanzer Jugendzentrum (»Juze«), gut angekündigt vom »Südkurier« (8. März 1980), wurde ein Volltreffer. Das Programm klappte trotz der allgemeinen Aufregung, die anwesenden Frauen und Männer (letztere verteilten 100 rote Nelken) hörten uns aufmerksam zu. Für Essen, Trinken und Kinderbetreuung war gesorgt. Last not least bekamen wir über unsere Veranstaltung eine gute Berichterstattung mit Bild im »Südkurier« (10. März 1980). Über die ganze, doch ungewöhnliche (Vor-)Geschichte verfaßte ich eine sechszehnseitige Dokumentation mit den jeweiligen Unterlagen.[98]

Auch andere DGB-Kreise entsprachen nicht der Bitte des Bundesvorstands, Veranstaltung zum Internationalen Frauentag zu unterlassen. Wir hatten also Verbündete. So war das Eis gebrochen. In den nächsten Jahren traten keine diesbezüglichen Schwierigkeiten mehr auf. Allerdings wurde von Seiten des DGB-Bundesvorstand betont, bei Veranstaltungen mit anderen Gruppen müsse der DGB federführend sein. Nun, das war für uns in Konstanz kein Problem, das waren wir damals sowieso.

Danach war der Frauentag auch bei den DGB-Gewerkschaften etabliert. In einem Protokoll einer DGB-Landesfrauenausschuß-Sitzung las ich zum Beispiel von 26 Veranstaltungen zum 8. März 1984 in den DGB-Kreisen Baden-Württembergs.[99] Der Bundesvorstand schlägt nun jährlich zum Internationalen Frauentag eine mehr oder weniger gelungene bundesweite Losung vor mit ebensolchen Einladungsvordrucken, in die der jeweilige DGB-Kreis seine Termine etc. einfügen kann.

Allerdings stellte sich 1994 noch einmal Ärger ein. Wir wollten, dem Vorbild der Schweizerinnen folgend, einen bundesweiten Frauenstreiktag organisieren. Doch der DGB-Bundesvorstand reduzierte ihn zu einem Frauenprotesttag, das Wort Streik sei anderweitig besetzt, hieß es von dort. Aber aufmüpfig, wie wir waren, riefen wir in Konstanz dennoch zum Frauenstreiktag auf:

»... Wir werden ab diesem Tag unsere traditionelle Frauen-Rolle verweigern: Wir werden die Hausarbeit niederlegen, betriebliche Aktionen bis hin zum Streik durchführen, nicht einkaufen, nicht mehr höflich lächeln, nicht nett sein, keinen Kaffee kochen und die Kinder den Männern mit zur Arbeit geben. Auffällig und frech werden wir unsere Gemeinsamkeit und unsere Solidarität bekunden...«[100]

Wir machten zwar in Konstanz eine kleine Demo, ein witziges Straßentheater, eine Abschlußkundgebung auf der Marktstätte und abends ein Frauenfest, aber das war's dann. Keine Spur von Streik!

Der 8. März ist und bleibt unser Tag!

Nachdem wir in Konstanz 1980 am Internationalen Frauentag einen so schönen Erfolg verbuchen konnten, ließen wir in den kommenden Jahren natürlich nicht mehr locker. Bis heute führten wir jedes Jahr um den 8. März herum eine Veranstaltung durch, in unterschiedlicher Form, entweder in Konstanz oder in Singen. Manchmal holten wir uns weitere Mitwirkende (beispielsweise Mechthild Liesebrecht, Schauspielerin am Stadttheater Konstanz, den Liedermacher Reinhard Valenta und andere). In den letzten Jahren gelangen den Singener Kolleginnen parallel zu Konstanz eigene Veranstaltungen, und es entwickelte sich dort ein breit gefächertes Frauenbündnis. In Konstanz knüpften wir später ebenfalls Kontakte zu anderen Frauengruppen, sogar mit Kolleginnen aus der Schweiz (Kreuzlingen), ein kleines Stück Internationalität. Und wir bemühen uns, weiterhin präsent zu sein, in welcher Form auch immer.

Der Frauentag wurde zu einem ständigen Schwerpunkt in unserer Arbeit vor Ort. Seine Vorbereitung erforderte viel Zeit und Kraft, so daß wir manchmal den Eindruck hatten, andere gewerkschaftliche Themen könnten zu kurz kommen. Aber wir wollten es ja so, und schließlich hatten wir auch einiges zu sagen. Außerdem wurden wir als DGB-Frauen dadurch immer bekannter. Von manchen dieser Veranstaltungen schlummern noch Einladungen, Programme oder Dokumentationen in meinen Unterlagen, und nur einen kleinen Teil habe ich in dieses Buch integriert.[101]

Straßentheater am Obermarkt in Konstanz beim Frauenstreiktag, 8. März 1994: (v.l.n.r.) Gisela Reitzammer-Maier (damals DGB-Kreisvorsitzende), Gudrun Voss, Gertrud Seeberger, Angelika Böhl, Ingrid Hucke (verdeckt durch mich), Gabi Straschewski, Gisela Lehmann.

Mit Power durch die Stadt am Frauenstreiktag, 8. März 1994.

DGB
FRAUEN
laden ein zum
INTERNATIONALEN
FRAUENTAG
am
8. MÄRZ
zu Sketchen, Liedern u. Informationen
mitgestaltet von
Singener Frauengruppen
Mechthild Liesebrecht u. Reinhard Valenta
in SINGEN in der Waldeck Turnhalle
Nähe Stadion
Beginn: 14.00 Uhr

DGB FRAUEN
Frauen sind nicht zweiter Klasse
Gleicher Lohn für gleiche Arbeit
Frauen nicht in die Bundeswehr
INTERNATIONALER FRAUENTAG
DGB-Frauen laden ein:
am: 7. März 1982 um: 14.00 Uhr
im: St. Johann / Konstanz
was gibts: Lieder mit Lisa
Vorsorgliche Dienstverweigerung von Frauen
Sketche + Informationen
Büchertisch
Kaffee, Kuchen, Wein
kurdische und türkische Spezialitäten
für Kinderbetreuung ist gesorgt
Es machen mit:
Lisa, mehrere Frauengruppen, DFG-VK, PRO FAMILIA
Arbeitersolidaritätsverein - der Kurden

AM 10. MÄRZ
INTER-
NATIO-
NALER
FRAUENTAG
DGB-Frauen laden ein zu einer Veranstaltung
mit Sketchen Liedern Gedichten Kinderbetreuung
am: Samstag, 10.3.84
ab: 15.00 Uhr
in Konstanz, St. Johann

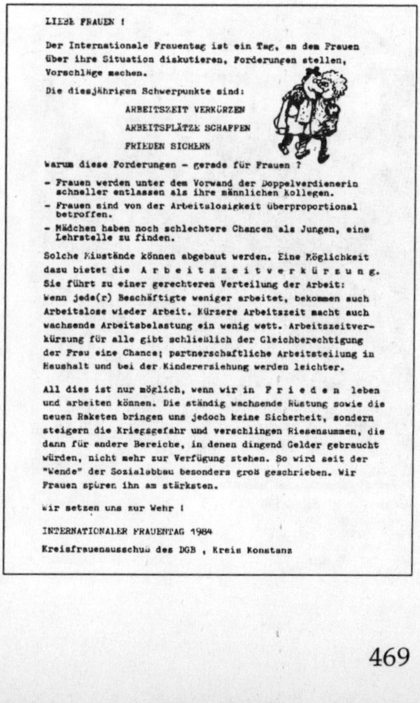

LIEBE FRAUEN !

Der Internationale Frauentag ist ein Tag, an dem Frauen über ihre Situation diskutieren, Forderungen stellen, Vorschläge machen.

Die diesjährigen Schwerpunkte sind:

ARBEITSZEIT VERKÜRZEN

ARBEITSPLÄTZE SCHAFFEN

FRIEDEN SICHERN

Warum diese Forderungen - gerade für Frauen ?

- Frauen werden unter dem Vorwand der Doppelverdienerin schneller entlassen als ihre männlichen Kollegen.
- Frauen sind von der Arbeitslosigkeit überproportional betroffen.
- Mädchen haben noch schlechtere Chancen als Jungen, eine Lehrstelle zu finden.

Solche Mißstände können abgebaut werden. Eine Möglichkeit dazu bietet die A r b e i t s z e i t v e r k ü r z u n g. Sie führt zu einer gerechteren Verteilung der Arbeit: Wenn jede(r) Beschäftigte weniger arbeitet, bekommen auch Arbeitslose wieder Arbeit. Kürzere Arbeitszeit macht auch wachsende Arbeitsbelastung ein wenig wett. Arbeitszeitverkürzung für alle gibt schließlich der Gleichberechtigung der Frau eine Chance; partnerschaftliche Arbeitsteilung in Haushalt und bei der Kindererziehung werden leichter.

All dies ist nur möglich, wenn wir in F r i e d e n leben und arbeiten können. Die ständig wachsende Rüstung sowie die neuen Raketen bringen uns jedoch keine Sicherheit, sondern steigern die Kriegsgefahr und verschlingen Riesensummen, die dann für andere Bereiche, in denen dingend Gelder gebraucht würden, nicht mehr zur Verfügung stehen. So wird seit der "Wende" der Sozialabbau besonders groß geschrieben. Wir Frauen spüren ihn am stärksten.

Wir setzen uns zur Wehr !

INTERNATIONALER FRAUENTAG 1984

Kreisfrauenausschuß des DGB , Kreis Konstanz

75 JAHRE INTERNATIONALER FRAUENTAG
8. März 86
Lieder und Sketche
am: 8.März 1986
im: St. Johann, Konstanz
um: 15.00 Uhr
mit: Kinderbetreuung, Kaffee und Kuchen, kurdischen Spezialitäten
von: DGB-Frauen

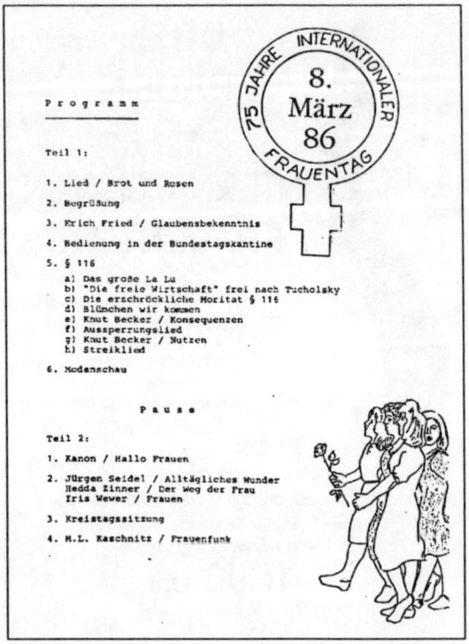

Programm

Teil 1:

1. Lied / Brot und Rosen
2. Begrüßung
3. Erich Fried / Glaubensbekenntnis
4. Bedienung in der Bundestagskantine
5. § 116
   a) Das große La Lu
   b) "Die freie Wirtschaft" frei nach Tucholsky
   c) Die erschröckliche Moritat § 116
   d) Blümchen wir kommen
   e) Knut Becker / Konsequenzen
   f) Aussperrungslied
   g) Knut Becker / Nutzen
   h) Streiklied
6. Modenschau

Pause

Teil 2:

1. Kanon / Hallo Frauen
2. Jürgen Seidel / Alltägliches Wunder
   Hedda Zinner / Der Weg der Frau
   Iris Wewer / Frauen
3. Kreistagssitzung
4. M.L. Kaschnitz / Frauenfunk

INTERNATIONALER FRAUENTAG 1988
Wir wollen
BROT UND ROSEN
Kulturveranstaltungen
KONSTANZ
Sa. 12. März 1988
Domhotel St. Johann
Beginn: 14.30 Uhr
Mit Kinderbetreuung
RIELASINGEN
Freitag 25. März 1988
Kulturzentrum GEMS
Beginn: 20.00 Uhr
Unkostenbeitrag 2,–
DGB-Kreis Konstanz

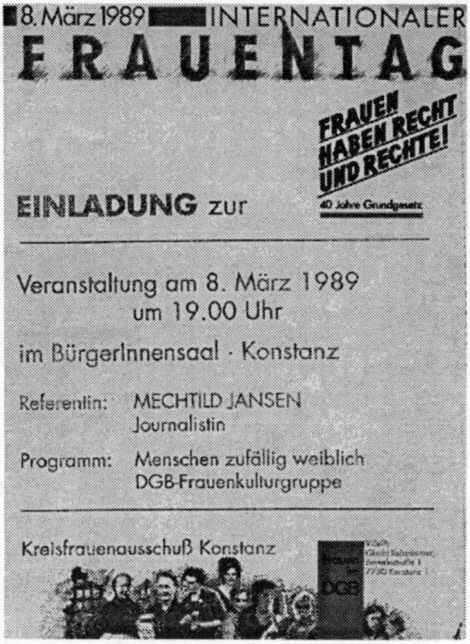
8. März 1989 INTERNATIONALER
FRAUENTAG
FRAUEN HABEN RECHT UND RECHTE!
40 Jahre Grundgesetz
EINLADUNG zur
Veranstaltung am 8. März 1989
um 19.00 Uhr
im BürgerInnensaal · Konstanz
Referentin: MECHTILD JANSEN
Journalistin
Programm: Menschen zufällig weiblich
DGB-Frauenkulturgruppe
Kreisfrauenausschuß Konstanz
FRAUEN im DGB

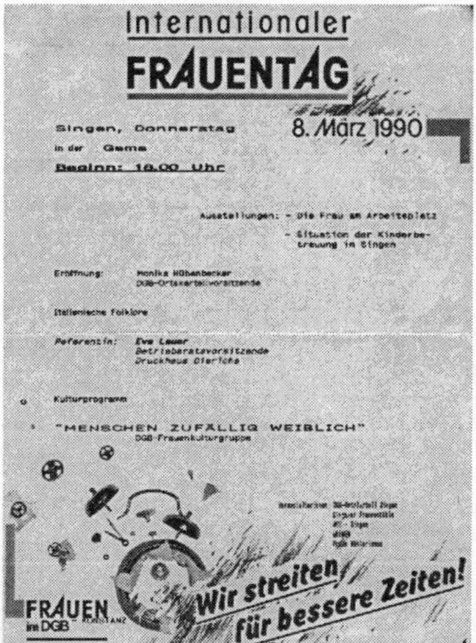
Internationaler
FRAUENTAG
8. März 1990
Singen, Donnerstag
in der Gems
Ausstellungen: - Die Frau am Arbeitsplatz
- Situation der Kinderbetreuung in Singen
Eröffnung: Monika Hübenbecker
DGB-Ortskartellvorsitzende
Italienische Folklore
Referentin: Eva Lauer
Betriebsratsvorsitzende
Druckhaus Dierichs
Kulturprogramm
"MENSCHEN ZUFÄLLIG WEIBLICH"
DGB-Frauenkulturgruppe
FRAUEN im DGB
Wir streiten für bessere Zeiten!

NEUE ARBEIT SCHAFFEN! ARBEIT NEU GESTALTEN! ARBEIT NEU VERTEILEN!
Teilen, Jungs!
GRENZÜBERSCHREITENDES FRAUENFEST
zum Internationalen Frauentag
KREUZLINGEN - Zentrum „Zum Bären"
8. März 1995 - 19.00 Uhr
ab 14.00 Uhr Info-Stände auf der Marktstätte in Konstanz
ab 19.00 Uhr Frauenfest in Kreuzlingen
19.00 Uhr Film und Dias zum FrauenStreikTag 1994 in Konstanz
20.15 Uhr DGB-Frauenkulturgruppe „Menschen zufällig weiblich" mit ihrem Kabarett „Ein Fernsehabend bei Sender Pro Femina"
ab 21.00 Uhr Tanz, Musik, gemeinsames Singen
Trinken ++ Essen ++ Unterhaltung ++ jede Menge Informationen++ Bücherstand
NUR FÜR FRAUEN ! EINTRITT FREI !
Ausstellung „Die weibliche Sicht in Bildern" in der Basis-Galerie, Konstanz, vom 7.3.-29.3.1995.Frauen aus der Region zeigen ihre Bilder.
Vernissage am 7.3.1995 um 20 Uhr.
DGB
8. MÄRZ 1995 · INTERNATIONALER FRAUENTAG

Auf dem Augustinerplatz informierten gestern anläßlich des Internationalen Frauentages Konstanzer und Kreuzlinger Frauengruppen über ihre Aktivitäten. Bild: Krings

„Frauentag etabliert“

Rechte der Frau am Arbeitsplatz als Schwerpunktthema

Konstanz (kri) Mit einem Infozelt auf dem Augustinerplatz, einem Vortrag über die Konsequenzen geringfügiger Beschäftigung und einem Kabarettabend feierten gestern Konstanzer und Kreuzlinger Frauen den Internationalen Frauentag. Vor 85 Jahren von Arbeiterinnen in Deutschland, Dänemark, Österreich und den USA ins Leben gerufen, demonstrieren an diesem Tag weltweit Frauen für ihre Rechte und die gesellschaftliche Gleichstellung.

Plakate am Zelt auf dem Augustinerplatz erinnerten an Themen und Gestaltung früherer Frauentage in Konstanz: Die Forderung nach gleichem Lohn für gleiche Arbeit stand dabei immer wieder im Mittelpunkt, gefeiert wurde mit Straßentheater, Diskussionsveranstaltungen und Streik. „Wir haben den Frauentag in Konstanz vor 15 Jahren neu belebt, seither hat er sich etabliert“, betonte Vera Hemm vom DGB. Die Rechte der Frau am Arbeitsplatz bestimmen weiterhin die Diskussion. Schwerpunktthema in diesem Jahr sind ungeschützte Arbeitsverhältnisse und die sozialen Folgen geringfügiger Beschäftigung.

Gleichzeitig nutzten gestern aber auch zahlreiche Frauengruppen und Initiativen aus Konstanz und Kreuzlingen die Gelegenheit, sich selbst, ihre Aktivitäten oder Forderungen vorzustellen. Amnesty International informierte über Menschenrechtsverletzungen gegen Frauen, die Juso-Hochschulgruppe über das Gleichstellungsgesetz, das Frauenhaus über Gewalt gegen Frauen, die Schweizerinnen über die Frauen-Wirtschaftskammer Euregio Bodensee. Präsentiert wurde außerdem das Ergebnis einer Umfrage unter Konstanzer Landtagswahlkandidaten, die sich zu frauenspezifischen Themen geäußert hatten.

Info-Zelt in Konstanz zum Internationalen Frauentag 1996. Rechts vorn: Christa Albrecht, Frauenbeauftragte von Konstanz, ich selbst links.

Zum Internationalen Frauentag 1983 schrieb ich einen Text, es war einer meiner ersten Versuche: »Der 8. März ist unser Tag«. Als Melodie diente – ganz brav, der Klavierschülerin angemessen – ein Volkslied, das für uns einfach zu lernen war. Zu meiner eigenen Überraschung entdeckte ich meine Kreation in einem 1986 erschienenen Frauenliederbuch mit dem Hinweis: Vera Hemm und die DGB-Frauen Konstanz. Allerdings wurde dem Text eine neue, fetzigere Melodie gegeben und auch ein paar Text-Änderungen vorgenommen.[102] In meinem Original hieß es:

»Der 8. März ist unser Tag!
Der 8. März ist Frauentag!
Ja, da kommen wir zusammen und wir informier'n
Und wir feiern miteinander und wir diskutier'n
Und wir fordern, wir fordern
Für Frauen Chancengleichheit und mehr Recht!

Der 8. März hat Tradition.
Den kannten uns're Mütter schon.
Und es hat sich zwischenzeitlich ja auch was getan
In Bezug auf Gleichberechtigung von Frau und Mann,
Doch das reicht nicht, das reicht noch nicht!
Wir Frauen sind damit noch nicht am Ziel.

Drum brauchen wir ganz ohne Frag'
Den 8. März, den Frauentag.
Und wir brauchen auch 'ne breite Solidarität,
Weil es Fortschritt ja nur gibt, wenn man zusammensteht.
Dabei lehrt die Geschichte:
Wir Frauen sind kein schwach' Geschlecht!«

Zur eigentlichen »Hymne« des Internationalen Frauentags wurde aber das Lied »Brot und Rosen«, aus den USA kommend, ursprünglich in englischer Sprache. Wir singen es seit Jahren am Ende unseres Programms (allerdings nur drei Strophen) und es bewegt mich jedesmal aufs Neue:

»Wenn wir zusammen geh'n, geht mit uns ein schöner Tag
Durch all' die dunklen Küchen, und wo grau ein Werkshof lag,
Beginnt plötzlich die Sonne uns're arme Welt zu kosen,
Und jeder hört uns singen: Brot und Rosen!

Wenn wir zusammen geh'n, gehen uns're Toten mit.
Ihr unerhörter Schrei nach Brot schreit auch durch unser Lied.
Sie hatten für die Schönheit, Liebe, Kunst, erschöpft nie Ruh'.
Drum kämpfen wir ums Brot und woll'n die Rosen dazu.

Wenn wir zusammen geh'n kommt mit uns ein bess'rer Tag.
Die Frauen, die sich wehren, wehren aller Menschen Plag.
Zu Ende sei, daß kleine Leute schuften für die Großen!
Her mit dem ganzen Leben: Brot und Rosen!«[103]

Unsere Aktion »MU«

Ist der Muttertag noch aktuell, fragten Konstanzer Frauen und gingen im Mai 1984 und 1985 mit bunten Transparenten auf die Straße. »Wir mögen nicht nur Blumen, wir fordern unser Recht« hatten wir als Motto.[104] Abschluß der Demo war jeweils am Obermarkt, wo ich 1985 in einer kurzen Rede die frauenfeindlichen Politik der damaligen Bundesregierung anprangerte und unsere Forderungen darlegte (»Südkurier« vom 10. Mai 1985).

Das Thema Muttertag blieb weiterhin in den Köpfen verankert. Am 11. Mai 1991 veröffentlichte der »Südkurier« einen Artikel mit Äußerungen verschiedener Frauen:

»... Eine dieser Frauen ist die DGB-Kreisfrauenausschußvorsitzende Vera Hemm. ›Früher als Kind habe ich auch noch an dem alten Zopf gehangen‹, erzählte die Gewerkschafterin. Doch statt Blumensträußen bräuchten die Mütter Gleichberechtigung im Beruf (...). Deshalb ist für sie der 8. März der Tag, an dem anders als am Muttertag politische Forderungen gestellt werden, wichtiger...«

Wir brauchen eine Frauenbeauftragte

Anfang der siebziger Jahren wußten wir im KFA noch nicht, was eine Frauenbeauftragte ist und tut. Mit der Zeit erfuhren wir, was es damit auf sich hatte. So begannen wir, uns auch für eine solche Stelle in Konstanz einzusetzen. Wir trafen uns mit anderen Frauengruppen, diskutierten und schmiedeten Pläne über unsere Vorgehensweise. Es dauerte alles sehr lange, oft meinten wir zu lange. Aber für viele Menschen (auch PolitikerInnen) war eine Frauenbeauftragte etwas Neues, Unnötiges, eine gegen Männer gerichtete und viel zu teuere Institution, die häufig ins Lächerliche gezogen wurde. Eklatantes Beispiel: Eine Kreistagssitzung in unserer Region, in der über eine Gleichstellungsstelle im Kreis Konstanz beraten wurde und über die der »Südkurier« vom 17. Dezember 1985 treffend berichtete:

»... Frauenfragen (...) sind für einen großen Teil männlicher Bürgervertreter anscheinend ein Anlaß für Gelächter, demonstratives Desinteresse oder beharrlicher Weigerung, sich mit dem Thema engagiert zu beschäftigen...

... Während sonst in den Sitzungen Disziplin herrscht und Zwischenrufe selten sind, haben gestern Kreisräte unbeschadet und ungerügt Unflätiges durch den Saal gerufen. Sie sind den Kolleginnen ständig ins Wort gefallen...«

Dieser Artikel bot mir die Gelegenheit, auf das auch bei der Stadt Konstanz anstehende Thema Frauenbeauftragte zu reagieren. Es gelang mir eine witzige Persiflage für die DGB-Frauen-Kulturgruppe mit einer Mischung aus Songs und Texten, wobei ich die Klavierbegleitung übernahm. Leider wirkt dieses Stück nur durch entsprechendes Spiel, so daß ich den Text hier nicht anfüge. Die Erstaufführung, von der sogar eine Tonbandaufnahme mitgeschnitten wurde, fand am Internationalen Frauentag 1986 statt und brachte uns großen Beifall. Später wurde das Stück noch etwa ein dutzendmal gezeigt, einmal sogar in der »Werkstatt« des Konstanzer Stadttheaters. Ich bin sicher, mit unserem Auftreten konnten wir dazu beitragen, Menschen für das Thema an sich und für eine solche Stelle vor Ort zu sensibilisieren.

Aber nicht nur kulturell versuchten wir dabei mitzumischen. Wir sprachen auch mit unseren Gewerkschaftskollegen, die im Konstanzer Gemeinderat saßen, um sie von der Notwendigkeit einer Frauenbeauftragten zu überzeugen.

So beschloß der Konstanzer Gemeinderat mit 23 zu 17 Stimmen, die Stelle einer Frauenbeauftragten für Konstanz einzurichten (»Südkurier« vom 22. November 1985), und ein Jahr später erfolgte die Wahl. Wir DGB-Frauen waren natürlich bei der Gemeinderatssitzung anwesend und sehr gespannt auf das Ergebnis. Frauenbeauftragte wurde Christa Tiemann-Albrecht, die wir bereits aus ihrer ehrenamtlichen Tätigkeit bei der Gewerkschaft ÖTV kannten (»Südkurier« vom 17. Dezember 1986).

Schon bald merkte unsere Kollegin Christa, daß sie sich auf die DGB-Frauen verlassen konnte, sei es durch unterstützende Meinungsäußerungen in Leserinnenbriefen, sei es bei Veranstaltungen oder wenn es sich um das leidige Geld handelte. Immer, wenn die Institution der Frauenbeauftragten in Frage gestellt wurde – und das geschah im Konstanzer Gemeinderat manchmal und leider nicht nur von Männern – standen wir auf der Matte. Als 1990 die Aufstockung des Etats der Frauenbeauftragten wieder einmal abgelehnt wurde, schrieb ich zunächst mal einen Leserinnenbrief (»Südkurier« vom 2. April 1990), dann machten wir DGB-Frauen einen Informationsstand und sammelten Unterschriften für eine Erhöhung des Etats. Ein eigens dafür kreierter Song sollte für Stimmung sorgen, doch die Aktion verlief viel zäher, als wir es uns gedacht hatten. Denn viele Menschen waren schlecht informiert, wußten teilweise gar nicht, was eine Frauenbeauftragte ist, und wir mußten so richtig »agitieren«. Letztlich kamen aber über 1000 Unterschriften zusammen, die wir dann dem Konstanzer Oberbürgermeister überreichten, wie im »Südkurier« vom 24. Oktober 1990 mit Bild dokumentiert ist.

Noch wichtiger als die Unterschriftenaktion selbst war natürlich das Ergebnis: Der Etat der Frauenbeauftragten wurde im folgenden Jahr um 20000 DM erhöht. Wir konnten zufrieden sein mit unserer Arbeit; es war uns aber gleichzeitig auch klar, daß diese für uns so wichtige Stelle weiterhin unsere Aufmerksamkeit erfordern würde.

Im Jahr 1998 wurde von der Stadt Konstanz bzw. der Frauenbeauftragten eine Broschüre »Miteinander verbünden« herausgegeben, in der

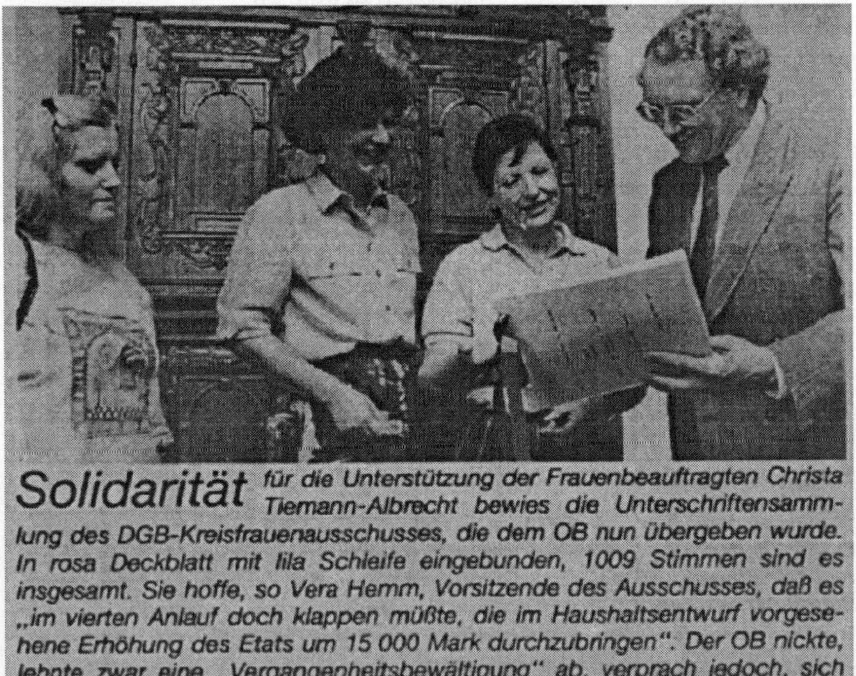

Solidarität *für die Unterstützung der Frauenbeauftragten Christa Tiemann-Albrecht bewies die Unterschriftensammlung des DGB-Kreisfrauenausschusses, die dem OB nun übergeben wurde. In rosa Deckblatt mit lila Schleife eingebunden, 1009 Stimmen sind es insgesamt. Sie hoffe, so Vera Hemm, Vorsitzende des Ausschusses, daß es „im vierten Anlauf doch klappen müßte, die im Haushaltsentwurf vorgesehene Erhöhung des Etats um 15 000 Mark durchzubringen". Der OB nickte, lehnte zwar eine „Vergangenheitsbewältigung" ab, verprach jedoch, sich dafür einzusetzen, zumal die Voraussetzungen wesentlich besser seien als im März. Im Foto sind es von links Angelika Böhl, Gabi Strachewski und Vera Hemm, die die Liste im Namen des DGB-Kreisfrauenausschusses an den OB übergeben.* Bild: Jochims

Mehr Geld für den Etat der Frauenbeauftragten – auch dafür engagierten sich die DGB-Frauen (1990); rechts OB Dr. Horst Eickmeyer.

das Zustandekommen dieser Stelle und deren nun über 10jährige Geschichte, einschließlich der im Zweijahresrythmus stattgefundenen Frauenwochen, festgehalten wurde. Und natürlich sind in der Broschüre neben vielen anderen auch die DGB-Frauen mit einem Beitrag präsent.[105]

Ein Frauenhaus für Konstanz

Konstanz hatte lange Zeit kein Frauenhaus; Frauen in Not mußten in anderen Städten untergebracht werden. Um hier Abhilfe zu schaffen, setzten sich verschiedene Konstanzer Frauengruppen mit Gemeinderätinnen immer wieder zu Gesprächen und Beratungen zusammen. Das Problem war, wie ein solches Haus geführt werden sollte. Gar »autonom«? Die nächste wichtige Frage war natürlich die Finanzierung.

Wir DGB-Frauen beteiligten uns an vielen Diskussionen, Sitzungen und Aktionen, spendeten zudem den Erlös aus unserer Veranstaltung zum Internationalen Frauentag 1991 an den Verein »Frauen helfen Frauen in Not« für das Projekt des Konstanzer Frauenhauses wie das umseitige Faksimile zeigt (»Südkurier« vom 17. April 1991). Dieses konnte 1994 unter der Trägerschaft der Arbeiterwohlfahrt eröffnet werden. Die weitere Entwicklung dieser Einrichtung beschreibt eine Broschüre, die zum 5jährigen Jubiläum des Frauenhauses erstellt wurde.[106]

Der § 218 beschäftigt uns immer wieder

Die Problematik um den § 218 war und ist ein schwieriges, leidiges Thema – seit den zwanziger Jahren wird dessen Abschaffung gefordert –, aber in den (männerdominierten) Gewerkschaften lange Zeit leider etwas stiefmütterlich behandelt. Erst durch die Frauenbewegung wurden auch wir Gewerkschafterinnen wieder damit konfrontiert und wiesen bei vielen Gelegenheiten mit Aktionen auf die völlig unbefriedigende Lösung beim § 218 hin.

So rief der DGB-Landesbezirk Baden-Württemberg zu einer zentralen § 218-Demo am 25. Februar 1975 in Karlsruhe auf[107], der DGB-Kreis Konstanz schloß sich dem an[108], Busse wurden organisiert, wir fuhren hin. An diesem Tag sollte das Bundesverfassungsgericht das Urteil darüber verkünden, ob die vom Bundestag beschlossene Reform des § 218 im Sinne der »Fristenregelung« verfassungsgemäß ist. Sie wurde aber (erwartungsgemäß) für verfassungswidrig erklärt, ein Richterspruch von sieben nicht mehr ganz jungen Männern und einer Frau. Wir waren empört. So ein frauenfeindliches Urteil und das ausgerechnet im Internationalen Jahr der Frau! In einer gemeinsamen Erklärung von FDP, SPD und KFA (»Südkurier« vom 28. Februar 1975) bezogen wir zu dem Urteil nochmals kritisch Position und bekundeten, »die Forderung nach schnellstmöglichen Hilfen für die in Not geratenen Frauen in den nächsten Wochen auch in Konstanz zu vertreten«.

Ab Juni 1976 galt das Reformgesetz zur Regelung von Schwangerschaftsabbrüchen.[109] Da es uns Gewerkschafterinnen nicht weitgehend genug war, griffen wir immer wieder nach unseren Möglichkeiten in die Diskussion zum Thema § 218 ein. Beispielsweise 1987 mit einer

Ein kleiner Schritt in Richtung autonomes Frauenhaus in Konstanz: Das Benefiz-Fest am Internationalen Frauentag brachte 1700 Mark. Dieses Geld wurde Heide-Marie Reindl-Scheuering vom Verein „Frauen helfen Frauen in Not" (rechts) von der DGB-Kreisvorsitzenden Gisela Reitzammer-Meier (Mitte) und Vera Hemm, Vorsitzende des Kreisfrauenausschusses (Zweite von links) übergeben. Mit auf dem Foto Ulrike Mann (links) und Christa Tiemann-Albrecht, Frauenbeauftragte (Zweite von rechts). Bild: Jochims

Beitrag für ein Frauenhaus

Benefiz-Fest schloß mit Erlös in Höhe von 1700 Mark ab

Die DGB-Frauen »erspielten« einen stattlichen Betrag für das Frauenhaus (1991).

Demo beim CDU-Landesparteitag in Friedrichshafen, 1988 mit einer Friedrich-Wolf-Konferenz des DGB in Stuttgart – Titel: »Unsere Kinder sollen willkommene Gäste am Tisch des Lebens sein«[110] –, mit einer Podiumsdiskussion im Konstanzer Bürgersaal[111], worüber der »Südkurier« berichtete (10. November 1988), mit einem Info-Stand, zu dem uns das Konstanzer Stadttheater 1992 anläßlich einer Inszenierung des Stücks »Memmingen« in ihr Foyer einlud. Beeindruckend war auch der DGB-Abend während der Konstanzer Frauenwoche 1991 mit dem Thema »Der § 218 im Spannungsfeld von Frauensolidarität«. In dieser Veranstaltung boten wir zunächst ein Kulturprogramm, dann wurde diskutiert.[112] Äußerst fair übrigens, ohne Schlagabtausch, trotz Meinungsverschiedenheiten der BesucherInnen. Die Frauensolidarität war spürbar.

Die Korrespondenz mit PolitikerInnen zu diesem Thema kam ebenfalls nicht zu kurz. Hier ist ein »Südkurier«-Artikel (17. August 1989) über die Arbeit der damaligen CDU-Sozialministerin in Baden-Württemberg mit der Überschrift: »Ministerin Schäfer vermißt Unterstützung« zu erwähnen, auf den ich namens des KFA reagierte und ein

Betrifft: § 218 StGB

Kolleginnen und Kollegen, am Dienstag, 25. Februar 1975

verkündet das Bundesverfassungsgericht sein Urteil darüber, ob die vom Bundestag beschlossene Reform des § 218 StGB im Sinne der Fristenregelung der Verfassung entspricht oder nicht.

Den inoffiziellen Verlautbarungen zufolge steht zu erwarten, daß sich die Mehrheit der Richter gegen die Fristenregelung aussprechen wird.

Die Ablehnung der Fristenregelung muß erwartet werden,

- obwohl 73 % aller Frauen sich schon 1971 für die Reform des § 218 ausgesprochen hatten,
- obwohl die Mehrheit unserer gewählten Volksvertreter im Deutschen Bundestag für die Fristenregelung gestimmt haben,
- obwohl in den als eher konservativ und streng katholisch zu bezeichnenden Ländern Österreich und Frankreich die Fristenregelung als nicht verfassungswidrig bezeichnet wurde.

Copyright Stuttgarter Zeitung

Wie lange noch?

Kolleginnen und Kollegen! Die Öffentlichkeit, die Richter und diejenigen, die die Klage beim Verfassungsgericht angestrengt haben, sollen sehen,

daß es Menschen sind, über deren soziales Schicksal entschieden wurde, daß Frauen und Familien von diesem Urteilsspruch betroffen sind.

Kommt auf die Kundgebung des DGB-Landesbezirkes Baden-Württemberg

am Dienstag, 25. Februar 1975 in Karlsruhe

Sie sollen uns, den Betroffenen, das Urteil mitteilen!

Die Urteilsverkündung ist für vormittags angesetzt. Das bedeutet, daß ihr an diesem Tage unbezahlten oder bezahlten Urlaub nehmen müßtet. Wir wissen, daß dies mit Schwierigkeiten verbunden ist. Wir hoffen aber, daß ihr dies trotzdem auf Euch nehmt, weil eine sinnvolle Reform des § 218 StGB doch so ein großes Anliegen von uns allen ist.

Ältere Kolleginnen und Kollegen sollten nicht sagen: „Da kann ich nicht mitgehen. Mich schauen sie bloß komisch an, weil mich das doch nicht mehr betrifft". Gerade unsere älteren Kolleginnen und Kollegen sollten mitgehen, um dadurch zu demonstrieren, daß die Forderung nach der Fristenregelung nicht eine Forderung ist, die etwa jugendlicher Unerfahrenheit und Hitzigkeit entsprungen ist.

Von den Jugendlichen hoffen wir, daß sie schon deshalb kommen, weil sie sich im Laufe ihres Lebens mit dieser gesetzlichen Bestimmung noch ständig auseinandersetzen müssen.

Kommt deshalb, wenn ihr Euch irgendwie freimachen könnt, an diesem Tage alle mit!
Die Kosten der Busfahrt, ebenso die Kosten für ein kleines Vesperpaket, trägt der DGB.

Die Kundgebung beginnt um 11.30 Uhr in Karlsruhe auf dem

Festplatz (gegenüber Gewerkschaftshaus)

Zwischen 12.30 und 13.00 Uhr beginnen wir den Schweigemarsch durch Karlsruhe.

Als Route ist vorgesehen:

vom Festplatz über die Ettlinger Straße, Karl-Friedrich-Straße, Erbprinzenstraße, Herrenstraße, Kaiserstraße, Hauptpost, Karlstraße bis Mathystraße, Beiertheimer Allee zum Festplatz zurück.

Abfahrt der Busse in Konstanz am 25. Febr.
7.30 Uhr beim Gewerkschaftshaus, KN, Beyerlestr. 1

Teilnehmer melden sich bis spätestens Montag, den 24.2.
15 Uhr beim DGB Kreis Konstanz Tel. (07531)61-60

Verantwortlich für den Inhalt: DGB-Landesbezirk Baden-Württemberg, 7 Stuttgart 1, Theodor-Heuss-Straße 2 A.

Einladung des DGB-Landesbezirks zur zentralen Demonstration nach Karlsruhe.

parteiübergreifendes Frauenbündnis beim § 218 anregte.[113] Die Ministerin hat sehr freundlich geantwortet und diesem Vorschlag nicht widersprochen.[114] Und bei den weiteren Gesetzesvorlagen zum Thema § 218 in den folgenden Jahren schien es, daß die Frauensolidarität zumindest teilweise Vorrang vor der Parteidisziplin hatte. So ergab sich 1995 im Bundestag ein Kompromiß: Fristenregelung mit Beratungspflicht – ja, aber Streichung des § 218 aus dem Strafgesetzbuch – nein (»Südkurier« vom 2. Oktober 1995).

Frauen und Beruf

»Wir wollen alles« – so hieß einmal ein Slogan der Frauenbewegung, und wir befaßten uns im KFA daher immer wieder mit dem Thema der Vereinbarkeit von Beruf und Familie. Berufstätigkeit hielten wir nämlich, ohne die Hausarbeit unterzubewerten, für eine wichtige Grundlage zur Emanzipation der Frau. So wehrten wir uns auch gegen das Zurückdrängen der Frauen an den Kochtopf und bemühten uns mit unseren wahrlich nicht großen Möglichkeiten, gegen die überproportional hohe Frauenarbeitslosigkeit anzugehen.

Ein wichtiger Punkt bei der Berufstätigkeit: Die Entlohnung, eine Frage, die wir im KFA nur am Rande diskutierten, da sie eher die Einzelgewerkschaften als unsere DGB-Organisation betraf. Trotzdem setzten wir uns ein für die Abschaffung spezieller Frauenlöhne und Leichtlohngruppen, bekräftigten die langjährige Forderung »gleicher Lohn für gleiche Arbeit« und solidarisierten uns bei entsprechenden Aktionen. Hier sei an den Prozeß der »Heinze-Frauen« (Druck-Industrie) vor dem BAG Kassel erinnert, in dem dic Kolleginnen 1981 eine Angleichung an die Männerlöhne erstreiten konnten unter dem Motto:

> »Väter, Mütter, Töchter, Söhne
> Kämpfen um die gleichen Löhne«.[115]

Derweitern begleitete uns im KFA ständig das Thema Teilzeitarbeit mit seinen vielfältigen Formen wie »job-sharing«, »Kapovaz« (kapazitätsorientierte, variable Arbeitszeit), geringfügige Beschäftigungen usw., da es sich immer mehr als spezielle Arbeitsform für Frauen herauskristallisierte. Ein schwieriges Gebiet, mit Sonnen- und Schattenseiten, von gut Verdienenden angestrebt und oft nicht erreicht, von Geringverdienenden abgelehnt (»Was sollen sie von dem Geringen noch teilen?«), von Müttern als Notlösung akzeptiert...

Kinderbetreuung – eine Schlüsselfrage

Ein wichtiges Thema, das immer wieder in unserer Arbeit vor Ort oder auch in Anträgen bei Konferenzen eine Rolle spielte und meist als frauenspezifisch bezeichnet wurde, war die Kinderbetreuung. Hier hieß und heißt unsere Maximalforderung nach wie vor: Ganztagsschulen. Diesbezüglich zeigt sich die Bundesrepublik bis heute nicht gerade von ihrer besten Seite. Hingegen bewegte sich in Sachen Kindergärten in den letzten Jahren manches: Konstanz zum Beispiel verfügt derzeit insgesamt über dreißig Kindergärten. Auch die Öffnungszeiten wurden familiengerechter, wie wir es oft gefordert hatten. Außerdem entwickelte sich in letzter Zeit ein gewisser Trend zu sogenannten Kinderhäusern, in denen Kindergarten- und Schulkinder gemeinsam in altersgemischten Gruppen betreut werden. Das bringt für Kinder und Eltern mehr Flexibilität, was besonders für Alleinerziehende von Bedeutung ist. Diese Betreuungsform wird auch von uns Gewerkschafterinnen favorisiert, da sie optimal für Kinder ist, allerdings dem Personal einiges abverlangt. Wir hatten zu diesem Thema »Kinder brauchen Kinder« in Stuttgart eine vom DGB-Landesfrauenausschuß initiierte Konferenz[116] und in Konstanz einen vom KFA organisierten hervorragenden Diskussionsabend, beide Male mit einer Ordensschwester als Referentin.[117] Ich bin sicher, daß solche Veranstaltungen Akzente setzen und bei den Verantwortlichen vor Ort ihre Spuren hinterlassen. Nicht zuletzt zeigen sie, daß wir als DGB-Frauen keine Berührungsängste haben und für Neues aufgeschlossen sind.

Wir mischen uns ein bei der OB-Wahl 1988 in Konstanz

Was haben die DGB-Frauen mit einer Oberbürgermeister-Wahl zu tun? Ist es sinnvoll, sich hierbei zu engagieren? Wir waren uns darin einig und hatten dafür gleich zwei Gründe: einen guten und einen schlechten.

Zuerst der gute Grund: In Konstanz kandidierte zum ersten Mal eine Frau für das Amt des Stadtoberhauptes, es war unsere GEW-Kollegin Bärbel Köhler. Sie wollten wir als Frauen unterstützen. Eine Frau auf dem OB-Sessel, dazu noch unsere Kollegin Bärbel, das wäre toll für uns – und die Frauen.

Wir nahmen das Thema »OberbürgermeisterIn-Wahl« auf in unser Programm zum Internationalen Frauentag 1988 und zwar in »klassischer Form«: Bezugnehmend auf eine Szene aus Goethes »Faust« gelang mir ein Zwei-Personen-Stück, das in einem aktuellen »Frage-und-

Antwort-Spiel« zwischen Faust (alias Oberbürgermeister) und der Figur des Wagner (Wählerin) städtische Probleme aus weiblicher Sicht beleuchtete:

OB (am Schreibtisch sitzend):

»Habe nun, ach, Juristerei,
Haushaltspläne, Philosophei
Und viele andere Theorien
Durchaus studiert mit heißem Bemüh'n.
Da sitz' ich nun, ich armer Tor
Und bin so klug als wie zuvor.
Heiße ›OB‹, heiße Doktor gar
Und habe schon beinah' acht Jahr
Oft meine liebe, große Not
Mit den Fraktionen grün und rot,
Auch mit den schwarzen, ja, mit allen
In des Ratssaals heil'gen Hallen.
Dennoch, so schätze ich es ein,
Schein ich durchaus ihr Typ zu sein,
Was die OB-Wahl anbelangt,
Weshalb mir auch davor nicht bangt.

Wählerin (tritt ein):

Verzeiht, ich hört Euch deklamieren!
Ihr last bestimmt im städt'schen Trauerspiel?
Da darf ich Euch incommodieren,
Denn die Lektüre taugt nicht viel.

OB:

Wer seid Ihr und was steht zu Diensten?

Wählerin:

Ich bin allhier erst kurze Zeit
Und komm' voll Wißbegierigkeit,
Den Mann zu sehen und zu kennen,
Den alle mir mit Ehrfurcht nennen.
Ihr also seid hier der ›OB‹.

OB:

Der jetzige und der in spe!

Wählerin:

Ihr seid so siegessicher, froh -
So sagt mir nur warum, wieso?
Habt Ihr in Eurer Residenz
Nicht etwa Angst vor Konkurrenz?

OB:

Ich fühl' mich gut in meiner Haut,
Hab' schon seit langem vorgebaut:
Zum Beispiel nehm' ich teil sehr gern
An allen Festen nah und fern.
Was natürlich dazu führt,
Daß ich oft werd' fotografiert.
Und Tags drauf ist im ›Südkurier‹
Auch gleich ein schönes Bild von mir!

Wählerin:

O ja, ich hab' neulich gelesen,
S'ist 61 Mal gewesen,
Daß letzt' Jahr Euer Konterfei
Im ›Südkurier‹ war mit dabei.
Kein and'rer wurde, wie berichtet,
So oft wie Ihr dort abgelichtet.

OB:

Man tut ja schließlich, was man kann
Und lacht sich auch die Medien an.

Wählerin:

Woraus sich gibt die Konsequenz:
Ihr fürchtet doch die Konkurrenz!
Und erstmals in der Stadtgeschicht'
Ist diesmal eine Frau in Sicht:
Bärbel Köhler, die bestimmt
Euch manche Wählerstimme nimmt.

OB:

Nun ja, da ist vielleicht was dran,
Weil diese Frau auch etwas kann,
Was sie im Gemeinderat
Und nicht nur dort bewiesen hat.
Jedoch, um ein ›OB‹ zu sein,
Muß man doch mehr noch bringen ein.
Man braucht, wie ich es oft schon sagte,
Stets Verbindungen, Kontakte
Mit Wirtschafts- und auch and'ren Seiten,
Um 'ne Gemeinde gut zu leiten.

Wählerin:

So pfleget Ihr wohl als ›OB‹
Kontakt auch mit dem DGB?

OB:
Manchmal ja... von Zeit zu Zeit...
Bei passender Gelegenheit.

Wählerin:
Seid Ihr, ich frag' ganz ungeniert,
Gewerkschaftlich organisiert?

OB:
Das ist des Landes nicht der Brauch.
Und wozu sollte ich das auch?

Wählerin:
Da lob' ich mir die Köhlerin!
Die ist 'ne DGB-lerin!
Sie ist auch heute hier dabei,
Kommt meistens auch am 1. Mai.
Sie ist sogar vor ein'gen Jahren
Mit nach Hasselbach gefahren,
Wo sie mit uns tat demonstrieren
Und gegen ›Pershings‹ protestieren.

OB:
Mein schönes Fräulein, darf ich's wagen,
Auch mal wieder was zu sagen?

Wählerin:
Bin weder Fräulein weder schön.
Bin eine Frau! Ihr könnt es sehn!

OB:
Meine Ruh ist hin, mein Herz ist schwer:
Die redet und redet ja immer mehr!

Wählerin:
Erlaubt, daß ich auf alle Fälle
Euch noch die Gretchen-Frage stelle:
Wie haltet Ihr's – Ihr ahnt es schon –
Mit der Emanzipation?
Die Antwort hört' ich gar zu gern.

OB:
Das also ist des Pudels Kern!
Nun denn, Frauen sind ja wichtig.
Und die Gleichberechtigung ist richtig.
Jedoch bin ich in meinem Amt
Da für die Bürger insgesamt.
Und ihnen fühl' ich mich verpflichtet.

Darauf ist all' mein Tun gerichtet.
Und ich hoff', ich kann beim Wählen
Auf meiner Bürger Stimme zählen.

Wählerin:

Ihr denkt, die Bürger dieser Stadt
Die seh'n nur Euch als Kandidat?
Doch wie steht's mit den Bürgerinnen?
Glaubt Ihr, Ihr könnt auch die gewinnen?
Was habt Ihr in der Stadt getan,
Daß auch die Frau Euch wählen kann?
Wie steht's mit Frauenarbeitsplätzen?
Ward Ihr bereit, Euch einzusetzen
Für gerechte Frauenlöhne?
Oder Frauenförderpläne?
Oder schiebt man Frauen knapp
Auf 'nen Teilzeitjob nur ab?
Gab's und gibt's zu Euren Zeiten
Für Frauen Aufstiegsmöglichkeiten?
Und habt Ihr auch schon nachgedacht,
Was Ihr für berufstät'ge Mütter macht?
Kindergärten – Kinderhort –
Jeweils nur einer ist am Ort,
Welcher dieser Stadt gehört.
Wie wär's, wenn Ihr die Zahl vermehrt?
Das wäre für die Frau'n ein Segen.
Das solltet Ihr mal überlegen.
Doch ich fürcht', s'ist nicht viel dran!
Je nun, Ihr seid ja auch ein Mann!

OB:

Habt Ihr mir weiter nichts zu sagen?
Kommt Ihr nur immer anzuklagen?
Ist in der Stadt Euch denn nichts recht?

Wählerin:

Nein Herr, ich find es dort wie immer herzlich schlecht.
Die Frauen dauern mich, sie werden stets beschissen!
Und ach, ihr Männer habt ein gut' Gewissen!

OB:

Nun haltet ein, verehrte Dame!
Ich sag' 'nen Titel Euch und Name,
Dran könnt Ihr sicherlich ermessen,

Daß ich die Frau'n nicht ganz vergessen.

Wählerin:

O ja, ich weiß, daß diese Stadt
'Ne Frauenbeauftragte hat.
Dies ist zwar alles schön und gut,
Doch möcht' ich wissen, was Ihr tut!
Da hat man neulich wohl gesprochen,
Daß während jener Frauenwochen
Das Wörtchen ›Bürgerinnen-Saal‹
Euch hat bereitet große Qual.
Worauf ich sag aus meiner Sicht:
Sehr frauenfreundlich ist das nicht.

OB:

Mit Worten läßt sich trefflich streiten,
S'ist töricht, drauf herumzureiten.
Mir wird von alledem so dumm,
Als ging mir ein Mühlrad im Kopf herum.
Was nur stets die Frauen möchten
Mit all' den heißbegehrten Rechten?

Wählerin:

Wenn Ihr's nicht fühlt, Ihr werdet's nicht erjagen!
Da hilft kein Jammern und kein Klagen.
Es ist schon so, Herr Oberbürgermeister,
Die Frauen werden mutiger und dreister.

An die Frauen gerichtet:

Doch nicht genug, es muß noch stärker werden
Mit ihrem Einsatz hier auf Erden.
Sie müssen mehr noch werden in der Tat,
In Positionen kommen und Mandat.
Sie müssen mitentscheiden, mitregieren
Und dazu selbstverständlich kandidieren.
Und dann darf auch das Wichtigste nicht fehlen:
Die Frauen müssen auch die Frauen wählen!«

Mit dieser »Faust-Inszenierung« traten wir auch bei einer Wahlveranstaltung unserer Gewerkschaftskollegin auf, um damit die Frauensolidarität zu vertiefen. Bärbel Köhler ist leider nicht Oberbürgermeisterin von Konstanz geworden, hat aber prozentual einen sehr gutes Ergebnis für sich verbuchen können.

Der zweite Grund für unsere Einmischung in den OB-Wahlkampf war die Kandidatur eines Neofaschisten von der NPD. Zur Wahl zugelassen, konnte er ganz offiziell Wahlwerbung betreiben. Das ärgerte uns mächtig. Wir versuchten, sein Auftreten zu behindern, zunächst mit einem Info-Stand in der Stadt. Aber vor allem sollte uns die Podiumsdiskussion am 3. Juni 1988 im Konzil die Gelegenheit dazu bieten.

Bereits am Anfang der Veranstaltung gab es Radau unter den BesucherInnen, die Polizei griff ein und schaffte einige jüngere Leute aus dem Saal, deren Protest sich gegen den NPD-Kandidaten gerichtet hatte. Dieser saß jedoch weiter mit den anderen KandidatInnen auf dem Podium, von denen einige ihre Redebeiträge noch in Ruhe halten konnten, auch unsere Favoritin Bärbel Köhler. Als aber der NPD-Kandidat an der Reihe war, wurde es laut im Saal, worüber tags darauf der »Südkurier« u.a. schrieb: »... ging jeder Redeversuch des NPD-Kandidaten Bohland aus Villingen-Schwenningen in Pfiffen, Gesängen und Klatschkonzerten unter...«

Und wer initiierte das ganze? Es waren die DGB-Frauen, die mit ihrem Lied »Nazis raus aus uns'rer Stadt« und dem darin integrierten Klatschen Stimmung gegen rechts machten. Und zwar so lange, bis die offizielle Redezeit des NPD-Mannes vorbei war. Der stand wie ein begossener Pudel am Rednerpult und wurde einfach nicht angehört. Wir hatten dem NPD-Kandidaten eine Abfuhr erteilt und – was erfreulich war – viele Leute zogen mit. Für uns DGB-Frauen ein toller Erfolg – und eigentlich nicht nur für uns.

Quotierung – ja oder nein?

Zur Quotierung hatten wir im KFA zunächst eine ablehnende Haltung. Wir meinten, die bisherigen gesetzlichen Möglichkeiten würden genügen, um die Gleichberechtigung voranzutreiben. Aber mit der Zeit kamen wir immer mehr zu der Überzeugung, daß Quotierung als Hilfsmittel zur Erreichung von mehr Chancengleichheit für die Frauen nötig ist.

So tauchte auch unser »Quotierungs-Gespenst« auf, dem ich 1988 folgenden Text einhauchte:

»Hu – hu – Ich bin ein Gespenst!
Ob Du's kennst, ob Du's kennst?
Geist're wild landauf, landab,
Halte alle Leut' in Trab
Und schaff' durch meine Existenz
Ermunternd frische Turbulenz.
Dabei bin ich nicht unumstritten,
Aber dennoch wohlgelitten,

Vor allen Dingen bei den Frau'n,
Die auf mich gewaltig bau'n.
Ich bin in, ja, das ist wahr,
Bin für manche fast ein Star.
Und die Frauen lieben mich
Ausgesprochen schwesterlich.
Sie sagen auch, ich sei für sie
So etwas wie 'ne Strategie
Und sehen in mir eine Chance,
Die Gerechtigkeitsbalance
In das rechte Lot zu rücken.
Das will mich zutiefst beglücken.
Denn dieses ist mein Lebenssinn,
Weil ich ja auch weiblich bin.

Doch für die Männer andrerseits
Hab' ich meistens keinen Reiz.
Sie sagen, ich sei falsch und dumm,
Ein mieses Individuum,
Töricht, spalterisch und schlecht.
Ich hätt' zum Leben gar kein Recht.
Ihnen bleibe ich suspekt.
Die wissen nicht, was in mir steckt.
Die meinen nämlich immer noch,
Daß ich mein eigen Süpplein koch'.

Gewiß, ich nehme auch was weg.
Doch frage ich, zu welchem Zweck
Und ob all' die, die heut' monieren,
Am End' von mir nicht profitieren.
Nur – dieses einzuseh'n ist schwer,
Und mancher lernt es nimmermehr.

Dennoch, ich geist're weiterhin,
Weil ich sehr beharrlich bin.
Ich bringe weiterhin mich ein
In Gewerkschaft und Partei'n
Von der Basis bis zur Führung.
Ich bleib' am Ball, ich – die Quotierung!«

Frauen in die Bundeswehr? – Wir sagen »NEIN«!

Ein heiß umstrittenes Thema: Sind Frauen gleichberechtigt, wenn sie Soldatinnen werden dürfen? Dieser These stimmten zum Teil auch GewerkschafterInnen zu, aber ihre Mehrheit, zu denen wir vom KFA zählten, erstrebte Gleichberechtigung auf zivilen Gebieten. Wir wollten keine weitere Militarisierung der Gesellschaft. Unser Slogan war daher: »Frauen in die Bundeswehr – wir sagen NEIN!«

Und wir sagten es nicht nur, wir sangen es auch in unserer Kulturgruppe nach dem Radetzky-Marsch (Johann Strauß), als »Soldatinnen« mit Schiffchen-Mützen auf dem Kopf, die wir am Schluß ins Publikum warfen. Ich glaube, hier hatte ich eine glänzende Idee und die richtige Argumentation:

»Frauen hört, ihr dürft zur Bundeswehr,
Ihr dürft stärken das teu're Bundesheer.
Das ist, bitte sehr,
Eine große Ehr',
Seid doch auch mal fair!
Denn die Bundeswehr braucht Personal,
Und das weibliche Menschenmaterial,
Das ist allemal
Ideal
Tauglich bis zum General.

Und da kann Frau sich prächtig emanzipier'n
Und sich dabei herrlich qualifizier'n,
Kann heben,
Beleben
Mit stolzer Brust
Die Kampfeslust.
Kann schaffen
Den schlaffen
Soldaten im Land
Eine liebende Hand, eine liebende Hand.

Ja, so sorgt ihr mit eurer Weiblichkeit
Beim Bund für mehr Zufriedenheit.
Seid durch eu'ren Eid
Bundesweit
Allzeit bereit.

Und kriegt ihr auch ein Gewehr noch nicht,
Weil das Grundgesetz dagegen spricht,
Seid mit dem Verzicht,
Ihr ganz schlicht
Dennoch mächtig in der Pflicht.

Darum überlegt es euch genau:
Denn als Soldatin beim Bund seid ihr doch eh
Nichts and're s als die übliche Reservearmee.
Dienen und Ducken in der Garnison,
Das hat nichts zu tun mit Emanzipation.

Wollt ihr, wie Männer, zum Töten gleiches Recht?
Ist es das wirklich, was jede von euch möcht'?
Haben nicht Frauen schon einmal es erfahren,
Daß sie durch so etwas am End' die Dummen waren.

Ist denn der Wehrdienst für Frauen ein Gewinn?
Was hat er überhaupt für einen rechten Sinn?
Machen wir lieber für Abrüstung uns stark,
Das bringt uns mehr Sicherheit und spart uns manche Mark.

Darum geh'n wir Frau'n nicht zur Bundeswehr.
Woll'n nicht stärken das teure Bundesheer.
Wir woll'n nicht noch mehr
Militär,
Nein, danke sehr.
Wir woll'n lieber zivil beschäftigt sein
Mit Lohngleichheit noch obendrein.
Doch Soldatin sein,
Welche Pein!
Frau'n zum Bund – Wir sagen NEIN!«

DGB-Frauen für den Frieden

Die meisten unserer DGB-Frauen hatten den Krieg nicht selbst erlebt, gleichwohl kannten sie seine Schrecken und Auswirkungen. Da lag es nahe, sich auch friedenspolitisch zu engagieren. Dazu war in den letzten zwanzig Jahren mannigfaltige Gelegenheit. Denn der Rüstungswettlauf boomte. Wir versuchten, dem etwas entgegenzusetzen, wiederum im

Rahmen unserer Möglichkeiten. Manche von uns schlossen sich in den achtziger Jahren der Frauen-Friedensgruppe in Konstanz an. Als KFA beteiligten wir uns außerdem an Aktionen vor Ort, zum Beispiel an den DGB-Veranstaltungen zu den Antikriegstagen (1. September), einmal sogar mit einem ganzen Theaterstück. Unsere Kulturgruppe hatte zum Thema »Krieg und Frieden« immer ein Programm parat, das ab und zu aufgeführt wurde. Ein weiteres Ereignis in dieser Richtung war unsere Kriegsdienst-Verweigerungs-Aktion beim Internationalen Frauentag 1982, die spontan von etwa 100 Frauen mit »friedlichen Grüßen« unterzeichnet[118], ans Bundesinnenministerium nach Bonn geschickt und von dort ordnungsgemäß beantwortet wurde.[119]

Konstanzer DGB-Frauen nahmen auch oft an Ostermärschen sowie an Aktionen der Friedensbewegung teil, über die bereits an anderer Stelle berichtet wurde. Ebenso gehörte es für uns dazu, bei den jährlich vom DGB ausgerichteten Gedenkveranstaltungen am KZ-Friedhof in Birnau auf der anderen Seeseite dabei zu sein.

Solidarität – für uns kein leeres Wort

Als Gewerkschafterinnen wußten wir nicht nur, was Solidarität bedeutet, wir praktizierten sie auch. Im kleinen Rahmen, versteht sich. Wir sammelten unsere Sitzungsgelder (drei Mark pro Person) und spendeten von unserem Ersparten zum Beispiel für streikende KollegInnen, für Verfolgte in Chile nach dem Umsturz, für den ehemaligen Widerstandskämpfer Ernst Bärtschi aus unserer Nachbarstadt Kreuzlingen... Es ging jedoch nicht immer ums Geld. Manchmal versandten wir auch nur Grußadressen, um so unsere Solidarität zu bekunden.

Wie wichtig und aufbauend Solidarität sein kann, verspürte ich am eigenen Leib im Laufe des Betriebsratswahlkampfes 1978 bei Byk. Es war für mich eine grandiose Sache. Mehr wird aber noch nicht verraten.

Die DGB-Frauen werden bekannter – und feministischer

Es ist schon interessant, wie sich eine Gruppe verändern kann. Hätte ich nicht meine diversen Rechenschaftsberichte als KFA-Vorsitzende, die ich in den Kreisfrauenkonferenzen des DGB vortrug, würde mir das nicht so stark auffallen.

Anfangs sprach sich der KFA dafür aus, so im Rechenschaftsbericht von 1974: »... daß wir die Frauenarbeit in der Gruppe nur als ersten Schritt betrachten, als erste Stufe, in der wir uns das Rüstzeug erwerben können, um besser in der allgemeinen Gewerkschaftsarbeit mitwirken zu können. Dabei wollen wir zu Veränderungen beitragen, die vor allem die Situation der Frau verbessern. Jedoch: Frauenarbeit, isoliert von der allgemeinen Gewerkschaftsarbeit halten wir für falsch, weil alle Fragen – auch die sogenannten Frauenfragen – letztlich nur mit unseren männlichen Kollegen angegangen und gelöst werden können. Deshalb haben wir unsere Arbeit im KFA auch nicht nur auf sogenannte weibliche Themen abgestellt, sondern uns ganz bewußt mit anderen, ebenso wichtigen Dingen beschäftigt...«[120]

Ich erinnere mich an lebhafte Diskussionen im KFA über Prozent- oder Festgeldforderungen bei Tarifrunden. Wir tendierten zu den Festgeldforderungen als gerechtere Variante, weil sie sich günstiger für die unteren Entgelt-Gruppen auswirkten. Weitere Themen waren: Betriebsversammlung, Betriebsratswahlen, Lohn-Preis-Spirale, Lohn- und Gehaltsfragen, Arbeitszeitverkürzung, Aussperrung, § 116 AFG, Sozialabbau, Mitbestimmung, Humanisierung der Arbeitswelt, Privatisierung öffentlicher Dienstleistungen, Gesundheitswesen, Berufsbildung... Frauen waren bei diesen Themen inbegriffen, aber eben nicht speziell genannt. Und wir hatten noch nicht einmal etwas dagegen! – Damals!

Die Frauenbewegung der siebziger Jahre beeinflußte unsere gesamte DGB-Arbeit. Unsere Themen, mit denen wir uns beschäftigten, wurden frauenbezogener, feministisch zu sagen, wäre übertrieben. »Weibliche« bzw. »den Frauen zugeordnete« Themen wie Kinderbetreuung, Öffnungszeiten von Kindergärten, Teilzeitarbeit, familiengerechte Arbeitszeiten, Frauenförderpläne, sexuelle Belästigung, Sexismus in der Sprache... kamen vermehrt hinzu. Das hieß jedoch nicht, daß wir eine feministische, von der Basis entfremdete Gruppe wurden. Natürlich blieben wir nach wie vor ein Teil der Gewerkschaftsbewegung, waren Betriebsrätinnen und Vertrauensfrauen, brachten uns ein in die Mitgliedsgewerkschaften und den DGB. Aber wir hatten nun als Frauen eben oft unsere eigenen Vorstellungen, die wir nicht (mehr) verschweigen, ja sogar durchsetzen wollten. Wir erkannten: Es gibt in der Gesellschaft nicht nur den Klassengegensatz zwischen Kapital und Arbeit, es gibt auch gewisse, nicht zu unterschätzende Gegensätze zwischen Mann und Frau.

Die lieben Kollegen

Gewerkschaftliche Frauenarbeit ist für unsere Kollegen manchmal ein heikles, oft schwieriges Kapitel, vielleicht sogar ein philosophisches. Was sind wir für die Männer: Kolleginnen, Mitstreiterinnen, Konkurrentinnen, Spalterinnen? Wo haben Frauen und Männer Gemeinsamkeiten, wo Trennendes?

Männer betrachten die Gleichberechtigung sicher anders als Frauen. Ihnen ist die Frau recht als Hausfrau und Mutter, als diejenige, die ihnen den Rücken für die Karriere stärkt, vielleicht noch als Hinzuverdienerin. Aber mitmischen, mitgestalten, mitbestimmen...? Da hört's oftmals auf. So wundert es auch nicht, daß in unserer männerdominierten Organisation die gewerkschaftliche Frauenarbeit nicht immer den notwendigen Stellenwert hat und allzu oft als Pflichtübung abgetan oder belächelt wird.

Hier kann ich mit zwei Beispielen aufwarten. Erstens: Anläßlich der DGB-Kreisdelegiertenkonferenz 1993 war unsere Kulturgruppe wieder einmal aktiv und präsentierte anstelle eines Referats einige Frauenlieder, die sich u.a. kritisch mit dem Thema »Frauen in der Gewerkschaft« auseinandersetzten, nach dem Motto: »... Zum Mitschaffen prächtig, aber sonst nicht zu mächtig...« oder »... Als Mitglieder immer, bei Mandaten wird's schlimmer...«

Der Beifall war groß. Aber, völlig im Gegensatz dazu, wurde anschließend ein von uns gestellter Antrag mehrheitlich abgelehnt, der für die gewerkschaftliche Frauenarbeit positiv und wichtig gewesen wäre, der vieles von dem beinhaltete, was eben beklatscht wurde. Diese Entscheidung der vorwiegend männlichen Delegierten war für uns eine bittere Enttäuschung, doch wir mußten mit ihr leben. Ob wir unsere Kollegen wohl irgend wann mal als Verbündete haben werden, so wie wir bisher immer in Solidarität mit den Kollegen verbunden waren und sind, wenn es sich um gewerkschaftliche Aktionen wie Mitgliederwerbung, Teilnahme an Versammlungen oder Streiks, Flugblätterverteilung... handelt?

Beispiel Nummer zwei: Im Jahre 1992 startete der DGB-Bundesvorstand die Frauen-Offensive »Frau geht vor«[121], eine Aktion, hinter der, wie betont wurde, die gesamte Organisation stünde... Gute Vorstellungen wurden formuliert, schöne, bunte Plakate gedruckt und das verkleinerte Motto zierte sogar die Briefköpfe des DGB. Als aber 1993 die Mai-Losung nach dieser Offensive benannt werden sollte, da ging Frau plötzlich nicht mehr vor. Das zunächst beschlossene Mai-Motto »Frau geht vor« wurde gekippt (»Frankfurter Rundschau« vom 22. November 1992). Das konnten wir im KFA nicht nachvollziehen. Wir versuchten daher, uns dagegen mit einem Brief an verschiedene gewerkschaftliche Stellen, auch an den DGB-Bundesvorstand, zu wehren. Neben den sachlichen Argumenten zeigten wir auch unseren Ärger recht deutlich:

»... Wir Kolleginnen sind stocksauer und empört über diese Entscheidung. Wir fühlen uns verschaukelt und nicht ernst genommen. Zur Mitarbeit und vielleicht noch als Vorzeige-Kolleginnen gut und recht, aber bitte nicht mehr... Das ist keine kollegiale Haltung. Da hilft auch das neue 1.-Mai-Motto nichts, das da heißt: ›Für Gleichberechtigung, Toleranz und Gerechtigkeit‹, das sich jeder einigermaßen demokratische Verein verpassen könnte. Etwas mehr hätten wir von unserer Organisation schon erwartet. Auch, wenn Frau nicht vorgeht. Noch nicht...«[122]

An der Mai-Feier 1993 im Konstanzer Landratsamt äußerte ich mich zu diesem Thema mit spitzer Zunge und im »Konstanzer Anzeiger« vom 6. Mai 1993 war hinterher zu lesen (»Das Beinah-Mai Motto«), daß ich »das geplatzte Mai-Motto ›Frau geht vor‹ ebenso genüßlich wie ironisch aufspießte...«

Im Zusammenhang mit Gewerkschaftsfrauen entsinne ich mich auch an einen Redebeitrag, den ich 1989 bei einer DGB-Kreisdelegiertenversammlung in Singen hielt:

»... Bei der Jugend heißt es: Wer die Jugend hat, hat das Leben. Richtig. Und wer die Frauen hat? Wer die Frauen hat, der hat

– die schlechter Bezahlten,
– die Teilzeit- und Flexi-Beschäftigten,
– die doppelt und dreifach Belasteten,
– die als Doppelverdienerinnen Diffamierten,
– kurz: die Benachteiligten...

... Wer die Frauen hat, hat aber auch noch mehr: Er hat Kolleginnen, Bundesgenossinnen, Mitstreiterinnen. Sicherlich muß man sie – wie die Männer auch – erst einmal gewinnen. Aber ich denke, wenn man sie gewähren läßt, ihnen Aufgaben zubilligt und stellt, sie fordert und fördert, dann sind sie engagiert dabei...

... Was wir Kolleginnen von Euch erwarten, ist eine positive Grundhaltung zur gewerkschaftlichen Frauenarbeit, von der ja letztlich auch Ihr profitiert, weil der Kampf um mehr Frauenrechte auch ein Kampf um mehr Menschenrechte ist und weil Ihr dabei auf die zweite Hälfte der Menschheit nicht verzichten solltet. Oder etwas anders ausgedrückt, nämlich mit der letzten Strophe eines Liedes, das Frauen und ihre Taten besingt:

›Kennt Ihr am End' nicht Eu're Frau'n,
Die nachts neben Euch liegen?
Da liegt die halbe Revolution
Und auch das halbe Siegen!‹«[123]

Eine kleine Episode, wie Männer uns Frauen manchmal sehen, sei noch angefügt. Bei der DGB-Kreisdelegiertenkonferenz 1989 wurde Gisela Reitzammer als Kreisvorsitzende bestätigt. Wir KFA-Frauen freuten uns, jede einzelne überreichte ihr eine Rose mit einer Ähre (»Brot und Ro-

„Beinah-Mai-Motto“

KONSTANZ (jo) Kennen Sie das „Ur-Mai-Mo?“ Das „Bei-Mai-Mo?“ Und das „Mai-Mo?“ Nein? Dann waren Sie nicht auf der 1. Mai-Feier des DGB Kreis Konstanz im Landratsamt, das wohl noch nie so intensiv „rot“ gewesen war: Die Fahne der „Industrie Gewerkschaft Metall“ flatterte in der Bodenseehalle und dicht an dicht drängten sich an dem Geländer rote Plakate mit der diesjährigen Mai-Losung: „Zeichen setzen! Für Gleichberechtigung, Toleranz und Gerechtigkeit.“

Genau hier trat nach der Begrüßung durch den DGB-Ortskatellvorsitzenden, Dr. Wolfgang Gruschel und vor dem Hauptredner Volker Cosfeld vom Landesverband der Industriegewerkschaft Bau-Steine-Erden, ein „Überraschungsgast“ aus dem DGB-Vorstand auf, Herr „Verus Irgendeiner“ – Vera Hemm, Vorsitzende des Konstanzer DGB-Kreisfrauenausschusses, die ebenso genüßlich wie ironisch das geplant-geplatzte Mai-Motto „Frau geht vor“ aufspießte. Und damit haben wir das „Ur-Mai-Mo“, das „Ursprungs-Mai-Motto“.

Es entstand auf einer Kampagne des DGB im vergangenen Herbst, mit der er sich für die Frauen einsetzte. Normalerweise bleibt dann auch so ein Motto, der DGB-Vorstand hatte es beschlossen, und wird zum „Mai-Motto.“ Die Kolleginnen halten sich schon gefreut, denn nun war aus dem Ur-Mai-Mo ein „Beinah-Mai-Motto“ geworden.

Aber zu früh gefreut: Der IG-Metall-Chef Franz Steinkühler hatte etwas dagegen – unter dem Motto wollte er nicht am 1. Mai sprechen. Und da ich im DGB-Vorstand lieber auf alle Frauen, denn auf den einen Franz verzichtet werden kann – „das müßt ihr Frauen doch einsehen“ –, wurde das „Mai-Mo“, das Mai-Motto, erkoren: Für Gleichberechtigung, Toleranz und Gerechtigkeit. Und, einmal ehrlich: gehen die Frauen da nicht auch vor, stehen sie nicht etwa an erster Stelle? Und über Gleichberechtigung wird schließlich geredet, geredet, geredet, ge. . . “ jo

Vera Hemm als DGB-Vorstandsmitglied in einer spritzigen Glosse

Das geplatzte Mai-Motto 1993 – Geht nun Frau vor oder nicht? (»Konstanzer Anzeiger« vom 6. Mai 1993)

sen«). Natürlich fiel die Gratulation herzlich aus mit einer kollegialen Umarmung. Da hörte ich gerade, wie ein Delegierter zu seinem Nachbarn sagte: »Wenn i des scho sieh, daß sich d'Fraue umarmet...« Von einem weiteren Kollegen vernahm ich andererseits einen beinahe neidvollen Kommentar zu unserer Gratulation: »Das ist es, was uns Männern abgeht, das fehlt uns einfach.« – Ob sie es wohl doch mal lernen?

Meine Abschiedskonferenz

Nachdem ich im Jahr 1992 einige Wochen krank war, wurde mir bewußt – meine Freundin Jonny hatte mich ebenfalls immer wieder darauf hingewiesen –, daß ich mich mit der gesamten ehrenamtlichen Arbeit auf Dauer überanstrengt hatte. Also galt es, kürzer zu treten. Ich legte einige Ämter nieder, sogar das von mir stets heiß geliebte Amt der KFA-Vorsitzenden. In Angelika Böhl bekamen wir eine gute Nachfolgerin. Ich selbst wurde ihre Stellvertreterin.

Vorher war allerdings noch ein »ordentlicher Abschluß« in Form einer DGB-Kreisfrauenkonferenz zu absolvieren. Sie fand am 15. Mai 1993 im

»Kollege Verus« am 1. Mai 1993.

Singener Gewerkschaftshaus statt. Als KFA-Vorsitzende war ich nicht nur für den üblichen Rechenschaftsbericht der letzten vier Jahre verantwortlich, sondern auch für das Referat, da wir zu diesem Termin keine hauptamtliche Kollegin gewinnen konnten. Aber diese Notlösung entpuppte sich als ganz gut. Mein Thema war: »Zwanzig Jahre sind nicht spurlos an mir (uns) vorübergegangen.« Ich konnte nochmals viele unserer KFA-Aktivitäten der letzten zwanzig Jahre Revue passieren lassen und anschließend die entscheidende Frage stellen: »Hat es sich gelohnt?«

Diese Konferenz lief natürlich nicht sang- und klanglos ab. In der Einladung hieß es: »Die DGB-Frauenkulturgruppe begleitet die gesamte Konferenz mit Texten und Liedern aus ihrem Programm«. So wurde dieses Treffen außergewöhnlich schön und wir beschlossen, davon eine Dokumentation zu erstellen.

Nun im Vorruhestand und stolze Besitzerin eines Computers übernahm ich diese Aufgabe. Es wurde ein fast sechzig Seiten langes Werk, das der Presse mit etwas Verspätung vorgelegt wurde. Die Berichterstattung im »Südkurier« (17. Mai 1995) erfolgte unter der Überschrift »Viel Kleinarbeit und langer Atem« und enthielt ein fettgedrucktes Zitat von mir: »So wie früher können die Männer nicht mehr mit uns umgehen.« Der »Konstanzer Anzeiger« (23. Mai 1995) schrieb in seinem Artikel »Nicht unbedingt rosig« von den Pluspunkten, die der KFA verbuchen konnte, zitierte aber auch Angelika Böhls Ausblick, daß kein Zurücklehnen möglich sei und die Wirtschaftslage pessimistisch mache. Dennoch wurde dieser Bericht mit einem sehr schönen Foto ergänzt, auf dem vier fröhlich dreinblickende Frauen zu sehen waren, die Optimismus ausstrahlten.

Nach den vielen Jahren meiner gewerkschaftlichen Frauenarbeit gehörten in diese Konferenz natürlich auch ein paar persönliche Worte:

»... Zwanzig Jahre, das ist ein Drittel meines Lebens, sind auch an mir nicht spurlos vorüber gegangen. Ich habe viel gelernt, interessante und wichtige Erfahrungen gemacht und mich weiterentwickelt. Meine Funktion als KFA-Vorsitzende habe ich nicht nur mit viel Engagement, sondern auch mit viel Freude ausgefüllt. Und ich habe mich dabei immer als ›prima inter pares‹, als erste unter Gleichen gefühlt und nie Alleingänge gemacht. Das war auch nicht nötig. Wir haben in all den Jahren prächtige Kolleginnen im KFA gehabt, die ebenfalls sehr engagiert waren. Bei ihnen möchte ich mich heute ganz offiziell und ganz herzlich bedanken für die kollegiale und freundschaftliche Zusammenarbeit. In diesen Dank möchte ich auch alle mit einbeziehen, die unseren KFA und damit auch mich in diesen zwanzig Jahren tatkräftig unterstützt haben. (...) Ich betone das deswegen besonders, weil eine so gute Zusammenarbeit nicht selbstverständlich ist. In ›meiner‹ Gewerkschaft, der IG Chemie-Papier-Keramik, habe ich sie leider nicht immer so positiv erlebt. Aber die Arbeit im Kreisfrauenausschuß des DGB, die ich heute zwar als Vorsitzende, aber nicht als Mitkollegin und Mitstreiterin beende, hat mir über die Enttäuschungen bei der IG Chemie hinweg geholfen und mich kräftig entschädigt.

Ich kann ohne Übertreibung sagen: Ohne den Kreisfrauenausschuß des DGB, ohne Euch und Eure Kollegialität, wäre mein Leben um einiges ärmer gewesen...«[124]

Die Früchte unserer Arbeit

In meinen bisherigen Ausführungen habe ich viel von unserem Engagement im KFA berichtet. Auch von manchen Erfolgen. Dabei konnten wir im Bündnis mit vielen anderen, nicht nur regional und auch nicht nur für Frauen, einige Dinge anschieben und zum Positiven verändern:

– Der Lebensstandard (für viele Frauen und Männer) ist gestiegen, wozu die Gewerkschaften entscheidend beigetragen haben.

Ernst und heiter im Präsidium der Kreisfrauenkonferenz 1993, rechts Gabi Straschewski, meine langjährige Stellvertreterin.

– Das Erlernen eines Berufes für Frauen und die Berufsausübung sind etwas »Normales« geworden, auch wenn für Frauen gelegentlich noch immer Relikte der drei Ks (Kinder, Küche, Kirche) umhergeistern.

– Frauenlöhne haben sich den Männerlöhnen genähert. Allerdings ist das Prinzip »Gleicher Lohn für gleiche Arbeit« immer noch nicht realisiert.

– Veränderungen im Ehe- und Familienrecht (1977) brachten den Frauen neue, gerechtere Lebensbedingungen, noch nicht optimal, aber immerhin.

– Frauen-Engagement wird inzwischen toleriert, manchmal gefördert (»es zieret ungemein«).

– Wir haben heute mehr als das damals geforderte Babyjahr, den Erziehungsurlaub; schön wäre es, wenn er mehr von Männern in Anspruch genommen würde.

– Das Thema Gewalt gegen Frauen wurde enttabuisiert. Frauenhäuser, so schlimm ihre Notwendig ist, sind in vielen Städten eingerichtet worden.

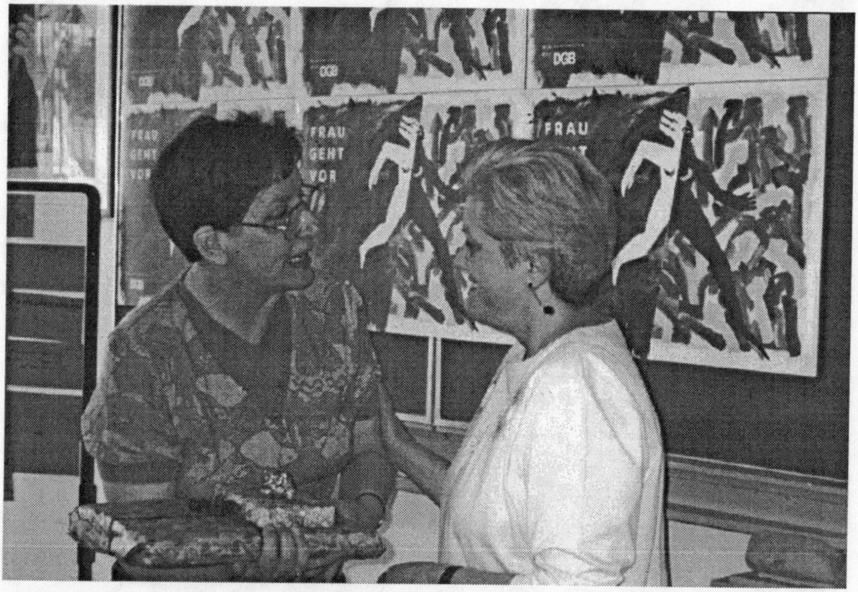

Dankesworte – Abschiedsgaben und nach wie vor Kollegialität; rechts die neue KFA-Vorsitzende Angelika Böhl.

– Die Anzahl der Kindergärten hat sich erhöht. Frauen sind nicht mehr »Rabenmütter«, wenn sie ihre Kinder in Kindergärten geben.

– Unterhaltsvorschußkassen, für die wir uns auch im DGB stark gemacht haben, konnten geschaffen werden.

– Wir haben mancherorts im öffentlichen Dienst Frauenförderpläne.

– Es besteht zum Glück (noch immer) keine Wehrpflicht für Frauen.

– Wir sind weiter gekommen in Sachen »familienfreundliche Arbeitszeiten«, Quotierung, Kultur, Sprache...

Wir können also, so sagte ich in jener Konferenz, als KFA stolz auf die vergangenen zwanzig Jahre zurückblicken, wohl wissend, daß uns vieles nicht oder nur unzulänglich gelungen ist oder zu schleppend vor sich ging. Aber letzten Endes hat sich unsere viele Kleinarbeit doch gelohnt.

Darf ich mich gemütlich zurücklehnen?

Oder viel schöner ausgedrückt, von Louis Fürnberg:

»... Jeder Traum, an den ich mich verschwendet,
Jeder Kampf, wo ich mich nicht geschont,
Jeder Sonnenstrahl, der mich geblendet –
Alles hat am Ende sich gelohnt...«

Schritte zurück

Natürlich spürten wir auch im Kreisfrauenausschuß die Auswirkungen der großen Politik: die steigende Arbeitslosigkeit, den Sozialabbau, das Zurückdrängen der Frauen aus dem Arbeitsprozeß, den Rückzug der Frauen ins Private als scheinbar sicheren (?) Hort... Die Rahmenbedingungen für unsere gewerkschaftliche Frauenarbeit verschlechterten sich. Frust entstand. Daher war unser KFA Ende der achtziger Jahre nicht mehr so stark und kämpferisch in den Jahren, als die Frauenbewegung auf ihren Höhepunkt war.

In meinem Rechenschaftsbericht für den KFA von 1989 formulierte ich das so:

»... Zwar haben wir vieles von dem, was wir wollten, nicht erreicht. (...) Manches hat sich sogar verschlechtert...

... Eines ist jedoch sicher: Es wird nichts ohne uns gehen, auch wenn unsere Beiträge klein oder kaum sichtbar sind. Im Weltgeschehen geht der KFA natürlich unter, in Konstanz rechnet man inzwischen mit uns, die Presse schreibt über uns eher als vor Jahren, unsere Argumente werden bekannter und wir hoffen, daß sie sich in den Köpfen der Menschen festsetzen und ihre Auswirkungen haben.

Zugegeben, das ist noch nicht viel. Aber wir sollten nicht glauben, daß wir Dinge, die in Jahrhunderten gewachsen sind, schnell ändern können. Dazu brauchen wir Geduld und Ausdauer, da braucht's Kleinarbeit – wie sie zum Beispiel vom KFA seit Jahren geleistet wird. Und es braucht Kolleginnen, die bereit sind, diese Kleinarbeit zu machen, überzeugend, kreativ und kontinuierlich...«[125]

Derzeit wird heiß diskutiert über die Zukunft des DGB, gelegentlich auch über die künftige gewerkschaftliche Frauenarbeit. Viele Fragen sind noch offen, und ich denke, wir DGB-Frauen werden uns nicht unterbuttern und nur zu einem Arbeitskreis ohne Stimmrecht degradieren lassen. Auch hier gilt für uns die Losung: »Wer sich nicht wehrt, lebt verkehrt!«

Nicht unbedingt rosig

20 Jahre Kreisfrauenausschuß

KONSTANZ (jo). Zwanzig Jahre Kreisfrauenausschuß (KFA) - eine lange und doch zugleich auch wieder eine kurze Zeit, in der sich viel getan hat. Unter dem Motto: „20 Jahre sind nicht spurlos an uns vorbeigegangen" hatten die KFA-Vorsitzende Angelika Böhl sowie DGB-Kreisvorsitzende Gisela Reitzammer-Maier anläßlich des Jubiläums zu einem Gespräch eingeladen.

Generell meinte Vera Hemm, langjährige Vorsitzende des KFA: „Wir haben einiges dazu beigetragen, daß sich für die Frauen etwas geändert hat - aber es hat uns auch persönlich sehr viel gebracht und haben uns weiterentwickelt". Vor allem auch hin in Richtung eines größeren feministischen Bewußtseins in der Erkenntnis, daß Frauen selbst für ihre Rechte kämpfen müssen, denn das tut niemand für sie.

Gemeinsame Streiter für die Sache der Frauen: Angelika Böhl, Vera Hemm, Gisela Reitzammer-Maier und Silvia Betz (von links). Foto: jo

Zu den Beispielen gewerkschaftlicher Frauenarbeit gehört der Einsatz dafür, daß in Konstanz die Stelle einer Frauenbeauftragten geschaffen wurde. Die Einrichtung von „pro familia", das „Babyjahr", die „Quotierung", die zunächst auch in der Gewerkschaft umstritten war, aber dann doch als notwendig anerkannt wurde. Ferner der Einsatz für Frauenförderpläne, familienfreundliche Arbeitszeiten, die Diskussion „Frauen in der Bundeswehr".

Was den DGB-Frauen immer besonders wichtig war, ist die Verbindung von „Kultur" und „politischer Aussage". So wurde Anfang der 80er Jahre die Frauenkulturgruppe „Menschen -zufällig weiblich" geschaffen, und wer diese Gruppe schon mal gesehen hat, weiß um ihre politische Bedeutung.

Auch die Wiederbelebung des Internationalen Frauentags seit 1979 entgegen großen Widerstand gehört zu den Pluspunkten dessen, was der KFA für die Frauen erreichen konnte. Daß aber kein Zurücklehnen möglich ist, daß die Zukunft für Frauen nicht unbedingt rosig aussieht - auch das kam in dem Ausblick von Angelikas Böhl zur Sprache: Die Wirtschaftslage mache pessimistisch, die vieles an Erreichtem wieder kaputtmachen könnte.

Ist das nicht eine schöne Sitzung? Aus dem »Konstanzer Anzeiger« vom 23. Mai 1995.

Blick über den Tellerrand

Der Landesfrauenausschuß des DGB in Baden-Württemberg

Neben den Kreisfrauenausschüssen gibt es für die Bundesländer zusätzlich Landesfrauenausschüsse (LFA). In diese werden von den einzelnen DGB-Gewerkschaften Kolleginnen delegiert. Außerdem entsenden auch einige DGB-Kreise zusätzliche Delegierte, die jeweils bei den Landesbezirksfrauenkonferenzen gewählt werden. Unser Sitz im LFA Baden-Württemberg kam 1974 bei der Konferenz in Bruchsal zustande. Aus drei DGB-Kreisen kandidierte je eine Kollegin, Konstanz erhielt 48, die anderen Kreise 36 und 24 Stimmen.[126] Möglicherweise spielte mein dortiger Redebeitrag eine Rolle für dieses gute Ergebnis. Als ich mich beim Kollegen Reisacher erstaunt über den Erfolg äußerte: »Warum gerade wir?«, erwiderte er nur: »Da fragst Du noch?« Das klang sehr anerkennend.

Nun war ich also Mitglied im Landesfrauenausschuß, an dessen Sitzungen ich nach Möglichkeit teilnahm, obwohl es nicht immer einfach war, vom Betrieb dafür frei zu bekommen. Schließlich forderte ja der Beruf sein Recht. Aber meist klappte die unbezahlte Freistellung, oder ich opferte auch schon mal einen Urlaubstag für eine solche Sitzung. Wenn ich jedoch nicht weg konnte oder krank war, vertrat eben eine andere Kollegin unseren DGB-Kreis.

Zum Landesfrauenausschuß wäre viel zu berichten, was jedoch hier den Rahmen sprengt. Wichtig ist jedoch festzuhalten, daß in diesem Gremium immer sehr richtungsweisend diskutiert und gearbeitet wurde, daß ich von den Sitzungen stets Anregungen für meine gewerkschaftliche Arbeit mit nach Hause brachte. Der Landesfrauenausschuß leistete auch im Vorfeld unserer DGB-Konferenzen Wichtiges: Wir formulierten viele Anträge und legten sie den Konferenzen zur Abstimmung vor. So erfolgte eine ausgezeichnete innergewerkschaftliche Meinungsbildung.

Daran hatten alle Kolleginnen in diesem Gremium ihren Anteil, besonders aber die jeweiligen Ausschußvorsitzenden, die hauptamtlichen Frauensekretärinnen. Neben Vera Kebel, die nur kurz beim DGB-Landesbezirk war, ist hier vor allem Dr. Marliese Dobberthien zu nennen. Sie hatte die Stelle der Frauensekretärin von 1976 bis Herbst 1988 inne. Dann wurde sie Staatsrätin für die Gleichstellung der Frau in der Staatskanzlei des Hamburger Senats, später Abgeordnete des Bundestags. Wir waren alle betrübt, als Marliese Stuttgart verließ, aber gleichzeitig sahen wir sie auch in ihrem neuen Wirkungskreis als unsere Verbündete an, die Frauenpolitik nun auf anderer Ebene gestalten konnte.

Mit Marliese Dobberthien hatte ich ein sehr gutes Verhältnis. Sie unterstützte mich immer bei meiner gewerkschaftlichen Tätigkeit. Sie empfahl mir sogar einmal, mich auf eine neu zu besetzende DGB-Nebenstelle in Baden-Württemberg zu bewerben und meinte, ich hätte Chancen. Ich überlegte es mir tatsächlich eine Weile. Erwin Reisacher riet mir zu. »Unser Land ist schön«, sagte er mir damals wörtlich, nachdem ich ihm meine Ängste vor dem Herumreisen angedeutet hatte. Oft muß ich an seine Worte denken, wenn ich mal im »Ländle« unterwegs bin. Daß ich mich damals trotzdem nicht um diese Funktion bemühte, lag an meiner leidvollen Erfahrung, daß einer Kommunistin – ich war inzwischen DKP-Mitglied geworden –, sollte sie denn überhaupt zum Zuge kommen, das Leben als hauptamtliche Gewerkschafterin nicht gerade leicht gemacht wird, um es einmal ganz sanft auszudrücken. Somit blieb ich weiter als Laborantin bei Byk und begnügte mich vor Ort mit meiner mir noch immer Freude spendenden ehrenamtlichen Gewerkschaftsarbeit.

Die Nachfolgerin von Marliese war Ruth Weckenmann, eine ebenso engagierte Kollegin und Mitstreiterin in Frauensachen, mit der ich ebenfalls sehr gut kooperieren konnte. Sie wurde 1995 stellvertretende DGB-Landesvorsitzende, was uns Frauen sehr freute, schied dann aber 1997 leider aus den Diensten des DGB aus. Ihre Nachfolgerin wurde Anne Jenter, aber mit ihr habe ich nur noch selten zu tun.

DGB-Konferenzen

Alle drei bzw. vier Jahre fanden bzw. finden satzungsgemäß die ordentlichen DGB-Konferenzen statt, und zwar auf Kreis-, Landes- und Bundesebene, auch für die sogenannten »Personengruppen« (Frauen, Jugend, Angestellte).

Während meiner Amtszeit als KFA-Vorsitzende wurden sechs ordentliche DGB-Kreisdelegiertenkonferenzen durchgeführt, ebensoviele Kreisfrauenkonferenzen (1974, 1977, 1981, 1985, 1989, 1993). Ich nahm an allen teil und hatte jeweils einen Rechenschaftsbericht über die Arbeit des KFA zu geben. Außerdem war in den jeweiligen schriftlichen Geschäftsberichten des bzw. der Kreisvorsitzenden ein Abschnitt unserer gewerkschaftliche Frauenarbeit vor Ort gewidmet.

Auch zu einigen DGB-Landeskonferenzen wurde ich delegiert, ebenso zu DGB-Landesfrauenkonferenzen, wobei ich hier zweimal im Präsidium saß. An der Frauenkonferenz 1989 in Göppingen war außerdem unsere Konstanzer DGB-Frauen-Kulturgruppe beteiligt[127], um die Kolleginnen »einzustimmen«. Es ist uns gut gelungen.

Ich denke, daß die jeweiligen Konferenzprotokolle noch greifbar sind, so daß ich mir weitere Betrachtungen sparen kann, außer in einem Fall, als das Protokoll unvollständig war, nämlich bei der 11. Landesbezirkskonferenz 1978 in Reutlingen. Ich war dort Gastdelegierte des DGB-Landesfrauenausschusses und ergriff zweimal das Wort, einmal zu einem Antrag, der sich mit dem DGB-Grundsatzprogramm beschäftigte und ganz knapp abgelehnt wurde[128], und ein zweites Mal zu einem Antrag mit dem brisanten Thema Berufsverbote. Ich entsinne mich an einige Wortmeldungen hierzu, auch an meine. Im Protokoll suchte ich allerdings vergebens danach und witterte »Methode«. Ich schrieb dem auf dieser Konferenz neu gewählten Landesbezirksvorsitzenden Lothar Zimmermann und bat ihn nachzuforschen, warum das Protokoll meinen zweiten Redebeitrag nicht enthielt.[129] Ich erfuhr dann über den hiesigen DGB-Kreisvorsitzenden, daß sich der Landesbezirksvorstand mehrfach mit dieser Angelegenheit befaßt habe und es sich dabei um einen Fehler handle. Zusätzlich erhielt ich weitere vierzehn Seiten mit maschinengeschriebenen Aufzeichnungen, die in dem Protokoll fehlten, darunter auch mein Diskussionsbeitrag. Ich schlug vor, diese Seiten an alle zu verschicken, die das Protokoll bereits bekommen hatten[130], aber das schien nicht so einfach zu sein. Schließlich erging die Bitte an mich, die Sache auf sich beruhen zu lassen, womit ich mich unter Berufung auf den Kreisvorsitzenden einverstanden erklärte:

»... Nachdem er mich auch überzeugen konnte, daß es sich bei der Geschichte um ein echtes Versehen handelt, will ich mich damit zufrieden geben. Schließlich möchte ich ja nicht, daß unsere Organisation wegen eines Formfehlers in Mißkredit kommt...«[131]

Aus den mir zugesandten maschinengeschriebenen Konferenzaufzeichnungen möchte ich meinen damaligen Diskussionsbeitrag zu den Anträgen 135-140 (Berufsverbot) anfügen, damit er wenigstens hier vollständig dokumentiert ist:

»Liebe Kolleginnen und Kollegen! Zwei Dinge hätte ich noch anzubringen. Das erste: Ich finde, der Antrag 135 ist eine Entschließung, das heißt, er ist eine Willenskundgebung dieser Konferenz. Der Antrag 137 ist ein Antrag und hat einen Adressaten, nämlich den DGB-Bundesvorstand. Deswegen meine ich, daß diese beiden Dinge nicht miteinander vermischt werden können, sondern zweierlei Dinge sind. (Beifall)

Zum zweiten finde ich, daß es eigentlich nicht darum geht, ob der eine oder andere Schwierigkeiten hat. Es geht auch längst nicht mehr um die Mitglieder der DKP, sondern es geht schon einige Zeit auch um Mitglieder der SPD oder engagierte Demokraten. Das muß hier doch einmal gesagt werden. (Beifall)

Es geht ganz einfach darum, ob die in unserem Grundgesetz verbrieften Rechte für alle Bürger gelten oder nicht. (Beifall)

Wie weit das bereits fortgeschritten ist, liebe Kolleginnen und Kollegen, zeigt die Tatsache, daß man manchem vom Berufsverbot Betroffenen schon gar nicht mehr abnimmt, daß er für die freiheitlich-demokratische Grundordnung eintritt. Das muß uns zu denken geben. Genau deshalb sollte der Antrag 137 angenommen werden.«[132]

Die Konferenz folgte jedoch nicht mir, sondern der Empfehlung der Antragskommission, den Antrag 135 zu beschließen und damit die fünf anderen Anträge als erledigt zu betrachten.

Neben den Konferenzen wurden vom DGB Baden-Württemberg auch einige »Fachtagungen« abgehalten. Hier ist die Clara-Zetkin-Konferenz von 1987[133] besonders hervorzuheben (»Ich will da kämpfen, wo das Leben ist«), ferner die weiteren Tagungen mit den Themen »Fortpflanzungs- und Gentechnologie, § 218 und das Selbstbestimmungsrecht der Frau«[134] sowie »Nachtarbeit«[135].

Schließlich seien die DGB-Bundesfrauenkonferenzen, an denen ich teilnahm, wenigstens noch erwähnt: 1977 in Saarbrücken, 1981 in Essen, die mir vor allem wegen der Diskussionen zum § 218 und zur Frage »Frauen in die Bundeswehr« noch immer im Gedächtnis sind. Bei einem DGB-Bundeskongreß war ich nie.

Keine stille Zuhörerin mehr im DGB-Ortskartell in Konstanz

Vom DGB-Ortskartell wurde bereits im Zusammenhang mit meiner Mutter berichtet. Ich selbst war in der sechziger Jahren zwar oft in den Ortskartell-Sitzungen, diskutierte aber selten mit. Das änderte sich nach dem Tod meiner Mutter. Ermutigt und gestärkt durch meine gewerkschaftliche Frauenarbeit traute ich mir nun mehr zu und sagte öfter meine Meinung.

Bald wurde ich stellvertretende Vorsitzende des Ortskartells, was mich nicht sehr forderte. Die meiste Arbeit erledigten der DGB-Kreisvorsitzende und der Ortskartellvorsitzende. Letzterer war übrigens noch immer Max Bölle wie zu Zeiten meiner Mutter, und zwar bis 1981. Dann stand das Problem der Nachfolge im Raum. Kann aus der stellvertretenden Vorsitzenden die erste werden? Mir wurde im nachhinein (ich war nicht in der betreffenden Sitzung) zugetragen, daß diese Frage aufgeworfen, aber ausdrücklich verneint wurde. Über die Gründe zu grübeln, ist überflüssig. So übernahm 1981 Joachim (genannt Max) Beckmann, das Amt des Vorsitzenden. Als dieser 1988 von Konstanz wegzog, war das Thema nach der Nachfolge wieder aktuell. Und zu meinem eigenen Erstaunen wurde ich nominiert und zur Ortskartellvorsitzenden gewählt. Mit 16 Stimmen von 17 Wahlberechtigten! Das war natürlich wieder etwas für die Presse, zumal ein weiteres DKP-Mitglied Schriftführer wurde. Der »Südkurier« vom 7. Mai 1988 schrieb von einer »roten Mehrheit«, fügte aber hinzu:

»... Es wäre übertrieben, von einem Linksruck in der Konstanzer Gewerkschaftszene zu sprechen. Die Neuformierung der Ortskartellspitze ist aber ein Hinweis darauf, daß die gewerkschaftliche Mitte in Konstanz an Einfluß weiter verliert...«

Dieser Artikel veranlaßte meine Byk-Kollegin Johanna Seifert, der ich im Betrieb nur hin und wieder begegnet war, zu folgendem Leserbrief im »Südkurier« vom 11. Mai 1988:

»War der Schreiber dieses Artikels nicht ein klein wenig voreingenommen? Weil Vera Hemm erstens eine Frau ist, und zweitens noch der DKP angehört? Schließlich sind im DGB alle Parteien vertreten, und ich finde, man soll dem DGB-Ortskartell zu einer solchen Vorsitzenden gratulieren. Wer Frau Hemm kennt, weiß, daß sie ihre Parteiangehörigkeit nicht mit ihrer Arbeit als DGB-Ortskartellvorsitzende vermischt. Jedoch ihre Person, ihre Kenntnisse, ihre Tätigkeit, vor allem ihre Natürlichkeit werden dafür bürgen, daß die gewerkschaftliche Mitte in Konstanz an Einfluß gewinnt und nicht, wie der Artikelschreiber meint, weiter verliert. ›Die Menschenrechte haben kein Geschlecht‹, diese Worte von Hedwig Dohm (Berlin 1873) haben auch heute noch Gültigkeit. Ich möchte noch etwas hinzufügen, und Vera Hemm wird mir zustimmen: Menschenrechte haben auch kein Parteibuch, Gott sei Dank!«

Unverzüglich bedankte ich mich bei der Autorin für diesen Leserbrief, über den ich mich sehr freute. Sie hat übrigens recht behalten: Wir arbeiteten im Ortskartell weiter wie üblich. Ich mußte nur etwas mehr Zeit investieren als bisher.

Die Zeit meines Vorsitzes im Ortskartell begann gleich mit einem »heißen« Thema, der Wohnungsnot in Konstanz. Wir klinkten uns ein bei der Hausbesetzung des damals leerstehenden renovierungsbedürftigen Gebäudes Münsterplatz 13. Allerdings nicht direkt, sondern durch Kontaktnahme mit den diversen beteiligten Gruppierungen.[136] Damit ernteten wir nicht überall Lorbeeren. Aber wir versuchten zu verhandeln und zu vermitteln. Letztendlich wurde das Konzept von der Hausbesitzerin jedoch abgelehnt. Inzwischen ist das Haus anderweitig saniert.

Im Januar 1989 stellten wir in einer Pressekonferenz die derzeitigen Aufgaben und Zielen des Ortskartells sowie unser Jahresprogramm vor, und da es ein Wahljahr (Gemeinderat) war, richteten wir einige unserer Themen an regionalen Gegebenheiten aus: arbeitnehmerorientierte regionale Strukturpolitik, Haushaltsplan der Stadt Konstanz, Naherholungsgebiet (Bäder, Kleingärten), Frauenförderung, Kinderbetreuung... Der »Südkurier« vom 12. Januar 1989 teilte dazu u.a. mit:

»... Der DGB wolle sich nicht auf die Seite einer bestimmten Partei schlagen, er werde jedoch konsequent die Interessen der Arbeitnehmer im (Vor-)Wahlkampf verfechten, versicherte gestern Vera Hemm, die Vorsitzende des Ortskartells Konstanz...«

Die weiteren Punkte, die wir im DGB-Ortskartell im Laufe der Jahre meines Vorsitzes aufgriffen, waren wiederum vielfältig; einige Stichworte seien mir erlaubt: Ausländer-Fragen (»Begegnungszentrum« vorgeschlagen), Kranken- und Pflegeversicherung, Arbeitssituation in der Region (Diskussion mit Vertretern des Arbeitsamts), damalige DDR-Entwicklung, Exil-Literatur (Konstanzer Literaturwoche 1990), »Sinnvoll arbeiten – Nützliches produzieren« (Wege aus der Rüstungsindustrie), Konstanzer Verkehrskonzept, Besichtigung des »Südkurier«...

Ein Thema sorgte wieder mal für Wirbel: die Mitarbeit des Ortskartells im Antifaschistischen Komitee in Konstanz. Nun, vom Prinzip und der Tradition her ist das Engagement von Gewerkschaften in antifaschistischen Bündnissen sicher eine wichtige und legitime Aufgabe. Zunächst waren die Gespräche auch fruchtbar, entwickelten sich aber mit der Zeit nicht ganz im Sinne des DGB und so kam es, daß »... das Konstanzer DGB-Ortskartell seine Mitarbeit im Antifaschistischen Komitee aufgekündigt hat...« (»Südkurier« vom 25. November 1988).

Das Ortskartell blieb nach wie vor ein interessantes, wichtiges Gremium. Ich muß jedoch gestehen, daß mich der »Bereich Ortskartell« nicht so fesselte wie die gewerkschaftliche Frauenarbeit. Außerdem wurde mir mit der Zeit der Vorsitz im Ortskartell zu viel, so daß ich 1992 nicht wieder kandidierte. Aber immerhin hatte ich dieses Amt vier Jahre inne – und die Befürchtungen und die Sorge der Presse um das Wohl des Konstanzer Ortskartells waren völlig umsonst. Daß ich nun als Beisitzerin fungierte, schien kein Stein des Anstoßes mehr zu sein (»Südkurier« vom 10. April 1992).

Inzwischen ist es um das Konstanzer Ortskartell ruhiger geworden. Noch finden zwar Sitzungen statt, aber in Höchstform ist dieses Gremium keineswegs. Schade eigentlich. Ich vermisse die ehemals monatlichen Diskussionsrunden sehr. Sind die Mitglieder müde, alt, desinteressiert?

Zwei DGB-Kreisvorsitzende während meiner Amtszeit

Als ich mit meiner KFA-Arbeit anfing, war Erwin Reisacher DGB-Kreisvorsitzender. Ich kannte ihn bereits durch meine Mutter. Er schätzte sie als aktive Gewerkschafterin und ich denke, daß ich davon auch etwas profitiert habe. Ich bekam jedenfalls einen guten Draht zu ihm. Er unterstützte unsere Arbeit kräftig, ließ uns viel Spielraum. Das forderte und förderte uns. Wir besprachen miteinander regelmäßig die anstehenden Themen und Aktionen. Wenn etwas von mir zu formulieren war, hatte er nur wenig daran auszusetzen. Ich höre noch heute, wie er oft dazu sagte: »Ausgezeichnet!« Wenn ich aber mal enttäuscht war, wenn mir alles zu langsam oder gar rückwärts lief, dann hatte er auch einen Trost parat, der mir ebenfalls noch in den Ohren klingt: »Weißt Du, es kann nicht immer nur bergauf gehen. Es gibt auch Rückschläge. Es ist ein ständiges Auf und Ab.« Das merkte ich mir sehr gut und es hilft mir bisweilen noch heute.

Daß Erwin Reisacher bei unserem »Kampf um den Internationalen Frauentag« mitzog und uns bei unserer sich immer stärker ausbreitenden Kulturarbeit (auch finanziell) unter die Arme griff, war sicher nicht selbstverständlich. Wir rechneten ihm dies hoch an. Erwin wußte aber andererseits, was er an »seinen DGB-Frauen« hatte. Er konnte sich auf uns verlassen, bis auf das eine Mal, als wir bei einer Veranstaltung für die Kinderbetreuung sorgen sollten und uns verweigerten. Doch wir haben manchen 1. Mai mitgestaltet und so der DGB-Veranstaltung nicht nur mehr BesucherInnen zugeführt, sondern sie mit unseren Darbietungen auch bereichert.

Bei Erwins Abschied, den er im Oktober 1987 im Arbeitsamt feierte, waren wir DGB-Frauen ebenfalls mit von der Partie, wir sangen ihm kämpferische (und auch andere) Lieder. Ich hatte sogar eigens zu seinem Abschied ein Märchen kreiert:

»Von einem, der auszog, das Kämpfen zu lernen –

Ein Märchen aus dem Jahre 2050

Es war einmal ein herrlicher Frühlingstag, genauer gesagt der 1. Mai 1975. Die Sonne lachte auf all die vielen Menschen herunter, die sich in Konstanz auf dem Obermark versammelt hatten zu löblichem Tun. Reden wurden gehalten, Gedichte wurden rezitiert und gesungen wurde auch, z.B. das schöne Lied ›Brüder, zur Sonne, zur Freiheit‹, so daß einem ganz warm ums Herz wurde. Dabei sangen auch die Frauen kräftig mit, wohl wissend, daß es mit den Brüdern mitunter so eine Sache war.

Einer, der bei dieser Veranstaltung sozusagen den Ton angab und besonders schön sang, war Erwin. Er war ein gescheiter Mann mit viel Erfahrung, einem ausgeprägten Gerechtigkeitssinn, war stets gradlinig und wich nicht wie Rotkäppchen vom rechten Weg ab...

... Erwin hatte es oftmals nicht leicht in seinem Amt. Denn er mußte – um es einmal bildlich zu sagen – bis zu 17 einzelne Blumen zu einem Strauß zusammenfügen, der nicht nur schön aussehen, sondern auch Harmonie und Geschlossenheit ausstrahlen sollte. Dabei waren einige Blumen ziemlich schwerwiegend, weil sie aus Metall waren, andere waren wieder leichter aus Textil oder Chemie. Aber es gelang Erwin dennoch, aus dieser Vielfalt einen bunten Blumenstrauß zu machen, der durch das Band der Solidarität zusammengehalten wurde.

Erwin war stets engagiert und hatte auch sein Herz am rechten Fleck, nämlich links, und dort schlug es für die Arbeitnehmer und Arbeitnehmerinnen, daß es eine Lust war...«

Dann folgten einige Interna aus dem DGB und schließlich noch zwei Geschichten, die damals die Presse breit kommentierte. Als Märchen hörten sie sich aber lieblicher an:

»... Eines Tages entdeckte Erwin im Reiche der AOK etwas Schlimmes. Da lebte in Konstanz doch ein gewisser Doktor Sch. Der war wie viele Ärzte ein reicher Mann, hatte auch eine schöne, aber leider etwas zahngeschädigte Frau. Dieser Doktor begab sich heimlich in den AOK-Wald und brach sich frech vom sozialen Häuschen ein großes Stück Kuchen ab, in der Hoffnung, daß ihn niemand dabei sehe. Da hörte er plötzlich eine Stimme:

›Knusper, knusper, knäuschen –
Wer knuspert am AOK-Häuschen?
So geht das nicht!
Ich mach' 'nen Bericht!‹

Und Erwin tat's. Kaum hatte der Doktor das erfahren, wurde er sehr zornig, eilte zum Richter und klagte ihm sein Leid. Der machte kurzen Prozeß und statt des Doktors wurde Erwin vom Richter verdonnert. So seltsam war damals die Rechtsprechung.

Aber das war nicht das einzige Mal, daß Erwin vor den Kadi zitiert wurde. Schon früher wurde er einmal vorgeladen wegen eines Spaziergangs am 1. Mai 1975, jenem bereits erwähnten Frühlingstag. Unter dem Motto: ›Ich kenn' ein kleines Wegele am Bodensee‹ wanderte er mit einer fröhlichen Schar Leute am See entlang. Sie überquerten manche Steine, die den Weg versperrten, bis daß alle von bräunlichen, wasserspritzenden Unholden am Weitergehen gehindert wurden. Auch die grünen

Männlein tauchten plötzlich auf, und so fand der schöne Spaziergang ein jähes Ende...«

In den weiteren Zeilen irrte allerdings die Märchentante Vera, denn sie prophezeite ihm, daß der Seeuferweg dereinst den Namen »Erwin-Reisacher-Weg« tragen werde. Leider lehnte der Konstanzer Gemeinderat 1995 diesen Namen mit knapper Mehrheit ab, eine für mich mehr als unverständliche Entscheidung. Ich ärgerte mich sehr darüber. Aber noch ist nicht aller Tage Abend.

Nach Erwin Reisacher wurde 1986 Gisela Reitzammer DGB-Kreisvorsitzende. Fast etwas überraschend. Sie hatte es in ihrem neuen Amt nicht

Gespräch mit der DGB-Kreisvorsitzenden Gisela Reitzammer am Info-Tisch der DGB-Frauen während der Frauenwoche 1987.

leicht. Ihre Jugend – damals etwa dreißig Jahre – wurde ihr bisweilen vorgehalten, und vor allem schien eine Frau als Kreisvorsitzende für viele gewöhnungsbedürftig zu sein. Jedoch sie war überzeugend und aktiv, brachte neue Akzente ein. Natürlich lag ihr die gewerkschaftliche Frauenarbeit besonders, ebenso unsere Kulturarbeit, für die sie sich stets stark machte. Daß sie 1995 kündigte, bedauern wir DGB-Frauen nach wie vor, müssen jedoch ihre Entscheidung respektieren.

Ihr Nachfolger wurde Elwis Capece, ebenfalls jung und engagiert. Frauenfragen erledigte er natürlich nicht so von selbst wie seine Vorgängerin. Aber wenn der KFA ihn anforderte, war er präsent. Inzwischen ist aus dem DGB-Kreis Konstanz ein größerer Regionalverband geworden mit Gottfried Christmann als Regionalvorsitzenden und Sitz in Ravensburg. Wird sich der DGB aus Konstanz ganz verabschieden?

LeserInnen-Briefe

Ab und zu reagierte ich auf »Südkurier«-Artikel mit einem LeserInnenbrief. Manchmal als Privatperson, manchmal im Namen des KFA. Die meisten wurden (fast) wörtlich veröffentlicht. Nur einmal hatte ich Pech, im Zusammenhang mit dem »Dienstschwein Luise«, das, wie ich im »Südkurier« las, sich aufs Schnüffeln nach Drogen verstand und in den Niedersächsischen Staatsdienst übernommen wurde (»Südkurier« vom 27. Juni 1985). Das reizte meine Dichtkunst und so schrieb ich mit spitzer Feder:

»Wildsau Luise, dieses Tier –
Berichtete der Südkurier –
Wird verbeamtet bald auf Zeit,
Was sicher viele Leute freut.
Doch bleibt zu hoffen stets dabei,
Daß sie, die Sau, verfassungstreu
Und ihre Farbe – rosarot
Nicht Grund wird für Berufsverbot.«[137]

Mir gefielen die Verse, dem »Südkurier« wohl weniger. Ich erhielt einen freundlichen Brief[138], man bedankte sich artig für das »reizende Gedicht« und teilte mir mit, daß in der Leserbriefrubrik grundsätzlich keine Reime abgedruckt würden. Nun, ich nahm's gelassen und dachte mir meinen Teil. Aber inzwischen entdeckte ich doch einen gereimten Leserbrief (4. Januar 2000), allerdings mit einem unpolitischen Thema. Ich hatte damals schon richtig kombiniert.

Kultur als Teil der Gewerkschaftsarbeit

Ernste Dinge – heiter serviert

Ich hatte lange schon großes Interesse für das Theater. Aber ich ließ mich nicht nur »berieseln«, sondern bewegte mich auch gerne selbst auf einer wie auch immer gearteten Bühne, singend, tanzend, vortragend. Das zeigte schon in meiner Kindheit, als ich mit meinen Freundinnen gern »Theaterles« spielte, sicher auch angeregt durch die Kindervorstellungen des Konstanzer Stadttheaters, die ich besuchen durfte. Später änderten sich lediglich die Themen.

Die Möglichkeit des Theaterspielens bot sich uns DGB-Frauen erstmals an jenem Internationalen Frauentag 1980 an, von dem bereits berichtet wurde. Heute kann ich stolz behaupten: Das war die Geburtsstunde unserer DGB-Frauen-Kulturgruppe. Dabei hatten wir einen hohen Anspruch: Wir wollten nicht nur fröhliches Kabarett präsentieren, nicht nur schmükkendes Beiwerk für Konferenzen sein, nein. Wir fragten auch nach dem Stellenwert der gewerkschaftliche Kulturarbeit. Der wird zwar noch heute verbal hoch angesetzt, aber wenn es an die Finanzierung von Kulturarbeit geht, sieht die Sache oftmals wieder etwas anders aus.

Die DGB-Frauen-Kulturgruppe »Menschen – zufällig weiblich«

Im Gegensatz zu heute waren wir 1980 noch namenlos. Auch unsere Zusammensetzung war eine völlig andere, von unseren Vortragskünsten ganz zu schweigen. Wir sangen und agierten mehr schlecht als recht, brachten unsere Gedanken aufs Papier und Parkett und freuten uns, wenn wir verstanden und beklatscht wurden. Dabei spielten wir oftmals noch gar nicht richtig, wir lasen vieles ab... Das besserte sich erst ab 1984, als wir professionelle Hilfe bekamen. Über das Stadttheater Konstanz konnten wir die Schauspielerin Maria Falkenhagen für unsere Kulturgruppe gewinnen. Mit ihr übten wir einige Jahre unsere jeweiligen Programme zum Internationalen Frauentag. Wir lernten viel bei ihr, es war ein intensives, aber ebenso schönes Arbeiten und unsere Aufführungen wurden immer besser. Ich glaube, daß jede einzelne von uns auch für sich persönlich davon profitierte. Zumindest kann ich für mich behaupten: Mein gesamtes Auftreten wurde selbstsicherer.

Anfangs herrschte in unserer Gruppe große Euphorie, bald trat eine gewisse Ernüchterung ein: Manchen Frauen war es zu stressig und zu zeitaufwendig, einmal pro Woche von Herbst bis Frühjahr an den Proben teilzunehmen. Andere zogen aus Konstanz weg, doch einige sind auch heute, zwanzig Jahre nach der Gründung noch dabei. Ich gehöre auch zu ihnen, denke aber immer mehr ans Aufhören.

Seit einigen Jahren proben wir für unsere Programme zum Internationalen Frauentag mit der Regisseurin Marie-Luise Hinterberger ebenfalls sehr intensiv. Die Lust am Spielen verstärkte sich in der Gruppe. Auswendig zu singen und zu agieren ist für uns selbstverständlich geworden. Spontanität kommt immer mehr auf. Inzwischen haben unsere Programme auch Titel, zum Beispiel 1995: »Ein Fernsehabend bei pro femina«, 1997: »Du bist blaß, Germania«, zum 150jährigen Revolutionsjahr 1998: »Ran an die fetten Töpfe«, 1999: »Von Frauen, Hänschens und anderem Gedöns«...

Ab und zu wurden wir neben unseren bereits traditionellen Auftritten an den Veranstaltungen zum Frauentag in Konstanz und Umgebung zusätzlich engagiert, bei Streiks oder Kundgebungen, am 1. Mai, am Antikriegstag (1. September), bei Konferenzen. Das bedeutete natürlich: Neue Treffs organisieren, passende Programme zusammenstellen, weitere Proben...

Unser DGB-Frauen-Kulturgruppe »Menschen – zufällig weiblich« am 1. Mai 1998, beim dem wir unser Programm »Ran an die fetten Töpfe« aufführten. Vordere Reihe: (v.l.n.r.) Ingrid Hucke, Angelika Böhl, Susanne Lüpke, Anke Kernchen, Gertrud Seeberger. Hintere Reihe: (v.l.n.r.) Gudrun Voss, Gisela Lehmann, Carola Fahrner, Gertraud Hauswald und ich. Es fehlen: Gabi Wunderlich und Gabi Straschewski.

In den achtziger Jahren, als wir schon ziemlich bekannt waren, gaben wir uns endlich einen Namen. Das war eine schwere Geburt. Pate stand dabei ein Gedicht von Iris Wewer, das wir alle sehr gern mochten und auch die Situation von Frauen trefflich beschrieb:

»Frauen –
Wir sind die ›bessere Hälfte‹,
Genannt auch das schwache Geschlecht.
Leichtlohngruppe,
Hausfrau und Puppe,
Mutter, Kumpel, Prostituierte,
Sekretärin, Putzfrau, allzeit bereit.
Reservearmee:
Menschen – zufällig weiblich.
Zerstört den Zufall.
Setzt Plus statt Minus.
Fröhlich und unduldsam,
Unerbittlich und hartnäckig,
Holt euch die andere Hälfte.
Lernt die gemeinsame Sprache -
Wer will euch entmutigen?
Leichtlohngruppe,
Hausfrau und Puppe,
Reservearmee:
Kämpft geduldig
Und sorgt, daß die Tauben fliegen.«

So nannten wir uns fortan »DGB-Frauen-Kulturgruppe Menschen – zufällig weiblich« und behielten diesen Namen bis heute. Seit unserem 20jährigen Jubiläum im Jahr 2000, das wir mit einem offiziellen Sekt-Empfang feierten, können wir sogar mit einem sehr schönen Lied über unsere Gruppe aufwarten, getextet von Ingrid Hucke nach der Melodie: »O, Donna Clara...«:

»Zufällig weiblich, das DGB-Kabarett,
Seit zwanzig Jahren machen wir Programm.
Beute gab's reichlich, von Politik bis zum Bett,
Und Loreley kämmt sich mit gold'nem Kamm.
Bei jedem Schritte und Tritte
Suchen wir uns're eigene Mitte,
Woll'n uns auch gehören und nicht nur die Männer betör'n.
Zufällig weiblich, das heißt nicht nur Schmerz und Kuß,
Sondern auch kämpfen, schreien mit Genuß!

Trotz Klimakterium sind wir noch immer dabei
Mit scharfem Blick auf Männerpolitik.
Keine Hormone für Liebestandaradei!
Dann eher mit Genuß ein bißchen dick.
Zwar etwas älter, doch nicht kälter,
Und besser Champagner als Selter,
So wollen wir weiter für Frauen und Kinder uns wehr'n.
Zufällig weiblich, daß heißt nicht nur Schmerz und Kuß,
Sondern auch kämpfen, schreien mit Genuß!«

Meine eigene Kreativität wächst

Auch auf die Gefahr hin, daß es nach Eigenlob aussieht, darf ich sagen, daß ich im Lauf der Jahre viel für die Kulturgruppe getan habe, viel Organisatorisches, aber vor allem viel Kreatives. Eine ganze Reihe von Texten entstammen meiner Feder, manche sind mir gut, manche sehr gut gelungen. Natürlich waren auch Flops dabei. Ein großer Teil von dem, was wir anfangs in unseren Programmen hatten, blieb – leider – jahrelang aktuell, wie folgende Beispiele zeigen.

Vera – alias »Frau Hecker« (1. Mai 1998)

Wir unterstützen den Warnstreik vor einem Einkaufszentrum in Singen: (v.l.n.r.) Sonja Hotz, Angelika Böhl, Beate Kriedemann, Gabi Wunderlich (mit Gitarre), Eva Grau, Gabi Straschewski und ich.

Bei einer Kundgebung zur 35-Stunden-Woche in Konstanz: (v.l.n.r.) Ingrid Hucke, Kornelia Mayer, Angelika Böhl, ich, Gertrud Seeberger, Gabi Straschewski.

Das »Frauenwunschbild hierzulande« aus den achtziger Jahren sangen wir sehr oft, und es kam auch immer gut an:

»Wie wollen die Männer uns ham?
Wir sollen stets nett sein,
Auch manchmal kokett sein!
So wollen die Männer uns ham.

Wie wollen die Bosse uns ham?
Auf unteren Posten,
Die sie nicht viel kosten!
So wollen die Bosse uns ham.

Wie woll'n die Parteien uns ham?
Als Mitglieder immer,
Bei Mandaten wird's schlimmer!
So woll'n die Parteien uns ham.

Wie will denn die Kirche uns ham?
Stets dienen, sich begnügen,
Viele Kinderchen kriegen!
So will die Kirche uns ham.

Wie wollen die Medien uns ham?
Als Püppchen mit Busen
Unter durchsicht'gen Blusen!
So wollen die Medien uns ham.

Wie will denn der Kanzler uns ham?
Als Hausfrau und Mutter,
Dann ist alles in Butter!
So will der Kanzler uns ham.

Wie will uns der Norbert Blüm ham?
Im Beruf 'ne Verweilzeit
Nur noch über Teilzeit!
So will uns der Norbert Blüm ham.

Wie will die Frau Süßmuth uns ham?
Wir sollen uns wehren -
Doch in Maßen und Ehren!
So will die Frau Süßmut uns ham.

Tja – wie will denn die Gewerkschaft uns ham?
Zum Mitschaffen prächtig,
Aber sonst nicht zu mächtig!
So woll'n die Kollegen uns ham.

Und wie woll'n wir selber uns ham?
Nicht diskriminiert sein,
Sondern emanzipiert sein!
So wollen wir selber uns ham! – Jawohl!«

Wir wären keine Gewerkschafterinnen, wenn wir nicht die Arbeitswelt kritisch beleuchten würden. Manche Leute meinen zwar, unsere Lieder seien Klassenkampf pur. Das ist sicher übertrieben, aber als abhängig (weibliche) Beschäftigte wissen wir ja wohl, auf welcher Seite wir stehen.

Aus einer Vielzahl meiner Texte seien nur einige herausgegriffen, beispielsweise zum Thema »Freies Wochenende«, nach der Melodie: »Schön ist es auf der Welt zu sein...«

EINLADUNG

zu einer öffentlichen Veranstaltung
anläßlich des Antikriegstages

1. September 1982 um 20.00 Uhr
im Oberen Saal des Domhotels St. Johann,
Konstanz, Brückengasse

mit Industriepfarrer Dr. Ullrich Lochmann, Karlsruhe

Gerechter Krieg? Nein!
Gerechter Kampf? Ja!

Mitwirkende:
DGB-Frauengruppe Konstanz
Liedermacher Reinhard Valenta

DGB – Kreis Konstanz

Auch beim Antikriegstag waren wir aktiv, wenn auch 1982 noch namenlos.

»Worauf freu'n sich alle Leut'?
Auf das Wochenende.
Denn da ist es mit Maloche aus.
Und ist die Arbeitszeit am Freitag dann zu Ende,
Gehen alle frohgelaunt nach Haus.
Sie stellen sich auf Freizeit und privates Leben ein
Und wollen für zwei Tage von Zwängen sich befrei'n.
Sie genießen die wohlverdiente Pause,
Und sie schlafen erst mal aus.

Refrain 1:

Schön ist das freie Wochenend',
So, wie man es seit Jahren kennt:
Du liest Bücher, Du treibst Sport,
Du fährst mit Deiner Freundin fort,
Du nimmst Dir die Gitarre vor,
Du gehst vielleicht zum Herrn Pastor.
Und ein jeder Mensch erkennt:
Schön ist das freie Wochenend'.

Doch die Unternehmer woll'n, daß am Wochenende
Ihre Maschinen nicht stille steh'n.
Damit die Profite roll'n, täglich und horrende,
Soll'n wir am Samstag wieder schaffen geh'n.
Doch wie bereits vor Jahren sind wir nicht dafür.
Denn da gehört der Vati und auch die Mutti mir!
Das freie Wochenend' muß bleiben,
Dafür gibt es nur ein JA!

Refrain 2:

Denn für das freie Wochenend'
Haben wir noch manches Argument:
Du gehst tanzen, Du spielst Skat,
Aber alleine ist das viel zu fad.
Und machst Du gerne in Kultur,
Geht das mit anderen gemeinsam nur.
Und ein jeder Mensch erkennt:
Schön ist das freie Wochenend'.

Refrain 2 (zum Abschluß):

Ja, unser freies Wochenend'
Muß so bleiben, wie man es kennt:
Wochentags woll'n wir was tun,

Aber Samstag-Sonntag von der Arbeit ruh'n.
Und da das and're auch so seh'n,
Werden mit ihnen wir zusammen geh'n.
Und wir kämpfen konsequent
Für unser freies Wochenend'.«

Das Studentenlied »Gaudeamus igitur« gab mir den Anstoß zu einem Text bezüglich der gesellschaftspolitischen Situation in den achtziger Jahren. In unserer Gruppe sangen wir es, elegant als Unternehmer verkleidet, in schwarzen Anzügen, mit schwarzen Hüten (Melonen) und einem Glas Sekt in der Hand:

»Gaudeamus igitur
Laßt uns jubilieren.
Denn in diesem unserm Land
Läßt sich's gut regieren.
Der Gesetze schwere Last
Ändern wir grad' wie's uns paßt,
Denn wir dominieren, denn wir dominieren.

Gaudeamus igitur
Laßt uns jubilieren.
Ja die Arbeitszeitordnung
Woll'n wir revidieren.
Ihr müßt schaffen um die Uhr,
Schutzgesetze keine Spur,
Denn wir dominieren, denn wir dominieren.

Gaudeamus igitur
Laßt uns jubilieren.
Bahn und Post und Dienstleistung
Woll'n wir privatisieren.
Die Verluste, die kriegt ihr,
Die Gewinne nehmen wir,
Denn wir dominieren, denn wir dominieren.

Gaudeamus igitur
Laßt uns jubilieren.
Das Gesundheitswesen gar,
Werden wir sanieren.
Noch mehr Selbstbeteiligung

Bringt uns wieder mehr in Schwung,
Denn wir dominieren, denn wir dominieren.

Das ist Wendepolitik
Vom Scheitel bis zur Sohle.
Haben Kleine auch kein Glück,
Machen wir doch Kohle.
Das ist unsre Strategie,
Ungehemmt so wie noch nie,
Sehr zu uns'rem Wohle, sehr zu uns'rem Wohle!«

Die damalige CDU-Regierung und Bundeskanzler Kohl waren immer wieder Gegenstand unserer Satire: Aus »Es geht ein Bi-Ba-Butzemann« wurde »Es geht ein Ki-Ka-Kohlemann« und aus dem »Dr. Eisenbart« ein »Dr. Birnenkohl«, wobei wir bei diesem Song große Birnen als Masken und schwarze Anzüge trugen. Es sah sehr witzig aus und hörte sich auch gut an – vielleicht nicht für den Kanzler!

In den achtziger Jahren war eine heftige Auseinandersetzung um den § 116 des Arbeitsförderungsgesetzes (AFG) entbrannt, den die Gewerkschaften erhalten wollten, weil durch diese Bestimmung die abhängig Beschäftigten bei Aussperrungen durch die Unternehmer Anspruch auf Sozialhilfe hatten. Trotz vieler gewerkschaftlicher Aktionen änderte die CDU-Regierung den § 116 AFG. In dieser Kampfsituation mußte einfach ein Song her. Ich fand einen Text zur »Julischka aus Budapest« aus der Operette »Maske in Blau«:

»Die Aussperrung, die Aussperrung, ob kalt oder heiß
Gefällt den Unternehmern gut, wie jede von Euch weiß.
Wenn hundert Leute streiken,
Sperren sie gleich tausend aus.
Das nennen sie dann Parität – und sind doch Herr im Haus.

Refrain:

Ja, ja, so ist es, so geh'n sie mit uns um
Für ihren Maximalprofit und ihr Imperium.

Sie sagen, daß der Staat neutral im Arbeitskampf soll sein,
Dabei mischt die Regierung sich doch oft gewaltig ein.
Für diese Allianz
aus Kabinett und Kapital
Ist Streiken nur in Polen gut, doch hierzuland fatal.

Refrain:...

Nun haben sie das AFG geändert wie geplant,
Und das ist für uns Arbeitnehmer schlimm in diesem Land.
Das Streikrecht, das ist ausgehöhlt,
Die Aussperrung sie bleibt,
Weil die Regierung Politik für Große nur betreibt.

Refrain:...

Die Aussperrung, die Aussperrung, so wie sie jeder kennt,
Die ist nur für die Herrschenden ein Willkürinstrument.
Weil sie uns Arbeitnehmer
In der Existenz bedroht,
Drum fordern wir seit langem schon ein Aussperrungsverbot.

Refrain (zum Abschluß):

Ja, ja, so ist es, wir halten nicht mehr still!
Die Aussperrung, die Aussperrung gehört längst auf den Müll!«

Kritisch gingen wir auch mit dem Thema Frauenarbeitslosigkeit und dem Beschäftigungsförderungsgesetz um, wozu ich dem Lied von den »Zehn kleinen Negerlein« einen neuen Text verpaßte, mit dem sich die Kulturgruppe dann präsentierte: Elf Frauen standen in der Reihe, auf dem Rücken, für das Publikum unsichtbar, Pappschilder mit diversen Aufschriften. Zunächst sangen alle elf, dann immer eine weniger, wobei diese sich umdrehte und das passende Schild sichtbar wurde. Eine blieb schließlich übrig...

»Zehn arbeitslose Frau'n, die wollten tätig sein.
Die eine kriegt 'nen Zeitvertrag – da waren's nur noch neun.
Schild: Kein Kündigungsschutz
Neun arbeitslose Frau'n, ham es nicht weit gebracht.
Die eine schafft 10 Wochenstund' – da waren's nur noch acht.
Schild: Nicht sozialversichert
Acht arbeitslose Frau'n ham Bewerbungen geschrieben.
Die eine macht nun Job-sharing – da waren's nur noch sieben.
Schild: Bereitschaftsdienst
Sieben arbeitslose Frau'n war'n suchend unterwegs.
Die eine kriegte ABM – da waren's nur noch sechs.
Schild: Ein Jahr später arbeitslos
Sechs arbeitslose Frau'n, die hatten keine Trümpf'.
Die eine machte Leiharbeit – da waren's nur noch fünf.
Schild: Unter Tarif
Fünf arbeitslose Frau'n, die war'n verzweifelt schier.
Die eine ging als Aushilfskraft – da waren's nur noch vier.
Schild: Rechtlos

Vier arbeitslose Frau'n ham die Ausbildung vorbei.
Die eine kriegt 'nen Teilzeit-Job – da waren's nur noch drei.
Schild: Halbes Geld
Drei arbeitslose Frau'n, die waren gar nicht froh.
Die eine machte Kapovaz – da waren's nur noch zwo.
Schild: Allzeit bereit
Zwei arbeitslose Frau'n, die setzten sich sehr ein.
Die eine kriegt ein Ehrenamt – die and're blieb allein.
Schild: Vergelt's Gott
Eine arbeitslose Frau, die hat nun alles dick.
Die nahm sich einen reichen Mann –
Und hatte vielleicht Glück.
Schild: Finanziell abhängig

Eine elfte:
So sind zehn Frauen vom Arbeitsmarkte weg
Und das Beschäftigungsförderungsgesetz
Erfüllt – scheinbar – seinen Zweck

Alle:
Doch wenn Frau alles unter eine Lupe nimmt,
Ist dies Gesetz für uns ein Flop –
Nur die Statistik stimmt!«

Auf eine meiner Kreationen bin ich besonders stolz, denn sie erschien, obwohl nicht dafür geplant, in einem Buch von Udo Achten: »Wenn ihr nur einige seid – Texte, Bilder und Lieder zum 1. Mai«. Auf Seite 337 prangt »mein Text« aus den achtziger Jahren! Auch er noch immer aktuell. Oder gibt es eine andere Möglichkeit als die in diesem Lied vorgeschlagene?

»Wartet nicht auf bess're Zeiten,
Denn die gibt's nicht von allein.
Die müßt Ihr Euch selbst erstreiten,
Müßt gemeinsam aktiv sein.
Ihr müßt Euch organisieren
Und auf Eure Kraft vertrau'n,
Müßt Euch solidarisieren
Hier mit uns und and'ren Frau'n.

Refrain:
Kommt zu uns, dann sind wir viele,
Und wir werden immer mehr.

Das Erreichen uns'rer Ziele
Ist dann nur noch halb so schwer.

Laßt Euch länger nicht verschaukeln,
Denn die schöne, heile Welt,
Die die Herren vor Euch gaukeln,
Ist nicht das, was Euch gefällt.
Ihr dürft auch nicht resignieren,
Sind die Zeiten auch grad' schlecht.
Holt von denen, die regieren,
Entschlossen Euer gutes Recht!

Refrain:...«

Die Kollegin am Klavier

Längst hatte ich keine Klavierstunden mehr, übte recht wenig. Aber durch die Kulturgruppe wurde ich gefordert. So saß ich ab und zu wieder am Klavier und dachte dabei oft dankbar an meine Eltern, die mir das Klavierspielen überhaupt ermöglicht hatten – keine Selbstverständlichkeit damals.

Anfangs war ich die einzige Frau in der Gruppe, die ein Instrument spielte, später löste mich Eva Grau, ebenfalls Klavierspielerin, manchmal ab, zeitweise auch eine Gitarrenspielerin. Meist hieß es aber für mich, die Begleitung bei den Liedern zu übernehmen und eben nicht mitzusingen. Ich befand mich dadurch meist nicht auf, sondern irgendwo neben der Bühne, wobei ich mich manchmal als nicht dazugehörig fühlte. Das wurde auch nicht anders, als das Klavier durch ein Keyboard ersetzt wurde, das uns eine Kollegin zur Verfügung stellte.

Allerdings kam ich als Klavierspielerin in der »Welt der Arbeit« vom 11. September 1986, der bundesweiten Wochenzeitung des DGB, zu besonderen Ehren. Unter dem Titel: »Eine von uns« verfaßte Peter Wuhrer einen Artikel mit Foto über mich und meine kulturellen Aktivitäten in der Gewerkschaft (s. umseitiges Faksimile).

Bundesweiter Wettbewerb »35 mit Musik«

Im Jahr 1987 rief die IG Metall zu einem bundesweiten Wettbewerb auf, zur Lieder-Werkstatt »35 mit Musik«, Thema: Die 35-Stunden-Woche, damals eine ganz aktuelle Forderung der IGM und anderer (nicht aller) Gewerkschaften. Dazu hatten wir in der Kulturgruppe bereits etwas auf

Die Kollegin am Klavier

Frauenkultur in Konstanz

Von Peter Wuhrer

„Ja, das war ein Bombenerfolg", freut sich Vera Hemm noch heute, „viele Kolleginnen und Kollegen sind nur unseretwegen gekommen". 1. Mai 1986: Der Konzil-Saal in Konstanz füllt sich. Auf dem Programm steht: „Menschen — zufällig weiblich". Oben auf der Bühne: zwölf Frauen, die Songs und Sketche vortragen. Unten am Piano: Vera Hemm.

Vera Hemm, IG Chemie, Papier, Keramik

Eine von uns

Gewerkschafter in der WdA

Die 50jährige Chemielaborantin ist Mitinitiatorin und Motor der DGB-Frauenkulturgruppe. In der Region genießt diese einen guten Ruf: Bereits zum Internationalen Frauentag hatte sie 250 Menschen mit einem Zwei-Stunden-Programm begeistert. „Da macht Gewerkschaftsarbeit rundum Spaß, aber das ist nicht immer so", sagt Vera Hemm.

Als Frau hatte es die Konstanzerin nicht leicht, als „stadtbekannte Rote" schon gar nicht. Seit 1955 ist sie Mitglied der IG Chemie, Papier, Keramik, seit 1962 arbeitet sie in dem Pharmaunternehmen Byk Gulden, seit elf Jahren ist sie Betriebsrätin.

Was die Gewerkschaftsarbeit angeht, da hat Vera Hemm viel von ihrer Mutter gelernt. Johanna Hemm, nach dem Zweiten Weltkrieg Geschäftsführerin der Gewerkschaft Textil-Bekleidung im westlichen Bodenseeraum, war 1924 der KPD beigetreten. Von den Nazis wurde sie immer wieder verhaftet. „Ich habe am Karteikasten meiner Mutter 'Büroles' gespielt, durfte Gewerkschaftsausweise ausfüllen und habe meine Mutter oft begleitet", erinnert sich Vera Hemm. Damals mußte sie manchmal kilometerweit vom Bahnhof zu einem Textilbetrieb laufen.

Neben ihrer Arbeit hat die Betriebsrätin eine Reihe von Ehrenämtern übernommen: Sie ist stellvertretende Vorsitzende des DGB-Ortskartells, Vorsitzende des DGB-Kreisfrauenausschusses, Mitglied im Bezirksfrauenausschuß der IG Chemie, sowie im DGB-Landesfrauenausschuß, Mitglied im örtlichen Vorstand von Pro Familia und Sozialrichterin.

Frauenarbeit ist für Vera Hemm „notwendig, auch innerhalb der Gewerkschaftsbewegung". Ihr Ziel umschreibt sie so: „Was verändern, auch in der Organisation. Mehr Frauen in die Entscheidungsgremien". Doch dazu müßten die Frauen ausgebildet werden, im stillen Kämmerlein sei das nicht zu schaffen: „Alleingelassen springt keine über ihren Schatten."

Die Frauengruppe nimmt einen großen Teil ihrer Freizeit in Anspruch. „Ich hätte gern mehr Zeit zum Lesen und fürs Klavierspielen", sagt sie. Die Frauenkulturgruppe hat einst klein angefangen, mit wenigen Frauen und einem Mini-Programm. „Wir haben nur Texte von Brecht, Kästner und Dario Fo rezitiert und Lieder gesungen". Inzwischen schreiben die Frauen ihre Lieder selbst — viele stammen von Vera Hemm.

Eine schöne Laudatio, 1986.

Lager. Wir schickten zwei unserer Lieder ein, in schriftlicher Form und als Bandaufnahme, beide Texte stammten von mir. Den erste schrieb ich auf Beethovens Melodie »Freude, schöner Götterfunke«. Der zweite war eine meiner besten Kreationen überhaupt: Aus dem 1. Satz von Mozarts »Kleiner Nachtmusik« machte ich »Eine kleine Machtmusik – die mo-zarteste Versuchung, seit es Arbeit gibt«.

Im Text der »Machtmusik« hatte ich viele Argumente zur 35-Stunden-Woche eingebaut, auch den § 116 AFG – wirklich ein hochpolitischer Song.

Zu unserer großen Überraschung wurden wir und die »Machtmusik« von der Jury für die Endveranstaltung ausgewählt, wir hatten also die erste Hürde überwunden und konnten uns auf den Wettbewerb im Bildungszentrum der IGM nach Sprockhövel freuen. Zwei Tage einschließlich An- und Rückfahrt brauchten wir dafür und nahmen gerne Urlaub. Schließlich war das eine ganz tolle Sache für uns.

Das stellte uns jedoch auch vor ein Problem: Für die »Machtmusik« mußten wir eine »eigene Begleitung« vorweisen. Diese zu besorgen war zwar im Grund kein Problem, aber leider teuer. Wir zogen alle Register und ließen uns eine Begleitmusik per Synthesizer anfertigen. Also konnte die Reise losgehen; wir fuhren zu zehnt. Im Bildungszentrum wurde zunächst eine Pressekonferenz abgehalten, dann folgte – nach einem kurzen Einsingen – der Wettbewerb. Die Konkurrenz war groß. Wir zitterten, hofften aber auf gutes Gelingen.

Als »Unternehmer« in schwarzen Anzügen und Hüten (Melonen) schimpften wir ganz melodisch:

»Was – ihr wollt die 35 Stund'?
Lohnsausgleich? Seid ihr denn noch gesund?
Das habt ihr euch so ausgedacht!
Doch uns're ganze Macht,
Uns're geballte Macht, die sollt ihr spür'n.

Nein, ihr sollt nicht, ihr könnt nicht, ihr dürft nicht
Ihr werdet nicht erfolgreich sein!
35-Stunden-Woche, noch mit Lohnausgleich,
Das sagen wir glatt nein.
Und nochmals nein, und nochmals nein,
Nein, nein, nein, nein, nein, nein, nein!
Wo denkt ihr denn nur hin!
Das hat doch keinen Sinn!
Das ist für uns're Wirtschaft doch der sichere Ruin.

Und wenn ihr aus Übermut
Streiken wollt, ihr Leut',
Überlegt euch das sehr gut,
Ob ihr dieses nicht noch bereut.

Es gibt 'nen Paragrafen,
Grad wie für uns geschaffen,
'Nen tollen Paragrafen,
Da können wir euch strafen:
Wir nutzen ihn
In uns'rem Sinn.
Wir werden euch und die Gewerkschaft
Damit endlich ruinier'n.

Es gibt 'nen Paragrafen,
Grad wie für uns geschaffen,
'Nen tollen Paragrafen,
Da können wir euch strafen:
Wir sperren aus.
Herren im Haus
Die sind wir immer noch
Und werden es auch sicher weiter sein.
Und wir bestimmen ganz allein,
Und ihr bekommt uns auch nicht klein, o nein!
Nicht einmal mit euren Streikerei'n.

Doch wenn ihr etwas flexibler wärt,
Dann wär' alles nicht so sehr erschwert.«

Dann drehten wir uns um, legten unsere Hüte Jackets aus, wobei wir vom Publikum seltsame Pfiffe ernteten – wer weiß, was sich da in den Köpfen zusammenbraute –, standen nun als ArbeitnehmerInnen in T-Shirts mit dem 35-Stunden-Emblem auf der Bühne und sangen sehr kämpferisch:

»Doch wir sind nicht bereit
Zu mehr Bescheidenheit
Wir sagen euch mit aller Deutlichkeit:
Ja, wir woll'n die 35 Stund'!
Lohnausgleich, und das aus gutem Grund:

Gegen die Arbeitslosigkeit
Und für uns Arbeitsleut'
Die kürz're Arbeitszeit,
Die woll'n wir ham.

Warum könnt ihr, dürft ihr, wollt ihr
Nicht aufhör'n mit dem Bla-Bla-Bla?
Sagt zur 35-Stunden-Woche und dem Lohnausgleich
Doch endlich ja, doch endlich ja!
Ja, ja, ja, ja, ja, ja, ja!
Stellt euch doch nicht so hin!
Bei euerem Gewinn
Da ist für uns doch sicher auch noch etwas drin.

Und wenn ihr das nicht einseht,
Machen wir Aktion!
Wenn ihr uns nichts zugesteht,
Gibt es Streik und Demonstration!

Und wollt ihr uns auch strafen
Mit eurem Paragrafen,
Wir werden es doch schaffen,
Trotz eures Paragrafen.
Wir gehen 'ran
Frau und Mann.
Wir sind gut organisiert
und setzen solidarisch uns zur Wehr.

Und wollt ihr uns auch strafen
Mit eurem Paragrafen,
Wir werden es doch schaffen,
Trotz eures Paragrafen.
Einigkeit, Festigkeit,
Die werden wir beweisen,
Auch wenn ihr uns ständig attackiert
Und uns die Aussperrung, die Aussperrung diktiert.

Und steht auch in Bonn man
Euch zur Seite
In dem Streite,

Setzen wir auf uns're eig'ne
Arbeitnehmer- und Gewerkschaftskraft,
Auf Solidarität der Arbeitnehmerschaft.
Die 35-Stunden-Woche wird geschafft!«

Der Beifall war (be-)rauschend, wir selbst fanden uns nicht ganz so toll. Schuld hatte dabei auch die Technik, die leider nicht gut bis gar nicht funktionierte. Deswegen konnte in der Endauswertung leider keine Rangfolge ermittelt werden. Dabei hätten wir wenn nicht den ersten, dann sicher den zweiten Platz geschafft... So erhielten wir nur eine allgemeine Teilnehmerurkunde, auf der u.a. stand: »Mit herzlichem Dank für die Mitwirkung, gewerkschaftliche Solidarität und hervorragende kulturelle Leistung.«

Trotz dieser Technikmisere kehrten wir ganz stolz nach Konstanz zurück und wurden am Bahnhof von Jonny empfangen, die jeder von uns eine rote Rose überreichte. Wir freuten uns sehr. Ich selbst hatte schon mit so einem Empfang gerechnet, das war typisch für sie.

In Konstanz konnten wir uns noch etwas im Glanz unseres Erfolges sonnen: Vom DGB wurde eine Pressekonferenz dazu organisiert und es erschienen einige Presseberichte über die gesamte Aktion und unser gutes Abschneiden (beispielsweise im »Südkurier« vom 24. April 1987). Die Originalurkunde[139] hing lange Zeit eingerahmt im Konstanzer Gewerkschaftshaus (s. Faksimile Seite 531).

Mit diesem klassischen Werk traten wir bei sehr vielen Gelegenheiten auf. Am allerschönsten allerdings klang es anläßlich einer Mai-Feier in Konstanz am »Klein Venedig«, als wir von einem weiblichen Streichquartett live begleitet wurden. Da hätte selbst Herrn Mozart das Herz gelacht...

Solos werden meine Spezialität

Erst als unsere Gruppe auf Dauer mit Gabi Wunderlich eine versierte Gitarristin bekam, hatte ich die Möglichkeit, bei den Liedern ebenfalls mitzusingen, und ich merkte immer mehr, daß ich das recht gut konnte, weshalb ich mir mit der Zeit sogar manches Solo zutraute.

Eines der schönsten war 1995 »Die Claudia«. Auf die Melodie der »Habanera« aus »Carmen« gelang mir eine Parodie auf die damals neue Frauenministerin Claudia Nolte. Die Begleitung spielte ich selbst auf dem Klavier, nahm sie auf Band auf und so konnte ich mich nach Herzenslust dazu produzieren:

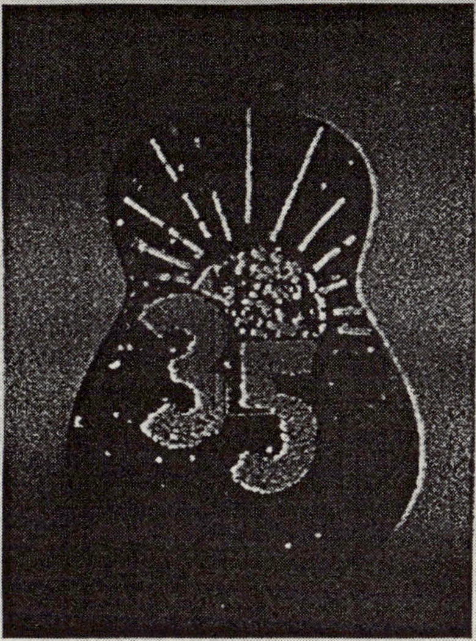

Lieder-Werkstatt der IG Metall
„35 mit Musik“
Endausscheidung, 2. April 1987, Bildungszentrum Sprockhövel

TEILNEHMER-URKUNDE

DGB-Frauen-Kulturgruppe aus Konstanz

Mit herzlichem Dank
für die Mitwirkung,
gewerkschaftliche Solidarität
und hervorragende kulturelle Leistung.

Gudrun Hamacher | Hans Preiss | Klaus Zwickel

Die Originalurkunde sieht farbig natürlich viel schöner aus.

»Wer kennt nicht die Claudia Nolte,
Ossi-Frau und sehr adrett,
Die der Kanzler Kohl sich holte
In sein Bonner Kabinett.
Dort stellt er mit ihr die Weichen
In der Frauenpolitik
Und setzt reaktionäre Zeichen
Drängt die Frauen stark zurück.

Refrain:

Oje, oje, ojemineh!
Die Claudia, die Claudia,
Die ist ja eigentlich für Frauen da.
Jedoch ist sie, die Claudia,
Den Frauen niemals wirklich nah.
Im Gegenteil, die Claudia
Hebt oft den Finger drohend: na-na-na.
Darum ist auch die Claudia
Für viele Frauen nur – ›na-ja!‹

Sie ist noch sehr jung an Jahren
Knappe dreißig Lenze grad'.
Und mit ihren Kommentaren
Macht sie meistens keinen Staat.
Sie steht rechts, das ist gefährlich,
Ganz besonders für die Frau'n,
Weshalb diese auch nur spärlich
Der Ministerin vertrau'n.

Refrain:...

Sie ist fromm und fulminante
Lebensschützerin obendrein.
Fordert wie eine Gouvernante
Abtreibung soll verboten sein.
Doch wenn Frauen sich nicht schonen,
Setzen Kinder in die Welt,
Will sie großzügig sie belohnen
Mit tausend Mark Begrüßungsgeld.

Refrain:...«

Im Jahr 1998 bearbeitete ich gleich zwei Themen, einmal die Bundestagswahl und dann den Papst. Beides, wieder mit eigenem Klavierspiel auf Band, geriet mir ebenso gut wie »Die Claudia«. Zur Bundestagswahl verwendete ich einen Song aus »My fair lady« – manches beließ ich dabei wörtlich:

»Wart's nur ab, Bundeskanzler, wart's nur ab!
Deine Tränen werden fließen nicht zu knapp!
Du wirst arm und ich werd' reich sein,
Ich Dir helfen? – Nur nicht weich sein!
Wart's nur ab, Bundeskanzler, wart's nur ab!

Wart's nur ab, Bundeskanzler, bis Du einst
Krank im Bettchen nach den Wählerstimmen weinst!
Und ich geh dann ohne weit'res
Ins Theater, seh' was Heit'res!
Wart's nur ab, Bundeskanzler, wart's nur ab!

O, Bundeskanzler!
Wart's nur ab bis wir mal schwimmen in der See!
O, Bundeskanzler!
Und Du kriegst 'nen Wadenkrampf in meiner Näh'!
Sackst Du ab, o Kanzler Kohl,
Schwimm' ich weg und fühl' mich wohl!
Ja, haha, Bundeskanzler, ja, haha, Bundeskanzler,
Wart's nur ab!

Wenn es Herbst wird, sind Wahlen, dann tritt Kohl wieder an.
Doch da kriegt er die Quittung für das, was er getan:
Nichts für uns kleine Leute, doch für Reiche sehr viel,
Weshalb auch das Volk Kanzler Kohl nicht mehr will.

Den Wahltag im Herbst, den proklamier'
Ich zum ›Kohl-Abwähltag‹ heut und hier!

Und das Volk, das wird zeigen seine wirkliche Macht,
Daran hätte der Kohl niemals im Traume gedacht.
Ja, wir wollen den Wechsel, denn ein Wechsel tut not!
Es gibt noch and're Möglichkeiten: Grün oder rot.

Ja, ich seh', ihr habt's kapiert:
Der Kohl hat schon viel zu lang regiert!

Wenn ihr also im Herbst zum Wählen geht
Und ganz einsam in der Wahlkabine steht,
Wartet dann nicht auf ein Wunder!
Gebt dem Helmut Kohl mal Zunder!
Sagt: Hinweg mit der Birne!
Zeigt dem Kanzler die Stirne:
Wählt ihn ab!«

Im gleichen Jahr gab es heftige Diskussionen über die Beratung beim § 218, besonders bei der katholischen Kirche. Der Papst mischte sich ein. Dazu mußte mir einfach etwas einfallen. Ich entlieh aus dem Musical »Feuerwerk« die Melodie »O, mein Papa« (mit Akzent und Einstieg fast wie im Original), eine schöne Grundlage für meine Papst-Kritik:

»O, ich kennt' Ihnen so viel erzählen von unsere Papst,
Er ist eine große Kirchenmann -

Ein Schreiben kam an
Aus dem Vatikan – ela hop, ela hop, ela hop.
Den 218 in uns'rem Land
Der Papst als Tötungslizenz empfand –
Ela hop, ela hop, ela hop.
Er sagte oho-o-o
Zur Abtreibung no-o-o
Beratungsschein ebenso und rief:
Ex und hop, ex und hop, ex und hop.

Der Papst, der ist fromm
Und gegen Kondom – ela hop, ela hop, ela hop.
Und Frauen in Not, die sind ihm grad' gleich,
Er kümmert sich nur um sein heiliges Reich.
Hallelu-hallelu-hallelu-hallelu-halleluja!

Refrain:

O, unser Papst, der ist ein weitgereister Christ,
O, unser Papst ist eine große Kinstler.
Im Vatikan, weiß er, was gut für Deutschland ist
Und für die Frau'n, obwohl er sie nicht küßt.
O, glaubt ihm nicht, er wird uns Frauen nie verstehn,
Denn er lebt nur mit seinen Kardinälen.
O, unser Papst, der ist ein armer, alter Mann,
O, unser Papst, der ist ein alter Mann,

Eine alter Mann, ein alter Mann.
(Gesprochen) Er ist ein Mann!«

Unser Jubiläum

Das zwanzigjährige Bestehen der Kulturgruppe wurde natürlich offiziell gefeiert. Bei einer Matinée präsentierten wir ein kleines Programm mit einigen unserer Highlights unter dem Slogan »Lachend zum Nachdenken anregen« (»Konstanzer Anzeiger« vom 29. November 2000).

Unser Hausfrauensong kam immer gut an. Hier beim Jubiläum der Gruppe im Jahr 2000: (v.l.n.r.) Gabi Straschewski, Dorothea Wuttke, ich, Ingrid Hucke, Anita Fitz, Gertraud Hauswald, Gisela Lehmann, Gudrun Voss, Anke Kernchen.

Aktiv in der IG Chemie-Papier-Keramik

Vorsichtige Fühlungnahme mit der IG Chemie ab 1962

Es dauerte eine Weile, bis ich in meiner Gewerkschaft Fuß fassen konnte. Ich besuchte zwar die meisten Versammlungen vor Ort, aber irgendwie hatte ich das Gefühl, ich werde von manchen KollegInnen nicht so recht akzeptiert. Ich vermutete, daß es mit meinem Namen zusammenhing: Hemm stand, von meiner Mutter als bekannter Kommunistin herrührend, in Konstanz ja für rot. Ich selbst war in der sechziger Jahren politisch lediglich als DFU-Mitglied leidlich bekannt, nicht als Kommunistin. Schließlich war die KPD seit 1956 verboten und die DKP noch nicht gegründet. Aber offensichtlich genügten sowohl mein Elternhaus als auch meine Aktivität in der DFU, um mich in die linke Ecke zu schieben. So mußte ich mich eben erst mal »bewähren« und gute gewerkschaftliche Arbeit leisten. Dazu war ich bereit.

Vertrauensleute der Gewerkschaft

Gewerkschaftliche Vertrauensleute sind KollegInnen, die für einen bestimmten Zeitraum von den Mitgliedern einer Gewerkschaft gewählt werden. Sie sind in »ihrem« Betrieb für gewerkschaftliche Belange (Information, Mitgliederwerbung, auch Vorbereitung von Betriebsratswahlen...) zuständig. Für sie gelten bestimmte Richtlinien.[140] Ihre Rechtsstellung ist eine andere als die der Betriebsräte. Im Klartext bedeutet dies, daß Vertrauensleute im Unterschied zu Betriebsräten nicht zur gesetzlich festgelegten »vertrauensvollen Zusammenarbeit« mit den Unternehmern verpflichtet sind. Daher stellen die Vertrauensleute(-Körper) eine wichtige gewerkschaftliche Institution dar.

In Konstanz pflegten die Vertrauensleute der IG Chemie einen regen Kontakt untereinander. Die Sitzungen fanden entweder betriebsbezogen oder gemeinsam mit KollegInnen aus anderen Konstanzer Betrieben statt. Meist war auch der jeweilige Geschäftsführer der für uns zuständigen Verwaltungsstelle Freiburg anwesend. Manchmal verliefen unsere Treffen ruhig, manchmal hitziger, besonders wenn wir um Positionen rangen, so in der Frage der Mitbestimmung, der Arbeitszeitverkürzung oder bei Tarifrunden, für die wir unsere Vorstellungen »von der Basis« einbrachten. Am höchsten schlugen die Wellen jedoch, wenn wir Betriebsratswahlen vorbereiteten. Doch davon später.

Mitte der sechziger Jahre wurde ich in den Vertrauensleutekörper von Byk gewählt und blieb Vertrauensfrau über die weitere Zeit meines Engagements in der IG Chemie, auch später, als ich Betriebsrätin wurde. Denn organisierte Betriebsratsmitglieder zähl(t)en ebenfalls zu den Vertrauensleuten. Im Laufe der Zeit brachte ich es zur stellvertretenden Vorsitzenden – keine allzu große Aufgabe für mich.

Mein erster Lehrgang in Bad Münder

Im Herbst 1965 hatte ich die Möglichkeit, an einer vierzehntägigen Schulung für Vertrauensfrauen in der Bundesschule der IG Chemie in Bad Münder teilzunehmen. Die Firma gewährte mir unbezahlten Urlaub. Ich fuhr sehr gern dorthin, denn ich war begierig, etwas »Gewerkschaftliches« zu lernen. Meine Mutter freute sich mit mir und ermahnte mich zum Abschied: »Stell' Dein Licht nicht unter den Scheffel!«

Die Schule in Bad Münder war sehr schön, etwas außerhalb des Ortes am Waldrand gelegen und gut eingerichtet. Ich teilte das Zimmer mit einer Kollegin aus dem nahen Hannover. Heute sind nur noch Einzelzimmer mit Dusche und WC vorhanden! Sogar ein Schwimmbad wurde inzwischen installiert. Aber auch ohne diesen Komfort, den ich bei späteren Seminaren ja genießen konnte, fühlte ich mich in diesen zwei Wochen wohl. Es war trotz des Lernens fast ein wenig Urlaub.

Bekomme ich Funktionen in der IG Chemie?

Wir hatten bei diesem Lehrgang eine Betreuerin, Margarete, schon etwas älter und demzufolge erfahren. Am Ende der vierzehn Tage nahm sie mich zur Seite und sagte: »Kollegin, du solltest eine Ausbildung erhalten«, wobei sie natürlich eine gewerkschaftliche Ausbildung meinte. Ich erzählte ihr, daß ich aus einer »gewerkschaftlichen« Familie stamme und meine Mutter bei der Gewerkschaft Textil-Bekleidung Geschäftsführerin sei. Ich weiß nicht, ob sie sich weiter kundig machte. Jedenfalls hörte ich nie wieder etwas von Margarete und auch nichts von einer diesbezüglichen Aufforderung. Ich hatte es auch nicht erwartet, dazu war ich eine zu große Realistin: die Tochter einer Kommunistin hauptamtlich, vielleicht sogar in der IG Chemie? Nein, das würde sicher nicht befürwortet vom »Apparat«...

Daß dieses Angebot, sich zum hauptamtlichen Gewerkschaftssekretär ausbilden zu lassen, nach relativ kurzer Mitgliedschaft und Aktivität in der IG Chemie meinem Kollegen Rolf Benz unterbreitet wurde, sei hier nur am Rande vermerkt. Gewiß, er war jünger als ich, noch formbarer, damals parteilos, aber SPD-freundlich, ein Mann. Er lehnte ab. Übrigens wurde ich in der Folgezeit auch nie gefragt, ob ich eventuell für den ehrenamtlichen Vorstand der Verwaltungsstelle Freiburg kandidieren wolle. Rolf Benz hatte rasch die Ehre, was ihm gegönnt sei.

Allerdings: Zu Konferenzen der IG Chemie auf Verwaltungsstellen- und Bezirksebene wurde ich ab den siebziger Jahren relativ oft delegiert. Dabei bekam ich eine Menge Interessantes mit, konnte meinen Horizont erweitern und, da ich dort ab und zu das Wort ergriff, mitbestimmen und mitentscheiden. In Maßen natürlich.

Gewerkschaftliche Frauenarbeit in der IG Chemie-Papier-Keramik

In der IG Chemie gibt es (ähnlich wie beim DGB) Frauenausschüsse auf Verwaltungsstellen-, Bezirks- und Bundesebene (einschließlich der entsprechenden Konferenzen), sowie Richtlinien für die gewerkschaftliche Frauenarbeit. Wichtig ist in der Einzelgewerkschaft die »Nähe zum Betrieb«. So werden hier (im Gegensatz zur DGB-Frauenarbeit) eher betriebliche Probleme behandelt, wie Fragen der Entlohnung, der Eingruppierung bei der Bezahlung, Arbeits- und Mutterschutz, Betriebsratswahlen (»Frauen in die Betriebsräte!«) usw.

Im Bereich unserer Verwaltungsstelle bestand bereits in den sechziger Jahren ein Frauenausschuß, in den Kolleginnen aus verschiedenen Betrieben zwischen Freiburg und Konstanz entsandt wurden. Ich selbst war ab 1975 bis in die achtziger Jahre darin aktiv, einige Zeit als stellvertretende Vorsitzende (1981-1987). Allerdings fühlte ich mich in dieser Funktion nicht sehr stark gefordert, sicher auch aufgrund der Entfernung zum Freiburger Büro. Die Zusammenkünfte der »Chemie-Frauen« fanden meist in Freiburg, Neustadt oder Titisee statt, selten in Konstanz. Das erschwerte für uns Konstanzerinnen die gesamte Arbeit. Ohne Auto lief nichts.

Da wir in Konstanz ein gutes Potential an Frauen hatten – allein bei Byk war etwa die Hälfte der Beschäftigten Frauen – versuchten wir, diese vor Ort zu mobilisieren, bildeten einen Arbeitskreis (»Stammtisch«) und trafen uns eine Zeitlang regelmäßig, gut betreut von der IG Chemie. Ich engagierte mich sehr, bereitete vieles vor, schrieb Einladungen, wie die auf Seite 540 abgedruckte. Aber als Vorsitzende des Arbeitskreises sollte ich nicht fungieren. Inzwischen ist mir berichtet worden – allerdings viel später und streng geheim –, daß solches niemals gewollt war. Warum? Ich ahnte es damals schon!

Leider schlief dieser Arbeitskreis mit der Zeit wieder ein, so daß sich die Sitzungen auf den »echten« (satzungsmäßigen) Frauenausschuß der Verwaltungsstelle reduzierten. Ich nahm noch oft an diesen (meist auswärtigen) Versammlungen teil, doch der zeitliche Aufwand stand manchmal in keinem Verhältnis zu dem, was bei den Treffen herauskam. Ähnlich lag das Problem mit den Bezirksfrauenausschuß-Sitzungen, zu denen ich gelegentlich zwar geladen war, aber aufgrund der weiten Entfernung nicht sehr oft fahren konnte.

Unterstützung erhielten wir bei unserer Arbeit im Frauenausschuß und auch bei vielen Konstanzer Aktionen nicht nur durch Willi Lorenz, dem damaligen Geschäftsführer der Verwaltungsstelle, sondern auch von der Frauensekretärin bei der Bezirksleitung Ingeborg Riehle. Sie war sehr oft bei den Zusammenkünften dabei und brachte stets gute Anregungen für unsere gewerkschaftliche Frauenarbeit vor Ort mit.

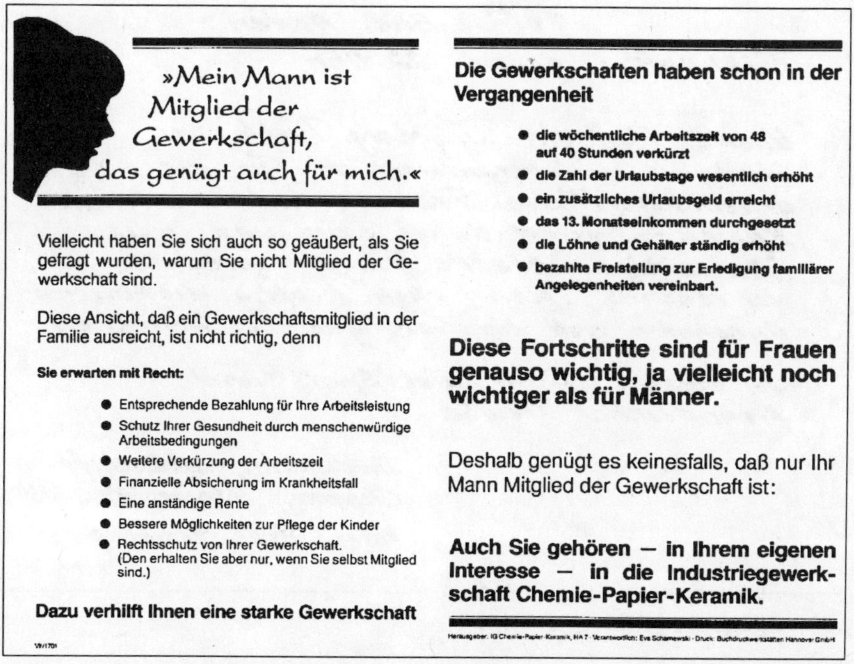

Werbung – meist nicht einfach.

Einladung

Es ist endlich soweit...

Unsere Suserfahrt startet

am Mittwoch, den 22.10.75

Bus-Abfahrt:	16^{40}	Byk Gottlieberstraße
	16^{45}	Zahnfabrik
	16^{50}	Elis. Arden
Rückkunft:	gegen	22 Uhr

Unsere Kollegin Ingeborg Riehle aus Stuttgart – verantwortlich für die gewerkschaftliche Frauenarbeit in unserem Bezirk – wird dabei sein und kurz über einige aktuelle Fragen sprechen. Wer möchte, kann auch kräftig diskutieren. Ansonsten soll die Geselligkeit vorherrschen.

In diesem Sinn viel Spaß und freundliche Grüße

Industriegewerkschaft
Chemie, Papier, Keramik
Verw. Stelle Freiburg

Gewerkschaftsarbeit war nicht immer nur ernst.

Hier zwei schöne Passagen aus einem Referat von Ingeborg Riehle bei einer Frauendelegiertenkonferenz 1983 der IG Chemie:

»... Trotz vieler Unzulänglichkeiten sind wir in den zurückliegenden zehn Jahren vorangekommen. Fragt doch mal Eure Eltern – fragt vor allem Eure Mütter, ob sie während ihres Arbeitslebens von Mutterschutz, Mutterschaftsurlaub, von Arbeitsschutzbestimmungen auch nur geträumt hätten, von sechs Wochen Urlaub, zusätzlichem Urlaubsgeld und vielem anderen ganz zu schweigen. Leider wird zu wenig beachtet, daß viele der Gesetze und Verordnungen, die uns längst zur Selbstverständlichkeit geworden sind, von engagierten Gewerkschafterinnen auf den Weg gebracht worden sind...

... Immer wieder wird, meist unüberlegt, behauptet, Gewerkschaftsarbeit bedeute ein persönliches Opfer und diene ausschließlich dem Ziel, sich für Menschen einzusetzen. Das ist einfach nicht wahr. Unzählige Male beobachtete ich, in welchem erstaunlichem Maße sich Kolleginnen und Kollegen durch ihr Engagement in Betrieben und Gewerkschaften auch persönlich entwickeln. Schulungen, vielfältigste Veranstaltungen, Gedankenaustausch mit Gleichgesinnten und auch manche nette Stunden im Kreis von Kolleginnen und Kollegen können einfach nicht ohne Wirkung bleiben. Der höhere Informationsstand ermöglicht zudem eine bessere Beurteilung betrieblicher, gewerkschaftlicher und politischer Vorkommnisse. Alles in allem erhöht das ernsthafte ›Mitmachen‹ das Selbstwertgefühl und somit die Selbstsicherheit – und gerade dies ist ja bei Arbeitnehmerinnen ein ungeheuer notwendiger und wichtiger Vorgang...«[141]

Dem kann ich nur beipflichten, obwohl ich nicht in jede Sitzung mit großer Vorfreude gegangen bin. Aber wenn ich dann meine KollegInnen sah und mit ihnen diskutieren und arbeiten konnte, war ich zufrieden.

In der Bezirksfrauenkonferenz, der letzten vor ihrem Ruhestand 1987, fügte Ingeborg Riehle noch an:

»... Mein Ziel in der Frauenarbeit war immer, Frauen stark zu machen. Nur wenn sie von ihrer eigenen Kraft überzeugt sind, werden sie begreifen, daß unsere Gesellschaft durch ihr Engagement auch im Sinn der Frauen verändert werden kann...«[142]

Damit sprach sie mir aus dem Herzen. Kein Wunder, daß ich mich mit Ingeborg »gewerkschaftlich« – und persönlich gut verstand. Sie war keine sture Funktionärin, mit ihr konnte ich auch herrlich über nichtgewerkschaftliche Themen reden, gemütlich ein Viertele trinken und manchmal ganz herzlich lachen.

Gewerkschaftstag als Höhepunkt?

Laut Satzung der IG Chemie-Papier-Keramik ist der Gewerkschaftstag die höchste Instanz der Organisation. Er findet in der Regel alle vier Jahre statt. Zwischen den ordentlichen Gewerkschaftstagen tagt der Beirat, das zweithöchste Gremium. Zusätzlich sind auch außerordentliche Gewerkschaftstage möglich, falls es die Situation erfordert.[143]

Für mich war es schon immer ein Traum, einmal bei einem Gewerkschaftstag mitentscheiden zu können. Dabei wußte ich, daß dies nicht nur eine Ehre, sondern auch eine Verpflichtung war, die KollegInnen der Organisation ordentlich zu vertreten. Ebenso kannte ich das Delegationsprinzip, daß nämlich meist nur »gestandene« Kollegen wie Betriebsratsvorsitzende, Vorstandsmitglieder, selten Kolleginnen zu Gewerkschaftstagen geschickt wurden. Ich selbst war bisher nur »gewöhnliches« Betriebsratsmitglied, weiblich und rot obendrein. Sollte ich trotzdem solcher Ehren würdig sein?

Ja, einmal klappte es, nämlich beim 11. Ordentlichen Gewerkschaftstag der IG Chemie-Papier-Keramik 1980 in Mannheim bzw. bei dessen zweitem Teil in Hamburg. Es wurde ein äußerst wichtiger Kongreß, denn er hatte eine zentrale Richtungsentscheidung in Fragen innergewerkschaftlicher Demokratie und pro oder kontra Sozialpartnerschaft zu treffen. Bereits im Vorfeld knisterte es – für Insider deutlich hörbar. Es war nämlich durchgesickert, daß im Geschäftsführenden Hauptvorstand Meinungsverschiedenheiten aufgetreten waren, weil der für das Ressort Organisation und Vertrauensleute verantwortliche Kollege Paul Plumeyer sich (zu?) kritisch zur bisherigen Gewerkschaftslinie geäußert hatte. Sehr zum Mißfallen des damaligen Vorsitzenden Karl Hauenschild und der meisten Hauptvorstandsmitglieder.

Diese Kontroversen griff die Presse natürlich schon frühzeitig auf. So konstatierte beispielsweise die »Frankfurter Rundschau« bereits am 5. Mai 1980, daß der »Streit zwischen der Mehrheit des Hauptvorstandes und den Anhängern des Vorstandsmitgliedes Paul Plumeyer eine neue Phase erreicht« habe.

Auch in der Konferenz unserer Verwaltungsstelle am 29. März 1980, in der die Delegierten zum Gewerkschaftstag gewählt wurden, war diese Polarisierung fühlbar; sie wurde außerdem sehr personifiziert: hier Hauenschild, da Plumeyer, und beide Kollegen hatten ihre »Fans«. Ich war Plumeyer-Anhängerin, der damalige Geschäftsführer unserer Verwaltungsstelle Ernst Schnell ebenfalls. Er stand sozusagen hinter mir. Das war für mich eine Chance. So wurde ich dann mit weiteren drei

Kollegen auf dieser Konferenz als Kandidatin zum Gewerkschaftstag vorgeschlagen. Ich begründete meine Bewerbung mit einem Kurzreferat, das mir offensichtlich gut gelungen war und in das ich auch das Thema »Frauen in Entscheidungsgremien« integrierte. Fazit: Ich erreichte 38 Stimmen und freute mich sehr. Auf Ernst Schnell fielen »nur« 33 Stimmen, auf die anderen noch kandidierenden Kollegen 11 bzw. 12 Stimmen. Somit war klar: Ernst Schnell und ich werden als »ordentliche Delegierte« der Verwaltungsstelle Freiburg zum Gewerkschaftstag fahren.[144]

Bald darauf bekam ich die Konferenzunterlagen: Die Geschäftsberichte, die Anträge, über 600 an der Zahl. Für mich war es selbstverständlich, die Berichte und besonders die Anträge durchzuarbeiten, was mich zwei Wochenende kostete. Aber egal. Ob sich alle so intensiv vorbereiteten? Die späteren Abstimmungen beim Gewerkschaftstag ließen mich daran zweifeln, ebenso wie die Bemerkung eines Kollegen vom Hauptvorstand: »Sag bloß, Du hast alle Anträge durchgelesen!« Mich überraschte diese Frage, denn er kannte mich als pflichtbewußte Kollegin. Leider hatte ich keine passendere Antwort parat als: »Natürlich, was dachtest Du denn von mir?«

Am 7. September 1980 war die Auftaktveranstaltung des Gewerkschaftstags im »Mannheimer Rosengarten«. Prominenz aller Couleurs, viele Reden, Beifall und Mißfallen, je nachdem. Feierlichkeit, leichte Aufregung. Wenig vertraute Gesichter, wenig Kolleginnen, von 421 Delegierten nur 47 Frauen. Aber ich endlich dabei, mit dem Mandat Nr. 296[145] – wie schön. Wirklich? Ich sollte meine Erfahrungen machen.

Montag, 8. September: Vor dem Kongreßzentrum »Rosengarten« war geflaggt. Mir war noch immer feierlich zu Mute. Doch das legte sich bald. Die gesamte Stimmung schien gereizt, Polarisierung schlich sich immer mehr ein. Das spürte ich deutlich. Besonders draußen in den Wandelgängen beim Kaffee. Manchmal vermutete ich, dort werde mehr beschlossen als im Saal bei den Delegierten. Ich hielt mich selten im Foyer auf, mir war das Plenum wichtiger. Das fiel auch einer hauptamtlichen Kollegin auf, die mir anerkennend zuflüsterte: »Ich bewundere Deine Disziplin.« Nun ja, wozu bin ich denn hier?

Es ging also an die Arbeit. Die Geschäftsberichte, den Delegierten bereits im Vorfeld zugesandt, wurden mündlich ergänzt. Dabei waren die Aussagen des Vorsitzenden und des Kollegen Plumeyer in manchen Punkten schon mehr als nur in Nuancen verschieden, wie im Protokoll zum Beispiel zur Frage des Selbstverständnisses unserer Organisation nachzulesen ist.

Hierzu vertrat der Kollege Hauenschild die sozialpartnerschaftliche Linie:

»... Ich glaube, wir dürfen für diese IG Chemie-Papier-Keramik in Anspruch nehmen, daß es eine Politik der Zielstrebigkeit war, und daß es eine Politik mit Augenmaß gewesen ist. Aber wir dürfen auch in Anspruch nehmen, daß immer da, wo es notwendig gewesen ist, auch eine Politik der Härte und eine Politik der Konfliktbereitschaft war...

... Es ist meine Überzeugung, daß diese Politik von der großen Mehrheit unserer Mitglieder nicht nur in der Vergangenheit gewollt wurde, sondern daß diese Politik von der großen Mehrheit unserer Mitglieder auch in Zukunft gewünscht wird. (Beifall) Ich lasse mir nicht einreden, daß wir eine grundsätzliche Änderung unserer Politik brauchen...«[146]

Kollege Plumeyer war dagegen kämpferischer:

»... Der zentrale Maßstab für unser tägliches Handeln bleibt die Frage, ob ein prinzipieller Interessensgegensatz von Kapital und Arbeit besteht oder ob nur ein partieller Interessensgegensatz hinsichtlich Größe des Anteils der Arbeitnehmer an der Wertschöpfung des Unternehmens Grundlage gewerkschaftlichen Handelns ist...

... Gewerkschaftliche Gegenmacht beschließen und als Gestaltungsabsicht verkünden, somit gleichzeitig in wichtigen Bereichen Sozialpartnerschaft praktizieren, muß zu Komplikationen führen (Beifall). Damit wir uns hier nicht falsch verstehen: Gewerkschaftliche Gegenmacht hat nichts zu tun mit Klassenkampf. Die Gewerkschaften bekennen sich zum gesellschaftlichen Wandel durch Reformen. Reformen aber werden nicht durch Anpassung durchgesetzt, sondern durch Gestaltungswillen und Gestaltungsmacht. Ohne Gestaltungsmacht aber verkommen auch Tarifverhandlungen letztendlich zu kollektivem Betteln...«[147]

Zu den Berichten entwickelten sich lebhafte Diskussionen. Ich brachte mich im Laufe des Kongresses mehrfach mit Herzklopfen ein. Zum Bericht des Vorsitzenden sagte ich:

»... Wie halten wir es denn mit unseren Zielvorstellungen? Stimmt es denn, daß, wie aus einem Interview mit unserem Vorsitzenden in der ›Zeit‹ hervorgeht, viele Zielvorstellungen von Gewerkschaft, Arbeitgebern und Regierungen gar nicht so divergieren, oder stimmt der Satz, ebenfalls von Karl Hauenschild, den man in der ›Welt‹ vom 11. Oktober 1979 lesen konnte: Arbeitgeber und Arbeitnehmer haben die Phase des unversöhnlichen Gegensatzes in einem schmerzlichen Lernprozeß überwunden? Ist dies tatsächlich so, liebe Kolleginnen und Kollegen, oder haben wir nicht angesichts des Tabu-Katalogs, angesichts der Mitbestimmungsklage der Unternehmer, angesichts der vermehrten Kündigungen bei Krankheit, angesichts der Rationalisierungswelle, der Arbeitslosigkeit usw. andere Erfahrungen machen müssen? Ich meine schon, es gibt sehr deutliche Interessensgegensätze zwischen Arbeitgeber und Arbeitnehmer. Ich meine auch, daß sie durch noch so partnerschaftliche Worte nicht vertuscht werden können und nicht vertuscht werden sollten. (Beifall) Sie sind einfach vorhanden, ob man es wahr haben will oder nicht. Deshalb finde ich es von einem Gewerkschaftsvorsitzenden sehr schlecht, wenn er so tut, als ob es sie nicht gäbe und als ob die Sache mit etwas mehr Kooperationsbereitschaft unsererseits schon laufen würde. Nichts läuft so, liebe Kolleginnen und Kollegen. Das beweist die Geschichte, das wissen wir aus unserer eigenen Erfahrung, und das weiß auch der Kollege Hauenschild. Es ist nur die Frage, warum er das dann nicht eindeutig sagt, ja sogar in Zeitungen Sätze von sich gibt, über die man sich, gelinde gesagt, nur wundern kann...«[148]

Neben dieser Frage des Selbstverständnisses unserer Gewerkschaft, wurden noch eine Reihe von Themen angesprochen, teilweise auch in Anträgen behandelt. Viele beinhalteten innergewerkschaftliche Fragen. Allein 118 Anträge zur Satzung lagen vor, über die zum Teil heftig debattiert wurde.

Zweimal griff ich noch in die Beratung ein: Ich hatte in einem Antrag zur Rentenpolitik einen sinnentstellenden Ausdruck entdeckt und tat dies kund.[149] Ob die anderen das gar nicht bemerkt hatten? Jedenfalls wurde daraufhin eine Korrektur vorgenommen. Ferner meldete mich noch zum Thema »Beirat« zu Wort.[150]

Das Thema »Vertrauensleute« wurde ebenfalls ausführlich erörtert, aber es wäre zu aufwendig, wenn auch höchst interessant, Näheres darüber zu berichten. Außerdem wurde vieles von der Presse beleuchtet; eine ganze Mappe mit Zeitungsartikeln, gesammelt von der IG Chemie, befindet sich noch bei meinen Unterlagen.

Besonders wichtig waren bei diesem Gewerkschaftstag die Wahlen. Das betraf zwar nicht die Position des Vorsitzenden, der von den 421 Delegierten mit 289 bei 113 Nein-Stimmen und 19 Enthaltungen wiedergewählt wurde[151], auch nicht die der stellvertretenden Vorsitzenden (Rappe, Vitt) und des Kassiers (Vosshenrich). Hier gab es keine Überraschungen.[152]

Heißes Eisen war jedoch der Wahlgang der vier weiteren Mitglieder zum Geschäftsführenden Hauptvorstand und dabei besonders die Wahl bzw. Nichtwahl von Paul Plumeyer, den der Hauptvorstand schon gar nicht mehr als Bewerber benannt hatte. Das war ungewöhnlich. Der Hauptvorstand nominierte für die vier Ressorts vier (ihm genehme?)

KandidatInnen. Paul Plumeyer wurde aber trotzdem noch aus dem Plenum vorgeschlagen, außer ihm zwei weitere Kollegen. Somit waren für die vier Ämter sieben Personen im Rennen.

Da zeigte sich Aufregung im Saal. Die Stimmung kochte. Informationen wurden verbreitet, kleine, bunte Zettel verteilt. Mit Namen darauf. Nein, nicht an mich. Ich hatte mich ja geoutet als »Plumeyer-Anhängerin«, galt somit wahrscheinlich als »verloren«. Aber meinen NachbarInnen steckte man sie zu, Spickzettel also – damit ja nichts schief laufen sollte. Unglaublich, doch ich sah es genau. Das schockte mich zutiefst.

Auch der Presse entging diese ungewöhnliche Aktion nicht. So schrieb »Die Neue« vom 12. September 1980 von »massiver Beeinflussung der Delegierten« und weiter:

»... Die Bezirksleiter verteilten an die Delegierten sogenannte ›Wahlhilfen‹, also Zettel, auf denen die von der Verwaltung favorisierten Kandidaten namentlich verzeichnet waren. Damit die Delegierten beim Wählen auch nicht durcheinanderkamen, hatte das Papier der ›Wahlhilfen‹ jeweils die gleiche Farbe wie die verschiedenartigen Wahlzettel. Die Aktion muß deshalb zentral gesteuert worden sein. Von der Zuschauertribüne war zu beobachten, wie einzelne Delegierte ihre Wahlzettel bereits anhand der ›Wahlhilfen‹ ausfüllten, bevor die Kandidaten überhaupt aufgerufen waren...«

»Die Tageszeitung« vom selben Tag kommentierte dazu sogar: »... Offensichtlich werden die Delegierten für so blöd, für unfähig gehalten, Kandidaten ihres Vertrauens zu wählen...«

In der Tat, ein Armutszeugnis für die Delegierten und alle, die hier mitmischten. Das Wort von »Festklopfen« drängte sich mir auf. Das hätte ich nicht erwartet. Demokratie von unten?

Das Resultat dieses Wahlgangs war niederschmetternd für mich und viele andere: Paul Plumeyer erhielt nur 162, die vier ersten 303, 278, 263, 261 Stimmen.[153] Aus für den Kollegen Paul. Er reiste, wie man hörte, kurzerhand ab. Ich konnte es ihm nicht verdenken. Die Stimmung gegen Paul war zum Teil schlimm. Aufgrund seiner Aktivitäten stellte man ihn oft in die linke Ecke. Das zog ja immer noch. Und nach seiner Abwahl wurde sogar das Gerücht in die Welt gesetzt, Paul Plumeyer habe sich wohl bei seinen Freunden beim Parteiabend der DKP eingefunden. Solche Treffen der jeweiligen Gesinnungsfreunde sind anläßlich von Gewerkschaftstagen bei allen Parteien üblich. Aber er war nicht beim Parteiabend der DKP, denn sonst hätte ich ihn dort, bei meiner Partei, ja sehen müssen.

Nein, das war nicht die feine englische Art. Nur, kannte ich diesen Stil nicht irgendwo her? Daß Kollege Plumeyer resignierte, verstand ich. Seine

AnhängerInnen verfaßten zwar noch in Mannheim einen Brief an ihn, den die »Frankfurter Rundschau« am 15. September 1980 mit Bild unter der Überschrift: »Zu schämen braucht sich keiner« veröffentlichte:

»... Nicht Du bist unterlegen, sondern wir gemeinsam...

... Die Mehrheit hat demokratisch entschieden. Wir akzeptieren das Ergebnis. Verstehen tun wir es nicht. Nach Argumenten und Wortmeldungen gerechnet, hättest Du wieder gewählt werden müssen. Wir sind bestürzt, teilweise wütend und vor allem traurig. Es nur Enttäuschung zu nennen, wäre nicht wahr. Einige haben geweint...«

Doch der Gewerkschaftstag ging weiter: Anträge über Anträge. Zu Themen wie Gesellschaftspolitik, Mitbestimmung, Arbeitsrecht, Tarifpolitik, Frauen, Umweltschutz... Es war anstrengend. Insgesamt dreimal habe ich mich in Mannheim zu Wort gemeldet.

Auch ein Referat des Vorsitzenden gehörte (traditionsgemäß) in den Ablauf des Gewerksschaftstages, in dem er zu den verschiedensten Problemen innerhalb und außerhalb der Gewerkschaft Stellung nahm. Vieles davon konnte ich unterstreichen, Neues allerdings nicht entdecken.

So reduzierte sich meine anfängliche Euphorie von Tag zu Tag, und das Schlußwort des Vorsitzenden mit der Aufforderung »Aufeinander zugehen« hinterließ bei mir einen bitteren Nachgeschmack.

Möglicherweise sind andere mit besseren Gefühlen nach Hause gefahren als ich. Doch ich schätze, daß dieser Gewerksschaftstag bei vielen KollegInnen nicht nur positive Eindrücke hinterlassen hat. So verriet denn auch die darauf folgende »Gewerkschaftspost« vom Oktober 1980:

»Selbst alte, ausgefuchste ›Kongreßhasen‹ können sich nicht erinnern, jemals einen so lebhaften, ja turbulenten Gewerkschaftstag mitgemacht zu haben, wie jenes 52stündige Kongreß-Marathon vom 7. bis 13. September 1980 im Mannheimer Rosengarten. Diese Feststellung schließt sowohl Anerkennung als Kritik ein. (...) Da hatte man gelegentlich den Eindruck, daß nicht Kollegen um den besten Weg zu einem gemeinsamen Ziel rangen, sondern sich Gegner leidenschaftlich bekämpften...«

Dem muß ich leider zustimmen. Nun, die Weichen waren gestellt, die Arbeit noch nicht ganz beendet. Ein Nachfolgekongreß mußte stattfinden. Hamburg war angesagt. Hierzu nochmals die obige Ausgabe der »Gewerkschaftspost«: »... Sicher wird es in Hamburg nicht mehr so hektisch und nervenaufreibend werden wie in Mannheim, wo die Ärzte und Sanitäter Hochbetrieb hatten...«

In der Tat, der zweite Teil des Gewerkschaftstags (November 1980) in Hamburg verlief ruhiger. Die Anträge wurden sachlich, wenn auch manchmal kontrovers beraten und schließlich verabschiedet. Wiederum saß ich nicht untätig im Plenum, sondern arbeitete aktiv mit – trotz meines Frustes von Mannheim – und bat ums Wort zum Antrag 421 des Hauptvorstands (Tarifpolitik) bzw. zu einem sehr guten Initiativantrag, der jedoch von der Antragskommission nur als Material zu Antrag 421 vorgeschlagen wurde. Ich sagte, da ich beide Anträge retten wollte:

»Liebe Kolleginnen und Kollegen! Ich möchte eigentlich nicht mehr inhaltlich zu dem Problem diskutieren, sondern eher zur Verfahrensfrage. Mir scheint, daß der Antrag 421 auf der einen Seite sehr positiv ist, aber der Initiativantrag auf der anderen Seite eben auch dasteht. Es gibt hier sehr viele Stimmen, – ich gehöre auch dazu – denen der Initiativantrag 10 eigentlich zu schade ist, um als Material an den Hauptvorstand geleitet zu werden. Ich hätte nun hier einen Vorschlag zu machen – ob er praktikabel ist, weiß ich nicht -: Wenn die Antragskommission sich durchringen könnte, diesen Initiativantrag 10 nicht nur als Material zu überweisen, sondern als Antrag zu stellen, wären wir doch wunderbar aus dem Schneider. (Beifall) Sollte das nicht der Fall sein, dann bleibt all jenen, die sich für den Initiativantrag 10 stark machen, nichts übrig – so leid es uns wegen des guten Inhalts des Antrags 421 tut – als diesen abzulehnen, damit wir dann dem Initiativantrag die Zustimmung geben können.

Die Antragskommission ist hier gefordert, eine Antwort zu geben. Es wäre sehr schön, wenn sie positiv ausfallen würde. (Lebhafter Beifall)«[154]

So kompliziert sind manchmal die Zusammenhänge und die formellen Kriterien. Dabei ist es meist nicht leicht, gegen eine vorgefaßte Empfehlung der Antragskommission anzugehen. Aber diesmal klappte es. Nach kurzer Beratung erklärte der Sprecher der Antragskommission:

»Die Antragsberatungskommission folgt der Empfehlung einiger Delegierter (Beifall) und nimmt den Initiativantrag aus der Materialzuweisung zu Antrag 421 heraus und wird ihn danach gesondert zur Abstimmung stellen. (Beifall)«[155]

Fazit: Bei der Abstimmung wurde der Antrag 421 dann einstimmig, der Initiativantrag mehrheitlich verabschiedet. Also doch noch ein Erfolg? Ein kleiner. Und wenigstens eine bessere Stimmung als in Mannheim.

Ja, das war's also mit meinem gewerkschaftlichen Höhepunkt bei der IG Chemie, der damals drittgrößten DGB-Gewerkschaft. War ich jetzt glücklich darüber? Ich war enttäuscht. Nicht nur wegen der »Affäre Plumeyer«, nein, überhaupt. Ich konnte keine neuen Impulse mit nach Hause nehmen, zweifelte. Ich berichtete noch in einigen Gremien über den Gewerkschaftstag, über die Anträge, die Stimmung, aber damit war dann die Sache abgehakt.

Eine nette, persönliche Begebenheit zum Schluß: Ich trug während des Gewerkschaftstags natürlich mein silbernes Abzeichen für 25jährige Mitgliedschaft in der IG Chemie-Papier-Keramik an meiner Bluse. Ein Kollege, mit dem ich gerade redete, betrachtete es aufmerksam und fragte dann: »Sag mal Kollegin, hat man früher auch Kinder in die Gewerkschaft aufgenommen?« – So ein hübsch verpacktes Kompliment! Dabei war ich damals bereits 45 Jahre alt! – Ende gut, alles gut?

Nochmals ein Gewerkschaftstag

Für 1982 wurde ein außerordentlicher Gewerkschaftstag einberufen. Ich hatte noch mein Mandat von Mannheim bzw. Hamburg und fuhr hin. Daß mich dieser Gewerkschaftstag nicht mehr so berührte wie mein erster, lag an meinen Mannheimer Erfahrungen. Kein Herzklopfen, kein Knistern.

Es ging vorrangig um die Wahl eines neuen Vorsitzenden. Karl Hauenschild wurde von Hermann Rappe abgelöst.[156] Letzterer bekam von 405 abgegebenen Stimmen 298. Meine jedoch nicht. Denn ich kannte ja seine sozialpartnerschaftliche Richtung (manche nennen es »Schmusekurs«), und die gefiel mir nicht. Und seinen ausgeprägten Antikommunismus konnte ich ebenfalls nicht leiden. Gegen seine Doppelfunktion – Bundestagsabgeordneter und führender Gewerkschafter – hatte ich allerdings nichts einzuwenden, denn aus meiner Sicht sind im Bundestag viel zu wenig Gewerkschaftsleute vertreten.

An den Gewerkschaftstag schloß sich noch eine Bundesarbeitstagung an mit einigen Referaten, darunter auch ein Grundsatzreferat des neuen Vorsitzenden. Es brachte mir keine umwerfenden Impulse, obwohl es lang war und viele wichtige Punkte enthielt. Und mit dem Aufruf am Schluß seiner Rede »Arbeitet mit in unserer Gewerkschaft« rannte er bei mir sowieso offene Türen ein. Nur: Soll ich es glauben? Darf ich jetzt wirklich gleichberechtigt dabei sein? Mit allen Rechten und Pflichten? Pflichten wohl schon, wie Beitrag, Mitgliederwerbung, Teilnahme an Aktionen, Saalfüllerin... Und meine Rechte? Bin ich da gleich wie andere oder sind die etwa gleicher?

Wie weiter an der Basis?

Bei mir lief die gewerkschaftliche Vertrauensleute- und Frauenarbeit nun mit etwas »gebremstem Schaum« weiter. Der Gewerkschaftstag hinterließ seine Spuren. »Die Buschtrommel«, ein »kritisches Mitteilungsblatt von Funktionären der IG Chemie-Papier-Keramik für Funktionäre der

1/81

"Buschtrommel"

Kritisches Mitteilungsblatt von Funktionären der IG Chemie-Papier-Keramik für Funktionäre der IG Chemie-Papier-Keramik

Beilage zum "express" 6/81

Die Säuberungswelle in der IG Chemie

Buschtrommeln tragen Informationen über den afrikanischen Kontinent – besonders, wenn Gefahr droht. Informationen weitergeben, die vom Hauptvorstand bewußt unterdrückt werden, damit eine breitere innergewerkschaftliche Willensbildung möglich wird, das will diese "Buschtrommel". Denn es droht Gefahr – der Gewerkschaftsbewegung insgesamt!

Wir müssen den Schaden abwenden, der entstände, wenn "monolithische" gewerkschaftliche Führungsspitzen autoritär jeden hauptamtlichen Funktionär maßregeln könnten, der eine eigene Meinung vertritt, die nicht mit der gerade herrschenden Mehrheit übereinstimmt – eine Führungsspitze, die haupt- und ehrenamtliche Funktionäre kaltstellt, wenn sie aufgrund ihrer praktischen Erfahrungen glauben, einen besseren gewerschaftlichen Weg zu wissen als die Mehrheit "oben". Würde sich das durchsetzen, dann wären demokratische Rechte nur noch eine Fassade, hinter der sich in seiner ganzen Pracht die zu lebenden Denkmälern gewordenen Mitglieder des Vorstandes nur selbst darstellen – bis sie eines Tages durch einen Sturm der Revolte gestürzt werden.

In einer Zusammenfassung der Beiratssitzung der IG Chemie am 25.11.80 heißt es: "Es besteht der Eindruck, daß ein Teil der Streitpunkte von einer Minderheit der Hauptamtlichen in die Organisation hineingetragen worde ist. Das stößt auf Unverständnis bei den Mitgliedern."

Wenn hauptamtliche Funktionäre, von denen niemand annehmen kann, daß es ihre Absicht wäre, eine Organisation zu zerstören, von der ihre gesamte Existenz abhängt, über bestimmte gewerkschaftspolitische Fragen eine andere Ansicht haben als die Mehrheit des Vorstandes, warum soll es ihnen dann verwehrt sein, in der Organisation hierüber zu **diskutieren**? Dürfen die Mitglieder der IG Chemie nur offizielle, vom Hauptvorstand mit Mehrheit abgesegnete Standpunkte hören, um sich ihre Meinung zu bilden?

In der gleichen Zusammenfassung über den Beirat lesen wir:

"In der IG Chemie-Papier-Keramik muß ausdiskutiert werden, ob die These stimmt, daß die Basis (übrigens die gleiche, der es angeblich unverständlich ist, wenn eine Minderheit von Hauptamtlichen "Streitpunkte" in die Organisation hineinträgt) immer eine höhere demokratische Legitimation besitzt als die nach dem Delegationsprinzip gewählten Gremien und Organe. Wenn die Kritik an den verantwortlichen Spitzengremien der Gewerkschaften, was in manchen Fällen zu vermuten ist, in Wirklichkeit auch eine Kritik an unserer Staatsform ist, muß dieser Sachverhalt sehr gründlich aufgearbeitet werden."

Ging es bei dem Streit zwischen Mehrheit und Minderheit wirklich darum, ob die Basis immer eine höhere demokratische Legitimation besitzt als gewählte Delegierte? Oder ging es nicht vielmehr darum, ob die Basis ein Recht darauf hat, **informiert** zu werden über Versuche des Hauptvorstandes, sie durch geheim gefaßte Beschlüsse – etwa in der Frage der Wahl der Vertrauensleute – zu **überfahren**? Und wieso ist es eine "Kritik an unserer Staatsform", wenn in den Gewerkschaften schlicht demokratische Öffentlichkeit hergestellt werden soll? Ist es nicht vielmehr ein grober Verstoß gegen elementare demokratische Grundsätze, wenn Mehrheiten sich herausnehmen, Minderheiten, die eine eigene Meinung vertreten (die mindestens 30 % der Gewerkschaftsdelegierten, in der Frage der Vertrauensleute sogar die Mehrheit hinter sich hatten!) zu maßregeln und aus den Gewerkschaften hinauszusäubern?

Der Pluralismus der Meinungen als wich-

FORTSETZUNG SEITE 2

Diese Beilage soll in unregelmäßiger Folge über die Entwicklung in der IG Chemie-Papier-Keramik berichten. Zur Finanzierung sind wir auf Spenden angewiesen. Diese können eingezahlt werden auf das Konto: Verlag 2000, Bank für Gemeinwirtschaft, 6050 Offenbach, Nr. 174 132 63. Stichwort: "Buschtrommel".

Ein (zu?) kritisches Blatt.

IG Chemie-Papier-Keramik« flatterte mir ab und zu ins Haus, ich las darin allerhand interessante Informationen, und es kursierten immer mal wieder Gerüchte über »Säuberungsaktionen« und persönliche Veränderungen im hauptamtlichen Bereich der IG Chemie. Ich hielt das für möglich, regte mich nicht mehr auf. Trotzdem wurde ich bisweilen aktiv, wenn meine Organisation mich rief, so im Oktober 1982 bei der Demo und Kundgebung des DGB gegen Sozialabbau in Stuttgart[157]; das war ja in meinem ureigensten Sinne.

Im Jahr 1995 wurde ich für mein 40jährige Mitgliedschaft in der IG Chemie geehrt. Mit einer Urkunde, einer Erwähnung im »Südkurier« vom 12. Oktober 1995, schönen Worten und einer goldenen Nadel dazu. Auf rotem Samtpolster. Alles für die »liebe Kollegin Hemm«. Aber meine Freude hielt sich in Grenzen. Am besten verweise ich auf das Gedicht anläßlich meines 25jährigen Betriebsjubiläums. Das würde hier ebenfalls passen.

Inzwischen wurde bei der IG Chemie ein Seniorenkreis auf Verwaltungsstellen-Ebene installiert. Ich ließ mich auf den Verteiler setzen, nahm auch an ein paar Treffen der SeniorInnen teil. Bin ich nun – nach all dem, was lief – bescheuert? Ich glaube nicht. Ich bin gern mit den »alten Häsinnen und Hasen« zusammen, erfahre so manches. Aber ein besonderes Engagement lege ich nicht mehr an den Tag. Die Wunden sind noch nicht verheilt.

In jüngster Zeit machten sich alle Gewerkschaften Gedanken über Fusionen. Die IG Chemie hatte sich darauf bereits früh vorbereitet: Einstimmig beschloß der 15. ordentliche Gewerkschaftstag 1995 – somit der letzte dieser Organisation – die Auflösung der IG Chemie-Papier-Keramik (ca. 730 000 Mitglieder) zum 31. Dezember 1997. Dann die Fusion mit der IG Bergbau und Energie sowie der Gewerkschaft Leder. Die neue Organisation heißt nun: Industriegewerkschaft Bergbau, Chemie, Energie (BCE) und hat derzeit über einer Million Mitgliedern (»Südkurier« vom 6. September 1995).

Wo bitte sind meine Unterwanderstiefel?

Das leidigste Thema während meiner ganzen Zeit in der IG Chemie war für mich »das Verhältnis der Organisation zu den Kommunisten« und die »Gretchenfrage«: Wie hält »man« es damit in der IG Chemie? Darf »man« ihnen, und wenn ja, wie intensiv oder bis zu welchem Grad trauen, oder gar mit ihnen zusammenarbeiten? Wie weit geht die Einheitsgewerkschaft?

Mit den meisten meiner KollegInnen im Betrieb hatte ich diesbezüglich keine Probleme. Sie akzeptierten mich trotz meines Parteibuches, erst DFU und ab 1971 DKP. Schwieriger wurde es mit einzelnen Betriebratsmitgliedern. Auch bei Hauptamtlichen der IG Chemie konnte ich – von einigen Ausnahmen abgesehen – nicht immer die erwartete Toleranz spüren, ja sie wurde kleiner je »höher« die Hauptamtlichen saßen. Ich pflegte immer zu scherzen: Am liebsten würden manche schon zum Frühstück einen Kommunisten verzehren. Oder eine Kommunistin. Vielleicht auch gepaart mit einem Grünen? Denn wenn ich so das Gewerkschaftsorgan durchblätterte – und das tat ich regelmäßig – fand ich darin meist etwas Entsprechendes gegen Rot oder Grün. Trotz Einheitsgewerkschaft.

Zum Thema: »Unsere Haltung zur DKP« äußerte sich 1981 der damalige Vorsitzende Karl Hauenschild ausführlich bei einer Zusammenkunft aller Wahlfunktionäre der Organisation. Von seinem Referat mit dem Titel »Zur Situation und zur Diskussion in der und um die IG Chemie-Papier-Keramik«, das ich auf acht Seiten der »Umschau« 1/1981, der Zeitschrift für die Funktionäre der IG Chemie entnehmen konnte, ist über eine Seite den Kommunisten gewidmet. Es scheint also ein wichtiges Thema in der IG Chemie (gewesen?) zu sein. Kollege Hauenschild bemühte dabei sogar die Geschichte, erinnerte an jene These 37 der KPD, über die bereits im zweiten Teil des Buches berichtet wurde, und zog den Schluß:

»... Ich plädiere nicht für eine Wiederholung der organisatorischen Maßnahmen von 1953 (Disziplinierung bis hin zur Entlassung hauptamtlicher Funktionäre wegen KPD-Zugehörigkeit, Anm. V. H.). Ich sehe aber auch keinen vernünftigen Grund, DKP-Mitglieder und -Funktionäre etwa zur Mitarbeit in unserer Organisation zu ermuntern...

... Ich persönlich würde nie und nirgendwo durch meine Stimme einem DKP-Mitglied oder -Funktionär Einfluß in irgendeiner gesellschaftlichen Organisation verschaffen. Ich würde auch keinem Mitglied oder Funktionär unserer Gewerkschaft empfehlen, dies zu tun...«

Nun ja, das Übliche. Da halte ich mich lieber an die Ausführungen des Kollegen Plumeyer auf dem Gewerkschaftstag in Mannheim:

»... Kollegen, laßt mich noch etwas zum Prinzip der Einheitsgewerkschaft und zu den Kommunisten sagen, damit das auch einmal klar wird. Wir haben eine Satzung, und in dieser Satzung haben wir uns bestimmte Prinzipien gegeben. Diese Prinzipien sind gültig, sie sind unzweideutig Lebenselement dieser Einheitsgewerkschaft. Ich darf den Satz 2 des § 5 noch einmal zitieren: ›Kein Mitglied darf wegen seiner Rasse, seines Geschlechts, seiner Nationalität, seines Religionsbekenntnisses oder seiner politischen Einstellung benachteiligt werden.‹ Dieses ist es, was notwendig ist, um überhaupt Einheitsgewerkschaft sein zu können. Zu der Einheitsgewerkschaft gehören eben alle weltanschaulichen Strömungen. Oder aber wir müssen sagen, wir verstehen Einheitsgewerkschaft ohne Kommunisten. Das ist ja auch eine respektable Position. Nur darf man dann diese Kollegen nicht in die IG Chemie-Papier-Keramik hineinlassen. Wenn sie aber drin sind, können wir doch nicht Mitglieder erster und zweiter Klasse machen. (Beifall) Das verträgt eine Gewerkschaft nicht...«[158]

Gewiß, Kollege Plumeyer wurde abgewählt. Ein Querdenker weniger. Welche Version der Einheitsgewerkschaft wird nun gelten? Darf ich noch Mitglied bleiben? Wie schön. Aber so sehr ich mich auch anstrenge, ich kann meine Unterwanderstiefel einfach nicht finden.

EHRENURKUNDE

40

Liebe Kollegin
HEMM

Für Deine Treue zur Gewerkschaftsbewegung seit

September 1955

und Deine solidarische Mitarbeit bei der
Verwirklichung wichtiger gewerkschaftlicher Ziele
sprechen wir Dir im Namen aller Mitglieder
der Industriegewerkschaft Chemie-Papier-Keramik
Dank und Anerkennung aus.

Zu Deinem Jubiläum
gratulieren wir Dir herzlich und wünschen Dir
für die Zukunft alles Gute.
Gesundheit und persönliches Wohlergehen.

Industriegewerkschaft Chemie-Papier-Keramik

Freiburg, im September 1995

Hermann Rappe
(Vorsitzender)

Wolfgang Schultze
(Stellv. Vorsitzender)

Reiner Suttarer
(Bezirksleiter –
Bezirk Baden-Württemberg)

Heinrich Stroh
(Geschäftsführer –
Verwaltungsstelle Freiburg)

Zwölf Jahre Mitglied des Byk-Betriebsrats

Vor meiner aktiven Zeit

Als ich bei Byk zu arbeiten begann, wußte ich vom dortigen Betriebsrat noch nicht viel. Ich kannte lediglich dessen Vorsitzenden Erwin Kohler, Obermeister im Werk in der Gottlieberstraße. Er war so etwas wie eine Vaterfigur und sehr sozial eingestellt. Das brachte ihm die Anerkennung vieler Byk-Leute ein und sie honorierten ihm sein Engagement bei Betriebsratswahlen. Erwin Kohler war langjähriges Gewerkschaftsmitglied und hatte auch zahlreiche KollegInnen in seiner Umgebung organisiert. Dennoch besaß er einen guten Draht zur Geschäftsleitung und konnte manches für die Byk-Belegschaft »rausholen«.

Für viele KollegInnen war Erwin Kohler »der Betriebsrat«, die anderen Mitglieder blieben eher im Hintergrund. Anfang der siebziger Jahre ließ sich Erwin Kohler als Betriebsrat freistellen, für das Werk Gottlieberstraße wurde in der von dort aus leicht erreichbaren Blarerstr. 6 in der Parterrewohnung ein Betriebsratsbüro installiert – in anderen Werksteilen wurden mit der Zeit ebenfalls Betriebsratsbüros eingerichtet –, wofür allerdings auch der Belegschaftshandel, der dem Betriebsrat oblag, eine helfende Rolle spielte. Im Belegschaftshandel wurden den Beschäftigten natürlich keine Medikamente angeboten, sondern Produkte von Firmen, die mit Byk liiert waren (Vitaminpräparate, Kosmetika, Stützstrümpfe etc.). Diese Waren brauchten Platz zum Lagern, da eignete sich diese Kombination Betriebsratsbüro-Belegschaftshandel. Ob die Leute wohl über diese Schiene den Weg zu ihrer Interessenvertretung fanden? Manche hofften es, manche schimpften jedoch über diese »Zweckentfremdung« des Betriebsrats.

Eine weitere Kritik in ähnlicher Richtung hörte man in der Gottlieberstraße: Erwin Kohler war vormittags oftmals beim Verkauf der Byk-Essensmarken im Pförtnerhäuschen anzutreffen, manchmal erledigte dies sein Stellvertreter Josef Mengele. Aber mit den Jahren wurde diese wahrlich nicht sehr »betriebsrätliche« Tätigkeit anderweitig geregelt.

Zäher Anfang

In den diversen Schulungen wurde mir viele über die Grundlagen der Betriebsratsarbeit und über die im Betriebsverfassungsgesetz von 1972 verankerten Mitwirkungs-, Gestaltungs- und Mitbestimmungsmöglichkeiten des

Betriebsrats vermittelt, aber auch über die Grenzen, die dieses Gesetz für eine echte Mitbestimmung zieht. Ich lernte außerdem die Modalitäten für Betriebsratswahlen zunächst theoretisch kennen und konnte damit später in der Praxis recht gut umgehen. Vorgänge aus der Byk-Betriebsratsarbeit, die der Schweigepflicht unterliegen, kann ich hier natürlich nicht ausplaudern, was ich jedoch schildere, dürfte mehr als nur ein Stimmungsbild sein.

Es war nicht einfach, mich für ein Mandat zu bewerben. Aber ich wollte in den Betriebsrat. Mir lief, nach allem, was ich zwischenzeitlich erfahren hatte, vieles nicht effektiv genug: MitarbeiterInnen wurden zu wenig informiert durch den Betriebsrat – auch zu wenig über das, was er an Positivem geleistet hatte –, es gab nicht die laut Gesetz mögliche Anzahl von Betriebsversammlungen, kaum Besuche des Betriebsrats an den Arbeitsplätzen der MitarbeiterInnen, Betriebsratsrechte wurden zum Teil verschenkt. Diese und weitere Gedanken über die Byk-Betriebsratsarbeit als Interessenvertretung der Kolleginnen und Kollegen sprach ich offen in den gewerkschaftlichen Vertrauensleutesitzungen aus. Da konnte ich natürlich nicht erwarten, mit offenen Armen im Kreis der »Bisherigen« empfangen zu werden. Man beäugte mich argwöhnisch. Doch ich resignierte nicht.

Meinen ersten, bescheidenen Erfolg hatte ich bei den Betriebsratswahlen 1972. Allerdings reichte es nicht für einen »ordentlichen« Sitz, ich wurde nur Ersatzmitglied. Aber da oft jemand ausfiel, konnte ich in dieser Amtsperiode dennoch an vielen Betriebsratssitzungen teilnehmen und mir damit sehr gut einen Einblick in diese Tätigkeit erwerben. Mein bisheriger Eindruck verstärkte sich durch die erlebte Praxis: Es könnten andere Schwerpunkte gesetzt werden. Der Betriebsrat müßte mehr agieren, nicht nur reagieren. Schließlich bietet das Betriebsverfassungsgesetz eine ganze Reihe von Initiativrechten. Es wären also mehr Aktivitäten möglich und ohne weiteres durch das Gesetz abgedeckt gewesen.

Etwas Positives widerfuhr mir damals dennoch: Ich wurde vom Betriebsrat in den Wirtschaftsausschuß delegiert, was auch ohne ordentliches Betriebsratsmandat möglich ist. Allerdings hatte ich keine Ahnung von der Materie, dafür einen kompetenten Kollegen, Reinhold Neter, der die betriebsrätliche Seite konsequent vertrat. So konnte ich mich hier zunächst einmal bedeckt halten und einarbeiten.

Ich werde »ordentliches« Betriebsratsmitglied

Die nächsten Betriebsratswahlen fanden 1975 statt. Während der bisherige Betriebsrat elf Personen umfaßte, darunter eine Frau, waren ab

1975 aufgrund der auf über 1000 gestiegenen Beschäftigungszahl bei Byk 15 Betriebsratsmitglieder zu wählen, fünf Arbeiter und zehn Angestellte. Es wurde eine gemeinsame Liste für beide Gruppen aufgestellt; somit konnte jede(r) Wahlberechtigte maximal fünfzehn Stimmen vergeben (»Persönlichkeitswahl«).

Da in dieser Zeit die »Byk-Frauen« mit Hilfe der IG Chemie etwas aktiviert werden konnten, diskutierten wir Gewerkschafterinnen vor der anstehenden Betriebsratswahl über die längst fällige Erhöhung des Frauenanteils in diesem Gremium. Uns schwebte vor, mindestens drei Kolleginnen in den neuen Betriebsrat zu bekommen. Das bedeutete, mindestens fünf Frauen als Kandidatinnen zu gewinnen. Es gelang. Ich selbst landete auf Platz fünf der Liste.

Wir Frauen machten natürlich Werbung für uns, redeten mit den KollegInnen, verteilten Flugblätter unter dem Motto: »Ihr Kandidat kann auch eine Frau sein!«[159] Die IG Chemie sowie der DGB-Kreisfrauenausschuß unterstützten unsere Aktion.

Das Resultat – für uns Frauen zufriedenstellend: Drei Kolleginnen schafften es. Auf manchen Stimmzetteln waren sogar nur Frauennamen angekreuzt. Die Mühe hatte sich gelohnt, der Frauenanteil war auf 20 % geklettert. Noch zu wenig, aber immerhin. Ich selbst erhielt bei der Wahl 288 Stimmen und rangierte damit an 9. Stelle bei der Gesamtstimmenzahl.[160] Im Vergleich dazu: die beiden anderen Kolleginnen erreichten 300 bzw. 314 Stimmen, mit 588 Stimmen lag Erwin Kohler an der Spitze. Die ganze Geschichte beschrieb ich in einem Leserinnenbrief für unser Gewerkschafts-Info, in dem auch einiges zwischen den Zeilen zu lesen ist.[161]

Nun war ich also ordentliches Betriebsratmitglied. Konnte ich etwas bewegen? Ich war guten Mutes, nahm meine neue Aufgabe sehr ernst, bereitete mich auf die Sitzungen vor, notierte mir während der Sitzungen vieles und war baß erstaunt, daß meist kein offizielles Protokoll vorlag. Daher beantragte ich noch im Jahr 1975, jedem Betriebsratsmitglied ein Protokoll zuzusenden.[162] Der Antrag wurde mit zwölf Stimmen, bei einer Enthaltung abgelehnt; ich selbst stimmte als einzige dafür. Die Begründung für die Ablehnung war, daß die Protokoll-Aufbewahrung eventuell schlecht geregelt und der Postweg unsicher sei. Ein seltsames Argument. Denn seit 1972 waren mir als Mitglied des Wirtschaftsausschusses die Protokolle über die Sitzungen per Hauspost zugeschickt worden, und nie war irgend etwas mit ihnen passiert, weder unterwegs noch in den Schränken. Wahrscheinlich schwirrten dabei andere Gründe in den Köpfen herum. So kann ich mich im Zusammenhang mit diesem Antrag noch gut an ein Gespräch mit Erwin Kohler erinnern, der mich ziemlich provozierend fragte: »Wozu brauchst Du denn ein Protokoll?« »Als Gedächtnisstütze, zur besseren Mitarbeit«, erwiderte ich. Aber vielleicht hätte ich nicht so brav antworten, sondern sagen sollen: »Ich möchte es an Herrn Honecker weiterleiten!« Denn auf so etwas lief die Frage ja hinaus. Doch so schlagfertig war ich damals noch nicht.

Ich merkte bald, daß ich im Betriebsrat oft auf einsamem Posten stand mit der von mir angestrebten Veränderung – in meinen Augen Optimierung – der Betriebsratsarbeit. Die Mehrheit verhielt sich konservativ, wollte die bisherigen Gepflogenheiten fortsetzen; das Wort »keine schlafenden Hunde wecken« geisterte allenthalben umher und ließ sich auch in den folgenden Jahren nicht ausrotten. Und wenn ich dann noch sah, wie einzelnen Betriebsratsmitglieder in den Sitzungen die Augen zufielen, bezweifelte ich deren Engagement schon sehr.

Wir hatten natürlich nicht immer kontroverse Standpunkte, sondern auch eine ganze Reihe Gemeinsamkeiten, zum Beispiel in Fragen der Entlohnung und der Arbeitszeit, bei vielen personellen Einzelmaßnahmen, Betriebsvereinbarungen, ebenso bei sozialen Belangen einschließlich Kinder- und Rentnerweihnachtsfeier oder Betriebsausflug.

Sogar das Thema Fastnacht landete auf der Tagesordnung mancher Bestriebsratssitzungen, oft an oberer Stelle. Letzteres war selbst mir närrischem Wesen manchmal zu viel, aber ich wagte nicht, etwas dagegen vorzubringen. Erst mit der Zeit verlagerte sich dieser Punkt in den eigens dafür geschaffenen »Byk-Narrenrat«, in dem einige Betriebsratsmitglieder, Angehörige der Geschäftsleitung sowie weitere Interessierte die närrischen Tage vorbereiteten. Ich selbst zählte nicht zu diesem Kreis, stieg bei den dortigen Veranstaltungen auch nie in die Bütt. Allerdings beteiligte ich mich an Fastnacht auf dem Byk-Schiff manchmal organisatorisch und hatte meinen Spaß daran. Aber ich war über die vollzogene Trennung Betriebsrat – Narrenrat doch sehr froh. So konnte ich gegenüber anderen KritikerInnen, die in der Firma ob dieser zeitweise »närrischen« Betriebsratsbeschäftigung hörbar waren, beruhigend und wahrheitsgetreu erklären: »Der Betriebsrat ist kein Narrenrat.« Und ich meinte das durchaus ernst, denn die Institution Betriebsrat ist mir zu wichtig, als daß sie durch solche Assoziationen verunglimpft würde.

In dieser Legislaturperiode delegierte mich der Betriebsrat ebenfalls wieder in den Wirtschaftsausschuß. Zusätzlich wurde ich neben Gebhard Dachtler und Erwin Weibezahl Mitglied im Lehrlingsausschuß (Jugendausschuß). Diese Funktion lag mir, ich hatte einen guten Draht zu den jungen Leuten und bemühte mich, ihre Interessen möglichst optimal zu vertreten. Wir arrangierten viele Gespräche sowie Versammlungen mit den Jugendlichen und der Ausbildungsleitung. In diesem Ausschuß blieb ich noch weitere Jahre, ab 1978 als Sprecherin. Wir konnten manches für die Auszubildenden erreichen.

Zu Beginn dieser Amtszeit bildeten wir drei Betriebsrätinnen außerdem ein Frauenausschuß, trafen uns aber nicht oft zu Sitzungen, so daß diese Einrichtung im Laufe der Zeit leider einschlief.

Im Betriebsrat hatten wir natürlich auch unorganisierte KollegInnen. Damit mußte ich notgedrungen leben. Viel mehr nervte mich, daß meine eigenen GewerkschaftskollegInnen oft konservativer waren als die Unorganisierten. Manche, so denke ich, waren vielleicht nur deshalb in der Gewerkschaft, weil sie deren Unterstützung für die Betriebsratsarbeit nicht missen wollten.

Höhere Posten – höhere Ehren?

Für die Zeiten, in denen die Firma Byk aus mehreren Betriebsteilen mit eigenen Betriebsräten bestand bzw. einem Konzern angehörte, wurden vom Konstanzer Betriebsrat immer wieder KollegInnen in den Gesamt- bzw. in den Konzernbetriebsrat gewählt. Auf Einzelheiten will ich nicht eingehen. Wenn ich die Wichtigkeit dieser Gremien auch nicht bestreite, so hatte ich doch nie ein Interesse, darin aktiv zu sein. Mir war die Arbeit vor Ort wichtiger.

Ebenfalls negativ beantwortete ich die Frage nach einem Aufsichtsratsposten, zum Beispiel bei der Altana AG. Das wäre zwar lukrativ gewesen, lockte mich aber überhaupt nicht. Und so wie ich mich kenne, hätte ich mich bei einem solchen Mandat an den Richtlinien des DGB orientiert und die Tantiemen an die Hans-Böckler-Stiftung abgeführt. Unsere Konstanzer Aufsichtsratsmitglieder hatten übrigens in dieser Hinsicht keine einheitliche Meinung und meine schon gar nicht. Die meisten spendeten Teile ihrer Tantiemen für soziale Projekte vor Ort.

O, diese Betriebsversammlungen!

Oft monierte ich die geringe Anzahl der Betriebsversammlungen, damals eine, höchstens zwei pro Jahr. Vier wären laut Gesetz möglich gewesen. Und die, die wir durchführten, waren außerdem nicht gerade toll. Zwar wurde der Tätigkeitsbericht des Betriebsrats nicht vom Vorsitzenden verlesen, was meines Erachtens positiv war, weil damit auch einmal ein anderes Betriebsratsmitglied das Wort hatte, doch für diesen Bericht wurde das Betriebsratsgremium insgesamt zu wenig mit einbezogen. Das hielt ich für schlecht und forderte daher 1976 in einem Antrag:

»... Etwa vier bis sechs Wochen vor der Betriebsversammlung wird bestimmt, wer den Tätigkeitsbericht des Betriebsrats zusammenstellt und gibt. Der Entwurf dieses Berichtes wird zwei bis drei Wochen später im Betriebsrat diskutiert. Zusätze und Änderungen werden dort entgegengenommen. Der endgültige Bericht kann eine Woche vor der Betriebsversammlung in den Betriebsratsbüros eingesehen werden...

... Begründung: Durch diese Regelung wäre der gesamte Betriebsrat an der Erstellung des Betriebsratsberichts besser beteiligt und die Verfasser des Berichts könnten bei dieser Regelung eher Anregungen der Betriebsratsmitglieder erhalten als bisher.«[163]

Mein Antrag wurde zwar angenommen, änderte jedoch leider nichts an der bisherigen Praxis, zumindest nicht in dieser Amtszeit.

Ein weiteres Manko bei den Betriebsversammlungen war und blieb: Nur selten meldete sich im Oberen Konzilsaal jemand aus der Belegschaft zu Wort. Die Tagesordnung wurde abgewickelt, fertig. Hier für eine weitere (langweilige?) Betriebsversammlung zu plädieren, konnte ich mir sparen, es sei denn, wir hätten sie interessanter gestaltet. Aber genau das klappte nicht, obwohl wir im Betriebsrat und auch in so manchen Vertrauensleuteversammlungen immer wieder darüber berieten, wie wir eine bessere, lebendigere Betriebsversammlung zustande bringen könnten. Schließlich wußten wir von anderen Betrieben, daß diese ihre Betriebsversammlungen entsprechend organisierten. Gelegentlich versuchten wir auch Teilbetriebsversammlungen, um die Diskussionsfreudigkeit in kleineren Gruppe zu wecken, doch es half nichts: Sie verliefen nicht besser als die bisherigen.

In den achtziger Jahren starteten wir einen weiteren Anlauf, unsere Betriebsversammlungen zu optimieren: Es konnten im Vorfeld Fragen an den Betriebsrat eingereicht werden, der diese, wenn nötig, anonym an die entsprechenden Fachabteilungen zur Bearbeitung weiterleitete. In der Betriebsversammlung wurden die Fragen dann – mehr oder weniger zufriedenstellend – vom Betriebsrat bzw. von den Fachbereichen beantwortet. Das war zwar positiv und wird noch heute praktiziert, doch die angestrebten Diskussionen wurden dadurch nicht ausgelöst. Gleichwohl ist diese Behandlung von Fragen eine akzeptable Geschichte.

Müssen Betriebsräte geschult sein?

Eine Thema, an denen sich im Betriebsrat immer wieder Meinungsverschiedenheiten entfachten, war die Schulung. Die Grundlage dazu war durch das Betriebsverfassungsgesetz gegeben, doch die Wahrnehmung dieses für BetriebsrätInnen so wichtigen Rechts stand auf einem anderen Blatt. Etliche Betriebsratsmitglieder glaubten, ohne solche Schulungen auszukommen oder hielten sich für unabkömmlich. Ich selbst hatte damit keine Probleme. Ich nahm mein Recht in Anspruch und profitierte immer viel von den jeweiligen Veranstaltungen. Daß ich dabei ausschließlich Schulungen der Gewerkschaften besuchte, mehrfach in der Bundesschule der IG Chemie in Bad Münder oder bei gewerkschaftsnahen Institutionen, war für mich eine Selbstverständlichkeit, rief allerdings auch Kritik anderer Betriebsratsmitglieder hervor. Wo hier die Ausgewogenheit sei, hieß es. Nun, wenn andere zu Arbeitgeberschulungen gingen – trotz einer Aufforderung der IG Chemie beim 10. Gewerkschaftstag, dies nicht zu tun[164] –, konnte ich das auch nicht verhindern. Ich jedenfalls fühlte mich eher zu »meiner Organisation« hingezogen, um mir das Rüstzeug für die Betriebsratsarbeit anzueignen.

Von den Schulungen kehrte ich immer motiviert zurück und hätte am liebsten im Betriebsrat alles umgekrempelt. Dabei waren es beileibe keine revolutionären Sachen, die ich bei den IG Chemie-Kursen gelernt hatte. Göttin bewahre! Die bessere Ausschöpfung der gesetzlichen Rechte des Betriebsrats, das hätte mir schon genügt. Aber bereits das wurde mir von manchen BetriebsratskollegInnen angekreidet. Schlimmer noch, mir wurde immer mehr unterstellt, ich wolle mit »dem Kopf durch die Wand«, was auch immer das bedeutet hätte.

Der Betriebsrat – der verlängerte Arm der Gewerkschaft?

Für meinen Betriebsrat kann ich das nicht gerade behaupten, obwohl ich die Zusammenarbeit zwischen den organisierten KollegInnen und der IG Chemie als gut beurteile, zumindest zu Zeiten, als Willi Lorenz Geschäftsführer der Verwaltungsstelle Freiburg war. Ab Anfang der achtziger Jahre hatte ich den Eindruck, daß der Kontakt zur Organisation etwas nachließ, wahrscheinlich weil Ernst Schnell, der Nachfolger von Willi Lorenz, sich in den Augen mancher KollegInnen oftmals zu kämpferisch zeigte und auch in Betriebsversammlungen bei Byk (zu?) harte Töne anschlug. Moderater wurde es wieder unter der Geschäftsführung von Hannelore Keller und später Heinrich Stroh, das Verhältnis zwischen dem Byk-Betriebsrat und der IG Chemie blieb indessen ziemlich kühl, es sei denn, es traten Probleme bei der Betriebsratsarbeit auf. So wurde zum Beispiel im Zuge der Veränderung der Altersversorgung bei Byk gerne auf die Hilfe der Organisation zurückgegriffen.

Bei den Byk-Betriebsratssitzungen war selten ein Funktionär der IG Chemie anwesend, in den Betriebsversammlungen schon eher. Oft referierten GewerkschaftsvertreterInnen, obwohl im Betriebsrat dagegen bisweilen Vorbehalte laut wurden. Auch die Belegschaft war nicht immer begeistert, wenn in der Betriebsversammlung ein »Gewerkschaftsmensch« sprach. Manchmal lag es an den Reden, meist aber an den jeweiligen antigewerkschaftlichen Einstellungen der Byklinge. Denn der Organisationsgrad bei Byk war leider relativ gering, besonders im Angestelltenbereich. Hier muß ich auch an meine Brust klopfen mit einem lauten »mea culpa«, denn Werbung war nie meine Stärke. Dennoch: In meinen Anfangszeiten bei Byk war ich die einzige Organisierte in der Analytik, bei meinem Ausscheiden konnte ich einen kleinen, erfreulichen Zuwachs konstatieren. Hatte ich indirekt doch Zeichen gesetzt?

Betriebsratswahl 1978 – »bitter und süß«

Das Jahr 1978 sollte das in meiner Byk-Zeit aufregendste werden, spannend fast wie ein Krimi. Wieder stand die Betriebsratswahl ins Haus, wieder fünf Arbeiter und zehn Angestellte, allerdings laut Vorabstimmung als »Gruppenwahl«: Arbeiter und Angestellte hatten getrennte Listen, konnten nur ihre Gruppe wählen. Außerdem war »Listenwahl« vorgesehen, wodurch jede(r) Wahlberechtigte seine (einzige) Stimme lediglich einer Liste geben konnte.

Diesmal war ich kein unbeschriebenes Blatt mehr, trotzdem – oder vielleicht gerade deshalb? – vielen suspekt. In den Wahlvorstand wurde ich dennoch delegiert, denn man konnte mich dort gut zum Arbeiten gebrauchen.

Im März 1978 fand eine Vertrauensleutesitzung der IG Chemie statt[165], nach Feierabend in der Kantine Gottlieberstraße. Ich erinnere mich noch genau. Einziger Tagesordnungspunkt: Betriebsratswahl. Nach langem Hin und Her entschied sich die Versammlung für die Aufstellung von drei (!) Listen für ArbeiterInnen und zwei (!) Listen für Angestellte. Der Hintergrund für die vielen Listen dürfte sowohl in der betrieblichen Struktur als auch im taktischen Bereich zu suchen sein. Völlig nachvollziehen konnte ich diese Aufteilung nicht, aber ich schwamm mit.

Während die Listenaufstellung der »Gewerblichen« problemlos verlief, bahnte sich eine hitzige Debatte bei den Angestelltenlisten an, deren Listenführer einmal Erwin Kohler, zum anderen Gebhard Dachtler waren, beide freigestellte Betriebsratsmitglieder, gegen deren Positionen kein Einwand erfolgte. Erst als zwei Frauen gute Listenplätze beanspruchten, nämlich Gisela Sommer bei der »Liste Dachtler« Platz zwei und ich bei der »Liste Kohler« Platz drei, entwickelten sich heftigste Wortwechsel, in deren Verlauf Gisela Sommer wutentbrannt aus dem Raum rannte. Die »Liste Kohler« wurde dann mit mir auf Platz drei vervollständigt und so genehmigt. Anschließend jedoch sagte Erwin Kohler, er werde eine eigene Liste aufstellen, denn er lehne aus politischen Gründen eine Liste mit mir ab. Ich war sprachlos. Nachdem ich mich etwas beruhigt hatte, begann ich zu diskutieren, fühlte aber eine sehr starre Front gegen mich. Darauf legte ich verärgert mein Amt als Mitglied im Wahlvorstand nieder. Dann ging auch ich enttäuscht und voller Wut nach Hause und heulte mich erst mal aus.

Eine Frauenliste – einmalig bei Byk und aufregend!

Am anderen Morgen hatte ich mich zwar etwas gefaßt, war aber immer noch voller Wut und wollte fast schon resignieren. Andererseits liebäugelte ich mit einer Frauenliste. Ob so was möglich wäre? Nun, ich erzählte erst einmal meinen KollegInnen von dem Vorfall in der vorabendlichen Sitzung. Sie waren mit mir empört. Eine Kollegin, Ilona Steinke, fragte – das höre ich alles wörtlich noch heute – »Ja, Vera, und Du kämpfst nicht?« – »Mit wem soll ich denn kämpfen?« gab ich zu bedenken. »Mit uns, mit einer Frauenliste!« Da war ich platt. Spontan erklärten sich zwei Kolleginnen bereit, mit mir und Gisela Sommer, die ich inzwischen auch informiert hatte, zu kandidieren: Die »Frauenliste der Angestellten« war auf den Weg gebracht, es wurde eine aufregende Geburt. Fünf Frauen standen schließlich auf der Liste (drei davon aus der Analytik!) in der Reihenfolge: Vera Hemm, Gisela Sommer, Ulrike Meinhard, Evelyn Israel, Annemarie Seemann.[166] Ich war begeistert von dieser Aktion und glücklich zugleich. Eine Frauenliste – ein Traum!

Die schönste Betriebsversammlung meines Lebens

Die Analytik war in diesen Tagen wie ein verschworener Haufen. Ich spürte so viel Anerkennung, so viel Hilfe, so viel Solidarität. Hatte ich all dies verdient? Einige KollegInnen sprachen mich an: »Also, wenn

FRAUENLISTE NR. 4

Liebe Kolleginnen, liebe Kollegen!

Die Kandidatinnen der Frauenliste haben Sie informiert:

- Warum eine Frauenliste?
- Wie wird gewählt und ausgezählt?

Hier nun einige konkrete Vorstellungen zu unserer künftigen Mitarbeit im Betriebsrat:
Wir wollen z.B.

- Ausschöpfung der im Betriebsverfassungsgesetz verankerten Rechte
- möglichst breite Information über die Betriebsrats-Arbeit
- Einsatz für die Belange der Frauen
- Betreuung der Auszubildenden
- Anregungen von Ihnen, damit wir Ihre Interessen besser vertreten können.

Der künftige Betriebsrat ist so gut, wie Sie ihn wählen! – Er wird so gut arbeiten, wie Sie ihn fordern!

Sie haben die Wahl –
Wählen heißt Auswahl treffen!
Ihre Stimme – unsre Chance

FRAUENLISTE

Verantwortlich für den Inhalt: V. Hemm,
G. Sommer, U. Meinhard, H. Israel, A. Seemann

Ein Aushang am Schwarzen Brett.

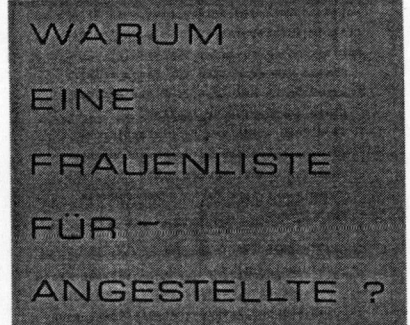

WARUM EINE FRAUENLISTE FÜR ANGESTELLTE ?

GANZ EINFACH – WEIL MEHR FRAUEN IN DEN BETRIEBSRAT GEHÖREN !

ES BEGANN ·
bei einer Kandidatenversammlung: den bisherigen Betriebsrätinnen Hemm und Sommer wurden aussichtsreiche Listenplätze verwehrt, obwohl man beiden eine gute Mitarbeit im Betriebsrat immer wieder bescheinigte.

- Gisela Sommer sollte für einen relativ unbekannten Mann den 2. Platz auf der Liste zur Verfügung stellen.
- Vera Hemm wurde vom Betriebsratsvorsitzenden von der in der Kandidatenversammlung beschlossenen Liste mit dem Hinweis auf ihre Parteizugehörigkeit gestrichen.

SOMIT
kandidiert sowohl auf der Angestellten-Liste Nr. 1 (Gebhard Dachtler) als auch auf der Angestellten-Liste Nr. 3 (Erwin Kohler) keine einzige Frau.
Das konnte nicht hingenommen werden.

EINE ANTWORT
auf dieses undemokratische Vorgehen war die spontane Solidarität einer Reihe von Mitarbeitern, war der "Auszug aus der Betriebsversammlung im Konzil".

Die Kolleginnen und Kollegen waren – und sind nach wie vor – der Meinung, daß Parteipolitik nicht in den Betriebsrat gehört. Sie bekräftigen: Kollegin Hemm hat diesem Grundsatz selbst immer entsprochen. Dabei ist klarzustellen, daß sich die Gruppe mit ihrer Solidaritätsaktion nicht der parteipolitischen Meinung von Vera Hemm anschließt, sondern sich lediglich gegen den undemokratischen Akt der willkürlichen Streichung von der beschlossenen Liste wendet.

DIE KONSEQUENZ
aus diesen Geschehnissen mußte eine eigene Frauenliste für Angestellte sein.

Allen Männern und Frauen, die dieser Frauenliste durch ihre Unterschrift eine Startchance gaben, sei vielmals gedankt. Sie haben damit die Möglichkeit geschaffen, daß in dem künftigen Betriebsrat wieder Frauen mitarbeiten können.

Bei der Firma Byk – Gulden sind mehr als die Hälfte der Beschäftigten Frauen ; im derzeitigen Betriebsrat sind die Frauen dagegen nur mit einem Fünftel der Sitze vertreten.

DIES IST KEIN GUTES VERHÄLTNIS
UND MUSS VERBESSERT WERDEN !!!

Die Kandidatinnen gehen nicht mit wohlklingenden Versprechungen in die Betriebsratswahl. Aber sie versichern, sich ganz besonders für die Frauen von Byk zu engagieren. Das kann jedoch nicht heißen, daß sich Betriebsrätinnen nur isoliert um Frauenprobleme kümmern. Denn wenn es als selbstverständlich gilt, daß sich Männer für Frauen einsetzen, dann ist es genau so selbstverständlich, daß sich Frauen auch für Männer einsetzen.

DESHALB :

AM 8./9. MAI 78 IHRE STIMME DER FRAUENLISTE NR. 4

PS: Ihre Stimme können Sie auch per Briefwahl abgeben. Unterlagen erhalten Sie beim Wahlvorstand.

Verantwortlich für den Inhalt: V. Hemm, G. Sommer, U. Meinhard, E. Israel, A. Seemann in der Betriebsversammlung im Konzil (31. März 1978) der Tagesordnungspunkt Betriebsratswahlen aufgerufen wird, dann verlassen wir den Saal. Die ganze Abteilung.« Meine Überraschung war groß. Noch eins drauf, hoffte ich: »Schön, aber meint ihr, die Leute merken, warum ihr rausgeht?« Nachdenken allerseits. »Wie wär's, wenn ihr das begründen würdet?« wagte ich vorzuschlagen, wohl wissend, daß es schwierig ist, im Oberen Konzilsaal das Wort zu ergreifen. »Oje, o nein, im Konzil etwas sagen, das ist zu viel.« Ich versuchte zu beschwichtigen: »Ihr könnt ja einen Satz aufschreiben und ihn ablesen.« Nun, sie überlegten und kamen alsbald mit einigen Zeilen zurück. »Wäre das richtig?« Es war wundervoll. Nur, wer redet? Funkstille. Annemarie Seemann wörtlich: »Bevor es niemand macht, mache ich es.« Super. Also ab ins Konzil. Wir setzten uns in die Nähe eines Mikrophons – wegen des Schulterschlusses (!) alle möglichst dicht beieinander – und harrten der Dinge. Und tatsächlich, beim Tagesordnungspunkt Betriebsratswahlen streckte Annemarie die Hand und bat ums Wort. Sie trat ans Mikro und verkündete laut und deutlich:

»Wir verlassen den Saal aus Solidarität mit einer Kollegin, die sich jahrelang im Betriebsrat für unsere Interessen eingesetzt hat. Sie wurde aus rein parteipolitischen Gründen vom Betriebsratsvorsitzenden von der bereits beschlossenen Liste gestrichen. Dies lehnen wir als undemokratisch ab.«[167]

Für mich klang das wie Musik in meinen Ohren, ich war zu Tränen gerührt. Daraufhin erhob sich eine stattliche Zahl an KollegInnen aus meiner und benachbarten Abteilungen und strömte aus dem Konzilsaal. Allgemeines Staunen, Murmeln. Na, so was. Der Betriebsratsvorsitzende, der die Versammlung leitete, war völlig perplex und verunsichert. Er fragte, ob es noch weitere Wortmeldungen gäbe. Ich meldete mich und eilte zu ihm auf das Podium, was ihn nochmals schockierte. »Du willst hier oben ans Mikrophon?« – »Ja, das will ich.« Dann berichtete ich, daß ich die Kollegin sei, um die es sich handle, und schilderte den ganzen Verlauf der Geschichte. Ich endete mit dem Satz: »Man wird weiter mit mir rechnen müssen.« Tosender Beifall. Und ich fix und fertig vor Aufregung, mit zitternden Knien, aber zufrieden. Solidarität ist eben doch kein leeres Wort.

»Klinkenputzen«

Wir mußten – so das Betriebsverfassungsgesetz – für unsere Liste Stützunterschriften sammeln, eine Heidenarbeit. Schaffen wir's? Wir waren in Zeitnot, Fristen mußten eingehalten werden. Unglücklicherweise hatten die meisten KollegInnen mit ihrer Unterschrift bereits eine andere Liste favorisiert. Wir berieten, wie wir unsere Aktion fortführen könnten, ohne den anderen Listen zu schaden. So idiotisch fair waren wir noch! Wir formulierten zusätzlich zu der obligaten Unterschriftenliste noch folgende Erklärung, die wir ebenfalls unterzeichnen ließen:

»Hiermit ziehe ich meine bereits für eine andere Vorschlagsliste gegebene Unterschrift zurück und erkläre, daß meine Unterschrift für die ›Frauenliste der Angestellten‹ (Hemm, Sommer...) Gültigkeit hat.

Datum, Name, Unterschrift«[168]

Ich besuchte die Byk-Außenstellen: die Verwaltung, die Forschung, wo ich relativ fremd war. Eine Welle der Sympathie schlug mir überall entgegen. Die Betriebsversammlung hatte mächtigen Wirbel verursacht. Wirbel – für uns. Ich war überrascht und bewegt zugleich. »Bist ein feines Mädchen«, hauchte mir ein Kollege ins Ohr, von dem ich so ein Kompliment nie erwartet hätte. Oder: »Jetzt war endlich mal was los in der Betriebsversammlung, und gerade da war ich nicht dabei«, gestand mir eine fremde Kollegin. Meine Bitterkeit wich, mein Selbstbewußtsein wuchs, ich wurde immer sicherer. Die Leute waren von meiner (unserer) inzwischen im Betrieb bekannten Aktion beeindruckt. Über hundert Unterschriften bekamen wir für unsere Liste zusammen, mehr als wir brauchten. Wir waren selig. Die erste Hürde hatten wir genommen.

Meine Chefs zeigten sich großzügig, sie stellten mich frei für den »Ausflug« in die Außenstellen, ja ich glaube, sie waren fast etwas stolz auf uns, besonders nach den Vorkommnissen in der Betriebsversammlung, die ja schon etwas Mut erforderten.

Natürlich mischten wir im Wahlkampf mit. Die Verwaltungsstelle der IG Chemie, die ich von den Konstanzer Ereignissen informiert hatte, unterstützte uns, ebenso die Frauensekretärin aus Stuttgart, Ingeborg Riehle. Ich denke, sie freute sich, daß sich die Frauen so engagierten. Wir schrieben zwei Flugblätter[169] und verteilten sie vor den diversen Werkstoren. Auch am offiziellen Schwarzen Brett zur Wahl (Wahltafel) waren wir präsent. Und gar nicht mal so schlecht.

Diesem für mich so einmaligen Wahlkampf widmete ich bei meinem 20jährigen Byk-Jubiläum 1982, das wir in der Analytik mit einem kleinen Umtrunk begossen, ein paar Zeilen:

»... Den dritten Schluck häng' ich gleich an,
Weil ich nicht widerstehen kann,
Ein Schluck, der hier an viele geht
Zum Thema Solidarität.
Ihr wißt ja sicher, was ich meine:

Die Betriebsversammlung, jene feine
Und die BR-Wahl, die dann war
Im 19 – 78er Jahr,
In dem ihr mir zur Seite standet
Und für mich Sympathie empfandet.
Das war so großartig, so toll!
Ich bin noch heut des Lobes voll.
Denn ich empfand ein großes Glück -
Vielleicht das größte je bei Byk!
Ich dank Euch heut' ganz offiziell
Und bin auch künftig stets zur Stell'
Und für Euch da – so wie bisher.
Drauf PROST und nochmals: DANKE SEHR!«

Die Konkurrenz schläft nicht!

Bei dieser Betriebsratswahl lagen insgesamt neun (!) Listen zur Wahl vor, für die ArbeiterInnen vier, für die Angestellten fünf.[170] Das war ungewöhnlich, aber rechtens. Neu war außer dem Phänomen unserer »Frauenliste für Angestellte« die »Freie Liste Betriebsratswahl«, vorwiegend getragen von Mitgliedern des »Verbands Akademischer Angestellten« (VAA), mit Waltraud Schaffrin als Listenführerin. Auf dieser Liste befanden sich allerdings nicht nur Personen in leitenden betrieblichen Funktionen; führender Kopf dieser Gruppe war Dr. Ruhland.

Der VAA beteiligte sich zum ersten Mal an den Byk-Betriebsratswahlen. Für mich bzw. unsere Liste bedeutete das zunächst einmal eine Konkurrenz, da dort eine Frau Spitzenkandidat war. Desweiteren wußte ich noch nicht, wie ich den VAA einzuschätzen hatte. Ich erfuhr zwar, daß dies eine Berufsorganisation von Chemikern und Naturwissenschaftlern war, sich selbst auch als Gewerkschaft bezeichnete. Allerdings hatte der VAA als sogenannte »gelbe Gewerkschaft« mit uns Gewerkschaftsleuten recht wenig am Hut. Umgekehrt wohl ebenfalls. Schließlich erblickte ich darin auch eine gewisse Spaltung der (Angestellten-)Belegschaft, die ich lieber in der IG Chemie organisiert gesehen hätte. Nun, ich sollte meine Erfahrungen machen.

Ergebnisse – Stimmungen – Reaktionen

Wie immer wurde bei Byk aufgrund der räumlichen Zerrissenheit der Betriebsteile an zwei Tagen gewählt. Am Abend des zweiten Wahltages begab ich mich natürlich zur Stimmauszählung, die spannend und aufregend verlief. Wenngleich bei dieser Betriebsratswahl die »Kohler-Liste« mit vier Sitzen erwartungsgemäß die erfolgreichste war, konnten wir mit unserer Frauenliste doch auch zufrieden sein: Wir erreichten zwei Sitze, Gisela Sommer und ich, die VAA-nahe Liste ebenfalls zwei, die beiden anderen Angestelltenlisten brachten es auf je ein Mandat. Von den vier gewerblichen Listen erhielten zwei je zwei Sitze, eine Liste nur ein und eine gar kein Mandat.[171] Was den Frauenanteil insgesamt anbelangt, so wurden es bei den Angestellten drei, bei den Gewerblichen zwei Frauen. Somit hatten wir den Frauenanteil im Betriebsrat auf 33 % erhöht.

Den VertreterInnen der VAA-nahen Liste hatte ich wohl sehr imponiert durch mein Auftreten im Konzil und im Wahlkampf. Sie luden mich kurz nach der Wahl zu einem Gespräch ein und schlugen mir tatsächlich vor, mich zu unterstützen, wenn ich mich für eine Freistellung bewerben würde. Dem Betriebsrat standen damals laut Gesetz drei zu, zwei aus dem Angestellten- und eine aus dem gewerblichen Bereich. Die Chancen für mich waren realistisch. Ich bat mir Bedenkzeit aus, denn ich war in tiefen Zweifeln: Einerseits wäre ich wahnsinnig gern in die hauptamtliche Betriebsratsarbeit eingestiegen, andererseits aber hatte ich einige Betriebsratskollegen, die mich nicht voll akzeptierten und, wie ich befürchtete, unter Umständen auflaufen lassen würden. Außerdem konnte ich die Leute vom VAA überhaupt nicht einschätzen. Sie erwiesen sich zwar in der Folgezeit als rührige BetriebsrätInnen, anfangs hatte ich hingegen meine Vorbehalte. Schließlich hätte ich durch eine Zusage den kranken Gebhard Dachtler von der Freistelle vertrieben und wieder an den Arbeitsplatz zurückgeschickt, was mir sehr unfair vorgekommen wäre.

Nach reiflichen Überlegungen und einigen fast schlaflosen Nächten verzichtete ich schließlich auf eine Freistellung. Möglicherweise vergab ich mir etwas dadurch, ersparte mir aber wahrscheinlich viel Ärger. Doch ich bin bis heute nicht sicher, ob meine Entscheidung richtig war.

»Fronten und Koalitionen« im Betriebsrat

Nach den Betriebsratswahlen 1978 war vieles anders als zuvor. Der Wahlkampf hatte seine Spuren hinterlassen. Eine Reihe neuer Gesichter war nun im Betriebsrat, darunter, wie sich später herausstellte, manche, die mit kreativen Ideen aufwarteten, aber auch einige, die sich eher der konservativen Linie verbunden fühlten. Bereits in der konstituierenden Sitzung waren zwei Fronten erkennbar und sie sollten sich mit der Zeit noch mehr herauskristallisieren. Zunächst hatten die »Neuerer« etwas Oberwasser, zu denen ich vor allem die beiden VAA-nahen VertreterInnen sowie ein paar weitere KollegInnen und mich zählen möchte. Wenn wir es darauf angelegt hätten, wäre rein rechnerisch sogar der Betriebsratsvorsitz für Erwin Kohler nicht mehr sicher gewesen. So weit wollten wir es jedoch nicht kommen lassen. Erwin Kohler blieb Vorsitzender. Allerdings mußte er mit einem Stellvertreter, Klaus Kurschat, vorlieb nehmen, den er gerade nicht wollte, den wir ihm trotzdem per Mehrheitsbeschluß demokratisch aufzwangen.[172]

Bereits in den ersten Monaten änderte sich die Arbeitsweise im Betriebsrat: So wurde zum Beispiel in den Sitzungen als ständiger Punkt eins der »Bericht über die Aktivitäten der Freigestellten« behandelt, um Informationen über die Geschehnisse in den Betriebsratsbüros besser weiterzuleiten. Protokolle der Sitzungen wurden (nun ohne Widerrede) obligatorisch, wenn auch manchmal spät versandt, die Themen im Betriebsrat wurden vielfältiger, die Diskussionen intensiver. Bald konnte ein Betriebsrats-Info herausgegeben werden. Im Laufe der Zeit wurden sogar Sprechstunden einzelner Betriebsratsmitglieder eingerichtet.

Mir selbst begegnete man anders als bisher: Ich wurde mehr respektiert, konnte mich mehr einbringen; das beflügelte mich. Ich wurde sogar in den Betriebsausschuß gewählt, was für mich zwar einen höheren zeitlichen Aufwand, aber auch eine intensivere Interessenvertretung bedeutete. Im Lehrlingsausschuß und im Frauenausschuß war ich ebenfalls wieder Mitglied, dagegen nicht mehr im Wirtschaftsausschuß. Letzteres störte mich nicht sonderlich. Bilanzen sind nie meine starke Seite gewesen.

Sehr bald wurde eine Teilbetriebsversammlung in Hamburg durchgeführt, bei der Dr. Ruhland und ich den Betriebsrat vertraten. Diese Konstellation wäre früher nicht denkbar gewesen. Auch die Betriebsversammlungen in Konstanz liefen besser ab, schon rein optisch. Der Betriebsrat saß nicht mehr irgendwo anonym im Saal, sondern oben auf dem Podium, so daß alle Betriebsratsmitglieder gesehen werden konnten. Das war sicher nicht allen BetriebrätInnen angenehm, aber niemand scherte aus.

In der ersten Betriebsversammlung nach den Wahlen durfte ich den Bericht des Betriebsrats halten, wobei ich damit so verfuhr wie in meinem Antrag der letzten Amtsperiode gefordert: Ich ließ jedes Wort vom Betriebsrat absegnen. Der Rechenschaftsbericht endete mit einem Satz, der nicht nur mir wichtig war:

»Sollten noch Fragen auftauchen, sind wir alle gerne bereit, sie nach bestem Wissen und Gewissen zu beantworten. Betonung liegt dabei auf ›wir alle‹, denn alle, die wir hier in der Reihe sitzen, bilden das Gremium

Betriebsrat, das sollte mit dieser Sitzordnung unter anderem auch demonstriert werden.«[173]

Bei vielen dieser neuen Errungenschaften waren die BetriebsrätInnen der VAA-nahen Liste initiativ, sie hatten wirklich gute Ideen, die Betriebsratsarbeit zu optimieren. O, hätten nur meine IG Chemie-KollegInnen ähnliche Aktivitäten entwickelt! Während sich manche Betriebsratsmitglieder in der Zusammenarbeit mit den VertreterInnen des VAA schwer taten, ergaben sich bei mir diesbezüglich keine Probleme. Wir hatten zum Teil ähnliche Vorstellung in der praktischen Betriebsratsarbeit, so daß wir oft spontan am gleichen Strang zogen. Dadurch verstärkte sich die bereits bisher im Betriebsrat vorhandene Zweiteilung. Es herrschte oft keine gute Atmosphäre.

Natürlich hatte ich keine direkte Koalition mit den VAA-Leuten. Doch da sie mir – auch als Gewerkschafterin – Achtung und Toleranz zollten, waren sie für mich wichtige GesprächspartnerInnen. Mit der Zeit konnte ich mit ihnen sogar besser kooperieren als mit meinen IG-Chemie-KollegInnen.

Leider erfolgte der erste Einbruch bereits 1979, als Dr. Ruhland die Firma verließ, denn der Nachfolger dieser Liste war kein gleichwertiger Ersatz. Das spürten alle. Das Klima im Betriebsrat begann umzuschlagen. Am Ende dieser Amtsperiode war nicht mehr viel von der Aufbruchstimmung der ersten Monate übrig, einiges konnte gerettet werden, aber die konservative Linie setzte sich immer mehr durch, jedoch mit »eleganteren« Mitteln als bisher: verdeckter, vordergründig höflich. Und in Erwin Weibezahl hatte die konservative Linie einen hervorragenden Mann mit entsprechendem Durchblick, den manche sogar den »heimlichen Vorsitzenden« nannten.

Die Frauenfront bröckelt

Der Erfolg unserer Frauenliste war leider nicht von Dauer. Mit der Zeit stellte ich fest, daß meine Mitbetriebsrätin Gisela Sommer zu mir auf Distanz ging, was mich ziemlich kränkte. Immer öfter war sie nicht mehr bereit, mit mir zusammenzuarbeiten. Sie näherte sich wieder der anderen, der konservativen Front an. Bald kam es zum Bruch. Eine bittere Pille für mich. Ganz persönlich, aber auch betriebsrätlich und frauenpolitisch. Trotzdem machte ich weiter. Nicht mehr mit so vielen Möglichkeiten, doch mit entsprechender Energie schaffte ich es. Schließlich hatte ich jene Betriebsversammlung nach wie vor im Kopf. Das stärkte mich.

Oft frustiert – trotzdem weiterhin aktiv

Vor der Betriebsratswahl 1981 erhob sich die Frage nach einem eigenständigen Betriebsrat für den inzwischen angewachsenen Byk-Betriebsteil in Singen. Der Betriebsrat signalisierte mehrheitlich, sich dabei neutral zu verhalten und übertrug die Entscheidung dem Arbeitsgericht, das am 23. Februar 1981 befand: »Der Antrag auf Feststellung, daß der Betrieb der Beteiligten (...) in 7700 Singen ein selbständiger Betrieb ist, wird abgewiesen.«[174]

Also kein eigener Betriebsrat für Singen. Nicht optimal in meinen Augen, doch die Betriebsratsmehrheit war zufrieden.

Unter all diesen neuen Konstellationen ließ die Betriebsratswahl 1981 nichts Gutes erahnen. Zwar wurde im Vorfeld in einer Vertrauensleutesitzung der IG Chemie eine Liste für die Betriebsratswahl beschlossen, bei der sogar Nichtanwesende und Unorganisierte berücksichtigt wurden, anderentags aber widerrief ein Dutzend der Aufgestellten ihre Kandidatur unisono, schriftlich und mit kollegialem Gruß.[175]

Wieder eine Spaltung. Es gab jedoch auch »treue« GewerkschafterInnen, die das Gewerkschaftsbuch nicht nur in der Tasche hatten. Wir bastelten eine Liste unter Mitwirkung der IG Chemie. Ich war Erstkandidatin, ich konnte noch von den Geschehnissen bei der vorangegangenen Betriebsratswahl zehren. Den zweiten Platz belegte Rolf Benz, danach Waltraud Maschmann, Wolfgang Schlegel und weitere gute Leute, vierzehn für die Angestellten.

Schließlich existierten bei dieser Wahl sechs Listen, zwei für die ArbeiterInnen und vier für die Angestellten. Zwei davon, eine für ArbeiterInnen, eine für Angestellte, traten offen als Liste der IG Chemie auf[176], dann bewarben sich wieder eine »Freie Liste Betriebsratswahl« (VAA-nah) sowie drei weitere Listen, auf der sich dann u.a. die Personen wiederfanden, die der IG Chemie-Liste den Rücken gekehrt hatten. Und ausgerechnet auf einer davon prangte nun auch der Name meiner einstigen Mitkandidatin auf der Frauenliste, Gisela Sommer. Ich war mehr als enttäuscht.

Dann der Wahlkampf: Flugblätter in allen Variationen, bunt, mit und ohne Photo, faire und unfaire. Ein Paradebeispiel negativer Art war das Blatt der »Kohler-Liste«. Es zeigte eine linke Hand an einer PC-Tastatur und trug die Überschrift:

»Mit links schaffen wir es nicht!
Wir packen im Betriebsrat mit beiden Händen zu.«[177]

Ich wußte genau, das richtete sich gegen mich. Gegen die Gewerkschaft konnte es ja nicht sein, so schrecklich links stand die IG Chemie wohl nicht, daß man sie im Wahlkampf hätte attackieren müssen.

Unsere gesamte Liste wegen mir als Erstkandidatin in die linke Ecke zu schieben, fand ich empörend. Für mich glich das einer »Sippenhaft«. Manchem Mitkandidierenden auf meiner Liste unterstellte man, mit mir »unter einer Decke« zu stecken, was auch immer damit gemeint war. Doch irgendwie kam mir das ganze Gezeter gegen links doch bekannt vor. Ich hätte mich eigentlich nicht so grämen sollen.

Dennoch: So hart war bisher nicht gestritten worden. Der Stil war neu, eigentlich nicht Erwin Kohlers Art, spitzfindiger und subtiler als bisher. Vielleicht auch geschickter, aber nicht fairer. Wer war der Vordenker, wer der Verfasser bei den Texten der »Kohler-Liste«? Ich konnte es mir zusammenreimen. Und bei allem wurde von »offen und ehrlich« und von »menschlich bleiben« geredet...

Das Ergebnis dieser Betriebsratswahl war für unsere Gewerkschaftslisten nicht berauschend: Zwei Angestellte – fast wären es drei geworden – dazu zwei Mandate bei unseren »Gewerblichen«, also insgesamt vier Mandate von »unserer Seite«.[178]

Bereits in der konstituierenden Betriebsratssitzung[179] waren wieder zwei Lager erkennbar. Allerdings weniger bei der Wahl des Vorsitzenden Erwin Kohler, der mit 13 von 15 Stimmen gewählt wurde – aber nicht mit meiner! – als eher beim Stellvertreter. Hier unterlag der bisherige Amtsinhaber Klaus Kurschat seinem keineswegs qualifizierteren, aber vielleicht bequemeren (?) Konkurrenten Rudolf Koch. Entsprechendes auch bei den drei Freistellungen: Als Vorsitzender erhielt Erwin Kohler die erste, Rudolf Dummel die zweite Angestellten-Freistelle für den inzwischen verstorbenen Gebhard Dachtler. Klaus Kurschat mußte die in den letzten drei Jahren innegehabte Freistellung an Rudolf Koch abtreten und wieder an den Arbeitsplatz im Betrieb zurückkehren. Hier half – was vorauszusehen war – leider mein vor der Abstimmung gestartetes Plädoyer für Klaus nichts, in dem ich u.a. fragte, ob man mit Klaus Kurschat nicht zufrieden gewesen sei, worauf peinliche Stille herrschte. Und weiter führte ich aus:

»... Nachdem sich Klaus vor drei Jahren freistellen ließ, sollte man auch die menschliche Seite einmal betrachten. Sicher, eine Freistellung ist nicht für ewig und somit änderbar, zumindest nach dem Gesetz. Wie sieht's aber moralisch und menschlich aus? Kann man einen Kollegen, der sich nichts zu Schulden kommen ließ, einfach in die Wüste schicken? Erinnert Euch mal an die konstituierende Sitzung vor drei Jahren. Da ging es ebenfalls um die 3. Freistellung, die damals der inzwischen verstorbene Geb-

Die Kandidaten berichten:

IG CHEMIE PAPIER KERAMIK

Wie kam es zur »Listenwahl«?

Unser angestrebtes Ziel war die »Persönlichkeitswahl«, d. h. jeder Beschäftigte sollte die Möglichkeit haben, auf einer Liste bis zu 15 Kandidaten auszuwählen. Das wurde aber von anderen verhindert. Glaubten diese Leute, bei der »Persönlichkeitswahl« weniger Chancen zu haben?
Es kam zu mehreren Listen, was wir bedauern, so daß Sie nur noch eine Stimme haben. Sie können jetzt nur unter den Listen auswählen.
Die Kandidaten der IG Chemie, Liste 1, wurden in einer Vertrauensleute-Versammlung nach demokratischen Grundsätzen aufgestellt. Diese Mehrheitsentscheidung wurde jedoch nicht von allen Kandidaten getragen. Um so überraschender war es für uns, daß diese Kandidaten auf anderen Listen wiederzufinden sind. Ein solches Verhalten trägt sicher nicht zur Stärkung und Gemeinsamkeit im Betriebsrat bei.
Wir brauchen jedoch einen starken Betriebsrat!
Machen Sie ihn stark mit Ihrer Stimme!

Wählen Sie ☒ LISTE 1 ANGESTELLTE
☒ LISTE 1 GEWERBLICHE ARBEITNEHMER

Was wollen die Kandidaten?

Wir gehen nicht mit großen Versprechungen in diese Wahl, aber wir haben uns einiges vorgenommen, wofür wir uns im nächsten BR stark machen werden: …

Wir wollen:

- weiterhin für die Sicherung der Arbeitsplätze eintreten,
- die Eingruppierung im Lohn- und Gehaltsbereich überprüfen,
- versuchen, einen Einstieg in das 14. Monatsgehalt zu erreichen,
- Erfahrungen der Mitarbeitergespräche einer gründlichen Prüfung unterziehen; untersuchen, ob die Nachteile für uns alle nicht größer sind als die Vorteile,
- die Betriebsratsarbeit für Sie durchschaubarer machen,
- mehr Kontakt mit Ihnen, nicht nur jetzt, sondern auch später. Denn wir wollen nicht an Ihnen vorbei arbeiten,
- bei Betriebsänderungen/-verlegungen einen Sozialplan vereinbaren,
- die in Gesetzen verankerten Rechte ausschöpfen,
- Verbesserung der Arbeitsplatzbedingungen – wo nötig.

All dies können wir nur mit Ihrer Hilfe und Ihrer Stimme erzielen. Durch Ihre Wahl entscheiden Sie, ob in den nächsten Jahren Fortschritte für die Arbeitnehmer erreicht werden und Nachteile abgewehrt werden können.

b. w.

IG CHEMIE PAPIER KERAMIK

Ein (zu?) sachlicher Wahlkampf unserseits.

Was nützt ein Betriebsrat . . . wenn er zu schwach ist!

Wir gehen die Probleme an. Engagiert – aktiv – kritisch

Unsere Kandidaten erklären:

- Die Entscheidungen, die im BR zu treffen sind, fällen wir auf Grund der betrieblichen Gegebenheiten.
- In unserem Denken und Handeln sind wir frei.
- Wir lassen uns nicht von Gruppeninteressen leiten.
- Wir sind an keine Weisungen gebunden, halten es jedoch für notwendig, in Ihrem Interesse, daß eine starke Gewerkschaft hinter uns steht.

Mit freundlichem Gruß

Ihre Kandidaten der IG Chemie-Papier-Keramik Liste 1

Hemm Vera, 46 J., Betriebsratsmitglied, ehrenamtlich tätig bei der AOK Konstanz, Analytik, (TIA) Tel. 8233

Benz Rolf, 23 J., Vertrauensleutevorsitzender der IG Chemie Prod. Singen (TCP) Tel. 715/215

Maschmann Waltraud, 25 J. Mitglied des Frauenausschusses der IG Chemie Pharmakologie, (FP2) Tel. 345

Schlegel Wolfgang, 31 J. Betriebsratsmitglied Vertrieb (VRD) Tel. 9272

Riedel Ralf 25 J., Betriebsrats-Ersatzmitglied, Stadtrat in Konstanz, Chem. Forschung (FB1) Tel. 533

Kohlbauer Peter, 30 J., Chem. Forschung (FC1) Tel. 515

Birsner Karl, 61 J. Administration (AZD) Tel. 475

Karkhanetchin Magda, 32 J. Warenzeichen (FWZ) Tel. 9293

Beihofer Katharina, 33 J., Vertrieb med. Wiss. (VMW) Tel. 402

Junge Claus, 36 J. Organisation (ADA) Tel. 9230

Reinartz-Wojtek Walburga, 22 J., Dokumentation (FWD) Tel. 358

Wilms Brigitte 26 J., Chem. Prod. Singen (TCP) Tel. 715/227

Spies Horst, 37 J., Mustervers. Singen (VVS) Tel. 715/248

John Astrid, 30 J. Pharmakologie (FP1) Tel. 621

Kurschat Klaus, 51 J., Freigest. BR-Mitgl., Aufsichtsratsmitglied, Mitglied der Vertreterversamml. der AOK Tel. 426

Rambach Lotte, 42 J., Dragierabteilung (TGB) Tel. 8205

Schmidt Roland, 41 J. Fotokopierzentrale (AZD) Tel. 454

Falkenstein Gisela, 37 J. Kantine (AZD) Tel. 8246

Grötsch Jürgen, 35 J., Fabrikation (TAB) Tel. 8202

Brütsch Heinz, 38 J. Technik Singen (TTS) Tel. 715/231

Trotz »Gruppenwahl« ein gemeinsames Flugblatt der IG-Chemie-Kandidaten.

hard Dachtler inne hatte. Ich wurde sehr bekniet, gegen ihn zu kandidieren. Ich habe es nicht getan, u.a. weil ich einfach nicht gegen einen Kollegen kandidieren wollte, der seine Sache ordentlich gemacht hatte. Das wäre für mich schlechter Stil gewesen und vor allem mangelnde Toleranz...

... Jeder sollte sich bei diesem Wahlgang daher nochmals überlegen, ob er es vor sich selbst vertreten kann, dem Klaus den Laufpaß zu geben. Ich meine, das darf man nicht und bitte daher nochmals, den Klaus zu unterstützen.«[180]

Mehr konnte ich nicht tun, den Rest taten andere. Die Mehrheit entschied mit Macht: Klaus Kurschat mußte zurück in den Betrieb. Das war bitter für ihn. Da nützte auch ein nach der Abstimmung gehaltener, gefühlvoller Redebeitrag von Erwin Weibezahl nichts, der versprach, daß man sich selbstverständlich für Klaus Kurschat einsetzen werde. Wie schön für Klaus!

Die konstituierende Sitzung war ein Muster dafür, wie in den weiteren drei Jahren die Betriebsratsarbeit ablaufen sollte: kaum Gestaltungsmöglichkeit für unsere Seite, da wir mit insgesamt vier Stimmen in einer hoffnungslosen Minderheit waren.

Veränderungen in der Betriebsratsführung

Im August 1982 legte Erwin Kohler den Betriebsratsvorsitz nieder[181], sein Nachfolger wurde Rudolf Dummel. Ich erhoffte von ihm eine gewisse Flexibilität im neuen Amt, merkte aber bald, daß er sich stark im Fahrwasser der Konservativen bewegte. Schade. Es wäre eigentlich eine Chance gewesen, die Betriebsratsarbeit etwas zu optimieren.

Die Frage nach Erwin Kohlers Nachfolge in der Freistelle der Angestellten wurde im Mai 1983 im Betriebsrat diskutiert. Ich war unvorsichtig und bekundete mein Interesse. In einer Besprechung, an der neben einigen Betriebsratmitgliedern auch die damalige Geschäftsführerin der Verwaltungsstelle Freiburg Hannelore Keller und der Bezirksleiter der IG Chemie Reiner Sutterer teilnahmen, erklärte Erwin Kohler, daß von seiner Seite Erwin Weibezahl für die Freistellung vorschlagen werde. Gegen meine Wahl sprächen politische Gründe. Wieder einmal, dachte ich. Die anwesenden hauptamtlichen Gewerkschaftsvertreter sagten dazu keinen Ton. Das ärgerte mich mächtig. Schließlich war ich ein wesentlich aktiveres Gewerkschaftsmitglied als Erwin Weibezahl, auch länger organisiert. Meine gewerkschaftliche Überzeugung, meine Funktionen, meine – wenn auch ab und an kritische – Mitarbeit in der Organisation, all das schien keine Rolle zu spielen und den Gewerkschaftsfunktionären kein Wort der Unterstützung für mich wert zu sein.

Ich schrieb einen geharnischten Brief an meine Organisation, in dem ich auf diese betriebsrätliche Situation bei Byk einging:

»... Dies alles möchte ich aber nicht nur Erwin Kohler anlasten, sondern auf mehrere ›Chefideologen‹ ausdehnen, welche mich (vielleicht auch die Gewerkschaft???) gern im Abseits oder im Aus sehen möchten. Dabei wird mir stets gute Betriebsratsarbeit ohne politische Ausrutscher bescheinigt. Welch ein Widerspruch!...«

Und zu der erwähnten Sitzung mit dem Thema Freistellung fügte ich noch hinzu:

»... Was ich dabei sehr vermißt habe, war ein klares Wort von Gewerkschaftsseite. Ja, ich war äußerst geschockt, daß die – nicht nur persönlich verletzende, sondern im Grund auch politisch falsche – Haltung von Erwin Kohler Eurerseits nicht moniert wurde. Hätte ich nicht ein Wort dahingehend verdient, daß er falsch liegt? Oder meint Ihr gar, er liegt richtig? Schließlich sind wir doch in einer Einheitsgewerkschaft und wir haben keine sog. Unvereinbarungsbeschlüsse – noch nicht...

... Ich weiß nicht, was ich von all dem halten soll. Ihr wollt doch – so hoffe ich –, daß die IG Chemie weiterhin meine gewerkschaftliche Heimat bleibt und daß ich mich auch weiterhin mit ihr identifizieren kann. Ich möchte das schon...

... Es ist natürlich legitim für jedes Betriebsratsmitglied, für die Freistellung zu kandidieren. Das ist ja wohl klar. Nur, wenn von einem Betriebsratsgremium oder von einzelnen Betriebsratsmitgliedern die politische Haltung eines Betriebsratsmitglieds, die es außerhalb das Betriebsrats und des Betriebs für sich in Anspruch nimmt, (und dieses ist ein Grundrecht!) gegen eine Kandidatur vorgebracht wird, dann muß ich mich schon fragen, wie ernst hier das Betriebsverfassungsgesetz und das Grundgesetz genommen werden. Und wenn dieses noch mit dem Segen der Gewerkschaft geschieht, dann verstehe ich die Welt nicht mehr...«[182]

Kurze Zeit später erhielt ich vom Bezirksleiter der IG Chemie ein Antwortschreiben. Er war wohl ebenfalls sauer auf mich und meinte u.a.:

»... Wenn ich Dich persönlich und auch Deine gewerkschaftliche Arbeit nicht so hoch schätzen würde, müßte er auch eine andere Antwort erhalten...

... Ich persönlich habe – und ich denke auch die IG Chemie – nichts gegen Deine Kandidatur für eine Freistellung. Dies muß ich natürlich auch gegenüber allen anderen IG Chemie-Mitgliedern so halten...«[183]

Dann noch das Angebot, dieses Gespräch zu einem anderen Zeitpunkt miteinander zu führen, um das »bei Dir aufgestaute Mißtrauen« abbauen zu können. Auf das Gespräch warte ich heute noch.

»Von nun an ging's bergab« – zumindest für mich

Ähnlich wie 1981 gestaltete sich auch die nächste Betriebsratswahl 1984: wieder Listenwahl, doch diesmal gemeinsam, d.h. Angestellte und ArbeiterInnen waren auf einer Liste vereint. Vier Listen insgesamt. Ich selbst kandidierte ich auf der Liste »Aktive Byklinge der IG Chemie«.[184]

Allerdings war ich nicht mehr Erstkandidatin (ich bestand nicht darauf und vermutete keinerlei Hintergedanken dabei), sondern auf Platz zwei bzw. drei gerückt. An erster Stelle befand sich Rolf Benz, mit dem ich (noch) gut zusammenarbeiten konnte, auf Platz zwei Klaus Kurschat, unser »gewerblicher« Kollege.

Unser Wahlkampf, so schätzten wir es damals ein, verlief recht gut. Die IG Chemie unterstützte uns. Ich hielt die Vorstellungsrede unserer Liste in der Betriebsversammlung, sachlich und moderat, ohne Spitzen.[185] Unsere Flugblätter waren informativ. Eines Morgens, kurz vor Ostern, verteilten wir an den diversen Firmeneingängen »bykgrüne« Ostereier mit einem Aufkleber darauf: »AKTIVE« – Liste 1, eine Aktion, die nicht nur uns, sondern ebenso die beschenkten Byk-Kollegen und -Kolleginnen sichtlich erfreute, jedoch nicht zu einem größeren Erfolg beitrug. Dabei hatten wir so viel Spaß dabei.

Auch die anderen Gruppen bzw. Listen machten Wahlkampf, den für mein Empfinden negativsten die konservative Truppe mit den Kollegen Dummel, Koch und Weibezahl an der Spitze. Ihre Sprüche empfand ich als nicht sehr sinnig – aber die Front war klar:

»Aktiv sein genügt nicht!«

»Betriebsratsarbeit erfordert mehr als hochfliegende Pläne und rechthaberische Diskussionen.«

»Blinder Eifer schadet nur!«

»Drum prüfe, wer für drei Jahr' wählet,
Ob Phrase oder Leistung zählet!«[186]

Sie hatten Erfolg mit ihrer Agitation. Sicher kam auch die Art ihrer Betriebsratsarbeit bei der Belegschaft an. Ich will ja keineswegs behaupten, daß sie nur schlecht war... Manchmal zahlt sich partnerschaftliches Verhalten eben aus. Nicht zuletzt bot sich dem konservativen Lager, das über drei bzw. zeitweilig über vier Freigestellte verfügte, mehr als

A•K•T•I•V•E•

Byklinge der I. G. Chemie

Aufgeschlossen,	engagiert und mit Sachverstand werden wir Ihre Probleme und unsere Aufgaben angehen
Kritisch,	sachlich, fair und umsichtig. Mit Ausdauer und auf der Basis des Betriebsverfassungsgesetzes und der Tarifvertrage. Dafür brauchen wir Ihre Stimme! Denn jede Stimme macht uns
Tatkräftig	-er. Tatkraft ist erforderlich. Wir wollen keinen sozialen Rückschritt, sondern auch innerbetrieblich soziale Fortschritte erzielen und Nachteile abwehren. Wir wollen unsere Arbeit
Informativ	gestalten, denn Betriebsratsarbeit muß durchschaubar sein. Dazu gehört auch, daß wir uns um Sie bemühen werden, wir wollen
Vertrauenswürdige	Partner auch für Ihre ganz persönlichen Probleme im Betriebsrat sein. Jede Stimme für uns – ein Gewinn für Sie; denn damit entscheiden Sie sich für
Erfahrene,	aktive Betriebsratsmitglieder, die auch den erforderlichen Durchblick haben.

Wir erklären:

- **Die Entscheidungen, die im BR zu treffen sind, fällen wir auf Grund der betrieblichen Gegebenheiten.**
- **In unserem Denken und Handeln sind wir frei.**
- **Wir sind an keine Weisungen gebunden, halten es jedoch für notwendig, in Ihrem Interesse. daß eine starke Gewerkschaft hinter uns steht.**

Unsere Devise:

**AKTIVE BETRIEBSRATSARBEIT LEISTEN
und nicht nur dabeisein wollen!!!**

Herausgeber: Die Kandidaten.
V. i. S. d. P.: IG Chemie, Verwaltungsstelle Freiburg

Betriebsratswahl 1984.

allen anderen die Möglichkeit, sich zu profilieren und ihre bisherige Betriebsratsarbeit nach außen entsprechend darzustellen.

Unsere Liste schaffte insgesamt drei Mandate, die VAA-nahe Liste ein Mandat, die »Konservativen« acht.[187] Sie hatten damit das Sagen im neuen Betriebsrat und zeigten gleich in der konstituierenden Sitzung bei den Freistellungen, wo's langging. Sie vereinigten viele Sitze in den Ausschüssen, ich fiel natürlich total hinunter[188], schlug mich selbst jedoch (blöderweise) in einer späteren Sitzung für den Sicherheitsausschuß vor und wurde auch gewählt.[189] An der allgemeinen Betriebsratsarbeit beteiligte ich mich so aktiv, wie es mir von der Mehrheit gestattet wurde. Und das war wenig genug.

Nun, so ist es eben in der Minderheit. Da konnte sich schon mal die Überlegung einschleichen, ob man sich nicht mehr Erfolg mit Anpassung einhandeln könnte? Die »Mehrheitlichen« signalisierten bisweilen zudem, daß sich ein »salto mortale« – diese zwei Worte kursierten tatsächlich – auszahlen würde. Nicht finanziell natürlich, aber vielleicht im Hinblick auf Betriebsratsfunktionen oder gar eine spätere Freistellung? Meine Gedanken waren das zwar nicht. Ich blieb mir treu. Doch bei Rolf Benz war ich mir nicht mehr so sicher. Er wollte es nicht mit verderben mit dem »anderen Lager«. Ich spürte auch, wie ihm bei der Mitarbeit im Betriebsrat meist mehr Chancen eingeräumt wurden als mir und wie man ihn manchmal fast hofierte. Und ich sah, wie er sich das gern gefallen ließ. Ich begann, ernsthaft an meinem Kollegen zu zweifeln. – Inzwischen ist er längst freigestellter Betriebsratsvorsitzender.

Mein zweiter Rausschmiß bei Betriebsratswahlen

Im Vorfeld der Betriebsratswahlen 1987 bat Rolf Benz mich zu einem Gespräch und teilte mir mit, daß er nicht mit mir auf einer Liste kandidieren werde. Zu rot. Nanu, das kannte ich ja irgendwoher. Aber nun bei Rolf? Das durfte doch nicht wahr sein. Ein erneuter Rausschmiß, eigentlich schlimmer als der erste, denn diesmal erfolgte er offensichtlich mit dem Segen der IG Chemie, deren unbescholtenes Mitglied ich seit 1955 war.

Wieder einmal große Enttäuschung. Wieder einmal Tränen und Wut. Und die Frage: Was tust Du? Irgendwo anbiedern? Nein. Eine Frauenliste? – Nein, keine Wiederholungen. Und dann, nach vielen Überlegungen: Ich schmeiße das Handtuch. Ich will nicht mehr unter diesen Bedingungen mitarbeiten. Wer bin ich denn? Habe ich es nötig, mich ständig so plagen zu lassen? Aus – Schluß. Es gibt noch andere Dinge, die ich mitgestalten kann. Das müssen nicht der Byk-Betriebsrat und ebenso wenig die

IG Chemie sein. Austritt aus der Gewerkschaft? Aber nein. Kein Gedanke daran. Die Gewerkschaft ist für mich eine viel zu wichtige, unter großen Opfern aufgebaute und für die abhängig Beschäftigten unverzichtbare Organisation, als daß ich sie leichtfertig hätte verlassen können. Dazu bin ich zu sehr Gewerkschafterin, mit dem Verstand und dem Herzen, das allerdings von dieser Organisation mehr verletzt als gestärkt worden ist...

Ich verabschiede mich von meinen WählerInnen

Einige bei Byk werden sich freuen, wenn ich aussteige, überlegte ich. Einige werden es aber auch bedauern. Ihnen bin ich noch etwas schuldig – eine Erklärung in der Betriebsversammlung. Ja, das gehört sich so. Und so sagte ich am 31. März 1987 vom Podium des Oberen Konzilsaals mit klopfendem und traurigem Herzen:

»Ich möchte zum Thema Betriebsratswahlen noch eine persönliche Bemerkung machen, weil meine Nichtkandidatur – wie es scheint – doch ziemliche Verwunderung ausgelöst hat. Deshalb will ich mich nicht kommentarlos zurückziehen, sondern Ihnen kurz die zwei Hauptgründe für meine Entscheidung darlegen.

Bei diesen Betriebsratswahlen wird eine Tradition fortgesetzt, die ich längst überwunden glaubte, die Tradition nämlich, als ›Bykling Hemm‹ nicht auf eine Liste aufgenommen zu werden. Und zwar letztlich aus Gründen, die im außerbetrieblichen, politischen Bereich liegen: Ich bin anscheinend zu rot. Und das stört wohl, und zwar diesmal gleich zweifach.

Einmal war die Dummel-Liste für mich wiederum nicht offen, aber das ist ja nichts Neues, und da habe ich auch nichts anderes erwartet.

Wenn nun aber auch die Gewerkschaftsliste dieser fragwürdigen Praxis nacheifert, dann macht mich das schon betroffen und ich muß daher an die Kandidatinnen und Kandidaten, sowie an die Organisation, der ich nun seit 32 Jahre angehöre, die Frage stellen dürfen: ›Wie haltet Ihr's mit der Einheitsgewerkschaft, wie mit der Toleranz, was soll und wem nützt diese Ausgrenzung?‹

Natürlich wird dies alles mit einem tollen Zeugnis verbrämt, daß ich nämlich während der ganzen zwölf Jahre meiner Betriebsratszugehörigkeit gute, integre und niemals parteipolitische Betriebsratsarbeit geleistet habe. Wie schön für mich. Aber sagen Sie selbst, liebe Kolleginnen und Kollegen, ist das nicht eine seltsame Logik?

Sicher hätte ich auch eine eigene Liste zusammenzimmern können, und ich hätte das auch geschafft. Es wäre nicht das erste Mal gewesen... Aber – und damit komme ich zum Punkt: Ich will und kann nicht mehr.

Nein, ich will nicht mehr in einem solchen Betriebsrat sitzen, wo meine sachlichen und fundierten Vorschläge allzu oft lächerlich gemacht, zynisch beantwortet und niedergestimmt werden, wo ich somit nur noch für Abstimmungen gebraucht, ja benutzt werde.

Das genügt mir nicht, das sehe ich nicht ein, das trifft mich auch ganz persönlich, besonders wenn die Diskussion von manchen Betriebsratsmitgliedern so unkollegial geführt werden, daß sie mir buchstäblich auf die Nerven schlagen und ich tags darauf das Bett hüten muß. So geschehen am 14. bzw. 15. Juni 1986.

Nun ist es ja völlig legitim, wenn eine Gruppe in diesem Betriebsrat die Macht ihrer absoluten Mehrheit nutzt und ausspielt. Die Frage ist nur, wie man miteinander umgeht und Meinungsverschiedenheiten austrägt. Und da ist für mich menschlich sehr viel kaputt gegangen.

Zugegeben, ich habe manches nicht optimal gemacht, war oft zu emotional. Aber schließlich war ich Betriebsrätin nicht nur mit dem Verstand, sondern auch mit dem Herzen.

Mag sein, daß manche Kolleginnen und Kollegen meine jetzige Entscheidung nicht billigen können. Dabei denke ich vor allem an meine bisherigen Wählerinnen und Wähler, die ich hier lediglich um Verständnis bitten kann, bei denen ich mich aber auch gleichzeitig für das Vertrauen und die solidarische Unterstützung während dieser zwölf Jahre ganz herzlich bedanken möchte.«[190]

Bei diesen Wahlen lagen vier Listen vor. Die Liste der IG Chemie mit Rolf Benz an der Spitze erlitt eine böse Schlappe, sie errang nur ein Mandat.[191] Vielleicht wäre das Ergebnis besser gewesen, wenn man mich nicht ausgegrenzt hätte. Schließlich hatte ich im Betrieb ja durchaus meine »Fans«, auf die ich zählen konnte. Aber nun ging das, von wem auch immer taktisch zurechtgeschusterte, »kommunistenreine« Projekt eben in die Hosen. War das nun der Fluch der bösen Tat?

Wieder als »Bykling Hemm« in der Betriebsversammlung

Die Geschehnisse im Betriebsrat und in der Firma interessierten mich natürlich nach wie vor, so daß ich auch nach meinem Ausscheiden aus dem Betriebsrat regelmäßig die Betriebsversammlungen besuchte und mich sogar manchmal zu Wort meldete. Eigentlich fast mehr als in den letzten Jahren. Denn als Betriebsratsmitglied, so galt die BR-interne Abmachung, sollte man nicht spontan das Wort ergreifen. Nun, dieser Gepflogenheit mußte ich mich nun als »Bykling Hemm« nicht mehr beugen. Ich redete, wann es mir paßte und erntete meist den Beifall vieler KollegInnen.

So wurde einmal in der Betriebsversammlung das Thema »Fahrkostenzuschuß zur Arbeit« abgehandelt. Ich monierte dazu irgendetwas. Darauf erwiderte der Vorsitzende Rudolf Dummel sinngemäß, das könne für mich doch kein Thema sein, da es mich mit meiner Byk-nahen Wohnung gar nicht betreffe. Ganz spontan meine Antwort: »Ich engagiere mich auch für Kindergärten und habe selber keine Kinder!« Es folgten Lacher und Applaus. Vielleicht auch Denkanstöße?

Manchmal machte ich im Konzil auf die Sprache aufmerksam. Denn es war sehr oft von Kandidaten und Kollegen die Rede, auch wenn Frauen (mit-)gemeint waren. Manchen Leuten mag ich ja mit meinen diesbezüglichen Wortmeldungen auf die Nerven gefallen sein, doch das irritierte mich nicht. Denn die korrekte Bezeichnung ist nicht nur eine Formsache.

Eine Abschiedsgabe vom Betriebsrat

Möglicherweise waren manche Betriebsratsmitglieder froh, mich endlich los zu sein. Trotzdem vollzog sich der Abschied nicht kommentarlos. Ich erhielt ein Buch[192] und einen Brief des Betriebsrats, in dem es u.a. hieß:

»... Für Deine aktive und wertvolle Mitarbeit während langer Jahre im Betriebsrat und in zahlreichen Ausschüssen danken wir Dir sehr herzlich.

Wir hoffen natürlich, Dich nicht gänzlich ›verloren‹ zu haben und daß Du uns auch in Zukunft kollegial verbunden bleibst.

Liebe Vera, namens des Betriebsrats nochmals Dank für alles und viel Freude beim Lesen des hoffentlich bei Dir gut ankommenden Buches.

Mit herzlichen Grüßen
für den Betriebsrat
Rudolf Dummel«[193]

Ja, so läuft das auf einmal. So schöne Worte! So viel Dank! Zu viel der Ehre! Soll ich nicht grad' alles zurückweisen? Hinschmeißen und herausschreien: Scheinheiliges Getue! Aber nein, Vera, sei genau so freundlich wie sie! Bedanke dich brav und nimm das Buch. Hast Du es nicht verdient?

Posten und Pöstle

In der Selbstverwaltung der AOK Konstanz

»Du solltest eigentlich in der Selbstverwaltung der AOK mitarbeiten« sagte Erwin Reisacher Anfang der siebziger Jahre zu mir, besprach sich mit meiner Gewerkschaft, diese willigte ein, und Kollege Reisacher gratulierte mir »zu dieser ehrenvollen Nominierung«.[194] So gelangte ich ab 1974 zu den »Versichertenältesten« der AOK Konstanz[195], einem paritätisch besetzten Gremium der Selbstverwaltung, das den Kontakt zwischen Versicherten und Kasse pflegen sollte. Es war keine große Aufgabe, ab und zu Diskussionen mit AOK-Versicherten vor Ort, wenn sie Probleme hatten, und jährlich eine Sitzung im Gremium der Versichertenältesten, aber den Informationsaustausch hielt ich für wichtig.

Ein interessanteres Gremium war die Vertreterversammlung, dessen Aufgaben mir noch von meiner Mutter her bekannt waren. So ließ ich mich auf Vorschlag des DGB bzw. meiner Gewerkschaft bei den Sozialwahlen 1980 als Kandidatin der Versicherten zur Vertreterversammlung aufstellen und wurde zunächst für sechs Jahre stellvertretendes Mitglied.[196] Zusätzlich blieb ich Versichertenälteste. Ab 1986 wurde ich für zwei weitere Amtsperioden ordentliches Mitglied der Vertreterversammlung, wobei ich zuletzt noch für einige Zeit den Posten der Schriftführerin innehatte.[197, 198]

Die Sitzungen der Vertreterversammlung waren für mich immer sehr aufschlußreich. Ich entsinne mich an intensive Diskussionen um Haushaltspläne, Beitragserhöhungen, Satzungsänderungen, die häusliche Krankenpflege usw. sowie an die Wahl der Geschäftsführer der AOK Konstanz: 1987 ging Kurt Böhm in den Ruhestand, sein Nachfolger wurde Ulrich Sandvoß, der 1992 von Uwe Daltoe abgelöst wurde.

Ab 1. Januar 1996 trat für die Selbstverwaltung per Gesetz eine neue Organisationsform in Kraft mit anderen Gremien, für die ich von meiner Gewerkschaft nicht mehr benannt wurde, was ich eigentlich schon von vornherein erahnte. Meine letzte Sitzung der Vertreterversammlung war somit im Dezember 1995, bei der mir und weiteren ausscheidenden Organmitgliedern die goldene Ehrennadel der AOK Konstanz einschließlich Urkunde für »ehrenvolle Verdienste um die AOK-Gemeinschaft« überreicht wurde.

Ein Ausschuß beim Arbeitsamt Konstanz

Ich empfand es im Grund als unschön, Mitglied zu sein im »Ausschuß für anzeigepflichtige Entlassungen gemäß Kündigungsschutzgesetz § 17«. In ihm sitzen VertreterInnen der Unternehmer, der abhängig Beschäftigten und der öffentlichen Körperschaften. Er muß bei Massenentlassungen angehört werden.

In den vier Amtsperioden (insgesamt von 1977 bis 1998) fungierte ich glücklicherweise nur als eine der StellvertreterInnen, hatte aber trotzdem ab und zu Sitzungstermine, weil andere Mitglieder des Ausschusses ausfielen. Aber nicht die Termine waren es, die mich betrübten, eher die Tatsache, daß der Ausschuß aufgrund der Gesetzeslage recht wenig bewirken konnte: einige Formalitäten überprüfen, Auskünfte einholen über die Zusammensetzung des aufgeführten Personenkreises – wieviele Auszubildende, Frauen, Schwerbehinderte sind bei den Kündigungen dabei? Dann höchstens die Möglichkeit, Fristen zu verändern. Was bringt das schon? Nicht viel für die Betroffenen, es sei denn, die Firma hätte noch Geld, dann wäre mit Abfindungen zu rechnen. So geschehen im Fall der Firma Elisabeth Arden 1980. Doch gekündigt ist gekündigt. So einfach ist das in unserer ach so sozialen Marktwirtschaft.

Zwölf Jahre »Ehrenamtliche Richterin« am Sozialgericht Konstanz

Im Frühjahr 1982 teilte mir das Landessozialgericht Baden-Württemberg mit, daß der DGB Stuttgart mich als Ehrenamtliche Richterin aus dem Kreis der Versicherten beim Sozialgericht vorgeschlagen habe und ich um Zustimmung gebeten werde. Ich denke, daß hier die damalige DGB-Landesfrauensekretärin, Marliese Dobberthien, in Absprache mit meiner Gewerkschaft initiativ wurde, freute mich sehr darüber und stimmte zu. So bekam ich ab 1. Juni 1982 meine Berufung zum Sozialgericht Konstanz[199], das in dieser Zeit noch in der St.-Gebhard-Straße war. Erst 1986 erfolgte der Umzug an den Webersteig.

Ich wurde der 6. Kammer zugeordnet, dessen Vorsitzender Richter Herr Kiel war.[200] Für die jeweiligen Sitzungen, bei denen es sich meist um Klagen gegen die BfA, LVA oder Berufsgenossenschaften handelte, wurde ich von Byk bezahlt freigestellt. Jeweils einige Tage vor einer Verhandlung sandte mir das Gericht die »Tatbestände« aus den betreffenden Akten, d.h. ich hatte die Möglichkeit, mich vorzubereiten. Natürlich wurden diese Unterlagen nach der Verhandlung wieder eingesammelt.

Schon bald wurde ich zu einer »Unterrichtung der Ehrenamtlichen

Richter in der Sozialgerichtsbarkeit« geladen. Das war mir sehr recht, denn ich hatte ja von der Materie wenig Ahnung, allerdings wurde mir immer wieder eine gewisse soziale Ader zugeschrieben. Ich hoffte, daß sie mir die Arbeit beim Sozialgericht erleichtern würde. Ganz so einfach war das jedoch nicht, wie ich bei dieser Unterrichtung und im Verlauf meiner Tätigkeit als ehrenamtliche Richterin erfuhr. Solche Schulungen von Seiten des Sozialgerichts gab es einige während meiner insgesamt zwölfjährigen Amtszeit. Auch der DGB Konstanz veranstaltete Seminare zu diesem Thema, die ich für diese Arbeit als sehr hilfreich empfand. Es hätten ruhig noch mehr sein dürfen!

Meine erste Sitzung bei der 6. Kammer fand am 24. August 1982 statt. Ich war sehr aufgeregt, ich erinnere mich noch genau. Denn ich sollte einen Eid ablegen. Und das tat ich ja nicht alle Tage. Ich schwor also, »die Pflichten eines ehrenamtlichen Richters getreu dem Grundgesetz für die Bundesrepublik Deutschland, getreu der Verfassung des Landes Baden-Württemberg und getreu dem Gesetz zu erfüllen, nach bestem Wissen und Gewissen ohne Ansehen der Person zu urteilen und nur der Wahrheit und Gerechtigkeit zu dienen.«[201]

Auf den üblichen, aber nicht unbedingt erforderlichen Zusatz »so wahr mir Gott helfe« verzichtete ich. Herr Kiel hatte mich auf diese Möglichkeit im Vorfeld der Zeremonie hingewiesen, ich wußte davon aber bereits von meiner Mutter.

Manchmal fühlte ich mich bei den (feierlichen?) »Urteilsverkündungen im Namen des Volkes« nicht ganz wohl. Hätte ich doch gar zu gern weniger streng geurteilt! Viel lieber hätte ich jemanden in Rente geschickt, als ihn noch halbtags für eine sitzende Tätigkeit dem Arbeitsmarkt zur Verfügung zu stellen, auf dem ohnehin kaum eine Chance bestand. Oder ich hätte gern einer »Verunfallten« eine höhere Rente zugebilligt, als es den Tatbeständen nach möglich war. All dies bedrückte mich manchmal nach den Verhandlungen. Ich war mir nicht sicher, ob ich es recht gemacht hatte.

Und noch ein Ausschuß

Kaum hatte ich meine erste Sitzung beim Sozialgericht hinter mir, stand die Wahl des »Ausschusses der ehrenamtlichen Richter« (gemäß § 23 Sozialgerichtsgesetz) an. Dieser Ausschuß ist vor der Bildung der Kammern, der Geschäftsverteilung, der Verteilung der ehrenamtlichen RichterInnen auf die Kammern mündlich oder schriftlich zu informieren. Der Ausschuß kann außerdem dem aufsichtsführenden Richter am Sozialgericht und weiteren Stellen der Verwaltung Wünsche der ehrenamtlichen RichterInnen übermitteln.

Zunächst wurde ich in den für diese Wahl nötigen Wahlausschuß berufen und darauf auch prompt in den Ausschuß selbst gewählt.[202] In diese Funktion wurde ich noch weitere zwei Mal delegiert, war also bis zu meinem Ausscheiden als ehrenamtliche Richterin dessen Mitglied. Er verursachte nicht allzu viel Arbeit. Hin und wieder die Zustimmung zu einer neuen Geschäftsverteilung, die notwendig war bei Überlastung einzelner Kammern oder bei längeren Krankheitszeiten von RichterInnen. Das geschah oft per Umlauf. Mindestens einmal jährlich traf sich der Ausschuß zu einer Sitzung, in der dann nicht nur die Geschäftsverteilung beraten, sondern auch über anstehende Fragen diskutiert wurde. Hier erwähnte ich die mir sehr hilfreiche Zusendung der »Tatbestände« in der Hoffnung, daß andere Kammern diese Praxis nachahmen würden. Das liege im Ermessensspielraum des jeweiligen vorsitzenden Richters bzw. der Richterin, hieß es. Schade, daß es keine Pflicht ist, es wäre eine echte Hilfe für die »Ehrenamtlichen«.

Bin ich »Persona non grata« bei der IG Chemie?

Im Zusammenhang mit meiner Funktion beim Sozialgericht hatte ich mit meiner Gewerkschaft nochmals Ärger: Ohne mit mir zu reden, verwehrte sie mir 1994 das Amt der ehrenamtlichen Sozialrichterin (und damit auch die Mitgliedschaft im oben genannten Ausschuß), und nominierte mich nicht mehr für eine weitere Amtszeit. Erst auf meine Anfrage erklärte man mir: Ich sei inzwischen aus dem Arbeitsprozeß heraus... Nun ist es ja richtig, daß manche Funktionen sehr stark mit dem Arbeitsleben verbunden sind, aber gerade die einer Sozialrichterin? Das konnte ich nicht nachvollziehen. Natürlich war ich wieder einmal (!) erheblich sauer auf meine Organisation. Kurz vor Weihnachten ließ ich daher in einem Brief an die Verwaltungsstelle Freiburg der IG Chemie kräftig Dampf ab:

»Liebe Kolleginnen und Kollegen,

anläßlich der Sitzung des Ausschusses der ehrenamtlichen Richter am Sozialgericht Konstanz habe ich mitbekommen, daß ich von der IG Chemie nicht mehr für eine weitere Amtsperiode als ehrenamtliche Sozialrichterin benannt wurde.

Nun wundert mich bei der IG Chemie diesbezüglich fast nichts mehr und ich bin auch nicht überrascht, daß die nächst beste Gelegenheit benützt wurde, um mich aus einem weiteren Amt zu drängen. Das hat für mich bereits eine traurige Tradition. Trotzdem muß ich sagen: Die Art und Weise, wie die Sache abgelaufen ist, finde ich (zum wievielten Mal eigentlich?) doch sehr seltsam und verletzend.

Natürlich: Ich bin nicht mehr im Betrieb, das ist klar. Damit ist gut zu argumentieren. Aber ich bin schon sehr lange im ›Geschäft‹ und weiß, daß formale Gründe immer dann willkommen sind, wenn wahre Hintergründe nicht gesagt werden wollen. So empfinde ich das zumindest wieder einmal.

Daß das DGB-Büro Konstanz über die ganze Sache im Vorfeld informiert wurde, hat mir der Kollege Benz berichtet, mit dem ich neulich telefoniert habe. Sicher war Euch damals bekannt, daß die DGB-Kreisvorsitzende zu dieser Zeit im Mutterschutz war. So hattet Ihr ein leichtes Spiel, denn ich bin sicher, daß die Kollegin Gisela Reitzammer-Maier sich gegen meine Ablösung ausgesprochen hätte und daß es zumindest zu Gesprächen gekommen wäre. Fair wäre gewesen in Anbetracht der Euch bekannten Abwesenheit der DGB-Kreisvorsitzenden, mich wenigstens von Eurem Vorhaben in irgendeiner Form zu informieren.

So bin ich schon sehr komisch in der o.g. Sitzung gesessen und ich konnte meine Verwunderung auch nicht verbergen, daß mein Name bei ›meiner‹ Kammer nicht mehr zu lesen war. Von den Anwesenden darauf angesprochen, konnte ich leider mit keinem offiziellen Argument dafür aufwarten, was ein gewisses Unverständnis hervorrief. Mein Vorruhestand als eventuell möglicher Grund war für sie nicht so recht einsichtig, zumal der Sozialgerichtsdirektor erwähnte, daß ehrenamtliche RichterInnen ihre Mandate oft bis weit ins Rentenalter wahrnehmen.

Natürlich ist es nicht so, daß ich an Pöstchen klebe. Ich kann mich auch anderweitig sehr gut beschäftigen. Das ist nicht der Punkt. Mir geht es einfach darum, daß ich in dieser IG Chemie immer wieder so zweitrangig behandelt werde, zumindest in den letzten 10-15 Jahren. Daß ich trotzdem dabei geblieben bin, hängt mit meiner Überzeugung von der Notwendigkeit und Wichtigkeit von Gewerkschaften zusammen. Diese Überzeugung habe ich allerdings von Haus aus mitgebracht, dazu hat die IG Chemie herzlich wenig beigetragen.

In diesem Sinne: Fröhliche Weihnachten!«[203]

Im neuen Jahr bekam ich vom Geschäftsführer der Verwaltungsstelle, Kollegen Stroh, ein Antwortschreiben mit der Erklärung, es sei üblich, daß für die Ehrenämter in den Selbstverwaltungsorganen und bei Arbeits- und Sozialgerichten nur berufstätige KollegInnen vorgeschlagen würden. Das ganze sei kein Affront gegen meine Person, sondern ein natürlicher Generationswechsel. So etwas Ähnliches hatte ich erwartet.

Aber der nächste Absatz war für mich noch besonders interessant:

»... Ich habe immer bedauert, daß Du in den letzten Jahren mehrere Funktionen innerhalb des DGB's übernommen hast, aber keine Rückkoppelung zu Deiner Organisation, der IG Chemie-Papier-Keramik, gesucht hast. Ebenso bedauerlich war Dein Ausscheiden aus dem Vertrauensleutekörper der Byk Gulden Konstanz, das zu einer weiteren Unterbrechung des Informationsflusses geführt hat...«[204]

Das war ja ein Hammer! Einerseits nimmt mich meine Organisation bei Betriebsratswahlen nicht auf die Gewerkschaftsliste, gleichzeitig bedauert sie aber, daß ich mich nicht bei ihr, sondern beim DGB, der Dachorganisation, (zu) stark engagiere, die erstens am Ort ist und die mir vor allem jahrelang faire Möglichkeit zur konstruktiven Mitarbeit bot, ohne Berührungsängste und ständige Vorbehalte.

Und noch etwas: Den Posten beim Arbeitsamt »gönnte« man mir übrigens noch unangefochten bis März 1998. Der ist ja auch nicht so toll. Ach nein, Verzeihung, das hatte einen anderen Grund, die Amtszeit war erst zu diesem Zeitpunkt abgelaufen. Dann glaube ich es eben.

Manchmal frage ich mich: Was muß ich für eine Person sein, der man so begegnet. Was habe ich denn konkret falsch gemacht? Es wird sich wenig Gravierendes finden lassen. Es bleibt auch bei mir (wie bei meiner Mutter) ein bitterer Nachgeschmack und die Überlegung: Wem nützt dieses Spiel? Oder wie die Lateinerin sagt: »Cui bono?«

Meine Partei, die DKP

Ich trete in die DKP ein

Im Gegensatz zu meiner Mutter, die 1968 gleich nach der Gründung der DKP beitrat, verhielt ich mich noch eine Weile reserviert. Schließlich war ich ja noch in der DFU und auch in der Ostermarsch-Bewegung aktiv, so daß ich damit eigentlich ausgelastet war. Nachdem meine Mutter 1970 krank wurde, hatte ich ohnehin andere Sorgen, als mich noch mehr mit Politik zu beschäftigen. Möglicherweise hätte es meine Mutter gern gesehen, wenn ich noch zu ihren Lebzeiten DKP-Mitglied geworden wäre, aber sie drängte mich nie. Wahrscheinlich ahnte sie, daß ich mich – ihrem Beispiel folgend – ebenfalls irgendwann der Partei anschließen würde, die für sie ein Leben lang die politische Heimat war.

So entschied ich mich erst am 1. Mai 1971 zum Eintritt in die DKP, nachdem ich nochmals das Pro und Contra überdacht, auch das beim 1. Parteitag in Essen 1969 verabschiedete Aktionsprogramm studiert und für sinnvoll erachtet hatte, in dessen Vorwort u.a. zu lesen ist:

»... Demokratische Erneuerung bedeutet die Beseitigung des Neonazismus und die Beendigung der militärischen Großmachtpolitik, die Einschränkung der Macht des Monopolkapitals und ihre schließliche Überwindung, die Umwandlung der Bundesrepublik in eine reale, fortschrittliche Demokratie. Demokratische Erneuerung bedeutet die Durchsetzung einer Politik des Friedens und der Sicherheit, die Anerkennung der DDR, die Verteidigung der demokratischen Rechte und die Aufhebung der Notstandsgesetze, den Kampf um die Erweiterung und den Ausbau der Demokratie, die Verwirklichung demokratischer Mitbestimmung und Kontrolle, die Durchsetzung sozialer Sicherheit und besserer Lebensverhältnisse, die Erkämpfung einer fortschrittlichen Bildungs- und Kulturpolitik. (...) Die DKP erstrebt diese Umgestaltung auf der Basis der im Grundgesetz verkündeten demokratischen Prinzipien und Rechte...«[205]

Damit konnte ich mich identifizieren. Für manche dieser Vorstellungen, zum Beispiel für Frieden, gegen Notstandsgesetze, für Mitbestimmung hatte ich mich bereits früher aktiv eingesetzt. Nun waren die politischen Ziele aber weitergehend.

Wurde ich eine »richtige Kommunistin«?

Um es gleich zu sagen: Ich war nie eine so kämpferische Kommunistin wie meine Mutter. Bei mir spielte die Partei(-arbeit) eher eine untergeordnete Rolle, sie kam deutlich nach der Gewerkschaft, sowohl was die innere Haltung, die theoretischen Kenntnisse als auch den Zeitaufwand anbelangte. Daher sind diese Aufzeichnungen über meine Parteiaktivität wesentlich kürzer als die über meine Gewerkschaftsarbeit. Ein realistisches Bild.

Zwar war und bin ich von der Richtigkeit der kommunistischen Idee überzeugt und auch mit dem Herzen dabei, hatte allerdings manchmal Schwierigkeiten mit der Umsetzung in die tägliche Politik. Mir war vieles zu starr und theoretisch, die vielen Schlagwörter mochte ich gar nicht, sie riefen bei mir (und anderen Leuten?) öfter negative Reaktionen hervor. Dabei hätte ich gern zur Stärkung der DKP beigetragen.

Ich bin außerdem nicht sehr bewandert in den wichtigen sozialistischen Standardwerken, also ideologisch kaum geschult – mehr aus Zeitmangel, denn aus fehlendem Interesse. Beim »Kapital« riet mir meine Mutter noch persönlich ab, es im Alleingang durchzuackern, das sei zu schwierig. So beschränkte ich mich auf kleine Broschüren sowie die DKP-Zeitung »Unsere Zeit« (UZ) und auf Gespräche mit GenossInnen.

Die DKP-Ortsgruppe Konstanz

In meiner Anfangszeit bestand die Konstanzer DKP-Gruppe nur aus wenigen, meist jüngeren Leuten, von denen manche bereits in der Sozialistischen Deutschen Arbeiterjugend (SDAJ) tätig waren. Ich fühlte mich geradezu als »Oma«. Wir trafen uns anfangs wöchentlich, oft bei mir zu Hause in der Wallgutstraße. Mein Wohnzimmer war groß genug und bei dieser Gelegenheit mal wieder »bevölkert«. Es wurde viel diskutiert, manche Aktion vorbereitet. Mit der Zeit reichten aber meine Sitzgelegenheiten nicht mehr aus, und wir verlegten unsere Zusammenkünfte ins Hotel »St. Johann«, entweder ins Turmstübchen oder später in den Frühstücksraum.

Am 11. Juni 1971 fand die für mich erste Jahreshauptversammlung der DKP statt[206], ich wurde gleich Schriftführerin, kein sehr aufreibender Job. Später übernahm ich das Amt der Kassiererin, hatte allerdings eine(n) UnterkassiererIn, weil ich wegen meiner unregelmäßigen Teilnahme an Sitzungen dieses Amt alleine nur unzulänglich hätte ausfüllen können.

Bald teilte sich die Konstanzer Ortsgruppe auf in eine Wohngebiets- und eine Hochschulgruppe. Letztere war nicht »mein Revier«, trotzdem kannte ich viele der dortigen GenossInnen. Manchmal machten wir auch gemeinsame Versammlungen oder Veranstaltungen. Eine DKP-Betriebsgruppe, die sich aus GenossInnen eines Betriebes zusammensetzte, gab es in Konstanz nicht.

Die Wohngebietsgruppe und ihre Aktivitäten

Von den Aktivitäten der Wohngebietsgruppe habe ich einige Unterlagen aufbewahrt, darunter diverse Arbeitspläne. Darin wurden neben den geplanten Aktionen auch die jeweils Verantwortlichen festgehalten. Ich selbst blieb dabei meist außen vor. Höchstens bei gewerkschaftlichen Themen oder bei der Kommunalwahl werde ich explizit genannt.

Die Themen der Arbeitspläne waren vielfältig: Kommunalpolitik, Info-Stände mit »UZ«-Verkauf und Flugblattverteilung, Bündnis- und Jugendpolitik, Mitgliederwerbung, dazu bundesweite Fragen wie Frieden und Sicherheit, Ostverträge, Sozialabbau, Berufsverbote, Werbung für die Teilnahme an (zentralen) Demos, desweiteren betriebliche Probleme: Arbeitsplatzsituation, Lohnrunden, 35-Stunden-Woche, Mitbestimmung... Meist hatten wir uns zu viel vorgenommen und konnten nur Bruchteile realisieren, da »man die Rechnung ohne den Wirt gemacht hat«. Das behauptete ich bei der Jahreshauptversammlung 1975, fragte, um welchen Preis und unter welchen Bedingungen die jeweiligen Aktivitäten möglich waren, monierte zudem mangelhafte organisatorische Vorbereitung und empfahl: »Schwerpunkte zu setzen, um uns nicht zu verzetteln.«[207] (Da werden sich die engagierten GenossInnen aber gefreut haben!)

Was nach meiner Meinung etwas zu kurz kam in der Wohngebietsgruppe waren Frauen- und Gewerkschaftsfragen. Doch daran hatte ich wohl eine Mitschuld. Wäre ich häufiger zu den Sitzungen gegangen, hätte ich mich besser einbringen können, vielleicht wäre dann mehr gelaufen – aber nur vielleicht.

Die Konstanzer Wohngebietsgruppe war sehr rührig. Alle zwei Wochen eine Sitzung, daneben Bildungsabende, bei denen, auch mit Gästen, einschlägige theoretische Schriften besprochen wurden. Nach den Sitzungen war meist noch ein Besuch beim »Spanier« (Gasthaus »Costa del Sol«) angesagt, dort wurden die Diskussionen weitergeführt und vertieft – meist jedoch ohne mich, es wurde mir einfach zu spät.

Die Öffentlichkeitsarbeit der Wohngebietsgruppe war ebenfalls beträchtlich, wenn man sich die relativ geringe Zahl der Aktiven vorstellt. Flugblätter wurden in großer Zahl produziert und verteilt, in denen aktuelle Probleme beleuchtet wurden; eines liegt mir noch vor zur Konstanzer Gebührenpolitik: »Aktion Preisstop – DKP«.[208] Darin ist von 1500 Unterschriften gegen Fahrpreiserhöhungen bei Bus und Fähre die Rede, die vor der Gemeinderatswahl 1975 gesammelt und der Stadt überreicht wurden, so daß ein Erhöhungs-Beschluß im Gemeinderat zunächst nicht erfolgte, aber fünf Tage nach der Wahl trotz-

Nach den Wahlen heißt es zahlen !

Aktion Preisstop DKP

1500 UNTERSCHRIFTEN UNTERSCHLAGEN

GEMEINSAMES HANDELN NOTWENDIG !

5 Tage nach der Kommunalwahl verlor der Gemeinderat seine Scheu, Fahrpreiserhöhungen für Bus und Fähre zu beschließen. Der ursprüngliche Plan des Gemeinderats, die Fahrpreiserhöhungen vor den Wahlen zu beschließen, wurde von der DKP aufgedeckt. Bei ihrer sofortigen Aktion „Keine Fahrpreiserhöhungen bei Bus und Fähre" konnte die DKP innerhalb von 4 Tagen 1500 Unterschriften gegen dieses Vorhaben sammeln. Dadurch wurde dieses Thema vor den Wahlen zu heiß: die Gemeinderatssitzung wurde verschoben!

Am Freitag, den 13.6., beschloß der Gemeinderat die 20-25% ige Fahrpreiserhöhung bei 3 Enthaltungen und ohne Gegenstimmen. Die DKP wertet diesen Beschluß als eine Mißachtung des Willens eines großen Teiles der Konstanzer Bevölkerung.

Es ist etwas faul... in der Gebührenpolitik

Der Stadtrat begründete seine Entscheidung allein mit dem Defizit der Stadtwerke. Hier müssen wir feststellen: die Ursache für ein eventuelles Defizit der Stadtwerke liegt nicht, wie in der Gemeinderatssitzung behauptet wurde, in den gestiegenen Personalkosten, sondern darin, daß alle großen Firmen Niedrigstpreise für die Leistungen der Stadtwerke bezahlen. Aus anderen Städten wurde bekannt, daß solche „Sonderabnehmer" mitunter für die Kilowattstunde Strom nur 4 Pfennige bezahlen müssen. In den Veröffentlichungen der Stadtwerke werden die Tarifpreise für Sonderabnehmer wohl nicht ohne Grund schamhaft verschwiegen. Das ist nur <u>ein</u> Beispiel. Auf <u>diese</u> Art und Weise kommt es zu Fehlbeträgen bei den Stadtwerken. Das, was die Stadtwerke den Großbetrieben über „Sonderabnehmer-Preise" zuschustern, sollen die arbeitende Bevölkerung sowie die kleinen Handwerker und Gewerbetreibenden über Gebührenerhöhungen bezahlen.

Immer auf die Kleinen

Das Grundübel in der Gebühren-, Finanz- und Steuerpolitik sowohl in Bund und Land als auch in den Gemeinden ist, daß die Großen immer mehr einsparen, absahnen und profitieren und die Kleinen die Zeche bezahlen sollen. Das Großkapital und der Staat versuchen alle Lasten, insbesondere diejenigen, die sich durch die Krise ergeben, auf die arbeitende Bevölkerung abzuwälzen.

Eines der vielen Flugblätter der Konstanzer DKP.

dem nachgeholt wurde. Die DKP-Argumente wurden dabei in den Wind geschlagen...

Manchmal wartete die Konstanzer DKP mit ungewöhnlichen Aktionen auf, beispielsweise zur Verkehrssituation im Paradies, denn Ecke Garten-/Brauneggerstraße passierten immer wieder Unfälle. Hier wollten wir gegensteuern. Meine Genossen klebten Tapetenbahnen auf die Straße und imitierten so einen Zebrastreifen. Sie hatten – trotz der Schutzhelme mit DKP-Aufschrift – regen Zuspruch. Selbst die herbeigerufene Polizei bestätigte, »daß es sich um eine gute Sache handelt und zog wieder ab« (»Unsere Zeit« vom 28. Oktober 1981). Und im »Südkurier« vom 2. Oktober 1981 war sogar zu lesen, daß die Polizei eine »Fußgängerfurt« fordere und auch Stadtrat Müller-Neff (CDU) in einem Brief an den OB »die Gefahrenstelle angeprangert und auf schnellstmögliche Beseitigung gedrungen« habe. Im Sommer 2002 wurde dort ein Kreisverkehr eingerichtet. Na bitte, die Kommunisten lagen gar nicht so falsch...

Bei einigen öffentlichen Aktionen war ich dabei, hatte aber bisweilen Probleme, vor allem beim Sammeln von Unterschriften. Nicht daß ich mich geniert hätte, für die DKP auf die Straße zu gehen, das war es nicht. Ich war einfach zu wenig sattelfest, um gut argumentieren zu können.

»Rotkurier«, später »Stichling« – unsere Presse vor Ort

Ende der sechziger Jahre wurde der »Rotkurier« geboren, herausgegeben vom DKP-Gebietsvorstand Hegau-Schwarzwald.[209] Die Zeitung berichtete über kommunalpolitische Vorkommnisse in Singen und Konstanz, aber auch über die Bundespolitik (Aufrüstung, Berufsverbote, Bildungspolitik...). Obwohl sich der Rotkurier als ein Schwerpunkt für unsere Gruppe herauskristallisierte, blieb meine Mitarbeit dabei sehr bescheiden. Zwei bis drei Beiträge – das war's. Und eine gemäßigte Mithilfe beim Austragen.

Einen Artikel schrieb ich 1979 in einem »Rotkurier extra« zum Thema Fahrpreiserhöhungen bei den Konstanzer Stadtwerken (Bus, Fähre), er hätte auch von meiner Mutter stammen können! Ich plädierte darin u.a. dafür:

»... die Leistungskraft der Gemeinden durch Erhöhung des Anteils am Gesamtsteueraufkommen zu verbessern; d.h. Bund und Länder müssen den Gemeinden mehr Geld zur Verfügung zu stellen. Und dafür weniger für Rüstung ausgeben – so einfach wäre das. Da hätten wir derzeit eine so gute Chance mit dem Angebot aus der UdSSR. Was könnten wir an sinnlosen (!) Rüstungsgeldern sparen, wenn wir darauf eingingen.

ROT KURIER

Herausgeber: Deutsche Kommunistische Partei Kreisvorstand Bodensee – Hochrhein

Nr. 3 Oktober 1974 5. Jahrgang

SCHLECHTE AUSSICHTEN

FÜR DAS JAHR 1974 STEHEN WEITERE ERHÖHUNGEN KOMMUNALER TARIFE INS HAUS.

Bei der Beurteilung des Haushaltsplans der Stadt Konstanz für das Jahr 1974 ließ Bürgermeister Weilhard eine beunruhigende Neuigkeit entschlüpfen. Nach den bereits erfolgten Erhöhungen der Kanalgebühr von .-70 DM auf 1.- DM für den Kubikmeter Abwasser, nach der Erhöhung der Gebühren für die Müllabfuhr um 50%, nach der für 1975 wirksam werdenden Erhöhung der Hundesteuer von 60.- DM auf 90.- DM sollen noch weitere Gebühren "angepaßt" werden (nach oben, versteht sich).

Darüber hinaus denkt man im Stadtrat an Privatisierung von städtischen Betrieben, damit dort die Gebühren ohne öffentliche Diskussion erhöht werden können. Ein Beispiel: Wenn die Busbetriebe privatisiert werden, so heißt das, daß dort nach dem Prinzip der Profitmaximierung gearbeitet wird, d.h. die Fahrpreise würden wesentlich erhöht. Durch diesen Trick könnte der Stadtrat seine Hände in Unschuld waschen und das schmutzige Geschäft der Preiserhöhung der Betriebsleitung überlassen.

Nachdem, wie Weilhard meint, bei der Konstanzer Bevölkerung die Einsicht für Steuererhöhungen geweckt sei, will die Stadtverwaltung uns wahrscheinlich zeigen, wieviel Gebühren sie noch erhöhen kann.

Im Haushaltsplan steht für die Einnahmebeschaffung der Stadt folgendes:
1. Entgelte, 2. Steuern, 3. Kredite. Das soll heißen, wo nicht genügend Steuern von Bund und Land erhalten werden, soll die Bevölkerung Extra-Abgaben (höhere Gebühren) entrichten, um so den Haushalt zu decken. Als ob die Steuern nicht schon hoch genug wären!

Und genau hier ist der wesentliche Grund für die kommunale Finanzmisere, welche auch im Haushaltsplan angesprochen wird. Statt den Kommunen die nötigen Mittel für die Finanzierung von Gemeinschaftsaufgaben zuzuweisen, stecken Bund und Länder die Gelder lieber in den Rüstungshaushalt oder geben sie für kostspielige "Verwaltungsreformen" aus. So hat die vielgerühmte Verwaltungsreform in Baden-Württemberg bisher 3 Milliarden DM gekostet und wird mindestens nochmal so viel verschlingen. Doch was am Ende dabei herauskommt, ist nicht etwa eine Vereinfachung der Verwaltungsabläufe, wie die Filbinger-Regierung angibt,

Kommunales aus Konstanz im »Rotkurier«...

Der Stichling

Kommunales Mitteilungsblatt der DKP Konstanz

Juli 1984

Alternative Liste – die linke Alternative?

Inzwischen haben sich über 100 Bürgerinnen und Bürger, die die Kandidatur einer Alternativen Liste zu den kommenden Kommunalwahlen unterstützen, zusammengefunden. Es sind dies Personen mit durchaus unterschiedlicher Weltanschauung, aus verschiedenen Parteien, Parteilose, Antifaschisten, Betriebsräte, aktive Gewerkschaftler, Naturschützer, Schüler und Studenten, Hausfrauen und Mitglieder der Friedensinitiative. Kurzum, ein breites Spektrum, wie es bisher der Gemeinderat nicht aufweisen kann. Erstmals kandidieren engagierte Bürger, die nicht die Interessen irgeneines Verbandes

Daß auf dieser Liste auch Kommunisten gemeinsam mit anderen kandidieren zeigt, daß es dieser Alternativen Liste um Inhalte geht, um inhaltliche Auseinandersetzungen und Lösungen dazu, und nicht um irgendwelche ideologischen Differenzen, die es in einem solchen bunten Bündnis selbstverständlich immer gibt.

- Sozialpolitik (Arbeitslosigkeit, Ausländer, soz. Minderheiten...)
- kommunale Finanzen
- Beziehungen zwischen Kommune und Wirtschaft/Betrieben
- kommunale Leistungen (Bus, Fähre, Müllabfuhr usw.)
- Wohnraum/Städtebau
- Verkehrsplanung
- Ökologie
- Frieden

Diese Themen sollen bis zum Herbst diskutiert und in einem Gesamtprogramm zusammengefaßt werden. Erste Ergebnisse liegen bereits vor:

aus der AG Verkehrsplanung:
- kein Weiterbau der Autobahn von Radolfzell nach Konstanz
- eine seenahe Trasse nach Konstanz unter Verwendung bereits bestehender Straßen
- Anbindung der Schänzlebrücke durch die Südeinführung, Ablehnung der Ulmisriedtrasse
- Tunnellösung von der Garten- zur

Leberkäs

Tarifbewegungen 1984

So nenne viele Metaller das Schlichtungsergebnis, das ihnen am Ende ihres Streiks beschert wurde.

Was meinen wir Kommunisten dazu?
1. Fest steht, daß zwar das Unternehmertabu 40-Stunden-Woche angeknackt wurde, jedoch ist der erste Schritt mit 1,5 Stunden zu klein als daß von einem Beitrag zum Abbau der Arbeitslosigkeit gesprochen werden kann. Vom Endziel 35-Stunden-Woche ist im Schlichtungsspruch nicht die Rede.

2. Mit einer unterschiedlichen Arbeitszeit für Teile der Belegschaften zwischen 37 und 40 Wochenstunden werden Vorstellungen des Flexibilisierungskonzepts von

... *und im »Stichling«.*

Man wundert sich in Fachkreisen über sinkende Beförderungszahlen. Der Bürger fährt zu wenig mit dem Bus. Warum wohl? Der Preis macht's. Da hilft keine neue Attraktivität der ›roten Arnolds‹ und seien sie noch so gelenkig. Da hilft nur eines: billigere Fahrtarife...

... Und sollten wir Kommunisten einmal im Gemeinderat nicht nur als Zuschauer sitzen, so werden wir das Gesagte unter Beweis stellen: Kommunisten sind nicht nur, sie stimmen auch gegen Gebührenerhöhungen.«[210]

Im »Rotkurier« wurde eine Reihe kommunalpolitischer Themen von Konstanz erörtert, wie beispielsweise in einem Extrablatt aus den 70er Jahren mit der Überschrift »Verkehrsmisere ohne Ende«, in dem die Position der DKP klar ersichtlich war: Förderung des ÖPNV.[211] Und nach der provisorischen Anbindung der »Schänzlebrücke« (1980) meldete sich die DKP ebenfalls mit einer »Rotkurier-Information« kritisch zu Wort.[212]

Der »Rotkurier« hatte beachtliche Auflagen, anfangs 1000, später bis zu 3000 Exemplare pro Nummer, kam etwa alle sechs bis acht Wochen heraus, war gratis und wurde mit viel Zeitaufwand in Konstanzer Briefkästen gesteckt. Das persönliche Verteilen an den Haustüren wurde zwar immer als optimaler dargestellt – ist es wohl auch –, aber dazu fehlte den meisten GenossInnen die Zeit. Es ist außerdem einfacher, ein kritisches Blatt in den Briefkasten zu werfen, als sich damit von Tür zu Tür zu bewegen... In den achtziger Jahren wurde der »Rotkurier« in »Stichling« umbenannt und war nun das kommunale Mitteilungsblatt der DKP Konstanz.[213]

Berufsverbote

Viele meiner GenossInnen, auch einige in Konstanz, wurden in den siebziger Jahren mit Berufsverbot belegt, d.h. sie erhielten aufgrund des Beschlusses der Ministerpräsidenten der Bundesländer von 1972[214] keinen Zugang als Beamte in den Öffentlichen Dienst, weil sie – so wurde behauptet – nicht auf dem Boden der »freiheitlich-demokratischen Grundordnung« stünden. Allerdings wurden nicht nur KommunistInnen Opfer dieser Berufsverbotspraxis, auch die Mitgliedschaft im Marxistischen Studentenbund Spartakus, im Sozialistischen Hochschulbund oder politische Aktivitäten in anderen linken Gruppierungen dienten als Begründung. Insgesamt wurden rund 5000 Menschen von den Berufsverbotsverfahren überzogen, denen das grundgesetzlich verbriefte Recht auf freie Berufswahl wegen ihrer politischen Überzeugungen oder ihrer Zugehörigkeit zu legal arbeitenden politischen Organisationen verweigert wurde. Das betraf beispielsweise LehrerInnen, WissenschaftlerInnen an Universitäten oder selbst BriefträgerInnen und Lokführer, weil damals in aller Regel diese Berufe nur im Beamtenverhältnis ausgeübt werden konnten.

Während das Thema in der DKP-Wohngebietsgruppe nur gelegentlich diskutiert wurde, spielte es bei den DKP-StudentInnen eine große Rolle. Aber auch andere Gruppierungen und Personen in Konstanz befaßten sich kritisch damit: Der AStA und der kleine Senat der Universität sowie der damalige Rektor, Prof. Frieder Naschold, bezogen Stellung gegen die Berufsverbote, was zahlreichen Pressemeldungen zu entnehmen ist (»Südkurier« vom 20., 24. und 27. Juni 1974, »Frankfurter Rundschau« vom 28. Juni 1974, »UZ« vom 4. Juli 1974).

In diesem Zusammenhang ist auch die Erklärung Konstanzer Professoren zu erwähnen, die nach ausführlicher Argumentation die Landesregierung Baden-Württemberg aufforderte, die »zur Zeit von ihr geübte Überprüfungs- und Einstellungspraxis im Sinne dieser Erklärung zu revidieren«. Das Dokument wurde in Konstanz von 41 Professoren unterzeichnet, weitere 60 Professoren von den Universitäten Freiburg, Heidelberg, Tübingen und Stuttgart schlossen sich an.[215]

Außerdem wurde in Konstanz ein Komitee gegen Berufsverbote gegründet, in dem VertreterInnen aus der Universität ebenso mitwirkten wie GewerkschafterInnen, SozialdemokratInnen, KommunistInnen und Parteilose. Immer wieder wurden Solidaritätserklärungen und -aktionen mit Betroffenen organisiert, beispielsweise äußerte der DGB-Kreisfrauenausschuß: »... Diese Maßnahme des zuständigen Ministeriums zielt sicher nicht darauf, aktive Gegner der rechtsstaatlichen Ordnung vom Staatsdienst fernzuhalten, sondern verfolgt vielmehr den Zweck, die nach der Verfassung garantierte Vielfalt der politischen Meinungen für solche aktiven Kräfte einzuschränken, die sich in unbequemer Weise für eine weitere Demokratisierung unserer Gesellschaft einsetzen...«[216]

Wie viele in der Bundesrepublik versuchten wir, uns gegen die Berufsverbote zu wehren, hatten jedoch nur in Einzelfällen Erfolg. Die meisten der jungen Menschen mußten sich anderweitig um einen Job bemühen. Allerdings führte der politische Druck sowohl in der Bundesrepublik als auch aus dem Ausland, vor allem aus Frankreich, in den achtziger Jahren allmählich zu einer sich verändernden staatlichen Praxis. Nachdem der Europäische Gerichtshof 1999 in einem Grundsatzurteil das Berufsverbot für eine Lehrerin aufgehoben hatte, waren einige Bundesländer gezwungen zu reagieren. So beschloß der Landtag von Baden-Württemberg, »nach einer Einzelfall-Prüfung die vom Berufsverbot Betroffenen in den Staatsdienst aufzunehmen«. (»Südkurier« vom 30. März 2000). Für die meisten Opfer eine zu späte Chance...

ASTA INFO

Uni Konstanz * NR. 33 OKT. 74

Wir fordern auf:

»STREIK«

gegen

Berufsverbote in Konstanz

VOLLVERSAMMLUNG

Mi: 14°° Audi Max

Flugblatt: Studentenstreik gegen Berufsverbote an der Konstanzer Universität.

uni-info

Nr. 59 vom 3. Februar 1975

universität konstanz

ERKLÄRUNG KONSTANZER PROFESSOREN

ZUR PRAXIS DES RADIKALENERLASSES

Die gegenwärtige Praxis bei der Einstellung in den öffentlichen Dienst soll nach den ihr zugrunde liegenden Erklärungen die verfassungskonforme Bewältigung der Aufgaben des öffentlichen Dienstes sichern. Durch die an die so genannten Radikalenerlasse anknüpfende Ausforschungs- und Beurteilungspraxis sowie durch eine Reihe bekannt gewordener Ablehnungsfälle ist jedoch fraglich geworden, ob die Landesregierungen (insbesondere diejenige Baden-Württembergs) die Freiheiten des Art. 5 Grundgesetz und die vorgeschriebene Treue zur Verfassung noch in einem abgewogenen Verhältnis zueinander halten. Gegenüber der eingetretenen bedrohlichen Verunsicherung sei hier das für ein vernünftig verstandenes demokratisches Gemeinwesen Selbstverständliche in Erinnerung gerufen:

1. Das Grundgesetz stellt es gemäß Art. 15 frei, Grund und Boden, Naturschätze und Produktionsmittel zum Zwecke der Vergesellschaftung durch ein Gesetz, das Art und Ausmaß der Entschädigung regelt, im Gemeineigentum oder in anderer Form der Gemeinwirtschaft zu überführen. Es enthält in diesem Sinne keine Festlegung auf die marktwirtschaftliche oder kapitalistische Wirtschaftsordnung. Es gebietet überdies gemäß Art. 14, die Eigentumsordnung der Republik daran zu messen, ob sie dem "Wohle der Allgemeinheit" dient. – Daraus folgt zunächst, daß Meinungen und wissenschaftliche Theorien, die der Kritik der marktwirtschaftlichen Ordnung verpflichtet sind, gegebenenfalls auch das System dieser Ordnung grundlegend verändernde Alternativen vortragen, dem Auftrag des Grundgesetzes aktiv entsprechen. Auch daß hier wir überall Irren menschlich ist, kann das entsprechende Bemühen nicht als verfassungsfeindlich diskreditieren.

2. Es gilt darüber hinaus, daß für grundlegende Änderungen des Systems der marktwirtschaftlichen Ordnung gemäß Art. 14 und 15 des Grundgesetzes aktiv politisch eingetreten und in Übereinstimmung mit Gesetz und Verfassung gehandelt werden darf. Die Einstellungspraxis im öffentlichen Dienst darf daher, soweit es sich nicht um so genannte politische Beamte handelt, einer solchen Fortentwicklung der Verfassung nicht entgegentreten. Sie würde sonst den Angehörigen des öffentlichen Dienstes einen bestimmten (unter den durch Verfassung und Gesetz zugelassenen) Willen vorschreiben und damit

● Termine beachten: S. 5+7 – – Termine beachten: S. 5+7 – – Termine beachten: S. 5+7 – – Termine beachten: S. 5+7 – – ●

Erklärung Konstanzer Professoren gegen die Berufsverbote.

Ich riskiere eine Lippe und kriege ein Mandat

An eine Begebenheit entsinne ich mich noch sehr gut: Im Frühjahr 1978 nahm ich an einer Kreisversammlung der DKP in Dettingen nahe Konstanz teil, bei der u.a. Delegierte für die Bezirkskonferenz gewählt wurden. Unter den Vorgeschlagenen waren kaum Frauen. Darüber ärgerte ich mich und sagte daher in einem Diskussionsbeitrag sinngemäß, daß ich mir vorkomme wie auf einer Konferenz anderer Organisationen, in denen Frauen ebenfalls keine Mandate zugebilligt werden. Das dürfe doch bei der DKP nicht so sein.

Nun, ich erhielt Beifall und auch gleich ein Mandat für die anstehende Konferenz. Dabei hatte ich das gar nicht bezweckt. Allerdings konnte ich nun nicht mehr kneifen.

So fuhr ich dann im Mai 1978 als Delegierte zu der zweitägigen Konferenz nach Esslingen.[217] Ich wurde dabei sogar in die Konferenzleitung (neun Genossen, drei Genossinnen) gewählt, meine Arbeit war aber nicht erheblich. Neben dem Bericht des Bezirksvorstands, Diskussionen darüber und nachfolgender Wahl, wurden Anträge und Entschließungen sowie ein Rahmenplan der DKP Baden-Württemberg zu den Kommunalwahlen verabschiedet.

Die Konferenz stand unter der Devise:
»Für das Recht auf Arbeit!
Aussperrung verbieten!
Vorwärts zum Mannheimer Parteitag!«

Beim Parteitag '78

Parteitage der DKP werden in der Regel alle zwei Jahre einberufen, der erste war 1969 in Essen, der fünfte (mein einziger) vom 20. bis 22. Oktober 1978 in Mannheim, weitere folgten bis heute.

Wieso ich die Ehre hatte, als Delegierte beim Mannheimer Parteitag dabei zu sein, weiß ich eigentlich nicht. Möglicherweise trugen meine »kesse Lippe« in Dettingen und meine Teilnahme an der Bezirkskonferenz dazu bei. Nun, jedenfalls wurde ich delegiert und auch gleich als Mitglied ins Präsidium vorgeschlagen, hatte jedoch keine speziellen Aufgaben, sondern saß im Verbund mit vierzig Genossen und zwanzig Genossinnen auf der Bühne des Saales – in der letzten der drei Reihen.

Der Parteitag fand im Kongreßzentrum »Rosengarten« statt. Mit der Losung:

»Für eine Wende zu demokratischem und sozialen Fortschritt –
Frieden – Freiheit – Sozialismus«

konnte ich mich gut identifizieren. Ich reiste mit einiger Erwartung nach Mannheim, um dort drei Tage lang mit den GenossInnen die politische Situation zu beraten, Berichte entgegenzunehmen, über ein neues Parteiprogramm zu diskutieren und darüber abzustimmen, den Vorsitzenden und weitere GenossInnen für diverse Gremien zu wählen sowie über Anträge und Entschließungen zu entscheiden.

Aber vor all diesen Tagesordnungspunkten hörten wir Grußworte. Insgesamt waren 54 Delegationen von Kommunistischen und Arbeiterparteien aus anderen Ländern zugegen. Schließlich ist die DKP ja Teil einer weltweiten Bewegung.

Über diesen Parteitag habe ich noch eine Fülle von Unterlagen, von denen ich nur kurz berichten will. Vielleicht sind einige Zahlen bemerkenswert: In Mannheim waren insgesamt 647 ordentliche und 170 Gastdelegierte, darunter 239 Frauen. Sie repräsentierten die rund 46000 DKP-GenossInnen. Über 90 % der Delegierten waren gewerkschaftlich organisiert, etwa 60 % übten gewerkschaftliche Funktionen aus. Das Durchschnittsalter betrug 36 Jahre – ein sehr junger Parteitag. Mehr als 1300 Anträge (kein Schreibfehler!), davon 1290 zum Programm der DKP, standen zur Debatte. Während des Parteitags beteiligten sich 37 Delegierte an der Diskussion.[218]

Der Parteitag machte auf mich einen sehr kämpferischen Eindruck. Die Rede des Vorsitzenden Herbert Mies, der den Rechenschaftsbericht des Vorstands gab und später auch einstimmig wiedergewählt wurde, war zwar lang, aber für mich sehr interessant. Die vielen Wortmeldungen zum Programm und den Anträgen erforderten meine ganze Aufmerksamkeit. Und last not least, das Parteiprogramm, das die GenossInnen in etwa 5000 Versammlungen der einzelnen Parteigruppierungen im Vorfeld beraten hatten, wurde einstimmig beschlossen.

Die Medien verfolgten diesen Parteitag intensiv, wenngleich die Berichterstattung der 200 JournalistInnen aus dem In- und Ausland, wie es die Parteitags-Informationen ausdrückten, »oft sehr weit von unseren Auffassungen entfernt«[219] waren...

Selbstverständlich wurde auch Kultur beim Parteitag geboten, sozusagen zum guten Schluß: Degenhardt, Kittner, Süverkrüp, Wader und ein Chor aus Bremen. Und zum Abschluß »Die Internationale«, die mich immer sehr berührt. Ja, ich bin Kommunistin nicht nur vom Geist, sondern sicher in viel stärkerem Maße vom Herzen her. Ein Stück Verbundenheit mit meinen Eltern? Nostalgie? Vielleicht.

Der DKP-Parteitag bei der Arbeit.

Mein Bild in der »UZ«

Im Zusammenhang mit dem Parteitag erschien in der »UZ« vom 9. Oktober 1978 ein kurzes Portrait von mir, mit Bild. Darin wurden mein familiär geprägter politischer Werdegang sowie meine Aktivitäten im gewerkschaftlichen Bereich und als Betriebsrätin beschrieben. Und schließlich:

»... Vera Hemm nimmt ihre Verpflichtungen sehr ernst, auch wenn diese Arbeit nicht immer leicht, das Privatleben oft gewaltig eingeschränkt und für Hobbies so gut wie keine Zeit ist...«

Leider schlich sich bei diesem Artikel ein gewaltiger Fehler ein und das schon in der Überschrift. Ich wurde als »Betriebsratsvorsitzende und Gewerkschaftsfunktionärin« bezeichnet. Letzteres stimmte zwar, aber Betriebsratsvorsitzende lag glatt daneben. Ich war wütend, diesmal auf meine eigenen GenossInnen, die dies zu verantworten hatten. Ich rief noch am gleichen Tag spät abends bei der »UZ«-Redaktion an und sprach meinen schriftlich verfaßten Text aufs Band:

»Betrifft: Mein heutiges Portrait in der UZ

Genossen, ich bin stocksauer. Nicht wegen des Textes, der ziemlich wortgetreu beibehalten wurde, aber wegen der Überschrift. Wie kommt Ihr denn dazu? Erstens bin ich keine Betriebsratsvorsitzende und zweitens habe ich solches auch nie von mir gegeben.

Da habt Ihr es mit der Wahrheit nicht sehr genau genommen und ich muß das nun ausbaden. Als ob man nicht schon genug Schwierigkeiten hätte mit den lieben Kollegen. Das kann unter Umständen die bisherige Arbeit ganz schön kaputt machen. So darf's doch wohl auch nicht gehen, einfach ohne Rückfragen einen Titel hinzuschreiben. Wenn man sonst etwas will, kennt man meine Telefonnummer doch auch.

Ihr seht, ich bin echt zornig und bitte Euch dringend, die Geschichte durch eine Berichtigung wieder einigermaßen ins Lot zu bringen. Außerdem hätte ich sehr gern eine Erklärung, wie diese Überschrift Betriebsratsvorsitzende zustande kam.

Seid in Zukunft mit solchen Bezeichnungen etwas vorsichtiger und sichert Euch ab, sonst können wir mit unserer Arbeit einpacken und werden unglaubwürdig.«[220]

Auf meine Reklamation erfolgte eine Korrektur mit einem anderen Foto von mir und einem neuen, etwas allgemein formulierten Text mit der Überschrift »Frauenfragen sind kein Modethema«, und darunter: »Vera Hemm; Betriebsrätin und Gewerkschaftsfunktionärin, Konstanz«. Damit konnte ich dann zufrieden sein (»UZ«, Extrablatt zum DKP-Parteitag, Oktober 1978).

Ein Mai-Fest der DKP auf dem Konstanzer »Döbele«

Erst dachte ich, meine GenossInnen der Wohngebiets- und Hochschulgruppe seien größenwahnsinnig, als sie dieses zweitägige Zeltfest für Konstanz vorschlugen (28./29. April 1979): Frühschoppen am Samstag und Sonntag, Internationale Folklore, Kinderfest, diverse LiedemacherInnen, Tanz in den Mai und alles für fünf Mark. Das bewältigen wir nie, befürchtete ich: Zeltauf- und abbau, Bewachung, Werbung, Stände für Essen, Trinken, Material... Doch ich sollte eines besseren belehrt werden. Bei der vielen Vorbereitungsarbeit war ich zwar (wieder mal) nicht oft dabei, dafür aber beim Fest selbst an einem Info-Stand im Zelt und bei anderen kleinen Beschäftigungen.

Warum ein Fest der DKP? Das wurde auf einem Flugblatt wie folgt begründet:

»Erstens, weil wir die Gelegenheit schaffen wollen, mit den Konstanzer Kommunisten einmal direkt zu diskutieren, unsere Meinung aus erster Hand zu den anstehenden kommunalen Problemen zu hören, z.B. OB-Wahl, Parkhaus Fischmarkt, Autobahn usw...

zweitens, weil wir beweisen wollen, daß es in Konstanz eine linke Alternative zu den Rathausparteien gibt und

drittens, weil wir auch selber gerne feiern und weil gute Unterhaltung zu kleinen Preisen in Konstanz Mangelware ist.«[221]

Nun, es klappte. Keine unliebsamen Nebenerscheinungen. Eine kleine Ermunterung zur Kommunalwahl 1980, die bereits damals ihre Schatten vorauswarf.

Kommunalwahlen – ein Schwerpunkt für mich

Ab 1972 beteiligte sich die DKP an Bundes- und Landtagswahlen. Ich selbst war nie Direktkandidatin und auch in den Wahlkämpfen nicht sehr aktiv. Andere GenossInnen brachten sich wesentlich mehr ein, vor allem die jeweiligen Kandidaten (Harro Fraiss, Bernhard Hanke, Uli Kypke, Uwe Lindner...) Bei diesen Wahlen schnitt die DKP äußerst schlecht ab; ich brauche mich nicht näher damit zu beschäftigen.

Bei Konstanzer Gemeinderatswahlen engagierte ich mich eher, fühlte ich doch eine gewisse Verpflichtung, an alten Traditionen anzuknüpfen. Vielleicht konnte ich bei manchen KonstanzerInnen noch vom Bonus meiner Mutter zehren? Oder von meinem inzwischen gewachsenen Bekanntheitsgrad in der Stadt?

Die DKP kandidierte in Konstanz erstmals 1980 mit ihrem Kommunal-

DKP-ZELTFEST IN KONSTANZ

auf dem DÖBELE 28. und 29. April

Feste gibt es in Konstanz viele, aber ein Maifest der DKP hat es besher noch nicht gegeben - wir wollen dieses Jahr mit der Konstanzer Bevölkerung feiern - den 1.Mai, den internationalen Kampftag der Arbeiterschaft, ein für die Konstanzer erfolgreiches Jahr der drei Wahlen und einen hoffentlich bevorstehenden Frühling !

WAS WIRD GEBOTEN ?

Samstag, den 28.4.:

ab 10.00 Uhr	Frühschoppen (z.B.nach dem Einkaufen) Gelegenheit zur Diskussion mit den Gemeinderatskandidaten der DKP
ab 14.00 Uhr	Internationale Folklore mit PATROLA FOLK, einer bekannten Folkloregruppe aus Neapel sowie Freunde aus Vietnam, Portugal, Türkei und Afghanistan, außerdem gibts Kaffeeund Kuchen
Eintritt:	nur DM 2,-
ab 20.00 Uhr	RAIL, die wohl bekannteste Konstanzer Jazz-Rock-gruppe mit ihrem neuen Tournee-Programm
Eintritt:	nur DM 3,-

Sonntag, den 29.4.:

ab 9.00 Uhr	Frühschoppen und Skatturnier
ab 14.00 Uhr	Liedermacher-Treffen mit KUM GESELLE MIN, mittelhochdeutsche Lieder, alemannische Lieder und irische Folklore REINHARD VALENTA, Lieder von Brecht und Kästner WOLFGANG SCHWENK, schwäbische Mundart LISA, amerikanische Folklore Kein Eintritt !
ab 19.00 Uhr	Tanz in den Mai mit den GOLDEN FIVE
Eintritt:	nur DM 3,-

EINTRITTSKARTE FÜR ALLE VERANSTALTUNGEN: nur DM 5.--

Die DKP kann auch feiern (1979).

wahlprogramm »Licht in dunkle Rathausecken«.[222] Unsere Liste enthielt zwanzig BewerberInnen, ich hatte Platz eins (»Südkurier« vom 31. Mai 1980). Damals ging es in der Kommunalpolitik u.a. um den Ausbau der B 33, um ein Parkhaus, um die Gaspreiserhöhung, gegen die wir bereits Unterschriften gesammelt hatten... Dummerweise befand ich mich in der Endphase des Wahlkampfs im Urlaub, fehlte also bei letzten Infoständen. Aber meine Anwesenheit hätte sicher zu keinem besseren Wahlergebnis geführt. Ich war mit 816 Stimmen zwar Spitzenreiterin der Liste, aber deren Gesamtzahl von 3962 Stimmen reichte zu keinem Mandat (»Südkurier« vom 5. Juli 1980).

In diesem Jahr zeigte sich der »Südkurier« nicht gerade positiv, er ließ unsere Partei nicht zu Wort kommen und stellte zum Beispiel bei seiner Telefonaktion unter dem Motto »Direkter Draht zum Bürger« für sieben kandidierende Parteien nur sechs Mikrophone bereit. Die DKP wurde nicht eingeladen, obwohl sie wie alle anderen Parteien zur Wahl zugelassen war.[223]

Als ich nach der Gemeinderatswahl wieder in Konstanz war und von dieser Geschichte hörte, protestierte ich natürlich beim »Südkurier« mit einem Brief[224], der klar und deutlich beantwortet wurde:

»... Der ›Südkurier‹ ist nun einmal eine Zeitung, die sich gegen Radikale sowohl von links als auch von rechts wendet und diesen in ihrem Blatt keinen Raum einräumt... Glücklicherweise sind wir noch darin frei, festzulegen, wer in unserer Zeitung zu Wort kommt und wer nicht. Die Tatsache, daß die DKP nicht verboten ist, kann für uns jedenfalls keine Verpflichtung bedeuten, eine kommunistische Partei, die die Vernichtung der bürgerlichen Presse auf ihre Fahnen geschrieben hat, auch noch zu unterstützen.

In der festen Annahme, daß ich Sie mit diesen meinen Argumenten nicht überzeugen konnte, bin ich mit freundlichen Grüßen, Ihr

Werner Schwarzwälder.«[225]

Neue Wahl-Konstellationen in Konstanz

Nachdem die DKP 1980 bei den Gemeinderatswahlen kein gutes Ergebnis erzielt hatte, suchten wir für 1984 Verbündete, zum Beispiel bei den »Grünen«, die ihrerseits zunächst Offenheit für ihre Liste signalisiert hatten. Aber oje, nicht mit uns, den Kommunisten; wir bekamen nach einigen Verhandlungen – an manchen war ich auch ich zugegen – einen Korb.[226]

So bereiteten wir einen Aufruf zur Gründung einer Alternative Liste (AL) vor. Ich war ebenfalls bei den UnterzeichnerInnen.[227] Schließlich bildeten vierzig Personen aus dem linken Spektrum und der Friedensbewegung, ebenso GewerkschafterInnen, StudentInnen und Parteilose die Gemeinderatsliste.

In der Vorbereitungsphase schrieb der »Südkurier« vom 13. Juli 1984 über die AL noch wohlwollend, nannte sogar unsere wichtigsten Schwerpunkte sowie die ersten zehn KandidatInnen. Aber im August war von dieser Haltung nicht mehr viel übrig. In einem Artikel über die offizielle Gründung der »Alternativen Liste« folgte nach einem zunächst fairen Abschnitt natürlich ein Seitenhieb auf die DKP (3. August 1984):

»... Betrachtet der Wähler die Kandidatenliste der am Mittwoch gegründeten ›Alternativen Liste‹, so kommen ihm wahrscheinlich einige Namen von der Gemeinderatswahl 1980 her bekannt vor. Acht Männer und Frauen, die 1984 für die ›Alternative Liste‹ kandidieren, hatten sich damals für die DKP aufstellen lassen. Und die acht sind nicht die einzigen Kommunisten in den Reihen der Alternativler.

Offenbar schlägt die DKP jetzt eine andere Taktik ein, nachdem sie bei der Kommunalwahl 1980 in Konstanz nur 0.52 % oder 3962 von 761330 gültigen Stimmen erzielt hatte...«

Nun, wir machten trotzdem Wahlkampf, erarbeiteten ein kommunalpolitisches Programm[228] mit den Schwerpunkten: Verkehrs- und Haushaltspolitik, Kommunale Dienstleistungen, Arbeitslosigkeit, Bauen und Wohnen, Ausländerpolitik, Umweltschutz, Verweigerung kriegvorbereitender Maßnahmen. Ich selbst war wieder – aha, die Unterwanderung! – auf dem 1. Listenplatz und im »Arbeitskreis Verkehrspolitik« mit dem Dauerbrenner »Anbindung der Schänzlebrücke« aktiv. Zu diesem Thema besitze ich noch meine schriftlichen Vorschläge[229], die im Programm der AL teilweise Eingang fanden. Wir forderten u.a. die Nutzung des neuen Rheinübergangs als innerstädtischen Brücke (keine Autobahn!), favorisierten für die B 33 die seenahe Trasse und bei der linksrheinischen Anbindung, für die damals fünf Varianten vorlagen, plädierten wir für einen Tunnel ab Gartenstraße bis zur Gottlieberstraße – eine Lösung, von der die inzwischen bau- und verkehrsgeschädigten Paradiesler nur träumen können...

Einige weitere Forderungen der AL waren, wie im »Nebelhorn« stichwortartig in einer Annonce nachzulesen ist:

»... Schluß mit den Gebührenerhöhungen!
Anhebung der Gewerbesteuer!
Garantie des Mindeststandards an kommunalen Einrichtungen und Leistungen!
Umverteilung des Steueraufkommens zugunsten der Kommunen!...«[230]

Auch in einer Extra-Ausgabe des »Nebelhorns«, in der über kommunale Probleme berichtet und von KandidatInnen verschiedener Parteien Stellungnahmen zur städtischen Finanzpolitik veröffentlicht wurden, entdeckte ich eine von mir bzw. der »Alternativen Liste« eingebrachte Erklärung mit dem Schlußsatz:

»...Zur Behebung der städtischen Finanzmisere muß langfristig das Steueraufkommen zugunsten der Kommunen umverteilt und müssen großzügige Wirtschaftsförderung und Steuergeschenke an die Konzerne abgeschafft und der Rüstungshaushalt gesenkt werden.«[231]

Trotz des intensiven Wahlkampfs schaffte die AL den Sprung in den Gemeinderat nicht. Unsere vierzigköpfige Liste erreichte insgesamt 12921 Stimmen (knapp 1,5 %), von denen 1516 auf mich entfielen (»Südkurier« vom 17. November 1984).

Bei den nächsten Gemeinderatswahlen 1989 formierte sich die »Alternative linke Liste« (ALL), ich war jedoch nicht mehr dabei (»Südkurier« vom 7. August 1989). Diese Liste bekam immerhin 2,08 % der Gesamtstimmen, jedoch keinen Sitz. In den nächsten Jahren wurde es dann stiller. Die ALL löste sich schließlich auf.[232]

Erst 1999 waren die Linken wieder in der Lage, als »PDS/Linke Liste« zur Gemeinderatswahl anzutreten. Ich wurde gefragt, ob ich mitkandidieren wolle und das noch auf aussichtsreichem Platz, überlegte es mir ernsthaft, sagte aber aufgrund meines ungewissen und noch immer labilen Gesundheitszustandes nicht zu, was mir andererseits auch irgendwie leid tat. Dafür hatte die Liste in Dr. Michael Venedey einen kompetenten Erstkandidaten, und – was besonders schön ist – die Liste errang ein Mandat (»Südkurier« vom 26. Oktober 1999). Endlich wieder ein richtiger Linker im Gemeinderat!

Die DKP im Umbruch – Abschied von einer Utopie?

Anfangs glaubte ich, mit dem Eintreten Gorbatschows für »Glasnost« und »Perestroika« würde eine günstige Entwicklung eingeleitet und Fehler der UdSSR und der DDR beim Aufbau des Sozialismus korrigiert werden. Ich erwartete, daß auch die DKP von der in der hiesigen Bevölkerung gewachsenen Sympathie für die Gorbatschowsche Politik, vor allem in Abrüstungsfragen, profitieren könne und die politischen Aussagen meiner Partei auf offenere Ohren stoßen würden.

Doch es schlug alles in eine andere Richtung um. Die UdSSR brach zusammen. Ich war stark verunsichert, auch ärgerlich, weil manche Argumente des »Klassengegners« sich nun anscheinend als stichhaltig erwiesen hatten. War ich zu blauäugig gewesen? Hätte ich meinen GenossInnen vom »Apparat« weniger glauben dürfen? Hatte ich nicht genug hinterfragt? Ich machte mir Vorwürfe und zog mich wie viele andere zunächst zurück, trat aber nicht aus der DKP aus. Als eine der wenigen in unserer Konstanzer Ortsgruppe hielt ich es für richtig, wenigstens noch beitragzahlend dabei zu bleiben. Schließlich hat sich auch die DKP in den neunziger Jahren verändert und dazugelernt. So gibt es uns immer noch, wenngleich als klitzekleine (radikale?) Minderheit. Ob wir uns erholen werden?

Ach, es ist doch eine so wunderbare Idee mit dem Sozialismus und Kommunismus, von dem Brecht behauptet: »Er ist das Einfache, das schwer zu machen ist.« Gewiß, der real existierende Sozialismus war unvollkommen, mit Fehlern behaftet, in vielen Bereichen weit von einem eigenständigen Handeln der arbeitenden Menschen entfernt, das für eine sozialistische Demokratie notwendig ist. Aber selbst in dieser Form hatte er Gewicht: Gegengewicht. So saß – bildlich gesprochen – die DDR häufig mit am Tisch, wenn in der Bundesrepublik bei gesellschaftlichen Konflikten unterschiedlichster Art, zum Beispiel bei Tarifverhandlungen, Entscheidungen zu fällen waren. Man konnte bisweilen durchaus positiv auf die DDR verweisen – bei Mieten, Ausbildung, Kinderbetreuung oder Frauenförderung, um nur mal einige Dinge zu erwähnen. Dies alles ist vorbei.

Und die Weltpolitik stimmt einen seit der »großen Wende« ebenfalls nicht optimistisch. War die UdSSR einst in der Lage, die USA und die NATO von gefährlichsten militärischen Abenteuern abzuhalten und Abrüstungsschritte voranzutreiben, so hat ihr Verschwinden diesen Prozeß nicht etwa fortgesetzt. Im Gegenteil. Kriege sind wieder zum Mittel der Politik und uneingeschränkt führbar geworden. Jetzt beteiligt sich die größer gewordene Bundesrepublik an völkerrechtswidrigen Kriegen wie gegen Jugoslawien und baut sowohl alleine als auch im Verbund mit anderen westeuropäischen Staaten die Bundeswehr zu einer weltweit einsetzbaren Armee um. Der Satz »Von deutschen Boden darf nie wieder Krieg ausgehen«, einmal Bestandteil der Verträge mit der DDR, gilt nicht mehr.

Natürlich kann man über diese Entwicklung unterschiedlicher Meinung sein, kann trefflich darüber streiten, was war und was wäre gewesen, wenn... Positionen wie diese – der Kürze wegen holzschnittartig angerissen – halte ich allemal für diskussionswürdig und hoffe, daß sie zum Nachdenken anregen.

Aus meinen bisherigen Lebenserfahrungen schließe ich: Der Kapitalismus mit dem Profit als Maß aller Dinge wird die anstehenden Probleme dieser Erde nicht lösen und der Masse der Weltbevölkerung keine menschenwürdigen Lebensverhältnisse bieten können. Es wird eine Alternative dazu geben müssen, nur – von selbst wird sie sich nicht einstellen. Oder wie heißt es in der »Internationalen«:

»... Uns aus dem Elend zu erlösen, können wir nur selber tun...«

Auch bei mir: »Privatleben kleingeschrieben«

»Ko Zeit, ko Zeit«

Diese oft als »Rentnergruß« bezeichnete Wort galt bei mir während meines Arbeitslebens eher als heute. Da ich für meine gewerkschaftlichen und politischen Aktivitäten viel Zeit aufwendete, war meine Freizeit sehr knapp bemessen. Von einer 35-Stunden-Woche keine Rede! Vieles kam einfach zu kurz: Lesen, Wandern, Schwimmen, Klavierspielen, Klönen... Dabei lebte ich im Gegensatz zu meiner Mutter bzw. zu meinen Eltern unter objektiv besseren Bedingungen: keine Sorgen mehr ums Sattwerden, keine Wohnungsprobleme etc. Ich hatte einen Beruf, in dem ich ordentlich verdiente, meine Arbeitszeit war kürzer, mein Urlaub deutlich länger als bei meiner Mutter. Kühlschrank und Waschmaschine waren eine Selbstverständlichkeit geworden. Ebenso das Auto, das ich allerdings immer nur gebraucht kaufte. Aber immerhin, ich war mobil, auch für meine Termine.

Außerdem konnte ich mir einen kleinen Luxus leisten: Ich fuhr jährlich einmal für drei oder vier Wochen in Urlaub, gegen Ende meines Arbeitslebens sogar zweimal je drei Wochen im Sommer und Winter. Wenn ich nach der Arbeit keine Lust mehr zum Kochen hatte, ging ich ab und zu ins Gasthaus zum Essen, meist mit Jonny. Mein Geldbeutel erlaubte das. Allerdings war ich sonst relativ bescheiden. Keine Super-Mode-Klamotten, keine Juwelen, keine »Extravaganzen«...

Ein großer Freundeskreis

Zu meinem Freundeskreis zählen die unterschiedlichsten Menschen, teilweise aus der Zeit meiner Eltern, oft mit gewerkschaftlich oder politischem Touch. Mit ihnen kann ich wunderbar von alten Zeiten plaudern, in denen meine Eltern vorkommen, das »Wosch no?« (Weißt Du noch?) austauschen... Auch aus meiner eigenen Jugendzeit konnte ich mir FreundInnen bewahren und in meiner späteren Gewerkschaftszeit weitere gewinnen, mit denen ich allerlei Aktionen durchgestanden oder mitunter fröhlich gefeiert habe. Nicht zu vergessen die »erst später erhaltenen« FreundInnen. Mit ihnen bin ich ebenfalls gern zusammen, bringen sie doch oft frischen Wind und neue Ideen in mein Leben, wofür ich immer aufgeschlossen bin.

Die »Byklinge« seien hier nicht unerwähnt. Mit vielen von ihnen verbindet mich mehr als nur Kollegialität, die selbst in den ersten Jahren meines Rentnerlebens nicht abflaute. Ab und zu besuchten mich einige KollegInnen aus der nahen Gottlieberstraße in der Mittagspause, bei Kaffee und Kuchen – im Sommer auf dem Balkon – tauschten wir Neuigkeiten aus. Inzwischen ist die Analytik nach Singen umgesiedelt, so daß diese Treffen ausliefen. Sehr zum Leidwesen aller Beteiligten. Aber ich werde von der Analytik noch immer zu betrieblichen Festen eingeladen, worüber ich mich stets freue.

Freundschaften pflege ich nicht nur mit Leuten meiner Couleur oder mit GewerkschafterInnen! Die menschliche Seite ist mir wichtiger. Da investiere ich gerne meine Zeit und gelegentlich auch Mühe. Bisweilen beklage ich zwar, daß meist ich »zu Leuten« gehe, daß es selten umgekehrt ist. Aber das scheint wohl das Los der Singles zu sein. Viel wichtiger ist meine Erkenntnis: Überall, wo ich aufkreuze, bin ich willkommen. Ein gutes Gefühl.

Meine eigene Wohnung

Schon meine Mutter hatte von einer Eigentumswohnung geträumt, traute sich aber wegen der finanziellen Belastung nicht... Diese Angst steckte auch in mir, trotz Bausparverträgen. Hier half nach dem Tod meiner Mutter Manfred Brendel, der Mann meiner langjährigen Freundin Eva, kräftig nach: »Du mußt was mit Deinen Finanzen anfangen«. Ich folgte seinem Rat. Wir rechneten, schauten uns Neubauten an, befragten gemeinsam einen Makler, der meine wirtschaftlichen Voraussetzung zum Wohnungskauf als gut bezeichnete. »Ich nehme an, Sie wollen bald heiraten«, fügte er an. Große Verwunderung, dann Grinsen und Aufklärung. Darüber schmunzeln wir heute noch. Nach einigen schlaflosen Nächten – schließlich mußte ich alles allein finanzieren, ohne »Rückendeckung«, und Schulden war ich nicht gewöhnt – klappte es 1971 mit dem Kauf einer schön aufgeteilten Zweizimmerwohnung im Paradies. Komfortabel für meine Begriffe: Zentralheizung, Aufzug, Balkon (endlich!), auf der Südseite, stadtnah, sogar mit Hausmeister, d.h. keine Kehrwoche mehr. Was wollte ich mehr? Wäre da nicht die Bindung an die elterliche Wohnung gewesen. Manfred schlug mir vor, die Wohnung als Übergangslösung zu vermieten. Nachdem ich dies ein paar Jahre praktiziert hatte, entdeckte ich von neuem die Schönheit der Wohnung und begriff, was ich mir da vergab. Nach einigen Überlegungen zog ich 1979 mit Hilfe von Jonny und ihrem Auto sowie mit Ernst Schächtles Unterstützung per Traktor in meine eigene Wohnung, verhökerte die elterlichen Wohnzimmermöbel und sogar unser Klavier. Letzteres tat mir in der Seele weh, hingen doch ganz besonders viele Erinnerungen daran. Aber es hatte Motten im Filz und war nicht mehr stimmbar. Ansonsten nahm ich fast alles mit in die neue Wohnung, was eben Platz hatte: Mein »Kinderzimmer«, die Flurgarderobe und die Küche, die ich erst 1998 durch eine neue, schönere und praktischere ersetzte.

Die ersten Wochen waren noch nicht sehr gemütlich in der Gartenstraße. Als jedoch die neuen Wohnzimmermöbel nach und nach eintrudelten, als dann sogar, von Jonny vorfinanziert, ein neues Klavier eintraf, wurde es immer besser. Ich genoß die wenige Zeit, die ich in meiner Wohnung zubrachte, besonders im Sommer. Und bis heute fühle mich in meinen eigenen vier Wänden wohl, wenn auch manchmal einsam. Ich bin froh, daß Manfred Brendel in dieser Angelegenheit mit mir so zielbewußt verfuhr.

»So e nett's Mädle und kon Maa...«

Das oder Ähnliches hörte ich oft. Und wenn die Leute nach dem Warum fragten, fand ich dafür allerlei Begründungen... Natürlich hatte ich in meinem Leben manche »Schwärme«, Freundschaften oder auch Beziehungen mit Männern. Ich flirtete gern, war aber nicht aufdringlich. Andererseits erhielt ich manchmal einen Korb, war tief betrübt, wenn ich nicht »ankam«. Und das geschah häufiger als mir lieb war. Dabei bin ich eigentlich ein verträglicher Mensch. In Jugoslawien bemerkte einmal ein netter, älterer Kellner, als mich am Frühstückstisch Bienen belästigten: »Sogar die Bienen megen Ihnen.«

Aber ich hatte durchaus meine Macken, auch meine eigenen Vorstellungen in Sachen Beziehung, wollte meine Unabhängigkeit, meine Aktivitäten nicht aufgeben müssen, was manche Männer von vorn herein mit Argwohn kommentierten. Sie sahen in mir die Emanze. Damals war ich nicht abgeneigt, eine Familie mit Kindern zu haben. Doch offensichtlich bin ich nicht an den Richtigen gelangt. Ein Kollege sagte einmal zu mir in diesem Zusammenhang, ich sei das Opfer meiner selbst. Da mag was dran sein.

Manchmal erwischte es mich

Eigentlich habe ich eine robuste Natur, war wenig krank: zu Degussas Zeiten mal eine Weile, in Mainz überhaupt nicht, wenn man Erkältungen ausklammert. Während meiner Zeit bei Byk schlichen sich aber doch »Wehwehchen« ein, einmal in den sechziger Jahren, als ich – noch im

Sanatorium Büdingen – eine kleine Operation über mich ergehen ließ, dann fiel ich 1987 vom Fahrrad und zog mir einen Meniskusriß zu. Man verpaßte mir einen Gips von der Ferse bis zum Po und ich war über sechs Wochen krank geschrieben. Ich konnte schlecht sitzen, brauchte dazu zwei Stühle! Allerdings entsinne ich mich, daß in jenem Jahr ein sehr schöner Herbst war, ich mich häufig auf dem Balkon aufhielt und endlich mal gemütlich lesen konnte.

Mein nächster längerer Ausfall bei Byk war 1992, als ich in der Uni-Klinik Freiburg eine Dura-Fistel, die mir fürchterlich nervende, pulssynchrone Ohrgeräusche verursachte, embolisieren ließ, und ich mir in dieser Zeit Herzrhythmusstörungen einhandelte, die mich auch jetzt noch plagen. Aber »der kleine Mann im Ohr« ist wenigstens (fast) weg.

Doch das Schlimmste, was mich traf, war ein im Frühjahr 1999 festgestellter Knoten in der Brust, der sich als bösartig erwies und operiert werden mußte, wobei ich mich für eine brusterhaltende Operation entschied. Die anschließend notwendige Chemotherapie war scheußlich, mir war übel wie noch nie, aber mit vier Zyklen konnte ich noch zufrieden sein. Die Haare fielen mir aus, und ich mußte über ein halbes Jahr eine Perücke tragen. Inzwischen sind sie wieder nachgewachsen, dichter, wenngleich etwas grauer als früher, was mich nicht stört. Anschließend an die Chemo wurden mir noch 28 Bestrahlungen verabreicht, die zwar ebenfalls schlauchten, aber lange nicht so wie die Chemo.

Natürlich hatte ich Probleme, mit dieser Krankheitssituation umzugehen. Allerdings verkroch ich mich nicht zu Hause in die Ecke und weinte, sondern war guten Mutes. Darin wurde ich auch von meine FreundInnen bestärkt, die mich im Krankenhaus massenweise besuchten. Nur an einem Tag meines zweiwöchigen Aufenthalts kam niemand, dafür waren es sonst immer drei bis zehn (!) Personen pro Tag. Ja, ich merkte, wo meine Leute waren, erzählte ihnen bereitwillig meine Krankenstory und zeigte bisweilen sogar meine Narben, die inzwischen übrigens wunderbar verheilt sind. Bleibt zu hoffen, daß sich auch bei meinen inneren Wunden die günstige Entwicklung fortsetzt. Ich packe mich jedenfalls nicht in Watte, unternehme wieder etwas, mit gebremster Aktivität natürlich.

Sorgen machte mir im Verlauf der Krankheit außerdem, ob ich mein Buchprojekt würde fortführen und vollenden können. Sobald es mir möglich war, begann ich also wieder: tippte, sortierte, recherchierte. Doch auch hier in Maßen.

Inzwischen sind über drei Jahre vorüber, ich profitierte sehr von meinen drei Kuren, die ich absolvieren durfte, und meine psychologische Begleitung verhalf mir ebenfalls zu mehr Stabilität und Lebensfreude.

Mein Elternhaus

Die letzten Zeilen dieses Buches gehören meinen Eltern. Sie haben mich mehr als alles auf der Welt geprägt, menschlich, moralisch, politisch. Sie waren für mich liebevoll, fürsorglich, beispielgebend, obwohl nicht immer alles glatt lief. Sie haben meinetwegen manche Schwierigkeiten auf sich genommen. Sie haben mich ermutigt, mich aufzulehnen, wenn es nötig war. Sie haben mich zu einem ordentlichen Menschen erzogen. Dafür bin ich ihnen sehr dankbar.

Manche Leute behaupten, ich sei politisch zu sehr im Denken meiner Familie verhaftet geblieben. Abgesehen davon, daß mich so ein Geschwätz herzlich wenig beeindruckt, bin ich mit meiner gesamten Entwicklung, auch meiner politischen, nicht unzufrieden. Und ich bin noch heute überzeugt, auf der richtigen Seite gestanden zu sein und zu stehen, obschon sich die politische Lage sehr geändert hat und von den Träumen früherer Jahre nicht mehr viel übrig blieb. Doch ich zehre hier ebenfalls wie in vielen anderen Situationen von dem Optimismus, den mir meine Eltern vermittelt haben.

Gewiß, in meinem Leben dominierte das »Weibliche«. Ich vermute, das hängt mit meiner Mutter zusammen, die für mich immer ein großes Vorbild war. Dabei liebte ich meinen Vater nicht minder, obwohl er in diesen Aufzeichnungen die kleinere Rolle spielt. Aber genau das war die Realität in unserer Familie und vielleicht auch das Besondere: »Zwei politisch engagierte Frauen in einer Familie«, – so hieß es im Vorwort – »das könnte eine spannende Geschichte werden.« – Wurde sie's???

Anhang

Abkürzungen

ABF	Arbeiter- und Bauernfakultät (Studiengang in der DDR für Arbeiter- und Bauernkinder ohne Abitur)
ABM	Arbeitsbeschaffungsmaßnahme
ADF	Aktion Demokratischer Fortschritt
ADGB	Allgemeiner Deutscher Gewerkschaftsbund (vor 1933)
AFG	Arbeitsförderungsgesetz
AG	Arbeitsgericht
AL	Alternative Liste
ALL	Alternative Linke Liste
AOK	Allgemeine Ortskrankenkasse
APO	Außerparlamentarische Opposition
ASF	Arbeitsgemeinschaft Sozialdemokratischer Frauen
AStA	Allgemeiner Studentenausschuß
Azubi	Auszubildende(r)
BAG	Bundesarbeitsgericht
BaGB	Badischer Gewerkschaftsbund
BaGew.	Badischer Gewerkschaftler (Gewerkschaftszeitung 1946-1949)
Ba-Wü	Baden-Württemberg
BCE	(Gewerkschaft) Bergbau, Chemie, Energie
BCSV	Badisch Christlich-Soziale Volkspartei, später CDU
BDA	Bundesvereinigung der Deutschen Arbeitgeberverbände
BfA	Bundesanstalt für Angestellte
BR	Betriebsrat
BRG	Betriebsrätegesetz
BV	Betriebsversammlung
BVG	Betriebsverfassungsgesetz
CDA	Christlich-Demokratische Arbeitnehmerschaft
CDU	Christlich-Demokratische Union
CGB	Christlicher Gewerkschaftsbund
CPK	(Industriegewerkschaft) Chemie-Papier-Keramik, später BCE
CSSR	Tschechoslowakische Sozialistische Republik
DAG	Deutsche Angestelltengewerkschaft
DDR	Deutsche Demokratische Republik
Degussa	Deutsche Gold- und Silberscheideanstalt
DFU	Deutsche Friedens-Union

DGB	Deutscher Gewerkschaftsbund (Bundesrepublik)
DIN	Deutsche Industrienorm
DKP	Deutsche Kommunistische Partei
DL	Demokratische Linke
D(V)P	Demokratische (Volks-)Partei, später FDP
FDGB	Freier Deutscher Gewerkschaftsbund (DDR)
FDJ	Freie Deutsche Jugend
FDP	Freie Demokratische Partei
FLAK	Flugabwehrkanone
Gestapo	Geheime Staatspolizei (im Nationalsozialismus)
GEW	Gewerkschaft Erziehung und Wissenschaft
Gew.O.	Gewerbeordnung
GT	Gewerkschaftstag
GTB	Gewerkschaft Textil-Bekleidung
Hrg.	Herausgeber
HV	Hauptvorstand
IG	Industriegewerkschaft
IGM	Industriegewerkschaft Metall
JHV	Jahreshauptversammlung
KAK	Kreisarchiv Konstanz
KBW	Kommunistischer Bund Westdeutschlands
KdF	Kraft durch Freude (Nationalsozialistische Organisation zur Förderung von Reisen, Sport etc.)
KFA	Kreisfrauenausschuß
KN	Konstanz
KP(D)	Kommunistische Partei (Deutschlands)
KPD/ML	Kommunistische Partei Deutschlands/Marxisten-Leninisten
KSZE	Konferenz für Sicherheit und Zusammenarbeit in Europa
KZ	Konzentrationslager
LVA	Landesversicherungsanstalt (Arbeiterrentenversicherung)
MA	Magisterarbeit
MAE	Ministère des Affaires Etrangères
MdL	Mitglied des Landtags
MSB	Marxistischer Studentenbund (Spartakus)
NGG	(Gewerkschaft) Nahrung, Genuß, Gaststätten
NPD	Nationaldemokratische Partei Deutschlands
NSDAP	Nationalsozialistische Deutsche Arbeiterpartei
OB	Oberbürgermeister

ÖPNV	Öffentlicher Personen-Nah-Verkehr
ÖTV	(Gewerkschaft) Öffentliche Dienste, Transport und Verkehr
o. J.	ohne Jahresangabe
OK	Ortskartell
o.V.	ohne Verlagsangabe
PC	Personal Computer
PG	Parteigenosse (Mitglied der NSDAP)
PH	Pädagogische Hochschule
Prot.	Protokoll
SAK	Stadtarchiv Konstanz
SAPMO	Stiftung Archiv der Parteien und Massenorganisationen der DDR im Bundesarchiv, Berlin
SDAJ	Sozialistische Deutsche Arbeiterjugend
SDS	Sozialistischer Deutscher Studentenbund
SP(D)	Sozialistische, später Sozialdemokratische Partei (Deutschlands)
S-Sitzg.	Stadtratsitzung
StGB	Strafgesetzbuch
SU	Sowjetunion
UdSSR	Union der Sozialistischen Sowjetrepubliken (Sowjetunion)
USA	United States of America
VL	Vertrauensleute(körper)
VSt.	Verwaltungsstelle
VVN/BdA	Vereinigung der Verfolgten des Naziregimes/Bund der Antifaschistinnen und Antifaschisten
WHW	Winterhilfswerk (Nationalsozialistische Unterstützungsorganisation für Notleidende)

Erläuterungen einzelner Begriffe

Aktionsprogramm des DGB: Programm mit gewerkschaftlichen Forderungen und Zielen wie 40-Stunden-Woche, Hebung des Lebensstandards, Mitbestimmung, verbesserter Arbeitsschutz (1955); weitere Aktionsprogramme folgten.

Allmanndorf: Stadtteil von Konstanz.

Antragskommission: Vor einer Konferenz tagende Kommission, die die eingegangenen Anträge im Vorfeld koordiniert und Vorschläge über deren Annahme, Ablehnung, Materialsammlung macht, wodurch sie eine starke Stellung in einer Konferenz innehat.

Beirat: Das zweithöchste Gremium einer Gewerkschaft, das sich zwischen den Gewerkschaftstagen trifft.

Biber(fladen): Spezielles Schweizer Gebäck, eine Art Lebkuchen.

Bykobull: Fastnächtliche Bezeichnung für einen damaligen Hauptgeschäftsführer von Byk, Herrn Bull.

Der Brückenbauer: Mitteilungsblatt der Migros-Genossenschaft, einem in der ganzen Schweiz verbreiteten, genossenschaftlich organisierten Unternehmen im Detailhandel und Dienstleistungsbereich.

Die Quelle: Ehemalige Funktionärszeitschrift des DGB.

Döbele: Großer Platz in Konstanz.

Do nuelet se und wuelet se (konstanzerisch): Da schaffen sie und wühlen sie.

Dünnschichtchromatographie (DC): Trennmethode für Substanzgemische.

Eisdöbele: Kleine künstliche Eisfläche auf Schweizer Gebiet nahe der Grenze.

Elisenhöhe: Bundesschule der GTB in Westfalen.

Fachkommission: Im Badischen Betriebsrätegesetz (1948) festgelegtes Gremium im Zusammenhang mit der Mitbestimmung.

Frankfurter Manifest (auch »Das Deutsche Manifest« genannt): Zahlreiche Persönlichkeiten verlangten 1955 Verhandlungen zwischen Ost und West vor einer einseitigen militärischen Bindung der BRD an die NATO, mit dabei SPD, Kirchen, Gewerkschaften.

Frauenarbeitsschule: Außerberufliche Einrichtung zum Erlernen und Ausüben von Näharbeiten.

Freistellung: Laut Betriebsverfassungsgesetz mögliche Befreiung von der beruflichen Arbeit zur Wahrnehmung der Betriebsratsarbeit.

Galenik: Abteilung, in der Versuchsansätze von Pharmazeutika hergestellt werden.

Generalvertrag: Kernstück des Deutschlandvertrags (1955), wodurch die BRD Mitglied des Nordatlantikpaktes wurde. Die BRD erhielt ihre Souveränität, die aber gewissen Einschränkungen unterlag.

Gesamtbetriebsrat: Bestehen in einem Unternehmen mehrere Betriebsräte, so ist ein Gesamtbetriebsrat zu errichten (aus § 47 BVG).

Gewerkschaftsrat: Provisorisches, zonenübergreifendes Gewerkschaftsgremium, das 1948 einen Organisationsausschuß zur Vorbereitung der DGB-Gründung ins Leben rief.

Häs: Konstanzer Bezeichnung für Fastnachtskostüm.

Halder: Ehemalige Gaststätte Ecke Gottlieber-/Brüelstraße.

Hans-Böckler-Stiftung: Mitbestimmungs-, Forschungs- und Studienförderungswerk des DGB.

Hauptamtliche (Funktionäre): Bei einer Gewerkschaft hauptberuflich angestellte Personen.

Hausarbeitstag: Bezahlte Freistellung an einem Tag pro Monat für arbeitende Frauen, die einen eigenen Haushalt haben; inzwischen abgeschafft.

Jungschar/Jungmädel: Der Hitlerjugend (HJ) vorgelagerte Jugendorganisationen im 3. Reich.

Kog: Konstanzer Ausdruck für Schelm.

Konfektionierung: Verpackung von Arzneimitteln.

Konzernbetriebsrat: Für einen Konzern kann durch Beschlüsse der einzelnen Gesamtbetriebsräte ein Konzernbetriebsrat errichtet werden (§ 54 BVG).

Landesjugendring: Arbeitsgemeinschaft von Jugendlichen bezw. ihrer Organisationen zur Vertretung ihrer Interessen.

Leiterwagen: Kleine Handkarre mit Sprossen an den Seitenwänden.

Luftschutzwart: Ein im Zweiten Weltkrieg für ein bestimmtes Wohngebiet zur Überwachung der Luftschutzanordnungen Verantwortlicher.

Mäschkerle (Mäschgerle): Konstanzer Kosename für maskierte Person.

Manteltarif: Er regelt z.B. Arbeitszeit, Urlaub, Arbeitsbefreiungen..., aber keine Löhne und Gehälter.

Mirion: Arzneimittel von Byk Gulden.

Muckefuck: Ursprünglich Berliner Ausdruck, vom Französischen herkommend: mocca faux = falscher Kaffee.

Myocardetten, Myocardon: Arzneimittel von Byk Gulden.

Notstandsgesetze: Mit ihnen können in speziellen Situationen die Grundrechte der BürgerInnen der BRD außer Kraft gesetzt werden. Beschlossen 1969 von der großen Koalition aus CDU und SPD.

Offenlagen: Punkte für den Stadtrat, die weder in der öffentlichen, noch in der nichtöffentlichen Sitzung besprochen werden, sondern für die Stadtratsmitglieder zur Begutachtung »offen lagen«. Es konnte auch verlangt werden, daß die jeweiligen Sachverhalte im Stadtratsgremium behandelt wurden.

Ortsbeauftragter: Vertrauensperson der Gemüsegärtner eines Gebietes (Paradies,

Wollmatingen...) und Vermittler bei der Stadtverwaltung.

Pariser Verträge: Militärische Intergration der Bundesrepublik in den Westen, vgl. Generalvertrag.

Petershausen: Stadtteil von Konstanz.

Refa: Abkürzung für Reichsausschuß für Arbeitszeitermittlung, seit 1948 Verband für Arbeitsstudien.

Saubach: Kleines Rinnsal an der Deutsch-Schweizer Grenze.

Säntis: Höchster Berg im nahen Alpsteingebiet (Schweiz), weitere Berge in dieser Region sind der Hohe Kasten, der Gäbris...

Schänzle: Areal in Konstanz am Seerhein.

Schänzlebrücke: Zweiter großer Rheinübergang in Konstanz.

Schieperchen: Kücken, kleiner Vogel.

Schlichter: Bestellte Person bei Tarifkonflikten, um eine Einigung herbeizuführen.

Schnackenloch: Dialektausdruck für schmutzige Wasserstelle mit vielen Stechmücken

Schnitzelbank: Fastnächtliches Lied mit aktuellen Texten über Personen und Ereignisse.

Schnurren: Maskiertes Schlendern von Lokal zu Lokal, um Leute zu treffen und ihnen einiges zu erzählen, ggf. »einen Bären aufzubinden«.

Schupfnudeln: Schwäbische Nudelspezialität.

Schutzhaft: Inhaftnahme von Gegnern des Nationalsozialismus.

Schweizergrenze: Gaststätte am Paradieser Zoll.

Seeg'frörne: Jahrhundertereignis 1963, als der gesamte Bodensee zugefroren war.

Selbstverwaltung: Ehrenamtliche Mitwirkung bei öffentlichen Angelegenheiten, hier zum Beispiel bei den Sozialversicherungsträgern.

Sexta: Erste Klasse der Oberschule. Die Bezeichnung der neun Klassen bis zum Abitur: Sexta, Quinta, Quarta, Unter- bzw. Obertertia, Unter- bzw. Obersekunda, Unter- bzw. Oberprima.

Spektralfotometer: Gerät zur Gehaltsbestimmung chemischer Substanzen, wozu kleine Behältnisse aus Glas oder Quarz (Küvetten) verwendet werden.

Staad: Stadtteil von Konstanz.

Suser: Neuer Wein (anderenorts Federweißer).

Tarifkommission: Gewerkschaftliches Gremium zur Formulierung von Forderungen für Tarifverhandlungen mit den Unternehmern.

Titration: Methode zur Gehaltsbestimmung von Substanzen.

Überhandtuch: An früheren Handtuchhaltern zusätzlich angebrachtes, oft besticktes Tuch, um die Handtücher zu verdecken.

Unterhaltsvorschußkassen: Geschiedene und ledige Elternteile können beim Ausbleiben der Alimente unter bestimmten Bedingungen vom Staat einen festgesetzten Betrag für ihre Kinder bekommen. Der Staat holt sich das verauslagte Geld von dem nicht zahlenden Elternteil zurück, eine relativ junge Einrichtung, für die sich auch GewerkschafterInnen eingesetzt haben.

Urabstimmung: Vor einem Arbeitskampf notwendige Abstimmung der Gewerkschaftsmitglieder über weitergehende Aktionen, zum Beispiel Streik.

Vermögenswirksame Leistungen: Tarifvertraglich vereinbarte Zusatzzahlung, die auf bestimmte Art angelegt werden mußten, zum Beispie Bausparvertrag.

Vertreterversammlung der AOK: Aus Arbeitgeber- und Versichertenvertretern paritätisch besetzes Gremium der Selbstverwaltung, deren Wahl und Aufgaben im Sozialgesetzbuch definiert sind.

Verwaltungsstelle: Die Mitglieder einer Gewerkschaft werden organisatorisch in Verwaltungsstellen zusammengefaßt. Für jede Verwaltungsstelle wird von der Delegiertenversammlung ein ehrenamtlicher Vorstand gewählt.

Wasserglas: Kalium- oder Natriumsilikat, in Wasser gelöst, zur Eierkonservierung.

Westwall: Militärischer Befestigungsgürtel im Zweiten Weltkrieg an der deutschen Westgrenze.

Wirkstätte: Unabhängige Frauen-Kultur-Begegnungsstätte in Konstanz.

Wollmatingen: Stadtteil von Konstanz.

58er Regelung: Vorruhestandsmöglichkeit mit 58 Jahren.

§ 116: Paragraf im Arbeitsförderungsgesetz, der es Sozialämtern in Streiksituationen erlaubte, den durch die Unternehmer ausgesperrten Beschäftigten Sozialhilfe zu zahlen. Wurde von der Kohl-Regierung geändert, die Gewerkschaften wollten diese Regelung erhalten.

§ 218: Seit Jahren umstrittener Paragraf im StGB bezüglich der Schwangerschaftsunterbrechung.

Quellen- und Literaturverzeichnis

Archivalien

Archiv des Südkurier, Konstanz
Archiv DGB Landesbezirk Stuttgart (DGB St)
Archiv DGB Bundesvorstand (s. Friedrich Ebert-Stiftung: FES/DGB)
Archiv GTB Stuttgart (GTB St)
Archiv GTB Albstadt (GTB Alb)
Friedrich-Ebert-Stiftung, Bonn (FES)
Kreisarchiv Konstanz (KAK)
Landesmuseum für Technik und Arbeit, Mannheim (LTA)
Ministère des Affaires Etrangères, Colmar (MAE)
Privatarchiv Besnecker (PAB)
Privatarchiv Eiche (PAE)
Privatarchiv Hanauer (PAHa)
Privatarchiv Hanloser (PAHl)
Privatarchiv Hemm (PAH)
Privatarchiv Weidenfeld (PAW)
Stiftung Archiv der Parteien und Massenorganisationen der DDR im Bundesarchiv, Berlin (SAPMO)
Stadtarchiv Konstanz (SAK)

Bücher

Adamek, Karl: »Lieder der Arbeiterbewegung«, Büchergilde Gutenberg 1981
Bosch, Manfred: »Bohème am Bodensee«, Verlag Libelle 1996
Bosch, Manfred: »Der Neubeginn«, Verlag des Südkurier 1988
Brunssen, Christiane/Koppman, Ellen/Schwarz, Margarete (Hrg.): »Gestritten, gehofft, getanzt«, Verlag Pläne Dortmund 1986
Büttner, Henri (und andere), Hrg. VVN/BdA Kreis Freiburg: »Verfolgung – Widerstand – Neubeginn in Freiburg«, Offensiv-Verlag Freiburg 1981
Burchardt, Lothar: »Geschichte der Stadt Konstanz« Band 6: »Konstanz zwischen Kriegsende und Universitätsgründung«, Verlag Stadler Konstanz 1996
Dietrich, Agnes: »Das geschah in Konstanz 1945-1966«, Verlag des Südkurier Konstanz o. J.
Dix, Sebastian: »Südkurier 1945-1952«, Universitätsverlag Konstanz 1995
Faulhaber, Max: »Aufgegeben haben wir nie...«, Verlag Arbeiterbewegung und Gesellschaftswissenschaft Marburg 1988
Fischer, Ernst Peter: »Byk Gulden. Forschergeist und Unternehmertum«, Piper

München 1998
Fülberth, Georg: »KPD und DKP«, Distel Verlag Heilbronn 1990
Hofmann, Werner: »Konstanzer Fastnacht«, Konstanz 1985
Kraushaar, Wolfgang: »Die Protest-Chronik 1949-1959«, Rogner und Bernhard bei 2001, o.J.
Kuhn-Oechsle, Hildegard/Renz, Elisabeth (Hrg.): »Frauenjahrbuch 1«, Drumlin Verlag Weingarten 1983
Kunde, Karl: »Odyssee eines Arbeiters«, Edition Cordeliers Dresden 1985
Lexikon der Frau in zwei Bänden, Encyclios Verlag AG Zürich 1953
Limmer, Hans: »Die deutsche Gewerkschaftsbewegung«, Olzog Verlag München 1988
Reisacher, Erwin: »Steinige Wege am See«, Kommissionsverlag Stadler Konstanz 1994
Schäfer, Friedrich: »Die Notstandsgesetze«, Westdeutscher Verlag Köln und Opladen 1966
Schaf, Peter/Scherer, Peter: »Dokumente zur Geschichte der Arbeiterbewegung in Württemberg und Baden 1848-1949«, Konrad Theiss Verlag Stuttgart 1983
Unser, Margit: »Der Badische Gewerkschaftsbund«, Verlag Arbeiterbewegung und Gesellschaftswissenschaft Marburg 1989
Weick, Käthe: »Widerstand und Verfolgung in Singen und Umgebung«, Verlag Plambeck und Co Neuss o. J.

Magisterarbeiten

Arndt, Joachim: »Rudi Goguel – eine politische Biographie«, Freie Universität Berlin 1998
Hunn, Susan: »Antifa und Gewerkschaftsbewegung in Konstanz 1945-1949«, Universität Konstanz 1993
Lachenmaier, Rolf: »Politischer Neubeginn und Kommunalwahlen in Konstanz zwischen 1945 und 1953«, Universität Konstanz 1992

Zeitungen/Zeitschriften

Bodensee-Rundschau, Konstanzer Ausgabe
Der Badische Gewerkschaftler (1946-1949)
Deutsche Bodensee-Zeitung, Konstanzer Ausgabe
Deutsche Volkszeitung, bzw. DVZ/die tat, später Freitag
DFU-Korrespondenz
DGB-Pressedienst Kreis Konstanz
Die Neue
Die Tageszeitung

Frankfurter Rundschau
Frauen und Arbeit, Mitteilungsblatt der Abt. Frauen im DGB-Bundesvorstand
Gewerkschaftspost, Zentralblatt der IG CPK, später IG-BCE-Magazin
Konstanzer Anzeiger
Konstanzer Volksblatt
Konstanzer Wahrheiten (KW), Stadtzeitung der KPD
Nebelhorn (NH), Regionalmagazin für Politik und Kultur
Rotkurier (RK), später Stichling, regionale Zeitungen der DKP
Schwarzwälder Bote
Stuttgarter Zeitung
Südkurier, Konstanzer Ausgabe
Textil-Bekleidung, Mitgliedermagazin der GTB
Umschau, Funktionärszeitung der IG CPK
Unsere Zeit (UZ), Zeitung der DKP
Unser Tag, Zeitung der KPD
Welt der Arbeit, ehemalige Wochenzeitung des DGB

Broschüren und weitere Schriften

Arbeiterwohlfahrt Kreisverband Konstanz e.V.: »Fünf Jahre Frauenhaus Konstanz«, Dezember 1999

DGB Konstanz/Kreisfrauenausschuß: »Dokumentation der Kreisfrauenkonferenz in Singen 1993«

Goguel, Rudi: »Dokumente des Kampfes der deutschen Arbeiterbewegung um die Aktionseinheit«, Sozialdemokraten und Kommunisten im Bodenseegebiet in den ersten Jahren nach dem Zweiten Weltkrieg, in: »Dokumentation der Zeit«, Hefte 135, 136, 137 alle Berlin 1957

Mitteilungsblatt der Interessengemeinschaft ehemaliger Kriegsgefangener in den USA, Sitz Köln e. V.: »Schwarz auf weiß«, Wilhelm Schoppmann Verlag Köln

Protokolle von diversen Konferenzen (DGB, GTB, IG Chemie-Papier-Keramik)

Stadt Konstanz/Frauenbeauftragte: »Miteinander verbünden«, (Zehn Jahre Frauenbeauftragte) 1998

Stellungnahme der Kath. Aktion Konstanz zu aktuellen Tagesfragen: »Der Pulverturm«

Verein zur Förderung staats- und gesellschaftspolitischer Bildung e. V., Dinslaken (Hrg.), Weißbuch: »Die Genossen unter sich«, Ludgerus-Verlag Essen, o. J.

Quellen

Erster Teil

1 Rathaus Vöhringen, Auszug Geburtenbuch Nr. 5 Jahrgang 1896
2 Rathaus Hayingen, Auszug Familienregister Bd. 2 Bl. 57
3 PAH, Zeugnis Spring
4 PAH, Zeugnis Holzherr
5 PAH, Familienbuch
6 Manfred Bosch, 1996, S. 562
7 Agnes Dietrich, S. 12
8 Lexikon der Frau, Band zwei S. 1036
9 Karl Kunde, S. 122
10 MA Joachim Arndt, S. 52 Fußnote
11 Karl Adamek, S. 190
12 MA Joachim Arndt, S. 21
13 Sebastian Dix, S. 78-79
14 MA Joachim Arndt, Anhang
15 SAK, S-Sitzg. 3. Januar 1946
16 PAH, Mitglieds-Karte ÖTV
17 PAH, Satzung Naturfreunde (alt)
18 PAH, Satzung Naturfreunde (1998)
19 SAK, SII/15755
20 PAH, Zeugnis Mittlere Reife
21 PAH, Abiturzeugnis
22 PAH, Lehrvertrag Degussa
23 PAH, Gehilfenbrief
24 PAH, Mietvertrag Wobag
25 PAH, Arbeitsvertrag Blendax
26 PAH, Arbeitsvertrag Byk Gulden
27 PAH, Frank Günther über Byk Gulden
28 PAH, Gehalts-Entwicklung bei Byk Gulden

Zweiter Teil

1 SAPMO, RY/I 3/25/35 Bl. 21
2 SAPMO, RY/I 3/25/25 Bl. 10
3 SAPMO, RY/I 3/25/25 Bl. 30
4 SAK, SII/2647

5 SAK, SII/12523
6 SAK, SII/5662
7 SAK, SII/12716
8 SAPMO, RY/I 3/25/25 Bl. 127
9 SAPMO, RY/I 3/25/25 Bl. 106
10 SAPMO, RY/I 3/25/34 Bl. 153
11 PAB, aus Nachlaß Käte Weick, Archiv-Nr. XI/3/29
12 Käte Weick, S. 37-38
13 KAK, Generalia XXII/3/87 Heft 2
14 KAK, Generalia XXII/3/87 Heft 2
15 SAPMO, RY/I 3/25/49 Bl. 160
16 PAH, Briefkopf Straehl
17 PAH, Lohnbuch
18 KAK, Generalia VII/173
19 PAH, Briefwechsel Straehl 1932
20 PAH, Bericht über Straehl
21 PAH, Briefwechsel Sraehl 1946
22 Margit Unser, S. 15
23 SAK, II/7947, 7948, 7959
24 PAH, Beispiel Requisition Willi Millmann
25 SAK, II/9655
26 Manfred Bosch, 1988, S. 207
27 Margit Unser, S. 35-41
28 Peter Schaaf/Peter Scherer, S. 612
29 Peter Schaaf/Peter Scherer, S. 676
30 PAH, aus Referat Ludwig Rosenberg Bad Salzuflen 1949
31 Hans Limmer, S. 73
32 Hans Limmer, S. 98
33 FES/DGB, 31/209, 31/224
34 MA Susan Hunn, aus Quellen MAE 2.421/1
35 Erwin Reisacher, S. 54
36 PAH, »Schwarz auf Weiß« Februar 1953
37 PAH, KW 6/1953
38 MA Susan Hunn, S. 45
39 FES/DGB, 31/271, 31/44
40 MA Susan Hunn, S. 51
41 MA Susan Hunn, aus Quellen SAK 112/317a
42 MA Susan Hunn, aus Quellen DGB 31/271
43 FES/DGB, 31/271

44 Erwin Reisacher, S. 54
45 FES/DGB, 31/271
46 Erwin Reisacher, S. 60
47 MA Susan Hunn, aus Quellen DGB 31/271
48 MA Susan Hunn, aus Quellen DGB 31/271
49 Erwin Reisacher, S. 102-103
50 Lothar Burchardt, S. 394
51 Max Faulhaber, S. 292
52 PAH, Broschüre »Die Genossen unter sich« S. 21
53 Margit Unser, S. 93-95
54 PAB, Prot. Konferenz Offenburg 1946
55 Max Faulhaber, S. 241
56 Margit Unser, S. 63-64
57 PAE, Prot. DGB-Gründungskongreß 1949 S. 289
58 Margit Unser, S. 65
59 GTB Alb, Schreiben 16.3.1949
60 Margit Unser, S. 199
61 Max Faulhaber, S. 267
62 GTB Alb, Schreiben 4.5.1949
63 SAK, Prot. S-Sitzg. 31.10.1946
64 FES/DGB, 31/97
65 MA Susan Hunn, aus Quellen DGB 31/209
66 FES/DGB, 31/209
67 MA Susan Hunn, aus Quellen DGB 31/97
68 MA Susan Hunn, aus Quellen DGB 31/208
69 Margit Unser, S. 160
70 Peter Schaaf/Peter Scherer, S. 626
71 MA Susan Hunn, aus Quellen MAE 2.421/1
72 MA Susan Hunn, aus Quellen MAE 2.421/1
73 GTB St, Schreiben 14.3.1949
74 GTB St, Prot. Konferenz 23.5.1948
75 GTB St, Mitglieder-Statistik 1949
76 GTB St, Schreiben 2.8.1949
77 GTB St, Schreiben 17.5.1949
78 PAH, Gewerkschaftsbuch
79 GTB St, Schreiben 13.4.1949
80 PAH, Prot. Konferenz Bad Salzuflen
81 PAH, Schreiben 11.4.1949
82 GTB St, Schreiben 20.4.1948

83 GTB St, Schreiben 9.8.1949
84 GTB St, Einladung zu BR-Konferenz 31.1.1949
85 GTB St, Schreiben 3.12.1949
86 GTB St, Schreiben 23.11.1949
87 GTB St, Resolution 16.12.1949
88 GTB St, Resolution 15.12.1949
89 GTB St, Schreiben 27.4.1949
90 GTB St, Schreiben 6.5.1949
91 GTB St, Schreiben 13.5.1949
92 GTB St, Schreiben 22.12.1949
93 GTB St, Schreiben 9.12.1949
94 FES/Personalakte, Lebenslauf
95 PAH, Karte Telefon
96 PAH, »Der Pulverturm« 16.12.1951
97 PAH, Geschäftsbericht GTB Ba-Wü 1949/50, S. 188-190
98 FES/Personalakte, Schreiben 14.11.1950
99 PAH, Schreiben 14.11.1950
100 FES/Personalakte, div. Einzelteile
101 LTA, Tarifverhandlung 19.4.1951, Ordner 24
102 LTA, Tarifabschluß 30.4.1951, Ordner 24
103 LTA, Tarifverhandlung 27.6.1951, Ordner 24
104 FES/Personalakte, Resolution 5.11.1951
105 LTA, Schreiben 20.11.1951
106 LTA, Schreiben 21.11.1951
107 LTA, Prot. Geschäftsführerbesprechung GTB 7.12.1951
108 LTA, Zusammenfassung Tarifbewegung 1951/52
109 LTA, Flugblatt 1952
110 LTA, Entschließung 20.1.1952
111 siehe Quelle 99
112 FES/Personalakte, div. Einzelteile
113 Max Faulhaber, S. 296
114 PAH, Schreiben 26.11.1954
115 PAHa, Prot. BV Herosé, 15.10.1951
116 FES/Personalakte, Schreiben 17.8.1955
117 PAH, Prot. GTB-Kongreß 1955 S. 359
118 PAH, Geschäftsbericht GTB VSt. 1958
119 PAH, Geschäftsbericht GTB VSt. 1959
120 PAH, Geschäftsbericht GTB VSt. 1960
121 PAH, Geschäftsbericht GTB VSt. 1961

122 siehe Quelle 118
123 GTB Alb, Einladung zu GTB JHV 17.5.1958
124 GTB Alb, Tischvorlage GTB JHV 17.5.1958
125 GTB Alb, Prot. GTB JHV 17.5.1958
126 siehe Quelle 119
127 GTB Alb, Tischvorlage GTB JHV 25.4.1959
128 GTB Alb, Prot. GTB JHV 25.4.1959
129 GTB Alb, Tischvorlage GTB JHV 30.1.1960
130 siehe Quelle 120
131 siehe Quelle 121
132 siehe Quelle 120
133 siehe Quelle 121
134 PAH, Schreiben 30.10.1961
135 PAH, Karte VStVorstand
136 GTB Alb, Einladung/Geschäftsbericht GTB JHV 3.2.1962
137 GTB Alb, Prot. GTB JHV 3.2.1962
138 PAH, Schreiben 22.6.1965
139 PAH, Schreiben 23.3.1969
140 PAH, Schreiben 12.5.1969
141 PAH, Urkunde
142 PAH, Flugblatt 1968
143 GTB Alb, Prot. VStVorstand 29.8.1968
144 GTB Alb, Schreiben 2.9.1968
145 GTB Alb, Schreiben 4.10.1968
146 GTB Alb, Einladung zu 12.10.1968
147 GTB Alb, Stimmzettel
148 GTB Alb, Einzelstimmzettel
149 GTB Alb, Prot. 12.10.1968
150 GTB Alb, Schreiben 25.9.1968
151 PAH, Schreiben 7.11.1968
152 PAB, Schreiben 24.9.1968
153 PAB, Prot. VStVorstand 28.9.1968
154 PAB, Entscheidung AG 16.10.1968
155 PAE, Prot. DGB-Gründungskongreß S. 3-4
156 PAE, Prot. DGB-Gründungskongreß S. 5
157 PAE, Prot. DGB-Gründungskongreß S. 106
158 PAE, Prot. DGB-Gründungskongreß S. 360-361
159 PAE, Prot. DGB-Gründungskongreß S. 163
160 PAE, Prot. DGB-Gründungskongreß S. 245

161 PAE, Prot. DGB-LBK 1955 S. 72-74
162 PAE, Prot. DGB-LBK 1955 S. 129-130
163 PAE, Prot. DGB-LBK. 1955 S. 153
164 PAE, Prot. DGB-LBK. 1955 S. 142
165 PAE, Prot. DGB-Gründungskongreß S. 337-338
166 PAH, Geschäftsbericht DGB-Ba-Wü 1950/51 S. 71
167 PAH, Geschäftsbericht DGB-Ba-Wü 1966 S. 183
168 PAH, Bildungsprogramm DGB KN 1969/70
169 PAH, Schreiben 14.12.1968
170 PAH, Einladung zu 12.12.1968
171 PAH, Schreiben 12.12.1968
172 PAH, Einladung zu 11.12.1968
173 Erwin Reisacher, S. 212-219
174 Erwin Reisacher, S. 184-197
175 Erwin Reisacher, S. 232-236
176 Friedrich Schäfer, S.199-200
177 PAH, Prot. OK 10.2.1955
178 PAH, Prot. OK 1.4.1965
179 PAH, Prot. OK 18.5.1965
180 PAH, Denkschrift zum Uni-Bau 3/1964
181 Erwin Reisacher, S. 158-160
182 PAH, Schreiben 21.2.1964
183 PAH, Entwurf Denkschrift zum Uni-Bau, 2/1964
184 Georg Fülberth, S.19
185 MA Rolf Lachenmaier, S.14
186 MA Rolf Lachenmaier, S. 39
187 PAHl, Rudi Goguel in: »Dokumentation der Zeit« Heft 135, 136, 137
188 PAB, Skriptum Fritz Besnecker
189 Henri Büttner (und andere), S. 205
190 MA Rolf Lachenmaier, S.35
191 MA Rolf Lachenmaier, S. 35 Fußnote
192 Lothar Burchardt, S. 127
193 MA Joachim Arndt, S. 52 Fußnote
194 KAK, Generalia XXII/7/6 S. 51
195 KAK, Generalia XXII/7/1 S. 107
196 KAK, Generalia XXII/7/1 S. 109
197 PAH, KPD-Parteibücher
198 PAH, Statut KPD
199 MA Joachim Arndt, S. 52

200 Lothar Burchardt, S. 127
201 KAK, Generalia VI/2/46
202 Lothar Burchardt, S. 127
203 Lothar Burchardt, S. 238
204 Lothar Burchardt, S. 240
205 MA Rolf Lachenmaier, S. 36
206 PAH, Brief Joachim Arndt
207 SAPMO, BY1/1017 Bl. 160
208 PAH, KW 1/1952
209 PAH, KW 2/1952
210 PAH, KW 13/1954
211 PAH, KW 8/1953
212 PAH, Anhang zu KW 1953: Erklärung
213 MA Rolf Lachenmaier, S. 94
214 PAH, Briefwechsel bei Grenzkarte und Reisepaß
215 Georg Fülberth, S. 51
216 Georg Fülberth, S. 52
217 Georg Fülberth, S. 87
218 Georg Fülberth, S. 91
219 PAH, Einladung DKP-Versammlung 6.6.1969
220 Lothar Burchardt, S. 65-67
221 Lothar Burchardt, S. 161-162
222 SAK, Prot. S-Sitzg. 26.9.1946
223 SAK, Prot. S-Sitzg. 1.6.1945
224 MA Rolf Lachenmaier, S. 11
225 SAK, Prot. div. S-Sitzg. 1945-46
226 SAK, Prot. div. S-Sitzg. 1946-48
227 SAK, Prot. S-Sitzg 14.11.1946
228 SAK, Prot. S-Sitzg. 27.3.1947
229 SAK, Prot. S-Sitzg. 24.9.1948
230 SAPMO, BY1/1017 Bl. 194
231 SAK, Prot. S-Sitzg. 8.12.1949
232 SAK, Prot. div S-Sitzg. 1949-52
233 PAH, KW 1/1952
234 PAH, KW 2/1952
235 PAH, KW 6/1953
236 PAH, KW 8/1953
237 PAH, KW 11/1953
238 PAH, KW 4/1953

239 PAH, KW 7/1953
240 PAH, KW 10/1953
241 SAK, Prot. S-Sitzg. 31.10.52
242 SAK, Prot. div. S-Sitzg. 1947-52
243 PAH, KW 1/1952
244 PAH, Flugblatt Gemeinderatswahl 1953
245 MA Rolf Lachenmaier, Anhang
246 MA Rolf Lachenmaier, S. 91
247 PAH, KW 11/1953
248 SAK, Prot. S-Sitzg. 21.10.1952
249 PAH, Flugblatt Landtagswahl 1956
250 PAH, Flugblatt und Einladung 1956
251 MA Joachim Arndt, Anhang
252 MA Joachim Arndt, S. 57
253 SAPMO, BY1/1017 Bl. 169
254 SAPMO, BY1/1042 Bl. 36
255 PAH, AOK-Vertreterversammlung
256 PAH, Fastnachtszeitung 1961
257 PAH, Schreiben 27.1.1970
258 Werner Hofmann, S. 62

Dritter Teil

1 Dok. Kraushaar, Band 2 Seite 1406
2 PAH, Flugblatt DFU 1962
3 PAH, Beglaubigung der Unterschriften 1965
4 PAH, Schreiben 1962
5 PAW, Stuttgarter Manifest DFU 1960
6 PAW, Schreiben 18.5.1961
7 PAW, Einladung 10.9.1961
8 PAW, Flugblatt 1961
9 PAH, Programm, Statut, Mitgliedsausweis DFU
10 PAW, Extrablatt DFU 1964
11 PAW, Begrüßungsrede 1964
12 PAW, Landeswahlproramm DFU (Entwurf) 1964
13 PAW, Autocorso Text 25.4.1964
14 PAH, Wahlprogramm DFU (Bundestag) 1965
15 PAH, Landesliste DFU 1965
16 PAH, Flugblatt DFU 1965

17 PAH, Flugblatt DFU 1965
18 PAH, Flugblatt DL 1967
19 PAH, Aufruf DFU 1968
20 PAH, DFU-Korrespondenz 1/1968
21 PAH, Flugblatt DFU 1968
22 PAH, Schreiben 10.10.1968
23 PAH, Programm ADF 1968
24 PAH, Flugblatt ADF 1968
25 PAH, Entschließung DFU 1968
26 PAH, Vorschlag Landesliste ADF 1969
27 PAW, Einladung 1958
28 PAW, Konstanzer Manifest 1958
29 PAH, Flugblatt Ostermarsch 1961
30 PAH, Ostermarschaufruf 1963
31 PAH, Flugblatt Ostermarsch 1967
32 PAH, Prot. Ostermarsch-Sitzg. 4.5.1966
33 PAH, Einladung 25.3.1968
34 PAH, Rede beim Ostermarsch Pfullendorf 10.4.1982
35 PAH, Flugblatt Ostermarsch (zentral) 1967
36 PAH, Flugblatt Ostermarsch Baden-Pfalz 1967
37 Karl Adamek, S. 228
38 PAH, Stichling Oktober 1983
39 PAH, Resolution Gemeinderat 1984
40 PAH, Aufruf Professoren 1965
41 PAH, Kuratorium Notstand der Demokratie
42 PAH, Kongreß Notstand der Demokratie 1966
43 PAH, Flugblatt 1968
44 PAH, Bericht über Demo (o.J.)
45 PAH, Aufruf Demo Bonn 1.9.1979
46 PAH, Flugblatt Nachrüstungsbeschluß 1979
47 PAH, Krefelder Appell 1980
48 PAH, Flugblatt 1981
49 PAH, Flugblatt Menschenkette 1983
50 PAH, DGB-Aufruf 1983
51 PAH, Aktionswoche 1985
52 PAH, Flugblatt Hasselbach 20.9.1986
53 PAH, Schreiben 11.1.1971
54 PAH, Schreiben 20.1.1971
55 PAH, Brief 4.1.1971

56 PAH, Brief 4.1.1971
57 PAH, Brief 4.1.1971
58 PAH, Brief 4.1.1971
59 PAH, Brief 1/1971
60 PAH, Schreiben 2.2.1971
61 PAH, Schreiben 16.2.1971
62 PAH, Schreiben 15.2.1971
63 PAH, Schreiben 17.2.1971
64 PAH, Reisebericht Toscana 1971
65 PAH, Reisenotiz SU 1972
66 PAH, Veröffentlichung Byk 1969
67 PAH, Gedicht von Ernst Schellinger 1987
68 PAH, DGB-Programm für Arbeitnehmerinnen S. 5
69 PAH, Offener Brief 1972
70 PAH, Flugblatt 1972
71 PAH, Briefwechsel 10/1972
72 PAH, Arbeitspapier DGB-Frauen 1972
73 PAH, Flugblatt 1.5.1973
74 PAH, Prot. KFA-Sitzg. 7.12.1972
75 PAH, Tätigkeitsbericht Kreisfrauenkonferenz 22.6.1974
76 PAH, Prot. Kreisfrauenkonferenz 22.6.1974
77 PAH, Dokumentation 1.5.1973
78 PAH, Redebeitrag Frauen 1.5.1973
79 PAH, Flugblatt 1.5.1974
80 PAH, Redebeitrag Frauen 1.5.1974
81 PAH, Redebeitrag Frauen 1.5.1985
82 Erwin Reisacher, S. 184-197
83 PAH, Dokumentaion Seeuferweg
84 Erwin Reisacher, S. 191
85 PAH, Gedicht/Zeichnung
86 PAH, Urkunde 3. Preis
87 PAH, Flugblatt DGB 1975
88 PAH, DGB-Pressedienst 7/1976
89 PAH, Einladungen zu Sitzungen
90 PAH, Frauen und Arbeit 11/12 1977
91 PAH, Einladung 20.6.1979
92 PAH, Einladung 23.2.1985
93 Hildegard Kuhn-Oechsle/Elisabeth Renz, S. 341
94 PAH, Einladung 16.10.1975

95 PAH, Einladung 2.12.75
96 PAH, Grußadresse Stehlin-Streik 9/1978
97 PAH, Schreiben DGB-BV 28.1.1980
98 PAH, Dokumentation 8. 3.1981
99 PAH, Prot. DGB-Landesfrauenausschuß-Sitzg. 28.3.84
100 PAH, Flugblatt 8.3.1994
101 PAH, Einladungen/Flugblätter zu diversen Veranstaltungen
102 Christiane Brunssen/Ellen Koppmann/Margarete Schwarz, S. 28
103 Christiane Brunssen/Ellen Koppmann/Margarete Schwarz, S. 34-36
104 PAH, Flugblatt 12.5.1984
105 Broschüre Frauenbeauftragte1998
106 Broschüre Frauenhaus 1999
107 PAH, Aufruf DGB Ba-Wü 1975
108 PAH, Aufruf DGB KN 1975
109 PAH, Schreiben DGB Ba-Wü 1976
110 PAH, Einladung DGB Ba-Wü 29.10.1988
111 PAH, Einladung DGB KN 7.11.1988
112 PAH, Einladung DGB KN 26.11.1991
113 PAH, Schreiben 25.8.1989
114 PAH, Schreiben 18.9.1989
115 Slogan von Button
116 PAH, Einladung DGB Ba-Wü 10.11.1990
117 PAH, Einladung DGB KN 3.9.1991
118 PAH, Kriegsdienstverweigerung 1982
119 PAH, Schreiben 16.4.1982
120 siehe Quelle 75
121 PAH, DGB-Frauenoffensive 1992
122 PAH, Schreiben 8.3.1993
123 PAH, Redebeitrag DGB-Konferenz 7.10.1989
124 PAH, Dokumentation DGB-Kreisfrauenkonferenz 15.5.1993
125 PAH, Bericht DGB-Kreisfrauenkonferenz 30.5.1989
126 PAH, Unterlagen DGB-Landesfrauenkonferenz 19.10.74
127 PAH, Einladung DGB-Landesfrauenkonferenz 25.2.1989
128 PAH, Prot. DGB-Landesbezirkskonferenz 17./18.2.1978
129 PAH, Schreiben 6.5.1979
130 PAH, Schreiben 5.7.1979
131 PAH, Schreiben 11.7.1979
132 PAH, Diskussionsbeiträge DGB-Landesbezirkskonferenz 1978
133 PAH, Einladung 24.10.1987

134 PAH, Einladung 4.11.1989
135 PAH, Einladung 27.10.1992
136 PAH, Kommuniqué OK 7/1988
137 PAH, Leserin-Brief 6/85
138 PAH, Schreiben 15.7.1985
139 PAH, Urkunde Wettbewerb Lieder-Werkstatt 2.4.1987
140 PAH, Richtlinien VL IG CPK
141 PAH, Rede Bezirksfrauenkonferenz der IG CPK 1983
142 PAH, Rede Bezirksfrauenkonferenz der IG CPK 1987
143 PAH, Satzung IG CPK von 1977 mit Ergänzungen
144 PAH, Prot. Delegiertenkonferenz 29.3.1980
145 PAH, Mandats-Ausweis
146 PAH, Prot. GT S. 63
147 PAH, Prot. GT S. 70-71
148 PAH, Prot. GT S.178
149 PAH, Prot. GT S. 718
150 PAH, Prot. GT S. 577
151 PAH, Prot. GT S. 459
152 PAH, Prot. GT S. 461/462
153 PAH, Prot. GT S. 482
154 PAH, Prot. GT S. 845-846
155 PAH, Prot. GT S. 846
156 PAH, Prot. ao. GT S. 38
157 PAH, Flugblatt IG CPK Demo 30.10.1982
158 PAH, Prot. GT S. 310-311
159 PAH, Flugblatt BR-Wahl 1975
160 PAH, Ergebnis BR-Wahl 1975
161 PAH, Bericht an IG CPK 1975
162 PAH, BR-Aufzeichnungen 1975
163 PAH, BR-Aufzeichnungen 1976
164 PAH, Schreiben 21.5.1979
165 PAH, VL-Sitzung 3/1978
166 PAH, Frauen-Liste BR-Wahl 1978
167 PAH, BV 31.3.1978
168 PAH, Erklärung BR-Wahl 1978
169 PAH, Flugblätter Frauenliste 1978
170 PAH, Listen der Angestellten 1978
171 PAH, Ergebnis BR-Wahl 1978
172 PAH, Konstit. Sitzg. 17.5.1978

173 PAH, Bericht BV 2.11.1978
174 PAH, Arbeitsgerichtsbeschluß 23.2.1981
175 PAH, Schreiben 10.3.1981
176 PAH, Liste IG CPK BR-Wahl 1981
177 PAH, Flugblätter anderer Bewerber BR-Wahl 1981
178 PAH, Ergebnis BR-Wahl 1981
179 PAH, Konstit. Sitzg. 15.5.1981
180 PAH, Redebeitrag 15.5.1981
181 PAH, Prot. BR-Sitzg. 23.8.1982
182 PAH, Schreiben 10.5.1983
183 PAH, Schreiben 25.5.1983
184 PAH, Flugblatt IG CPK BR-Wahl 1984
185 PAH, Rede BV 10.4.1984
186 PAH, Flugblatt andere Bewerber BR-Wahl 1984
187 PAH, Ergebnis BR-Wahl 1984
188 PAH, Konstit. Sitzg. 15.5.1984
189 PAH, Notiz BR-Sitzg. 22.5.1984
190 PAH, Rede BV 31.3.1987
191 PAH, Ergebnis BR-Wahl 1987
192 PAH, Buch-Geschenk
193 PAH, Brief 7.7.1987
194 PAH, Brief 6.9.1974
195 PAH, AOK-Mitteilung 1974
196 PAH, Schreiben 7.7.1980
197 PAH, Schreiben 10.6.1986
198 PAH, Schreiben 16.6.1993
199 PAH, Berufungsurkunde Sozialgericht 1982
200 PAH, Schreiben 1.7.1982
201 PAH, Sitzg. Sozialgericht 24.8.1982
202 PAH, Wahlausschuß Sozialgericht
203 PAH, Schreiben 22.12.1994
204 PAH, Schreiben 10.1.1995
205 PAH, DKP-Programm 1969
206 PAH, DKP-Sitzg. 11.6.1971
207 PAH, DKP-JHV 21.2.1975
208 PAH, Flugblatt 1975
209 PAH, RK 1/1969
210 PAH, Entwurf für Artikel im RK extra 1979
211 PAH, RK 1979

212 PAH, RK 7/1980
213 PAH, Stichling 1984
214 PAH, Flugblatt Berufsverbote
215 PAH, Stellungnahme Professoren
216 PAH, Stellungnahme KFA
217 PAH, Unterlagen DKP-Bezirkskonferenz 1978
218 PAH, Unterlagen DKP-Parteitag 1978
219 PAH, Presseberichte DKP-Parteitag 1978
220 PAH, Text an UZ 10/1978
221 PAH, Flugblatt Zeltfest 28/29.4.1979
222 PAH, DKP-Wahlprogramm 1980
223 PAH, DKP-Flugblatt 1980
224 PAH, Schreiben 8.7.1980
225 PAH, Schreiben 18.7.1980
226 PAH, Stichling 1984
227 PAH, Gründungsaufruf AL im NH 6/1984
228 PAH, AL-Gemeinderatswahlprogramm 1984
229 PAH, Gemeinderatswahl 1984
230 PAH, NH 10/1984
231 PAH, NH extra 1984
232 PAH, NH 11/1994

Personenverzeichnis

A

Abendroth, Wolfgang 387
Abrutsch 159, 160
Adenauer, Konrad 112, 312, 319, 345
Agostini, Gabriel 438
Alferi 219
Andersen-Nexö, Martin 380
Arndt, Joachim 14, 84, 303, 311, 352
Arnold, Fritz 80, 200, 323
Arzt, Rosa 303

B

Bächler, Fritz (»Onkel Fritz«) 29, 30, 31, 39, 42, 43, 44, 46, 48, 50, 63, 65, 82, 146, 147, 175, 176, 179, 180, 182, 198, 301, 307, 308, 328, 333, 350, 358
Bächler, Olga (geb. Motz, »Tante Olga«) 29, 30, 42, 43, 44, 46, 48, 49, 52, 57, 63, 65, 68, 74, 82, 113, 127, 362, 358
Bader, Cäcilie (»Tante Cilly«) 26
Bader, Josef (»Flaschner«) 26
Bärtschi, Ernst 491
Bastian, Gert 396
Beck, Alfons 303, 333
Beckmann, Joachim (»Max«) 506
Beethoven, Ludwig van 527
Beißner, Christof 438
Benda, Ernst 394
Benz, Josef 323
Benz, Rolf 537, 571, 577, 579, 581, 587
Berndt, Ernst 450
Besnecker, Fritz 14, 15, 273, 277, 320, 321
Besnecker, Roswitha 273, 275, 277, 279, 379
Bethäuser, Helga 104
Beyer, Dieter 419
Beyer, Erna 412, 413, 419, 420, 421, 422
Beyer, Gerhard 412, 413, 420
Beyer, Günter (verh. Köhler) 413, 422, 424
Beyer, Renate 413
Beyer, Sabine 413, 421, 422
Beyer, Wolfgang 413
Beyerle, Maria 328, 331
Binder, Anja 21
Binder, Christina 21
Binder, Christine (verh. Staiger, »Tante Christine«) 20, 21, 22
Binder, Ernestine (»Tante Ernestine «) 20
Binder, Ernst jun. 20, 21
Binder, Ernst sen. 20
Binder, Fritz 20
Binder, Gisela 21
Bittel, Karl 165, 299, 303
Bleicher, Willi 174, 269, 281
Blüm, Norbert 518
Bock, Werner 237
Böckler, Hans 280, 281, 282, 284, 285, 558
Böhl, Angelika 468, 496, 497, 499, 514, 517
Bohland 487
Böhm, Kurt 214, 356, 583
Böhme, Walter 116, 365
Böll, Heinrich 387
Bölle, Max 289, 290, 291, 506
Bolz, Karl 135
Borocco, Elmar 104
Bosch, Manfred 35
Bracht-Galle, Marion 378, 380
Brandt, Willy 398
Branner, Gustav 375
Brecht, Bertolt 77, 461, 609
Bredel, Willi 367
Brei 329
Brendel, Eva (geb. Sandau) 407, 415
Brendel, Evi 402
Brendel, Ines 129
Brendel, Manfred 129, 407, 415, 611, 612

Brendel, Sonja 129
Brenner, Otto 269
Brigl, Emmeran 180, 181, 182
Brodbek, Agathe (»Gotte«) 19, 20, 28, 29, 32, 46, 48, 53, 61, 67, 72, 80, 94, 114, 120, 368
Brodbek, Andreas 19, 20
Brodbek, Christina (verh. Motz, »Oma«) 19, 46
Brodbek, Christine 20
Brodbek, Johannes 19
Bruns, Arnold 15
Büche, Wilhelm 15, 179, 186, 350
Bückendorf, H. 219
Buhrisch, Wolfram 394
Bundschuh, Erwin 127
Burchardt, Lothar 14, 184, 301, 310, 323
Buschmann, Karl 233

C

Caesar, Gajus Julius 102
Capece, Elwis 512
Charlet 122
Christmann, Christmann 11, 14, 512

D

Dachtler, Gebhard 557, 562, 568, 572, 575
Daltoe, Uwe 214, 583
Degenhardt, Franz Josef 601
Degliam, Marcel 199, 202
Diesbach, Alfred 117, 381, 404
Dietrich, Agnes 38
Dietrich, Genovefa (»Vefi«) 59
Dietrich, Josef 180
Dix, Otto 384
Dix, Sebastian 84
Dobberthien, Marliese 503, 504, 584
Döding, Günter 269
Dohm, Hedwig 507
Dressler, Adolf 412
Dressler, Günter u. Hildegard 413
Dressler, Hans-Georg 412
Dressler, Hildegard 412, 422
Dressler, Rosalinde (»Jonny«) 130, 402, 408, 411-424, 448, 452, 453, 496, 530, 610, 611, 612
Dummel, Rudolf 572, 575, 577, 580, 582
Duncker, Hermann 145
Duncker, Käte 145
Dürr 131
Dürrenmatt, Friedrich 293
Dürrhammer 55

E

Eckert, Erwin 87, 88, 165, 169, 239, 299, 301, 303, 306, 350, 351, 355, 443, 444
Eckstein, Anna (geb. Hemm, »Tante Anna«) 26
Eckstein, Emilie 26
Eiche, Fritz 185, 186, 187, 192, 195, 210, 219, 232, 235, 239, 281, 350
Eiche, Kurt 186
Eiche, Mali 15, 186
Eiche, Martha 186
Eiche, Rolf 186
Eichin, Helen 59
Eickmeyer, Horst 391, 476
Eisenhardt 102
Ellsäßer, Werner 104
Erat, Hans 307

F

Fahrner, Carola 514
Falkenhagen, Maria 513
Faller, Herbert 384
Faulhaber, Max 186, 190, 191, 192, 196, 239, 281
Figner, Vera 47, 410
Fila, Günter 425, 444
Filipov, A. 47
Fischer, Ernst Peter 131
Fischer, Franz 323
Fitz, Anita 535
Fleisch, Anna 71

Fraiss, Harro 604
Frank, Horst 216
Frei, Alfred 14
Freiligrath, Ferdinand 281
Frevert, Ute 9, 14, 146
Friedlin, Albert u. Marie 62
Fritz (Stadtrat) 177, 182
Fritz, Franz 38
Fröhlich, Walter 457
Fürnberg, Louis 501

G

Gagarin, Jury 90
Gefeller, Wilhelm 284
Gerspacher, Willi 302
Glaser, Friedrich u. Hilde 402
Glaßner, Karl 303
Glenn, John 90
Goethe, Johann Wolfgang von 481
Goguel, Rudi 83, 84, 85, 87, 165, 166, 168, 177, 299, 301, 303, 306, 307, 308, 309, 310, 311, 333, 335, 350, 352, 355
Goguel, Lydia 87
Golle, Willy 230, 233
Gollerthan, Eugen 303
Gönner, Richard 38
Gorbatschow, Michail 608
Göringer, Lotte 449
Götschl, Marie 303
Gottstein 78
Grau, Eva 517, 525
Greis 177
Griesbaum, Kurt 302
Grimm, Julius 177, 180, 181, 182, 247, 331
Gröber, Konrad 165, 298
Großhans, Karl 299
Guggenheim 154
Günther, Frank 131
Gürtner, Werner 377

H

Hahn, Manfred 133
Hanauer, Dora 15, 214, 273, 275, 277, 378, 453
Hanauer, Uwe 453
Hanke, Bernhard 604
Hartmann, Karl 303
Hauenschild, Karl 542, 544, 545, 549, 552
Hauswald, Gertraud 514, 535
Heine, Heinrich 432
Heizmann, Theo 227, 244, 271
Helmle, Bruno 403
Hemm, Anna (verh. Eckstein »Tante Anna«) 25
Hemm, Anna Maria (geb. Rössle) 19
Hemm, Anton 25
Hemm, Bertha (verh. Hofmann, »Tante Barbara«) 25
Hemm, Johann Georg jun. 34
Hemm, Johann Georg sen. (genannt »Karl«) 34, 35, 411
Hemm, Karl (St. Gallen) 34
Hemm, Karl Stefan 34
Hemm, Klara (»Tante Claire«) 34, 35, 46, 91, 92, 93, 94, 95, 96, 128, 357, 400, 402, 407, 408, 409, 411, 416
Hemm, Kreszentia (geb. Pfister) 25
Hemm, Kurt 34
Henseler, Hermann 176, 177, 180, 181, 182, 208, 247, 291
Henze, Otto 167, 303, 307, 308, 311, 333, 334, 335, 350
Hermann, Georg 377
Hilpert, Heinz 338, 339
Hinterberger, Marie-Luise 514
Hitler, Adolf 57, 59, 66, 78, 100, 112, 150, 153, 154, 161, 165, 188, 298, 300, 307, 327
Ho-Chi-Minh 394
Hobl, Rosemarie 135, 425
Hofmann, Bertha (geb Hemm, »Tante Bertha«) 26
Hofmann, Heinz 26
Holländer, Luise 462

Holzer, Herbert 104
Honecker, Erich 458, 557
Hörenberg, Anton 90
Hörenberg, Elisabeth 61
Hörenberg, Emmi (verh. Weidenfeld) 215
Hörenberg, Maja 247
Hotz, Sonja 517
Huber (Gewerkschafter) 182
Huber (Pfarrer) 61
Huck, Inge 380
Hucke, Ingrid 468, 514, 515, 517, 535
Hunn, Sonja 14, 179
Hunzinger, Adolf 186, 187, 192, 239

I

Israel, Evelyn 562

J

Jäckle, Richard 299
Jansen 168
Jauss-Meyer, Helga 462
Jenter, Anne 504
Jochims, Irma 288
Jödicke, Helmut 110
Joho, Wolfgang 367

Jung 457
Jung, Albert 462
Jungk, Albert 391
Just, Otto 383, 384, 395

K

Karius, Friedrich 290
Kästle 193
Kästner, Erich 387
Kebel, Vera 451, 503
Keller (Rechtsanwalt) 316
Keller, August 349
Keller, Gottfried 72
Keller, Hannelore 560, 575
Kelly, Petra 396
Kennedy, John F. 128
Kerle, Vinzenz 298, 323, 324, 328
Kernchen, Anke 514, 535
Kessler, Familie (Josef, Berta, Kurt) 53, 67, 80, 81, 113
Kiel, Albrecht 584, 585
Kirchheimer, Franz 303
Kittner, Dietrich 601
Klett, Regine 457
Klöckler 15
Knapp, Franz 199, 323, 329, 333
Knittel, Emmi 59
Knorr, Lorenz 376, 377
Koch, Rudolf 572, 577
Kohl, Helmut 522, 532, 533, 534
Kohler, Erwin 138, 554, 556, 562, 568, 569, 571, 572, 575, 576
Köding, Renate von 431
Köhler, Anton 424
Köhler, Bärbel 481, 483, 486, 487
Köhler, Friedrich 424
Köhler, Monika 424
Konrad (Familie) 412
Konrad, Heide 464
Kopp 61
Kralik, Hanns 86
Krebs, Gert u. Margit 462
Kressner, Sofie 147
Kriedemann, Beate 517
Kuenzer, Ernst Alexander 298
Kunde, Karl 83
Kundt 78
Kurschat, Klaus 569, 572, 575, 577
Kurus 104, 105
Kutscha, Rudolf 110
Kypke, Uli 604

L

Lachenmaier, Rolf 14, 298, 299, 300, 301, 310, 315, 345
Langhoff, Wolfgang 84
Lauxerrois, Jacqueline 115
Lederer, Adolf 14
Lehmann, Melanie 57, 104
Lehmann, Gisela 468, 514, 535
Lehmann, Karl 182, 303

Lenin, Wladimir Iljitsch 317, 410
Leonhardt, Klara 172, 328, 329, 331, 342
Lieb, Arnold 303
Liesebrecht, Mechthild 467
Lindner, Uwe 604
Locherer, August 377
Löffler, Rotraud 247
Lohde, Horst 427, 437, 444
Löhle, Erich 223, 239, 240
Lorenz (Pfarrer) 32, 114
Lorenz, Willi 452, 539, 560
Lumbe, Adolf 276
Lüpke, Susanne 514

M

Mager, Leopold 323, 347
Maier, Else 90
Mannstadt, Siegfried 378
Marquardt 380
Marshall, Gerorge C. 87, 192, 239, 306
Martin, Anna 90
Martin, Elli 381
Martin, Eugen 54, 90, 381
Martin, Jury 90
Martin, Walter 361
Marx, Karl 174, 300, 367
Maschmann, Waltraud 571
Mayer, Kornelia 517
Meinbresse, Heinz 264, 266, 275, 288, 289
Meinhard, Ulrike 562
Mesecke 402
Meyer 182
Mies, Herbert 601
Mittman, Inge 54, 59, 109, 168, 170
Moser, Arnulf 15
Motz, Christina (geb. Brodbek, »Oma«) 19, 28, 29, 48
Motz, Johann Baptist 19
Motz, Anna Maria (verh. Wenk, »Tante Mariele«) 30, 31, 32, 65, 77, 128, 402, 403, 406
Motz, Olga (verh. Bächler, »Tante Olga«) 19, 21, 23, 29
Mozart, Wolfgang Amadeus 527, 530
Müller (Kegelbruder) 40
Müller, Ingeborg 402
Müller, Ludwig 50, 52
Müller-Neff, Peter 593
Munding, Else 172
Münzer, Kaspar 222

N

Narr, Wolf-Dieter 394
Naumer, Barbara 462
Neser, Gudrun 15, 35
Neser, Josef (»Sepper«) 35, 36, 37, 118, 129, 303, 328, 403, 406
Neser, Mathilde 36, 37, 406
Neser, Peter 15, 35, 100, 116
Nessler 104
Neter, Reinhold 555
Neumann, Waltraud 125, 129
Neutsch, Erik 367
Niebergall, Otto 314
Niemöller, Martin 384, 396
Nitz, Margarete 375
Noël, Anfré 109, 201, 202, 359, 360
Nolte, Claudia 530
Nordmann, Marcel 329

O

Okle, Hans 303, 307, 311
Ovid, Naso 102

P

Panek, Franz 105, 128
Papst Johannes Paul II 532, 534
Paul, Hugo 298
Pellegrini, Ludwig de 377
Pfreundschuh, Hans 107
Plumeyer, Paul 542, 543, 544, 545, 546, 548, 552, 553
Polikeit, Karl 377

Q

Quandt (Familie) 132
Quecke, Uschi 431

R

Radetzky, Joh. Jos. 489
Rappe, Hermann 545, 549
Rauch, Christina (»Ahne«) 20
Reibel, Wilhelm 190, 191
Reimann, Max 298, 299
Reisacher, Erwin 176, 181, 182, 183, 184, 247, 276, 288, 290, 291, 292, 400, 404, 450, 451, 454, 455, 457, 462, 503, 504, 509, 510, 511, 583
Reiss, Rolf 119, 133, 135, 140, 425
Reiter, Winfried 425, 444
Reitzammer(-Maier), Gisela 468, 494, 511, 587
Renner, Erwin 422
Renner, Heinz 298
Renner, Rupert 393, 395
Richter, Emmi u. Walter 122, 123, 125
Rieder, Gabi 431
Rieger 214
Riehle, Ingeborg 409, 539, 541, 566
Riemeck, Renate 376, 377
Riester 101, 102, 116
Rosenberg, Ludwig 174
Röser, Wolfgang 102
Rössle, Katharina (»Kathrin«) 93
Rössle, Klara 92
Roth, Eugen 442
Ruhland, Michael 567, 569, 570
Ruthardt, Heinz 76

S

Sandau, Eva (verh. Brendel) 111, 129
Sandvoss, Ulrich 214
Schächtle, Zita 53
Schächtle, Anna (»Maus«) 54
Schächtle, Axel 89
Schächtle, Elke 89
Schächtle, Ernst 54, 89, 323, 611
Schächtle, Gerda 89
Schächtle, Gertrud 59
Schächtle, Hanni 54
Schächtle, Hildegard 53, 54, 59, 60, 109
Schächtle, Josef 54, 88, 89, 90
Schächtle, Karl 53
Schächtle, Maja 54
Schächtle, Monika 53, 54, 59
Schächtle, Peter 89
Schächtle, Thomas 359, 360
Schäfer, Barbara 479
Schaffrin, Waltraud 567
Scheel, Walter 398
Schellinger, Ernst 133, 138, 432, 443
Schiller, Friedrich von 23, 123
Schiller, Karl 186, 187, 232, 235
Schlageter, Albert Leo 62
Schlegel, Wolfgang 571
Schlichter, Ch. Mc. Farlane 172
Schluroff, Maik 15
Schmiedhammer, Arthur 339
Schnaubelt, Heinrich 228, 229, 236
Schneider, Hans 323
Schneider, Hermann 323, 331, 350
Schnell, Ernst 542, 543, 560
Schock, Rudolf 365
Schönhals, Magda 62, 81, 105
Schönhöfer, Margot 59, 66
Schreck, Paul 307
Schreibmüller, Hans 133
Schröder, Maja 247
Schrott, Werner 377
Schubert, Heinz 395
Schultheiß, Edith 105
Schumacher, Kurt 300
Schwarzwälder, Werner 606
Schweitzer, Albert 375
Sedlaczek, Maria 124, 125
Seeberger, Gertrud 468, 514, 517
Seeberger, Karl 181
Seeger, Heinz 290, 291, 377, 384
Seemann, Annemarie 562, 565
Seifert, Johanna 507
Seifritz, Ingrid 38

Seifritz, Josef (»Sepple«) 35, 37, 129, 301, 303, 324, 407
Seifritz, Lore 38
Seifritz, Luise 38
Seifritz, Walter 38
Seyfried, Käthe 303, 308, 350
Shakespeare, William 135
Siegler 28
Silcher, Friedrich 64
Simon, Hermann 26
Simon, Isi 26
Sommer, Gisela 562, 568, 570, 571
Sonnleitner, Alois Th. 100
Stauß, Walter 107, 116
Stehlin 463, 464
Steiger, Jakob 93, 95
Steinhöfel, Mariele 77
Steinhöfel, Wolfgang 77
Steinke, Ilona 562
Steinkühler, Franz 174, 268
Sterk, Emilie 303
Stoll, Jakob 301, 303, 307, 310, 324, 328
Straehl, Friedrich 25, 48, 150, 152, 154, 156, 158, 159, 160, 161, 162, 163, 208
Straehl, A. 160
Straehl, Walter 161, 163
Straschewski, Gabi 468, 498, 514, 517, 535
Strauß, Johann 489
Stroh, Heinrich 560, 587
Stromeyer, Lothar 342
Stromeyer, Manfred 196, 348
Sturm, Hilde 348, 404
Susin, Johann 355
Süßmuth, Rita 518
Sutterer, Reiner 575
Süverkrüp, Dieter 601

T

Thaa, Maria 102, 107
Tiemann-Albrecht, Christa 475
Traxel, Josef 123

U

Uhl, Ludwig 427, 428, 434, 444
Ulbricht, Walter 379
Ullmann, Hedy 408
Ullrich, K. J. 356
Unser, Margit 164, 173, 190, 192, 203

V

Valenta, Reinhard 467
Venedey, Hans 299, 308, 316
Venedey, Hermann M. 100, 377, 378, 379, 404
Venedey, Michael 608
Vetter, Heinz Oskar 466
Vitt, Werner 545
Vogel, Josef 191, 192
Volkmar, Isolde 186, 366
Voss, Gudrun 468, 514, 535
Vosshenrich, Heinrich 545

W

Wader, Hannes 601
Wahl, Anton 180
Waizenegger 61
Wallenwein, Karl Heinrich 100, 301, 303, 324, 350
Walser, Martin 387
Waschek, Hans 303, 333, 351
Weber, Carl Maria von 281
Weber, Maria 466
Weckenmann, Ruth 504
Weibezahl, Erwin 557, 570, 575, 577
Weick, Käte 215, 216, 290, 321, 361, 375, 376, 378, 379
Weidenfeld, Emmi (geb. Hörenberg) 214, 215, 216, 290, 361, 375, 376, 377, 378, 379
Welsch, Kurt 343
Wenk, Albert 30, 32, 145
Wenk, Anna Maria (geb. Motz) s. Motz, Anna Maria
Wenk, Gisela (verh. u.a. Steinhöfel, heute Dabbert) 30, 31, 65, 76, 77, 87, 365

Wenk, Wolfgang 30, 33, 45, 46, 65, 77
Werner, Ernst 67, 107, 108
Werner, Heinrich 376, 377
Werner, Ida 67
Werner, Rolf 110
Werner, Willi 14, 235, 406
Westendorf, Paul 303
Westfalen, Graf Karl von 377
Wewer, Iris 515
Wild 58
Wilde, E. 307
Willauer, Thomas 15
Wohleb, Leo 190
Wohlrath, Gerhard 303, 306
Wolf, Christa 367
Wolf, Friedrich 479
Wunderlich, Gabi 514, 517, 530
Wunderlich, Hans 309, 318, 320, 383, 402
Wurster, Willi 214, 356
Wuttke, Dorothea 535

Z

Zang, Gerd 15
Zar Alexander II 47
Zar Peter I. 410
Zetkin, Clara 506
Zickel, Irmgard 133
Zimmermann (Konservatorium) 105
Zimmermann, Lothar 505